中国股票市场质量研究报告（2018）

China Securities Market Quality Report（2018）

南开大学中国市场质量研究中心　著

（China Market Quality Research Center）

责任编辑：刘　钊　曹亚豪
责任校对：潘　洁
责任印制：赵燕红

图书在版编目（CIP）数据

中国股票市场质量研究报告（Zhongguo Gupiao Shichang Zhiliang Yanjiu Baogao）. 2018／南开大学中国市场质量研究中心著．—北京：中国金融出版社，2018. 4
ISBN 978－7－5049－9504－9

Ⅰ.①中…　Ⅱ.①南…　Ⅲ.①股票市场—研究报告—中国—2018　Ⅳ.①F832.51

中国版本图书馆 CIP 数据核字（2018）第 053721 号

出版发行 中国金融出版社
社址　北京市丰台区益泽路 2 号
市场开发部　(010)63266347，63805472，63439533（传真）
网上书店　http：//www.chinafph.com
(010)63286832，63365686（传真）
读者服务部　(010)66070833，62568380
邮编　100071
经销　新华书店
印刷　北京市松源印刷有限公司
尺寸　185 毫米×260 毫米
印张　31.25
字数　572 千
版次　2018 年 4 月第 1 版
印次　2018 年 4 月第 1 次印刷
定价　198.00 元
ISBN 978－7－5049－9504－9
如出现印装错误本社负责调换　联系电话(010)63263947

研究团队

1. 中方成员

李志辉　梁　琪　郝项超　李　政　佘峰燕　周广肃　曹　华

李梦雨　王　近　郝　毅　赵玲玲　田伟杰　邹　谧　赵林丹

刘笑瑜　姚晓光　鲁晏辰　李宇辰　刘精山　赵　沛　杜　阳

孙广宇

2. 外方成员

Michael J. Aitken　Shan Ji　Yiping Lin　Renee Yu　Juliane Krug　Yilian Guo　Justin Hu　Leo Liu　Pallab Dey

另外，特别感谢 Annie Zhou，Edward Chen，Lin Han，Marc Bohmann，Aldo Dalla Costa 的协助与支持

学术支持单位

南开大学经济学院财金研究所

(Institute of Finance, School of Economics, Nankai University)

中国特色社会主义经济建设协同创新中心

(CICCE)

澳大利亚资本市场合作研究中心

(CMCRC)

中国新一代人工智能发展战略研究院

(CINGAI)

摘　要

党的十八大以来，党和政府清醒地认识到规模发展的模式已经不能适应新时代的要求，不断强调要全面深化改革，实施创新驱动发展战略，加快转变经济发展方式，把推动发展的立足点转到提高质量和效益上来。在中国共产党第十九次全国代表大会上，习近平新时代中国特色社会主义思想进一步明确要求，经济改革必须坚持质量导向，深化金融体制改革，增强金融服务实体经济能力，健全金融监管体系，守住不发生系统性金融风险的底线。因此，提升经济与金融发展质量将是未来实现我国战略发展目标的重要保障，也是我国学者未来研究需要特别重视的核心问题之一。

作为金融体系的重要组成部分以及未来金融改革的重要内容，股票市场的发展同样要遵循质量至上的原则。然而，什么是股票市场质量？如何度量股票市场质量？对于前者，学术界与监管界有着不同的界定。学术文献特别强调股票市场质量取决于股票市场功能运行的效果。比如资产定价有关文献认为股票市场质量主要取决于股价中反映的信息集，市场微观结构文献则认为市场质量取决于价格形成过程中交易成本的大小以及价格发现功能的运行效果。与之相比，作为维护股票市场秩序的外部力量，监管部门不仅强调股票市场效率，还特别关注股票市场的公正、透明以及系统性风险。对于股票市场质量的度量，学术界虽然提出了很多度量的方法，但各方法之间相对独立，没有形成逻辑一致的统一度量体系。而监管部门虽然从系统角度构建了股票市场质量框架，但却未能提出全面、可行且可靠的度量方法。综上所述，目前股票市场质量的度量尚未有实质性突破，阻碍了相关学术研究的进展。

鉴于此，综合已有文献并充分考虑我国金融监管实践，本报告从股票市场系统整体角度构建了一个包含市场效率、市场公正与系统性风险三个维度的股票市场质量体系，设计了可行且可靠的度量指标，并采用交易大数据度量了我国股票市场质量。市场效率是指股票市场功能运行的效率，包括配置效率、运行效率与信息效率三个方面。配置效率是指股票一级市场配置资本的效率；运行效率是指股票市场达成交易的成本高低；信息效率则是指股票价格的信息量

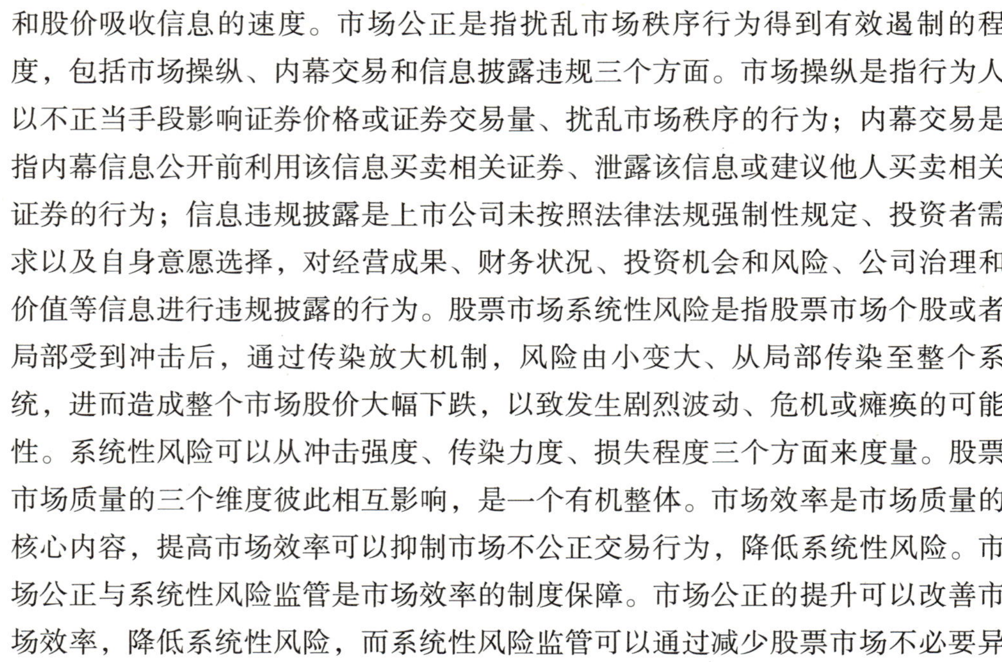

和股价吸收信息的速度。市场公正是指扰乱市场秩序行为得到有效遏制的程度，包括市场操纵、内幕交易和信息披露违规三个方面。市场操纵是指行为人以不正当手段影响证券价格或证券交易量、扰乱市场秩序的行为；内幕交易是指内幕信息公开前利用该信息买卖相关证券、泄露该信息或建议他人买卖相关证券的行为；信息违规披露是上市公司未按照法律法规强制性规定、投资者需求以及自身意愿选择，对经营成果、财务状况、投资机会和风险、公司治理和价值等信息进行违规披露的行为。股票市场系统性风险是指股票市场个股或者局部受到冲击后，通过传染放大机制，风险由小变大、从局部传染至整个系统，进而造成整个市场股价大幅下跌，以致发生剧烈波动、危机或瘫痪的可能性。系统性风险可以从冲击强度、传染力度、损失程度三个方面来度量。股票市场质量的三个维度彼此相互影响，是一个有机整体。市场效率是市场质量的核心内容，提高市场效率可以抑制市场不公正交易行为，降低系统性风险。市场公正与系统性风险监管是市场效率的制度保障。市场公正的提升可以改善市场效率，降低系统性风险，而系统性风险监管可以通过减少股票市场不必要异常波动或者降低波动程度，提高市场效率，确保市场公正水平。

基于上述界定，本报告设计了一套股票市场质量微观度量指标。对于市场效率，本报告采用抑价率度量首次公开发行股票（Initial Public Offering，IPO）募集资金的配置效率，采用折价率度量股票再融资配置效率；采用基于日内报价数据的相对有效价差以及基于日交易数据的 Roll 价差与 Corwin 价差来度量运行效率；采用基于日内报价数据的自相关系数绝对值、方差比绝对值、波动率以及基于日间数据的特质信息含量和信息吸收速度度量信息效率。对于市场公正，本报告将交易型市场操纵分为开盘价操纵、连续交易操纵以及收盘价操纵，采用市场操纵数量占比及金额占比衡量三类市场操纵的严重程度；同时从成交量和成交价两个角度对内幕交易进行监测，并采用内幕交易数量占比和金额占比衡量内幕交易的严重程度。对于市场系统性风险水平，本报告通过冲击强度、传染力度和损失程度这三个方面来度量。具体而言，本报告采用负偏度系数和上下波动比率度量冲击强度；采用价格同步性指标和流动性同步性指标度量传染力度；采用系统在险价值（VaR）和系统期望损失（ES）度量损失程度。

基于上述微观度量指标体系，本报告收集了我国股票市场开市以来至 2017 年 12 月 31 日所有股票日内与日间交易数据，首次度量了我国股票市场发展迄今为止所有期间的股票市场质量。不仅如此，为了进行国际比较，本报告还收集了 2007 年 1 月 1 日至 2017 年 12 月 31 日纽约、纳斯达克、伦敦、澳大利亚、东京、孟买、圣保罗、莫斯科、约翰内斯堡以及中国香港、中国台湾十一个国际主要股票市场所有股票日内与日间交易数据。尽管未能覆盖更多股票市场，但在包含我国沪市与深市在内的十三个股票市场中十一个位列全球规模最大股票市场，其规模合计占全球股市总规模的比例将近80%。不仅如此，与以往文献仅考虑规模较大的股票不同，上述股票市场均包含了其所有交易的股票，可以有效控制样本选择偏差的影响。鉴于涉及指标之多以及数据量之大，本报告引入了大数据处理技术，借助云计算服务处理相关数据，并计算上述各个指标的度量结果。

通过系统与深入的分析，本报告得到了四个不同于以往研究的重要结论。首先，总体上随着市场化改革的不断深入与监管制度的不断优化，我国股票市场质量呈现明显的改善趋势，但股票市场质量各维度改善程度并不均衡。就市场效率、市场公正与系统性风险三个维度而言，我国股票市场公正得到了持续改善；市场效率在2012年之前表现出显著的持续改善趋势，但之后呈现一定的下降趋势；而系统性风险呈现明显的周期性变化特征，但总体上也得到了一定程度的改善。

其次，我国股票市场质量中市场效率与市场公正维度内部的发展也不均衡。就市场效率而言，运行效率持续显著改善，信息效率则改善缓慢，配置效率改善显著但2012年之后出现较为明显的下降。就市场公正而言，中国股票市场内幕交易行为得到有效遏制，而市场操纵行为的改善程度则相对较低，其中开盘价操纵的改善最为显著。

再次，与国际股票市场相比，我国股票市场质量在各维度上的表现差异非常明显。我国股票市场系统性风险的冲击强度最低，损失程度相对较低。运行效率与市场公正处于中等水平，距离发达股票市场有一定距离，但优于其他新兴股票市场。然而，我国股票市场的信息效率明显低于其他股票市场，系统性风险传染力度明显高于其他股票市场。

最后，我国股票市场质量三个维度之间存在非常密切的联系。股票市场异常波动发生通常伴随着市场效率的明显下降，并且恢复的速度比较缓慢，而市场效率的下降使市场不公正行为因成本减小而变得活跃，最终导致股票市场系统性风险上升，损害了股票市场质量。而市场公正的提高通常伴随着市场效率的提升，股票市场系统性风险也随之下降。

在此基础上，本报告提出了未来提升我国股票市场质量的建议。本报告认为政府应当重视我国股票市场的顶层设计，并建议考虑如下几个方面。第一步，以习近平新时代中国特色社会主义思想提出的质量至上论断为改革指导思想，考虑从市场效率、市场公正以及系统性风险三个维度构建股票市场质量的度量方法，并确定我国股票市场发展2020年、2050年的阶段性目标。第二步，务必尽快构建我国股票市场质量动态监测体系，应用金融交易大数据、人工智能等金融新科技及时准确地评价与掌握我国股票市场的质量。最后，在上述工作的基础上，监管部门应当及时关注市场质量的变化，新政策出台之前通过模拟测试评估其潜在影响，在新政策推出后，密切关注市场质量下降情况，及时研究并制定新的后续应对政策，尽量减少市场不必要的波动，实现市场效率、市场公正与系统性风险的同步改善。

本报告的创新之处体现在四个方面。第一，本报告从多个新视角研究股票市场质量。首先，本报告首次从质量的视角系统评价了我国股票市场的发展，弥补了当前国内研究的空白。其次，本报告从微观的视角界定与度量了股票市场质量，是目前与其理论界定最为接近的方法。最后，本报告从国际比较的视角首次采用统一的市场质量指标、统一的度量方法和统一的样本区间比较了2007 年到 2017 年我国股票市场与纽约、纳斯达克等十一个国际主要证券交易所的股票市场质量，客观评价了我国股票市场质量在国际上的真实水平。

第二，本报告基于中国特色社会主义实践特征构建了改进的股票市场质量度量指标，设计了一套完整的度量方法，避免了学术界与监管界对股票市场质量界定偏重于某个方面的局限，以及度量方法相互独立的局限。

第三，在我国股票市场质量度量与监测研究中，本报告大量应用金融大数据处理技术，是该技术在金融监管领域的一次积极尝试。

第四，在指标构建与度量方法创新的基础上，本报告编制了新的中国股票市场质量指数，使考察金融发展质量与经济活动的关系成为可能，并为监管部门及时、准确与动态地监测市场质量变化提供了必要的工具。

Abstract

Since the 18th National Party Congress, the Communist Party of China and the Chinese Government have reached broad consensus that the extensive mode of development can no longer meet the requirements of the New Era. Guided by the vision of deepening reforms, implementing innovation – driven development strategies and accelerating the transformation of growth model, the current strategic priority of the country is to ensure that development is based on improved quality and performance. At the 19th National Congress of the Communist Party of China, Xi Jinping Thought on Socialism with Chinese Characteristics for a New Era further clarifies that an economic reform must improve quality and lead to an extensive institutional reform in the financial sector, to ensure it serves the real economy and strengthens the financial regulatory system to forestall systemic financial risks. Therefore, improving the quality of economic and financial development is crucial to ensure that China's future strategic development goals are achieved. It is also one of the core issues that requires special attention from Chinese academics in the future.

As an essential part of the financial system and a critical component of any future financial reform, the development of securities market must follow the quality first principle. However, what is the quality of a securities market? How can the quality of securities markets be measured? For the former, the academic community and the regulators have different definitions. The academic literature highlights the decisive influence from the performance of market functions on the quality of securities market. For example, literature on asset pricing suggests that the quality of the securities market mainly depends on the information set impounded in prices. Market microstructure literature often believes that size of transaction cost and efficiency of the price discovery process determine the quality of securities markets. In comparison, as an external force to ensure the order of securities markets, the regulatory authorities not only emphasize efficiency of the market, but also pay special attention to the fairness, transparency, and systemic risk of the market. Notwithstanding a large number of methods proposed by the academic community, no unified and consistent metric system measuring the quality of securities market has been formed due to the relative independence of these methods. On the other side, although the regulatory authorities have established a market quality framework from a systemic perspective, they have not been able to put forward a comprehensive, feasible, and reliable approach to measure market quality. In summary, the lack of a substantive breakthrough in the establishment of a metric system to measure the quality of securities markets has hindered the advancement of relevant academic research.

This report builds a securities market quality system based on comprehensive consideration of the existing academic literature and financial regulatory practices in China. It is a system constructed from the perspective of an overall market structure consisting of three dimensions. These are market efficiency, market integrity and systemic risk. Thanks to the power of big data technologies, this report has successfully developed feasible and reliable quantitative metrics to measure each of the three dimensions for China's securities market. Market efficiency refers to the functional efficiency of a securities market inclusive of allocation efficiency, operation efficiency and information efficiency, each representing the efficiency of capital allocation in the market, the size of transaction cost in the market and the volume and speed of information impounded in prices of securities. Market integrity is defined as the extent to which disruptive behaviour in the market is contained. This report identifies three basic forms of disruptive market behaviour that are market manipulation, insider trading, and violation of information disclosure rules. Market manipulation refers to the attempts to interfere with the fair operation of the market and create artificial, false or misleading appearances with respect to the price or volume of a security. Insider trading is the trading of a public company's stocks and related securities by individuals (and their associates) with access to non-public price-sensitive information. A listed company violates information disclosure rules when it fails to comply with mandatory provisions of laws and best interest of investors in terms of releasing all relevant information pertaining to that company that may influence any market participant's investment decision (e. g., business performance, financial results, investment opportunities and risks, corporate governance, etc.). Systemic risk refers to risks imposed by interlinkages and interdependencies in securities market, where the volatility or failure of a single security or cluster of securities can cause a cascading failure that could potentially bring down the entire market through the propagation and amplification mechanism. Systemic risk can be measured in terms of strength of shock, intensity of contagion and size of loss. The inter – relationship of market efficiency, market integrity and systemic risk integrates various aspects of securities market quality into an organic wholeness. As the core element of market quality, improved market efficiency can restrain both market unfair trading behaviour and systemic risk. Market integrity and systemic risk management are institutional guarantees for market efficiency. As a result, a fairer securities market can enhance market efficiency and lower systemic risk. Similarly, systemic risk management can also improve market efficiency and ensure market integrity by reducing unnecessary abnormal volatilities in securities market.

Based on the above definitions, this report has designed a set of quantitative metrics to measure the quality of securities market. For market efficiency, this report employs

- under – pricing ratio to measure the efficiency of initial public offerings (IPOs) in terms of fund raising;
- discount – ratio to measure the efficiency of seasoned equity offerings;
- relative effective spread, derived from intraday market data and the Roll/Corwin spread derived from end – of – day price data to measure operation efficiency; and
- autocorrelation coefficient, variance ratio, volatility, volume of firm – specific information and speed of information impounding to measure information efficiency.

In terms of market integrity, this report identifies potential market manipulation in forms of opening price manipulation, continuous trading manipulation, and close price manipulation. Insider trading is proxied by potential leakage before information relating to listed companies is disclosed to the public. The severity of information leakage and the three types of market manipulations are proxied by the count and monetary value of detected instances.

Systemic risk is measured by strength of shock, intensity of contagion and size of loss. More specifically, this report uses

- negative coefficient of skewness and down – to – up volatility to measure strength of shock;

- price synchronization index and liquidity synchronization index to measure intensity of contagion; and
- systemic value at risk (VaR) and systemicexpected shortfall (ES) to measure size of loss.

To implement the above quantitative metric system, this report collects intra – day trading data and end – of – day summary data for all listed companies in Shanghai Stock Exchange and Shenzhen Stock Exchange between 1991 and 2017. This is the first time that the quality of China's securities market is evaluated for the entire period since its establishment. For the purpose of international comparison, this report also collects intra – day and end – of – day data over the period of 2007 – 2017 for eleven other major securities exchanges in the world, including New York Stock Exchange (US), London Stock Exchange (UK), Australia Securities Exchange (Australia), Tokyo Stock Exchange (Japan), Bombay Stock Exchange (India), Sao Paolo Exchange (Brazil), Moscow Stock Exchange (Russia), Johannesburg Stock Exchange (South Africa), Hong Kong Stock Exchange (China) and Taiwan Stock Exchange (China). According to the World Federation of Exchanges①, 11 out of the 13 exchanges covered in this report (inclusive of Shanghai Stock Exchange and Shenzhen Stock Exchange) are among the Top 20 Exchanges globally in terms of market capitalisation. The aggregated market capitalisation of those 13 exchanges accounts for approximately 80% of the global securities market. Compared to previous literature that only considers large – cap companies, this report covers all equity securities traded on each of the 13 markets aiming to minimise sample selection bias. Considering the large number of market quality metrics implemented in this report and massive dataset that needs to be processed, this report deploys big data processing technologies in cloud computing facilities for metric calculation.

Through systematic and in – depth analysis, this report draws four important conclusions that are different from previous studies. First, with continuous deepening of market – oriented reforms and optimization of regulatory system, the quality of China's securities market presents a clear and continuous improvement in market efficiency, market integrity and systemic risk with varying degree. Market efficiency in China's securities presents a persistent upwards trend over the past 27 years with a more significant magnitude during the period of 1991 – 2012. The systemic risk of China's securi-

① https: //www. world – exchanges. org/

ties market shows a pattern of cyclical changes with overall reduction across the whole sample period.

Secondly, various aspects of market efficiency and market integrity underwent changes with different magnitude and speed in China's securities market. In contrast to operation efficiency that continues to improve significantly, information efficiency has improved at a much slower pace and the magnitude of improvement in deployment has significantly reduced since 2012. In respect to market integrity, although insider trading has been effectively restrained, improvement in market manipulation is relatively weak.

Thirdly, compared to its 11 international peer markets, the performance of China's securities market varies significantly in each aspect of market quality. Systemic risk's strength of shock in China's securities market is the lowest and its size of loss is also relatively lower among all 13 markets. Operation efficiency and market integrity of China's securities market rank middle among all 13 markets and present a superior performance than emerging markets but still at some distance away from the more developed markets. However, in terms of information efficiency and intensity of contagion, the performance of China's securities market is significantly below its peer markets.

Finally, market efficiency, market integrity and systemic risk are closely related to each other in China's securities market. Abnormal volatilities in securities market are usually accompanied by significant declines in market efficiency with a relatively slow speed of recovery. A market with declining efficiency also reduces the cost of market manipulation and insider trading, which indirectly encourages fraud in the market, raises systemic risk of the market, and ultimately damages quality of the market. Contrarily, improvement in market integrity is usually accompanied by higher efficiency and reduced systemic risk in the market.

Based on the above conclusions, this report has put forward suggestions to further enhance the quality of China's securities market. It suggests that the Chinese Government emphasize on the top – level design of the securities market and proposes following aspects to be taken into consideration. First and foremost, it is essential to set up milestones (2020 and 2025) for the development of China's securities market based on the quality first principle from Xi Jinping Thought on Socialism with Chinese Characteristics for a New Era measurement and the market quality framework proposed in this report. Secondly, establishing a dynamic system to monitor the quality of securi-

ties market in China is an imminent priority. This system should consider applying new financial technologies such as big data analytics and artificial intelligence in order to provide timely and accurate evaluations for the quality of China's securities market. Last but not least, the regulatory authorities should pay close attention to any variations in market quality. Potential impact of new policy for the securities market should be estimated through simulation test before implementation of the policy. Moreover, the regulatory authorities should closely monitor and respond to any deterioration in market quality after the implementation of new policies in order to avoid unnecessary volatilities in the market and achieve synchronised improvement in market efficiency, market integrity and systemic risk.

The novelty of this report is embodied in four aspects. Firstly, this report examines the quality of securities market from a number of new perspectives. The report for the first time evaluates the development of China's securities market from the angle of market quality, remedying the gap in previous literature. In addition, the report defines and measures the quality of securities market from the perspective of market microstructure, which at present is the most feasible and effective approach to implement theoretical definitions of market quality. Lastly, from the perspective of international comparison, this report for the first time adopts a unified metric system, a unified way of measurements and a unified sample period (2007 – 2017) to compare the quality of China's securities market with that of 11 international major securities exchanges and to objectively assess the true level of China's securities market quality from a global perspective.

Second, based on the practice of Socialism with Chinese Characteristics, this report establishes a complete system with improved metrics to measure the quality of securities market, which helps to balance the attention on various aspects of market quality.

Third, this report widely applies big data technologies to measure the quality of securities market, which effectively demonstrates how new financial technologies can help regulate the market.

Fourth, this report constructs a China Securities Market Quality Index which facilitates the examination of the relationship between the quality of development in the financial sector and economic activities. It also provides the regulatory authorities with an efficient way to monitor market quality.

目　录

第一篇　背景篇

第二篇　理论篇

第三篇　方法篇

第四篇 度量结果与分析篇

第五篇 国际比较篇

Table of Content

Part 1 Background

Part 2 Theories

Part 4　Results and Analysis

Part 5　International Comparisons

Part 6 Conclusions and Policy Implications

第一篇　背景篇

绪 论

第一节 股票市场质量及其度量的重要意义

1978 年改革开放以来，我国经济与金融快速发展，取得了令世人瞩目的历史性成就①。然而，长期以来注重规模发展的方式导致我国经济金融发展的质量仍然不理想，不能适应新时代我国经济金融发展的新要求。党的十八大以来，党和政府清醒地认识到我国经济发展中面临的新问题，坚持全面深化改革，实施创新驱动发展战略，加快转变经济发展方式，把推动发展的立足点转到提高质量和效益上来。在中国共产党第十九次全国代表大会（以下简称十九大）以及同年 7 月召开的全国金融工作会议上，习近平总书记明确指出中国经济已由高速增长阶段转向高质量发展阶段，建设现代化经济体系必须坚持质量第一、效益优先，推动经济发展质量变革、效率变革与动力变革。习近平新时代中国特色社会主义思想关于经济发展质量的论断为未来全面提升中国特色社会主义市场经济质量提供了强有力的理论基础。同时该思想明确要求，作为中国特色社会主义市场经济重要组成的资本市场必须坚持质量导向，深化金融体制改革，增强金融服务实体经济能力，健全金融监管体系，守住不发生系统性金融风险的底线。因此，提升经济与金融发展质量以助力我国战略目标的实现将是未来很长一段时间内政府以及社会各界重点关注的核心问题之一。

什么是金融发展质量？在系统梳理与总结以往文献的基础上，Levine

① 根据国家统计局数据，截至 2017 年底，我国国内生产总值从 1978 年的 3678.7 亿元增加到 827122 亿元，成为仅次于美国的世界第二大经济体；人均国内生产总值也从 1978 年的 385 元增加到了 59660 元。根据《中国银行业监督管理委员会 2016 年报》的统计，2016 年我国银行业资产规模已经高达 232 万亿元，超过欧洲银行业，更是美国银行业的两倍多。根据 Choice 的统计，截至 2017 年 12 月底，我国沪深两市上市公司已达到 3485 家，股市市值达到 63.18 万亿元，仅次于美国位列全球第二；存续企业债与公司债共计 7471 只，票面总额 8.43 万亿元。

（1997，2005）指出金融系统应当提供五个方面的功能：（1）生产潜在投资的事前信息；（2）监督投资与实施公司治理；（3）风险管理；（4）动员储蓄；（5）便利交易。这五个方面功能的表现不仅反映了金融系统运行效率的好坏，也反映了其服务实体经济的质量，因此可以作为衡量金融发展质量的参考标准。如果金融机构或者金融市场在上述五个方面的变化，最终能够缓解信息不对称、促进契约执行以及降低交易成本，那么就可以认为金融发展质量得到了提高。而金融发展质量的提高不仅会增加资本配置的效率，还会推动金融发展规模不断增长。如此一来，越来越多的资本进入经济，从而推动经济持续增长。

然而令人遗憾的是，现有文献主要采用储蓄、贷款、股市规模、流动性等经济总量数据度量金融发展的数量特征（即金融深化程度），但在金融发展质量度量方面始终没有明显进展（Goldsmith，1969；Jung，1986；King and Levine，1993；Demetriades and Hussein，1996；Levine and Zervos，1998；Neusser and Kugler，1998；Levine et al.，2000；Arestis，Demetriades and Luintel，2001；Loayza and Ranciere，2002；Christopoulos and Tsionas，2004；Rioja and Valev，2004；Rousseau and Sylla，2005；Aghion et al.，2005；Rousseau and Wachtel，2005；Levine，2005；Liang and Teng，2006；Bertrand，Schoar and Thesmar，2007；Demirgüç－Kunt and Levine，2008；Guiso，Sapienza and Zingales，2009；王志强和孙刚，2003；沈坤嵘和张成，2004；梁琪和滕建州，2005，2006；王晋斌，2007）。近些年少数文献注意到了经济总量数据衡量金融发展的局限性，并尝试采用微观数据提出新的度量方法。Boyd 和 Jahal（2012）提出基于融资优序理论的边际债务效率来度量各国金融发展，梁琪和陈文哲（2014）将这种方法拓展到了省际金融发展的度量。尽管这种方法依据的是企业微观数据，但金融发展度量结果取决于债务与非债务比例的事实表明该方法仍然延续了总量变量的思路。Čihák 等（2013）构建了一个包含金融深化（Financial Depth）、金融获取（Access to Finance）、金融效率（Financial Efficiency）和金融稳定（Financial Stability）四个维度的金融发展度量框架，并且在具体度量指标中也列出了交易成本、价格影响、价格同步以及收益分布偏度等微观的指标，但遗憾的是在实际的度量中仍然采用传统总量指标。比如，采用股票市场总体换手率而不是交易成本、价格影响来度量金融市场效率；采用总体股指波动率而不是价格同步、收益分布偏度来度量金融市场稳定性。因此 Čihák 等（2013）虽然在金融发展度量框架与指标设计方面进步明显，但仍然未能在金融发展质量的实际度量方面有任何实质性突破。采用总量测度金融发展的相关结果并不是非常理想。以中美为例，两国的金融发展在上述四个方面几乎都处在同样的分位数区域，这与中美两国金融发展差异明显的现实似乎并不相符。因此，现有文献提出的金融发展度量方法与理论相差太大（Levine，1997，2005；Demirgüç - Kunt and Levine，2008；Čihák et al.，2013），无法有效捕捉金融发展的质量特征。在金融发达经济体中，金融发展规模与质量之间可能是同步的，但在金融不发达的经济体中，由于门槛效应的存在，金融发展规模的增长可能并不会带来质量的同步改善，这就导致相关结论更加不可靠。

经过四十年的改革与开放，我国的金融发展已经到了从注重数量转向全面提升质量的阶段。在新时代背景下，国内学术界迫切需要转变思维，从质量维度开展我国金融发展问题的研究，以更好地服务于国家经济金融战略目标。然而遗憾的是，国内外学术界虽然在衡量金融发展数量方面取得了显著成果，但在如何准确度量金融发展质量方面却鲜有突破。这就导致从质量视角研究金融发展的文献非常有限。综合已有文献，本报告认为金融发展质量是金融发展的微观层面体现，因此金融发展质量的度量不仅要重视微观视角的理论界定，还要使用微观的数据进行度量。但受数据获取的限制，学术界一直没有找到非常合适的方法实施金融发展质量的微观度量。然而，随着金融科技的不断发展与金融数据管理模式的不断完善，可使用的微观交易数据越来越丰富，从而使从微观视角度量金融发展质量成为可能。

对金融发展质量的度量应当遵循由易到难的顺序进行。由于金融市场相关的研究丰富且数据容易获取，因此更加适合作为研究的突破点。在各类金融市场中，股票市场交易市场化、透明化程度普遍很高，交易数据比较丰富也容易获取，因此资产定价与市场微观结构领域的很多文献围绕股票市场相继研究了定价效率、流动性、波动率等与金融市场质量相关的问题。与之相比，银行、证券、保险、基金、信托等金融机构的交易数据相对比较私密且不容易获取，但随着信息披露的不断加强，可使用的金融机构（特别是上市金融机构）微观交易数据也越来越多。已有文献研究了金融机构盈利、风险、流动性、经营效率，以及贷款发放、利率等银行贷款决策问题（Mester，1996；Bonni et al.，2005；Dick，2006；Graham et al.，2008；Berger et al.，2009；Demiroglu and James，2010；Liang et al.，2013；郝项超和张宏亮，2011；郝项超，2013）。

鉴于此，本报告重点研究股票市场质量及其度量。1990 年 12 月上海证券交易所正式开市时只有八只股票，但到 2017 年 12 月底，沪深两市上市公司已达到 3485 家，发行 A 股与 B 股股票 3567 只。股市市值达到了 63.18 万亿元，占 GDP 的比重超过了 75%，成为仅次于美国的全球第二大股票市场。沪深两市募集资金总额 10.98 万亿元，其中首次公开发行（即 IPO）募集资金 2.91

万亿元，再融资发行募集资金 8.07 万亿元[①]。股票市场的蓬勃发展为缺乏长期资金的中国企业提供了一个重要的资金来源，但其自身存在的诸多问题也使各界对股票市场的作用存在一定的争议。然而，由于缺乏有效的度量方法，学术界与监管界始终无法准确地评价我国股票市场的质量及其对实体经济的真实影响。

同时本报告也注意到，现有股票市场质量的界定与度量主要基于发达国家，并且很少考虑金融与实体经济的密切联系，因此其是否适用于我国金融市场很是值得商榷。鉴于此，本报告密切结合国内外学术研究前沿理论与方法，并在充分考虑我国经济与金融发展实践以及未来战略目标的基础上，构建了既与国际接轨同时又体现中国特色社会主义市场经济特点的股票市场质量度量方法，通过应用金融交易大数据与人工智能技术来动态度量与监测股票市场质量，从而弥补目前现有研究的不足。本报告预期在股票市场质量研究成果的基础上，未来进一步将相关研究拓展到信贷市场、债券市场、外汇市场、衍生品市场、期货市场、能源市场以及卫生健康市场等。

第二节　股票市场质量度量的国内外文献

作为资本市场最重要的组成部分，股票市场承载了很多核心金融功能，也是众多学者和各国监管部门最为关心的市场。然而，由于关注的重点不同，学术界与监管部门对股票市场质量的界定存在非常明显的差异。

一、学术界对股票市场质量的界定与度量

学术界对股票市场质量的关注与研究主要集中在资产定价和市场微观结构两个重要领域。其中，资产定价领域对市场质量的研究主要来自有效市场假说（Efficient Market Hypothesis，EMH）。尽管有效市场假说最早可以追溯至 16 世纪的数学家 Girolamo Cardano 关于赌博的论述，但在金融领域真正引起广泛注意则是从 20 世纪 50 年代开始。Friedman（1953）、Samuelson（1956）、Cootner（1964）以及 Fama（1965）等学者对有效市场进行了深入的研究，其中 Fama 的工作最为突出。Fama（1965）首次清晰地给出了有效市场的定义，认为在有效的股票市场中股票价格服从随机游走过程。但 Samuelson（1965）则认为在有效市场中股票价格服从一个鞅过程（Martingle）。Roberts（1967）首次提

① 以上数据均来自 Wind 的统计。

出了有效市场假说这一术语，并尝试将有效市场区分成强式和弱式两种，但没有给出严谨的证明。Fama（1970）借鉴了该术语以及区分有效市场的方法，形成了严谨的有效市场假说。在Fama（1970）定义的有效市场假说中，对于给定的信息集，如果价格能够完全反映信息集，那么市场就是有效的。Fama（1970）将有效市场分为强式（Strong Form）、半强式（Semi - Strong Form）以及弱式（Weak Form）有效市场。根据Fama的定义，强式有效市场中信息集包括了所有私有和公开的信息，并且任何投资者都知道这些信息；半强式有效市场中信息集包括了投资者已知的所有公开信息；弱式有效市场中信息集则只包含历史价格信息。之后大量研究延续了Fama的有效市场假说理论框架，并从不同方面进行了拓展。总体上，资产定价相关研究认为市场效率主要体现为信息在价格中的反映程度，但并不关心信息反映到价格的具体过程和机制。依据有效市场假说，经验研究将资产价格反映信息的效率分为信息量和信息反应速度两部分，并设计了不同的度量方法（Morck，Young and Yu，2000；Hou and Moskowitz，2005；Bris，Goetzmann and Zhu，2007；Boehmer and Wu，2012）。

市场微观结构是20世纪60年代兴起的金融学研究重要分支，其研究在很大程度上弥补了资产定价相关研究忽略价格形成过程的不足。市场微观结构侧重于分析具体的交易机制如何影响最终的资产价格，因此通常与行为经济学、信息经济学等存在密切的交叉联系。市场微观结构最早的系统理论研究来自Demsetz（1968）采用交易成本经济学（Transaction Cost Economics）对纽约证券交易所股票市场买卖价差的深入分析。后续的研究从不同的方面对其研究进行了拓展和完善。早期的研究特别关注存货的影响，提出了存货模型，讨论了订单流（Order Flow）、资产组合风险、股票价格不确定性以及做市商竞争对交易成本的影响（Garman，1976；Stoll，1978；Ho and Stoll，1981；Cohen，Maier，Schwartz and Whitcomb，1981）。然而Bagehot（1971）指出，股票市场中的交易者可以分为知情和不知情交易者两种，因此存货模型忽略了金融交易中普遍存在的信息不对称对交易成本的影响。Copeland 和 Galai（1983）、Glostein 和 Milgrom（1985）、Easley 和 O'Hara（1987）、Easley 和 O'Hara（1992）、Subramanyam（1997）等后续研究提出了不同的信息模型，从逆向选择、交易规模、交易择时（Timing）等方面分析了信息不对称对交易成本的影响。依据市场微观结构相关理论，经验研究从流动性、交易成本、波动率等角度提出了多种度量市场质量的方法，比如交易量（金额）、报价价差、有效价差、实现价差、非流动性指数等（Ho and Macris，1984；Roll，1984；Kyle，1985；Madhavan and Smidt，1991；Hasbrouck，1993；Huang and Stoll，1996；Amihud，2002；Pastor and Stambaugh，2003；Collin - Dufresne and Fos，2015）。此外，少数文献考察了监

管对市场效率的影响，比如 Brunnermeier（2005）研究了美国证券委员会信息公平披露监管对交易和市场效率的影响。

综上所述，不同金融学分支领域的研究在定义市场质量时存在非常明显的差异。资产定价特别强调资产价格中的信息对市场效率的重要性，但市场微观结构相关文献则重点研究交易成本。不仅如此，已有学术研究大多强调市场的作用，并且特别关注价格以及价格形成机制等市场经济的重要内容，但忽略了维护市场顺利运行的外部监管的重要性。

二、监管界对股票市场质量的界定与度量

与学术界不同，监管界对股票市场质量的理解则要宽泛很多。监管界主要包括两部分。第一部分是各个国家或地区法定的股票市场监管部门，比如美国证券交易委员会（Securities and Exchange Commission，SEC）、英国金融市场行为监督局（Financial Conduct Authority，FCA）以及我国的证监会（China Securities Regulatory Commissions，CSRC）等。监管部门负责监督整个股票市场的健康运行，因此它们不仅关心市场效率，更关心损害市场效率的因素，比如市场操纵、内幕交易等不公正行为以及股票市场异常波动等。监管部门不断改进其监管政策与措施，以确保股票市场的正常运行，避免发生重大系统性金融风险，进而保护投资者的利益。第二部分是证券交易所。目前国际上多数交易所采用了公司的形式，但其同样肩负了一定的监管责任。但是与监管部门不同，交易所通常面临同行的竞争，因此其对股票市场质量的关注主要集中于市场效率方面。

本报告总结了国际证监会组织（International Organization of Securities Commissions，IOSCO）[①]、主要发达市场与新兴市场监管部门以及世界主要证券交易所对市场质量的理解或监管目标（见附表 1）。IOSCO 认为证券市场监管应当致力于保护投资者，确保市场公平有效与透明，并减少系统性风险。这一观点与美国、英国、加拿大、德国、日本等发达市场以及中国、巴西、印度、南非等新兴市场监管部门的监管目标都是一致的。显然，与学术界不同，监管部门不仅关心市场运行的效率，更关心股票市场运行的公正、透明以及稳定。这一点在 2008 年国际金融危机之后显得尤为突出。与以往绝大多数金融危机发生在新兴市场国家不同，2008 年国际金融危机主要发生在效率最好的发达市场。因此，监管部门仅仅关注提高市场有效性并不能确保股票市场不发生系统性风

① 国际证监会组织（IOSCO）成立于 1983 年，总部位于西班牙马德里，目前成员包括 115 个主要市场的监管主体，覆盖了全球 95% 以上的证券市场。IOSCO 的规定虽然不具有强制力，但很多内容被世界各地监管主体普遍接受，因此具有非常广泛和重要的影响力。

险。另外，即便是在美国等发达股票市场中，操纵市场、内幕交易等不公正行为也是普遍存在的。不公正交易行为不仅降低了市场效率，更损害了投资者利益，因此监管部门更加倾向于从金融系统的角度来定义股票市场质量。显然，这种界定要比学术界的理解包含更多的维度。

在世界主要交易所中，多数交易所强调股票市场公平、公正和效率的重要性。但在实践中受同行竞争压力的影响，大多数交易所更加关注股票市场的效率，比如流动性、交易成本、交易执行质量等。部分交易所（比如美国 NASDAQ）开发了监测工具来监督在该交易所进行的交易是否违反了公平公正交易的规则，但其他交易所则缺乏这种持续和及时的监督工具与能力。然而，一个很好的趋势是，很多尚未建立不公正交易行为监督系统的交易所也都在积极弥补这方面的缺陷。另外，由于交易所的职责仅限于交易所自身，因此其对系统性金融风险的关注通常明显低于监管部门。

就中国的证券交易所而言，上海证券交易所最早在 2010 年左右进行了股票市场质量评估工作，每年定期发布《上海证券交易所市场质量报告》。上海证券交易所主要从交易成本、流动性、波动率、订单执行等多个角度分析市场质量，并基于相对有效价差和波动率构建了一个市场质量指数。深圳证券交易所随后也开展了类似的工作。这些工作对监管机构制度建设和投资者交易活动提供了很有价值的参考。然而，上海证券交易所与深圳证券交易所市场质量评估至少存在三个方面的不足。第一，更多从交易所经营的角度评估股票市场质量，忽视了股票市场质量的公正与系统性风险等维度。第二，订单簿重构过程中按照 30 秒的间隔重新生成交易数据序列，减少了计算的工作量，提高了工作效率，但降低了计算结果的准确性和可靠性。第三，尽管借鉴了国际同行的一些经验，但国内交易所构建的市场质量度量方法在进行国际比较时存在一定的局限。而且，受数据的限制，国内交易所并没有进行国际比较。因此，国内有关股票市场质量的界定、指标体系构建、计算技术以及国际比较等方面都存在明显的改进空间。

综上分析，尽管学术界与监管界都普遍重视股票市场质量，但在具体界定上却因关注重点不同而存在明显的差异。2008 年国际金融危机之后，一些学者清醒地认识到学术文献对市场质量关注过于狭隘的局限性，尝试加强学术界与监管界以及业界的交流，拓展市场质量相关研究的范围。Schwartz（2013）指出金融市场质量不应当仅仅局限于传统意义上的交易成本，而是应当包括四个方面：（1）快速经济地处理交易；（2）数量发现，即金融市场中不同交易对手能够有效匹配并以合理价格完成交易；（3）价格发现；（4）一级市场有效募集资本。美国乔治城大学金融市场与政策研究中心（Center for Financial

Markets and Policy, Georgetown University）从2012年开始举办金融市场质量研讨会（Financial Markets Quality Conference），邀请学术界、业界和监管部门顶级专家共同讨论。截至2017年底，该研讨会已经举办了四届①，但似乎并没有取得明显进展。Aitken，Harris 和 Ji （2009，2015）以及 Aitken 和 Harris（2011）是为数不多的从系统角度构建市场质量的研究，他们将市场质量的界定拓展到了市场效率和市场公正两个维度，并重点研究了尾盘操纵对交易成本的影响，即公正对效率的影响。然而，由于他们主要基于交易数据来度量市场质量，这就导致其对市场质量的界定忽略了股票市场筹集资本（即资本配置）效率以及系统性风险的重要性。

第三节 中国股票市场质量微观度量指标及度量方法

一、中国股票市场质量微观度量指标体系

综合股票市场质量的相关文献以及国内外监管界的实践经验，在充分考虑中国特色社会主义股票市场发展实际情况的基础上，本报告从股票市场系统的角度构建了一个维度更为丰富的改进的股票市场质量微观度量指标体系，见图1－1。在本报告构建的微观度量指标体系中，中国股票市场质量包括市场效率、市场公正与系统性风险三个组成部分。

（一）市场效率及其度量方法

股票市场效率的概念主要来自 Fama 等学者的论述，但不同学者对市场效率具体内涵的理解存在一定的差异。Fama（1965，1970）、Figlewski （1978）、Grossman（1976，1995）、Dow 和 Gorton（1997）、Brunnermeier（2005）等学者认为市场效率不仅包括信息效率，还包括资本配置的效率。Robinson 和 Wrightsman（1975）、Easley 和 O'Hara（1987）、O'Hara（1995）、Dimson 和 Mussavian（1998）、Chordia 等（2005）等市场微观结构领域的学者则认为市场效率还应当包括交易成本。West（1975）将证券市场效率分为外部效率（External Efficiency）和内部效率（Internal Efficiency）两类。其中外部效率主要是指价格充分反映可得信息的能力；内部效率是指资本市场的交易运营效率，反映资本市场组织机构和服务设施的完善程度，主要用市场完成交易的时间和交易费用衡量。Schwartz（2013）指出市场效率包括交易处理、数量发现、

① 时间分别为2014年、2015年、2016年、2017年。

价格发现与融资四个方面的内容，但实际上其所定义的交易处理效率及数量发现效率与运行效率的内涵是一致的，而价格发现效率和融资效率则分别与信息效率和配置效率的内涵一致。综合有效市场理论以及市场微观结构等领域的相关文献，本报告认为市场效率主要包括配置效率、运行效率以及信息效率三个方面。

配置效率是指股票一级市场配置资本的效率。理论上，资本配置的完整过程应当包括两个阶段，即投资者将资本投向企业的过程以及企业运用资本进行投资运营的过程（Fama，1970）。在资本配置的过程中，投资者与发行人以及承销商之间存在信息不对称问题。信息不对称主要有两个来源。一方面，发行企业或者承销商故意隐瞒信息；另一方面，即便能够获得所有信息，发行人与投资者的有限理性也会导致其无法准确判断企业价值。除此之外，市场情绪也会导致投资者的非理性，从而使其所拥有的私人信息无法有效进入到股价中，最终降低资本配置的效率。不仅如此，在中国股票市场，监管导致的供求严重失衡也会扭曲发行价格，降低配置效率。然而，无论是信息不对称还是供求失衡，最终都会反映到股价之中。因此，在综合已有文献的基础上，本报告采用首次公开发行抑价率与再融资折价率来度量一级市场的资本配置效率。

运行效率是指股票市场达成交易的成本高低。一般而言，交易执行的成本越低，股票市场运行效率越高，反之则相反。在股票市场实际交易中，交易成本不仅包括佣金、交易税等费用，还包括存货管理以及信息不对称导致的成本。由于佣金与交易税比较确定，而且随着股票市场的发展与股票交易竞争机制的完善，佣金在交易成本中的比重越来越小，因此学者们主要研究了存货与信息这两个决定交易成本的主要因素。这些研究认为市场并不是完全有效的，市场出清并不是瞬间完成的，而是需要一个过程。在这种市场背景下，需要一个做市商提供即时性服务以使不同时刻的供需双方能够迅速达成交易。存货理论认为做市商在提供即时性服务的过程中自身却承担了持有股票的存货风险，因此需要交易对手支付一定价差作为弥补。但信息模型则认为做市商在提供即时性服务的过程中面临严重的信息不对称问题。做市商在与知情交易者进行交易时会因信息劣势而遭受损失，因此做市商必须通过与不知情交易者交易获得利润来弥补这些损失才能生存下来。由于做市商无法区分知情交易者与不知情交易者，但可能知道两类交易者的分布概率，因此做市商可以通过设定一定的买卖价差来实现生存的目标。当然，精明的做市商也可以通过观察交易者提交的订单流或者订单类型来获取交易者的信息，从而调整其买卖价差。但知情交易者如果预期到做市商的学习行为，很可能调整交易的策略。因此，只要市场上存在知情交易者，做市商的买卖报价价差就一定会大于零。综合已有文献，

本报告分别采用相对有效价差、价格影响、相对实现价差等基于日内账簿数据的方法以及 Roll 价差、Corwin 价差与 Amihud 非流动性指数等基于日交易数据的方法来度量运行效率。

信息效率是指股票价格反映信息的多少和吸收信息的速度。一般而言，股票价格反映的信息越多，吸收信息的速度越快，股票市场的信息效率越高。学术界对信息效率的界定有两个视角。一方面，有效市场假说强调如果价格能够完全反映给定的信息集，那么市场就是有效的。根据股价反映信息集的不同，有效市场可以分为强式、半强式以及弱式三种。因此在有效市场假说看来，市场效率就反映为信息效率。另一方面，市场微观结构的文献则认为信息效率体现为股票市场的价格发现功能。研究认为，在市场形成过程中，交易机制、交易者类型、交易策略等微观因素的优化与改善可以加强价格发现功能，从而提高股价中的信息含量，加快股价吸收信息的速度。现有文献提出了多种衡量信息效率的方法。比较常见的方法包括自相关系数、方差比以及波动率。由于数据的限制，在以往的研究中这些方法主要采用的是日交易数据，本报告进一步将其拓展到日内账簿数据的层面。也有一些近期的文献提出了采用日交易数据的一些新方法，比如在可决系数 R^2 的基础上度量特质信息含量，采用互自相关系数衡量股价吸收市场信息的速度。

（二）市场公正及其度量方法

股票市场的公正性是各国监管层关注的重点领域，也是世界主要交易所追求的目标与宗旨之一。比如，纳斯达克交易所认为应为投资者提供公平与竞争的交易环境，澳大利亚证券交易所强调公平公正至关重要。目前，国内外学者对市场公正的内涵尚未达成共识。其中，Bhattacharya 和 Daouk（2000）等认为市场公正与否体现在与内部人相比，外部人进行证券交易时是否存在劣势以及劣势的程度；Comerton – Forde 和 Rydge（2006）将市场公正定义为投资者能够公平地在价格反映信息的市场中进行交易的能力；Margotta（2011）指出，当股票价格产生于一个不存在误导性信息的市场时，该市场可以被看作公正市场；IOSCO（2017）认为市场公正是指市场有序运行的程度，即当一个市场制定了有效的交易规则并得到强制执行的时候，该市场可以被认为是公平有序的；Aitken 和 Harris（2012）将市场公正界定为市场参与者从事被禁止交易行为的严重程度，包括市场操纵、内幕交易、老鼠仓等。

尽管以上学者针对市场公正内涵的界定是从不同的角度展开的，但无论是从投资者能否公平获取信息的角度来看，还是从违法违规交易行为严重程度的角度来看，以上对市场公正内涵的界定均体现出应杜绝任何投资者利用某些差别性的优势（如信息优势等）从事市场操纵、内幕交易等扰乱市场秩序的行为。鉴于此，本报告认为，市场公正是指扰乱市场秩序的行为得到有效遏制的程度，即当股票市场中市场操纵、内幕交易等扰乱市场秩序的行为能够得到有效遏制时，该股票市场可以被认为是公正的。

根据上述关于股票市场公正内涵的界定，本报告尝试以股票市场中扰乱市场秩序行为的严重程度来度量市场公正水平。进一步地，《中华人民共和国证券法》规定，禁止任何人采取各种手段操纵证券市场；禁止证券交易内幕消息的知情人和非法获取内幕信息的人利用内幕信息从事证券交易活动；同时，上市公司必须真实、准确、完整地披露信息，不能出现虚假记载、误导性陈述或重大遗漏。根据中国证监会年报对违法违规案件的统计，市场操纵、内幕交易、信息披露违规案件的数量占比较高。据此，本报告主要从市场操纵、内幕交易和信息披露违规三个维度来评估中国股票市场的公正程度。市场操纵是指行为人以不正当手段影响证券价格或证券交易量、扰乱市场秩序的行为；内幕交易是指内幕信息公开前利用该信息买卖相关证券、泄露该信息或建议他人买卖相关证券的行为；信息披露违规是指上市公司在信息披露过程中违反法律法规等强制性规定，违背真实性、准确性、完整性、及时性及公平性原则，向股东和社会公众提供虚假信息，或隐瞒、推迟披露重要事实的行为。

具体来说，对于市场操纵，鉴于连续交易操纵、收盘价操纵以及虚假申报操纵是中国股票市场最为常见的操纵手段，而以频繁申报和撤销申报为主要特征的虚假申报操纵往往用于操纵股票的开盘价。因此，本报告重点关注中国股票市场连续交易操纵、开盘价操纵以及收盘价操纵行为的严重程度。在操作上，基于各类操纵行为所引起的股票在成交价格、成交量等方面的异常变化，本报告分别构建了各类操纵行为的监测模型，并以发生疑似市场操纵行为的数量占比及金额占比来测度股票市场发生操纵行为的相对严重程度；对于内幕交易，本报告分别构建了基于成交价格的信息泄露模型与基于成交量的信息泄露模型，来监测中国股票市场的内幕交易行为，并以发生疑似内幕交易行为的数量占比及金额占比来刻画股票市场发生内幕交易行为的相对严重程度；对于信息披露违规，受数据可得性的限制，本报告主要侧重于对已收集的上市公司信息披露违规处罚案例进行分析，以揭示中国上市公司信息披露违规所表现出的特征。

（三）系统性风险及其度量方法

2008 年国际金融危机发生以后，系统性风险成为学术界、业界和金融监管部门关注的焦点。目前学术界对系统性风险（Systemic Risk）的定义并不统一，众多学者从不同的视角定义了系统性风险，但是归纳总结可知系统性风险具有以下三个特征：（1）冲击性。部分学者将系统性风险视为宏观冲击，并且认为系统性风险对大部分或整个经济金融系统产生了巨大的不利影响（Mi-

shkin, 1995; Bartholomew and Whalen, 1995; De Bandt and Hartmann, 2000)。(2) 传染性。系统性风险不仅影响单个金融机构，还将风险传染至多个金融机构和金融市场（BIS, 1994; Kaufman, 1995; Federal Reserve System, 2001）。(3) 危害性。系统性风险的爆发通常会产生巨大的损失，并对实体经济产生负面的外部溢出效应（G10, 2001; Dijkman, 2016; IMF, 2013）。上述学者和机构主要从风险冲击、风险传染以及风险爆发所导致的后果三个视角定义了系统性风险，且多集中于金融机构系统性风险的探讨。股票市场作为金融市场的一部分，既有其他金融市场所共有的风险，又有其自身所特有的风险。因此本报告在借鉴国内外学者对系统性风险定义的基础上，充分考虑到股票市场不同于其他金融市场的特质，按照股票市场的风险演变路径，提出股票市场系统性风险的定义，即股票市场系统性风险是指股票市场个股或者局部受到冲击后，通过传染放大机制，风险由小变大、从局部传染至整个系统，进而造成整个市场的股价大幅下跌，股票市场发生剧烈波动、危机或瘫痪的可能性。股票市场系统性风险主要包含三个元素：冲击、传染和后果。其中，冲击是股票市场系统性风险爆发的诱因；传染放大机制是个股股价大幅下跌演化成股票市场系统性风险的核心所在，冲击的传染扩散使风险由小变大、从局部传染至整个系统；后果则是股票市场系统性风险爆发的结果，股票市场系统性风险爆发的最直接后果就是股灾，即股票市场发生剧烈波动、危机或瘫痪，股票市场遭受巨大损失。根据股票市场系统性风险的定义，股票市场系统性风险水平的高低可以用冲击、传染和后果三个元素来度量评估，对应地，本报告将从冲击强度、传染力度和损失程度三个维度构建指标体系来具体量化股票市场系统性风险水平。

首先，冲击来源复杂多样，经济基本面、金融市场、政策因素等都有可能成为冲击来源。从规模上来说，冲击可以是全面冲击，也可以是局部冲击。从过程上来说，冲击可能是突如其来的，也可能是由于缺乏合适的政策响应，风险不断积聚而来的。此外，冲击强度一方面取决于冲击本身，另一方面也受到股票市场系统抵御风险冲击能力的影响。因此，试图穷尽冲击的来源并直接测度冲击强度是不具备可操作性的。实际上，无论冲击来源如何、规模大小，冲击必然反映在个股的股票价格上。负向冲击会提高个股股价大幅下跌的风险，冲击越强，个股股价大幅下跌的风险越大。而且通过个股股价大幅下跌风险间接度量冲击强度，不仅考虑了冲击本身，还考虑了股票市场系统抵御风险冲击的能力。股价大幅下跌风险的上升意味着股票收益率左偏程度加大，因此本报告采用负偏度系数和上下波动比率指标测度股票收益率的左偏程度来衡量股价大幅下跌风险，进而间接度量股票市场冲击强度。

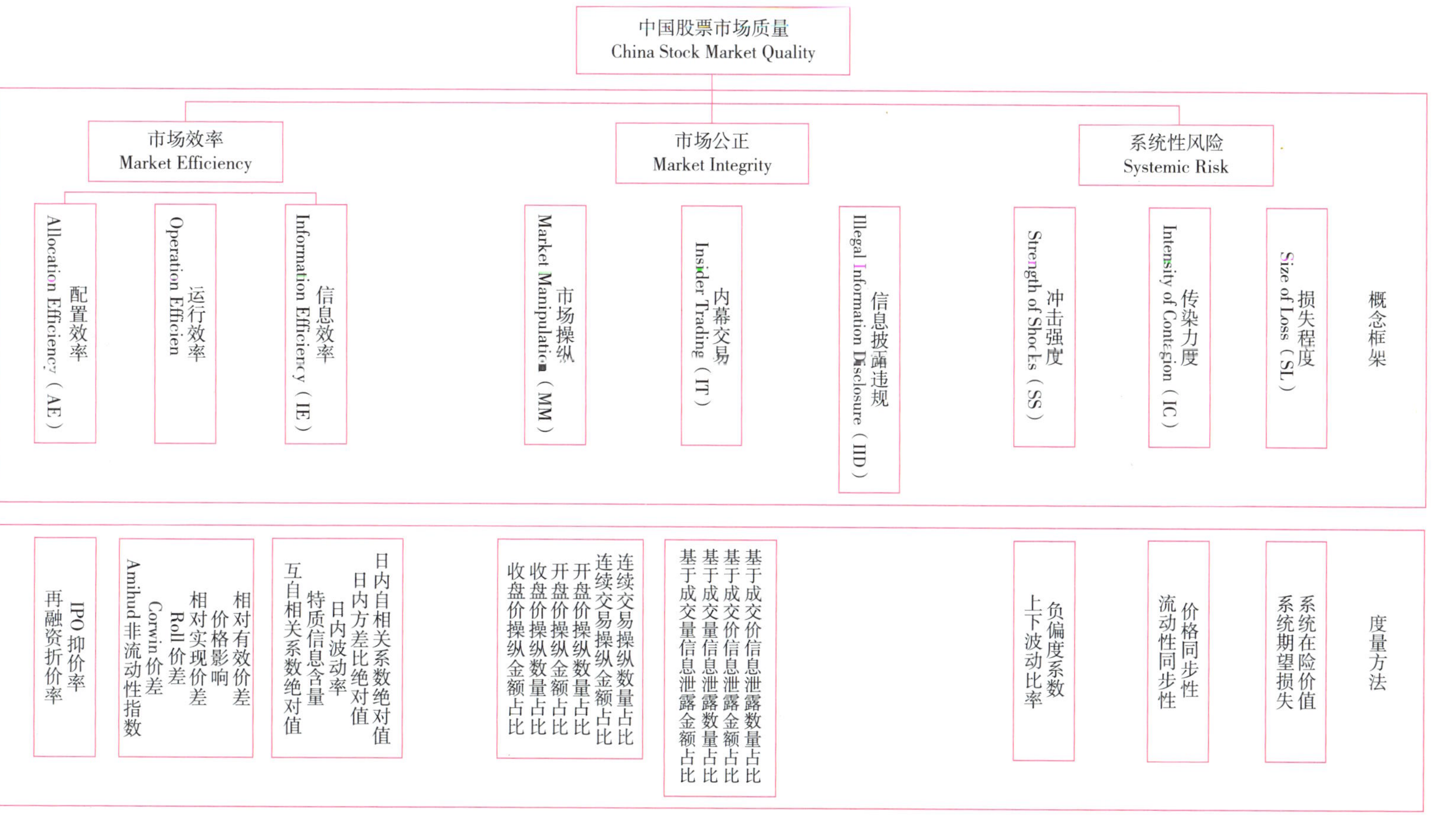

图1－1 中国股票市场质量微观度量指标体系

其次，传染放大机制是股票市场系统性风险爆发的核心所在，冲击通过直接关联渠道、间接关联渠道和信息渠道等传染扩散，使个股股价大幅下跌演化成股票市场系统性风险。其中，直接关联和间接关联都属于业务关联因素，羊群效应、恐慌心理、信息传染等构成了信息渠道。传染机制的复杂性以及传染渠道的多样性使直接度量传染力度难以实现，因此，本报告基于股票市场同质性间接评估传染力度。股票市场同质性既包括上市公司同质性，也包括投资者行为的一致性。个股的同质性越高，投资者行为越一致，风险传染的可能性以及范围越大，即传染力度越大。股票市场同质性又体现在价格和流动性这两个维度上。价格同步性和股价信息含量有关，股价同步性上升，则股价变动更多地体现了市场公共信息，大量个股股价的同步变动表明股票市场充斥着公共信息，股票市场同质性越强，股票市场风险传染力度越大；当流动性同步性较高时，个股流动性的变动对市场流动性的变动较敏感，个股流动性倾向于同向变化，这表明股票市场的同质性越高，股票市场风险传染力度越大。因此本报告采用价格同步性指标和流动性同步性指标来测度股票市场同质性水平，进而间接衡量系统性风险传染力度。

最后，股票市场系统性风险的爆发使整个系统遭受巨额损失，股票市场危机是系统性风险爆发的最直接后果。因而，系统性风险水平的高低可通过损失程度来反映，但是这里的损失程度并不是单只股票的，而是整个系统的。对系统性风险损失程度的衡量应该基于市场层面，从市场整体出发进行测度。本报告采用在险价值（VaR）和期望损失（ES）这两个标准的风险度量指标，从截面维度来测度股票市场的系统损失水平和系统潜在损失水平，进而衡量股票市场系统性风险损失程度。其中，左尾系统 VaR 与系统 ES 着眼于风险的实现释放，捕捉股票市场价格广泛的大幅下跌，测度股票市场系统损失水平；右尾系统 VaR 与系统 ES 则着眼于风险的积聚累积，捕捉股票市场价格普遍的急剧上涨，测度股票市场系统潜在损失水平。考虑到股票市场系统性风险的周期性变化特征，左尾系统 VaR 与系统 ES 是股票市场系统性风险的同期度量指标，右尾系统 VaR 与系统 ES 是股票市场系统性风险的前瞻性、预警性度量指标。

本报告从冲击、传染、后果这三个元素出发，基于冲击强度、传染力度和损失程度三个维度测度股票市场系统性风险水平，对股票市场系统性风险进行监测预警，从系统性风险维度来度量股票市场质量水平。

二、股票市场质量三个维度之间的辩证逻辑关系

（一）股票市场效率对市场公正与系统性风险的影响

股票市场效率是市场质量最为核心的内容，代表了股票市场动员储蓄、信

息生产、便利交易、风险管理等基本功能的有效水平，因此有效的股票市场应当有助于提高市场公正，降低系统性风险。

首先，效率高的股票市场可以通过增加不公正交易行为的成本提高市场公正水平。在有效的股票市场中，所有参与者都持有相同的信息，因此操纵股票、内幕交易等行为是无法获得利润的。如果有交易者试图通过操纵股票来获取利润，那么其他交易者很容易发现这种定价错误，并构建反向交易迫使股价趋向其基础价值。如此一来，操纵股票的投机者不仅不能获得利润，反而可能因此遭受损失。因此，随着股票市场效率越来越高，操纵市场与内幕交易等不公正交易行为的成本越来越高，不公正交易行为就会越来越少，最终使市场公正得到改善。相反，在效率比较低的股票市场，不公正交易行为因为不容易被发现而比较盛行，结果导致市场效率进一步下降。

其次，有效的股票市场可以降低股市系统性风险。在有效的股票市场中，股价能够充分反映市场信息，从而阻止错误定价的发生及其可能的影响。而在历次股灾中，很多研究发现股市急剧上涨的过程中往往伴随着信息效率的急剧下降。交易者被市场乐观情绪影响，或者因过于关注历史价格反映的信息而无法做出理性的决策，结果导致交易者个人所拥有的悲观信息无法及时反映到股价之中。这样股票价格会逐渐偏离其真实价值。当这种情况比较严重时，部分精明交易者发现构建反向交易策略不仅可以弥补其交易成本，还可以获得超额利润。随着交易的增加，这类交易者持有的私有信息逐渐反映到股价之中，股价信息效率随之提升。然而，由于股价偏离真实价值太严重，因此其回归基础价值的过程会比较剧烈，从而导致信息效率再次下降。总之，当股票市场效率下降时，市场中的信息不对称问题加剧，股价会严重偏离基础价值，从而增加股票市场系统性风险。同时，股价调整过程中信息不对称程度的提高又会导致市场流动性显著下降，交易成本急剧上升，从而进一步加剧系统性风险。

（二）股票市场公正对市场效率与系统性风险的影响

一直以来，维护市场公正都是全球交易所及监管部门的目标之一。在实践中，监管部门往往通过完善证券市场法律法规体系来规范市场参与者的行为，以促进市场公正。总体来看，在一个公正的证券市场中，市场参与者的投资交易行为能够得到有效规范，有利于确保投资者按照公平的价格进行交易，从而有利于保护投资者尤其是中小投资者的合法权益。与此同时，维护市场公正对市场效率的提升及股票市场系统性风险的降低均有所裨益。

首先，维护市场公正有利于提升市场效率。股票市场流动性及价格发现能力是反映其效率水平高低的重要方面。一般而言，当股票市场的流动性水平越高、价格发现能力越强时，其效率水平越高。就流动性而言，对于运行有序、

违法违规行为得到有效遏制的股票市场，投资者具有更高的进入市场参与投资交易的意愿，从而有利于提高市场交易活跃程度，降低交易成本和提高流动性水平；同时，现有研究成果也表明，市场操纵等违法违规行为往往会加剧市场波动并降低投资者的订单未执行风险。在这种情况下，投资者倾向于选择远离最优买入卖出价格的报价策略，趋于保守化的报价策略容易导致股票交易成本提升和市场流动性下降（Foucault，1998）。这充分表明维护市场公正也会通过作用于投资者的报价策略来影响交易成本和市场流动性（李志辉、王近和李梦雨，2018）；就价格发现能力而言，在公正透明的股票市场中，信息可以更为迅速地反映在价格之中，使价格发现功能得以更好地实现。

其次，维护市场公正有利于降低股票市场的系统性风险水平，从而增强市场稳定性。倘若资本市场上充斥着市场操纵、内幕交易与虚假信息，那么证券价格、成交量、成交额等很可能像“过山车”一样剧烈波动，从而影响投资者情绪。目前，我国股票市场投资者仍以个人投资者为主。在羊群效应的作用下，个人投资者倾向于“追涨杀跌”，这往往会进一步加剧股票市场的波动程度，从而诱发系统性风险。因此，为维护市场公正，需对金融监管制度进行优化和完善，这客观上就增强了股票市场乃至整个金融体系的稳定性，从而有助于守住不发生系统性金融风险的底线（中国金融监管制度优化设计研究课题组，2016）。

总之，在公正原则得到有效维护的证券市场，投资者的合法权益能够得到有效保护，投资者交易意愿的提升有利于提高市场流动性和效率水平；同时，规范有序的证券投资交易也有利于避免证券价格和成交量出现剧烈波动，从而有助于降低股票市场的系统性风险水平。因此，维护市场公正对促进资本市场健康发展至关重要，是确保股票市场质量的重要方面。

（三）股票市场系统性风险对市场效率与市场公正的影响

股票市场系统性风险是由不同来源的冲击诱发的，主要通过直接关联渠道、间接关联渠道和信息渠道传染至整个市场中。股票市场系统性风险的直接结果是股票市场危机，并由此可能引发银行危机、货币危机和主权债务危机，造成巨大的经济损失。因此，有效防范和化解股市系统性风险是维护市场稳定的核心内容，监测股票市场系统性风险对保证股票市场质量和维护经济体系的稳定具有极其重要的意义。具体来看，有效防范股票市场系统性风险的重要性主要源于以下三个方面。

首先，有效防范股票市场系统性风险有助于提高市场效率。股票市场系统性风险的爆发将带来市场剧烈震荡，引起交易成本攀升，导致市场运行效率低下；引起股票价格同涨共跌，阻碍公司特质信息反映至股价中进而导致信息效率低下；引起上市公司市值大幅缩水，实体经济运转受挫进而导致上市公司在一级市场上募集资金的配置效率低下。因此，有效防范股票市场系统性风险有助于提升市场效率，保证市场以较低的成本高效有序地运作。

其次，有效防范股票市场系统性风险有助于维护市场公正。股票市场系统性风险的爆发会造成市场的混乱局面，导致交易成本上升、信息传递机制受阻、流动性下降等问题，而在市场混乱的背景下容易滋生非法勾当，上市公司或高管往往采取各种极端手段非法获利，进而更容易出现市场操纵、内幕交易和信息披露违法违规等行为，破坏市场公正交易环境。因此，有效防范股票市场系统性风险是减少上述违法违规行为和保持公平交易环境的关键前提。

最后，有效防范股票市场系统性风险有助于保护投资者权益。一项基于16个主要新兴股票市场的研究证实，相较于成熟股票市场而言，新兴股票市场大盘暴涨暴跌的概率更高，且暴跌对投资者收益影响巨大。如果投资者避开表现最差的10个交易日，平均投资回报将增加超过300%；如果投资者错过表现最好的10个交易日，平均投资回报将减少约70%（Estrada，2009）。因此，对股票市场系统性风险的有效识别和监控不仅为投资者提供了高效和公平的交易平台，还提供了安全的投资环境，并力图让投资者免于遭受系统性风险带来的巨大损失。

总之，有效地定义、识别和防范股票市场系统性风险不仅有助于维持股票市场高效运行和维护公正的市场环境，也是保护投资者权益的关键措施。对股票市场系统性风险实施有效监测和预警是保证股票市场质量和维护经济体系稳定的重要举措。

三、本报告使用的样本与数据来源

本报告考察的股票市场不仅包括上海证券交易所股票市场与深圳证券交易所股票市场，还包括美国纽约、纳斯达克、英国伦敦、澳大利亚、日本东京、巴西圣保罗、印度孟买、俄罗斯莫斯科、南非约翰内斯堡、中国香港与中国台湾十一个具有代表性的全球主要证券交易所的股票市场。

在样本期间与公司方面，上海证券交易所与深圳证券交易所股票市场包括了1991年到2017年的所有上市公司，纽约、纳斯达克等十一个具有代表性的全球主要股票市场则包括了2007年到2017年的所有上市公司。

本报告使用的数据包括日内账簿分笔交易数据、日间交易数据以及股票发行相关的数据。除上海证券交易所与深圳证券交易所交易股票市场的发行数据来自Wind之外；上海证券交易所与深圳证券交易所的交易数据以及纽约、纳斯达克等十一个具有代表性的全球主要股票市场的数据均来自汤森路透。迈拓

国际科研云端服务平台[1]（MQD）为本报告提供了云计算以及大数据处理服务。

第四节 研究创新与主要结论

一、主要研究创新

本报告创新之处主要体现在如下四个方面。

（一）研究视角的创新

本报告从三个新的视角研究了股票市场质量。第一，本报告首次系统地从质量视角评价我国股票市场发展。作为金融发展的重要组成部分，股票市场的发展同样包括数量与质量两个维度。但已有文献以及新兴股票市场的实践大多关注的是股票市场数量方面的表现，而忽略了质量视角的重要性。然而，随着中国股票市场的快速发展，数量维度的局限性开始凸显出来。习近平总书记在十九大报告以及同年召开的全国金融工作会议上明确指出中国特色社会主义建设已经进入了新时代，未来我国金融改革要坚持质量至上。然而遗憾的是，尽管国内一些文献从理论上阐述了股票市场发展的根本应当是质量，但却没有提出有效的办法来度量和评价股票市场质量。本报告首次从质量的视角系统评价了我国股票市场的发展，弥补了当前国内研究的不足。

第二，本报告从微观的视角界定与度量股票市场质量。以往的文献虽然强调了股票市场质量的重要性，但在度量时却主要采用股票市值规模、换手率等总体指标。尽管这些指标与股票市场质量有一定关系，但其准确度却颇受质疑。本报告创新性地采用微观数据来度量股票市场质量，是目前与其理论界定最为接近的方法。

第三，本报告首次从国际比较的视角，采用统一的市场质量度量指标分析了我国股票市场与十一个具有代表性的全球主要股票市场的差异。少数国内文献尝试采用有限的指标（比如交易成本）来比较我国股票市场与国际股票市场的差异，但这样的比较不仅样本区间差异太大，而且所采用的指标以及计算方法也完全不同。因此比较的结果经常是“关公战秦琼”，甚至得到错误的结果。不仅如此，国内文献大多忽略了市场公正与系统性风险对股票市场质量的重要性，更没有文献进行国际比较分析。本报告采用统一的市场质量指标、统

[1] www. mqdashboard. com

一的度量方法和统一的样本区间比较了2007年到2017年我国上海证券交易所与深圳证券交易所股票市场与美国纽约、纳斯达克、英国伦敦、澳大利亚、日本东京、巴西圣保罗、印度孟买、俄罗斯莫斯科、南非约翰内斯堡、中国香港与中国台湾十一个具有代表性的全球主要证券交易所的股票市场质量，准确评价了我国股票市场质量在国际上的真实水平。

（二）股票市场质量指标构建与度量的创新

本报告基于中国特色社会主义实践特征构建了改进的股票市场质量度量指标与方法。学术界、实务界以及监管界从不同的角度对市场质量进行了界定，但忽略了市场质量的整体性与有机性。学术界通常认为市场质量就是市场效率，但忽略了监管力量在市场质量中的重要角色。监管部门通常比较重视市场公正，但随着股灾的频繁发生，也逐渐将系统性风险纳入监管目标。证券交易所出于竞争的目的主要关心运行效率，但忽略了市场失灵的可能。监管部门对市场质量的关注更加系统，但却没有提出完整可行的市场质量度量方法。就国内情况而言，上海证券交易所与深圳证券交易所主要采用相对有效价差、流动性、波动率、订单执行等指标来度量市场质量，但忽略了股票市场质量其他维度的度量。中国证监会虽然重视市场公正与系统性风险，但对效率的关注显然不足，而且尚未建立系统可行的我国股票市场质量度量指标与方法。本报告在已有文献与金融实践的基础上，充分结合中国特色社会主义实践特征，构建了一个包含市场效率、市场公正与系统性风险三个维度的股票市场质量新指标体系。针对市场质量的每个维度，本报告进一步从微观视角设计了多个可以直接计算的度量指标。

（三）股票市场质量数据处理技术的创新

在我国股票市场质量度量与监测研究中，本报告大量应用金融大数据处理技术，这是该技术在金融监管领域的一次积极尝试。金融大数据处理技术在金融实务界已经非常普遍，但在监管部门的应用却比较有限。这在一定程度上导致监管部门无法有效度量和监测市场质量的动态变化，降低了监管效率。在本报告中，市场效率与市场公正两个维度的度量都是依据日内高频交易数据，系统性风险的度量则依据日交易数据。由于研究的区间包含了我国股市从成立至2017年的几乎所有年份[①]，涉及全部上市公司，因此数据量非常大，存储与计算工作量远远超出一般计算机处理能力。不仅如此，本报告同时计算了2007年到2017年美国纽约、纳斯达克、英国伦敦、澳大利亚、日本东京、巴西圣

① 由于我国股票市场1990年仅有八只股票，并且只在12月不到十个交易日内有交易数据，因此本报告样本区间未包含这一年。

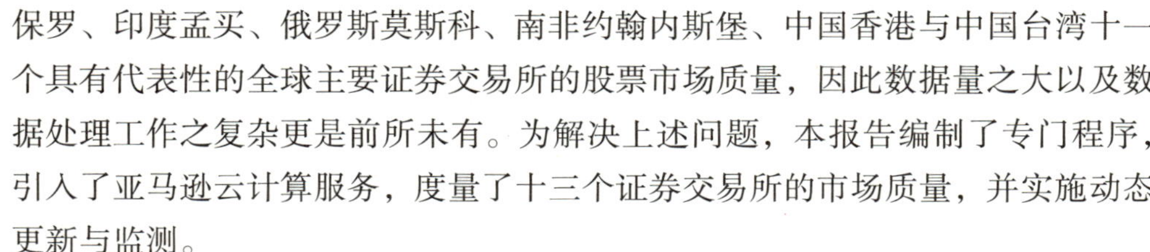
保罗、印度孟买、俄罗斯莫斯科、南非约翰内斯堡、中国香港与中国台湾十一个具有代表性的全球主要证券交易所的股票市场质量，因此数据量之大以及数据处理工作之复杂更是前所未有。为解决上述问题，本报告编制了专门程序，引入了亚马逊云计算服务，度量了十三个证券交易所的市场质量，并实施动态更新与监测。

（四）股票市场质量指数编制的创新

在指标构建与度量方法创新的基础上，本报告编制了中国股票市场质量指数。该指数清晰地描述了我国股票市场从 1990 年开市以来的动态变化以及不同阶段推出重要改革措施对股票市场质量的直观影响。该指数的重要意义体现在两个方面。第一，本报告提出的股票市场质量指数使研究从质量维度考察金融与经济活动的关系成为可能。以股票市场质量作为金融发展质量的替代度量，未来研究可以重新检验金融发展与经济增长的关系，并比较数量维度与质量维度对经济增长影响的差异。股票市场质量也可以用来研究其对企业融资、创新、并购、跨国投资等企业决策的影响，而这种市场微观结构与公司金融学科交叉研究在国际上也才刚刚兴起。第二，本报告提出的股票市场质量指数可以为监管部门提供有力的监管工具，及时、准确与动态地监测市场质量变化，为不断优化监管政策、措施以及效果提供必要的支持。

二、主要结论与政策建议

（一）主要结论

本报告主要结论包括如下四个方面。

第一，总体上随着市场化改革的不断深入与监管制度的不断优化，我国股票市场质量呈现明显的改善趋势，但股票市场质量各维度改善程度并不均衡。就市场效率、市场公正与系统性风险三个维度而言，我国股票市场公正得到了持续改善；市场效率在 2012 年之前表现出显著的持续改善趋势，但之后呈现一定的下降趋势；而系统性风险呈现明显的周期性变化特征，但总体上也得到了一定程度的改善。

第二，我国股票市场质量中市场效率与市场公正维度内部的发展也不均衡。就市场效率而言，运行效率持续显著改善，信息效率则改善缓慢且幅度较小，配置效率改善显著但 2012 年之后出现较为明显的下降。就市场公正而言，中国股票市场内幕交易行为得到有效遏制，而市场操纵行为的改善程度则相对较低，其中开盘价操纵的改善最为显著。

第三，与国际股票市场相比，我国股票市场质量在各维度上的表现差异非常明显。我国股票市场系统性风险的冲击强度最低，损失程度相对较低。运行效率与市场公正处于中等水平，距离发达股票市场有一定距离，但优于其他新兴股票市场。然而，我国股票市场的信息效率明显低于其他股票市场，系统性风险传染力度明显高于其他股票市场。

第四，我国股票市场质量三个维度之间存在非常密切的联系。股票市场异常波动发生通常伴随着市场效率的明显下降，并且恢复的速度比较缓慢，而市场效率的下降使市场不公正行为因成本减小而变得活跃，最终导致股票市场系统性风险上升，损害了股票市场质量。而市场公正的提高通常伴随着市场效率的提升，股票市场系统性风险也随之下降。

（二）主要政策建议

通过系统全面的分析，本报告发现我国股票市场质量在不断进步的同时也存在很多不利因素。多数改革政策对股票市场质量的提升发挥了积极作用，但后续政策的延迟出台经常导致市场质量水平反复波动。尽管这些波动并没有改变市场质量改善的趋势，但却造成了不必要的市场波动与改革成本。本报告认为，导致这种结果的原因之一是缺乏持续监测与评价市场质量的工具。为此，本报告认为应该重视我国股票市场的顶层设计，系统、有步骤地提升我国股票市场的质量。本报告建议考虑如下几个方面。

第一，通过广泛的调研与讨论，确定我国股票市场发展的阶段性目标。本报告认为习近平新时代中国特色社会主义思想提出的质量至上论断应当作为我国股票市场未来改革的指导思想，要研究如何从提升股票市场质量的系统视角来设计 2020 年、2050 年我国股票市场的阶段性发展目标。本报告从市场效率、市场公正以及系统性风险三个维度构建股票市场质量，可以为我国股票市场的改革提供一定的理论借鉴。

第二，务必尽快构建我国股票市场质量动态监测体系，及时准确地评价与掌握我国股票市场质量。金融大数据与人工智能技术已经在金融交易实务中广泛应用，并对现代金融产生了非常深远的意义。其影响有正有负，但监管部门应当及时跟踪和评价新金融科技对股票市场质量的影响。因此，为了确保与金融交易实务同步，监管部门迫切需要研究如何将新金融科技应用于金融监管，从而提升监管效率。

最后，在上述工作的基础上，监管部门应当及时关注市场质量的变化。在新政策出台之前，可在股票市场质量监测系统中进行模拟测试，评估其潜在影响。在新政策出台之后，要密切关注市场质量变化。针对市场质量下降的情况，要及时研究并尽快形成新的后续政策，尽量减少市场不必要的波动，实现市场效率、市场公正与系统性风险的同步改善。

基于本报告研究结论，建议监管部门重点关注如下几个方面的具体政策。

第一，进一步深化股票市场化改革，放松发行制度、交易制度等方面的管制。十九大再次强调要发挥市场在资源配置中的决定性作用，但目前我国股票市场中仍然存在诸多阻碍市场机制运行的管制。其中最为关注的焦点问题之一是股票发行注册制。刚结束的第十二届全国人大常委会第三十三次会议同意中国证监会延迟实施注册制，但这并不意味着发行制度改革的停止。相反，在推出注册制之前，监管部门要充分利用延期的两年，进一步放松股票发行中定价、发行量等有关的监管以及完善股市退出机制，尽快培育注册制实施所需的市场条件。

第二，严厉打击扰乱股票市场正常秩序的非法交易行为，通过加大处罚力度形成巨大的震慑力。本报告建议，监管部门应当充分利用金融大数据处理技术与人工智能技术，建立内幕交易、市场操纵的动态监测体系，通过及时准确地识别不公正交易行为，震慑扰乱股票市场秩序的不法分子，维护股票市场质量，保护投资者权益。

第三，特别重视和关注股票市场系统性风险，尤其要紧密关注国际股市的联动，警惕境外股市异常波动对我国股票市场稳定的潜在不利影响。尽管全球经济与金融形势已经比之前稳定很多，但国内外仍然存在诸多不确定因素。近期美国以及其他全球主要股市的连续暴跌再次提醒监管部门不能放松警惕。虽然我国股票市场已经具备了一定的抗冲击能力，但国际股市的异常波动可能会影响我国股票市场的安全稳定，甚至干扰我国股票市场化改革进程。

第四，通过完善法制建设与投资者教育加强股市投资者权益保护。在法制建设方面，一方面通过完善现行法律制度，提高损害投资者权益的违法行为的成本；另一方面引入集体诉讼机制，便利中小投资者通过法律途径维护个人权益。在投资者的教育方面，监管部门应通过各种途径宣传股票市场改革政策的潜在影响，提高投资者风险意识。市场化改革会推动股票市场整体发展水平的提升，但并不意味着股市投资风险的降低。相反，随着股票市场质量的提升，那些不具备投资价值的股票的真实面目会暴露出来，从而导致投资者面临更大的风险。因此，在推动股票市场改革的过程中，应同时加强对投资者的教育，抑制股市投机行为，避免投资者因权益受损而对改革的影响形成错误认识。

以上“松、严、紧、强”是有机联系的四个方面。在放松管制推动股票市场化改革的同时，必须同时严厉打击股市不公正行为，紧密关注股市系统性风险变化以及加强投资者权益保护。

第二章 中国股票市场发展回顾

第一节 中国股票市场总体发展情况概述

股票市场是中国金融市场的重要组成部分，是实现资源市场化配置的重要平台，它拓宽了企业融资渠道并降低了融资成本，促进了国有企业的混合所有制改革，推动了现代企业管理制度的建立。从 20 世纪 90 年代初开始，中国股票市场经历了近 30 年的发展历程，从初具规模到发展壮大，从无序到有序，从不成熟到日益完善，总体情况概括如下。

一、市场规模快速增长

表 2－1 列示了 1990 年到 2017 年 12 月底我国股票市场上市公司数量的变动情况。可以看到自股票市场成立以来尤其是最近几年，上市公司数量、股票发行数量以及市值规模呈快速增长态势。1990 年上海证券交易所成立时仅有 8 家上市公司[①]，而截至 2017 年 12 月底，上市公司数量已经增加到 3485 家，发行股票 3567 只，总市值 53.18 万亿元，成为仅次于美国的全球第二大股票市场。

表 2－2 列示了 1990 年到 2017 年 12 月底我国股票市场通过发行股票募集资金的情况。可以看到，我国股票市场已经为上市公司提供了数额巨大的资本，有力地支持了实体经济的发展。二十七年间我国股票市场通过首次公开发行股票、增发股票和配股等股票发行方式募集资金总额达到了 10.98 万亿元，其中首次公开发行募集资金 2.91 万亿元，占比 26.50%；增发募集资金 7.48 万亿元，占比 68.12%；配股募集资金 0.59 万亿元，占比 5.37%。上市公司平

① 即所谓的“老八股”，包括延中实业（600601）、真空电子（600602）、飞乐音响（600651）、爱使股份（600652）、申华实业（600653）、飞乐股分（600654）、豫园商城（600655）和浙江凤凰（600656）。

均每年通过股票市场募集资金3919.69亿元，最多的2016年募集资金接近2万亿元。在三种股票发行方式中，通过增发股票募集的资金规模在2006年后越来越大，目前已经远远超过首次公开发行股票，成为我国股票市场最重要的权益融资方式。

表2－1　1990年至2017年我国股票市场上市公司数量情况

年份	上市公司数量（家）	上市股票数量（只）	上市A股总数（只）	上市B股总数（只）	总股本（亿股）	总市值（亿元）	流通市值（亿元）
2017	3485	3567	3467	100	61100.01	631832.55	447364.38
2016	3052	3134	3034	100	55908.93	556763.55	392934.27
2015	2827	2909	2808	101	50082.76	583963.52	417179.22
2014	2613	2696	2592	104	43695.20	427329.16	314731.33
2013	2489	2574	2468	106	40642.45	272348.76	199802.50
2012	2494	2579	2472	107	38485.60	267812.83	181835.46
2011	2342	2428	2320	108	36181.71	250149.73	164795.36
2010	2063	2149	2041	108	33219.04	305325.35	192750.07
2009	1718	1805	1697	108	26120.20	290787.09	150766.58
2008	1625	1712	1603	109	24244.50	148456.23	44947.80
2007	1550	1637	1528	109	22189.26	401298.47	92220.04
2006	1434	1521	1412	109	14687.94	103529.20	24494.75
2005	1381	1468	1359	109	7346.06	34752.40	10241.61
2004	1377	1464	1354	110	6855.77	39623.17	11255.73
2003	1287	1375	1264	111	6123.73	45380.61	12569.01
2002	1224	1312	1201	111	5568.54	40809.99	11897.64
2001	1160	1249	1137	112	4913.49	45554.46	12634.62
2000	1088	1175	1061	114	3500.05	50160.99	14604.72
1999	949	1032	924	108	2821.73	27968.06	7389.87
1998	852	933	827	106	2298.95	20773.60	5130.21
1997	745	822	721	101	1801.32	18727.76	4559.52
1996	530	600	515	85	1112.52	10702.99	2304.17
1995	323	382	312	70	793.18	3847.67	729.30
1994	291	346	288	58	635.19	4020.23	725.20
1993	183	218	177	41	362.85	3738.96	613.85
1992	53	71	53	18	65.42	1127.87	197.94
1991	13	13	13	0	5.14	92.64	33.41
1990	8	8	8	0	0.95	16.73	0.09

数据来源：Wind数据库。

表 2－2　1990 年至 2017 年我国股票市场股票发行募集资金情况

年份	募集资金合计（亿元）	首次公开发行		再融资		配股	
		首发家数	募集资金（亿元）	增发家数	募集资金（亿元）	配股家数	募集资金（亿元）
2017	15169. 36	438	2301. 09	540	12705. 31	7	162. 96
2016	19106. 20	227	1633. 56	802	17174. 13	11	298. 51
2015	15041. 58	223	1578. 29	829	13420. 95	6	42. 34
2014	7704. 16	125	668. 89	474	6897. 30	13	137. 97
2013	4544. 01	2	365. 11	281	3703. 17	13	475. 73
2012	4657. 22	155	995. 05	157	3541. 17	7	121. 00
2011	7935. 05	282	2720. 02	190	4793. 07	15	421. 96
2010	10264. 70	349	4889. 09	172	3937. 39	18	1438. 22
2009	5149. 52	99	2021. 97	134	3021. 59	10	105. 97
2008	3576. 81	77	1040. 05	138	2385. 19	9	151. 57
2007	8204. 70	126	4469. 96	178	3507. 06	7	227. 68
2006	2674. 28	66	1642. 56	57	1027. 39	2	4. 32
2005	339. 03	15	57. 63	5	278. 78	2	2. 62
2004	643. 07	100	353. 16	14	185. 14	23	104. 77
2003	646. 38	67	455. 26	16	114. 59	25	76. 53
2002	757. 01	71	534. 18	29	166. 22	22	56. 61
2001	1156. 18	79	563. 18	19	157. 41	127	435. 59
2000	1533. 08	136	846. 58	23	179. 37	161	507. 13
1999	860. 70	98	498. 93	6	50. 53	116	311. 24
1998	771. 02	106	419. 27	6	14. 82	159	336. 93
1997	914. 02	206	697. 92	0	0. 00	103	216. 10
1996	378. 74	203	250. 87	0	0. 00	53	84. 88
1995	94. 02	24	34. 52	0	0. 00	80	59. 50
1994	117. 19	111	62. 42	0	0. 00	55	41. 96
1993	331. 45	124	248. 44	0	0. 00	65	76. 75
1992	81. 24	40	80. 64	0	0. 00	1	0. 60
1991	8. 92	5	8. 92	0	0. 00	0	0. 00
1990	0. 00	8	0. 00	0	0. 00	0	0. 00
合计	109751. 22	3497	28993. 47	3948	74831. 87	1109	5863. 82

数据来源：Wind 数据库。

二、市场结构日趋完善

（一）融资主体不断扩大

我国股票市场开设初期，股市承担了一定的国有企业改革任务，发行股票进行融资的主体主要为规模较大的国有企业。然而，蓬勃发展的中小企业也特别渴望通过资本市场募集长期资金，其中民营企业的需求尤为强烈。早期的民营企业通过购买国有企业股票实现上市，然后通过再融资方式筹集资本。但这种策略随着国有股减持等改革的中止变得不再可能。为了探索资本市场如何更好地服务中小企业和民营企业，深圳证券交易所从 1999 年开始研究设立创业板的必要性与可行性，并于 2001 年开展创业板的筹建工作。然而随着互联网泡沫的破灭，我国股票市场陷入低迷，在一定程度上延缓了创业板的推进过程。2004 年国务院下发了《国务院关于推进资本市场改革开放和稳定发展的若干意见》，要求中国证监会“分步推进创业板市场建设，完善风险投资机制，拓展中小企业融资渠道”。在该意见的指引下，中国证监会遵循我国长期以来坚持的渐进式改革模式来推动创业板建设。2004 年 5 月，经国务院批准，中国证监会正式同意深圳证券交易所在主板市场内设立中小企业板块，允许满足所有主板上市标准但规模较小的中小企业发行股票筹集资金。中小板是设立创业板的先行先试，是在保持上市标准不变的情况下对中小企业发行管理的积极探索。中小板成立之后，中国证监会、深圳证券交易所相继出台了大量的文件来规范中小板的管理，这些都为创业板的推出积累了必要的经验。在此基础上，中国证监会与深圳证券交易所先后发布了《首次公开发行股票并在创业板上市管理暂行办法》《深圳证券交易所创业板股票上市规则》等制度文件，成立发审委，并于 2009 年 10 月正式推出创业板，首批上市 28 家公司。创业板允许自主创新企业及其他成长型创业企业发行股票筹集资金，因为考虑到这类企业的特征，创业板并没有完全采用主板与中小板的要求，而是进行了适当调整。中小板与创业板成立以来发展迅速，上市公司数量和总市值快速增长，二者市值占 A 股总市值的比重大幅提升。截至 2017 年 12 月，中小板的上市公司数量为 903 家，市值 10.45 万亿元，占总市值的 16.54%；创业板的上市公司数量为 711 家，市值 5.14 万亿元，占总市值的 8.14%（见图 2－1 和图 2－2）。中小板与创业板的相继推出，改变了上市公司以大型国有企业为主的局面，为中小企业尤其是新兴产业的融资拓宽了渠道。

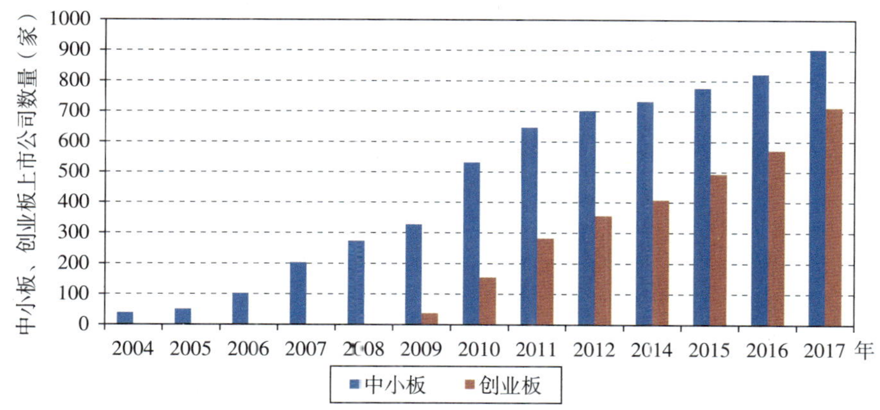

注：因2012年11月至2013年12月间IPO暂停，2013年中小板和创业板上市公司数量为0，故不再列出。

数据来源：Wind数据库。

图2-1 中小板与创业板上市公司数量情况

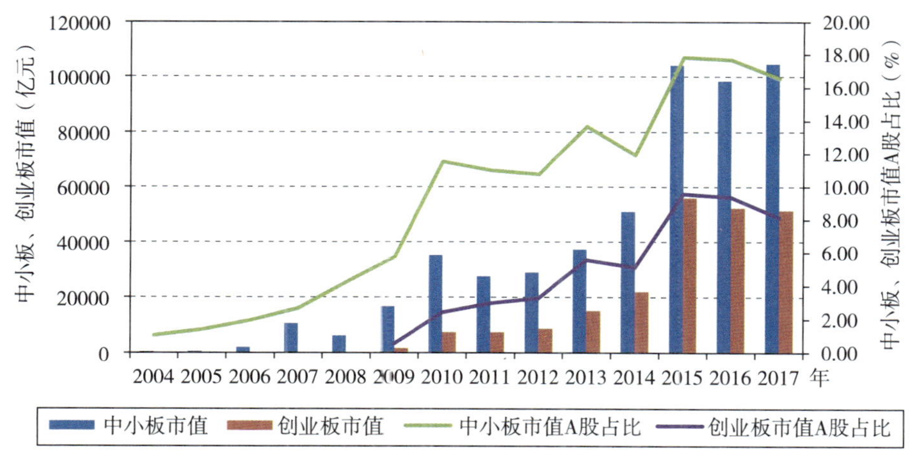

数据来源：Wind数据库。

图2-2 中小板与创业板上市公司总市值及占比情况

（二）机构投资者结构不断优化

机构投资者是股票市场健康发展的重要投资主体，但长期以来我国中小投资者在所有投资者中的比重一直较高。为了促进我国股票市场的快速成长和发展，管理层一直将大力培育行为规范的机构投资者作为加强股票市场建设的重要内容。在这一背景下，我国机构投资者的数量和结构都发生了深刻的变化，机构投资者经历了从无到有、不断壮大的发展过程。目前，我国逐步形成了以证券投资基金为主导，以社保基金、保险资金、企业年金、合格境外机构投资者、证券公司资金（包括证券公司自营资金以及集合理财资金）、养老保险基金等为补充的多元化机构投资者结构。

1997 年 11 月国务院颁布《证券投资基金管理暂行办法》，为证券投资基金的发展奠定了法律基础。2000 年 10 月发布并实施《开放式证券投资基金试点办法》，揭开了开放式基金发展的序幕。2003 年 10 月《证券投资基金法》出台，形成了以其为核心、以部门规章和规范性文件为补充的比较完备的基金监管法规体系。2004 年 1 月，《关于推进资本市场改革开放和稳定发展的若干意见》发布，提出继续大力发展证券投资基金，支持保险资金以多种方式直接投资资本市场，逐步提高社会保障基金、企业补充养老基金、商业保险资金等投入资本市场的资金比例，要培养一批诚信、守法、专业的机构投资者，使基金管理公司和保险公司为主的机构投资者成为资本市场的主导力量。经过一系列改革，证券投资基金业进入快速发展阶段，证券投资基金、基金管理公司的数量和规模都迅速增加。根据 Wind 的统计，1998 年我国基金管理公司仅有 5 家，发起设立基金 5 只，管理基金份额 100 亿元；截至 2017 年 12 月底，我国境内共有基金管理公司 113 家，其中中外合资公司 45 家，内资公司 68 家，管理资产合计 11.63 万亿元。随着证券投资基金的规模化发展，基金在国民经济中的地位不断增强。基金与流通市值的比例由 1998 年的 1.81% 提高到 2017 年的 24.49%；与国内生产总值的比例也由 0.13% 提高到 14.97%。

证券公司在我国股票市场一直扮演着重要角色。经过 20 多年的规范发展，证券公司综合实力显著增强，数量和资本实力不断上升，创新业务发展迅速。1999 年 10 月，《保险公司投资证券投资基金暂行管理办法》发布，允许保险资金通过投资证券投资基金间接入市。2005 年，保险资金直接入市方案获批后，保险资金在证券市场的投资高速增长，为资本市场带来了稳定的资金来源。2002 年 11 月，《合格境外机构投资者境内证券投资管理暂行办法》发布，正式引入 QFII 制度。2002 年 12 月，《全国社会保障基金投资管理暂行办法》发布，社会保障基金正式进入股票市场。至此，我国已初步形成了以证券投资基金为主体，QFII、证券公司、保险公司、社保基金等为重要组成部分的机构投资者格局。2016 年 10 月，人力资源和社会保障部发布公告，将启动养老保险基金投资运营，机构投资者类型进一步丰富。

以证券投资基金为代表的机构投资者的发展，改善了股票市场的投资者结构，促进了上市公司治理结构的完善，推动了居民储蓄向投资的转化和直接融资比重的提高。然而，与我国的经济总量相比，我国机构投资者的规模还比较小。根据《中国证券监督管理委员会年报（2016）》的统计，截至 2016 年底，自然人持有 A 股流通市值占比为 29.36%，企业法人占比为 56.15%，专业机构投资者占比为 14.49%。而在成熟市场中，机构投资者持有股票市值占比一般为 60%~70%，我国股票市场仍存在较大差距。

（三）交易与服务机构日趋完善

伴随着股票市场的诞生与改革发展的不断深入，相应的交易与服务机构也应运而生，这对完善股票市场体系以及发挥股票市场功能具有重要的战略意义。股票交易与服务机构日趋完善的过程折射出我国股票市场法律法规、交易制度不断革新的历程。

上海证券交易所和深圳证券交易所先后于 1990 年 12 月开始营业，二者是经国务院批准设立的全国性资本市场，目前受中国证监会监督和管理。证券交易所的职能由《证券交易所管理办法》规定，该办法最早颁布于 1996 年 8 月，后在 1997 年、2001 年和 2017 年 11 月经过三次修改。在最新的办法中，证券交易所的主要职能包括：提供证券交易的场所和设施；制定证券交易所的业务规则；审核、安排证券上市交易，决定证券暂停上市、恢复上市、终止上市和重新上市；提供非公开发行证券转让服务；组织、监督证券交易；对会员进行监管；对证券上市交易公司及相关信息披露义务人进行监管；对证券服务机构为证券上市、交易等提供服务的行为进行监管；管理和公布市场信息；开展投资者教育和保护；法律、行政法规规定的以及中国证监会许可、授权或者委托的其他职能。可以看到，新的办法越来越强调证券交易所在市场公正公平与透明等监管方面的职责。

中国证券业协会于 1991 年 8 月成立，是证券业自律性组织，属于非营利性社会团体法人，旨在国家对证券业实行集中统一监督管理的前提下，进行证券业自律管理，发挥政府与证券行业间的桥梁和纽带作用。

中国证券登记结算有限责任公司于 2001 年 3 月成立，其主要职能是为登记结算系统各类参与者参与场内场外、公募私募以及跨境证券现货和衍生品投融资提供登记结算基础设施服务，包括：证券账户、结算账户的设立和管理；证券的存管和过户；证券持有人名册登记及权益登记；证券和资金的清算交收及相关管理等。

中国金融期货交易所于 2006 年 9 月成立，是中国内地成立的首家金融衍生品交易所，组织安排金融期货等金融衍生品上市交易、结算和交割等，先后推出了沪深 300、上证 50、中证 500 股指期货，对深化金融市场改革具有重要意义。

中国证券金融股份有限公司于 2011 年 10 月成立，是中国境内唯一从事转融通业务的金融机构，旨在为证券公司融资融券业务提供配套服务，通过稳步发展转融通业务，完善融资融券交易机制，推动建立信用交易方式，健全资本市场功能。

三、市场改革不断深化

经过近 30 年的改革和发展，中国股票市场发生了根本性的变化，在政策体系、制度规则、法制建设、市场结构等方面取得了一系列成就，推动了中国股票市场的市场化和规范化，为经济增长模式的转型和实体经济的持续稳定增长奠定了基础。

（一）顺利完成股权分置改革

股权分置改革是我国股票市场发展过程中的一项非常重要的改革。股权分置作为一种限制国有股和法人股流通、允许公众股流通的差异性制度安排，是我国以公有制为主导的计划经济体制背景下和法律环境下，股票市场设立初期的一种制度安排。这种制度安排虽然符合当时我国股票市场发展的实际，但却带来了很多潜在的问题，比如同股不同权、缺乏流动性等问题。随着股票市场的不断壮大和发展，从 20 世纪 90 年代这些问题就开始逐渐凸显出来，成为制约股票市场进一步发展的重大障碍。在这种背景下，股权分置改革正式被提上日程。在国务院发布的《国务院关于推进资本市场改革开放和稳定发展的若干意见》的指导下，中国证监会积极推动股权分置改革。股权分置改革的核心是承诺不流通的国有股权实现流通应该如何支付对价。在改革中，中国证监会坚持市场化的解决方式，由非流通股股东与流通股股东进行充分协商采取何种方式、何种比例来设计和支付对价，实现双方利益共赢的结果。从实际效果来看，以市场为主导的股权分置改革取得了巨大的成功，彻底激活了股票市场，扭转了股票市场连续多年下跌、交易规模萎缩的糟糕趋势。

股权分置改革大致可分为试点、全面启动、攻坚和基本完成四个阶段。2005 年 4 月 29 日，中国证监会发布《关于上市公司股权分置改革试点有关问题的通知》，股改试点工作正式启动。三一重工、紫江企业、清华同方、金牛能源四家上市公司，作为首批试点上市公司开始进行股权分置改革，标志着股改进入实质操作阶段。2005 年 6 月 20 日，第二批 42 家试点公司股改启动，涵盖了大型中央企业、地方国企、民营企业和中小企业等不同类型和层面的企业，量大面广，股改试点方案呈多样化。2005 年 8 月 23 日，中国证监会、国资委、财政部、中国人民银行、商务部五部委联合发布《关于上市公司股权分置改革的指导意见》，至此股改全面推开。至 2007 年底，沪深两市共有 1298 家上市公司完成或者已进入股权分置改革程序，占应改革公司的 98%；未完成改革的上市公司仅 33 家，股权分置改革在两年的时间里基本完成。

股权分置改革是中国股票市场独特背景下的特殊改革，在中国股票市场发展的历史进程中具有里程碑的意义。它使中国股票市场完成了从半流通市场到全流通市场的重大转型，为中国股票市场的繁荣发展铺平了道路。

（二）不断推出金融创新业务完善市场信用交易机制

随着我国股票市场的不断发展以及相关制度的不断完善，引入融资融券业务以进一步完善股票市场交易机制逐渐具备了可行性，并被监管部门提上日程。2005 年 10 月 27 日第十届全国人大常委会第十八次会议审议通过了新修订的《中华人民共和国证券法》，规定“证券公司为客户买卖证券提供融资融券服务，应当按照国务院的规定并经国务院证券监督管理机构批准”。2006 年 6 月，中国证监会正式颁布了《证券公司融资融券业务试点管理办法》。2008 年 4 月 23 日国务院公布了《证券公司监督管理条例》，详细规定了证券公司开展融资融券业务的具体内容，为我国正式推出融资融券交易制度提供了必要的法律保障。与证券公司融资融券业务相关的其他工作也取得了重大进展。2010 年 1 月中国证监会再次启动融资融券试点工作，建议按照“试点先行、逐步推开”的步骤有序进行。2010 年 3 月 31 日，经中国证监会同意，上海证券交易所与深圳证券交易所同时正式实施融资融券业务，由证券公司向客户出借资金供其买入证券或出具证券供其卖出证券。

融资融券试点初期，获得融资融券业务资格的券商共有 6 家，之后逐步扩大到 93 家证券公司共计 9786 家营业部[①]。试点初期的标的股票非常有限，只有包括上证 50 成分股以及深成指在内的 40 只股票。在之后的 2011 年 11 月、2013 年 1 月和 9 月、2014 年 9 月、2014 年 9 月、2016 年 12 月上海证券交易所与深圳证券交易所五次扩大融资融券标的股票范围，截至 2017 年 10 月底，可交易标的股票累计达到了 1066 只[②]。融资融券业务开通当日沪深两市融资余额为 649 万元，其中沪市融资余额为 582 万元，深市融资余额为 67 万元。但是在发展初期，由于成本较高，融资融券的发展相对比较缓慢，尤其是融券业务。为了解决融资融券来源不足的问题，2012 年 8 月中国证监会批准上海证券交易所与深圳证券交易所试点启动转融通业务。转融通是指证券金融公司将自有或者依法筹集的资金和证券出借给证券公司，以供其办理融资融券业务的经营活动。转融通业务拓宽了融资融券业务的资金和证券来源，解决了证券公司在开展信用交易业务时自有资券不足的问题，推动了融资融券业务总量的增长。

图 2－3 描述了我国融资融券业务发展的情况。可以看到在转融通证券的促进下，2012 年以后融资融券业务快速增长。融资融券余额在 2015 年 6 月 18

① 数据来自中国证券金融股份有限公司的统计，截止日期为 2017 年 10 月 31 日。

② 实际可交易股票为 950 只。该累计数包含了因不符合要求被剔除的融资融券标的股票数量。

日达到了2.27万亿元的最高值，但之后随着股市暴跌持续下降至8000亿元的水平。2017年11月1日，沪深两市融资融券余额再次超过1万亿元的规模，并一直维持至今。七年来，融资融券业务试点与创新发展取得长足进步，融资融券交易迅速增长，标的证券、担保证券范围有序扩大，证券公司和客户参与范围逐步拓展，成为证券公司的重要业务创新和我国股票市场重要的股票交易方式。融资融券为投资者提供了双向交易机制，健全了证券市场资金融通渠道，活跃了市场交易，同时助推证券公司业务创新与转型。

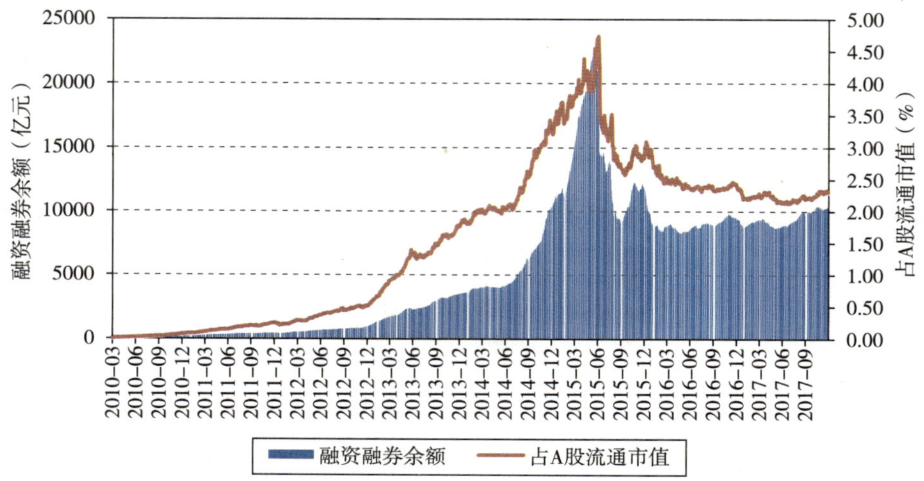

数据来源：Wind数据库。

图2－3　日融资融券余额及占A股流通市值百分比

但是需要指出的是，我国融资融券业务快速发展的过程中也存在一些明显的问题，并可能制约了融资融券交易机制功能的发挥。首先，融资与融券业务发展极不均衡。图2－4展示了2010年3月31日到2017年12月底融资融券占比情况。在此期间，融资余额的平均占比超过99%，而融券余额平均占比仅不到1%。2012年4月到2013年3月，融券业务相对比较活跃，日融券余额占比超过了2%，最高达到了4.32%，其他交易日占比都非常低。需要特别注意的是，由于很多套利投资者为了避免隔夜风险会借助融资融券业务T+0交易实现日内回转交易①，因此图2－4的结果可能低估了融券业务的比例。但是2015年8月3日上海证券交易所与深圳证券交易所同时修改了融资融券交易实施细则，要求“投资者融券卖出后，自次一交易日起可以通过直接还券或买券还券的方式向会员偿还融入证券”。融资融券从T+0到T+1交易机制的变化

① 投资者的日内回转交易策略可以是早盘向券商融券以较高价格卖出，然后尾盘融资以较低价格买入并向券商偿还标的股票，或者早盘向券商融资以较低价格买入，然后尾盘以较高价格卖出并向券商偿还资金。

极大地抑制了市场借助该业务实现套利的行为。图 2－5 展示了以成交额计算的融券业务占比，可以看到 2015 年 8 月 3 日之前融券成交额占比大多数时间都在 10% 以上，最高达到了 38.64%，远远超过了融券余额占比。但之后融券成交额占比急剧萎缩到 1% 以下，甚至不到 0.1%。2016 年 8 月开始逐渐回升到 1% 以上，但至今仍然处于非常低的水平。

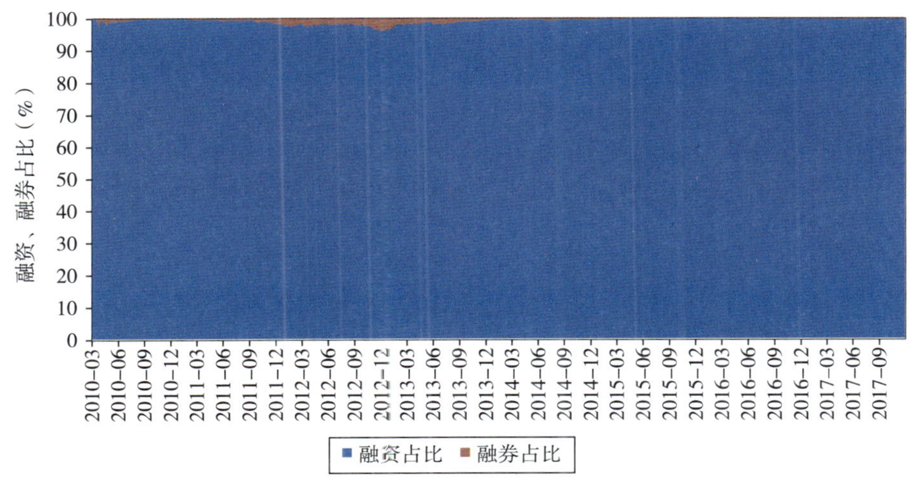

数据来源：Wind 数据库。

图 2－4　融资与融券余额占比

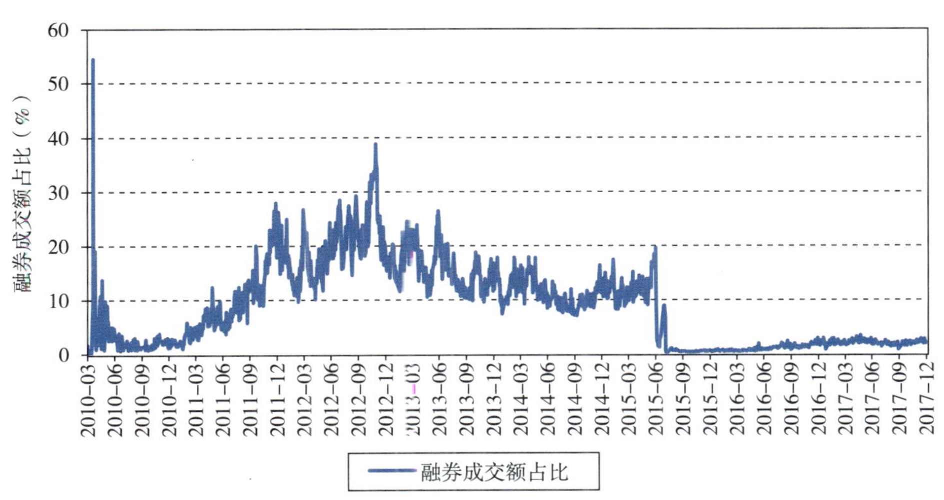

数据来源：Wind 数据库。

图 2－5　融券成交额占融资融券总额的比例

另外，参与融资融券业务的投资者结构非常不合理，个人投资者数量占据了绝对比例。中国证券金融股份有限公司（以下简称中证金融公司）从 2015 年 4 月底开始披露融资融券投资者统计数据（见图 2－6）。可以看到，个人投资者从 2015 年 4 月底的 350 万名增加到了 456 万名。与之形成鲜明对比的是，机构投资者数量从 6223 家增加到了 13685 家。尽管后者增幅明显大于前者，但两者数量相差过于悬殊。

与此同时，中国金融期货交易所于 2010 年 4 月 16 日推出了首个金融期货——沪深 300 股票指数期货合约。该股指期货交易时间与股市开盘时间同步，涨跌停板幅度为 10%，最低交易保证金的比例为 12%。股指期货的推出标志着我国证券市场有了做空机制，进入双向交易时代，做空机制为投资者提供了避险工具。除此之外，股指期货还提供了价格发现、资源配置等功能，是衍生市场中重要的金融工具。2015 年 3 月 20 日，中国金融期货交易所又推出了上证 50 和中证 500 股指期货，进一步丰富了期货合约。

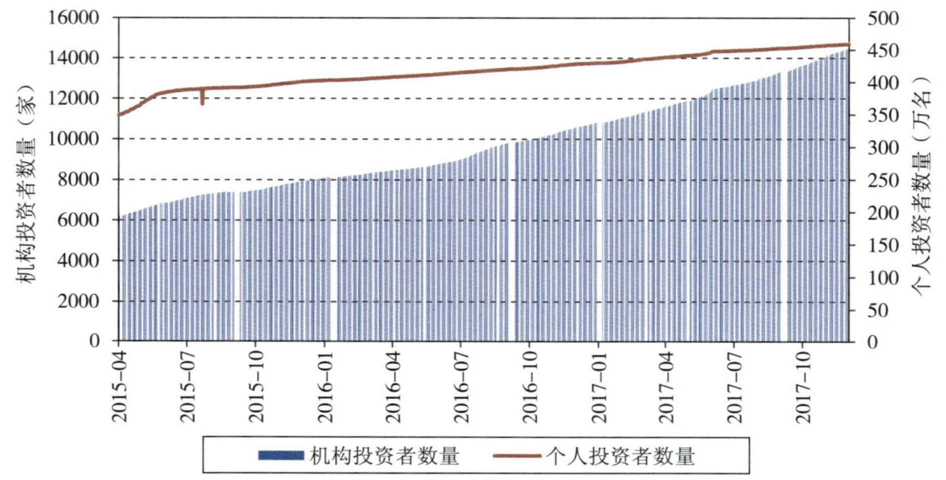

数据来源：中证金融公司市场数据。

图 2－6　融资融券投资者数量及占比统计

四、对外开放水平显著提升

我国股票市场融资的对外开放是以 B 股、H 股等股权融资作为突破口的。在 20 世纪 90 年代初外汇短缺和外汇管制的背景下，为吸引国际资本，中国于 1991 年底推出人民币特种股票（即 B 股股票）试点，以人民币标明面值，以美元或港元认购和交易，投资者为境外法人或自然人。从 1992 年到现在，沪深两市共计发行 114 只 B 股股票，流通市值最高达到 2500 亿元。

自中国加入世界贸易组织后，中国资本市场对外开放步伐明显加快。2002 年中国证监会发布《外资参股证券公司设立规则》和《外资参股基金管理公司设立规则》，允许外资与境内投资者成立合资证券公司与合资基金公司。根据 Wind 的统计，截至 2017 年 10 月底，中国共有 13 家中外合资证券公司，其中有 11 家外资股权占比在 1/3 以上；共有 58 家中外合资基金公司，其中 19 家的外资股权达到 40% 以上。2002 年 12 月中国证监会联合中国人民银行、国家外汇管理局发布了《合格境外机构投资者境内证券投资管理暂行办法》，吸引了诸多国际著名金融机构以合格境外机构投资者（QFII）的身份投资我国股票市场。2003 年 7 月瑞银集团（UBSAG）成为第一家获得资格的 QFII 机构。此后我国 QFII 机构数量不断增加，获批投资额度逐年扩大。根据国家外汇管理局的统计，截至 2017 年 12 月底，已有 288 家境外机构获得 QFII 资格，获批投资额度 971.59 亿美元，持股市值达到了 11824.39 亿元。

2011 年 12 月，中国证监会、中国人民银行与国家外汇管理局联合发布了《基金管理公司、证券公司人民币合格境外机构投资者境内证券投资试点办法》，允许基金公司、券商等合格境外机构投资者以预设的人民币额度投资内地股市或债市。首次批准的人民币合格境外机构投资者额度规模为 200 亿元，共有 9 家基金管理公司和 12 家证券公司的香港子公司获得试点资格。此后，随着 RQFII 制度的不断完善，符合条件的机构类型不断扩大，试点地区逐步增加。目前，境内银行、保险公司的香港子公司以及注册地和主要经营地在中国香港、中国台湾、伦敦、新加坡等 18 个地区的金融机构也具备了试点资格。根据国家外汇管理局公布的数据，截至 2017 年 12 月底，人民币合格境外机构投资者（RQFII）为 196 家，批准额度 6050.62 亿元。不仅如此，随着 2017 年 6 月 21 日 MSCI 指数公司宣布将中国 A 股纳入全球新兴市场指数，预计未来境外机构投资者对 A 股的投资规模会越来越大。

除了合格境外机构投资者之外，监管部门同时积极开拓其他渠道推动我国股票市场的开放。近 30 年来我国股票市场与境外市场互联互通程度日益深化，投融资跨境双向流动不断增强，尤其是对港澳台的开放政策不断完善发展，使我国股票市场国际化水平显著提升。近几年来随着沪港通、深港通的推出，境内外市场的联动性不断增强，双向开放程度不断深化。2014 年 11 月，中国证监会与香港证监会发布联合公告，沪港通试点正式启动。沪港通开创了操作便利、风险可控的跨境证券投资新模式，是境内资本市场双向开放的重大制度创新。图 2-7 展示了沪港通启动以来的交易成交额状况。可以看到沪港通启动之初，沪股通的成交额明显大于港股通，但经历初期的大幅增长之后，两者之间的差距已经不明显了，并且均趋于稳定。2016 年 12 月深港通正式开通，成为继沪港通之后内地资本市场国际化接轨的又一通道，促进企业居民跨境投资。图 2-8 展示了深港通启动以来的交易成交额情况。可以看到，与沪港通类似，深股通成交额也明显大于港股通。

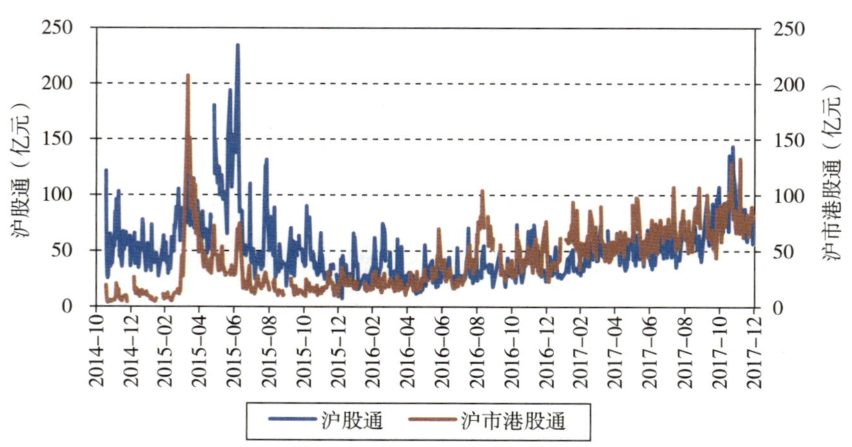

数据来源：Wind 数据库。

图 2-7　沪港通启动以来交易成交额情况

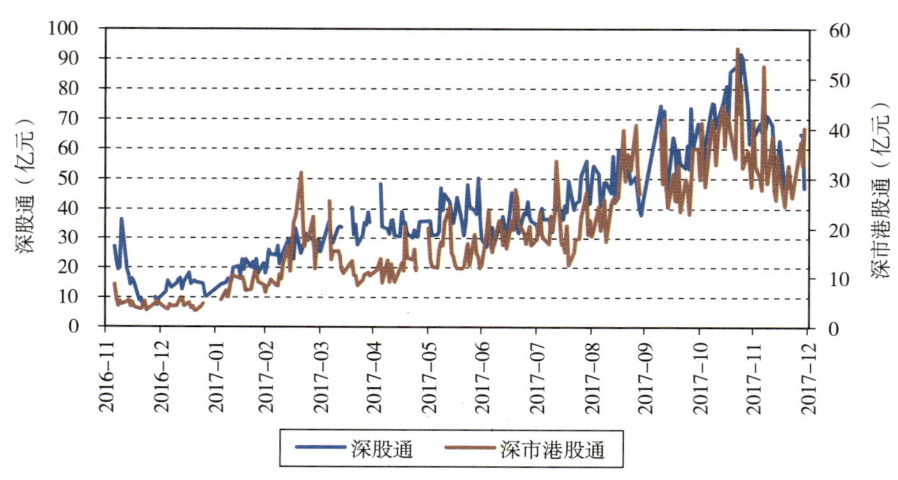

数据来源：Wind 数据库。

图 2-8　深港通启动以来交易成交额情况

第二节　中国股票市场的法律与制度建设

一、中国股票市场法律法规概述

法制是确保股票市场有序运行、健康发展的基础和保障。本部分系统整理了与股票市场密切相关的重要法律、行政法规、部门规章及规范性文件。中国股票市场近 30 年的发展历程中，相关法律法规体系得到了不断完善，这对健全资本市场运行机制，提升股票市场法治水平，推进股票市场改革发展产生了积极而深远的影响。

（一）股票市场相关的重要法律

在股票市场法律体系中，证券法律具有最高的法律效力，主要包括《中华人民共和国证券法》（以下简称《证券法》）、《中华人民共和国公司法》（以下简称《公司法》）、《中华人民共和国证券投资基金法》（以下简称《证券投资基金法》）。

1. 《证券法》

《证券法》是为了规范证券发行和交易行为，保护投资者的合法权益，维护社会经济秩序和社会公共利益，促进社会主义市场经济的发展而制定的。该法对证券发行、证券交易、上市公司的收购、证券交易所、证券公司、证券登记结算机构、证券服务机构、证券业协会、证券监督管理机构以及违反该法的法律责任做出了详细规定。《证券法》于1999年7月1日颁布实施，并于2005年10月进行了全面的修订，此外全国人大分别在2004年8月、2013年6月和2014年8月对《证券法》个别条款进行了修正[①]。本报告列示了《证券法》颁布或修订时间、核心内容及其对中国股票市场的可能影响，具体详情参见表2－3。

1990年12月，上海证券交易所和深圳证券交易所先后开始营业，标志着中国证券市场正式诞生，《证券法》的起草工作随即开始，并于1998年12月29日经由第九届全国人民代表大会常务委员会第六次会议通过，在1999年7月1日颁布实施（以下简称1998年《证券法》），以法律的形式赋予证券市场合法地位，保护证券市场参与者的合法权益。1998年《证券法》规定了证券市场的一些基本原则；在证券发行、证券交易以及证券市场参与主体等方面做了框架性的规定；确立了证券市场主管机构，防止多头管理。在维护股票市场稳定方面，《证券法》规定了如实行分业经营、分业管理制度，只允许现货交易、杜绝证券期货交易，禁止融资交易，禁止国有企业炒作股票、禁止银行违规资金流入股市，以资本金大小对券商进行分类管理等内容。《证券法》在规范证券发行和交易、保护投资者合法权益、维护证券市场秩序等方面发挥了积极作用。

① 修正是指对部分法律条文的小幅修改，修订是指对相关法律条文的大幅整体修改。

表 2－3 《证券法》历次修改核心内容及其对股票市场的可能影响

年份	事件	核心内容	对股票市场的影响
1998	《证券法》颁布	确立证券市场主管机构	明确监管部门职责 加强监管力度 加强中小投资者保护 遏制市场操纵、内幕交易和信息违规披露行为 防止金融垄断，保障证券市场稳定和公正 降低其他金融市场冲击 降低杠杆效应
		禁止国有企业和国有控股公司炒作股票；禁止银行违规资金流入股市	
		保护投资者合法权益	
		规范证券市场当事人、参与人的行为，确定了对内幕交易、操纵市场等违规违法行为的惩罚力度	
		实行分业经营、分业管理制度	
		确定股票发行制度为“核准制”	
		允许现货交易、杜绝证券期货交易	
		禁止融资交易	
		证券公司税后利润提取风险保证金	
		证券公司不得挪用客户交易结算金、交易保证金	
2004	《证券法》修正	取消“溢价发行股票发行价格须报国务院证券监督管理机构核准”的规定，股票发行采取溢价发行的，其发行价格由发行人与承销的证券公司确定	减少政府干预
		公司债券上市交易由证监会审批改为由证券交易所核准	
2005	《证券法》修订	突破分业经营、分业管理制度	—
		新增发行保荐制度	改善市场微观结构
		发展多层次资本市场体系；促进证券产品创新	
		放松对融资融券的限制；放松金融证券市场资金的限制	增加杠杆效应
		完善监管执法机制，提高执法权力；加强保护投资者权益的力度	加强投资者保护
2013	《证券法》修正	将“证券公司变更注册资本必须经由监管机构审批”改为“增加注册资本且股权结构发生重大调整以及减少注册资本必须经由监管机构审批”	—
		取消“证券公司变更公司形式必须经由监管机构审批”条款	
2014	《证券法》修正	将“必须事先向国务院证券监督管理机构报送上市公司收购报告书”修改为“公告上市公司收购报告书”	改善信息不对称性
		删除“报送上市公司收购报告书”和“或者擅自变革收购要约”的内容	

鉴于《证券法》起草期间，我国证券市场成立不久，学术界、业界和监管层对证券市场的作用、运行机理及其风险缺乏统一的认识；与此同时，中国股市经历了1992年“8·10风波”、1995年“3·27国债期货事件”等多次扰乱市场秩序的极端事件，金融自然混业造成了资本市场秩序的混乱。1998年《证券法》立法基调从严，且对认识不统一、把握不准的事情都采取了回避的态度，或做了简单但是操作性不强的规定①。

2005年10月第十届全国人大常委会对《证券法》进行了全面修订（以下简称2005年《证券法》）。此次修订充分体现了国家推进资本市场改革开放和稳定发展，切实保护投资者合法权益的决心，具体表现在：其一，从制度上为混业经营、发展多层次资本市场体系和推进证券产品创新创造了空间；其二，加强了对投资者（尤其是中小投资者）的权益保护，加大了对侵害投资者利益行为的处罚力度，提高了上市公司的信息透明度；其三，完善监管执法机制和监管责任制度，明确监管责任，提高监管有效性。

在2004年、2013年和2014年，全国人大对《证券法》又进行了三次修正，以适应股票市场改革发展的需要。2004年，取消了对采取溢价发行的股票发行价格的审批，并把公司债券上市交易由证监会审批改为交易所核准。2013年，将“证券公司变更注册资本必须经由监管机构审批”改为“增加注册资本且股权结构发生重大调整以及减少注册资本必须经由监管机构审批”，取消了对证券公司变更公司形式的审批。2014年，将“必须事先向国务院证券监督管理机构报送上市公司收购报告书”修改为“公告上市公司收购报告书”。这三次修正细化了监管要求，提高了监管效率。随着国务院提请全国人大常委会授权在实施股票发行注册制改革中调整适用《证券法》有关规定的立法程序启动，未来《证券法》的修改会着力满足股票发行注册制改革的立法需求。

2.《公司法》

《公司法》是为了规范公司的组织和行为，保护公司、股东和债权人的合法权益，维护社会经济秩序，促进社会主义市场经济的发展而制定的。该法对股份有限公司的设立和组织机构、股份有限公司的股份发行和转让、公司董事、监事、高级管理人员的资格和义务、公司债券、公司财务和会计、公司合并、分立、增资、减资、公司解散和清算、外国公司的分支机构以及违反该法的法律责任做出了详细规定。我国第一部《公司法》于1993年12月29日经由第八届全国人民代表大会常务委员会第五次会议通过，并先后于1999年、

① 典型的如国有股和法人股流通的问题、A股和B股分立的问题、场外交易市场的问题、证券公司委托理财业务的规范问题、关联交易的问题、证券市场民事赔偿责任问题。

2004 年、2013 年进行了三次修正，于 2005 年进行了一次修订。本报告列示了《公司法》颁布、历次修改背景、核心内容及其对中国股票市场质量的影响，具体详情参见表 2－4。

1992 年 10 月召开的党的十四大确立了建立社会主义市场经济制度的框架，中国经济由计划经济向市场经济转轨，中国企业也处于由传统企业向现代公司转变的过渡时期。在此背景下，我国于 1993 年颁布了《公司法》，对我国的公司制度进行构建。相对于后期的几次修订，1993 年《公司法》的主要特点是施行实缴资本制，在当时的经济转型时期这有助于保障公司责任财产的真实性、保护债权人利益，对我国股票市场质量提升起到了重要作用。

由于立法之初，我国市场化程度不高，加之对现代化公司运作和管理机制的认识尚不深入，导致 1993 年《公司法》对出资额度、投资方式及出资比例等规定较为严格，而过度依赖法定资本制使债权人利益并未得到有效保障，这些条款在一定程度上也限制了我国公司的市场活力。在此背景下，我国于 2005 年对《公司法》进行了一次较大规模的修订。修订后的《公司法》调整了公司设立和公司资本制度，完善了公司法人治理结构，以及对股东尤其是中小股东的保护机制。

《公司法》分别于 1999 年、2004 年和 2013 年经历三次修正。在国际高新科技行业繁荣发展的背景下，1999 年对《公司法》个别条款进行修改，放宽了对高新技术股份有限公司发行新股和申请股票上市的条件，允许在证券交易所内部为高新技术股份有限公司开辟第二板块市场。2004 年《公司法》修正删除了“以超过票面金额为股份发行价格的，须经国务院证券管理部门批准”的规定。2013 年《公司法》修正主要针对注册制度改革，将注册资本由实缴登记制改为认缴登记制，放宽了注册资本登记条件，降低了公司设立门槛。

3.《证券投资基金法》

《证券投资基金法》是为了规范证券投资基金活动，保护投资人及相关当事人的合法权益，促进证券投资基金和资本市场的健康发展而制定的。该法对基金管理人、基金托管人、基金的运作方式和组织、基金的公开募集、公开募集基金的基金份额的交易、申购与赎回、投资与信息披露、基金合同的变更、终止与基金财产清算、基金份额持有人权利行使、非公开募集基金、基金服务机构、基金行业协会、监督管理、法律责任等做出了详细规定。我国第一部《证券投资基金法》于 2003 年 10 月 28 日颁布，并先后于 2012 年进行了一次修订，2015 年进行了一次修正。本报告列示了《证券投资基金法》颁布、历次修改的核心内容及其对中国股票市场质量的影响，具体详情参见表 2－5。

表 2-4 《公司法》历次修改背景、核心内容及其对股票市场的影响

年份	事件	出台背景	核心内容	对股票市场的影响
1993	《公司法》颁布	中国经济由计划经济向市场经济转变，投资者和经营者法制观念淡薄	保护公司、股东和债权人的合法权益	保护投资者权益
			规定了有限公司治理架构	完善公司治理结构
			实行“实缴资本制”	—
1999	《公司法》修正	国际高科技行业繁荣发展，国家颁布政策支持科技企业发展	增设国有独资公司董事会	完善公司治理结构
			授权国务院放宽高新技术股份有限公司中发起人以工业产权和非专利技术作价出资的金额占公司注册资本的比例，以及该类公司发行新股和申请股票上市的条件	—
2004	《公司法》修正	—	删除“以超过票面金额为股份发行价格须经国务院证券管理部门批准”的规定	提高监管效率
2005	《公司法》修订	证券市场发展，上市公司数量快速增加，对上市公司治理提出新的要求	新增“公司的控股股东、实际控制人、董事、监事、高级管理人员不得利用其关联关系损害公司利益，违反规定给公司造成损失的，应当承担赔偿责任”	保护中小投资者权益
			增加了监事的询问、建议和调查权，完善了监事会议的召开程序	完善公司治理结构 改善信息不对称性
			建立了独立董事制度	
			新增董事、监事、高级管理人员报酬的披露	
			新增公司如实提供会计材料的义务	
2013	《公司法》修正	原有公司资本制度使公司设立、变更缺乏灵活性，不利于调动社会创业热情	取消公司注册资本最低限额的限制； 简化了登记事项和对登记文件的要求	改善市场微观结构
			取消对公司资本实缴的限制	降低市场准入门槛

表 2－5 《证券投资基金法》核心内容及其对股票市场的影响

年份	事件	核心内容	对股票市场的影响
2003	《证券投资基金法》颁布	严格的基金公司设立标准； 严禁设立“地下基金公司”	改善市场微观结构
		基金托管银行可拒绝执行基金管理人的违规操作	遏止市场操纵、内幕交易等行为
		信息披露规定明确，基金运作透明和规范要求迅速提升	改善信息不对称性
		对基金财产运作进行了严格的限制，不得从事内幕交易、操纵证券交易价格等不正当证券交易活动	遏止市场操纵、内幕交易等行为
2012	《证券投资基金法》修订	强化了基金从业人员的诚信义务	加强投资者保护
		特别强调投资者利益保护	
		确认了私募基金合法地位，将其纳入监管范围	明确监管范围
		强化基金公司治理结构	提高机构投资者质量
2015	《证券投资基金法》修正	增加基金管理人“编制中期和年度基金报告”的职责	改善信息不对称性 加强投资者保护 提高机构投资者质量
		加强基金审计，及时公告审计结果	
		依法处罚违规的基金从业人员	

随着证券市场成立，中国证券投资基金快速发展，逐渐成为股票市场不可或缺的市场中介与重要投资者。证券基金行业的健康发展与股票市场质量息息相关。为了规范基金业投资运作机制、改善信息披露等问题，2003 年 10 月 28 日第十届全国人民代表大会常务委员会第五次会议通过《证券投资基金法》，从法律上确定了基金行业的合法地位。2003 年《证券投资基金法》明确了基金行业准入标准、制定了基金信息披露规定、严格限制基金财产的使用，并要求不得从事内幕交易、操纵证券交易价格等不正当证券交易活动。《证券投资基金法》的颁布，有利于保护众多基金投资人的合法权益，完善我国金融立法体系，与此同时，对稳定证券市场，培育理性机构投资者具有重要意义。

2003 年《证券投资基金法》为我国基金行业快速发展提供了法律保障，但随着我国金融综合经营政策的实施，基金行业的高额利润也吸引了信托、银行、券商、保险等其他金融行业参与竞争，基金公司业务开始差异化发展。在此背景下，2012 年 12 月 28 日全国人大常委会审议通过了修订后的《证券投资基金法》。该法主要在如下三个方面做了改变：其一，强化了基金从业人员的诚信义务，新增了公募基金的基金管理人与实际控制人的诚信约束机制；其二，加大了对基金持有人的保护力度，优化了基金公司治理结构，降低了基金管理人的道德风险；其三，确认了私募证券投资基金的合法地位，将私募基金纳入监管范围。随后在 2015 年，《证券投资基金法》再次做了修正，针对基金从业人员与基金管理人信息披露等方面的责任进行了规范。

（二）与股票市场相关的重要行政法规

在我国股票市场发展的二十七年中，国务院颁布了一系列重要行政法规，对股票市场的健康发展发挥了积极作用。本报告对国务院颁布的行政法规进行了系统梳理与分析，筛选出针对股市整体系统、机构投资者、涉外及对外开放、违法违规监管以及其他五个方面共计 21 条与股票市场质量密切相关的行政法规进行分析（详见表 2 – 6）。

对股票市场影响最大的法规莫过于针对股市整体系统的“国九条”与“新国九条”。《国务院关于推进资本市场改革开放和稳定发展的若干意见》（以下简称“国九条”）于 2004 年颁布。“国九条”肯定了资本市场对我国经济发展的作用，将大力发展资本市场作为一项重大国家战略。与此同时，“国九条”明确了推进资本市场改革开放和稳定发展的指导思想和任务，提出要进一步健全资本市场体系，提高上市公司质量，促进资本市场中介服务机构规范发展，加强法制和诚信建设，提高资本市场监管水平，防范和化解市场风险。“国九条”是我国政府首次就发展资本市场的作用和任务进行明确阐述，将发展资本市场提升到前所未有的战略高度，其指导了一系列旨在完善市场基本制度和恢复市场功能的改革，对提高我国股票市场质量具有显著作用，为股票市场的进一步改革和发展奠定了坚实基础。

表 2－6　与股票市场相关的行政法规

类型	文件	年份	核心内容
全面、系统	国务院关于推进资本市场改革开放和稳定发展的若干意见（“国九条”）	2004	肯定了资本市场对我国经济发展的作用，将大力发展资本市场作为一项重大国家战略；明确了推进资本市场改革开放和稳定发展的指导思想和任务；提出要健全资本市场体系，提高上市公司质量，促进资本市场中介服务机构规范发展，加强法制和诚信建设，提高资本市场监管水平，防范和化解市场风险
	国务院关于进一步促进资本市场健康发展的若干意见（“新国九条”）	2014	提出发展多层次股票市场，积极稳妥推进股票发行注册制改革；加快多层次股权市场建设，提高上市公司质量，鼓励市场化并购重组，完善退市制度；培育私募市场，建立健全私募发行制度，发展私募投资基金；推进期货市场建设，建设金融期货市场；提高证券期货服务业竞争力；扩大资本市场开放；防范和化解金融风险等要求
机构投资者	证券投资基金管理暂行办法	1997	对基金的设立、募集与交易、基金托管人和基金管理人、基金持有人的权利和义务、投资运作与监督管理等做出了详细规定
	证券、期货投资咨询管理暂行办法	1997	加强对证券、期货投资咨询机构以及从业人员资质的要求，加强了对证券、期货投资咨询活动的管理，保障投资者的合法权益和社会公共利益
	证券公司风险处置条例	2008	控制和化解证券公司风险，对证券公司停业整顿、托管、接管、行政重组、撤销、破产清算和重整做出了详细规定
	证券公司监督管理条例	2008	对证券公司的设立与变更、组织机构、业务规则与风险控制、客户资产的保护、监督管理措施以及法律责任做出了详细规定

续表

类型	文件	年份	核心内容
涉外或对外开放	国务院关于股份有限公司境外募集股份及上市的特别规定	1994	对股份有限公司境外募集股份及境外上市做出了详细规定
	国务院关于股份有限公司境内上市外资股的规定	1995	规范股份有限公司境内上市外资股的发行及交易，保护投资人的合法权益
	国务院关于进一步加强在境外发行股票和上市管理的通知	1997	一些机构和企业违反规定，未经批准擅自将境内资产以各种形式转移到境外上市，颁布该文件以保证境外发行股票和上市工作有序进行
加强违法违规监管	国务院办公厅关于严厉打击以证券期货投资为名进行违法犯罪活动的通知	2001	遏制以证券期货投资为名进行的违法犯罪活动，加强法制宣传和对投资者的教育，把握新闻舆论导向，维护社会稳定
	国务院办公厅关于严厉打击非法发行股票和非法经营证券业务有关问题的通知	2006	遏制非法证券活动蔓延势头；形成打击非法证券活动的执法合力；对于擅自公开发行股票、变相公开发行股票、非法经营证券业务的，坚决予以取缔，并依法追究法律责任；加强舆论引导和对投资者的教育
	国务院关于清理整顿各类交易场所切实防范金融风险的决定	2011	强调证券和期货交易必须在经批准的特定交易场所，遵循严格的管理制度规范进行。一些交易场所未经批准违法开展证券期货交易活动；有的交易场所管理不规范，存在严重投机和价格操纵行为；个别交易场所股东直接参与买卖，甚至发生管理人员侵吞客户资金、经营者卷款逃跑等问题。对于这些问题必须及早采取措施坚决予以纠正
	国务院办公厅关于清理整顿各类交易场所的实施意见	2012	对清理整顿的范围、清理整顿的政策界限、清理整顿的工作安排做出了详细规定

续表

类型	文件	年份	核心内容
其他	股票发行与交易管理暂行条例	1993	对股票的发行与交易、上市公司的收购、证券的保管、清算和过户、上市公司的信息披露等做出了详细规定
	《关于严禁国有企业和上市公司炒作股票的规定》的通知	1997	禁止国有企业炒作股票，禁止上市公司动用银行信贷资金买卖股票、用股票发行募集资金炒作股票或提供资金给其他机构炒作股票
	股票发行审核委员会条例	1999	对股票发行审核委员会的组成、委员的职责、工作程序等做出了详细规定
	国务院关于减持国有股筹集社会保障资金管理暂行办法	2001	向社会公众及证券投资基金等公共投资者转让上市公司国有股，采取存量发行、市场定价的方式；减持国有股所筹集的资金交由全国社会保障基金理事会管理
	国务院办公厅关于当前金融促进经济发展的若干意见	2008	提出加快建设多层次资本市场体系，发挥市场的资源配置功能。采取有效措施，稳定股票市场运行，发挥资源配置功能。完善中小企业板市场各项制度，适时推出创业板，逐步完善有机联系的多层次资本市场体系。支持有条件的企业利用资本市场开展兼并重组，促进上市公司行业整合和产业升级，减少审批环节，提升市场效率，不断提高上市公司竞争力
	国务院办公厅关于进一步加强资本市场中小投资者合法权益保护工作的意见	2013	提出保障中小投资者知情权，增强信息披露的针对性，提高市场透明度，切实履行信息披露职责；完善中小投资者投票等机制，建立中小投资者单独计票机制，保障中小投资者依法行使权利；建立多元化纠纷解决机制；健全中小投资者赔偿机制，督促违规或者涉案当事人主动赔偿投资者，建立上市公司退市风险应对机制，完善风险救助机制；加大监管和打击力度；完善投资者保护组织体系
	国务院办公厅关于加强金融消费者权益保护工作的指导意见	2015	规范金融机构行为；完善监督管理机制；建立健全保障机制
	中共中央、国务院关于深化国有企业改革的指导意见	2015	分类推进国有企业改革；完善现代企业制度；完善国有资产管理体制；发展混合所有制经济；强化监督防止国有资产流失等

注：法规原文来源于国务院网站（http：//www. gov. cn），以及深圳证券交易所与上海证券交易所网站（http：//www. szse. cn；http：//www. sse. com. cn）。

《国务院关于进一步促进资本市场健康发展的若干意见》（以下简称“新国九条”）于2014年颁布。“新国九条”对资本市场发展的指导思想、基本原则和主要任务提出了总体要求。“新国九条”提出发展多层次股票市场，积极稳妥推进股票发行注册制改革，加快多层次股权市场建设，提高上市公司质量，鼓励市场化并购重组，完善退市制度；培育私募市场，建立健全私募发行制度，发展私募投资基金；推进期货市场建设，建设金融期货市场；提高证券期货服务业竞争力；扩大资本市场开放；防范和化解金融风险等要求。“新国九条”的一系列措施有利于缓解信息不对称、改善市场微观结构、遏制市场操纵和内幕交易、保护中小投资者合法权益，对提升股票市场质量意义深远。

机构投资者的监管方面，1997年颁布的《证券投资基金管理暂行办法》与《证券、期货投资咨询管理暂行办法》，以及2008年的《证券公司风险处置条例》与《证券公司监督管理条例》对规范金融中介机构运营、改善股票市场微观结构至关重要。涉外或对外开放方面，《国务院关于股份有限公司境外募集股份及上市的特别规定》（1994）、《国务院关于股份有限公司境内上市外资股的规定》（1995）以及《国务院关于进一步加强在境外发行股票和上市管理的通知》（1997）对境外上市以及外资股进行了规范。违法违规监管方面，《国务院办公厅关于严厉打击以证券期货投资为名进行违法犯罪活动的通知》（2001）、《国务院办公厅关于严厉打击非法发行股票和非法经营证券业务有关问题的通知》（2006）、《国务院关于清理整顿各类交易场所切实防范金融风险的决定》（2011）以及《国务院办公厅关于清理整顿各类交易场所的实施意见》（2012）旨在打击市场操纵、内幕交易等违法行为。

此外，《股票发行与交易管理暂行条例》（1993）和《股票发行审核委员会条例》（1999）为我国股票发行、交易制度以及股票发行审核机构的建立奠定了基础。《国务院办公厅关于当前金融促进经济发展的若干意见》（2008）对发挥股票市场资源配置功能提出了总体要求。《国务院办公厅关于进一步加强资本市场中小投资者合法权益保护工作的意见》（2013）和《国务院办公厅关于加强金融消费者权益保护工作的指导意见》（2015）对维护投资者利益具有重要作用。《国务院关于减持国有股筹集社会保障资金管理暂行办法》（2001）与《中共中央、国务院关于深化国有企业改革的指导意见》（2015）对国有企业改革进行了指导与规范。这些行政法规以及规范性文件对提升我国股票市场质量有着深远影响。

（三）中国证监会制定的部门规章及规范性文件

证监会部门规章与规范性文件是我国股票市场法律法规体系的重要组成部分。证监会部门规章涵盖了综合、发行、上市公司、市场交易、证券公司、证券服务、基金以及期货八大类，内容丰富，数量众多。本报告对中国证监会公布的部门规章进行系统梳理与分析，筛选出包括发行与定价制度，信息披露，监管与市场操纵、内幕交易，资本市场开放程度，机构投资者，杠杆交易以及其他七大类共计 82 条与股票市场质量密切相关的规章（详见表 2 – 7）。

表 2 – 7　与股票市场质量密切相关的部门规章及规范性文件

内容	部门规章	年份
发行与定价制度	股票发行审核程序与工作规则	1993
	股票发行与上市审核程序及工作规则（试行）	1995
	关于做好 1997 年股票发行工作的通知	1997
	关于进一步完善股票发行方式的通知	1999
	关于法人配售股票有关问题的通知	1999
	中国证券监督管理委员会股票发行审核委员会条例	1999
	中国证监会股票发行核准程序	2000
	上市公司向社会公开募集股份暂行办法	2000
	上市公司新股发行管理办法	2001
	关于上市公司增发新股有关条件的通知	2001
	新股发行上网竞价方式指导意见	2001
	中国证券监督管理委员会股票发行审核委员会暂行办法	2003
	证券发行上市保荐制度暂行办法	2003
	关于首次公开发行股票试行询价制度若干问题的通知	2004
	中国证券监督管理委员会发行审核委员会办法	2006
	上市公司证券发行管理办法	2006
	首次公开发行股票并上市管理办法	2006
	证券发行与承销管理办法	2006
	上市公司非公开发行股票实施细则	2007
	证券发行上市保荐业务管理办法	2008
	关于进一步改革和完善新股发行体制的指导意见	2009
	首次公开发行股票并在创业板上市管理暂行办法	2009
	关于进一步加强保荐业务监管有关问题的意见	2012
	关于修改《证券发行与承销管理办法》的决定	2012
	关于进一步推进新股发行体制改革的意见	2013
	证券发行与承销管理办法	2013
	关于修改《证券发行与承销管理办法》的决定	2014
	首次公开发行股票并在创业板上市管理办法	2014
	创业板上市公司证券发行管理暂行办法	2014
	关于修改《证券发行与承销管理办法》的决定	2015
	关于修改《首次公开发行股票并上市管理办法》的决定	2015
	完善新股发行制度相关规则	2016
	关于修改《证券发行与承销管理办法》的决定	2017

续表

内容	部门规章	年份
信息披露	关于颁布公开发行股票公司信息披露的内容与格式准则第2号《年度报告的内容与格式（试行）》的通知	1994
	关于执行《公司法》规范上市公司信息披露的通知	1995
	上市公司股东持股变动信息披露管理办法	2002
	证券投资基金信息披露管理办法	2004
	上市公司信息披露管理办法	2007
	证券公司信息隔离墙制度指引	2015
监管与市场操纵、内幕交易	关于授权中国证监会查处证券违法违章行为的通知	1993
	中国证券监督管理委员会调查处理证券违法违纪案件试行办法	1993
	中国证监会调查处理证券期货违法违规案件试行办法	1996
	关于严禁操纵证券市场行为的通知	1996
	中国证券监督管理委员会冻结、查封实施办法	2005
	证券市场禁入规定	2006
	证券市场内幕交易行为认定指引（试行）	2007
	中国证券监督管理委员会限制证券买卖实施办法	2007
	关于进一步加强投资者教育，强化市场监管有关工作的通知	2007
	关于加强与上市公司重大资产重组相关股票异常交易监管的暂行规定	2012
	证券期货市场诚信监督管理暂行办法	2012
	中国证监会委托上海、深圳证券交易所实施案件调查试点工作规定	2014
	中国证监会派出机构监管职责规定	2015
	上市公司股东、董监高减持股份的若干规定	2017
资本市场开放程度	关于推荐境外上市预选企业的通知	1998
	外资参股证券公司设立规则	2002
	外资参股基金管理公司设立规则	2002
	合格境外机构投资者境内证券投资管理暂行办法	2002
	合格境外机构投资者境内证券投资管理办法	2006
	境外证券交易所驻华代表机构管理办法	2007
	合格境内机构投资者境外证券投资管理试行办法	2007
	基金管理公司、证券公司人民币合格境外机构投资者境内证券投资试点办法	2011
	沪港股票市场交易互联互通机制试点若干规定	2014
	内地与香港股票市场交易互联互通机制若干规定	2016

续表

内容	部门规章	年份
机构投资者	关于在股票发行工作中强化证券承销机构和专业性中介机构作用的通知	1993
	证券经营机构股票承销业务管理办法	1996
	关于1996年全国证券期货工作安排意见	1996
	开放式证券投资基金试点办法	2000
	关于证券公司推荐发行申请有关工作方案的通知	2001
	证券公司管理办法	2001
	证券投资基金管理公司管理办法	2012
	公开募集证券投资基金运作管理办法	2014
	私募投资基金监督管理暂行办法	2014
杠杆交易	证券公司融资融券业务试点管理办法	2006
	转融通业务监督管理试行办法	2011
	证券公司融资融券业务管理办法	2015
其他	证券交易所管理办法	2001
	关于上市公司股权分置改革试点有关问题的通知	2005
	关于上市公司股权分置改革的指导意见	2005
	上市公司股权分置改革管理办法	2005
	证券登记结算管理办法	2006
	证券交易所管理办法（修订）	2017
	关于改革完善并严格实施上市公司退市制度的若干意见	2014

注：部门规章原文来源于中国证监会网站（http：//www. csrc. gov. cn/）。

发行与定价制度方面，《股票发行审核程序与工作规则》《上市公司证券发行管理办法》《证券发行与承销管理办法》《证券发行上市保荐业务管理办法》等推动了我国股票市场发行制度由审批制到通道制再到保荐制的改革，以及发行定价逐步由行政化定价制度向市场化制度的转变。信息披露方面，《关于颁布公开发行股票公司信息披露的内容与格式准则第2号〈年度报告的内容与格式（试行）〉的通知》《上市公司股东持股变动信息披露管理办法》《上市公司信息披露管理办法》等完善了上市公司信息披露的内容和标准，对持续信息披露做出了更为细致的要求，同时还对上市公司中期报告、年度报告的内容与格式以及其他要求进行了规范。资本市场对外开放方面，《合格境外机构投资者境内证券投资管理办法》《境外证券交易所驻华代表机构管理办法》《基金管理公司、证券公司人民币合格境外机构投资者境内证券投资试点办法》《沪港股票市场交易互联互通机制试点若干规定》等逐步提高了股票市场对外开放程度，规范了境外机构投资者的投资行为。监管与市场操纵方面，《中国证券监督管理委员会冻结、查封实施办法》《证券市场禁入规定》《证券期货市场诚信监督管理暂行办法》等加强了监管，有效遏制了市场操纵、内幕交易等违法行为。机构投资者管理方面，《关于在股票发行工作中强化证券承销机构和专业性中介机构作用的通知》《证券投资基金管理公司管理办法》《公开募集证券投资基金运作管理办法》以及《私募投资基金监督管理暂行办法》对股票市场中介以及机构投资者进行了规范。杠杆交易方面，《转融通业务监督管理试行办法》与《证券公司融资融券业务管理办法》等对杠杆交易相关内容进行了规范。此外，《证券交易所管理办法》《证券登记结算管理办法》以及《证券交易所管理办法（修订）》等逐步完善了市场微观交易机制。这些制度规章及规范性文件为我国股票市场的顺利运营提供了必要的制度保障，同时对提升我国股票市场质量意义重大。

二、中国股票市场监管制度概述

股票市场监管体系是一国宏观经济监督体系中不可缺少的组成部分，对保障广大投资者权益，维护市场良好秩序，发展和完善证券市场体系，提高股票市场效率具有重要意义。我国股票市场监管体系主要框架如下。

（一）行政监管体系

1992 年 5 月，中国人民银行证券管理办公室设立，这是中国最早成立的证券市场监管机构。同年 7 月，国务院建立国务院证券管理办公会议制度，代表国务院对证券业行使管理职能。同年 10 月，国务院证券委员会和中国证券监督管理委员会宣告成立，标志着中国证券市场统一监管体制开始形成。1997 年 11 月，中央召开全国金融工作会议，决定对全国证券管理体制进行改革，将原由中国人民银行监管的证券经营机构划归中国证监会统一监管。1998 年 4 月，根据国务院机构改革方案，决定将国务院证券监督管理委员会与中国证监会合并。至此，中国证监会成为全国证券市场的监管部门，吸收全国各地区证券管理办公室，实行跨区域监管体制，在全国设立 36 个派出机构，建立了集中统一的证券市场监管体制。

（二）行业自律体系

除了行政监管体系不断完善外，我国股票市场还逐步建立了以中国证券业协会和各地方证券业协会为主的行业自律体系，中国证券业协会的主要职能是教育和组织会员遵守证券法律、行政法规；依法维护会员的合法权益，向证券监督管理机构反映会员的建议和要求等。此外，上海证券交易所和深圳证券交易所在提供场所和设施的同时，还组织和监督证券交易，实行自律管理。

（三）执法稽查体系

中国证监会成立之初，并无专门的执法调查部门。1995 年，中国证监会

在各证监局设立稽查部门，负责证券、期货市场违法违规行为的查处。2000年9月，中国证监会在9个城市下设稽查局，负责调查辖区内证券期货违法违规案件。2002年，中国证监会增设了专司查处市场操纵和内幕交易的稽查二局。公安部设立证券犯罪侦查局，与中国证监会合署办公，负责侦查证券犯罪。2007年，证券执法体制进行了重大改革，建立了集中统一指挥的稽查体制，设立了中国证监会行政处罚委员会、首席稽查办公室和稽查总队，增强了各地证监局的稽查力量。

三、股票市场运行制度

股票市场运行制度是以发行制度、交易制度和退市制度为核心内容的制度体系。股票市场由发行市场和交易市场两部分组成。针对两个市场的职能，构建和完善合理适用的发行制度、交易制度和退市制度，对调和各市场主体的经济利益、提高市场资源配置效率、促进一二级市场紧密相连具有积极作用。

（一）发行制度

新股发行制度是股票市场的基础性制度，任何股票要进入二级市场交易，首先要进行新股发行。新股发行制度是决定发行股票的各方主体权利、义务、利益分配的制度，因而新股发行制度改革历来都是股票市场制度改革的重点。本报告将从发行审核制度、定价制度、再融资制度三个方面进行分析与论述。

1. 新股发行审核制度

根据中国证监会发布的文件以及国内学者的研究，我国新股发行审核制度先后经历了审批制和核准制两个阶段，目前正进入注册制改革的新征程。审批制又可分为“额度管理”和“指标管理”两个阶段，核准制又可分为“通道制”和“保荐制”两个阶段。审批制、核准制和注册制的核心内容与差异如表2－8所示。

审批制阶段实行于1993年到2000年。我国股票市场成立之初主要是为国有企业融资服务，由于受当时外部因素和市场环境的限制，新股发行上市采取审批制。1993年4月25日国务院颁布了《股票发行与交易管理暂行条例》（国务院令第112号），我国股票审核制度进入审批制的“额度管理”阶段。在该阶段，国务院证券管理部门依据国民经济发展需要制定新股发行总额度，并依据各省、各行业的地位和需求将额度向下分配；由省级地方政府和国家有关部委向中央政府推荐企业，并由中国证监会对企业申报材料进行审批。中国证监会负责对企业的质量和发展前景进行实质审查，并决定股票发行的规模、价格、发行方式、时间等项目。1996年国务院证券委员会公布《关于1996年全国证券期货工作安排意见》，将“额度管理”改为“总量控制，限报家数”，

表 2-8　我国新股发行审核制度演变对比

	审批制		核准制		注册制
	额度管理	指标管理	通道制	保荐制	
时间	1993—1995 年	1996—2000 年	2001—2004 年	2005 年至今	2016—2020 年（改革授权）
主要法律法规依据	《中华人民共和国公司法》《股票发行与交易管理暂行条例》（国务院令第 112 号）	《关于 1996 年全国证券期货工作安排意见》《关于做好 1997 年股票发行工作的通知》	《中华人民共和国证券法》《中国证监会股票发行核准程序》《关于证券公司推荐发行申请有关工作方案的通知》	《证券发行上市保荐制度暂行办法》	《中共中央关于全面深化改革若干重大问题的决定》《关于授权国务院在实施股票发行注册制改革中调整适用〈中华人民共和国证券法〉有关规定的决定》等
审查方式	形式及实质的全面审查 二级审核制，1997 年后增加中国证监会参与审核		实质审查 审查披露文件的真实性并判断公司资质		形式审查 仅审查申报文件是否真实、准确、完整
审查方向	事前审核		事前审查与事后审查并重		强调事中、事后的审查和处罚
发行规模确定	各省有额度限制，额度由中央政府分配给各省和行业部门	“总量控制，限报家数”。全国有总额度限制，各省有名额限制，名额由中央政府分配	取消发行额度限制，股票发行名额受券商发股通道数量限制	股票发行名额受保荐人数限制	理论上，上市数量没有限制
推荐主体	由地方政府和国家有关部委向中央政府推荐拟上市公司		券商向中国证监会推荐拟上市公司	保荐机构推荐	无
审核效率	较低		相对较低		较高
审核透明度	较低，完全行政审批		相对较低，审核机构有较大裁量权		较高，审核机构难以人为干预
发行项目的确定	中国证监会决定股票发行的规模、价格、发行方式、时间等项目		由市场自行决定发行的数量、时间、价格和方式，监管机构仅保留合规审查和最终否决权		

标志着审批制步入“指标管理”阶段。在“指标管理”阶段，国家计委、证券委共同制定股票发行总规模，中国证监会则在确定的总规模内，根据市场情况向各地区、各部门下达发行企业个数指标，并对企业进行审核。1997 年中国证监会下发了《关于做好 1997 年股票发行工作的通知》，对发行程序进行了调整，增加由中国证监会对拟发行股票公司预选材料进行审核的程序，改变了单纯由地方政府推荐企业的局限并实际上开启了企业事前审核工作。

核准制由 2001 年正式实施并延续至今，是我国股票市场发行制度市场化改革的积极探索。按照改革的重点不同，核准制又分为“通道制”与“保荐制”两个阶段。随着审批制的弊端日渐凸显，新制度的制定被提上日程：1999 年 7 月正式实施的《证券法》规定“国务院证券监督管理机构依照法定条件负责核准股票发行申请”，2000 年 3 月颁布的《中国证监会股票发行核准程序》废除了“额度控制”。2001 年 3 月，中国证监会颁布《关于证券公司推荐发行申请有关工作方案的通知》，标志着核准制下的“通道制”正式实施。

“通道制”大致存在时间为 2001 年到 2004 年。“通道制”下，证券监管部门根据各家券商的实力和业绩，直接确定其拥有的发股通道数量；各家券商根据其拥有的通道数量遴选发股公司，按照“过会一家，递增一家”的程序向中国证监会推荐拟上市公司；中国证监会对拟上市公司进行审核，决定其是否能够上市。“通道制”将发行推荐的主体从原来的行政部门转向了专业的证券机构，使证券发行市场的行政干预大幅度减弱。换言之，券商在真正承担起股票发行风险的同时，也真正获得遴选和推荐股票发行的权利，提高了市场机制对股票发行的影响力度。

“通道制”虽然迈出了发行制度市场化重要的一步，但仍然保留了“名额限制”这一计划经济色彩，不利于市场主体发挥积极作用。在此背景下，中国证监会借鉴英国等股票市场的先进经验，自 2003 年 12 月起制定了《证券发行上市保荐制度暂行办法》等系列法规，为引入保荐人制度展开前期的积极准备。2004 年 5 月，随着第一批保荐机构与保荐代表人完成注册登记，中国证监会宣布正式实施保荐制。在“保荐制”下，公司公开发行证券及上市时，必须由保荐机构进行上市推荐和辅导。股票发行上市前，保荐机构须对发行人进行充分的尽职调查，审慎核查发行人证券发行申请文件和信息披露资料；股票发行上市后，保荐机构要承担发行后的持续督导责任，连带责任还将落实到证券从业人员个人（以保荐代表人为代表）。“保荐制”进一步减少了监管部门对股票发行的干预，引入了新的市场主体，增强了市场在股票发行中的决定性作用，提高了我国上市公司质量以及发行人上市后的公司治理水平和规范运作，为我国发行制度的进一步改革奠定了基础。但是“保荐制”仍然存在不少问题，在实践中发行定价、额度以及节奏仍然存在显性或隐性的管制，而且这些管制对市场机制发挥作用的限制越来越突出，已经开始影响到股票市场的健康发展。

因此，未来我国股票市场仍需加快改革，在质量至上与效率优先的指导原则下，进一步探索股票发行的市场化改革。多数人认为注册制是下一步改革的重要内容。与股票发行核准制度相比，注册制是一种更为市场化的股票发行制度，其基本特点可概括为以下四点：第一，注册制下新股发行的权利由企业自然获得，无须政府特别授权。第二，注册制以信息披露为中心，在核准制“强调信息披露”的基础上更进一步。第三，监管部门重点对发行人信息披露的齐备性、一致性和可理解性进行监督，对申报资料只做形式审查而非实质审查。第四，注册制中监督部门的监管方向后移，强化事中事后监管，严格处罚欺诈发行、信息披露违法违规等行为，以切实维护市场秩序和投资者合法权益。我国监管部门在过去几年已经开始积极探索股票市场的注册制改革。2013 年 11 月第十八届中央委员会第三次全体会议通过的《中共中央关于全面深化改革若干重大问题的决定》和 2014 年的政府工作报告都提出推进股票发行注册制改革。2015 年 12 月全国人大常委会通过了《关于授权国务院在实施股票发行注册制改革中调整适用〈中华人民共和国证券法〉有关规定的决定》，对注册制改革进行授权，自 2016 年 3 月 1 日起施行，实施期限两年。2016 年 3 月，第十二届全国人大常委会通过了《关于国民经济和社会发展第十三个五年规划纲要》，提出“创造条件实施股票发行注册制”。然而，近年来的多次股市危机表明我国证券市场法律制度基础尚不完善，投资者素养仍需提高，施行注册制的条件尚不成熟。注册制改革的步伐一再放缓，2016 年、2017 年政府工作报告对注册制改革并未提及。2018 年 2 月 23 日全国人大常委会通过《关于延长授权国务院在实施股票发行注册制改革中调整适用〈中华人民共和国证券法〉有关规定期限的决定（草案）》，将有关注册制改革的国务院授权期限延长两年至 2020 年。

党的十八大以来，以习近平同志为核心的党中央和政府多次强调我国要走有中国特色的社会主义道路，不能简单照搬西方制度。过去几十年的改革已经充分证明了这一论断的正确性。因此，我国股票市场是否要实施注册制，一定要充分结合我国实际情况来决策。注册制高度依赖市场的决定力量，其顺利运行需要高度发育的市场以及完善的法律等制度基础，但我国股票市场在这些方面仍然存在很多不足。因此，贸然实施注册制可能会引起严重的股市动荡。实际上，“保荐制”的实施已经为进一步市场化改革积累了很好的经验。监管部门需要在认真总结现有“保荐制”问题的基础上，进一步减少监管干预从而

推动发行的市场化，提升股票发行市场的质量。

2. 新股发行定价制度

我国新股发行的定价制度也经历了由行政定价向市场定价的转变。国内学者在对我国 IPO 定价制度变革阶段的划分上存在细微差异①。综合已有研究，本报告将其分为固定价格、相对固定市盈率定价、放开市盈率管制、控制市盈率定价、累计投标询价和多元定价方式六个阶段。

1996 年以前，股票发行大多由地方政府或中国证监会直接规定，采取固定价格，其间曾有四只股票以上网竞价方式试点发行。1996 年 6 月《证券经营机构股票承销业务管理办法》提出股票发行价由发行承销双方商定。此后截至《证券法》生效，新股发行价格根据每股税后利润和相对固定的市盈率（12 倍至 15 倍）来确定。1999 年 7 月，《证券法》生效，再次明确发行价格理论上由发行人和承销商确定，但仍需中国证监会审核，表明我国 IPO 定价放开市盈率管制、定价机制向市场化改革迈进。此后截至 2002 年，在市盈率管制放开的情况下，我国股票市场曾出现询价尝试、上网竞价、累计投标询价等定价方式②。由于股市下挫，2001 年下半年多只新股跌破发行价，中国证监会于 2002 年重启对新股发行市盈率的严格限制，发行市盈率以 20 倍为上限。2004 年底，中国证监会发布的《关于首次公开发行股票试行询价制度若干问题的通知》规定从 2005 年 1 月起实行询价制度，而这一阶段的询价过程中仍存在中国证监会的窗口指导和发审委的市盈率指导。2006 年 9 月，《证券发行与承销管理办法》发布，规定首次公开发行股票应当通过向特定机构投资者询价的方式确定股票发行价格，进一步完善了 IPO 询价制度。2009 年 6 月，《关于进一步改革和完善新股发行体制的指导意见》发布，提出在新股定价方面淡化行政指导，形成进一步市场化的价格形成机制，由此取消了对新股发行市盈率的“窗口指导”。2012 年在对《证券发行与承销管理办法》的修改中，允许发行人与主承销商以自主协商、直接定价等询价外的方式发行股票，开启了多元定价方式阶段。2014 年在对《证券发行与承销管理办法》的修改中，提出首次公开发行股票，网下投资者须具备丰富的投资经验和良好的定价能力。2016 年 1 月修订并实施的《完善新股发行制度相关规则》与《证券发行与承销管理办

---

① 朱红军和钱友文（2010）以 IPO 定价中是否实行管制为角度，将 1993—2008 年分为四个阶段，是将我们提及的固定价格和相对固定市盈率定价两个阶段合并为管制阶段。刘煜辉和沈可挺（2011）也是将固定价格和相对固定市盈率定价两个阶段进行了合并。孙亮（2016）在对 2016 年以前我国 IPO 定价方式变迁的梳理中，将我们提及的放开市盈率管制阶段细化为询价方式尝试、竞价再尝试和网上累计投标询价三部分。田利辉等（2013）将 IPO 定价方式变革划分为五个阶段，是将我们提及的累计投标询价和多元定价方式两个阶段进行了合并。

② 询价方式的尝试源于 1999 年出台的《关于进一步完善股票发行方式的通知》，上网竞价、累计投标询价的制度基础是 2001 年中国证监会发布的《新股发行上网竞价方式指导意见》。

法》规定“公开发行股票数量在2000万股（含）以下且无老股转让计划的，应当通过直接定价的方式确定发行价格”，有利于降低中小企业的融资成本。

目前，我国股票市场首次公开发行股票定价方式多样，可以通过向询价对象询价、发行人与主承销商自主协商直接定价等多种方式确定发行价格。询价对象包括符合条件的基金管理公司、证券公司、信托公司、财务公司、保险机构、合格境外机构投资者、主承销商自主推荐的机构和个人投资者等。采用询价方式定价的，发行人和主承销商可以根据初步询价结果直接确定发行价格，也可以通过初步询价确定发行价格区间，在发行价格区间内通过累计投标询价确定发行价格。灵活多样的定价方式对减少企业发行成本、改善市场价格发现功能具有重要意义。

3. 股权再融资制度

股权再融资是继首次公开发行后再次通过证券市场发售股票募集资金的融资行为，是上市公司募集资金的重要渠道之一。就我国股票市场而言，目前上市公司股权再融资可以采取的方式主要包括公开增发、非公开发行股票（即定向增发）以及配股三种。在股票市场发展的早期，股权再融资制度与首次公开发行股票几乎没有特别明显的区别。1998年以前，上市公司股权再融资只能通过配股方式进行。1998年以后，证券监管部门开始允许上市公司通过定向增发方式进行股权再融资。1998年6月，在国有企业改革的大背景下，政府开始推动纺织企业通过公开增发的方式进行再融资试点工作。由于仅仅局限于少数行业的企业，并且受到严重的行政干预，增发再融资的发展比较缓慢。为了更好地发挥增发再融资的作用，1999年4月中国证监会开始积极探索增发的市场化改革问题，比如上市公司东大阿派（现更名为东软股份，股票代码600718）的增发定价采用了荷兰式招标竞价。2000年4月中国证监会发布了《上市公司向社会公开募集股份暂行办法》，进一步规范了公开增发的市场化机制，比如规定通过基金累计投标询价或通过机构投资者和公众投资者同时询价。因此，实际上股权再融资的市场化已经走在了首次公开发行的前面。2001年3月，中国证监会发布了《上市公司新股发行管理办法》，将公开增发与配股纳入统一管理，取消了之前有关融资范围的限制，并进一步规范了其他事项。之后中国证监会又出台了《关于上市公司增发新股有关条件的通知》，提出了上市公司增发股票还需满足额外的条件。可以看出，上市公司进行公开增发新股的要求要低于配股的条件。2002年至2005年，公开增发金额超过配股，成为主流的股权再融资方式。

2006年4月，中国证监会在已有发行制度改革的基础上出台了《上市公司证券发行管理办法》，除了对公开增发与配股相关规定进一步规范之外，首次提出上市公司可以采取非公开方式发行股票。自此，定向增发方式登上历史舞台。《上市公司证券发行管理办法》规定非公开发行股票的发行价格不能低于定价基准日前20个交易日公司股票均价的90%，但并没有明确说明基准日的确定方法。2007年9月，中国证监会发布《上市公司非公开发行股票实施细则》，详细规定了上市公司非公开发行股票的具体内容，特别是首次明确了上市公司及保荐机构只能在董事会决议公告日、股东大会决议公告日和发行期首日中自行选择定价基准日，给出了基准日前20个交易日公司股票均价的计算公式。该实施细则在2011年8月与2017年2月分别进行了修订。与公开增发以及配股相比，定向增发的要求更少，发行程序更为简便快速，因此迅速成为我国上市公司股权再融资最重要的方法。然而值得注意的是，在再融资实践中，一些上市公司利用定向增发的便利进行利益输送，严重损害了其他股东的利益，引起了社会巨大的争议。

我国新股发行制度、股票定价制度以及股权再融资制度的历史演变如图2－9所示。

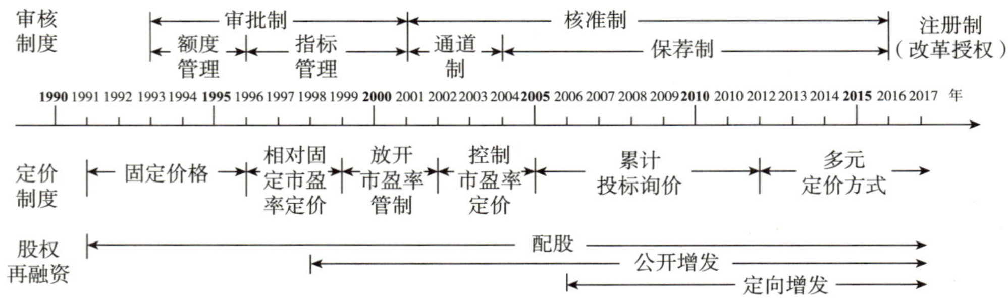

图2－9　中国股票市场审核、定价、再融资制度历史演变

综上所述，纵览我国股票发行制度近30年的改革进程，中国股票市场的市场微观结构不断改善，对控制市场风险、改善市场价格发现功能有积极作用。就新股发行审批制度而言，从“额度管理”到“保荐制”，股票发行额度由“严格限制”到“取消限制”，审核效率不断提高，有助于缓解一级市场股票供求矛盾；发行推荐主体由政府变为市场中介，发行审核透明度提高，有利于减弱政府干预、缓解发行市场的信息不对称；政府机构的监管方向由事前监管不断后移，有利于培育市场理性、维护投资者利益。就新股发行定价制度而言，“有进有退、以进为主”的渐进式市场化改革使发行定价方式日趋灵活多样，IPO发行价格日益贴近市场需求，对改善一级市场价格发现功能、提高投资者行为的理性程度有重要意义。就股权再融资制度而言，配股、公开发行、非公开发行三种方式相继登上历史舞台，发行人的选择增多，再融资门槛降低，融资审核程序越发简便，能便利上市公司的再融资、减少市场交易成本。

（二）交易制度

交易市场是投资者交易已发行证券的场所。公平、高效的股票交易市场能为上市股票提供流动性支持和资产定价参考，交易制度的改善也能反过来提高发行市场的价值。与此同时，交易制度的完善也有助于保护投资者利益。本报告将主要从回转交易制度、涨跌幅制度、佣金和印花税制度、交易信息披露制度以及其他制度等方面对我国股市交易制度进行阐述。

1. 回转交易制度（T+X）

回转交易，即投资者在买入证券并确认成交后，在交收完成前全部或部分卖出的行为。回转交易制度直接影响交易市场的流动性。按交易者最早能实施反向交易的日期，回转交易制度可分为当日回转制（T+0）、次日回转制（T+1）、次二日回转制（T+2）。国际证券市场普遍采用“T+0”回转交易，而我国股票交易市场则经历了由“T+0”向“T+1”的转变。在股市成立之初，沪深交易所曾实行“T+1”交易制度。为增强股市流动性，沪深交易所分别于1992年5月和1993年11月开始实行“T+0”交易制度，B股自上市之日起便实行“T+0”交易制度。该制度在增加A、B股交易量的同时也鼓励了投机行为，促使中国证监会于1995年1月和2001年12月分别废止我国A、B股市场的“T+0”制度，“T+1”交易制度自此延续至今。

学术界对我国“T+1”制度的评价存在分歧。一方面，部分学者认为“T+1”交易制度不但会降低我国股市的流动性、降低市场价格发现和信息传播的效率，还未能达到减少市场泡沫、抑制过度投机的预期效果，继续坚持“T+1”制度已经不合时宜[①]。另一方面，也有学者认为“T+0”制度增加股市流动性是以加剧股价波动性为代价的，“T+0”制度还会加剧投机行为[②]，因此变革回转交易制度、与国际接轨的时机尚未成熟。

2. 涨跌幅限制

涨跌幅限制，即在股票交易中规定当日的股票交易价格在前一个交易日收盘价（首次发行为发行价或当日开盘价）的基础上进行上下波动的幅度。沪深交易所成立的近30年来，我国股票交易的涨跌幅限制经历了多次变化。首先，针对非首日发行交易，1991年8月以前，深圳证券交易所股价涨跌幅曾有过涨停板1%、跌停板5%，涨停板0.5%、跌停板6%，涨跌停板均为0.5%，涨跌停板均为5%等多次调整。上海证券交易所则在1990年12月到1992年5月的区间内保持涨跌停板均为1%的限制。1991年8月，深圳证券交易所全面

---

① 如刘逖和叶武（2008），边江泽和宿铁（2010），熊熊等（2016），韦立坚（2016），陈雯和屈文洲（2004），孔庆洋等（2009），刘建华（2010）等。

② 如成微等（2011）以及章进和王贤安（2014）。

放开涨跌幅价格限制，而上海证券交易所也于1992年5月放开价格限制。涨跌幅限制的放开助长了过度投机行为，个股一日内暴涨暴跌的事例不在少数。为呼唤市场理性、抑制投机，沪深交易所于1996年12月发布并实施《关于对股票和基金交易实行交割涨跌幅限制的通知》，对所有上市股票实行（除上市首日外）涨跌幅10%的限制。其次，针对首日发行交易，2014年1月起，我国股票首日发行涨跌幅也由原先的不设限制，修改为首日涨跌幅不得高于发行价的144%、不得低于发行价的64%，开盘集合竞价阶段有效竞价范围为发行价的上下20%，对连续竞价阶段出现成交价较当日开盘价首次上涨或下跌达到10%及以上的实施30分钟的临时停牌。再次，针对特殊股票，1998年4月起，沪深交易所对财务状况异常的上市公司"特别处理"，前冠"ST"，并对其限制了5%的涨跌幅。1999年7月至2002年5月，沪深交易所对出现连续亏损三年等情况、暂停上市的股票实施"特别转让服务"，前冠"PT"，并限制其涨幅为5%，跌幅无限制。最后，沪深交易所也曾着眼于整个市场推出熔断机制来限制市场整体的跌幅。2016年1月1日至1月8日，沪深交易所曾以沪深300指数为熔断基准数，制定基准数跌幅达5%暂停交易15分钟、基准数跌幅达7%二度熔断并休市的机制，称为熔断机制。沪深交易所推行熔断机制的本意是降低股票市场波动、抑制投资者羊群行为、保护中小投资者的权益，却限于机制设计的不合理和时机等不利因素的影响事实上损害了市场稳定，熔断机制被叫停。

3. 佣金和印花税制度

投资者买卖股票时的交易成本主要包括印花税、佣金、过户费和其他费用等，而佣金和印花税是受政策影响较大的部分。2002年5月以前，我国股票市场长期实行单一固定的佣金制，法定佣金费为3.5‰，但存在返佣等业务形式。2002年5月，相关机构开始实施佣金制度浮动化管理，规定股票交易实行最高上限为3‰，可向下浮动，佣金因券商地域、交易渠道、经营策略等的不同而有所差异。印花税是投资者进行股票交易的重要成本之一，也是政府调控股票交易市场的重要工具。自沪深交易所相继开征股票交易印花税起，截至2017年12月31日，我国股票交易印花税税率曾经历过十次调整[①]，印花税税率调

① 1990年6月深圳证券交易所开征印花税，卖者缴纳6‰；1991年10月沪深交易所印花税税率为3‰，双方缴纳；1997年5月股票交易印花税税率升为5‰；1998年6月股票交易印花税税率降为4‰；1999年6月B股股票交易印花税税率降为3‰；2001年11月A、B股股票交易印花税税率降为2‰；2005年1月股票交易印花税税率降为1‰；2007年5月股票交易印花税税率升为3‰；2008年4月股票交易印花税税率降为1‰；2008年9月股票交易印花改为单边（卖方）征收，税率维持1‰至今。

整会对市场流动性和投资者情绪产生影响，个别调整还导致了股市暴涨暴跌[①]。目前，我国股票交易印花税为1‰，已从2008年4月维持至今。近10年来维持较低水平的印花税税率有利于降低股票市场投资者的交易成本，同时也有利于稳定市场价格波动。

4. 交易信息披露制度

就信息披露而言，目前沪深交易所会公布每个交易日的即时成交价格、成交量、证券指数、证券交易公开信息等交易信息，并定期发布反映市场成交情况的各类日报、周报、月报、年报。集合竞价期间发布的即时行情包括：证券代码及简称、昨日收盘价格、开盘参考价格、虚拟匹配量及未匹配量。连续竞价期间的即时行情包括：证券代码及简称、昨日收盘价格、最新成交价格、当日最高及最低成交价格、当日累计成交数量及金额、实时最高及最低买卖申报价格和数量。其中，实时最高、最低买卖申报价格和数量的信息披露曾发生过两次变化。在我国股票市场成立初期，交易所只披露每只股票的最优买卖价格，该阶段买卖价格透明度较低，不但降低了信息传递速率，而且不利于形成合理价格。为了提高定价机制的速率，沪深交易所买卖盘行情的揭示范围自1994年9月7日起扩大到三档。2003年12月8日，买卖盘行情的揭示范围从三档扩大到五档。买卖盘行情揭示范围的扩大有助于投资者更真实地了解并判别盘面，且事实上对中小投资者更为有利。2003年12月8日以前，券商席位和基金的指定席位本就可看到五档行情，机构投资者与大资金客户相对普通投资者具有信息优势，作为庄家操纵股价十分便利。因此，2003年的这次信息披露制度变革对维护中小投资者权益、提高二级市场定价效率具有积极意义。

5. 其他制度

我国股票交易市场在组织、竞价等多个方面仍具有其他特点，因制度变动较少或与股市质量关联相对松散，在此处仅简要叙述。就组织形式而言，我国的证券交易主要采用会员制组织形式，参与经营的会员可参加股票交易中的股票买卖与交割，投资者通过委托证券交易所的会员参与证券买卖，买卖指令可通过人工方式或电话、自助终端、互联网等自助委托方式传达。就委托方式而言，投资者可以采用限价委托或市价委托的方式。就竞价方式而言，沪深交易所采用集合竞价和连续竞价两种方式，集合竞价适用于开盘（沪深交易所每个交易日9：15至9：25）与收盘（深圳证券交易所每个交易日14：57至15：00）交易，而连续竞价适用于盘中交易。就开盘、收盘价的确定而言，开盘价为当日该证券的第一笔成交价格（优先使用集合竞价方式确认），上海证

---

① 例如，2007年5月30日印花税税率宣布上调，导致次日沪指暴跌6.5%、一个月内大盘下跌约1000点；2008年4月24日印花税税率由3‰降为1‰，引致次日沪指暴涨9.29%。

券交易所证券的收盘价为当日该证券最后一笔交易前一分钟所有交易的成交量加权平均价（含最后一笔交易），深圳证券交易所的收盘价通过集合竞价的方式产生。就大宗交易制度而言，沪深交易所将A股大宗交易的买卖门槛均设为申报数量30万股以上或交易金额200万元以上，上海证券交易所要求B股大宗交易的申报数量不低于30万股或交易金额不低于20万美元，深圳证券交易所要求B股大宗交易的申报数量不低于3万股或交易金额不低于20万港元[①]；上海证券交易所接受意向申报、成交申报、固定价格申报以及该所认可的其他大宗交易申报，深圳证券交易所采用协议大宗交易和盘后定价大宗交易。

综合来看，我国交易市场的制度建设日趋完善、合理，在缓解信息不对称、削减交易成本等方面具有积极作用。具体来说，就回转交易制度而言，“T+1”交易制度有利于稳定市场波动，但可能会对市场流动性产生不利影响。就涨跌幅制度而言，针对首日发行股票交易、非首日发行股票交易及特殊股票交易的涨跌幅限制从无到有，在一定程度上有利于抑制投机、限制市场操纵行为、缓解暴涨暴跌对投资者利益的侵害。就佣金和印花税制度而言，日趋灵活的佣金制度有利于券商以市场化的方式收取经纪服务费用；近十年来，印花税税率一直保持在历史低位，不但有利于稳定市场波动，更能降低交易成本、提高市场流动性。就交易信息披露制度而言，买卖盘行情披露范围逐渐扩大，有利于提高交易信息透明度、改善二级市场的价格发现功能，进而限制可能的市场操纵、保护中小投资者的利益。

（三）退市制度

上市公司退市制度是股票市场重要的基础性制度，改革、完善并严格执行退市制度，有利于增强市场主体活力，提高市场竞争能力，实现优胜劣汰。我国有关部门正积极出台相关法律规范，完善退市机制的制度建设。2014年11月，《关于改革完善并严格实施上市公司退市制度的若干意见》发布，对退市制度改革实施提出指导性意见。2014年10月，上海证券交易所对《上海证券交易所股票上市规则》进行第九次修订，将退市分为三个程序，即退市风险警示、暂停上市、强制终止上市，并对不同程序分别进行了指标性规定。除此之外，《上海证券交易所股票上市规则》还专门对主动退市做出相关规定。同年，深圳证券交易所对《深圳证券交易所股票上市规则》进行第八次修订，其退市标准同样存在退市风险预警、暂停上市、强制终止上市三个程序，但与上海证券交易所的退市标准相比更为详尽。《深圳证券交易所股票上市规则》

① 该大宗交易最低交易标准的依据为2013年7月发布的《深圳证券交易所交易规则（2013年修订）》和2013年12月9日实施的《上海证券交易所交易规则（2013年修订）》。在此之前，大宗交易的最低交易标准更高。

还增加了两种可能会发生强制退市的情形，分别为欺诈发行与重大信息披露违法。2015 年，为进一步落实上市公司退市制度，完善退市制度改革，上海证券交易所颁布《上海证券交易所退市公司重新上市实施办法》和《上海证券交易所退市整理期业务实施细则》，前者对重新上市的申请条件与受理程序、审核与决定程序、重新上市安排等做出了详细规定，后者对进入退市整理期公司的交易安排、信息披露等做出了具体规范。综上所述，我国股票市场退市机制的不断完善，有助于督促投资者更加关注上市公司动态、提高风险防范意识、理性投资，也有助于威慑上市公司可能存在的信息披露违规、欺诈等行为，从而有利于提高股票市场质量。

第三节 中国股票市场的重大波动回顾

纵观二十七年的发展历史不难发现，我国股票市场的发展充满了曲折，其间发生了多次异常波动事件。引发我国股票市场异常波动的原因很多，既有我国股票市场自身尚不完善的内在原因，也有来自其他市场冲击的外部原因。这些波动事件引起了国内各界的密切关注与深入研究，系统剖析这些波动事件有助于加深对中国特色社会主义股票市场质量的理解，也有助于进一步完善股票市场相关改革政策。

综合股票市场指数走势以及市场波动情况，本报告认为历史上我国证券市场存在四个重要的波动期，分别为 1990 年至 1999 年的初创探索时期，1999 年至 2002 年的国有股减持与互联网泡沫改革时期，2005 年至 2009 年的次贷危机时期，以及 2014 年至 2016 年的杠杆交易与两次股灾时期。图 2 - 10 展示了我国上海证券综合指数（以下简称上证指数）的每日收盘价走势以及每日涨跌幅，区间为 1990 年 12 月 19 日至 2017 年 12 月 31 日。接下来，本报告将对每个时期的市场波动情况及其原因进行分析。

一、初创探索中的中国股市

1990 年 12 月 19 日上海证券交易所正式开始营业，标志着我国股票市场的正式建立。对当时的市场参与者与监管者而言，股票市场是一个新生事物，各方在缺乏经验的条件下探索股票市场发展之路。本报告将 1990 年上海证券交易所正式营业到 1999 年《证券法》正式实施的这段时间作为我国股票市场的初创探索时期。

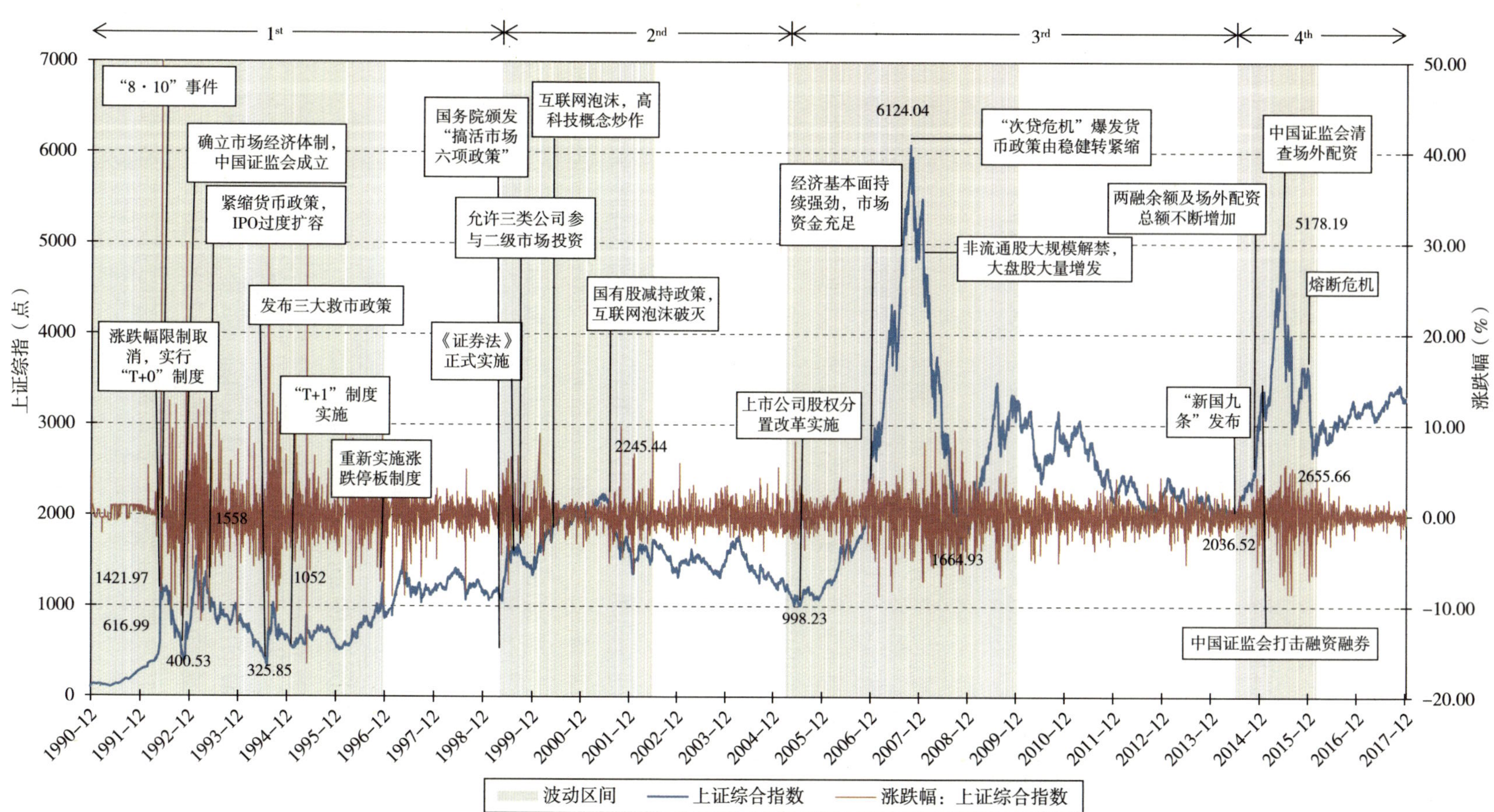

图2-10　上证指数历史走势及每日涨跌幅

股市初创探索阶段，市场制度尚不完善，股票市场暴涨暴跌时有出现，政策的制定与修改是该阶段股市波动的重要驱动力量。典型的，涨跌停板制度的取消与重新引入，以及回转交易制度的改变对证券市场的波动性都产生了重要影响①。股市成立之初至 1992 年 5 月，上海证券交易所实行限幅 1% 的涨跌停板制度与“T+1”回转交易制度。在这两项制度背景下，股市波动较小。1992 年 5 月 21 日上海证券交易所取消涨跌停板制度并将回转交易规则修改为“T+0”制度，上证指数当日出现大幅波动。为了缓解投机行为，防范金融风险，国务院证券委员会自 1995 年 1 月 3 日起恢复实施“T+1”交易制度。1996 年 12 月 16 日，上海证券交易所和深圳证券交易所正式推行了幅度限制为 10% 的涨跌停板制度并沿用至今。在这段监管相对宽松的阶段（取消涨跌幅限制，实行“T+0”交易制度），上证指数出现了三次较大规模的暴涨暴跌，其产生的直接原因也不尽相同。

第一次暴涨暴跌发生在 1992 年 5 月至 1992 年 9 月，上证指数三天内由 616 点快速上涨至 1421 点，在短暂横盘后又迅速下跌至 400 多点才趋于稳定。此轮上涨的原因在于投资者热情的过度释放。当时，我国国内尚缺乏合规的民间投资渠道，民众的投资行为一般都限于购买国债。股票市场这一新生事物的出现在当时带动了国内的投资热情，而涨跌幅限制的取消使这一热情得到了完全的释放。此轮下跌则是由于投资者信念的转变：“8·10 事件”严重损害了股票市场投资者的信心②，投资者对证券市场普遍抱有悲观情绪，造成了股市的大跌。

第二次暴涨暴跌发生在 1992 年 10 月到 1994 年 7 月，上证综指先在短短三个月的时间里由 400 点涨至 1558 点，随后又一路下跌至 325 点，18 个月内跌幅高达 79%。此次上涨的直接原因是，第一，1992 年 10 月国务院证券委员会和中国证券监督管理委员会（简称中国证监会）宣告成立，标志着中国证券市场统一监管体制开始形成；第二，同月召开的党的十四大确立了建立社会主义市场经济体制的改革目标，在全国掀起经济发展热潮。中国证监会的成立与市场经济体制改革目标的确立提高了投资者信心，导致股市上涨。随后下跌的根本原因在于从紧的货币政策与股票市场过度扩容。1993 年我国经济过热，为避免通胀，政府实施了从紧的货币政策，1993 年 5 月和 7 月两次提高人民币存贷款率和国债利率。与此同时，股票供给快速增长③。

---

① 上海证券交易所于 1992 年 5 月，深圳证券交易所于 1991 年 8 月取消了涨跌停板制度，1996 年 12 月沪深两市重新引入涨跌停板制度。涨跌停板制度和回转交易制度详细规定参见第二章第二节。

② 1992 年 8 月 10 日深圳证券交易所新股认购出现徇私舞弊，致使数千名股民围攻深圳市政府。

③ 1992 年底我国仅有 53 家上市公司，1993 年底这一数量变为了 183 家，1994 年底更是达到了 291 家，相比 1992 年底扩大了 4 倍之多。

第三次暴涨暴跌发生在1994年8月至1996年1月。此次上涨的直接原因在于政府颁布了救市措施。1994年8月1日，《人民日报》发表了中国证监会与国务院有关部门共商稳定和发展股票市场措施的文章，推出“停发新股、允许券商融资、成立中外合资基金”三大利好救市政策。然而，证券市场流动性充足状态并未持续太久。虽然1994年下半年暂停股票IPO，但是成立中外合资基金入市的政策并未真正实施，同期异常火爆的国债期货交易市场也对股票市场的资金产生竞争与分流①。直到1996年我国货币政策由紧缩转向宽松，中国人民银行两次下调基准利率，我国股市才开启了新一轮上涨行情。

通过以上分析不难看出，在这一阶段，影响我国股市涨跌的根本原因在于投资者信心以及证券市场流动性，而这两者又往往受到政府政策的直接影响。这也体现了我国股市对政府政策的敏感性，“政策市”的说法在这一时期也颇为盛行。

二、国有股减持与互联网泡沫中的中国股市

1999年年中开始，由于受到国内国企改革与国外互联网热潮这一内一外双重利好的影响，在众多蓝筹国企与高科技上市公司的轮番带动下，我国股市出现了一轮持续的上涨。然而好景不长，随着2001年国有上市公司的大规模减持以及互联网泡沫的破裂，中国股市也应声下跌。虽然此次下跌相对于2008年与2015年的股灾来说幅度较小，但对当时我国证券市场产生了更为严重的影响，在互联网泡沫破灭后的四年里，股市一直处于萧条低迷的状态，也是迄今为止我国证券市场持续时间最长的一段熊市。

1999年5月19日，此前一直低迷的股市开始急速上涨，沪深两市当日都出现了超过4%的涨幅②。之后股市出现了持续大幅度的上涨，虽然出现了几次调整，但并未改变股市的持续上行趋势。最终，上证综指在2001年6月14日达到了2245.44点的历史新高点。

上述股票市场上涨出现的首要原因在于当时政府为推行国企改革而采取的一系列鼓励资金入市的政策措施。1999年是国企改革的关键性一年，国企改革急需大量资金投入。在股票市场连续两年不活跃的背景下，贸然将国企推向市场可能会进一步向市场“抽血”从而产生恶劣影响。1999年5月16日，国务院批准了一份包括“改革股票发行体制、逐步解决证券公司合法融资渠道、允许部分具备条件的证券公司发行融资债券、扩大证券投资基金试点规模、搞

① 1994年全年国债期货交易总成交量达2.8万亿元，A股仅为5626.73亿元。

② 上证综指从开盘的1059.87点升至收盘的1109.08点，深证成指从开盘的2534.72点升至收盘的2662.28点。

活 B 股市场、允许部分 B 股 H 股公司进行回购股票的试点”6 条主要政策建议的文件，也就是通常说的搞活市场六项政策，希望以此来发挥证券市场的融资功能，为国企改革提供资金支持。1999 年 9 月 8 日，中国证监会又发布了《关于法人配售股票有关问题的通知》，允许国有企业、国有控股企业和上市公司所开立的股票账户用于配售股票，也可用于投资二级市场的股票。随后的 10 月 25 日，国务院批准保险公司购买证券投资基金间接进入证券市场。以上三项政策扩大了证券市场的资金来源，刺激了市场中的股票需求，拉动了股市的快速上涨。

互联网泡沫的兴起也对此轮上涨起到了重要的推动作用。纳斯达克证券交易所中高新技术企业正在“非理性繁荣”下达到互联网泡沫的顶峰，网络公司 AOL 收购老牌媒体公司时代华纳的神话使投资者对互联网企业充满了投资热情。受国际环境影响，我国股市也出现了追捧高科技公司的热潮。受投资者青睐的板块包括电脑、软件、网络、电信、电子、航空航天、生物科技、芯片、有线电视等。我国上市公司在此期间也兴起了“改名”热潮。自 1999 年下半年到 2000 年底，共有 151 家 A 股上市企业更改了公司名称。其中，有 43 家公司将公司名称与“科技”“网络”或“信息”概念挂钩。根据来自申万宏源证券的研究报告，这些涉及高新概念股的公司改名后平均涨幅高达 156%，而改名不明显涉及高新概念的公司平均涨幅只有 118%。在高新概念板块的带动下，上证指数持续上涨。

2001 年之后，随着互联网泡沫的破灭与国有股减持带来的流动性冲击，上证综指开始了长达五年的持续下跌。截至 2005 年 6 月 6 日上证综指下跌至 998. 23 点，比之前的最高点下跌了 55. 54%。在此期间，股票市场投资者投资热情低落，市场交易疲软。

“国有股减持”是此次股票下跌的重要导火索与推动力量。为了防止国有资产大量流失，在股市建立后的很长一段时期监管部门禁止国有股流通。为了盘活非流通国有股，国务院在 2001 年 6 月 12 日发布了《减持国有股筹集社会保障资金管理暂行办法》。国有股减持政策出台的本意是完善国有上市企业的公司治理结构，提高公司运营效率，却对当时的股票市场产生了不利冲击。按照暂行办法的规定，国有企业需在 IPO 或增发时按照融资额的 10% 在市场上一次性出售国有股份。这一举措对市场造成了两个方面的不良影响。第一，国有企业减持会造成市场中的流通股票供给短期内急剧增加。第二，由于减持是按照市价在二级市场出售，会对股价造成冲击，这一行为被认为是对其他股东利益的侵害，由此引发了投资者对市场前景的悲观情绪。

除了“国有股减持”政策的实施，在这期间互联网泡沫破灭带来的投资者投资理性回归也是股市下行的重要原因之一。在互联网泡沫阶段，一家上市公司只要宣布与高新科技挂钩，便会获得市场资金追捧。最著名的炒作案例是亿安科技，这家流通股仅有3529万股的小市值公司，公布的业务范围竟涉及数码科技、网络工程、生物工程、电子通信、电动汽车、新能源和纳米技术等，几乎囊括了当时所有的高新技术领域。该只股票从1999年10月25日起，在70个交易日中，股价从每股26元一路上涨并突破百元，成为首只市价超过百元的股票。由于此轮高科技股股价上涨缺乏基本面支撑，而只是靠概念与资金炒作，随着国际股票市场互联网泡沫的破灭，国内投资者开始恢复投资理性，股市也开始理性回调。

三、次贷危机中的中国股市

伴随着股权分置改革政策的出台和实施，我国股市再次活跃起来。从2005年下半年开始，上证综指与深圳成指持续上涨。其中上证综指从2005年6月底的不到一千点持续上涨，并在2006年12月13日突破了2245点。2007年5月29日，上证综指再次创下了4334.92点的历史新高。然而2007年5月30日受印花税大幅增加的影响①，股市一路下挫调整②。经过一个多月的调整，上证综指从7月20日再次上涨，不断创出新高。短短9个交易日，沪指上涨超过800点，涨幅达到了15%③。最终在2007年10月16日上证综指达到了建市以来的最高点6124.04点。

2005年到2007年我国股票市场出现暴涨主要是受以下几个因素的综合影响。首先，我国持续稳定的经济增长为股票市场发展提供了良好的宏观经济环境。经过近30年的改革开放，我国经济建设取得了巨大进步。全球经济繁荣拉动了我国出口增长，带动了我国经济高速发展。自2003年起我国国内生产总值年增长率一直稳定在10%以上。在这样的经济大环境下，上市公司的业绩普遍较好，强劲的基本面为股票价格上涨提供了有力支撑。

其次，股权分置改革等一系列政策的推出为股市的发展提供了政策上的支持。股权分置问题是我国股票市场特有的现象。2005年4月经国务院批准，中国证监会发布《关于上市公司股权分置改革试点有关问题的通知》，启动了股权分置改革的试点工作。2005年8月23日，中国证监会、国资委、财政部、中国人民银行、商务部经国务院批准联合发布《关于上市公司股权分置改革的

① 中国证监会在2007年5月30日宣布将印花税由1‰调整为3‰。

② 2007年5月30日沪深两市超过900只股票跌停；6月1日沪深两市有近700只股票跌停；6月4日，上证综指几乎跌停，收盘下跌8.26%，超过800只股票跌停。

③ 让人吃惊的是工商银行、中国石化、中国神华等大盘蓝筹股居然多次涨停。

指导意见》；9 月 4 日，中国证监会发布《上市公司股权分置改革管理办法》，我国的股权分置改革正式启动。股权分置改革可以解决同股不同权、同股不同利的问题，缓解流通股与非流通法人股的长期分割导致的大股东对中小股东的利益侵害，从而增强投资者对证券市场的信心。所以，长远来看，股权分置问题的解决，有利于股票市场的健康发展。

最后，印花税降低等其他因素也为证券市场提供了资金支持。这些因素主要包括：中国证监会在 2005 年 1 月将印花税由 2‰降低为 1‰，鼓励资本进入证券市场；2005 年至 2007 年大量的开放式基金发行，大量基金将募集到的资金投入股票市场；同时，我国不断扩大的贸易顺差总额，以及出于对中国经济继续增长以及对人民币持续升值的预期而大量涌入的国际热钱，使我国的外汇储备总量持续走高，M_2 规模受此影响不断增加。

然而，受次贷危机国际大环境，以及首次公开发行股票募集资金规模持续扩大的影响，股票市场流动性不足的问题开始显现。最终，在多重力量的作用下，股指开始大幅下行调整。

此次我国股票市场历史上最大规模的下跌受内外两方面因素的影响。外部因素是美国次贷危机爆发引起的全球经济危机。次贷危机的爆发对我国股市的影响主要体现在三个方面。第一，在此次全球性经济危机中，我国经济也受到了较大的波及，出口减少导致外贸规模萎缩，很多出口型上市公司的业绩基本面受到冲击；第二，全球性经济危机造成了投资者的恐慌情绪，导致投资者对市场预期趋于悲观；第三，包括工商银行、中国银行、建设银行、交通银行、招商银行在内的多家国内金融机构在此次危机中遭受了严重的资产损失，而这些金融机构在我国股市指数中所占的权重较大，其股价的下跌也带动了大盘走弱。

内部因素则是我国股市资金供给出现阶段性短缺。从宏观基本面看，由于 2006 年起我国经济再次出现过热趋势，流动性过剩问题显现，2007 年 12 月中央经济工作会议将我国货币政策基调从“稳健适度从紧”调整为“从紧”，并将 2008 年宏观调控的首要任务定为防止经济增长过热和防止明显通货膨胀。受紧缩的货币政策影响，资金成本提高，整体投资环境流动性降低。从股市层面看，受非流通解禁期影响，股市中的流通股票供给大幅增加，而资金供给在投资者预期偏弱的情况下并未显著增加，由此导致了市场中资金的短缺。一方面，根据股权分置改革要求，非流通股在进入市场前有 12 个月至 24 个月的禁售期，2007 年底至 2008 年正好是一大批上市公司解禁期到期的“大年”，大量上市公司的非流通股进入市场流通。另一方面，2008 年上半年大盘股股市

IPO 或再融资规模创新高①，提高了市场流通股供给。

受国内外两方面因素的综合影响，上证指数一路下跌，从 2007 年 10 月的历史最高点 6124.04 点跌至 2008 年 10 月 28 日盘中的 1664.93 点。在 12 个月的时间里，上证综指下跌 4459.11 点创下了我国股市历史上下跌点数幅度之最，跌幅高达 72.8%。

四、杠杆交易与两次股灾中的中国股市

从 2014 年 7 月开始，我国股票市场再次持续大幅上涨。上证综指从 2000 点左右持续上涨至当年年底的 3234.68 点，上涨幅度超过 50%。出于对股市增长过快的担忧，中国证监会在 2015 年初通过降低股市交易杠杆水平加强监管，该政策虽然导致沪深两市近 2000 只股票在当日下跌，金融板块近乎全部跌停，但并未改变股市上涨趋势。2015 年 3 月至 5 月沪深两市指数不断创出新高，6 月 12 日达到了过去 7 年中的最高点 5178.19 点。然而从 6 月中下旬开始，沪深两市指数持续下跌，并连续出现单日内 7% 以上的大幅下跌。政府各种救市政策在一定程度上稳定了股市，但下跌趋势一直延续到 8 月底。2015 年 10 月至 12 月股市缓慢上升，2016 年初刚刚实施的熔断机制被连续触发，严重打击了投资者的信心。恐慌情绪迅速蔓延，致使沪深两市股指再次大幅下跌，直到 2 月初才得以稳定。

2015 年与 2016 年的两次股市暴涨暴跌导致众多投资者损失惨重，严重损害了投资者对股票市场的信心。监管部门、学术界与业界对此次股市异常波动进行了热烈讨论与深入分析，普遍认为资金推动了本次股市的暴涨与急跌，其深层次原因可以总结为如下五个方面。

第一，从宏观层面看，“新国九条”的推出对股市上涨发挥了积极的信号作用。为了促进直接融资市场的发展，改变我国企业长期过度依赖间接融资的不利局面，国务院于 2014 年 5 月发布《关于进一步促进资本市场健康发展的若干意见》。“新国九条”对发展多层次股票市场、规范发展债券市场、培育私募市场、推进期货市场建设、提高证券期货服务业竞争力、扩大资本市场开放、防范和化解金融风险、营造资本市场良好发展环境等工作进行了全面部署。这一政策的出台，表明了政府对鼓励证券市场发展的积极态度，增强了投资者对证券市场的信心。

第二，杠杆交易的兴盛成为股价上涨的助推力。国内投资者增加杠杆的渠道有两种。正规渠道是融资融券业务。2014 年下半年股票市场逐渐升温，融

---

① 如中国平安再融资 1200 亿元，中国建筑 120 亿股 IPO 等。

资融券余额也开始迅速增加。2014 年底两融余额从 4000 亿元增长到 1 万亿元，2015 年上半年两融余额更是达到了 22000 亿元，而这些资金中超过 99% 都是融资交易。融资增长刺激股价上升，而股价上升又增加了抵押物价值，进一步推动融资的快速增长。不是所有投资者都符合融资融券业务的资格，场外配资则为部分投资者提供了另一条增加杠杆的渠道。鉴于配资为非公开交易，很难掌握其实际规模，但配资业务同样加剧了杠杆交易的风险。融资融券与场外配资业务的迅猛发展导致大量资金流入，在短期内刺激了市场的繁荣，但也酝酿了未来暴跌的风险。伴随着中国证监会两次清理场外配资，股市也在去杠杆中大幅下跌。

第三，活跃的金融创新为资金进入股票市场提供了通道，推动股市上涨。虽然我国金融业实行综合经营制度，但银行系统中的资金并不能轻易进入股票市场。活跃的金融创新活动使银行可以通过影子业务避开监管，通过伞形信托，打通银行资金与股票市场间的通道，银行资金得以进入股市。此外，当时尚未受到监管的互联网金融资金也对资本避开监管流入股票市场起到了推波助澜的作用，大量的民间配资公司也利用 P2P 和众筹平台为配资募集资金。然而，随着监管部门对伞形信托的清理以及对互联网金融的规范监管，大量资金不得不平仓离场，并最终在高杠杆的共同作用下，造成了股市的“踩踏式”下跌。

第四，市场交易制度的不完善是股市自身调整功能较弱、股市向下调整的主要原因之一。一方面，融资融券业务发展的极度不平衡导致卖空价值根本无法有效发挥作用。正如前文所述，由于我国实行集中的融资融券制度，因此卖空交易只能通过中证金融公司转融通获取股票，融券成本非常高，融券交易额占股票市场交易总额的比重很少超过 3%。这就导致卖空交易在我国很难发挥实质性的积极作用。另一方面，股指期货与融券业务采取 T+0 交易制度但股票现货市场却采用 T+1 交易制度，导致很多投资者无法及时调整决策，只能被动接受股价变化，加剧了股市风险的累积。

第五，受宏观经济层面影响的投资者预期下调与熔断交易机制设置不合理是熔断危机产生的主要推动力量。一方面，从宏观经济来看，2015 年底人民币持续贬值致使大量资金外流，且采购经理指数（PMI）低于 50，位于枯荣线以下[①]，偏弱的经济走势调低了投资者对市场的信心预期。另一方面，我国的熔断机制触发点分为两档，分别为 5% 和 7%，而大部分西方市场的触发阈值

① 荣枯线，即采购经理指数（PMI）的临界值，可反映宏观经济运行的景气状况、发展变化趋势。PMI 数值通常以 50 作为经济强弱的分界点。

都设置了三档，且相互间的距离通常在5%以上①；当两次触发阈值较为接近时，市场容易形成磁吸效应，即当触发5%的阈值后，投资者因为惧怕暂停交易会导致流动性缺失而抛售股票，导致市场在触及5%之后非常容易触及7%，从而实现第二档熔断。在这两个因素的作用下，我国的熔断机制在开始实施后极短的时间内就被两次触发，对市场造成了很大的影响。

本章小结

本章对中国股票市场的发展历程进行了回顾。首先，从市场规模、市场结构、市场改革以及对外开放水平四个方面，概述了中国股票市场总体发展情况；随后，在法律制度层面，梳理了中国股票市场法律法规、监管体系、市场运行制度的变迁及其对中国股票市场的影响；最后，回顾了中国股票市场近30年发展历程中出现的重大波动，并简要分析了异常波动及形成涨跌趋势的主要驱动因素。本章的主要内容可归纳为以下几点。

第一，中国股票市场经过近30年的发展，经历了从初具规模到发展壮大、从不成熟到日益完善的过程。从市场规模来看，自1990年股票市场成立以来，上市公司数量、股票发行数量以及市值规模均呈现快速增长态势，截至2017年12月底，中国股票市场成为仅次于美国的全球第二大股票市场。从市场结构来看，随着市场规模的扩大，我国股票市场结构日趋完善，具体表现在中国股票市场融资主体不断扩大，为各类企业尤其是中小企业和新兴产业拓宽了融资渠道；投资者结构不断优化、交易与服务机构日趋完善。从市场改革方面来看，中国股市的不断发展，离不开政策体系、制度规则、法制建设方面取得的巨大成就。从对外开放水平来说，中国股票市场以B股、H股等股权融资为突破口，多渠道推动我国股票市场开放。

第二，本章以历史演变的视角，梳理了中国股票市场制度的变化，从法律法规、市场监管制度以及市场运行制度三个方面展示了中国股票市场制度革新的背景、逻辑和实施效果。在法律法规方面，本章着重梳理了与股票市场密切相关的《证券法》《公司法》和《证券投资基金法》三部法律，以及一系列行政法规与中国证监会的规章制度，通过对法律法规的颁布、修正和修订内容的全面解读，分析法律条文出台的背景、探讨法律法规变动情况及其对我国股票市场的影响。在监管制度层面，本章描述了中国股票市场监管体系的主要框

① 如美国设置为7%、13%、20%，韩国为8%、15%、20%，印度为10%、15%、20%。

架，梳理了行政监管体系、行业自律体系和执法稽查体系的发展历程。在股票市场运行制度层面，本章重点分析了发行制度、交易制度以及退市制度。

第三，本章以股票市场重大波动为切入点，回顾了我国股票市场发展过程中出现的异常波动事件。这些异常波动事件引起了国内各界的密切关注与深入研究，在很大程度上深化了对中国特色社会主义股票市场质量的理解，推动了相关改革政策的进一步完善，对我国股票市场的发展产生了深远的影响。引发我国股票市场异常波动的原因有很多，既有我国股票市场自身尚不完善的内在原因，也有来自其他市场冲击的外部原因。本章以时间为主线，选取了我国股票市场发展进程中初创探索时期、国有股减持与互联网泡沫时期、次贷危机时期以及杠杆交易和两次股灾时期这四个波动幅度较为剧烈的历史阶段，阐述了造成股票市场异常波动和大幅涨跌的主要原因及其所产生的影响。

第二篇　理论篇

2014
2015
Text Goes Here
Text Goes Here
Text Goes Here
Text Goes Here
Text Goes Here

股票市场效率理论分析

在对已有文献进行梳理的基础上，本报告将股票市场效率分成配置效率、运行效率以及信息效率。配置效率是指股票一级市场配置资本的效率；运行效率是指股票市场达成交易的成本高低；信息效率则是指股票价格的信息量和吸收信息的速度。接下来，本报告详细回顾了配置效率、运行效率以及信息效率相关的文献，总结了有关的度量方法，为后续市场效率微观度量指标的构建奠定了理论基础。

第一节 股票市场效率分类

学术界普遍认可有效市场假说，但对有效市场的构成却存在一定的争议。表 3－1 列出了学术界与监管界研究对市场效率主要构成的界定。Fama（1970）在提出有效市场假说时特别强调信息效率（Informational Efficiency，IE）的重要性，但他同时也指出，只有信息有效率的市场才能有效地配置资本。因此，市场效率应当包括信息效率与配置效率（Allocative or Allocational Efficiency，AE）。后续很多学者也普遍认可 Fama 对市场效率范围的界定（Figlewski，1978；Grossman，1976，1995；Latham，1986；Dow and Gorton，1997；Citanna，2000；Brunnermeier，2005），但多数研究侧重于研究信息效率，只有少部分文献研究了配置效率（Wurgler，2000）。然而，关于市场微观结构研究的大部分文献则认为市场效率不仅仅是信息效率，还应该包括运行效率（Operational Efficiency，OE）（Easley and O'Hara，1987；O'Hara，1995；Dimson and Mussavian，1998；Chordia et al.，2005）。Robinson 和 Wrightsman（1975）认为证券市场效率可以分为运行效率和配置效率①。West（1975）将证券市场效率分为

① 运行效率用交易所引致的成本来衡量，摩擦越小的市场运行效率越高。

外部效率（External Efficiency）和内部效率（Internal Efficiency）两类。其中外部效率主要是指价格充分反映可得信息的能力；内部效率是指资本市场的交易运营效率，主要用市场完成交易的时间和交易费用衡量，反映了资本市场组织机构和服务设施的完善程度。因此，尽管名称不同，West（1975）对市场效率的分类与有效市场假说仍然是一致的。近些年一些学者对已有市场效率相关文献进行了总结，比如 Bauer（2004）和 Graham 等（2010）等认为市场效率包括信息效率、运行效率与配置效率；Schwartz（2013）则认为市场效率包括处理交易、数量发现、价格发现与有效融资，但实际上处理交易和数量发现与运行效率相一致，而价格发现和有效融资则分别与信息效率和配置效率是一致的；澳大利亚 Financial System Inquiry Committee（2014）将市场效率分为运行效率、配置效率与动态效率，其中动态效率与价格发现密切相关。

与上述文献侧重于关注微观视角的效率不同，Bain（1981）以及 Revell（1983）等学者从金融系统的角度对市场效率进行了分类。Bain（1981）认为市场效率可以分为宏观和微观两个部分①；Revell（1983）认为市场效率包括结构效率（Structural Efficiency）与配置效率②。

综上所述，本报告认为市场效率包括配置效率、运行效率和信息效率三个维度。其中配置效率衡量股票发行市场配置资本的效率，运行效率主要衡量股票市场达成交易的成本高低，信息效率主要衡量股票市场价格中信息发现功能的强弱。

表 3－1　学术界与监管界关于市场效率构成的研究

代表性学者（年份）	市场效率构成	著作类型
Fama（1970）	信息效率与配置效率	论文，Journal of Finance
Figlewski（1978）	信息效率与配置效率	论文，Journal of Political Economy
Grossman（1976，1995）	信息效率与配置效率	论文，Journal of Finance
Dow 和 Gorton（1997）	信息效率与配置效率	论文，Journal of Finance
Citanna（2000）	信息效率与配置效率	论文，Journal of Economic Thoery
Latham（1986）	信息效率	论文，Journal of Finance
Wurgler（2000）	配置效率	论文，Journal of Financial Economics

① 宏观效率包括功能效率、保险效率和定价效率，微观效率包括运行效率、信息效率。其中，功能效率是指市场为经济体提供直接融资、信息集散、优化资本配置等功能的效率（Merton，1990）。保险效率指的是商品的时间性，是证券市场为未来各种状态下交付商品和服务提供保险的效率（Tobin，1984）。定价效率即证券市场对证券进行无偏定价（Fair Price）的效率，也就是价格发现效率。运行效率则是证券市场的交易执行效率，即最短时间内最低成本交易的能力。信息效率即市场信息有效性，是指市场充分吸收和反映所有可获取信息的能力。

② 结构效率包括金融体系提供的金融机构和金融工具的选择程度、为各部门提供的资金种类和规模；配置效率是金融体系筹集剩余资金配置到最有效用途的效率。

续表

代表性学者（年份）	市场效率构成	著作类型
Gode 和 Sunder（1997）	配置效率	论文，Quarterly Journal of Economics
Brunnermeier（2005）	信息效率与配置效率	论文，Review of Financial Studies
Robinson 和 Wrightsman（1975）	运行效率和配置效率	专著，Financial Market：The Accumulation and Allocation of Wealth
Easley 和 O'Hara（1987）	运行效率	论文，Journal of Financial Economics
O'Hara（1995）	运行效率与信息效率	专著，Market Microstructure Theory
Dimson 和 Mussavian（1998）	信息效率与运行效率	论文，European Financial Management
Chordia 等（2005）	运行效率与信息效率	论文，Journal of Financial Economics
Pagano 和 Schwartz（2003）	运行效率与价格发现	论文，Journal of Financial Economics
Hatch 和 Johnson（2002）	运行效率与价格发现	论文，Journal of Financial Economics
Bauer（2004）	信息效率、运行效率与配置效率	论文，Financial System Review，Bank of Canada
Schwartz（2013）	处理交易、数量发现、价格发现与有效融资	专著，The Quality of Our Financial Markets
Graham 等（2010）	信息效率、运行效率与配置效率	专著，Corporate Finance：Linking Theory to What Companies Do
Financial System Inquiry Committee（2014）	运行效率、配置效率与动态效率	研究报告
West（1975）	外部效率（External Efficiency）和内部效率（Internal Efficiency）	论文，Financial Analysts Journal
Revell（1983）	结构效率和配置效率	论文，Efficiency in the financial sector，macroeconomic efficiency and macroeconomic performance
Bain（1981）	宏观（功能效率、保险效率和定价效率）和微观（运行效率、信息效率）	专著，The Economics of the Financial System

资料来源：本报告整理。

第二节 配置效率理论分析

一、配置效率相关理论

Fama（1970）指出，资本市场是经济中分配资本所有权的重要场所。通常来讲，理想的资本市场中价格应该能够提供资本分配所需的准确信息。这有

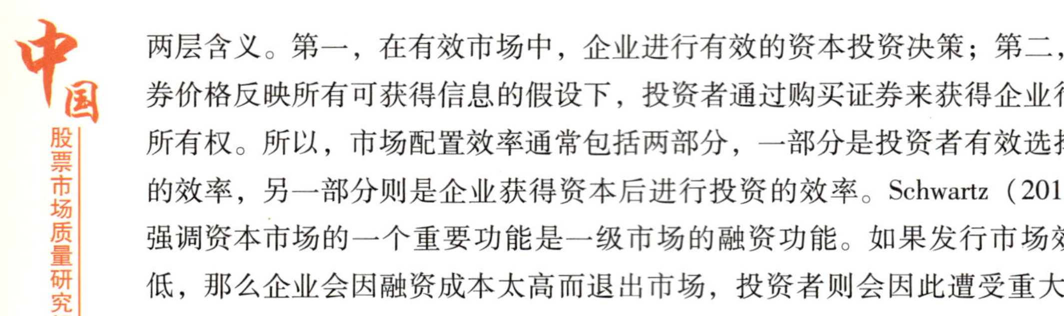

两层含义。第一，在有效市场中，企业进行有效的资本投资决策；第二，在证券价格反映所有可获得信息的假设下，投资者通过购买证券来获得企业行为的所有权。所以，市场配置效率通常包括两部分，一部分是投资者有效选择企业的效率，另一部分则是企业获得资本后进行投资的效率。Schwartz（2013）也强调资本市场的一个重要功能是一级市场的融资功能。如果发行市场效率太低，那么企业会因融资成本太高而退出市场，投资者则会因此遭受重大损失，而实体经济也因无法筹集到必要的资金而受到损害。因此，某种程度上，一级市场的配置效率对整个市场效率起着至关重要的作用。

正如 Fama（1970）所指出的，资本市场配置效率与信息效率之间存在密切的联系。根据信息不对称理论，股权融资中的事前和事后信息不对称将导致资本配置过程中的逆向选择和道德风险，从而降低资本配置效率。因此，信息披露质量的提高，能够有效减少资本配置中的信息不对称程度，降低逆向选择和道德风险，从而提高资本配置效率。因此，从某种程度上讲，资本配置是参与者依据市场信息进行决策的结果（Hayek，1945）。

Samuelson（1965）认为股票市场的目的是确保股票价格能够完全及时地反映信息集，因此信息效率反映了股票市场的效率。但是从实体经济的角度考虑，股票市场效率更应该体现在它对产业资本形成的影响上，即股票市场的最终目的应当是使资本能够进行有效配置。因此，将信息效率等同于股票市场效率的传统观点实际上隐含了一个前提条件，即信息效率会自动传导至资本配置效率。然而，如果将资本配置分为发行和交易两个不同的阶段，上述观点的问题就很容易理解了。

通常来讲，企业股票在能够公开交易之前必须先经过发行阶段。发行阶段的股票市场通常称为一级市场，而公开交易阶段的股票市场通常称为二级市场。二级市场的资本配置主要是投资者通过购买股票市场中已有的股票构建符合自己偏好的资产组合。在二级市场，上市公司的信息披露和股票交易数据都可以为投资者决策提供有用信息。然而，在一级市场，市场上的信息非常有限。由于发行阶段的股票缺乏交易数据，因此投资者只能通过其他渠道获得信息。类似股票或者相关行业股票的交易可以为投资者提供一些可供借鉴的信息，但显然这些信息的价值是有限的。因此，Dow 和 Gorton（1997）认为，二级市场上的股票价格在资本市场中最能够体现信息效率，但这一价格在资本配置方面并不能起到决定作用。当然，通过影响上市企业再融资的发行价格，二级市场可以影响企业再融资能力，进而间接影响资本配置效率。然而，由于企业再融资是投资于未来项目的，因此，已有的历史交易所提供的信息可能会比较有限，投资者必须从其他渠道获取更多的信息。比如为了缓解发行各方的信息不对称，监管部门会要求发行方披露发行相关的信息，承销商需要进行路演或询价来确定发行价格、规模等。这些发行机制所提供的信息量和信息价值远远超过历史交易所提供的信息，因此发行阶段的配置效率并不能简单等同于二级市场交易的信息效率。

二、配置效率测度方法

（一）宏观配置效率测度

根据传统经济理论，均衡状态下经济体中各部门的资本边际产出相等。因此，Galbis（1977）认为实体经济中各行业的资本边际产出差距可以衡量社会资本的配置效率。各行业资本边际产出差距较大时，资本的配置效率较低。当各行业资本的边际产出差别较小时，可以认为此时资本的配置效率较高。因此，资本边际产出差异驱使资金在不同效率的行业间流动，最终各行业的资本边际产出趋于相等。基于上述逻辑，以往经验研究多用各行业的资本边际产出差异程度来测度一国的资本配置效率。然而，这种方法的有效性直接取决于生产函数的选择，这给该测度方法的使用带来了明显的局限性。此外，该方法只能考察某项措施的实施是否影响资本配置效率，但无法给出资本配置效率的具体数值（韩立岩和王哲兵，2005）。

Wurgler（2000）提出了一种新的方法来直接定量测度一个国家的资本配置效率。他认为优化资本配置是指把稀缺的资本投入到优质企业，以得到更高的投资回报。如果整个市场以行业划分，资本配置效率的提高就意味着在资本回报率高、盈利能力强的行业注入较多的资金，而对资本回报率低、盈利能力差的行业投入较少的资金。对整个行业来说，投资增长率的对数与利润增加率的对数呈现线性关系，因此 Wurgler（2000）以资本在不同行业间的配置为基础，提出了定量描述资本配置效率的方法。Wurgler（2000）以 65 个发展中国家和发达国家为对象考察各国的资本配置效率。结果表明，发达国家的资本配置效率明显高于发展中国家，平均资本配置效率达 0.429。其中，资本配置效率最高的国家为德国，高达 0.988。相比之下，发展中国家的资本配置效率普遍较低，甚至有一些显著为零。借鉴 Wurgler（2000）的方法，韩立岩等（2002）建立了面板数据模型，度量中国 20 世纪 90 年代各年的资本配置效率，发现从 1991 年到 1999 年中国资本配置效率的年平均值为 0.05204，属于较低水平。

（二）微观配置效率测度

1. 首次公开发行

在股票市场中，首次公开发行股票（Initial Public Offerings，IPO）、增发股

票（Seasoned Equity Offerings，SEO）或者配股发行（Equity Right Issue or Offerings，ERO）等融资与再融资面临的信息不对称问题普遍很严重。尽管各融资参与方设计了路演、询价等机制，但仍然无法完全消除信息不对称的影响。因此，在发行市场（即一级市场）上股票发行价格普遍低于上市交易首日收盘价格。Logue（1973）、Ibbotson（1975）等最早发现了这种现象[①]，并将其称为发行折价（Discounting）或者抑价（Underpricing）。

现有研究提出了三种重要的理论来解释这一现象。第一种是信号理论（Signaling Model），强调投资者与发行企业之间存在信息不对称，即发行企业知道自己的真实状况，而投资者并不了解。发行企业可以分为好公司与坏公司。好公司通过发出有成本的信号，即抑价发行，以实现与坏公司的明确区别，从而吸引投资者。发行企业可以在以后的证券发行中获得优惠的条款，从而弥补首次发行时所付出的抑价损失（Allen and Faulhaber，1989；Grinblatt and Hwang，1989；Welch，1989；Chemmanur，1993）。

第二种是声誉资本理论（Reputation Capital Model），该理论将承销商纳入了理论模型中，强调承销商与投资者之间的信息不对称。Logue（1973）以美国 1965 年至 1969 年的 IPO 新股数据为样本，依据所建立的研究模型，发现声誉好的承销商承销发行的股票 IPO 抑价显著低于声誉低的承销商承销发行的股票。Baron（1982）提出，与发行人相比，投资银行具有更多的关于资本市场发行与定价的信息，博弈的结果是发行人将定价权交给投资银行，在缺乏有效监督的情况下，投资银行往往更加倾向于采取抑价的方式发行，以确保发行的成功，并建立起良好的声誉。Beatty 和 Ritter（1986）认为承销商与投资者的博弈并不会因证券发行的结束而结束，而是典型的二次博弈。承销商投入不可挽回的声誉资本，为企业发行价格提供担保，以保证证券发行成功。如果证券上市交易后投资者遭受损失，那么承销商声誉资本下降，投资者将不会再购买该承销商推销的证券，以示惩罚。因此，承销商有动机压低发行价格，以降低未来声誉资本遭受损失的可能性。

第三种是询价理论模型（Bookbuilding Model）。同声誉资本理论关注发行前后的博弈过程不同，询价理论模型侧重于发行前承销商与投资者之间的博弈。询价理论模型将企业证券的发行视为一个典型的拍卖行为。承销商通过询价获得一个初始的发行价格范围，然后通过路演（Road Show）获得投资者的真实需求信息（Benveniste and Spindt，1989；Benveniste and Wilhelm，1990；Spatt and Srivastava，1991）。如果市场需求强烈，那么承销商将以较高的价格

---

① SEC（Securities and Exchange Commission）在 1971 年的报告 *Institutional Investor Study Report* 中指出，美国定向增发的发行价格相对于发行时的市价有大约 30% 的折价。

发行证券。但理性的投资者如果预期到上市结果，就会隐藏其真实需求信息。因此，为了确保获得投资者真实的信息，承销商必须在证券分配与发行价格上充分补偿投资者，才有可能实现发行结果的最优化（Ritter and Welch，2002）。然而，Hanley 和 Hoberg（2010）指出，只有当招股说明书和路演披露的信息足够时，通过询价得到的发行价格更具有准确性，发行价格才有可能被投资者所接受。因此，如果信息披露不充分，投资者预期面临较大的信息不对称，就会要求更为优惠的证券分配与更高的抑价补偿。

除以上三种基于信息不对称的理论解释之外，Rock（1986）提出了“赢者诅咒”假说。他把投资者分为知情投资者和不知情投资者，知情投资者只认购发行价小于或等于公司真实价值的股票，而其他的则留给了不知情投资者，这样，发行者只有按一个足够低的价格发行才能保证发行完成。Ibbotson（1975）、Tinic（1988）以及 Hughes 和 Thakor（1992）提出了规避诉讼风险假说来解释 IPO 抑价。他们强调，即便是在双方信息完全对称的情况下，承销商或发行企业仍然会选择较低的发行价格，以避免因未来交易价格低于发行价格而被投资者提起诉讼的风险。

国内学者对中国股票市场发行抑价的研究主要分为两部分。一部分学者侧重分析中国特色发行制度对抑价的影响，比如对股票供给的管制（田利辉，2010；Tian，2011）、股权分置改革的影响（刘煜辉和熊鹏，2005）以及发行方式的变化（朱凯和陈信元，2005；曹凤岐和董秀良，2006；刘志远等，2011）等。另外一部分学者则重点研究了财务会计、招股说明书等信息对发行抑价的影响，结果发现即便是控制了监管与股票市场改革等因素，信息披露的增加仍然可以显著降低发行抑价（汪宜霞和夏新平，2004；陈胜蓝，2010；Gao，2010；郝项超和苏之翔，2014；Hao et al.，2014）。这说明在国内发行市场中信息不对称也是资本配置效率的重要影响因素。

Loughran 等（1994）、Corwin（2003）以及 Kim 和 Shin（2004）进一步发现首次公开发行和再融资的抑价或折价在全球股票市场上都是普遍现象。就首次公开发行而言，发达市场 IPO 抑价率一般不超过20%，但中国、印度等新兴市场则都在80%以上。

2. 再融资

Wruck（1989）对美国1979—1985年非公开发行的研究发现，样本公司的增发价格相对于增发公告前的价格普遍存在折价。此后，许多学者就增发折价问题进行研究，发现美国、日本、韩国等多个国家均存在增发折价现象。就再融资而言，Wruck（1989）发现美国上市公司有限售条件的股票平均折价为34%，Hertzel 和 Smith（1993）以及 Barclay 等（2007）则发现其折价分别为

20.14%和18.7%。陈信元等（2007）以截至2007年8月6日完成定向增发并发布《非公开发行股票情况报告书》的上市公司作为研究样本，测算出中国上市公司定向增发存在34.9%的折价。

针对再融资过程中的增发折价现象，现有国外研究主要从以下几个方面进行解释。首先，在股权集中度比较高的国家和地区，普遍存在大股东控制上市公司的现象。因此，从大股东控制权的角度来说，定向增发折价可能变成大股东的利益输送行为。Johnson 等（2000）定义了利益输送（Tunneling），即控股股东为了自身的利益而侵占中小股东的利益，将公司的财产和利润向外转移。Shleifer 和 Vishny（1997）的研究发现，当持股比例超过一定标准并能够充分掌管公司事务时，大股东很可能依照自身利益行使权利，这其中包括针对大股东及其关联方的定向增发。Cronqvist 和 Nilsson（2005）研究了控制权对瑞典企业再融资方式的影响，结果表明家族控制企业倾向于向控制家族自身定向增发，或者向新股东发行投票权较低的股票。Baek 等（2006）对韩国财阀的实证研究表明，证券非公开发行成为财阀内企业间利益输送的渠道。通过非公开发行中的发行价操纵，财阀以较低的价格获得股份，进而可以通过向财阀外部的股份转让获得超额收益，这一结果与企业集团内部利益输送理论相一致。

其次，从信息不对称的角度来说，定向增发折价可以被看成对投资者收集上市公司信息及承担一定的信息费用和风险的补偿。很多国内外学者从信息不对称的角度分析定向增发中的折价率。Myers 和 Majluf（1984）的研究表明，外部投资者与公司管理层之间对企业的现有资产和投资机会的认知存在信息不对称，产生了企业融资方式的逆向选择问题，致使投资不足。Parsons 和 Raviv（1985）通过建立理论模型研究增发股票发行问题，认为股票增发前后价格的不确定性需要通过折价发行来补偿，且这一折价会显著受到承销商等因素的影响。Hertzel 和 Smith（1993）认为，由于专业水平和风险承担能力的限制，中小投资者与公司之间的信息不对称程度较高，而专业机构却能依靠自身的专业能力对定向增发项目做出相对合理的判断。因此，向机构定向增发解决了企业投资不足问题，但专业机构的评估成本和风险报酬需要通过定向增发折价来补偿。信息不对称程度越大，增发折价水平越高。Chemmanur 和 Fulghieri（1999）通过建立企业上市决策模型，从信息成本的角度研究了信息不对称程度对筹资方式选择的影响。研究结果表明，上市公司的信息不对称程度与选择非公开发行新股的可能性显著正相关。

除此之外，还存在流动性补偿假说、监督假说、管理层防御假说（Managerial Entrenchment Hypothesis）等。Silber（1991）认为，由于锁定期降低了股票流动性，增发股票折价是为了补偿其较长锁定期内的流动性损失。Wruck

(1989）认为定向增发能够引进积极投资者，强化对管理层的监督与约束，进而缓解委托代理问题。因此，定向增发折价就是对定向增发对象未来监督成本的补偿。与此相对，Barclay 等（2007）将增发折价与管理层防御结合起来，得出了不一样的结论。对美国 1979 年至 1997 年定向增发的研究发现，对消极股东和管理层的增发折价远高于积极股东，且只有大约 12% 的认购者积极参与监督管理。管理层防御假说认为，管理层倾向于选择消极的非公开发行对象，以确保其公司控制权不受影响，在这一理论中，定向增发折价就是对发行对象消极管理的补偿。

章卫东和李德忠（2008）对中国上市公司定向增发折价率进行了研究，发现中国上市公司定向增发时一般都会给予认购者一定折扣。但相比美国、英国等成熟的股票市场，中国股市的股权集中特征较为显著，委托代理问题突出表现在大股东与中小股东之间的利益冲突问题。

刘峰等（2004）基于对五粮液的案例研究表明，由于中国资本市场上普遍存在大股东控制的情况，增发导致了侵害中小股东利益的利益输送现象。徐寿福（2009）系统检验了大股东参与情况和定向增发折价率之间的关系，发现大股东参与时的折扣率明显高于不参与时的情况，且定向增发折价率与大股东认购比例呈正相关关系。中国定向增发对象基本上可分为大股东、大股东和其他机构投资者、机构投资者三类。姜来等（2010）的实证结果表明，定向增发过程中的定向增发折价由高到低分别为向大股东增发、同时向大股东及其他机构投资者增发和向其他机构投资者增发，这说明定向增发折价在某种程度上是对大股东支持上市公司的补偿。赵玉芳等（2011）对中国上市公司定向增发与增发后的现金分红水平的研究表明，中国上市公司具有显著的向大股东进行利益输送的行为倾向。此外，牛市下的折价率水平明显高于熊市和震荡市下的折价率水平。上市公司大股东在牛市行情下，其认购的掏空动机对折价有显著影响，利益输送现象比较明显，在熊市和震荡市环境下对折价的影响并不显著。徐寿福和徐龙炳（2011）对上市公司定向增发定价过程进行了分解，发现存在上市公司向大股东进行低价增发的事实，大股东通过调整发行价与基准价之比来损害上市公司和其他股东的利益。而询价机制的引入，有效遏制了大股东的机会主义行为。

章卫东和李德忠（2008）从信息不对称的角度研究中国上市公司定向增发折价，发现中国上市公司定向增发折价程度与股东身份有关，控股股东及关联方认购时增发折价较高。米建华（2008）研究发现，信息披露质量可以在一定程度上解决股权融资过程中的逆向选择和道德风险问题，提高资本配置效率，并且中国 A 股市场的实证结果也显著支持了这一结论。何贤杰和朱红军

（2009）研究了中国上市公司定向增发的折价现象，发现大股东的机会主义和信息不对称是定向增发折价的主要原因。一方面，大股东与中小股东之间的利益分歧越大时，定向增发的折价越多，定向增发在一定程度上成为上市公司向大股东输送利益的工具。另一方面，信息不对称的程度越大，定向增发的折价程度也越高。邓路和王化成（2012）采用 Logit 模型，从信息不对称的角度考察了中国上市公司增发方式选择的影响因素，研究结果表明，信息不对称程度越大的公司越倾向于定向增发，且在实施过程中更倾向于向大股东发行。

综上所述，无论是在股票市场首次公开发行时还是在再融资活动中，发行企业、承销商以及投资者之间都不同程度地存在信息不对称问题。当投资者预期信息不对称问题严重时，发行人必须降低发行价格来满足投资者较高的预期收益率。因此，折价率或者抑价率越高，通过发行证券融资过程中的信息不对称问题就越严重，资本配置的效率就越低。反之，折价率或抑价率越低，信息不对称问题就越不严重，资本配置的效率自然也就越高。就中国股票市场的证券发行来看，信息不对称不仅仅涉及企业经营业绩，还包括公司治理、政府干预等。这些都会导致较高的折价率或抑价率，降低股票一级市场的资源配置效率。因此，抑价率或折价率的大小直观反映了市场的资源配置效率，抑价或折价程度越大，市场配置效率越低。

3. 股票发行后业绩评价

20 世纪 90 年代起，上市公司股权再融资后的长期业绩受到了学者们的广泛关注（Ritter，1991；Loughran and Ritter，1995；Rangan，1998）。以往的研究一般从两个方面考察公司股权再融资后的长期业绩状况：一是财务经营业绩，即由资产收益率、净资产收益率等指标刻画的会计业绩。二是市场业绩，即长期股价收益率的表现。

就财务业绩而言，研究一般考察定向增发前后两到三年 ROA、ROE 等数据的均值和方差。其中，均值直接显示业绩水平，方差则表明波动性。业绩水平和波动性的变动，均能在一定程度上反映企业资源配置效率水平。Hansen 和 Crutchley（1990）研究了 1975 年至 1982 年增发的 109 家公司的业绩表现，发现这些公司的资产收益率有显著的下降趋势，并且融资规模与业绩下降的程度呈正相关。而 Loughran 和 Ritter（1997）运用对比分析方法，考察了 1979 年至 1989 年实施了定向增发的 1338 家上市公司，研究样本公司实施定向增发后的长期市场表现。最终发现，实施定向增发后，公司五年内的经营业绩表现明显不如没有实施定向增发的公司的同期业绩表现。Hertzel 等（2002）以 1980 年至 1996 年美国市场 619 家实施非公开发行的上市公司为样本，研究发现非公开发行后的长期经营业绩（即会计业绩）相对于公开发行表现得更差。在发行当年和随后的三年里，非公开发行公司的营业收入与总资产之比（OIBD/Assets）和总资产回报率（ROA）均低于同行业平均水平。徐寿福和龚仰树（2011）从会计业绩的角度研究了中国上市公司定向增发后的长期业绩状况，主要考察实施定向增发前三年和后三年共七年的总资产收益率、净资产收益率和每股收益的变化情况。对 2006 年至 2009 年中国 A 股市场上实施定向增发的上市公司的研究发现，中国上市公司定向增发前的长期经营业绩呈上升趋势，增发后长期经营业绩却出现了恶化。定向增发后公司的业绩下滑与公司的投资不足或过度投资有很大的关系，这反映了配置效率的变化。研究还发现增发中大股东的参与使公司的业绩下滑得更厉害，存在着利益输送的现象。

就市场业绩而言，Loughran 和 Ritter（1995）以 1970 年至 1990 年在美国 NASDAQ、AMEX 和 NYSE 实行增发的 3702 只股票为样本，分别研究了股票增发后三年间和五年间的市场表现，发现这两个区间的持有期收益率远远小于相应的参照公司股票的同期收益率。随后，Barber 和 Lyon（1997）基于控制公司法建立了购买并持有的超额收益（Buy - and - hold Abnormal Return，BHAR）方法。这一方法首先根据市场价值（Size）、账面市值比（Book - to - Market）和行业（Industry）配比选择基准公司样本，然后根据样本公司与基准公司的购买持有超额收益之差，计算不同市值、账面市值比和不同行业的平均超额收益率，衡量配置效率。BHAR 方法是对收益率指标的有效补充和改进。

第三节 运行效率理论分析

正如前文所述，运行效率主要衡量股票市场达成交易的成本高低。在股票市场中，交易成本不仅包含货币形式的成本，也包括非货币形式的成本，比如达成交易需要等待的时间成本（Demsetz，1968）。一般而言，交易执行的成本越高，股票市场运行效率越低。在学术文献以及金融实践中，买卖价差是衡量资本市场交易成本最为常见和重要的指标，相关的理论分析基本上都是围绕买卖价差展开的。

一、德姆塞茨（Demsetz）买卖价差经典模型

Demsetz（1968）认为，由于证券交易所倾向于采取各种措施来降低交易成本，因此交易成本经济学（Economics of Transaction）应当是货币经济理论的核心内容。然而，遗憾的是，当时的文献则更多从市场不完美的角度来分析

资本市场的有关问题。Demsetz 在对纽约证券交易所的观察基础上，首次应用交易成本经济学分析了资本市场相关问题，比如规模不同的企业融资成本差异在多大程度上可以归因为交易成本的差异而不是资本市场的不完美。

Demsetz 将股票市场中的交易成本定义为所有权交换的成本。就纽约证券交易所而言，交易成本就是货币与股份所有权的交换成本。在实际交易中，交易成本包括中介佣金费与买卖价差两部分。由于佣金费度量简单直观，因此 Demsetz 重点分析了买卖价差的形成过程。尽管 Demsetz 的分析比较简单，但却是第一次有文献正式分析股票市场价格的形成过程。后续的研究在这一基础上发展出了不同的理论来揭示价格形成过程中的各种问题，并形成了市场微观结构这一新的研究领域。

Demsetz 认为，买卖价差的形成是由市场供求不能及时匹配导致的。在股票市场中，卖出股票的交易者 A 希望以价格 P 卖出 100 股股票，买进股票的交易者 B 希望以价格 P 买入 100 股股票。如果市场是瞬间出清的，那么就不会存在买卖价差问题，即没有交易成本。然而，现实中卖出与买入交易经常并不能瞬间达成。在某一时刻交易者 A 卖出 100 股股票的价格是 P，但此时其他交易者愿意买入股票的价格为 $P' < P$，或者愿意以价格 P 买入股票的数量少于 100 股，交易就不会成功达成。而当愿意以价格 P 买入 100 股股票的交易者 B 出现时，交易者 A 可能会改变交易从而导致交易不匹配而无法达成。

为了解决这种交易无法达成的问题，在纽约证券交易所每一只股票都有一个专业中介（Specialist）。这种专业中介既可以作为中介撮合交易，也可以提供纳斯达克证券交易所采用的做市商（Market Maker）的做市功能。对于账簿上的每一笔买卖报单，专业中介可以选择撮合交易赚取佣金费，但这个过程可能要花费很长时间。专业中介也可以提供匹配的买价或者卖价以使交易快速达成，但专业中介提供这种服务需要得到相应的补偿。对于卖出股票的交易者，如果其希望迅速达成交易但市场中没有直接的交易对手，那么就需要支付一定的成本给愿意等待一段时间再卖出股票的专业中介作为补偿。这样就会导致图 3-1 中股票市场中愿意等待再卖出股票的专业中介愿意买入股票的供给曲线 S 向左平移至 S_1（见图 3-1）。由于交易者卖出股票的需求不变，因此需求曲线不变，新的价格为 A，即卖价（Ask Price）。相反，如果交易者希望立即买入股票，那么就必须支付一定的成本给专业中介，这样市场中愿意等待再买入股票的专业中介愿意卖出股票形成的需求曲线 D 向左平移至 D_1。由于交易者买入股票的需求不变，因此供给曲线不变，新的价格为 B，即买价（Bid Price）。因此，对提供市场即时性（Immediacy）服务的专业中介而言，其所得到的经济补偿就等于其卖价与买价之间的差额，即买卖价差。

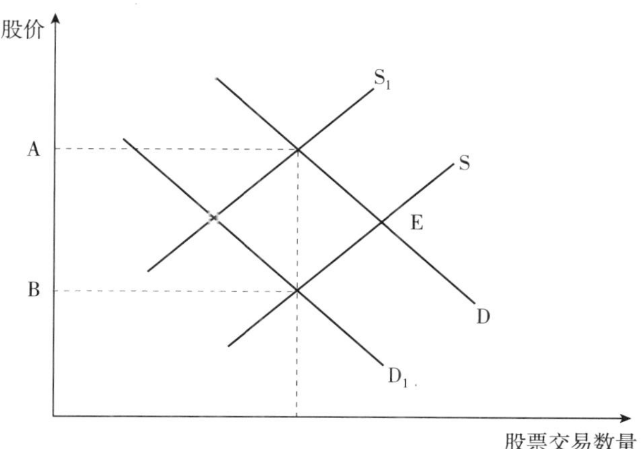

图 3－1　基于交易成本经济学的买卖报价形成过程

由于提供即时性服务涉及大量的判断、投资以及风险承担行为，因此专业中介通常希望提高存货周转率来获取更多的利润。而要加快股票存货的周转，促进交易以更快的速度达成，专业中介就需要提供比其他市场参与者更低的买卖价差。因此，买卖价差或者经济补偿可以用来度量交易达成的成本。一般而言，买卖价差越低，交易达成的时间延迟越少，交易成本越低。

二、存货模型

Demsetz（1968）虽然提到了做市商的库存会影响到其买卖报价价差，但由于其关注的重点是交易的即时性，因此并没有就此展开深入的分析（O'Hara，1995）。Garman（1976）研究了一个垄断的做市商如何通过管理库存来避免耗尽持有的股票或者现金，从而实现利润最大化。在 Garman 的模型中，垄断的做市商在交易开始之前会设定其买价与卖价，但市场中买卖指令的到达是随机的，服从泊松分布。在这种假设下，买卖指令到达的不同步导致市场出现了订单失衡。因此，在 Garman 看来，做市商必须正确设定初始的买卖价差才能确保库存的股票和现金不被耗尽。在 Garman 模型的基础上，Amihud 和 Mendelson（1980）通过设定外生的参数限制存货水平，从而排除了做市商存货耗尽而破产的可能性。与 Garman（1976）不同，Amihud 和 Mendelson（1980）认为做市商可以主动调整买卖价格，从而改变实际存货相对于理想存货的偏离。在垄断的市场结构中，买卖价格是做市商存货头寸的单调递减函数，且最优买价和最优卖价之间存在正的差值，即买卖价差。

Stoll（1978）认为风险厌恶的做市商由于提供流动性而导致其资产组合被动偏离最优资产组合，因此做市商需要正的买卖价差来补偿资产组合风险。在这一理论中，做市商提供服务的即时成本主要是被动持有次优资产组合带来的存货持有成本。在此基础上，Ho 和 Stoll（1981）构造了订单流和资产组合收益随机的多期模型，进一步研究了做市商行为的最优化问题。他们将价差区分为风险中性价差和风险调整。风险中性价差取决于做市商交易与交易终点的时间跨度，时间跨度越大，不确定性越大，则价差增加。风险调整值则取决于风险厌恶指数、交易规模和股票风险。

然而，Ho 和 Stoll（1981）研究的局限是假设股票存在固定的真实价格，且忽视了限价交易的存在。O'Hara 和 Oldfield（1986）进一步拓展了其研究，分析了股票价值不确定情况下的限价委托单和市价委托单问题。他们认为做市商的价差可以分为三部分，即已知限价单价差部分、预期市价单风险中性调整价差部分以及市价单与存货价值不确定导致风险调整价差部分。做市商的存货不仅会影响买卖报价，而且还会影响买卖价差的大小。研究发现，由于市价单与存货价值的不确定性，风险厌恶的做市商设定的买卖价差要高于风险中性的做市商。

以上研究的基本假设之一是市场中存在做市商，不管做市商是竞争的还是垄断的。然而并不是所有的市场中都存在做市商。实际上，如果交易者愿意提供即时性服务，那么做市商并不一定必然存在。Cohen，Maier，Schwartz 和 Whitcomb（1981，CMSW）就研究了在一个没有专业做市商的市场中交易者的策略及其对买卖价差的影响。CMSW 认为，在任意交易时刻交易者可以选择限价单或市价单完成交易，也可以选择不交易。如果交易者选择限价单，那么其向市场提供了流动性。如果交易者选择市价单，那么其消耗了市场流动性。限价单构成了订单簿，其最优买卖报价决定了市场的买卖价差。但市价单通过交易的达成减少了订单簿上限价单的最优买卖报价，从而导致买卖价差扩大。CMSW 认为在没有交易成本的市场中，市场成交价格服从 Merton（1973）定义的均值为零的 Wiener 过程。在市场价格的引力拉动（Gravitational Pull）下，交易者提交限价单的价格越来越接近市场价格。而随着限价单买价逐渐趋近于市场价格，限价单成交概率也趋近于 1。然而现实中，交易者处理信息、监督市场以及将订单送至市场等过程产生的固定成本都会影响其交易决策。存在交易成本时，市场价格不再服从 Wiener 过程，而是服从泊松过程。此时，限价单买价在市场价格附近时并不一定会被执行，因此交易者为了确保交易被执行而转向选择市价单。CMSW 证明，买卖价差较大时，提交限价单不仅可以快速达成交易，而且可以相对于市价单获得更多的利润；但在买卖价差足够小时，市价单可以确保交易的达成，但这样反而会使价差扩大。因此，CMSW 认为交易成本是买卖价差存在的原因。但 CMSW 也指出，当市场订单到达率增加或者市场价格变动变小时，市场价格的分布会逐渐接近于 Weiner 分布。因此，交易清淡的股票市价单比例会更高，而交易活跃的股票限价单比例会更高。CMSW 的局限在于将所有的交易者都视为同质的竞争者，忽略了部分交易者愿意做市的可能。Ho 和 Stoll（1983）研究了竞争性做市商对买卖价差的影响。他们假定做市商可以直接参与公开交易，也可以在同业市场进行交易。同业市场可以允许做市商锁定交易价格，但在公开市场做市商的交易执行则存在不确定性。研究发现在竞争性的市场中，由于同业市场的存在，买卖价差并不会等于零。做市商通过同业市场将股票卖给其他做市商，从而增加了对手的存货。交易对手会因此降低买价，从而拉大买卖价差。因此，在竞争性的市场中，存货同样会影响买卖价差。

三、信息模型

存货模型强调做市商存货是影响买卖价差的决定性因素，但是否存在其他因素？实际上，Demsetz（1968）曾指出做市商之所以重视存货管理是因为做市行为涉及大量的信息判断以及风险承担行为，而这些都与资本市场中普遍存在的信息不对称密切相关。与存货模型不同，信息模型侧重分析信息不对称对市场买卖报价的影响。

Bagehot（1971）[①] 是最早研究信息不对称与做市商买卖报价的文献之一。Bagehot（1971）将交易者区分为拥有特殊信息的知情交易者、有流动性需求的不知情交易者以及坚信信息尚未完全反映到股价中但实际上已经完全反映的交易者。在信息不对称情形下，知情交易者会利用信息优势来决定是否参与交易。如果知情交易者认为做市商报价不能为其带来收益，就不会参与交易。反之，一旦知情交易者参与交易，那么做市商的报价一定会为其带来收益。因此做市商与知情交易者交易时总是遭受损失。但不知情交易者只关心能否获得流动性，因此做市商可以设定较大的买卖价差，通过与不知情交易者的交易获得利润，从而弥补与知情交易者交易的损失。做市商提供的买卖价差越大，与知情交易者交易的损失越小，与不知情交易者交易的收益越多。但买卖价差太大会抑制交易者的参与，因此做市商必须选择一个适中的价差来维持生存。Bagehot（1971）认为该价差与决定资产价格的信息流负相关，与不知情交易者的交易量正相关。这就出现了第三类交易者。这类交易者依据华尔街日报等专业媒体信息来进行交易，从而使做市商可以提供一个较小的买卖价差。因此，在 Bagehot（1971）看来，在逆向选择作用下，即便是在无交易成本的完全竞争市场中也存在价差。

---

① Bagehot 是化名（Pseudonym），其真实名字为 Jack Treynor。

然而，遗憾的是，Bagehot（1971）对此并未给出系统的理论证明。Copeland 和 Galai（1983）沿着 Bagehot 的思路首次构建了关于做市商买卖价差的单期信息模型，论证了信息不对称本身就足以引起价差。与以往的研究不同，Copeland 和 Galai（1983）假定风险中性的做市商通过设定买卖价差来实现利益最大化，而买价卖价是做市商提供给交易者的看涨与看跌期权。模型假定市场中有知情交易者与不知情交易者，做市商知道订单在两类交易者中的概率分布。研究证明，即便是在竞争性市场中风险中性的做市商预期利润为零，信息不对称的存在仍然导致买卖价差不为零。

Copeland 和 Galai（1983）模型的局限在于其分析为单期静态分析，因此无法刻画交易流的动态影响。实际上，在信息不对称的情况下，订单流不再是外生的，而是内生于交易传递的信息。不知情交易者也会通过观察知情交易者的交易来推断潜在的信息。Glosten 和 Milgrom（1985）构建了一个多期序贯交易模型解释了做市商的定价决策。他们假定做市商是完全竞争的，市场的交易可以反映知情交易者所拥有的好消息或者坏消息，或者不知情交易者的流动性需求。然而，由于不能准确分辨出交易是哪种类型，做市商依据订单流来更新其对股票价值的判断，从而保护其利益。交易的发生导致做市商不断调整其对股票价格的判断，进而影响到其买卖报价。Glosten 和 Milgrom（1985）证明，经过多轮的学习，做市商最终会掌握知情交易者的信息，从而使其买卖报价收敛于给定信息时的预期股票价格。因此，非对称信息导致的逆向选择成本是影响做市商提供报价的最重要原因。

Copeland 和 Galai（1983）与 Glosten 和 Milgrom（1985）的局限在于没有考虑交易规模差异对买卖价差的影响，但现实中却发现大宗交易会导致特殊的价格行为。基于上述观察，Easley 和 O'Hara（1987）将交易规模纳入模型，结果发现做市商的定价策略依赖于订单规模，即数量比较大的订单往往以较差的价格成交。Easley 和 O'Hara（1992）还注意到以往的文献通常不考虑订单流的时间分布或者假定订单流服从某种分布，因此忽略了交易择时可能反映了新信息的可能。他们认为，交易的发生释放了信息好坏的信号，但交易匮乏却提供了新信息是否存在的信号。因此，交易者可以通过观察交易的活跃与匮乏来进行学习。研究发现，交易发生的时间间隔越长，买卖价差就越低。

在存货模型和信息模型之外，还出现了异质信念（Heterogeneous Beliefs）模型等与行为金融相关的理论。Harris 和 Raviv（1993）建立了一个基于交易者异质信念的多期模型，在这一模型下不同类型的投机者对相同信息的不同解读会产生不同期望，进而促成交易。此时，信息结构对市场均衡价差的影响受到投资者的看法差异影响。Hong 和 Stein（2003）考虑了卖空约束，在两个具有异质信念的知情交易者和理性套利者的基础上建立了两期交易模型，发现卖空约束限制消极信念进入价格，可能引发市场崩溃。Handa，Schwartz 和 Tiwar（2003）对订单驱动市场的研究发现，投资者的异质信念和逆向选择都能够影响价差的大小，且信念异质性越强、买卖报价价差越大。

四、买卖价差的构成

正如众多文献所证明的，买卖价差可以衡量资本市场交易的成本，但在实际交易中交易成本又包含了不同的种类。比如 Demsetz（1968）认为交易成本包括交易佣金费、做市商利润以及资产交割税（Transfer Tax）；Stoll（1978，1989）将交易成本明确分为指令处理成本、存货成本与信息成本；Flood 等（1998，2017）认为除了上述三种成本之外，做市商搜寻成本也非常重要。后续的研究就如何度量上述成本提出了不同的方法。这些方法大致可以分为两类。

其中，第一类方法主要通过股票价格时间序列数据将价差分解成不同的成分。比如 Stoll（1989）在已有理论预测结果的基础上，基于报价价格时间序列与滞后报价价格的协方差估计了买卖价差中指令处理成本、存货成本以及逆向选择成本的比例；Hasbrouck（1991）构建了向量自回归模型，将价差分解成存货成本与逆向选择成本；Lin 等（1995）将报价价格与滞后期实际成交价与报价价格之差回归的系数作为逆向选择成本的度量；Huang 和 Stoll（1997）依据报价价格、交易方向以及买卖价差构建了指令处理成本、存货成本以及逆向选择成本的计算公式；Madhavan 等（1997）以及 Ahn 等（2002）等根据报价变动与报价方向将价差分解为暂时成分与逆向信息导致的长期成分。以上这些方法主要应用于报价数据缺乏的情况，并不是非常准确的区分方法。但随着日内订单簿报价数据日渐丰富，越来越多的研究开始采用第二类方法，即采用后续报价数据计算买卖价差的成分。其中最为典型的方法包括 Huang 和 Stoll（1996）、Kavajecz（1999）以及 Venkataraman（2001）等提出的采用后续交易的利润即实现价差来度量指令处理与存货成本，而将买卖价差与实现价差的差额作为信息成本。

第四节　信息效率理论分析

信息效率是指股票价格吸收信息的速度和反映信息的多少。一般而言，股票价格吸收信息的速度越快，反映的信息越多，股票市场的信息效率越高。

一、信息效率的理论基础

股票市场的信息效率主要涉及两类文献。第一类文献主要是有效市场相关的理论。有效市场假说最早可以追溯至16世纪的数学家Girolamo Cardano关于赌博的论述，但在金融领域真正引起广泛注意则开始于20世纪50年代（Friedman，1953；Samuelson，1956；Cootner，1964；Fama，1965；Samuelson，1965）。在众多学者中，Fama的工作最为突出。Fama（1965，1970）不仅首次清晰地给出了有效市场的定义，还提出了完整的有效市场假说。Fama（1970）认为如果价格能够完全反映给定的信息集，那么市场就是有效的。但Fama指出，由于给定信息集的内涵不同，有效市场可以分为强式（Strong Form）、半强式（Semi－strong Form）以及弱式（Weak Form）有效市场。Fama认为，在强式有效市场中信息集包括了所有私有和公开的信息，并且任何投资者都知道这些信息；在半强式有效市场中信息集包括了投资者已知的所有公开信息；而在弱式有效市场中信息集则只包含历史价格信息。

后续的研究采用不同的方法检验了有效市场假说。在检验有效市场假说的实证研究中，针对每种不同的有效市场，学者们采用了不同的检验方法。一部分研究重点分析历史价格信息是否具有预测效力，另一部分研究则重点分析基于历史收益数据的交易策略是否能够获利。而这些检验有效市场的方法后来逐渐成为衡量信息效率的常用方法。但这些方法的缺陷是采用间接的方法来推断信息效率偏离有效市场假说所对应的信息效率的程度，因此不能很好地区分信息效率的不同维度。在过去的十多年中，部分研究开始尝试提出直接衡量信息效率的方法，比如Morck，Young和Yu（2000）提出利用可决系数R^2来衡量企业异质信息在股价中的占比，Hou和Moskowitz（2005）、Bris，Goetzmann和Zhu（2007）以及Boehmer和Wu（2012）等构建了衡量股价吸收市场信息速度的方法。

然而，有效市场相关理论侧重于分析不同的市场质量如何影响信息与资产价格的关系，但并不关心这个信息反映到价格的具体过程和机制。有两类文献分析了信息进入市场价格的过程与机制，即价格发现（Price Discovery）。一类文献强调信息会通过衍生品市场交易进而影响到基础资产股票的价格。Black和Scholes（1972）提出了著名的BS期权定价模型，建立了期权价格与股票价格的准确关系。Black（1975）指出，由于期权市场可以采用杠杆交易，因此知情交易者更倾向于利用期权市场进行交易而不是股票市场。Easley等（1998）则认为由于单只股票有多个期权可以使知情交易更好地隐藏在不知情交易之中，因此知情交易者更倾向于期权市场交易。但无论哪种原因，知情交易者都偏好期权市场作为其交易场所，期权市场的价格要领先于股票市场，具有价格发现的功能。

另一类文献则从市场微观结构的视角尝试探索证券市场价格形成的黑匣子。市场微观结构的相关文献认为，市场形成过程与交易机制、交易者类型、交易策略等密切相关，因此改善市场微观结构可以改善价格发现功能，从而提高股价中的信息含量。Schreiber 和 Schwartz（1986）认为，尽管证券市场中的公平价格（Fair Price）能准确反映所有交易者的需求偏好，且不会受到信息不完全、订单流突然波动、市场的短期不活跃、市场交易机制设计的影响，但佣金、税收、价差和其他市场摩擦都会阻碍公平价格的形成。因此，Schreiber 和 Schwartz（1986）认为价格发现就是市场努力从新信息中找到均衡价格的过程。Hasbrouck（1995）认为价格发现就是新信息进入证券价格的过程。Baillie 等（2002）认为价格发现是收集与解释信息的过程，而 Lehman（2002）则认为投资者交易中所隐藏的信息进入证券价格的过程就是价格发现。O'Hara（2003）认为价格发现就是市场发现有效价格的过程。

二、信息效率的影响因素

影响信息效率的因素非常广泛，但就微观层面来看，文献关注较多的主要集中于交易成本、市场透明度以及卖空限制三个方面。

（一）交易成本与信息效率

交易成本是否影响信息效率？O'Hara（2003）认为已有文献对这一问题实际上存在激烈的争论。Sharpe－Lintner 资产定价模型认为忽略交易成本的影响并不会对资产定价产生重要的影响，由于交易成本相对于均衡状态风险溢价太小，因此对资产价格的影响只存在二阶效应（Constantinides，1986；Aiyagari and Gertler，1991；Heaton and Lucas，1996；Vayanos，1998；Vayanos and Vila，1999）。Constantinides（1986）认为交易成本的存在会促使投资者显著减少交易的频率与数量，因而，当资产价格偏离无交易成本时的最优资产价格时，其未来消费需求的预期效用对此并不敏感。如此一来，只需很小的流动性溢价即可补偿投资者资产组合偏离最优组合的部分。Vayanos（1998）认为交易成本的增加会导致两个完全相反的影响。一方面，投资者会购买更少的资产，结果股价会下跌；另一方面，投资者会持有更长的时间，因此其对风险溢价的要求会下降。最终交易成本的上升不仅不会导致股价下跌，反而会上升。Vayanos 和 Vila（1999）认为当交易成本增加时，投资者会购买流动性资产，结果流动性资产的价格上升。然而，Huang（2003）指出，如果投资者不能通过借贷来改善未来收入现金流，那么交易成本的影响就不能被忽视。

实际上，更多的文献认为交易成本会显著影响投资者的交易以及资产价格。Mayshar（1981）认为不考虑交易成本意味着所有投资者都可以交易所有资产，因此这使理论研究者可以大幅简化决定投资者资产组合内生的相关问题，但事实上交易成本的存在使投资者不能交易所有的资产，因此任何资产可能只是被少部分投资者持有。Mayshar（1981）证明了将交易成本纳入资本资产定价模型会导致定价公式出现重大的变化，因此交易成本不可忽视。Amihud和Mendelson（1986）发现相对买卖价差与期望收益之间存在正相关关系[①]。他们还发现对于给定的买卖价差变化，投资者对交易活跃资产的流动性溢价的要求要高于交易清淡的资产。后续的实证研究采用不同的交易成本度量方法，相继发现了交易成本影响资产价格的证据（Brennan and Subrahmanyam, 1996; Brennan, Chordia and Subrahmanyam, 1998; Chalmers and Kadlec, 1998; Chordia, Roll and Subrahmanyam, 2000; Pastor and Stambaugh, 2001; Amihud, 2002）。

（二）市场透明度与信息效率

O'Hara（1995）认为，市场透明度是指市场参与者观察到交易过程相关信息的能力，这里的信息主要包括价格、报价、交易量以及市场参与者的身份；而Wells（2000）则指出市场透明度包括交易前透明度、交易后透明度和交易对手的匿名性。Madhavan（2000）将市场透明分为交易前透明和交易后透明，其中交易前透明是指进入市场的交易者能够观察到市场即时报价、市场深度、非最优报价的其他限价指令等交易前信息；交易后透明是指对过去交易信息的及时公开披露，包括成交时间、成交量和成交价格等。

市场透明在价格发现过程中起着非常重要的作用，尤其是对限价单而言。按照Fama的有效市场理论，在一个信息有效的市场上，股价将反映所有的信息，市场参与者可以从买卖委托情况等数据中推断出其中隐藏的相关信息，使价格最大限度地反映相关信息，从而提高价格的信息效率。因此市场透明度提高使交易者更有能力从价格中推断出所需的信息，有利于价格发现（O'Hara, 1995）。

实证研究普遍发现，延迟报告交易信息将导致价格信息过时，对价格发现不利，而增加交易后有关透明度信息的披露能够显著地提高价格的信息效率，对价格发现有利。Baruch（2005）通过理论模型分析发现，在透明度增加的环境下价格波动性降低，价格发现效率提高。Boehmer等（2005）运用事件研究法分析了透明度增加对价格信息效率的影响，发现透明度的增加提高了价格发

① 尽管Chen和Kan（1989）采用与Amihud和Mendelson（1986）同样的方法并没有得到类似的支持证据，但后续大量研究还是普遍认为交易成本对资产定价有重要影响。

现的效率。

然而，现有文献对交易前透明度与价格发现之间的关系存在一定争议。一些研究认为市场越透明，价格就越接近真实价值，越有助于价格发现。Schwartz（1993）研究了交易前集合竞价的透明度问题，发现集合竞价市场的透明度越高，价格的信息效率就越高，因为市场参与者可以得到更多的信息。Bloomfield 和 O'Hara（1999）在不同信息环境下考察透明度的影响，结果发现透明度增加对价格发现效率的影响具有不确定性。完全不透明市场和半透明市场的价格发现效率差距不大，但完全透明市场能够加快价格反映信息的速度，使买卖报价中值加速趋近于真实价值。

但其他研究则发现，提高交易前透明度可能导致价格波动性增强，降低价格发现效率。Friedman（1993）对集合竞价中订单簿的透明度问题进行了分析，结果发现事前公开披露订单簿将降低集合竞价市场价格发现的信息效率。他认为导致这种结果的原因在于，在透明度高的集合竞价市场中交易者将更多地利用目前订单簿中显示的市场信息，而不是公司层面的信息。Madhavan（1996）认为提高透明度会使噪音交易减少，在市场深度不足时将导致更强的价格敏感性，从而减弱流动性。换句话说，过高的透明度会影响交易及时性和市场流动性。Flood 等（1999）以实验方法分析了不同市场结构下交易前透明度对信息有效性的影响，研究发现，在透明的结构下，所有报价被公开和迅速披露，此时做市商的搜寻成本将会降低，但其报价调整的积极性也随之降低，从而延迟了价格发现的过程；而在不透明的结构下，报价不被公开和披露，做市商将积极进行报价调整，从而提高了价格传递效率。Madhavan 等（2005）发现交易前透明度的增加对价格发现过程不利，增加的透明度将导致更高的执行成本和更强的波动性。Eom（2007）对韩国限价订单簿信息披露的研究发现，买卖报价披露由三档增加到五档时，透明度的增加提高了价格发现效率；而当买卖报价披露由五档再度增加到十档时，价格波动性增强、价格发现效率降低。由此可见，市场透明度对价格发现效率的影响并不是线性的，可能存在一个最优的透明度范围。

在国内文献方面，研究主要分析了 2003 年 12 月 8 日上海证券交易所和深圳证券交易所对买卖盘即时交易信息披露的政策变化。为了提高中国证券市场的交易前透明度，两大证券交易所将买卖盘的显示由原来的三档增加到五档。这一政策变化对股市产生了什么样的影响？董锋和韩立岩（2006）发现，透明度提高之后市场的流动性明显上升，交易成本和市场波动性显著下降，市场的价格发现效率也有所提高；沈根祥和李春琦（2008）对沪深 300 指数样本股票的检验结果发现，交易前透明度的增加提高了市场的价格发现效率；张肖飞和

李焰（2012）发现新增报价具有信息含量，有助于价格发现，并且市场透明度提高后定价误差显著降低，交易价格更有效，市场价格发现效率提高。此外，余峰燕、郝项超和梁琪（2012）探索了媒体重复信息对价格发现过程的影响，发现媒体重复信息会对资产收益产生不利影响，但这种影响是暂时性的。进一步的研究发现，媒体重复信息对价格发现过程的影响集中在股价较低、市值规模较小、个人投资者参与度较高的股票。

（三）卖空限制与信息效率

有效市场通常假定市场交易不存在任何限制，但现实中即便是美国这样发达的股票市场也仍然存在信用交易的限制，尤其是卖空交易限制。现有研究关于卖空限制对信息效率的影响形成了两种对立的观点。一种观点认为，卖空限制的存在会抑制股价吸收信息，降低股市信息效率，因此股票应当允许被卖空。卖空限制对信息效率的影响主要通过以下几个途径。第一，卖空限制导致股价估值过于乐观，超出了潜在投资者平均估值水平，定价错误的出现导致信息效率下降（Miller，1977）。第二，卖空限制导致理性的知情交易者所拥有的悲观信息无法及时反映到股价之中，因此股价吸收私有信息的速度下降（Diamond and Verrecchia，1987）。如果悲观的负面信息持续不能进入股价之中，那么就会不断累积直到股市开始下跌，进而导致信息崩塌，最终形成股灾，严重损害股票市场的信息效率（Lee，1998；Hong and Stein，2003）。第三，卖空限制直接导致了定价泡沫和过度的波动，导致信息不能准确反映到股价之中（Abreu and Brunnermeier，2002，2003；Scheinkman and Xiong，2003）。古志辉、郝项超和张永杰（2011）对A股市场估值的影响因素进行了研究，发现卖空约束导致的定价偏差是过高估值和定价泡沫的形成原因之一。

另一种观点则认为卖空机制是一把“双刃剑”，如果交易者利用卖空机制进行投机，那么价格发现功能就会受到限制，信息效率因此下降。Ausubel（1991）认为如果市场投资者知道交易对手拥有信息的优势，那么就会选择退出交易。如此一来，流动性的下降反而导致交易成本上升，从而损害市场信息效率。Goldstein 和 Guembel（2008）认为投机者通过先建立空头头寸然后通过卖出股票驱动股价下跌从而获利。企业观察到股价下跌时会认为市场并不看好其投资，因此会取消投资。这种因市场反馈导致的错误决定会进一步降低企业价值，从而导致股价进一步下跌。这样投机者就可以以一个更低的价格买入股票，从而平仓获利。Brunnermeier 和 Pedersen（2005）认为卖空交易者采用捕食交易（Predatory Trading）来获取利润。他们认为当发现市场中陷入危机的大型投资者需要卖出股票平仓时，投机者会提前建立空头头寸然后卖出股票。这种吸收市场流动性而不是提供流动性的交易会导致市场流动性快速下降，价格出现超调，但投机者却会因股价大幅下跌而获利丰厚。不仅如此，这种捕食交易的盛行会加剧投资者的流动性需求，从而导致市场流动性干涸，增加发生金融危机的风险。但不管何种情况，市场信息效率都会因卖空交易而受到损害。

在经验研究方面，多数研究发现卖空是有利于信息效率的提升的，而卖空限制则损害了信息效率。Aitken 等（1998）对澳大利亚股票市场的研究发现，当卖空交易被公开之后，对应公司的股票价格迅速下跌。Dechow 等（2001）发现卖空交易者通过卖空那些股价过高的股票可以获得正的超额收益。Chang 等（2007）发现香港证券交易所实施的卖空限制延迟了股票市场价格发现功能，导致股价和股指过高，波动率明显上升，尤其是那些投资者信念比较分散的股票。Bris 等（2007）对全球 46 个股票市场的比较分析发现，允许卖空的股票市场负面信息进入股价的速度更快，但存在卖空限制的股票市场系统性风险却更低。Boehmer 等（2008）指出并不是所有的卖空交易都是基于信息的，但总体上卖空交易者是知情的，可以有效改善市场信息效率。Diether 等（2009）发现卖空交易者会卖出短期市场反应过度的股票，其交易可以预测未来负的超额收益，因此卖空交易提高了股价的信息效率。Boehmer 和 Wu（2012）对纽约证券交易所上市公司股票的分析发现，卖空交易加快了市场公共信息进入股价的速度，降低了亏损公告的市场反应，促进了价格发现，减少了股价偏离基础价格的程度。Kolasinski 等（2013）发现美国在 2008 年国际金融危机期间采取的卖空限制措施并没有抑制知情的卖空交易，反而促进了知情的卖空交易。

本章小结

本章首先介绍了股票市场效率分类的理论依据，然后分别详细梳理和总结了配置效率、运行效率与信息效率有关的文献，有关主要结论总结如下。

一、市场效率分类

在传统的经济学理论中，经济学家通常假设有效市场是存在的，而很少去深究其特性。但从 20 世纪 50 年代和 60 年代开始，随着金融市场的重要性越来越突出，Samuelson、Fama 等经济学家开始关注并就此展开了系统的研究。Fama（1965，1970）相继提出并完善了有效市场假说，但在其理论中有效市场的典型特征主要体现为信息效率。后续的很多研究普遍认可有效市场假说，

但部分文献强调市场效率不仅包括信息效率，还应当包括配置效率。在这些研究看来，信息效率主要体现在交易层面，因此主要针对二级市场，但配置效率则缺乏交易数据，因此主要针对一级市场。此外，市场微观结构相关文献认为市场效率还应当包括流动性、交易成本等运行效率。因此，基于已有多数主流文献，本报告将市场效率分解为配置效率、运行效率与信息效率三部分，分别衡量股票市场一级与二级市场的效率。

二、配置效率的理论依据

本报告首先界定配置效率的具体内容。正如 Fama （1965，1970） 所指出的，资本市场配置效率与信息效率存在密切的关系，但两者并不相同。在股票公开发行阶段，投资者能够获得的信息通常比较有限。在股票再融资活动中，投资者虽然能够从历史价格中获得信息，但这些信息很可能与发行股票企业的未来并没有太大关系。然而，企业融资所投资的是未来项目，投资者需要项目未来的信息来决定其投资决策。通常发行人或承销商出于自身利益会隐藏项目不利的信息，从而导致投资者面临信息不对称问题。然而，即便是发行人披露其所拥有的所有相关私有信息，仍然有两个原因可能导致信息不对称问题。一方面，发行人不可能掌握项目所有的信息，即发行人有限理性；另一方面，投资者可能无法准确理解获得的信息，即投资者有限理性。因此，发行人与投资者的有限理性导致投资者在信息完全披露情况下同样面临信息不对称问题。针对这种信息不对称，股票发行人会通过提供抑价或者折价的方式与投资者进行协商，从而利用信号效应来解决发行中的信息不对称问题。如此一来，尽管资本配置要经历投资者购买股票以及发行人使用募集资金两个过程，但实际上其配置效率完全可以统一到发行过程中的信息不对称。投资者进行决策所需的信息不仅包括发行人本身的情况，也包括募集资金的项目信息。投资者在进行是否要购买以及购买多少股票的决策时会同时考虑上述信息。无论信息不对称来自哪个部分，都会导致投资者提高必要回报率，并由此导致更高的抑价或折价率。因此，抑价或折价率的高低可以作为衡量一级市场资本配置效率的指标。

三、运行效率的理论依据

运行效率是指股票市场交易的成本高低。在传统的经济学研究中，经济学家通常假设市场是无摩擦的，交易成本经济学则认为交易成本对经济均衡有着非常重要的影响，因此不容忽视。Demsetz （1968） 首次采用交易成本经济学的理论框架分析了证券市场均衡问题，证明了即便没有信息不对称，交易成本的存在也会导致显著的买卖价差。Demsetz （1968） 对交易成本在证券价格形成过程中的微观分析引起了很多学者的关注，并形成了有关资本市场交易成本的不同理论。最为典型的理论包括存货模型与信息模型。存货模型认为做市商在提供流动性时所承担的存货风险是交易成本存在的原因。学者们研究了不同做市商结构与不同订单类型背景下做市商存货对交易成本的影响，也分析了静态与动态背景下做市商存货对交易成本的影响。信息模型认为存货模型忽略了资本市场普遍存在的严重信息不对称，强调信息不对称是决定市场交易成本的重要因素。

信息模型指出，在资本市场中，存在知情交易者与不知情交易者，做市商会通过与两类交易者的博弈来实现生存。由于知情交易者会利用信息优势掠夺做市商利润，因此做市商只能通过设定合适的价差来减少与知情交易者交易的损失，同时在与不知情交易者的交易中获利来弥补损失。因此，资本市场信息不对称的存在必然会导致买卖价差即交易成本的存在。一般来说，信息不对称程度越高，交易成本就越大。

四、信息效率的理论依据

信息效率主要来自 Fama 的有效市场假说。Fama（1970）认为，如果价格能够完全反映给定的信息集，那么市场就是有效的。由于给定信息集的内涵不同，有效市场可以分为强式（Strong Form）、半强式（Semi－Strong Form）以及弱式（Weak Form）有效市场。Fama 认为，在强式有效市场中信息集包括了所有私有和公开的信息，并且任何投资者都知道这些信息；在半强式有效市场中信息集包括了投资者已知的所有公开信息；而在弱式有效市场中信息集只包含历史价格信息。因此，在 Fama 看来，有效市场假说的主要特征就是股价反映信息的效率，即信息效率。

在 Fama 提出有效市场假说以后，很多学者采用不同的方法进行了检验。早期的学者主要采用两种方法。一种方法基于股价服从随机游走的假说检验历史价格信息是否具有预测效力，另一种方法则重点分析基于历史收益数据的交易策略是否能够获利。但这些方法的缺陷是采用间接的方法来推断信息效率偏离有效市场假说所对应的信息效率的程度，因此不能很好地区分信息效率的不同维度。近期一些研究开始尝试提出直接度量信息效率的方法，比如利用可决系数 R^2 衡量异质信息含量，以及用互自相关系数衡量股价吸收市场信息的速度。

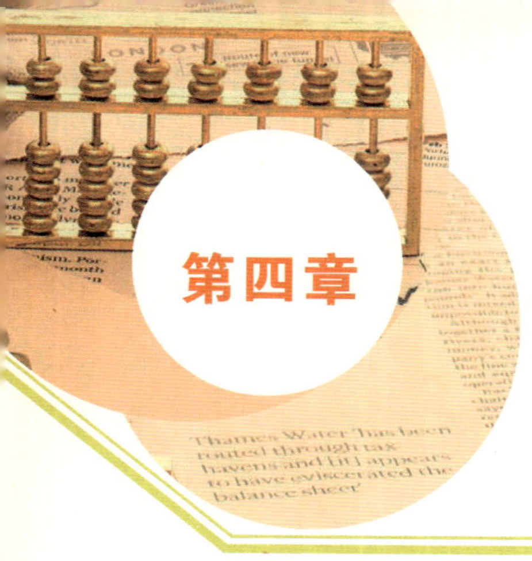

第四章 股票市场公正理论分析

法治化是中国股票市场健康发展的基石。随着中国股票市场法治化建设的持续推进，如何有效遏制扰乱市场秩序行为以维护市场公正，逐步成为学术界、业界及金融监管部门研究的重点。本章以市场公正内涵的界定为基础，系统梳理与回顾了针对市场操纵、内幕交易以及信息披露违规行为的研究成果，为后续市场公正微观度量指标的构建奠定了理论基础。

第一节 市场操纵行为

尽管证券市场操纵行为已经有很久的历史，但针对市场操纵的内涵尚未形成较为一致的阐释。本质上看，市场操纵行为往往通过误导性的交易活动影响证券价格，给其他市场参与者造成出现价格敏感性信息的假象，从而诱导其他投资者参与证券交易。在市场操纵者扰乱证券价格的同时，往往伴随着证券成交量的异常变化。因此，在阐述市场操纵的内涵时，被操纵证券价格与成交量的变化成为重要的关注点。根据《证券市场操纵行为认定指引（试行）》，市场操纵行为是指行为人以不正当手段影响证券价格或证券交易量、扰乱市场秩序的行为。我国《证券法》也将市场操纵的意图明确为影响证券的成交价格或成交量，并禁止市场参与者采用各种手段来影响证券的成交价格或成交量，以实现市场操纵的目的①。

按照操纵手段及策略的不同，市场操纵可分为行动型操纵（Action - Based Manipulation）、交易型操纵（Trade - Based Manipulation）及信息型操纵（In-

① 我国《证券法》第七十七条规定：禁止任何人以下列手段操纵证券市场：（一）单独或者通过合谋，集中资金优势、持股优势或者利用信息优势联合或者连续买卖，操纵证券交易价格或者证券交易量；（二）与他人串通，以事先约定的时间、价格和方式相互进行证券交易，影响证券交易价格或者证券交易量；（三）在自己实际控制的账户之间进行证券交易，影响证券交易价格或者证券交易量；（四）以其他手段操纵证券市场。

formation－Based Manipulation）（Allen and Gale，1992）。其中，行动型操纵是指操纵者通过实施相应措施来改变金融资产的真实或感知价值，进而影响证券价格的操纵行为；交易型操纵是指操纵者通过二级市场证券交易以使证券价格发生偏离的操纵行为；信息型操纵是指操纵者通过发布虚假信息、散播谣言来误导投资者，从而改变金融资产价格并从中获利的操纵行为。中国证监会于2007年3月发布《证券市场操纵行为认定指引（试行）》，进一步规范了证券市场操纵行为的分类。根据该指引，市场操纵行为包含连续交易操纵、约定交易操纵、洗售操纵、虚假申报操纵、特定时间的价格或价值操纵、收盘价操纵（也称为尾市交易操纵）、蛊惑交易操纵、抢帽子交易操纵等方式。其中，前六种操纵方式属于交易型操纵，后两种操纵方式属于信息型操纵。

表4－1　市场操纵行为分类

市场操纵行为	内　涵
连续交易操纵	连续交易操纵，是指单独或者通过合谋，集中资金优势、持股优势或者利用信息优势联合或者连续买卖，操纵证券交易价格或者证券交易量
约定交易操纵	约定交易操纵，是指与他人串通，以事先约定的时间、价格和方式相互进行证券交易，影响证券交易价格或者证券交易量
洗售操纵	洗售操纵，是指在自己实际控制的账户之间进行证券交易，影响证券交易价格或者证券交易量
虚假申报操纵	虚假申报操纵，是指行为人做出不以成交为目的的频繁申报和撤销申报，误导其他投资者，影响证券交易价格或交易量
特定时间的价格或价值操纵	特定时间的价格或价值操纵，是指行为人在计算相关证券的参考价格或者结算价格或者参考价值的特定时间，通过拉抬、打压或锁定手段，影响相关证券的参考价格或者结算价格或者参考价值的行为
尾市交易操纵	尾市交易操纵，也称为收盘价操纵，是指行为人在即将收市时，通过拉抬、打压或锁定手段，操纵证券收市价格的行为
蛊惑交易操纵	蛊惑交易操纵，是指行为人进行证券交易时，利用不真实、不准确、不完整或不确定的重大信息，诱导投资者在不了解事实真相的情况下做出投资决定，影响证券交易价格或交易量，以便通过期待的市场波动，取得经济上的利益的行为
抢帽子交易操纵	抢帽子交易操纵，是指证券公司、证券咨询机构、专业中介机构及其工作人员，买卖或者持有相关证券，并对该证券或其发行人、上市公司公开做出评价、预测或者投资建议，以便通过期待的市场波动取得经济利益的行为

资料来源：《证券市场操纵行为认定指引（试行）》，中国证监会。

从国内外有关市场操纵识别的研究来看，部分学者发现股票价格序列及其波动性在被操纵期间表现出不同于其他时期的特征，并据此提出了价格操纵行为的判别方法（Aggarwal and Wu，2006；Hanson et al.，2004）；刘元海和陈伟忠（2003）也发现被操纵股票在股东人数变化和股价变动之间表现出协同演化

特征，并建议将其作为是否存在市场操纵的判定方法。实际上，由于涉及客户详细订单信息的全账簿数据难以获取，在很大程度上限制了市场操纵行为识别与监测研究的推进。但是，作为细分的市场操纵方式之一，交易型操纵主要通过二级市场证券交易来操纵证券价格或成交量，这就为基于公开可获得的市场交易数据实现交易型操纵的监测创造了条件。同时，本报告收集整理了1998年至2017年中国证监会查处的市场操纵案例，发现连续交易操纵、收盘价操纵以及虚假申报操纵是较为常见的操纵手段，而以频繁申报和撤销申报为主要特征的虚假申报操纵往往用于操纵股票的开盘价。基于此，本报告重点关注交易型操纵中连续交易操纵、开盘价操纵以及收盘价操纵行为在中国股票市场中发生情况的监测。

一、连续交易操纵

根据《证券市场操纵行为认定指引（试行）》，连续交易操纵是指单独或者通过合谋，集中资金优势、持股优势或者利用信息优势联合或者连续买卖，操纵证券交易价格或者证券交易量。由该类操纵行为的内涵可以看出，当某只股票受到连续交易操纵后，其成交价格、成交量可能受大额订单的集中影响而发生异常变化。国内外学者针对市场操纵所产生的影响展开了大量研究。其中，Eren 和 Ozsoylev（2006）发现市场操纵会提高市场流动性和增加成交量，但同时会降低市场效率。Onayev 和 Zdorovtsov（2008）通过研究 Russell 3000 指数，发现市场操纵会使指数日收益率发生异常波动。Carhart 等（2002）认为市场操纵会引起市场价格发生 0.5% 至 2% 的价格扭曲。Khwaja 和 Mian（2005）发现在高效率的市场中，市场操纵会带来高于普通投资者 50%～90% 的收益率。Aggarwal 和 Wu（2006）通过对美国证监会（SEC）公布的 1990 年至 2001 年 142 个市场操纵违法案例进行收集和分析，发现在操纵期间股票流动性、波动性、收益率等都会发生异常变化。

与此同时，国内学者也展开了相关研究。比如，黄长青等（2004）对我国证监会公布的市场操纵违法违规案例进行研究后发现，被操纵股票的成交量、收益率等特征值均有明显变化，日平均异常成交量对操纵行为具有适时预警作用，日平均异常收益率对操纵行为具有事后检验作用；李梦雨（2015）通过收集 2008—2014 年中国证监会公布的市场操纵违法违规案例，运用倍差法研究了我国股票市场操纵行为的特征，发现被操纵股票在操纵期间存在异常变化，其日收益率、有效价差、价格影响和交易规模等均显著上升。

经过以上文献梳理后发现，市场操纵行为往往会对股票的成交价格、成交量、成交额以及买卖价差等指标产生影响，这为通过监测上述指标是否发生异常变化来监测连续交易操纵的发生情况提供了思路。实际上，通过监测股票异常交易的特征值来捕捉市场操纵信息的做法已被很多学者采用。比如，McDonald 和 Michayluk（2003）在研究操纵者是否利用了巴黎证券交易所停牌机制时，采取了记录停牌股票发生异常波动时的市场特征值（如收益率、价格）的方法；Khwaja 和 Mian（2005）在对巴基斯坦主要证券交易所进行研究时记录了市场异常收益率情况，指出市场操纵会给经纪人带来 8% 的收益。以此为基础，本报告利用股票市场分时高频交易数据，以半小时为观测窗口，选取股票每个观测窗口下股票的收益率、成交量、成交额、相对报价价差、相对有效价差为监测指标，构建了连续交易操纵行为的识别与监测模型[①]。

二、开盘价操纵

根据 Putnins（2011），开盘价操纵（也称 Marking the Open）是指操纵者通过影响开盘价格来实现市场操纵目的。按照目前各主要证券交易所的制度安排，股票开盘价基本上是由集合竞价来确定的。在该制度安排下，市场操纵者往往通过频繁地申报订单和撤销申报来扰乱市场秩序，最终影响股票的开盘价格。由此可见，虚假申报操纵是较为常见的操纵股票开盘价的手段。目前，国内外学者对开盘价操纵的研究主要从虚假申报和撤销订单[②]对股票开盘价格的影响来展开，为本报告开盘价操纵监测模型的构建提供了理论基础。其中，Lee 等（2013）基于韩国证券交易所的研究发现，市场操纵者可以利用订单披露规则来进行虚假申报，使股票价格发生符合操纵者意愿的变化，吸引其他投资者进行交易并可以获取高额利润；并且，订单型操纵的对象主要集中于波动率较大、规模较小的上市公司。进一步地，Eun Jung Lee 等（2013）发现，通过改变订单披露规则能够有效减少订单型操纵的发生次数；孔东民等（2011）认为，对订单型操纵而言，订单提交频率高且撤单速度快，申报买入笔数多并且提交订单额度较大，但成交笔数极少，买入申报撤单量占该股票当日市场买入总申报的比例极高，同时也指出操纵行为对价格和流动性仅有短暂的影响。根据我国股票市场交易的制度安排，在 9：15 到 9：20 的时间段内，允许投资者进行订单申报和撤单申报，为虚假报撤单行为的发生提供了可能性。

通常情况下，前一日收盘价对第二日开盘价的形成具有较强的指引作用，而开盘价操纵则试图将其作用弱化。吴林秀（2016）对 2006 年 7 月至 2014 年 12 月我国深证综指的日度收盘价和开盘价进行研究后发现，前一日收盘价与

① 相关细节请参阅第七章连续交易操纵监测模型部分。

② 虚假报撤单可称为虚假订单操纵（Fictitious Order Manipulation），是一种基于电子化发展兴起的订单型操纵方式（Order－based Manipulation）。

后一日开盘价之间存在稳定协整关系，前一日收盘价对第二日开盘价有引导作用。但是，当发生开盘价操纵后，市场操纵者往往会利用集合竞价期间特定时间段内可以申报订单和撤销订单的制度安排，以明显远离前一日收盘价的价格进行大量连续申报，并很快撤销之前全部和大部分申报的订单。这种虚假报撤单的行为往往会误导其他投资者，并导致该交易日的开盘价显著不同于前一日的股票收盘价，发生开盘价的异常偏离。鉴于此，本报告通过考察股票开盘价相对前一交易日收盘价的偏离情况来监测股票市场发生开盘价操纵的严重程度①。

三、收盘价操纵

根据《证券市场操纵行为认定指引（试行）》，收盘价操纵是指行为人在即将收市时，通过拉抬、打压或锁定手段，操纵证券收市价格的行为。股票收盘价决定了相关基金产品和金融衍生品的价值，因而往往成为被操纵的对象。在各类交易型操纵策略中，收盘价操纵是较为常见的策略之一。现有针对收盘价操纵的研究成果为构建疑似操纵行为的识别模型奠定了基础。具体来说，Carhart 等（2002）发现美国证券市场股价上涨主要集中在收盘前半小时内，这种上涨在季末尤其明显，并将其归因于基金经理为改善基金收益而对股票价格进行的操纵。Hillion 和 Suominen（2004）发现巴黎证券交易所往往在收盘前最后几分钟内出现股票价格及成交量大幅波动，并将其归因于市场操纵。Comerton – Forde 和 Putnins（2011）证明了在收盘价操纵的影响下，尾市期间交易活动及股票收益率显著增加。

与此同时，也有学者发现股票价格倾向于在被操纵的下一交易日内发生回转。Ben – David 等（2013）研究发现对冲基金重仓股在季末表现出 0.30% 的异常收益后，会在下一交易日发生 0.25% 的收益回转。Comerton – Forde 和 Putnins（2011）对被操纵股票当日收盘价与下一交易日上午 11 点买卖报价均值进行比较后发现，被操纵股票在下一交易日开盘后会发生显著的价格逆转。Aggarwal 和 Wu（2006）的研究表明股票价格在被操纵期间上涨后，往往会在随后的时期内出现明显下降。Stoll 和 Whaley（1991）与 Chamberlain 和 Kwan（1989）的研究表明在指数期货及期权合约到期日，股票价格的平均回转水平明显提升。

总之，发生收盘价操纵后，股票成交价格倾向于表现出以下特征：股票价格在收盘结束前的最后时间内呈现出不同于其他交易日的异常波动，并在下一

① 相关细节请参阅第七章开盘价操纵监测模型部分。

交易日回转至相对均衡的水平。该特征为实现收盘价操纵的监测创造了条件，本报告将借鉴 Aitken 等（2015）的做法构建尾市价格偏离模型（End of Day Price Dislocation Model），来监测中国股票市场疑似收盘价操纵行为的发生情况①。

第二节 内幕交易行为

近年来，我国股票市场尽管取得了快速发展，但各项基础性制度安排仍在不断建设完善之中，各类扰乱市场秩序的行为尚未得到有效遏制。其中，作为我国股票市场三类常见违法违规行为之一，内幕交易呈现出逐年增加的趋势。同时，内幕交易主体也趋于多元化，由最初的上市公司董事、监事及高级管理人员一种内幕信息知情人，逐渐发展为三种甚至四种内幕信息知情人参与内幕交易；交易方式也趋于多样化、隐蔽化，由最初的内幕信息知情人直接买卖证券向泄露内幕信息或建议他人买卖某证券等方式转变，大大增加了证券监管机构调查取证的难度。

根据《证券市场内幕交易行为认定指引（试行）》，内幕交易行为的认定需符合三个条件：一是行为主体为内幕人，二是相关信息为内幕信息，三是行为人在内幕信息的价格敏感期内买卖相关证券，或者建议他人买卖相关证券，或者泄露该信息。其中，内幕信息的形成及传播是内幕交易行为的关键部分。根据《证券法》，内幕信息是指证券交易活动中，涉及公司的经营、财务或者对该公司证券的市场价格有重大影响的尚未公开的信息。据统计，在内幕交易的实践中涉及公司的重大投资行为和重大的购置财产的决定，资产重组，公司的股利分配计划，公司的经营方针和经营范围的重大变化，公司发生重大亏损或者重大损失等敏感财务信息，公司的增资计划，公司订立的可能对资产、负债、权益和经营成果产生重要影响的重要合同，持有公司百分之五以上股份的股东或者实际控制人其持有股份或考控制公司的情况发生较大变化，公司生产经营的外部条件发生的重大变化，公司发生重大债务和未能清偿到期重大债务的违约情况，以及国务院证券监督管理机构认定的对证券交易价格有显著影响的其他重要信息十一种内幕信息。

在所有内幕信息中，涉及重大投资、资产重组以及利润分配的内幕信息最易受到非法利用，成为内幕交易的重灾区，据统计，在近十年的 227 起内幕交

① 尾市价格偏离模型相关细节请参阅第七章收盘价操纵监测模型部分。

易中，涉及的内幕信息为重大投资的内幕交易行为最多，总计 76 起，占比达到 33%。其次是资产重组，随着供给侧结构性改革的推进，我国经济结构调整、行业整合、产业升级不断加剧，因而资产重组日趋增多。据统计，此类内幕交易行为总计 62 起，占比 27%。再次为利润分配，此类内幕交易行为有 20 起，占比 9%。

内幕信息自形成至公开的期间为内幕信息敏感期，只有发生在内幕信息敏感期内的交易才能被判定为内幕交易，因而内幕信息敏感期的期限便反映了内幕交易主体的操作空间。在内幕信息敏感期内，往往存在着由内幕信息知情人到非法获取内幕信息者的传播。内幕信息知情人作为内幕信息的传播者，利用职务便利最先获取内幕信息，是内幕交易的重要实施者。其中，内幕交易行为中最常见的内幕信息知情人是上市公司董事、监事及高级管理人员。

受限于难以获取包含客户详细订单信息的全账簿数据，内幕交易行为的直接监测往往很难实现。但是，以有效市场假说为理论基础，可以构建内幕信息泄露模型实现内幕交易行为的间接测度。根据有效市场假说，在一个有效的证券市场中，市场信息能及时准确地反映在证券价格中。那么，在弱有效的证券市场中，当市场信息的类型之一——内幕信息公布后，往往会引起相关证券成交价格的显著变化。Meulbroek（1992）基于 1980—1989 年美国内幕交易案件的研究表明，与无公告信息发布或未发生内幕交易的时间相比，发生内幕交易时期相关证券的成交价格及其波动程度明显提升，与 Kyle（1985）与 Gadarowski 和 Sinha（2003）的观点一致。鉴于此，Dubow 和 Monteiro（2006）与 Monteiro，Zaman 和 Leittersdorf（2007）用市场清洁度（Market Cleanliness）捕捉价格敏感信息公开前股票的异常收益，作为判断内幕交易发生与否的指标。FCA（2014）通过度量市场敏感上市公司公告发布前股票价格及成交量的变动幅度来估计证券市场的内幕交易行为。Aitken 等（2015）以价格敏感性公告公布前 6 个交易日内股票超额收益率是否出现明显变化作为内幕信息泄露的判定指标。

经过以上文献梳理后发现，往往通过考察上市公司公告发布前特定时期内股票是否出现超额收益来监测股票市场内幕交易的发生情况。一般地，上市公司公告发布前的特定时期可称为事件窗口期，而是否出现超额收益需要通过与特定基准窗口期内的股票收益水平比较后方能得出结论。因此，在内幕交易监测模型中，事件窗口期和基准窗口期这两项参数的设定至关重要。对此，不同文献具有不同的做法，有的文献选取 2 天为事件窗口（Monteiro et al.，2007；Sinha and Gadarowski，2010；FCA，2014），有的文献选取 4 天为事件窗口（Kim and Verrecchia，1991；Dubow and Monteiro，2006），也有学者以 5 天为事件窗口

（Bulkley et al.，2002；Bulkley and Herreirias，2005）。对基准窗口而言，有的文献采用的是从公告发布前第 250 个交易日到公告发布前第 11 个交易日的 240 个交易日（Dubow and Monteiro，2006；Monteiro et al.，2007；FCA，2014），有的文献选取公告发布前第 260 个交易日至公告发布前第 11 个交易日的 250 个交易日（Aitken et al.，2015）。本报告参考 Aitken 等（2015）中关于信息泄露事件窗口期及基准窗口期的设定方法，将信息泄露模型监测内幕交易行为的逻辑整理在图 4－1 中。其中，事件窗口期为公告发布前第 6 个交易日至发布后第 2 个交易日，基准窗口期为公告发布前第 260 个交易日至第 11 个交易日。

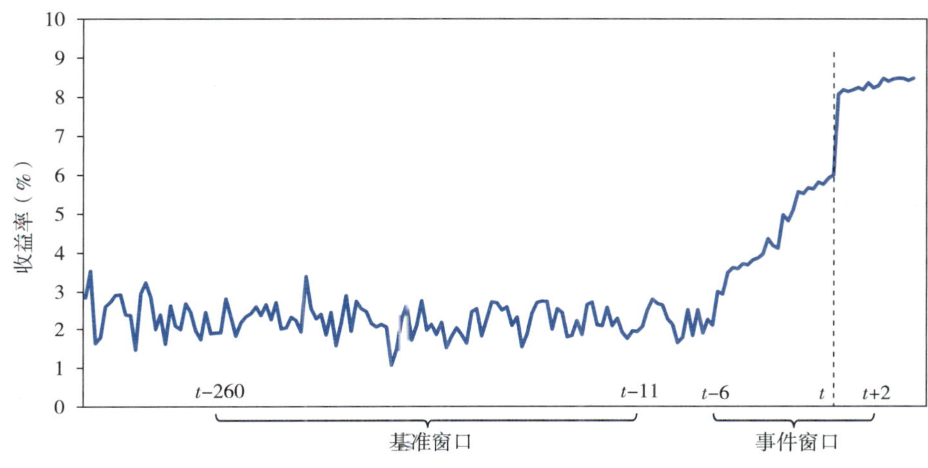

图 4－1　内幕信息泄露模型主要概念

第三节　信息披露违规行为

信息披露是上市公司按照法律法规的强制性规定、投资者需求以及自身意愿选择，将反映自身经营成果、财务状况、投资机会和风险、公司治理和价值等信息向社会公开披露的行为（王伟，2015）。自我国证券市场成立以来，监管部门不断推行和完善信息披露制度，对上市公司履行信息披露义务提出了明确要求。《证券法》规定，发行人、上市公司依法披露的信息，必须真实、准确、完整，不得有虚假记载、误导性陈述或者重大遗漏；《上市公司信息披露管理办法》也指出，信息披露义务人应当真实、准确、完整、及时地披露信息，不得有虚假记载、误导性陈述或者重大遗漏；同时，《上市公司信息披露管理办法》也明确了上市公司董事、监事及高级管理人员在信息披露方面的职责，指出发行人、上市公司的董事、监事、高级管理人员应当忠实、勤勉地履行职责，保证披露信息的真实、准确、完整、及时、公平。

总体上，我国信息披露制度明确了上市公司信息披露的原则，共包含真实性、准确性、完整性、及时性、公平性五个方面。其中，真实性原则强调上市公司所披露信息应反映客观事实，不能存在虚假陈述和虚假记载等现象，即在信息披露的文件上做出与事实不符的记载；准确性原则要求所披露信息应准确无误，杜绝收入、费用、利润核算不准确，重大会计差错，业绩预测不准确等；完整性原则旨在避免本应向投资者公开的重要信息存在遗漏或隐瞒，如对资金投向、募集资金使用情况及利润的信息披露不充分等；及时性原则要求应当在规定的期限内披露信息，不能存在延迟披露情况；公平性原则要求上市公司不能选择性地把信息披露给特定投资者，而是应当公平地将信息面向所有投资者（陈峥嵘和潘妙丽，2012）。本质上，上述原则是确保上市公司披露质量的关键所在。

表 4-2　上市公司信息披露原则

披露原则	内　涵
真实性	真实性是指上市公司及相关信息披露义务人披露的信息应当以客观事实或者具有事实基础的判断和意见为依据，如实反映客观情况，不得有虚假记载和不实陈述
准确性	准确性是指上市公司及相关信息披露义务人披露的信息应当使用明确、贴切的语言和简明扼要、通俗易懂的文字，不得含有任何宣传、广告、恭维或者夸大等性质的词句，不得有误导性陈述。公司披露预测性信息及其他涉及公司未来经营和财务状况等信息时，应当合理、谨慎、客观
完整性	完整性是指上市公司及相关信息披露义务人披露的信息应当内容完整、文件齐备，格式符合规定要求，不得有重大遗漏
及时性	及时性是指上市公司及相关信息披露义务人应当在规定的期限内披露所有对公司股票及其衍生品种交易价格可能产生较大影响的信息
公平性	公平性是指上市公司及相关信息披露义务人应当同时向所有投资者公开披露重大信息，确保所有投资者可以平等地获取同一信息，不得私下提前向特定对象单独披露、透露或者泄露。公司向公司股东、实际控制人或者其他第三方报送文件和传递信息涉及未公开重大信息的，应当及时向深圳证券交易所报告，并依据深圳证券交易所相关规定履行信息披露义务

资料来源：《董秘信息披露实用手册》，深圳证券交易所。

从根本上说，上市公司披露信息是为了解决上市公司与投资者、监管部门之间的信息不对称。信息是决定上市公司市场价值的核心因素，股票价格也体现了投资者对其所掌握信息的反应（陆蓉和徐龙炳，2004）。因此，为了避免信息不对称对上市公司股票定价或市场估值可能产生的影响，上市公司公开披露自身信息变得极为必要。进一步地，上市公司信息披露的质量也关系着资本市场的定价效率及估值的有效性。张宗新等（2005）发现，公司价值在很大程度上取决于上市公司的信息质量。徐寿福和徐龙炳（2015）经过实证分析后发现上市公司市场价值对其内在价值的偏离程度与信息披露质量显著负相关，从而建议提升上市公司信息披露的质量，以减轻上市公司信息供给者和信息需求者之间的信息不对称，促进上市公司的市场价值回归其内在价值。

基于以上分析可以看出，确保信息披露质量对确保证券市场效率至关重要。不仅如此，实际上，确保信息披露质量也关系着证券市场的公正程度。具体来说，首先，信息披露质量的提升有助于降低由信息不对称产生的道德风险，提高内部人机会主义行为的代价，降低内部人操纵和影响股票价格的可能性，从而避免上市公司估值偏离其内在价值。一般来说，由于存在信息不对称，上市公司控股股东、高级管理层等内部人往往会产生道德风险和机会主义行为，比如利用内幕信息优势进行内幕交易，从而以损害广大外部投资者的利益为代价获取超额收益。但是，通过有效的信息披露，能够在一定程度上对上述行为形成制约作用。

其次，从信息披露的原则来看，确保信息披露的及时性和公平性有助于降低内幕交易发生的可能性。一方面，信息披露的及时性直接关系到外部投资者获取信息的时机。当公司及时披露信息时，能够降低内部人向其他人泄露信息的可能性，从而减少信息知情者进行内幕交易的机会（张程睿，2016）。上市公司信息披露的延迟会导致信息泄露与内幕交易的可能性增大，不知情投资者利益被剥夺的概率增大，一些研究已为此提供了证据（Botosan et al.，2004；Leuz and Verrecchia，2000；Ascioglu et al.，2012）。目前，我国上市公司披露年度报告的时限为4个月，长于欧美、香港等成熟市场3个月的披露时限要求。尽管我国可以通过业绩预告、业绩快报等方式提前披露主要财务信息，但由于缺乏及时性，很可能会产生内幕交易；另一方面，当上市公司选择性地将信息披露给特定投资者时，很容易造成大量的小道消息和内幕信息广泛传播和扩散。研究表明，选择性信息披露通常是滋生内幕交易的“温床”（陈峥嵘和潘妙丽，2012）。

最后，从投资者保护的角度来看，确保信息披露质量能够为投资者提供公平的信息环境，有利于防范内部人利用信息优势损害其他外部投资者的合法权益。通过减少信息不对称，所有投资者均能够公平地获取信息，并据此对相关证券的投资价值做出正确判断，进而做出相应的投资决策。这使内幕交易者利用提前获得的信息进行交易并获利得以避免，从而提升了股票市场的公平性，使广大中小投资者的合法权益得到有效保护。

本章小结

根据市场公正评估框架，股票市场的公正水平可以由市场操纵、内幕交易及信息披露违规三类证券市场违法违规行为的严重程度来衡量。首先，市场操纵是指行为人以不正当手段影响证券价格或证券交易量、扰乱市场秩序的行为。按照操纵手段及策略的不同，市场操纵可分为行动型操纵、交易型操纵及信息型操纵。由于涉及客户详细订单信息的全账簿数据难以获取，在很大程度上限制了市场操纵行为识别与监测研究的推进。但是，作为细分的市场操纵方式之一，交易型操纵主要通过二级市场证券交易来操纵证券价格或成交量，这就为基于公开可获得的市场交易数据实现交易型操纵的监测创造了条件。

本报告重点关注交易型操纵中连续交易操纵、开盘价操纵以及收盘价操纵行为在中国股票市场中发生情况的监测。在连续交易操纵行为的监测方面，现有研究成果表明市场操纵行为往往会引起股票成交价格、成交量、成交额以及买卖价差等指标发生异常变化，这为通过监测上述指标是否发生异常变化来监测连续交易操纵的发生情况提供了思路；在开盘价操纵行为的监测方面，由于前一日收盘价对第二日开盘价的形成具有较强的指引作用，而市场操纵者往往会以明显远离前一日收盘价的价格进行大量连续申报，并很快撤销之前全部和大部分申报的订单，导致开盘价偏离前一日的股票收盘价。因此，考察股票开盘价相对前一交易日收盘价的偏离情况是监测疑似开盘价操纵行为的关键所在；在收盘价操纵行为的监测方面，由于发生收盘价操纵后，股票成交价格倾向于表现出以下特征：股票价格在收盘结束前的最后时间内呈现出不同于其他交易日的异常波动，并在下一交易日回转至相对均衡的水平。该特征为实现收盘价操纵的监测创造了条件。

其次，内幕交易行为的认定需符合三个条件：一是行为主体为内幕人，二是相关信息为内幕信息，三是行为人在内幕信息的价格敏感期内买卖相关证券，或者建议他人买卖相关证券，或者泄露该信息。受限于难以获取包含客户详细订单信息的全账簿数据，内幕交易行为的直接监测也很难实现。但是，以有效市场假说为理论基础，可以构建内幕信息泄露模型实现内幕交易行为的间接测度。以有效市场假说为理论基础，可以预见，在弱有效的证券市场中，当市场信息的类型之一——内幕信息公布后，往往会引起相关证券成交价格的显著变化。因此，可以通过考察上市公司公告发布前特定时期内股票是否出现超额收益来监测股票市场内幕交易的发生情况。

最后，信息披露是指上市公司按照法律法规的强制性规定、投资者需求以及自身意愿选择，将反映自身经营成果、财务状况、投资机会和风险、公司治理和价值等信息向社会公开披露的行为。根据我国上市公司的信息披露制度，上市公司信息披露需遵循真实性、准确性、完整性、及时性及公平性五个原则。一方面，上市公司披露信息是为了解决上市公司与投资者、监管部门之间的信息不对称，以避免信息不对称对上市公司股票定价或市场估值可能产生的影响，从而提升资本市场定价效率及上市公司估值的有效性；另一方面，确保信息披露质量也关系着证券市场的公正程度。这是因为，第一，信息披露质量的提升有助于降低由信息不对称产生的道德风险，提高内部人机会主义行为的代价，降低内部人操纵和影响股票价格的可能性；第二，从信息披露的原则来看，确保信息披露的及时性和公平性有助于降低内幕交易发生的可能性；第三，从投资者保护的角度来看，确保信息披露质量能够为投资者提供公平的信息环境，有利于防范内部人利用信息优势损害其他外部投资者的合法权益。需要注意的是，鉴于信息披露违规呈现于上市公司公告，并不反映于市场交易数据，因而无法从交易数据层面对其加以监测，加之信息披露违规行为对投资者造成的损失难以准确量化。因此，本报告后文使用从中国证监会行政处罚案例整理所得的数据对其进行分析，但并未将其纳入股票市场质量指数分析范畴。

第五章 股票市场系统性风险理论分析

2008 年国际金融危机发生以后，系统性风险成为学术界、业界和金融监管部门关注的焦点，有关系统性风险的理论研究日趋深入。本章在借鉴国内外学者对系统性风险研究的基础上，提出股票市场系统性风险的定义，确定股票市场系统性风险的三个元素——冲击、传染和后果，并从冲击强度、传染力度和损失程度三个视角对股票市场系统性风险的理论基础进行梳理。

第一节 系统性风险的定义

目前学术界对系统性风险（Systemic Risk）的定义并不统一，众多学者从不同的视角定义了系统性风险，但是归纳总结可知系统性风险具有以下三个特征：（1）冲击性。部分学者将系统性风险视为宏观冲击，并且认为系统性风险对大部分或整个经济金融系统产生了巨大的不利影响。比如，Mishkin（1995）将系统性风险定义为“突如其来且通常未能预期的事件扰乱了金融市场的信息，使金融市场有效配置资金能力中断的可能性”；Bartholomew 和 Whalen（1995）认为系统性是指一个事件能够对整个银行、金融或者经济系统产生影响，而不是影响一个或者少数几个机构；De Bandt 和 Hartmann（2000）认为系统性风险可以被定义为面临具有强效应的系统性事件[①]（Systemic Event）风险。（2）传染性。系统性风险不仅影响单个金融机构，还将风险传染至多个金融机构和金融市场。比如，BIS[②]（1994）将系统性风险定义为某个参与者未能履行其合同义务，进而依次引起其他参与者违约的连锁反应风险，且这种风险导致了广泛的金融困境；Kaufman（1995）认为系统性风险是多米

① De Bandt 和 Hartmann（2000）认为系统性事件是具有严重性和广泛性的系统冲击（Systematic Shock），系统冲击能够同时对大批机构或市场产生不利影响。

② BIS 的全称为 Bank for International Settlements，即国际清算银行。

诺骨牌倒塌的连锁反应风险，单个事件通过链条传导至系统中的其他机构和市场进而导致一系列损失即累积损失的可能性；Federal Reserve System[①]（2001）认为大型支付网络中的某一个机构不能或者不愿意清偿其债务时，系统性风险则可能发生。这是因为该机构的违约可能导致其债权人也无法履行其债务承诺，其带来的严重后果将传播到网络中的其他参与机构、网络外的其他存款机构以及非金融机构。（3）危害性。系统性风险的爆发通常会产生巨大的损失，并对实体经济产生负面的外部溢出效应。比如，G10[②]（2001）强调系统性金融风险是触发金融系统经济价值损失或者信心丧失以及不确定性增加的风险，它足够严重并很有可能对实体经济产生显著不利影响；Dijkman（2016）认为系统性风险通常指严重到足以损害实体经济的金融冲击，并且强调了传染性在系统性风险中的核心作用；IMF[③]（2013）强调系统性风险是全部或者部分金融机构、金融市场损失带来的金融服务或功能的破坏，并对经济增长带来负向影响。

上述学者和机构主要从风险冲击、风险传染以及风险爆发所导致的后果三个视角定义了系统性风险。上述文献所定义的系统性风险针对的是整个金融机构和金融市场，且多关注于金融机构的系统性风险，鲜有文献单独对股票市场系统性风险给出定义。本报告研究的是股票市场系统性风险，由于股票市场作为金融市场的一部分，既有其他金融市场所共有的风险，又有其自身所特有的风险。因此本报告在借鉴国内外学者对系统性风险定义的基础上，充分考虑到股票市场不同于其他金融市场的特质，按照股票市场的风险演变路径，提出了股票市场系统性风险的定义，即股票市场系统性风险是指股票市场个股或者局部受到冲击后，通过传染放大机制，风险由小变大、从局部传染至整个系统，进而造成整个市场的股价大幅下跌，股票市场发生剧烈波动、危机或瘫痪的可能性。股票市场系统性风险主要包含三个元素：冲击、传染和后果。其中，冲击或者触发事件是股票市场系统性风险爆发的诱因；传染放大机制是个股价格大幅下跌演化成股票市场系统性风险的核心所在，冲击的传染扩散使风险由小变大、从局部传染至整个系统；后果则是股票市场系统性风险爆发的结果，股票市场系统性风险爆发的最直接后果就是股灾，即股票市场发生剧烈波动、危机或瘫痪，股票市场遭受巨大损失。本节依据股票市场系统性风险的三个元素，分别从股票市场系统性风险冲击来源、股票市场内在不稳定性、股票市场系统性风险传染渠道及后果三个方面进行详细叙述。

① Federal Reserve System 即美国联邦储备系统，简称为美联储。

② G10 的全称为 Group of Ten，即十国集团。

③ IMF 的全称为 International Monetary Fund，即国际货币基金组织。

一、股票市场系统性风险冲击来源

首先，经济基本面恶化可能会对股票市场产生严重的冲击。经济基本面的持续恶化往往意味着大量企业出现经营困难、盈利能力大幅下降和资产负债表迅速恶化等状况。在经济下行的冲击下，上市公司的市值可能会大幅缩水，上市公司股票的投资价值严重受损。这一系列连锁反应最终将风险传染到股票市场中，对股票市场产生冲击。

其次，诱发系统性风险的冲击可能来自股票市场、外汇市场等金融市场。在股票市场中，投资者信息不对称、投资者异质性信念（Hong and Stein，2003）导致股票市场泡沫膨胀（Blanchard and Watson，1982；Romer，1993），当泡沫破裂时会对股票市场产生负向冲击；上市公司管理层出于自利的目的，隐藏坏消息和披露好消息（Jin and Myers，2006；Hutton et al.，2009），当隐藏的坏消息集中爆发时会对股票市场产生负面冲击。在外汇市场中，现金流导向论（Flow－Oriented Theory）认为汇率变动会影响企业的国际竞争力，减少或增加其未来现金流，进而影响到其股票价格，对股票市场产生冲击；资本流动理论（Capital Flow Theory）认为汇率变化会引起短期资本流动，从而影响到股票价格（Oreiro，2005），对股票市场产生冲击。就我国外汇市场和股票市场而言，人民币汇率对股票市场有显著影响，并且在国际金融危机和欧债危机期间更加显著（张兵等，2008；Liu and Wan，2012；赵进文等，2013；吴丽华和傅广敏，2014；郝项超和李政，2017）。

再次，股票市场冲击可能来自国际市场。第一，国际金融风险可通过贸易溢出效应对股票市场产生冲击。国际金融风险会影响企业产品和服务进出口，影响企业盈利能力，进而影响到其股票价格，对股票市场产生冲击。第二，国际金融风险可通过投资溢出效应对股票市场产生冲击。当一国金融市场出现流动性短缺问题后，从与其具有直接投资、银行贷款、资本市场联系等关系的国家金融市场中清算资产和撤资，从而导致其他国家的金融市场出现流动性不足等问题，对其他国家股票市场产生冲击。第三，国际金融风险可通过季风效应对股票市场产生冲击。Masson（1998）认为发生在新兴市场的危机源头可能来自发达市场，因为发达国家制定的支持本国经济转型的政策可能通过外币借款、政府债务等渠道影响到相关的发展中国家的经济基本面，使政策效果错位地传染至发展中国家，并可能造成后者出现金融功能紊乱和市场崩溃，对发展中国家的股票市场产生冲击。第四，国际金融风险可通过预期效应对股票市场产生冲击。一国发生金融危机以后，投资者倾向于认为与发生危机国家经济金融情况类似的国家也会发生金融危机，引发投资者对这些国家的投机行为，对这些国家的股票市场造成冲击。

最后，政策因素也可能会对股票市场产生冲击。股票市场重大政策的制定和出台会对股票市场产生冲击，股票市场政策对股票市场的影响可分为短期和长期两个方面。从长期的角度看，股票市场政策是对股票市场结构及制度框架进行调节，主要通过政策指导和法律约束来进行；从短期的角度看，股票市场政策可以对股票市场的短期波动进行调节，重点是控制股票市场的短期波动幅度，防止股指暴涨暴跌。但是股票市场政策的错配会对股票市场产生负面冲击，例如2016年初中国股票市场推出熔断机制，其初衷是为了控制风险而采取的暂停交易措施，但经验数据表明中国股票市场所设立的熔断机制恰恰导致股票价格扭曲，加剧了股票市场波动，对股票市场产生负向冲击。除此之外，在某些国家中，政府被当作本国精英阶层的牟利工具，政府可以通过立法、许可证制度或国有化等方法来维护精英阶层的利益。在这些国家中，资产价值因政治事件的牵连而变化（Shleifer et al.，1994），进而对股票市场产生冲击。

综上所述，股票市场系统性风险的冲击可能来自经济基本面、国内金融市场、国际市场以及政策因素等方面，股票市场冲击来源复杂并且难以直接进行区分和度量，故本章在后续部分采用间接的方法度量股票市场所遭受的冲击。

二、股票市场内在不稳定性

当股票市场受到冲击时，股票市场抵御冲击的能力与股票市场的不稳定性呈负相关。股票市场应对冲击和干扰的自我平衡能力越弱，股票市场越不稳定。股票市场不稳定的核心表现是股票市场对股票价格变动具有正反馈效应。由于正反馈效应的存在，即便是朝着远离均衡的方向，股票价格的上涨仍会引起股票价格的进一步上涨，从而形成股票市场价格泡沫。当股票市场受到冲击时，泡沫破裂，累积的风险开始释放，股票价格大幅下跌，并可能引发股票市场危机。股票价格变动具有正反馈效应主要因为两点：第一，高杠杆放大了股票价格变动的作用；第二，信息不对称强化了股票价格的影响力。由于高杠杆和信息不对称这两个内在原因，股票价格具有了自我推动的特征，从而形成股票市场内在不稳定性。

从高杠杆的角度分析股票市场内在不稳定性可追溯到 Minsky（1963）提出“金融不稳定性假说”（Financial Instability Hypothesis，FIH）。在 FIH 假说中，Minsky 认为金融市场的不稳定性内生于金融市场，并且强调了杠杆对金融市场的影响，即高杠杆增加了金融市场的不稳定性。而股票市场属于金融市场的一部分，本节首先以 Minsky 的 FIH 假说为理论基础分析股票市场内在不稳定性的杠杆机制。

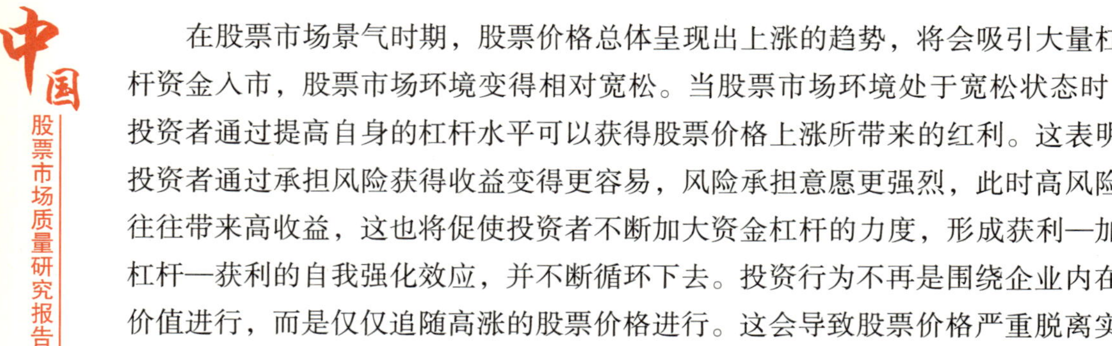

在股票市场景气时期，股票价格总体呈现出上涨的趋势，将会吸引大量杠杆资金入市，股票市场环境变得相对宽松。当股票市场环境处于宽松状态时，投资者通过提高自身的杠杆水平可以获得股票价格上涨所带来的红利。这表明投资者通过承担风险获得收益变得更容易，风险承担意愿更强烈，此时高风险往往带来高收益，这也将促使投资者不断加大资金杠杆的力度，形成获利—加杠杆—获利的自我强化效应，并不断循环下去。投资行为不再是围绕企业内在价值进行，而是仅仅追随高涨的股票价格进行。这会导致股票价格严重脱离实际或泡沫化，偏离内在均衡状态，从而提高整个股票市场的杠杆水平，股票市场杠杆水平的提高又会进一步推高股票价格。这里体现出股票价格上涨的正反馈效应，启动股票价格向上的自我推动，即形成股票市场向上的不稳定性。

股票市场向上不稳定性的形成，是股票市场风险累积的过程。当股票市场杠杆水平很高时，任何一个微小的价格下跌冲击都可能使股票收益率的左偏程度急剧变化，所以高杠杆降低了股票市场抵御风险的能力。而向下不稳定性的触发往往比向上不稳定性的形成更加迅猛，股票市场和投资者能够做出反应的时间极短。因为向上不稳定性的形成，股票市场价格泡沫膨胀，此时无论是市场层面还是个股层面的冲击，都将导致投资者为了规避高杠杆带来的巨大损失而大规模抛售股票以求在较高价位退出市场。从而形成股票价格下跌—投资者抛售股票—股票价格下跌的恶性循环。这使股票市场中出现大量的卖单，股票供给增加，价格不断下跌，此时市场中对股票的需求仍然不断减少，这将导致股票价格进一步下跌，启动股票价格向下的自我推动，即触发股票市场向下的不稳定性。

Minsky 强调了杠杆对资产价格变动的放大作用，从而分析了金融内在不稳定性的形成机理。而在 Minsky 之后，Mishkin 则从信息不对称的角度出发，对金融内在不稳定性理论做了进一步的补充和完善。Mishkin（1999）认为信息不对称是导致金融不稳定的重要原因，当金融系统所受的冲击明显破坏信息传递机制时，金融系统将资金配置给生产性投资主体的有效性会遭到严重削弱，信息不对称状况加剧，就会导致较为严重的后果，从而引发金融的不稳定。接下来将以 Mishkin 的信息不对称理论为基础具体分析股票市场不稳定性的信息不对称机制。

股票市场是一个典型的信息不对称市场，信息不对称对股票市场不稳定性的作用机理主要是通过道德风险、逆向选择和羊群效应来实现的。

首先，道德风险。在股票市场上出现道德风险的主体主要是上市公司的管理层和证券投资机构。这两者在信息收集、处理、分析能力和资金实力等方面具有显著优势，并且对上市公司的研究比较透彻，投资相对理性，正常情况下其行为有利于股票市场健康稳定发展。但在利益的驱动下，上市公司管理层和证券投资机构也可能藏匿信息或编造虚假信息，这将破坏价格信号的传递机制，致使股价脱离其实际价值，进而导致股票市场的不稳定。

其次，逆向选择。投资者一般基于所获信息做出投资决策，但在信息不对称的股票市场中，大部分投资者获得的信息不及时、不全面、不真实，就会影响到投资决策，导致逆向选择。随着上市公司造假案等负面消息的曝光，投资者对上市公司的各种披露失去信心并产生质疑，无法识别优质公司和劣质公司，逆向选择会削弱股票市场优化资源配置功能，使整个市场投机氛围浓厚，股票市场价格泡沫不断膨胀，从而导致股票市场的不稳定。

最后，羊群效应。当投资者因为信息不对称而产生对行为后果不确定性的认识时，往往需要对其他投资者的行为进行判断以提取信息，并采取类似的行为。在股票市场中总有一些处于信息劣势并且非理性的投资者，他们没有足够的信息来源，也观测不到准确信息，同时也不具备太多专业知识，他们只能盲目依赖其他投资者的行为和预期，从而通过模仿他人买卖股票的行为来做出自己的投资决策。羊群效应解释了股票市场中某些可能既不相关也不重要的外部信息造成股票价格剧烈波动的现象，也成为股票市场追涨杀跌的重要原因，进而导致股票市场的不稳定。

综上所述，高杠杆和信息不对称是造成股票市场内在不稳定性的两个重要原因，通过这两个机制的作用，股票市场内在不稳定性将会增加，从而降低股票市场抵御风险冲击的能力。当股票市场遭受冲击时，股票收益率的左偏程度将会增大，更大的风险会通过传染放大机制传染至整个股票市场当中。反之，股票市场越稳定，股票市场抵御风险冲击的能力越强，股票市场质量越高。

三、股票市场系统性风险传染渠道及后果

诱发股票市场系统性风险的冲击可通过多个渠道传染到股票市场中。第一种传染渠道是直接关联渠道，即冲击在市场中直接关联的组成部分间迅速传染并扩散至整个市场中，这一类渠道包括上下游企业间传染渠道、投资关系传染渠道等。位于产业链中任意位置的企业由于负面信息爆发等原因而出现股价大幅下跌，这将直接冲击与该企业存在上下游关系的相关企业，这些企业股价将受到重挫并形成第二次冲击。以此类推，第一次股价大幅下跌带来的冲击会产生多次后续冲击，最终传染至整个产业链相关企业中，甚至会作为导火索引发股票市场危机。此外，当部分企业出现股价大幅下跌时，与这些企业存在参股关系的其他企业可能会遭受牵连，由于其母公司或子公司的股价大幅下跌最终引发自身的股价大幅下跌，因此个股股价大幅下跌可能通过投资关系在市场中

传染并最终导致大面积股价大幅下跌，引发股票市场系统性风险。

第二种传染渠道是间接关联渠道，即冲击并不在直接关联的股票间传染，而是通过同行业间、经营模式相似、程序化交易、特定会计准则等间接途径传染至整个市场中。首先，在同一行业的股票中，部分股票因遭受冲击而出现股价大幅下跌，当该冲击具有显著行业特色时，行业内其他股票往往面临相似的风险敞口，这些企业同样容易受到冲击并出现相似风险事件，因此初始冲击很容易在同一行业内迅速传染。其次，在经营模式相似的企业中，部分企业因严重的经营困难导致股价短时间内大幅下跌，那么具有类似经营模式的企业极有可能面对相似困境，将遭受同一类冲击并引发大范围股价大幅下跌。再次，程序化交易具有频繁报撤单等特征，这类交易的广泛出现会对股票市场产生助涨助跌作用。当市场情绪较敏感时，一旦出现股价下跌的冲击，程序化交易根据其既定的交易规则可能在极短时间内大量抛售符合规则的股票，使冲击传染至整个市场中。最后，在采用盯市计价会计准则的国家中，企业所持有的股票价格波动会较快反映至财务报表中，而金融资产价格短期波动可能并不能真实反映该企业实际资产盈亏状况，但投资者仍会根据这一信息调整自身投资策略。如此一来，短期内部分股票价格下跌会对持有这些股票的企业形成利空信息，投资人以此为据看空这些企业并抛售其股票，引发更大程度的股价下跌，最终部分股票的股价下跌风险通过间接关联渠道传染至整个市场中。

第三种传染渠道是信息渠道，即冲击通过信息、投资者情绪和羊群效应等途径传染至市场中。首先，Dijkman（2016）的信息渠道（Information Channel）理论认为，投资者等经济代理人（Economic Agent）会对特定经济事件做出反应并改变自己的决策。依据该理论，当某行业中部分股票的价格出现大幅下跌时，投资人会推测哪些企业会因具有相似的基本面、风险敞口等而易受到冲击，进而选择抛售这些企业股票，最终导致更大范围的股价大幅下跌并可能诱发股票市场系统性风险。其次，当市场上部分股票的价格大幅下跌时，部分投资者产生恐慌情绪并开始抛售这类股票，这些投资者的非理性行为使恐慌情绪在市场范围内蔓延，受恐慌情绪影响的其他投资者也会大量抛售其他股票，这可能使先前未直接受冲击的股票同样出现股价大幅度下跌，提高股票市场系统性风险水平。最后，投资者的羊群效应也将加剧传染效应，令部分投资者的抛售行为演化为市场范围的低价甩卖（Fire Sales），最终引发股票市场系统性风险（Bikhchandani and Sharma，2000；Jegadeesh and Kim，2010）。综上所述，冲击所产生的风险可以通过直接关联渠道、间接关联渠道、信息渠道传染至整个市场中，致使股票市场的系统性风险水平上升。

股票市场系统性风险爆发的最直接后果就是股灾，即股票市场发生剧烈波动、危机或瘫痪，股票市场遭受巨大损失。一方面，大量股票价格暴跌将致使企业市值严重缩水，令企业资本结构恶化和资金杠杆比例失衡，企业经营面临巨大的不确定性；另一方面，股票市场是企业直接融资的关键渠道，系统性风险的爆发使股票市场的资金融通功能被严重削弱并伤害实体经济的正常运行。吴晓求（2016）总结归纳了股票市场危机的相关研究，认为股票市场危机会进一步触发其他金融市场危机，令多个金融市场丧失资金融通功能，进而可能形成严重的银行危机、货币危机和主权债务危机。

四、监测股票市场系统性风险的意义

本报告认为股票市场系统性风险是由不同来源的冲击诱发的，并主要通过直接关联渠道、间接关联渠道和信息渠道传染至整个市场中。股票市场系统性风险的直接结果是股票市场危机，并由此可能引发银行危机、货币危机和主权债务危机。由此可知，监测股票市场系统性风险对保证股票市场质量和维护经济体系的稳定具有极其重要的意义。2015 年中国 A 股股票市场危机后，习近平总书记在当年 11 月的《中共中央关于制定国民经济和社会发展第十三个五年规划的建议》中指出，要改革并完善适应现代金融市场发展的金融监管框架，坚守住不发生系统性风险的底线。在 2017 年 7 月的全国金融工作会议中，习近平总书记多次提出金融安全的概念和质量优先的原则。习近平总书记认为，金融安全是国家安全的重要组成部分，要主动防范化解系统性金融风险，着力完善金融安全防线和风险应急处置机制。同时习近平总书记指出，做好金融工作要把握好质量优先的原则，并树立质量优先、效率至上的理念，促进融资便利化、降低实体经济成本、提高资源配置效率、保障风险可控。此外，要把发展直接融资放在重要位置，形成融资功能完备、基础制度扎实、市场监管有效、投资者合法权益得到有效保护的多层次资本市场体系。2017 年 7 月中国证监会召开党委扩大会议，中国证监会党委认为在金融市场不断深化，交叉性、跨市场金融工具广为运用的市场环境中，要确保市场安全稳健运行，守住不发生系统性风险的底线。在 2017 年 10 月 18 日举行的中国共产党第十九次全国代表大会开幕会上，习近平总书记再次强调要“深化金融体制改革，增强金融服务实体经济能力，提高直接融资比重”，“健全金融监管体系，守住不发生系统性金融风险的底线”。显然，十九大报告把发展直接融资放在十分重要的位置，并提出加强监管的要求以确保系统性金融风险不发生，力图构建“融资功能完备、基础制度扎实、市场监管有效、投资者合法权益得到有效保护的多层次资本市场体系”。由此可知，无论是从学术界的文献梳理，还是从政府或市场监管者的政策意图来看，有效防范和化解系统性风险不仅是保证市

场质量的基石，也是维护实体经济稳健运行的核心和实现有效宏观审慎监管的重要环节。

本报告在借鉴国内外学者对系统性风险研究的基础上，提出了股票市场系统性风险的定义，并对股票市场内在不稳定性，系统性风险冲击来源、传染渠道和爆发后果进行了论述。根据股票市场系统性风险的三元素，本章后续部分从冲击强度、传染力度和损失程度三个维度对股票市场系统性风险理论进行了梳理。

第二节 系统性风险理论基础

一、系统性风险冲击强度

冲击是股票市场系统性风险爆发的诱因，其来源复杂多样，包括经济基本面、股票市场自身、金融系统其他部分、政策因素等。同时，冲击所产生的直接后果不仅取决于冲击本身，还受到股票市场抵御冲击能力的影响。因此难以直接度量不同来源的冲击强度，但是不管冲击来源如何、强度大小，其必然反映在个股的股票价格上。本报告通过股价大幅下跌风险来间接度量股票市场系统性风险冲击强度，这么做同时考虑了冲击本身和股票市场抵御冲击的能力。

对于股票市场股价大幅下跌风险的探究，可追溯到 20 世纪 70 年代，当时学者大多从市场层面考察股票市场发生股价大幅下跌并引发系统性风险的原因。其中，波动性反馈机制（Pindyck，1984；Campbell and Hentschel，1992）和财务杠杆效应（Christie，1982）给出了很好的解释，股票波动性可以被定价（Pindyck，1984），当股票市场受到冲击时，波动率的上升和财务杠杆的提高导致股票的风险溢价显著升高，而风险溢价的升高有可能引发股票市场发生系统性风险。一方面，当大量的好消息涌入市场的时候，好消息在带来股价上升的同时也会增大股票的波动性。股票波动性的增大又导致了股价下跌，两种效应相互作用，部分地抵销了彼此的影响。另一方面，当大量的坏消息进入市场时，坏消息引发股价下跌，此时股票波动性增大、企业财务杠杆提高。波动性增大和财务杠杆提高又会大幅度提高股票风险溢价，进一步导致股价下降。两种机制同一方向，引发市场对坏消息反应的放大化，导致股价大幅度下降，股票市场系统性风险冲击强度上升。除此之外，信息不对称也是价格大幅度下跌的主要原因。市场上存在信息不对称的现象，不知情交易者只能通过公开的市场信息推测知情交易者的交易行为和股票内在价值，即使此时不知情交易者进行理性投资，股票价格与内在价值也会存在理性偏差，市场上也会存在理性泡沫（Blanchard and Waston，1982）。这导致市场价格只能反映一部分交易者的信息，但随着市场交易的进行，投资者的全部信息会被揭示（Romer，1993）。当市场隐藏的信息是负面信息，并通过逐步交易揭示时，这会对股票市场造成强烈冲击，股价大幅下跌，股票市场系统性风险冲击强度上升。Lee（1998）构建了一个具有交易成本的序贯结构市场，当投资者以序贯的方式进入市场中，交易成本会导致信息不能够完全释放到市场中。当小事件触发积累的信息爆发时，会通过股票市场的波动性反馈机制（Pindyck，1984；Campbell and Hentschel，1992）和财务杠杆效应（Christie，1982）对股票市场产生强烈冲击，提升股票市场系统性风险冲击强度。

以上模型均建立在理性人的假设上，伴随着行为金融学的发展，学者们开始放松理性人假设，认为市场中存在过度自信的非理性投资者，且这些投资者具有异质性信念。Chen 等（2001）使用负偏度系数（Negative Coefficient of Skewness）和上下波动比率（Down - to - Up Volatility）作为股价大幅下跌风险的代理变量，研究了投资者异质性信念和股价大幅下跌风险之间的关系，研究发现投资者异质性信念程度越高，股价大幅下跌风险越大。当市场存在卖空限制时，负面消息不能及时释放到市场中，投资者异质性信念会推动股价持续上涨，股价泡沫膨胀。当负面消息积累到一定程度并最终释放到市场中，会对股票市场产生强烈的负向冲击，提高股票市场系统性风险冲击强度。当市场不存在卖空限制，并出现较多的利空消息时，投资者也可能通过卖空机制增大股票市场的波动性（陈海强和范云菲，2015；褚剑和方军雄，2016），引发股价大幅下跌，提高股票市场系统性风险冲击强度。

以上理论都是对股票市场股价大幅下跌风险进行市场层面的研究。除此之外，在个股层面上，个股股价大幅下跌并通过风险传染机制也会引发股票市场系统性风险。对于个股股价大幅下跌的成因，Jin 和 Myers（2006）给出了较为系统的回答。企业管理层出于自利目的，披露好消息和隐藏坏消息，但隐藏坏消息是需要成本的，当坏消息在企业中不断积累并超出上限时，管理层将选择把坏消息集中释放到市场中，给个股造成了强烈的冲击，引发个股股价大幅度下降。近年来，对于个股股价大幅度下跌的原因，学者们在管理层捂盘假说上达成一致（权小峰等，2015）。如果企业出现的好坏消息是随机分布的并且及时披露，那么好坏消息是对称的，股票回报率也应该是对称分布的（Kothari et al.，2009）。然而大量研究表明，管理者披露好坏消息并不是对称的，管理层有隐瞒坏消息的倾向（权小峰等，2016）。但当隐藏的坏消息达到上限并爆发出来时，会对股价造成强烈的冲击，导致个股股价大幅度下降，个股遭受的

冲击强度上升。

通过以上文献梳理可知，在市场层面上，学者们提出了波动性反馈机制、财务杠杆模型、异质性信念模型等理论解释了股票市场遭受冲击后股价大幅下跌风险上升的现象；在个股层面上，管理层捂盘假说认为个股负面信息集中爆发会对个股产生负面冲击，负面冲击导致了个股股价大幅下跌风险的上升。因为股票市场受到冲击后，股价大幅下跌风险会上升，所以本报告通过测度股价大幅下跌风险间接度量股票市场系统性风险冲击强度，这同时考虑了冲击本身和股票市场抵御冲击的能力。股价大幅下跌风险的上升意味着股票收益率左偏程度加大，因此本报告基于 Chen 等（2001）的研究，采用负偏度系数和上下波动比率测度股票收益率的左偏程度来衡量股价大幅下跌风险，进而间接度量股票市场系统性风险冲击强度。

二、系统性风险传染力度

传染放大机制是股票市场系统性风险爆发的核心所在，诱发股票市场系统性风险的冲击通过直接关联渠道、间接关联渠道和信息渠道传染扩散，导致风险由小变大、从局部传染至系统并引发整个市场剧烈波动、危机或瘫痪。传染机制的复杂性以及传染渠道的多样性使直接度量传染力度难以实现，因此，本报告基于股票市场同质性来间接评估传染力度。当股票市场具有较高的同质性时，风险传染扩散的可能性以及范围都较大，表现为风险传染的力度较大。因为股票市场的同质性又可以从价格和流动性两个维度来体现，所以本节分别从股票市场价格同步性和流动性同步性两个视角，梳理系统性风险传染力度的理论基础。

（一）股票市场价格同步性

早期学者将股票价格同向运动归纳为价格同步性，在介绍价格同步性的理论基础之前，本节先引出股价信息含量这一概念。股价与信息之间存在着密切的关系，信息是股票市场上引起股价变动的关键因素，反过来，股价也会向市场传递投资者的各种信息。为了捕捉各种信息对股价变动的影响，Roll（1988）将股票收益分解为来自市场层面的共同收益和来自公司层面的特有收益，认为它们分别代表了市场公共信息（Market - Level Information）和公司特质信息（Firm - Specific Information）。股票价格变动可以划分为两个层面：市场层面和公司层面，不同层面的变动是由不同的信息源引起的。市场层面的变动来自能对所有上市公司产生普遍影响的信息，如经济形势、政策变动、法律颁布等，即前面提到的市场公共信息。公司层面的变动来自与单个公司基本价值密切相关的特殊信息，如增发、配股、分红、并购、增资、未来现金流、净资产收益率、资金成本率等，即前面提到的公司特质信息。股价信息含量就是表示股价中所反映的市场公共信息和公司特质信息的多少。从直观的角度来看，价格同步性和股价信息含量有关。

在 Roll（1988）的基础上，Morck 等（2000）指出，由于行业背景、产品特征、财务状况、成长潜力等方面的差异，不同公司的基本价值存在着很大的差别。如果股票价格能准确、充分、及时地传递公司基本面信息，那么不同公司股票的价格运动将呈现出多样性的特点。Morck 等（2000）套用 Roll（1988）的理论解释，一旦公司股票价格更多地被市场收益所解释，这将意味着公司特质信息较少地被纳入投资者对股票的定价之中。由此，Morck 等（2000）提出价格同步性概念，认为股价变动所涵盖的信息含量实质上反映了股票价格运动的特征：股价变动所涵盖的公司特质信息较高，股价变动呈现出与大盘较大程度的背离；反之，股价变动所涵盖的市场公共信息较高，股价变动呈现出与大盘较强的同步性。

Morck 等（2000）的研究还表明，新兴股票市场价格同步性远高于发达股票市场。基于 1995 年的数据，Morck 等（2000）运用股价变动方向性度量方法来测算股价变动的同步性，发现在一周时间内，美国股票市场、加拿大股票市场上 58% 左右的公司股价变动方向相同，法国为 59%，位于较低水平；而同样的测算方法得到的结果是，波兰为 83%，中国为 80%，中国台湾为 76%。并且在 40 个国家样本中，发达股票市场价格同步性水平普遍低于新兴股票市场。

Morck 等（2000）在比较了 40 个国家的价格同步性后，发现在产权保护机制更加有效的国家，价格同步性更低。在投资者保护机制较差的国家，较高的信息收集成本导致投资者不愿意参与套利活动。投资者基于私人信息在股票市场中进行的套利活动可以增加股价变动中有关公司特质信息的含量，进而推动股价接近公司实际价值。所以，如果股票市场中套利活动减少，将阻碍股价对公司特质信息的吸收，缩小个股之间的股价变化的差异，从而股票价格同步性较高。

Jin 和 Myers（2006）认为，投资者保护机制并不能完全解释价格同步性的差异。外部投资者对公司价值的判断（即信息透明度）同样也很重要。他们通过理论建模证明，当公司透明度较低时容易滋生价格操纵、内幕交易等违法违规行为，从而内部人才有可能从中牟取私利。并且，信息透明度越低，内部人的侵害动机和行为会越强烈，他们愿意承担更多的公司特有风险并减少外部投资者吸收的公司特有风险，由此导致股票价格中特质信息含量的降低和价格同步性的提高。如果某一市场中股票价格同步性上升，则股价变动更多地体

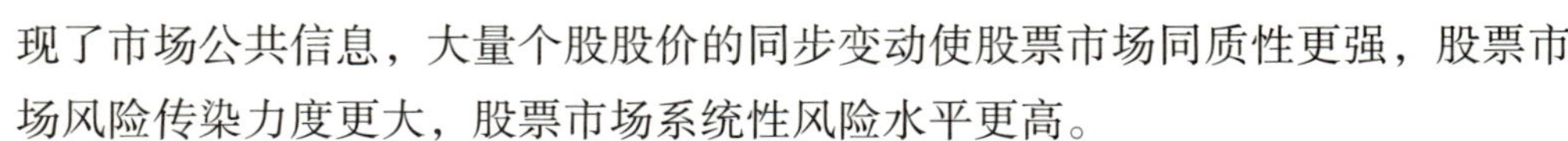

现了市场公共信息，大量个股股价的同步变动使股票市场同质性更强，股票市场风险传染力度更大，股票市场系统性风险水平更高。

杨坚（2016）① 认为2015年中国A股股票市场出现千股跌停或千股涨停的核心因素之一是股价高同步性，并且认同Morck等（2000）的观点，即导致新兴股票市场与发达股票市场在价格同步性方面有所区别的一个重要因素，是对内幕交易缺乏有效监管，或者说对投资者财产权益保护的不足。新兴市场上内幕交易的广泛存在，从根本上影响了金融分析师对新兴市场公司特质信息进行研究分析的动力，因为这种成本付出与内幕交易相比，无法让外部投资者在投资个股时获得更好的投资收益，因此不会被投资者认为有价值，从而获得相应激励。相反，对于市场公共信息，这类信息的性质决定了很难存在所谓的内幕消息。因此，新兴市场上金融分析师着重于分析和提供市场公共信息，而不关注上市公司特质信息。由于缺乏上市公司特质信息，新兴市场上不同股票价格受到市场公共信息的影响较大，自然而然地形成了股票价格的高同步性。

个股的基本价值应存在明显差异，如果其公司特质信息能准确地反映到股价中，那么个股价格变动应该具有显著的异质性；如果某一市场中股票价格出现同步性，严重时甚至会出现千股涨停或千股跌停的情形，则股价变动更多反映的是市场公共信息。大量个股价格变动表现出较高的价格同步性，会使股票市场同质性较强，风险传染力度较高，系统性风险水平上升。

（二）股票市场流动性同步性

股票的流动性反映了股票买卖活动的难易程度，Amihud 和 Mendelson（1989）认为，股票流动性即在一定时间内完成交易所需的成本，或寻找一个理想的价格所需的时间。对投资者而言，股票的流动性以及它随时间如何变化是非常重要的，经验研究表明投资者更加偏爱流动性更好的股票（Karolyi et al.，2012），并愿意为流动性更好的股票支付更高的价格，其原因是流动性更好的股票可以允许投资者在市场普遍下跌或者流动性枯竭时以合理的代价退出市场。近些年的一些研究表明，流动性并不是单一股票的特征，单个股票的流动性之间会共同变化。在此基础上，Chordia等（2000）首先提出了流动性同步性的概念，流动性同步性是指股票市场中流动性的共同决定因素导致个股流动性与市场流动性共同变化。当流动性同步性较高时，个股流动性的变动对市场流动性的变动较敏感，个股流动性倾向于共同变化，此时股票市场流动性维度的同质性较高，加剧了风险在流动性维度的传染，系统性风险传染力度加强。

① 杨坚．股票市场法制化建设有助于根治千股跌停［N］．第一财经日报，2016－05－20.

流动性同步性衡量了个股流动性与市场流动性之间的关系，其源自微观市场结构理论中的存货模型和信息不对称模型（Chordia et al.，2000）。存货模型认为，由于市场价格波动，存货风险使交易个体间的交易行为明显表现出跨期共同变化的趋势，因此个体流动性也共同变化。例如，基于程序化交易的大单交易行为对某些资产施加同向的库存压力，或具有相似交易风格的基金可能会采取相近的交易行为，因此当这类基金面对库存风险时会采纳相同策略，进而为整个市场带来同向库存压力，多只股票流动性同步变动收紧将提高股票市场流动性同步性。信息不对称模型认为，某种私人信息（如某个革命性的技术革新）的集中爆发将波及行业中数家公司，进而影响多只股票的流动性，造成股票市场流动性同步性的提高。

流动性同步性越高，股市系统性风险水平越高。Pastor 和 Stambaugh（2003）、Stahel（2004）、Acharya 和 Pedersen（2005）认为，单只股票流动性变化对市场流动性变化越敏感，系统性风险越大。当个股或市场间存在紧密的流动性同步性时，个股流动性倾向于同向变化，外部冲击的影响会通过流动性维度快速传染到整个市场中，股票市场系统性风险水平会大幅上升。Brunnermeier 等（2009）构建了一个将资产的市场流动性和交易者的资金流动性联系在一起的模型，该模型揭示了交易者提供市场流动性的能力由其融资能力决定，而他们对资本金和保证金的需求又取决于所持有的资产的市场流动性。在股市异常波动的情况下（比如资产价格大幅波动或者市场流动性突然枯竭），市场流动性和资金流动性之间的这种联系会导致流动性螺旋，而流动性螺旋的存在会放大市场下跌的幅度，进而提高股票市场系统性风险水平。

通过以上研究发现，股票市场的流动性同步性衡量了市场中单个股票的流动性变动对市场流动性变动的敏感程度，反映了股票市场同质性的高低。当流动性同步性较高时，个股流动性的变动对市场流动性的变动较为敏感，个股流动性倾向于同向变化，这表明股票市场的同质性较高，股票市场风险传染力度更大，股票市场系统性风险水平上升。

对于价格同步性，本报告采用 Morck 等（2000）中股价变动方向性度量方法，构建了股票市场价格同步性指标（Price Synchronization Index）。对于流动性同步性，本报告采用 Chordia 等（2000）提出的方法，构建了流动性同步性指标（Liquidity Synchronization Index）。在构建流动性同步性指标时本报告采用报价深度和相对有效价差作为流动性的度量指标，因此，流动性同步性可以细分成两个不同的具体指标，即基于报价深度的流动性同步性指标和基于相对有效价差的流动性同步性指标。

三、系统性风险损失程度

股票市场系统性风险爆发的最直接后果就是股灾，即股票市场发生剧烈波动、危机或瘫痪，股票市场遭受巨大损失。本报告通过计算股市系统损失水平来衡量股票市场系统性风险损失程度。

早期学者多从微观层面出发，使用 VaR 值作为金融机构系统性风险的度量指标。VaR 值是在一定置信水平上和一定持有期限内投资者可能损失的最大数量。Engle 和 Manganelli（2004）首次提出 CAViaR 模型计算 VaR 值，该模型不需要对尾部的分布进行估计，不需要假定回报的分布形式，用数学优化方法直接计算 VaR，并提出了四个分位数模型：SAV（Symmetric Absolute Value）模型、AS（Asymmetric Slope）模型、IG（Indirect GARCH）模型以及 AD（Adaptive）模型。James（2005）基于五个股票指数以及二十只股票的风险实证分析，发现 CAViaR 模型计算的 VaR 精确度比 GARCH 模型更高。

在 2008 年国际金融危机发生后，基于金融市场数据的系统性风险度量方法得到了极大的发展，大量新方法、新技术不断涌现，其中最具代表性的方法就是 CoVaR 和 MES。Adrian 和 Brunnermeier（2016）提出了条件在险价值——CoVaR的概念，这是基于金融机构间的风险溢出和尾部依赖测度系统性风险。△CoVaR 是一个机构处于困境状态与该机构处于正常状态下金融系统在险价值的变化，△CoVaR 度量了单个金融机构的系统性风险贡献；将条件颠倒，Exposure－△CoVaR 是金融系统处于困境状态与正常状态下单个机构在险价值的变化，它测度了单个金融机构的系统性风险敞口，条件方向从根本上改变了系统性风险度量指标的经济含义与解释；Network－△CoVaR 则给出了金融机构（或市场）两两之间的系统性风险溢出水平；为了解决△CoVaR 等同期风险度量指标的顺周期问题，Adrian 和 Brunnermeier（2016）进一步引入滞后的机构特征变量，将△CoVaR 对其进行回归分析，构建了系统性风险的前瞻性度量指标 Forward－△CoVaR。

Acharya 等（2017）基于预期损失 ES 提出了系统期望损失（Systemic Expected Shortfall，SES）和边际期望损失（Marginal Expected Shortfall，MES）的概念，并将系统性危机定义为金融部门整体出现资本短缺（Undercapitalization）。SES 是金融部门整体出现资本短缺时单个机构的资本短缺水平，SES 度量了单个机构的系统性风险。MES 则是金融部门的损失分布处于尾部时单个机构的期望损失，它给出了单个机构对系统性风险的边际贡献。SES 采用危机发生后的事后（Ex－Post）数据进行度量，MES 则采用危机发生前的事前（Ex－Ante）数据进行测度，SES 随单个机构的杠杆水平和 MES 上升而提高，可以采用个体机构在危机前的杠杆率和 MES 预测危机中 SES 的实现值（Realized SES）。

鉴于 Acharya 等（2017）的 SES 无法进行事前度量，Acharya 等（2012）及 Brownlees 和 Engle（2017）[①] 提出测度金融机构系统性风险的实证方法 SRISK。SRISK 是市场长时间下跌这一系统性事件（Systemic Event）下金融机构的预期资本短缺（Expected Capital Shortfall），SRISK 是机构规模、杠杆水平和长期边际期望损失（Long Run Marginal Expected Shortfall，LRMES）的函数，SRISK 可以对单个机构的系统性风险进行排序，个体机构 SRISK 的加总（Aggregate SRISK）可以作为整个金融部门总体系统性风险水平的测度，加总的 SRISK 作为宏观经济困境的预测指标，能够提供实体经济困境的预警信号。其中，LRMES 是市场长时间下跌条件下金融机构的预期权益损失，可通过 DCC – GARCH模型和模拟算法得到。

以上学者从微观层面测度了每家机构对整个系统性风险的贡献，但是微观层面的系统性风险度量对宏观经济不具有预测能力。系统性风险暴露通常导致经济下滑（De Bandt and Hartmann 2002；Kambhu et al. 2007），所以 Allen 等（2012）利用在险价值和期望损失构建了一个系统性风险的宏观指数——金融部门的巨灾风险（Catastrophic Risk in the Financial Sector，CATFIN），CATFIN 指标通过金融机构股票收益率的横截面分布，度量了金融部门总体的风险承担，并预测宏观经济的下行趋势。Allen 等（2012）使用美国、欧洲和亚洲银行数据验证了 CATFIN 指标在预测宏观经济走势方面的有效性。

Adrian 和 Brunnermeier（2016）、Acharya 等（2017）、Brownlees 和 Engle（2017）等学者提出度量系统性风险的方法均是从微观层面出发，测度单个金融机构的系统性风险水平，关注单个机构对系统性风险水平的贡献程度。而 Allen 等（2012）直接从宏观层面出发，利用金融公司股票收益率的截面数据来计算金融部门的总体风险水平。因为本报告关注整个股票市场的系统性风险水平，所以此处借鉴 Allen 等（2012）的研究方法，采用在险价值（VaR）和期望损失（ES）这两个标准的风险度量指标，从截面维度来测量股市系统损失水平和潜在损失水平，进而衡量股票市场系统性风险损失程度。其中，左尾系统 VaR 与系统 ES 着眼于风险的释放，捕捉股票市场价格广泛的大幅下跌，测度股票市场系统性风险爆发的损失水平；右尾系统 VaR 与系统 ES 则着眼于风险的累积，捕捉股票市场价格普遍的急剧上涨，测度了潜在的损失水平。考虑到股票市场系统性风险的周期性变化特征，从理论上说，左尾系统 VaR 与

① Acharya 等（2017）的工作论文早在 2010 年就已发布，Brownlees 和 Engle（2017）的工作论文（Volatility，Correlation and Tails for Systemic Risk Measurement）也曾在 2010 年发布。

系统 ES 是股票市场系统性风险的同期度量指标，右尾系统 VaR 与系统 ES 是股票市场系统性风险的前瞻性、预警性度量指标。

本章分为两个部分，第一节明确了股票市场系统性风险的定义，并对股票市场内在不稳定性，系统性风险的冲击来源、传染渠道以及爆发后可能出现的严重后果进行了详细的阐述。在对股票市场系统性风险的概念进行界定后，第二节从系统性风险冲击强度、传染力度、损失程度三个维度，梳理和归纳了股票市场系统性风险的相关理论文献。本章的主要结论可归纳为以下几点。

第一，股票市场系统性风险的定义。股票市场系统性风险是指股票市场个股或者局部受到冲击后，通过传染放大机制，风险由小变大、从局部传染至整个系统，进而造成整个市场股价大幅下跌的后果，股票市场发生剧烈波动、危机或瘫痪的可能性。根据股票市场系统性风险的三个元素：冲击、传染和后果，本报告按照冲击强度、传染力度和损失程度这三个方面来度量股票市场系统性风险水平。

第二，股票市场系统性风险相关理论的文献梳理。从 20 世纪 70 年代起，不断有学者对股票市场系统性风险的成因、传染渠道进行研究和分析，并取得了一系列研究成果。2008 年国际金融危机爆发后，系统性风险成为学术界关注的焦点，学者们从不同视角提出测度金融部门系统性风险水平的方法，但鲜有文献涉及股票市场系统性风险的测度。本报告在借鉴现有方法的基础上，提出股票市场系统性风险的测度方法。本章将这部分文献归纳总结如下。

首先，20 世纪 70 年代石油危机期间美国股票市场暴跌，这令研究人员开始关注股票价格大幅下跌这一现象，并试图以这一现象为切入点来探究股票市场系统性风险的冲击来源。学者们从市场层面对股票价格大幅下跌现象给出了很好的解释，其中较为著名的有：波动性反馈机制、财务杠杆效应、异质性信念模型等。但随着研究的深入，这些模型无法解释个股层面的股价大幅下跌，随后 Jin 和 Myers 提出了管理层捂盘假说，对个股价格大幅下跌的成因做出了较为系统的回答。企业管理层出于自利的目的，披露好消息和隐藏坏消息，但隐藏坏消息是需要成本的，当坏消息在企业中不断积累并超出上限时，管理层选择将坏消息集中释放到市场中，对个股造成了强烈的冲击，引发个股价格大幅度下降。

其次，在股票市场系统性风险传染过程中，股票市场同质性越高，风险传染力度越大。股票市场同质性可以从价格和流动性两个维度来体现。对于价格同步性，股票价格包含市场层面信息和公司层面信息，当股票价格变动中所包含的市场层面信息越多时，股票市场价格同步性越高，风险传染力度越大；对于流动性同步性，学者从存货模型和信息不对称模型给出解释。存货模型认为，由于市场价格波动，存货风险使交易个体间的交易行为明显表现出跨期共同变化的趋势，因此个体流动性也共同变化。信息不对称模型认为，某种私人信息（如某个革命性的技术革新）的集中爆发将波及行业中的数家公司，进而影响多只股票的流动性。当流动性同步性较高时，个股流动性的变动对市场流动性的变动较敏感，说明股票市场的同质性较高，个股流动性倾向于同向变化，加剧风险在流动性维度的传染。

最后，近年来学者尝试从宏观视角出发，利用金融机构的截面数据，测度整个金融部门的系统性风险水平。本报告借鉴此方法，利用在险价值和期望损失这两个标准的风险度量指标，从截面维度来评估股票市场系统性风险损失程度。其中，左尾系统在险价值与系统期望损失测度了股市系统损失水平；右尾系统在险价值与系统期望损失测度了股市系统潜在损失水平。基于股票市场系统性风险的周期性变化特征，左尾系统在险价值与系统期望损失是股票市场系统性风险的同期度量指标，右尾系统在险价值与系统期望损失是股票市场系统性风险的前瞻性、预警性度量指标。

综上所述，本章明确了股票市场系统性风险的定义和三个维度，对股票市场系统性风险相关理论文献进行了梳理和归纳。在后面的章节中，本报告依据股票市场系统性风险的理论基础构建了适合股票市场的系统性风险度量指标体系，对国内和国际股票市场系统性风险水平进行了测算、对比和分析，并提出了相应的政策建议。

第三篇　方法篇

第六章

股票市场效率度量方法

在第三章中，报告在对股票市场效率文献梳理的基础上将其分为配置效率、运行效率与信息效率三个方面。在本章，报告将进一步结合理论与我国股票市场具体实践，在考虑数据可获性的条件下，构建股票市场效率三个子维度的微观度量指标。

第一节 股票市场配置效率度量方法

一、配置效率测度方法设计的经济逻辑

理论上，资本配置的完整过程应当包括两个阶段。第一阶段是投资者将资本投向企业的过程。在这个过程中，投资者依据掌握的信息以及个体偏好来决定资本的投资对象。第二阶段是企业运用资本进行投资运营的过程。在这个阶段，企业决定如何运用所获得资本以实现企业价值最大化目标。然而遗憾的是，尽管配置效率如此重要，但研究配置效率度量方法的文献却非常有限。Wurgler（2000）提出了采用企业微观财务数据计算其投资效率的方法，但该方法需要投资后续年度的财务数据，这就会导致财务数据报告当年的配置效率无法被及时度量。显然，采用这种方法无法实现及时与动态监督度量配置效率的目标。那么究竟该如何度量资本配置的效率？是否需要分阶段进行度量？

本报告认为，要回答这一问题首先要回答资本市场是什么。Fama（1970）指出，“资本市场的主要作用是分配经济中资本存量的所有权。在理想的资本市场中，价格准确地揭示资源配置效率的相关信息。也就是说，在证券价格完全反映所有可获信息的假设下，企业进行生产决策，而投资者选择不同的证券从而获得不同企业的所有权。”因此，Fama（1970）认为整个资本配置的过程可以统一到股价这个关键变量上。如果配置是有效率的，那么股价应当完全反

映所有可获得的信息。因此，企业在资本市场筹集资本时市场给出的定价可以用来构建资本配置效率的度量方法。

企业发行证券的价格通常与发行时的信息不对称密切相关。信息不对称来源于两个方面。一方面，发行企业或者承销商故意隐瞒信息，导致投资者无法有效评估发行证券的价值；另一方面，即便投资者能够拿到与发行企业同样的信息，但在有限理性的影响下，投资者也无法判断募集资金项目的风险。如果投资者预期面临的信息不对称比较严重，那么投资者对发行企业证券估值的准确性就比较低。投资者因为面临较高的估值风险，因而会要求发行企业提供更高的回报才可能愿意投资。可以看到，在这个决策过程中，投资者已经考虑了募集资本的项目风险（比如可能的现金流）、公司治理风险等不确定性，因此其所要求的回报率中实际上已经包括了企业运用资本的不确定性风险。

需要指出的是，除了上述两个方面会导致信息不对称从而影响配置效率之外，投资者的非理性也是一个不可忽视的因素。尽管理论通常假设投资者是理性的，或者至少是有限理性的，但现实中投资者经常表现出非理性行为特征，尤其是在股市暴涨的过程中。在股市暴涨的过程中，市场弥漫的乐观情绪会导致负面私有信息无法有效进入股票的价格中，二级市场的股票价格被高估，结果配置效率下降。

就中国的股票市场而言，股票发行不完全市场化也是配置效率高低的重要决定因素。在很长的一段时间内，首次公开发行股票、增发以及配股都受到监管部门的严格管制。新股发行必须要满足一定的条件，要经过地方政府或者金融机构的筛选，再经过监管部门的审批或审核，才能真正实现。在这种发行制度下，我国每年发行的股票数量非常有限。但随着改革开放的不断深化和经济的持续增长，部分富裕居民强烈的投资需求与股票市场非常有限的供给之间出现了巨大的矛盾，导致股票发行价格远远低于二级市场交易价格。这种配置效率低下的表现并非由信息不对称导致的，而主要是由发行制度的落后引起的。然而，无论是信息不对称，还是制度因素导致的配置效率表现，都会在股价中明确体现，因此，基于发行价格来构建衡量配置效率的指标是合理的、可行的。

综合以往相关的文献，本报告发现有关首次公开发行与再融资发行等股票市场融资研究中提出的抑价率或折价率与上述逻辑非常一致。同时，由于本报告主要通过交易数据来度量市场效率，因此抑价率与折价率正好与市场效率其他两个维度度量方法所使用的数据类型基本一致。

二、首次公开发行股票抑价率

借鉴已有文献，抑价率通常采用如下方法计算：

$$Underpricing\ Ratio = \frac{P_{first} - P_{issue}}{P_{issue}} \times 100\% \quad (6-1)$$

其中，*Underpricing Ratio* 是发行抑价率，P_{issue} 是首次公开发行股票的发行价格，P_{first} 是股票发行后上市首日的收盘价格。

但是需要注意的是，这种方法适用于上市首日无涨跌幅限制（Price Limit）的情况。在很长的一段时间内，我国上海证券交易所与深圳证券交易所都没有实施上市首日涨跌幅限制，但近些年发生了一些重要的变化（见表 6－1）。2011 年 1 月 17 日，深圳证券交易所在《深圳证券交易所交易规则》修订版中规定，无价格涨跌幅限制股票交易出现规定情形时交易所可以对其实施盘中临时停牌措施。同时，深圳证券交易所还取消了增发上市首日无涨跌幅限制。但此时，上海证券交易所对首次公开发行和增发上市首日交易仍然无涨跌幅限制。2014 年 6 月 13 日，上海证券交易所与深圳证券交易所同时发布通知，修改上市首日交易机制。上海证券交易所分别针对集合竞价阶段和连续竞价阶段规定了申报价格的不同范围以及暂停交易处理办法，深圳证券交易所则规定了全日申报的价格范围以及相应的处理措施。

尽管涨跌幅限制对首日交易产生了非常明显的影响，但似乎很难改变股票价格变化的真正趋势。实际上，2014 年之后上市的很多股票在首日达到上述涨跌幅限制之后出现了连续多个交易日涨停的情况①。换句话说，涨跌幅限制实际上可能只是延缓但并未改变二级市场投资者对发行企业股票的估值。因此，只基于发行上市首日收盘价格来计算抑价率可能是不准确的。为了避免上述问题，本报告采用如下修正的方法来计算首次公开发行股票的抑价率。

$$Underpricing\ Ratio = \frac{P_{end} - P_{issue}}{P_{issue}} \times 100\% \quad (6-2)$$

其中，P_{issue} 是股票上市发行后连续涨停或者跌停后一个交易日的收盘价格。比如暴风科技连续 29 个涨停，P_{end} 就是第 30 个交易日的收盘价。其他变量的定义与前文一致。

---

① 有的股票甚至连续二十多个交易日涨停，比如深圳证券交易所暴风科技（300431. SZ）和乐凯新材（300446. SZ）连续 29 个交易日涨停，创造了连续涨停的纪录；上海证券交易所派思股份（603318. SH）连续 23 个交易日涨停。

表 6－1　上海证券交易所与深圳证券交易所关于发行上市首日涨跌幅限制的政策变化

<table>
<tr><th rowspan="2">改革时间</th><th colspan="2">上海证券交易所</th><th colspan="2">深圳证券交易所</th></tr>
<tr><th>首次公开发行</th><th>增发</th><th>首次公开发行</th><th>增发</th></tr>
<tr><td>2006 年
6 月 29 日</td><td colspan="2">（一）对于无价格涨跌幅限制的证券，集合竞价阶段调整为：股票交易申报价格不高于前收盘价格的 200%，并且不低于前收盘价格的 50%；基金、债券交易申报价格不高于前收盘价格的 150%，且不低于前收盘价格的 70%。
（二）对于无价格涨跌幅限制的证券，连续竞价阶段调整为：申报价格不高于即时揭示的最低卖出价格的 110%，且不低于即时揭示的最高买入价格的 90%；同时不高于上述最高申报价和最低申报价平均数的 130%，且不低于该平均数的 70%</td><td></td><td></td></tr>
<tr><td>2007 年
4 月 24 日</td><td colspan="2">买卖无价格涨跌幅限制的证券，集合竞价阶段的有效申报价格应不高于前收盘价格的 900%，并且不低于前收盘价格的 50%</td><td></td><td></td></tr>
<tr><td>2011 年
2 月 28 日</td><td></td><td></td><td>（一）盘中成交价较当日开盘价首次上涨或下跌达到或超过 20% 的，临时停牌时间为 30 分钟；
（二）盘中成交价较当日开盘价首次上涨或下跌达到或超过 50% 的，临时停牌时间为 30 分钟；
（三）盘中成交价较当日开盘价首次上涨或下跌达到或超过 80% 的，临时停牌至 14：57</td><td>取消上市首日放开涨跌幅限制，实施涨跌停板制度</td></tr>
<tr><td>2013 年
10 月 8 日</td><td colspan="2">买卖无价格涨跌幅限制的证券，连续竞价阶段的有效申报价格应不高于即时揭示的最低卖出价格的 110% 且不低于即时揭示的最高买入价格的 90%；同时不高于上述最高申报价与最低申报价平均数的 130% 且不低于该平均数的 70%</td><td></td><td></td></tr>
</table>

续表

改革时间	上海证券交易所		深圳证券交易所	
	首次公开发行	增发	首次公开发行	增发
2014 年 6 月 13 日	（一）集合竞价阶段，有效申报价格不得高于发行价格的 120% 且不得低于发行价格的 80%；（二）连续竞价阶段，有效申报价格不得高于发行价格的 144% 且不得低于发行价格的 64%		全日申报价格不得高于发行价格的 144% 或者低于发行价格的 64%。股票上市首日连续竞价阶段出现盘中成交价较当日开盘价首次上涨或下跌达到或超过 10% 的，本所对其实施盘中临时停牌，临时停牌时间为 30 分钟	

资料来源：根据公开资料整理。

三、再融资股票发行折价率

再融资股票发行包括公开增发、定向增发以及配股发行股票。借鉴 Altinkilic 和 Hansen（2003）、Corwin（2003）以及 Mola 和 Loughran（2004）等文献，本报告采用如下公式来计算再融资股票发行折价率（*Discount Rate*）。

$$Discount\ Rate = \frac{P_{a,close} - P_{issue}}{P_{a,close}} \times 100\% \qquad (6-3)$$

其中，$P_{a,close}$ 是发行公告日前一交易日收盘价，P_{issue} 是再融资发行价格。

第二节　股票市场运行效率度量方法

一、相对有效价差

买卖价差（Bid－Ask Spread）是股票市场买卖双方对同一股票定价不同产生的价格差异。在研究与实践中，价差有多个表示方式，其中最基本的方式是报价价差（Quoted Spread）。图 6－1 描述了股票市场买卖双方的报价情况以及价差形成过程。在交易系统中，买卖双方对同一股票报出不同的价格。上方是卖方报价，下方是买方报价。可以看到卖方最低卖价为 10.02 元，但买方愿意购买的最高价格仅为 9.98 元。这样卖方最低卖价与买方最高买价之间存在 0.04 元的差距，即为报价价差。由于中间价为 10.00 元，因此报价价差实际上就等于卖方（买方）报价偏离中间价的两倍。在现实中，实际成交价格很可能不等于买卖双方报价，而是在两者之间，比如图 6－1 中实际成交价格为 9.99 元，因此报价价差并不能准确反映实际交易对应的交易成本。

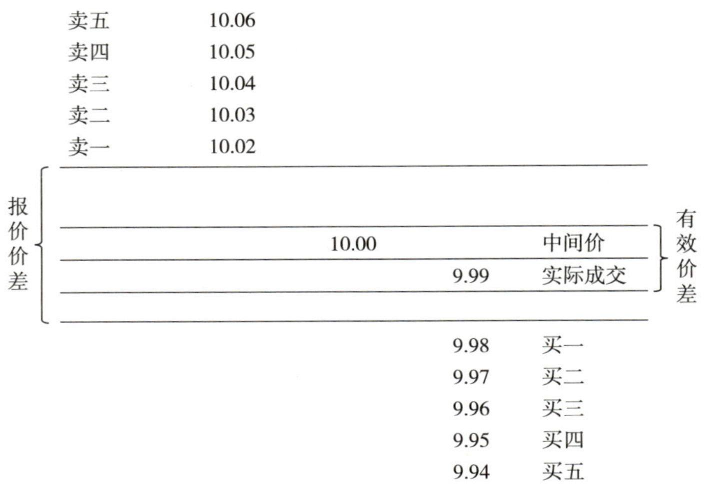

图 6－1　买卖双方报价图

有效价差（Effective Spread）在报价价差的基础上进行了修正。有效价差是指股票实际成交价格相对股票真实价值的偏离情况。理论上，在一个运行有效的股票市场中，实际成交价格应当等于股票真实价值。但现实中由于固定成本与信息不对称等市场摩擦的存在，两者经常偏离。对主动卖出股票的交易者而言，除了必须承担佣金等固定费用之外，还需要处理与交易对手之间的信息不对称。信息不对称程度越大，主动卖方就必须提供更大的折价来促成交易。这些都构成了交易的成本。因此一般情况下，股票实际成交价格偏离真实价值的程度越低，交易成本越低，市场运行效率越高。习惯上通常将有效价差视为流动性需求者获取流动性所付出的交易成本。

在图 6－1 中，假定市场中有做市商知道股票的真实价值等于中间价 10.00 元，且愿意在此基础上提供流动性。如果此时市场中有交易者为了更快地卖出股票，愿以 9.99 元立即卖出股票。此时，实际成交价格偏离真实价值（即中间价）0.01 元。为了与报价价差可比，将这个偏离乘以 2 即得到了常用的有效价差度量指标。在图 6－1 中，有效价差为 0.01 × 2 = 0.02 元，仅为报价价差的一半。

由于不同股票交易中存在价格不同或者报价单位不同的现象，上述以绝对数值表示的报价价差或者有效价差无法被应用于横向比较。而相对报价价差（Relative Quoted Spread，RQS）和相对有效价差（Relative Effective Spread，RES）可以解决上述问题。本报告重点计算相对有效价差，但在分析中会比较相对有效价差与相对报价价差的结果。

对于每一笔交易，相对有效价差（*RES*）的计算公式如下：

$$RES_{i,t} = 2 \times D \times \frac{P_{i,t} - P_{i,t,mid}}{P_{i,t,mid}} \times 100\% \qquad (6-4)$$

其中，$P_{i,t}$为 t 时刻 i 股票的实际成交价格；$P_{i,t,mid}$为 t 时刻 i 股票的最优买卖价格的中间价；D 为 t 时刻该笔交易是买入还是卖出的标记，买入时为 +1，卖出时为 -1。

$$RES_t = \sum_{l=1}^{M} RES_{il} \qquad (6-5)$$

其中，M 为每日交易的次数。由于我国股票市场披露的是三秒时间间隔的快照报价数据，因此 t 是以 3 秒时间间隔重新排序的日内交易时刻，实际成交价格以及买卖报价中间价都是三秒快照给出的平均成交价格与平均中间价，而 M 则是交易日内三秒时间间隔形成的交易次数。

借鉴 Goyenko（2009）、Collin - Dufresne 和 Fos（2015）等研究，每只股票日频相对有效价差等于以每笔交易金额为权重计算得到的日加权相对有效价价差 RES_t。整个市场的相对有效价差等于以每只股票每日交易金额为权重计算得到的加权相对有效价差。本报告采用基点来报告计算的结果。如果 *RES* 为 100 个基点，那么对应的计算结果为实数 0.01，或者百分比值 1%。

二、价格影响

根据 Glosten 和 Harris（1988）、Huang 和 Stoll（1996）以及 Venkataraman（2001）等研究，有效价差可以进一步分成两部分，即与信息不对称相关的价格影响（Price Impact，PI）以及与存货成本、订单处理成本有关的实现价差（Realised Spread）。在有效市场中，交易者一次性完成全部交易，有关信息瞬间反映到价格中。但现实中，拥有信息优势的知情交易者往往采用连续交易的方式完成交易。在这种情况下，持续买入或者卖出的订单就为做市商提供了新的信息，做市商会据此调整买卖报价，从而影响到后续的中间价。价格影响就是股票市场交易对股票价格变动影响的衡量。一般而言，t 时刻成交价与未来 $t+k$时刻中间价的差异越大，说明交易对市场价格的影响越大，市场中信息不对称程度就越高，交易成本越高，市场运行效率也就越低。

对于每一笔交易，价格影响的计算公式如下：

$$PI = 2 \times \frac{P_{t+k} - P_{t,mid}}{P_{t,mid}} \times 100\% \qquad (6-6)$$

其中，P_{t+k}为 $t+k$ 时刻的交易价格，借鉴以往文献，本报告选择 k 为 30 秒；$P_{t,mid}$为 t 时刻的买卖中间价。

类似地，每只股票日频价格影响等于以日内每笔交易金额为权重计算得到的加权价格影响。整个市场的价格影响等于以每只股票每日交易金额为权重计算得到的加权价格影响。与相对有效价差（*RES*）类似，本报告采用基点来报告价格影响（*PI*）。

三、相对实现价差

理论上，有效价差是流动性提供者能够获得的最大利润。但现实中，流动性提供者买入股票后可能并不会马上卖出股票，比如无法立即在市场上找到交易对手。在这种情况下，市场交易对买卖报价中间价的影响就会影响到做市商的利润。在 t 时刻到 $t+k$ 时刻之间，市场持续出现卖单的情况下，做市商通常会调低未来买卖报价的上下限，结果导致 $t+k$ 时刻中间价下跌（Stoll，1989）。如果提供流动性的做市商在 $t+k$ 时刻以中间价卖出股票，那么其利润就是有效价差减去价格影响后的部分。因此，实现价差通常用来衡量流动性提供者未来以中间价卖出能够获得的利润（Collin – Dufresne and Fos，2015）。

图 6 –2 给出了有效价差、实现价差以及价格影响三者关系的示意图。假定市场中存在做市商。t 时刻成交价格为 9. 97 元，即做市商以该价格买入。假定 t 时刻没有买家，做市商只得持有股票到 $t+k$ 时刻。此时买卖报价的中间价可能下跌到 9. 99 元，而且有交易者愿意以中间价买入股票。做市商此时卖出股票能够获得的利润就是实现价差。也就是说，理论上做市商的利润是有效价差，但其实际可得的利润应该是扣除交易对股票中间价影响之后的部分，即实现价差。在图 6 –2 中，由于 $t+k$ 时刻中间价位于 t 时刻成交价与中间价之间，因此实现价差为正值。如果中间价下跌到 t 时刻成交价以下，那么实现价差就可能为负值。如果中间价上涨到 t 时刻中间价以上，那么实现价差就会大于有效价差。

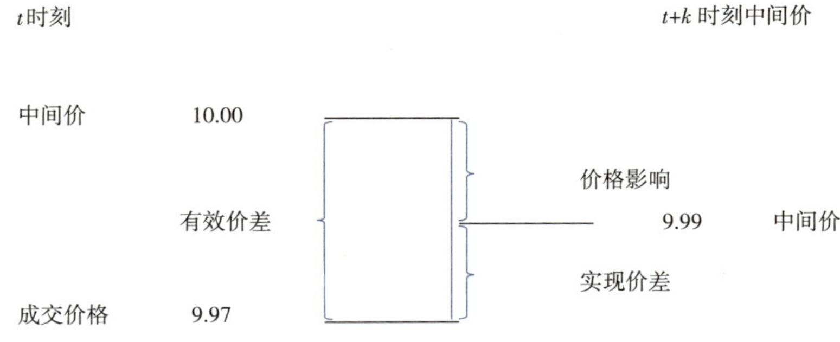

图 6 –2　有效价差、实现价差与价格影响示意图

相对实现价差（Relative Realized Spread，RRS）是以百分比形式表示的实现价差。对于每一笔交易，其相对实现价差计算公式如下：

$$RRS = 2 \times D \times \frac{P_t - P_{t+k,mid}}{P_{t,mid}} \times 100\% \tag{6-7}$$

其中，$P_{t+k,mid}$为 $t+k$ 时刻股票的买卖中间价，借鉴以往文献，本报告选择 k 为 30 秒；P_t 和 $P_{t,mid}$ 分别为 t 时刻股票的交易价格和买卖中间价。

类似地，每只股票日频相对实现价差等于以日内每笔交易金额为权重计算得到的加权相对实现价差。整个市场的相对实现价差等于以每只股票每日交易金额为权重计算得到的加权相对实现价差。与相对有效价差（*RES*）与价格影响（*PI*）类似，本报告采用基点来报告相对实现价差（*RRS*）。

四、基于日频数据的运行效率度量方法

相对有效价差、相对实现价差以及价格影响是依据账簿数据（Tick Data）计算得到的交易成本度量，是衡量运行效率较为准确的方法。然而就中国股票市场而言，有两个问题值得注意。第一，由于上海证券交易所与深圳证券交易所只提供 3 秒间隔的合并交易数据，因此这并不是严格意义的全账簿数据，可能影响了上述方法的准确性。第二，由于能够获取到的日内数据并不能追溯至股票市场最早开设时，因此该方法只能用于度量 1996 年以后的市场运行效率。为了克服上述两个方面的局限，本报告又引入了基于日交易数据计算得到的 Roll 价差、Corwin 价差以及 Amihud 非流动性指数，来弥补以上度量方法可能存在的不足。

（一）Roll 价差

Roll（1984）在其研究中首次提出了基于日交易价格数据估算股票有效买卖价差（Effective Bid – Ask Spread）的方法，即 Roll 价差。借鉴有效市场假说，Roll 价差假定股票内在价值序列 V_t服从随机游走。

$$V_t = V_{t-1} + e_t \tag{6-8}$$

可观测到的股票价格 P_t与股票内在价值以及有效价差 S 之间的关系满足如下等式：

$$P_t = V_t + SQ_t/2 \tag{6-9}$$

其中，S 是有效价差，Q_t是买卖指示符，买入时为 +1，卖出时为 -1。

对式（6-9）取一阶差分，得到

$$\Delta P_t = (1/2)S\Delta Q_t + e_t \tag{6-10}$$

进而得到差分序列的协方差：

$$Cov(\Delta P_t, \Delta P_{t-1}) = (1/4)S^2 \tag{6-11}$$

由此得到有效买卖价差 S 的计算公式：

$$S = 2\sqrt{-Cov(\Delta P_t, \Delta P_{t-1})} \tag{6-12}$$

考虑到股票价格变化序列与之后序列的协方差也可能为负值，式（6－12）可以进一步修改为如下形式：

$$Roll = \begin{cases} 2\sqrt{-Cov(\Delta P_t, \Delta P_{t-1})}, & Cov(\Delta P_t, \Delta P_{t-1}) < 0 \\ 0, & Cov(\Delta P_t, \Delta P_{t-1}) \geqslant 0 \end{cases} \tag{6-13}$$

如果估算 Roll 价差使用的是股票对数收益时间序列，即股票相对变化，那么上述公式计算得到的就是相对有效买卖价差。在计算 Roll 价差的过程中，借鉴 Goyenko 等（2009）等文献，本报告依据每只股票每个月的日交易数据计算出该股票月度 Roll 价差，然后再用个股成交额作为权重，计算整个市场的季度与年度加权 Roll 价差。类似地，本报告采用基点来报告 Roll 价差。

在使用 Roll 价差的过程中，需要注意两点。第一，Roll 价差通常比实际的买卖报价价差要高（Roll，1984），因此更高于有效价差。第二，Roll 价差的计算非常依赖于有效市场假说。然而即便是在发达股票市场，股票价格时间序列与滞后期序列也存在显著的正相关（Roll，1984）。而在不发达的股票市场，由于股票价格信息效率更低，股票价格时间序列与滞后期序列很可能呈现更为显著的正相关，从而影响到 Roll 价差的度量准确度。

（二）Corwin 价差

Corwin 和 Schultz（2012）提出了依据股票每日最高最低价格估算其每日有效价差的方法。为行文方便，本报告将其定义为 Corwin 价差。Corwin 和 Schultz（2012）假设每日最高价通常是由买方发起的，每日最低价通常是由卖方发起的。因此，一天内最高最低价格的比率同时反映了股票的基本波动和买卖价差。在此基础上，Corwin 和 Schultz（2012）构建了如下公式来计算相对有效价差 S。

$$S = \frac{2(e^{\alpha}-1)}{1+e^{\alpha}}, \text{其中}, \alpha = \frac{\sqrt{2\beta}-\sqrt{\beta}}{3-2\sqrt{2}} - \sqrt{\frac{\gamma}{3-2\sqrt{2}}}$$
$$\beta = E\left\{\sum_{j=0}^{1}\left[\ln\left(\frac{H_{t+j}^{o}}{L_{t+j}^{o}}\right)\right]^2\right\}, \gamma = \left[\ln\left(\frac{H_{t,t+1}^{o}}{L_{t,t+1}^{o}}\right)\right]^2 \tag{6-14}$$

其中，H_t^o 和 L_t^o 分别为 t 日交易最高价与最低价；H_{t+1}^o 和 L_{t+1}^o 分别为 $t+1$ 日交易最高价与最低价；$H_{t,t+1}^o$ 为 t 日到 $t+1$ 日两天中观察到的交易最高价；$L_{t,t+1}^o$ 为 t 日到 $t+1$ 日两天中观察到的交易最低价。

需要注意的是，式（6－14）存在两个隐含假设：一是股票在市场开放时连续不断交易，二是股票价格在市场关闭时保持不变。然而，在实际市场中，这两个假设并不是一直成立的，因此需要根据情况不同对指标计算过程进行调整。

1. 隔夜价格变动的调整（不调整，S 将被低估）

（1）若 $L_{t+1} > Close_t$，

令 $L_{t+1} = L_{t+1} - (L_{t+1} - Close_t)$，$H_{t+1} = H_{t+1} - (L_{t+1} - Close_t)$；

（2）若 $H_{t+1} < Close_t$，

令 $L_{t+1} = L_{t+1} + (Close_t - H_{t+1})$，$H_{t+1} = H_{t+1} + (Close_t - H_{t+1})$；

2. 不频繁交易的调整

（1）若 $t+1$ 日最高价与最低价相等，且处在 t 日价格范围之内，即 $L_t < L_{t+1} = H_{t+1} < H_t$ 时，

令 $L_{t+1} = L_t$，$H_{t+1} = H_t$；

（2）若 $t+1$ 日最高价与最低价相等，且处在 t 日价格范围之外，

令 $L_{t+1} = L_{t+1} - (H_t - L_t)/2$，$H_{t+1} = H_{t+1} + (H_t - L_t)/2$；

（3）若 t 日未发生交易，用最近一日有效的最高最低价代替 t 日的最高最低价。

3. 若 $S_t < 0$，则令 $S_t = 0$。

整个市场的日 Corwin 价差等于以每只股票每日交易金额为权重计算得到的加权 Corwin 价差。类似地，本报告采用基点来报告 Corwin 价差。

对于 Corwin 价差，需要注意两点。第一，由于该方法主要基于日内与日间波动的极值来计算价差，因此其度量结果与股票日波动可能呈现较为明显的同步变化趋势。第二，由于日内与日间极值波动所涉及的交易通常只占当日交易很少的一部分，因此 Corwin 价差同样会高估有效价差。尽管如此，Corwin 价差不同于 Roll 价差的估计思路可以在一定程度上克服市场信息效率低下对价差估计的影响，具有很好的研究应用价值。

（三）Amihud 非流动性指数

Amihud（2002）认为在一个运行有效率的股票市场中，一定规模的交易对股票价格的冲击应该是有限的。据此，Amihud（2002）构建了一个非流动性指数来反向衡量股票市场的运行效率。同时借鉴苏冬蔚和熊家财（2013）的研究，对于每只股票，本报告采用如下公式表示平均每一百万元交易额对当日该股票价格变动的影响。

$$Amihud = \frac{1}{Int}\sum_{d=1}^{Int_{it}} \frac{|r_{itd}|}{V_{itd}} \times 100 \qquad (6-15)$$

其中，r_{itd} 为 t 季度 d 日股票 i 的收益率；V_{itd} 为 t 季度 d 日股票 i 以百万元计的交易额（仅计算交易额为正的日期）；Int 为时间窗口，为 t 季度实际交易日。

第三节 股票市场信息效率度量方法

一、基于日内数据的信息效率度量方法

（一）日内中间价自相关系数绝对值

Fama（1970）依据股票价格反映信息能力的不同将有效市场区分成弱势、半强势以及强势有效市场。针对不同层次的有效市场，学者们采用了不同的信息效率度量方法来检验有效市场假说。在弱势有效市场中，服从随机游走的价格时间序列是彼此相对独立的，因此学者们主要从两个方面展开研究。一部分研究重点分析历史价格信息是否具有预测效力，另一部分研究则重点分析基于历史收益数据的交易策略能否获得正的利润。由于后者需要依据不同交易策略构建资产组合，因此不适合跨市场信息效率的比较。而前者只需要历史价格信息即可进行度量，因此本报告重点采用了前者的逻辑。

在分析历史价格信息是否具有预测效力方面，学者们也提出了很多方法。最为主流的有两种方法，分别为股票价格自相关系数与方差比。Fama（1965）以及 Granger 和 Morgenstern（1963）最早提出了股票价格自相关系数的检验方法。早期的学者主要通过观察股票价格时间序列是否存在自相关来判断市场是否有效，但在不同市场效率的比较研究中，一些学者认为如果信息未能及时反映到股价之中，那么当前股价与历史股价之间必然存在自相关，而且自相关性越大，市场有效性就越差。在此基础上，部分学者开始采用自相关系数的大小来判断市场效率的高低。比如 Harvey（1994）指出在 MSCI 样本指数中，发达股票市场的自相关系数通常都明显低于新兴股票市场的自相关系数；Narayan 等（2016）发现上海证券交易所交易股票日内股票价格的自相关程度明显大于美国标普 500 股票。但在实证研究中，不同学者发现股票价格时间序列虽然存在不同程度的自相关，但方向并不确定。近期的学者认为，无论是正的自相关关系还是负的自相关关系，都代表了自相关性的存在，其绝对值可以用来衡量自相关性的大小（Alexander and Peterson, 2008；Chordia et al. , 2008；Boehmer and Kelley, 2009；Boehmer and Wu, 2012）。

受数据限制，以往文献大多采用日、周或者月度数据，但近期研究发现精明的交易者会时刻关注股票市场的变化，并且会依据所获得信息尽快完成交易（Chordia et al. , 2008），因此日内报价数据可以更好地捕捉股价偏离基础价值的情况（Boehmer and Kelley, 2009；Boehmer and Wu, 2012）。借鉴最新国内外文献，本报告采用日内买卖报价中间价收益的一阶自相关系数绝对值 *Intra_auto* 来衡量我国股票市场的信息效率。以 $r_{t,mid}$ 与 $r_{t-1,mid}$ 分别表示日内 t 时刻和 $t-1$ 时刻买卖报价中间价收益，*Intra_auto* 的具体计算公式如下：

$$Intra\_auto = |corr(r_{t,mid}, r_{t-1,mid})| \tag{6-16}$$

在本报告中，买卖报价中间价的时间间隔为 60 秒。

（二）日内中间价方差比绝对值

除了自相关系数绝对值之外，另外一种检验历史价格信息是否具有预测效力的常用方法是方差比。Lo 和 MacKinlay（1988）认为，如果股票价格时间序列是相互独立的，那么低频率股票价格时间序列的方差与高频率股票价格时间序列的方差之间应当存在线性关系。简单来说，股票价格 5 日内的方差应当等于股票价格 1 日内方差的五倍。

本报告中，日内中间价方差比（*Intra_VR*）是指日内时间间隔 N 内买卖报价中间价 $P_{N,mid}$ 与 n 倍的日内时间间隔 N/n 内买卖报价中间价 $P_{N/n,mid}$ 的比值减去 1 的差额绝对值。在有效市场中，由于股票价格时间序列是随机游走的，因此 *Intra_VR* 应当等于 0。一般而言，*Intra_VR* 越大，信息未能迅速反映到股票价格中的程度就越大，因此信息效率就越低；反之，*Intra_VR* 越接近于 0，信息效率就越高。

本报告选择 N 为 5 分钟，n 为 5，因此 N/n 为 1 分钟。计算公式为

$$Intro\_VR = \left| \frac{P_{5\min,mid}}{5 \times P_{1\min,mid}} - 1 \right| \tag{6-17}$$

（三）日内中间价波动率

股价波动通常用来衡量信息不对称问题或者不确定性，因此是衡量市场信息效率的另外一种方法（Henderson et al.，1983；Brown et al.，1988；Corwin，2003；Drucker and Puri，2005）。在有效市场中，买卖双方没有股票信息不对称性问题，那么双方报价一致，中间价的波动就会很低。相反，如果买卖双方关于股票存在较大的信息不对称，那么双方报价会偏离很多，结果导致中间价波动较大。因此股票价格波动率在一定程度上反映了股票所包含信息的多少。

日内中间价波动率（*Intra_vol*）是指日内以每 5 分钟订单簿快照买卖报价中间价计算的收益率的标准差。计算公式为

$$Intra\_vol = Stdev(P_{5\min,mid}) \tag{6-18}$$

一般而言，*Intra_vol* 越大，信息效率越低；反之，*Intra_vol* 越小，则信息效率越高。

二、基于低频数据的信息效率度量方法

与运行效率类似，本报告也同时采用日交易数据与周交易数据来计算信息

效率。原因有三个。第一，长期视角与短期视角的方法虽然都能够度量信息效率，但也可能分别包含了不同的内容（Boehmer and Wu，2012）。第二，日内高频交易噪音较多，可能降低信息效率度量的准确性。第三，由于日内高频数据只能获得 1995 年之后的数据，因此计算更长期间的信息效率，只能采用低频数据来替代。基于以往文献，本报告采用基于可决系数 R^2 的特质信息含量与互自相关系数（Cross - Autocorrelation）绝对值等基于低频数据的信息效率度量方法分别度量股价中特质信息含量以及股价吸收市场信息的速度。

（一）基于可决系数 R^2 的特质信息含量

Morck 等（2000）以及 Bris 等（2007）等研究提出以可决系数 R^2 为基础来衡量股票市场定价效率。一般而言，市场越有效，企业特质信息进入股价的比例就越高，而市场信息的占比就越低。在单因子模型的估计结果中，R^2 反映了股价中市场信息的含量，而（$1-R^2$）反映了股价中企业特质信息的含量。因此，本报告采用（$1-R^2$）指标度量市场信息效率。

借鉴已有文献，本报告采用如下模型估计可决系数 R^2。[①]

$$r_{it} = \alpha_i + \beta_i \times r_{mt} + \varepsilon_{it} \qquad (6-19)$$

其中，r_{it} 是 t 日股票 i 的日收益率，r_{mt} 是 t 日市场的日收益率。通常，研究采用代表性指数收益作为市场收益。由于中国有两个交易所，早期其各自提供不同的代表性指数。2005 年之后沪深交易所共同推出了沪深 300 指数，但这并不能适用于 2005 年之前的数据。为此，借鉴美国 CRSP 加权市场指数的编制方法，本报告将沪深两市每日所有上市公司作为市场组合，以流通市值为权重，计算其加权收益率作为市场组合收益。然后通过回归方法估计上述模型，即可得到可决系数 R^2。在估计模型的过程中，本报告按照季度滚动估计每只股票每个季度的可决系数，然后再以每只股票季度成交额为权重计算整个市场的加权季度可决系数。在此基础上，通过简单计算得到每个季度的特质信息含量指标结果。

（二）基于互自相关系数的信息吸收速度

基于可决系数 R^2 的特质信息含量指标只能度量信息含量，但不能衡量信息反映到价格中需要多久，即股票价格的信息吸收速度。Bris 等（2007）提出采用互自相关系数绝对值来衡量信息反映到股票价格中的速度。具体而言，互

① Hou 和 Moskowitz（2005）等文献认为，由于市场并不是有效的，因此市场信息可能会延迟进入股票价格中。也就是说，采用单因子模型的 R^2 只捕捉到了当期市场信息反映到股票价格中的部分，但并没有捕捉到延迟进入的部分信息。换句话说，R^2 低估了股票中的市场信息，高估了股票中的特质信息。他们建议在模型中加入市场信息的滞后项，但本报告发现即便是加入滞后四期的信息，其结果也没有发生明显的变化。因此只报告了基本模型的结果。

自相关系数绝对值（ρ）的计算公式如下：

$$\rho = \mid Corr(r_{iw}, r_{m,w-1}) \mid \tag{6-20}$$

其中，r_{iw} 表示股票 i 第 w 周的周收益，$r_{m,w-1}$ 表示市场组合 m 第（$w-1$）周的周收益。市场组合 m 周收益的计算方法与之前一样。可以看到互自相关系数绝对值（ρ）衡量的是本期股票收益与上期市场收益 $r_{m,w-1}$ 的关系。如果互自相关系数绝对值（ρ）距离零值越远，则说明上期市场信息对本期股票收益的影响越大，即本期股票收益吸收市场信息的速度就越慢。已有文献认为，日收益数据存在噪音，而月度收益数据变动不明显，因此周收益数据最适合被用来计算信息效率（Hou and Moskowitz，2005；Bris et al.，2007）。针对每一只股票，当某一周收益及之前的收益观测值超过三个时，本报告就按照前述方法计算其互自相关系数绝对值，以此类推。

本章小结

本章主要详细介绍了配置效率、运行效率与信息效率的度量方法、逻辑以及具体计算过程。有关内容总结如下。

一、配置效率的度量

配置效率衡量了股票市场资本配置的效率。尽管理论上学者们普遍认可这一概念，但对于如何衡量却缺乏有效的办法。本报告从 Fama（1970）对有效市场的界定出发来寻找配置效率的度量方法。在资本配置的过程中，影响配置效率高低的因素主要是信息不对称。信息不对称有两个来源。一方面，发行人隐藏部分信息导致投资者无法准确做出投资决策，另一方面，在发行人与投资者有限理性的背景下，即便发行人披露了所有能够获得的信息，投资者仍然无法准确判断募集资金项目的价值与风险。面对这些信息不对称，投资者会提高预期收益率，从而要求发行人必须提供对应的抑价或者折价。从发行人的角度看，如果市场信息不对称是不可避免的，那么发行人会通过抑价或者折价发行来向市场传递公司质量的信号，提高股票定价的准确率。另外，投资者的非理性以及我国股票市场存在的严格管制也是影响配置效率的重要因素。但不管何种原因，其对配置效率的影响都体现在发行前后的价格中，因此抑价或折价率用来度量配置效率的高低。一般而言，抑价或折价率越低，配置效率越高，反之则相反。

本报告定义首次公开发行抑价率等于首次公开发行股票上市首日收盘价与

发行价格之差相对于发行价格的百分比。同时考虑到近期上海证券交易所与深圳证券交易所对发行股票上市首日实施了涨跌幅限制，因此本报告对上述方法进行了修正。修正后的方法采用连续涨跌停后一个交易日的收盘价作为首日收盘价，重新计算了首次公开发行抑价率。对于再融资折价率，我们采用发行公告日前一交易日收盘价与发行价格之差相对于发行公告日前一交易日收盘价的百分比进行度量。在此基础上，本报告综合首次公开发行抑价率和再融资折价率的结果来评价股票市场的整体配置效率。

二、运行效率的度量

由于运行效率主要对应于股票市场交易成本，因此本报告主要采用日内账簿数据来构建相关度量方法。借鉴以往文献，本报告主要采用相对有效价差来度量股票市场运行效率。作为对相对报价价差的修正，相对有效价差是指某一时刻股票实际成交价格偏离该时刻股票真实价值的程度。相对有效价差通常等于某时刻股票实际成交价格与买卖报价中间价的差额相对于中间价百分比的两倍。如果相对有效价差比较大，说明市场交易成本高，因此运行效率就比较低。反之则相反。

本报告进一步将相对有效价差分解为价格影响与相对实现价差，以此来度量交易成本的不同成分。现实中拥有信息优势的知情交易者往往采用连续交易的方式完成交易，而做市商会依据订单流调整买卖报价，从而影响到后续的中间价。价格影响就是交易对中间价格的影响，衡量了信息不对称所导致的交易成本。相对实现价差是指提供流动性的交易者在一定时间间隔之后将手中股票以中间价卖出时能够获得的利润，衡量了与订单处理、存货管理相关的成本。

另外，考虑到我国股票市场数据不是严格意义上的账簿数据，再加上无法获得 1996 年之前的日内高频数据等原因，本报告还依据日交易数据计算了 Roll 价差、Corwin 价差以及 Amihud 非流动性作为补充。

三、信息效率的度量

本报告采用两类方法来度量信息效率。一类是采用日内买卖报价中间价收益率来构建信息效率的度量方法。研究认为精明的交易者会时刻关注股票市场的变化，并依据所获得信息尽快完成交易，因此日内报价数据可以更好地捕捉到信息效率的变化。本报告将以往基于日交易数据的方法进一步拓展到了日内高频数据，计算了日内自相关系数绝对值、日内方差比绝对值以及日内波动率三个指标。这些指标越大，信息效率就越低。

但也有研究认为高频数据噪音较多，会影响信息效率的度量结果，因此建议采用低频数据来构建度量方法。同时考虑到无法获得 1996 年之前的日内报价数据，因此为了测度股市发展早期的信息效率，本报告同时采用日数据构建了基于可决系数 R^2 的特质信息含量指标、采用周数据构建了基于互自相关系数绝对值的信息吸收速度指标，作为基于日内交易数据信息效率度量结果的补充。

第七章 股票市场公正度量方法

在前文对股票市场公正相关研究成果进行梳理的基础上，本章将结合我国股票市场扰乱市场秩序行为的特征，设计市场操纵与内幕交易行为的识别方法，进而构建用于反映市场公正水平的微观度量指标。值得特别说明的是，考虑到数据可得性，本报告并未设计与开发信息披露违规行为的识别方法。

第一节 市场操纵监测与度量

以前述股票市场公正的理论分析为基础，本报告分别构建了连续交易操纵、开盘价操纵及收盘价操纵的监测模型，以监测中国股票市场上述疑似操纵行为的发生情况，为评估中国股票市场的公正程度奠定基础。

一、连续交易操纵监测及度量

从已有研究成果来看，股票发生操纵后，其成交量、成交额、收益率及交易成本往往会出现异常变化；并且，在不同操纵策略的影响下，上述指标中出现异常变化的指标也有所不同。鉴于此，本报告尝试监测上述多个指标的异常变化情况，并以此为依据来综合判断股票是否存在被操纵的可能性。一般来说，变量相对于历史平均值的偏离往往用于度量其异常变化水平，但值得注意的是，由于单纯监测各变量相对于历史平均值的偏离情况，难以剔除外部市场环境变化所产生的影响，由市场系统风险引起的上述变量的异常变化可能会被误判为发生交易型操纵。鉴于此，本报告所构建的异常变化测度指标，在考虑各变量相对于历史平均值异常波动的同时，也剔除掉了市场层面的整体波动。具体来说，本报告以半个交易小时为监测窗口，选取股票在每半个交易小时内的成交量、成交额、收益率、相对报价价差及相对有效价差为监测变量，构建了各变量异常变化的测度指标。一方面，对于监测窗口内股票的成交量、成交额，其异常变化的计算公式如下：

$$\Delta_{i,j,x} = \left(\frac{x_{i,j,t} - \bar{x}_{i,j,t-30}}{\bar{x}_{i,j,t-30}}\right) - \left(\frac{X_{j,t} - \bar{X}_{j,t-30}}{\bar{X}_{j,t-30}}\right) \tag{7-1}$$

其中，以成交量为例，$x_{i,j,t}$ 表示股票 i 在交易日 t 第 j 个监测窗口下的成交量；$\bar{x}_{i,j,t-30}$ 表示交易日 $t-30$ 至交易日 $t-1$ 内第 j 个监测窗口股票 i 成交量的平均值；$X_{j,t}$ 表示市场指数在交易日 t 第 j 个监测窗口的成交量，$\bar{X}_{j,t-30}$ 表示交易日 $t-30$ 至交易日 $t-1$ 内第 j 个监测窗口市场指数对应成交量的平均值。股票在各个监测窗口成交额异常波动指标的计算与之相同。

另一方面，对于监测窗口内股票的收益率、相对报价价差及相对有效价差，其异常变化的计算公式如下：

$$\Delta_{i,j,x} = (x_{i,j,t} - \bar{x}_{i,j,t-30}) - (X_{j,t} - \bar{X}_{j,t-30}) \tag{7-2}$$

其中，以收益率为例，$x_{i,j,t}$ 表示股票 i 在交易日 t 第 j 个监测窗口下的收益率；$\bar{x}_{i,j,t-30}$ 表示交易日 $t-30$ 至交易日 $t-1$ 内第 j 个监测窗口股票 i 收益率的平均值；$X_{j,t}$ 表示市场指数在交易日 t 第 j 个监测窗口的收益率，$\bar{X}_{j,t-30}$ 表示交易日 $t-30$ 至交易日 $t-1$ 内第 j 个监测窗口市场指数对应收益率的平均值。股票在各个监测窗口相对报价价差及相对有效价差异常波动指标的计算与之相同。

对于上述监测指标 $\Delta_{i,j,x}$，如果满足 $\Delta_{i,j,x} > \bar{\Delta}_{i,j,x} + 3\sigma_{i,j,x}$，则认为其在交易日 t 第 j 个监测窗口内发生了异常变化[①]。进一步地，在第 j 个监测窗口下，如果在 5 项监测指标中有不低于 3 项指标发生了异常变化，则股票 i 被判定为在交易日 t 第 j 个监测窗口发生了疑似连续交易操纵。

以连续交易操纵的监测模型为基础，本报告分别构建了疑似发生连续交易操纵的数量占比和成交额占比来衡量该操纵行为的严重程度。对特定交易日的某只股票而言，疑似发生连续交易操纵数量占比是指特定交易日内该股票疑似发生连续交易操纵次数与当日所有交易股票对应监测窗口总数[②]之比，疑似发生连续交易操纵成交额占比是指特定交易日内该股票所有被监测出发生连续交易操纵的窗口下成交额之和与当日整个股票市场总成交额的比值。

二、开盘价操纵监测及度量

基于开盘价操纵中股票成交价格的变化特征，本报告构建了如下开盘价偏离模型（Opening Price Dislocation Model）。具体来说，交易日 t 内股票 i 被判定

① $\bar{\Delta}_{i,j,x}$ 为交易日 t 前 30 个交易日的滚动窗口下 $\Delta_{i,j,x}$ 的平均值，$\sigma_{i,j,x}$ 为交易日 t 前 30 个交易日的滚动窗口下 $\Delta_{i,j,x}$ 的标准差。

② 根据连续交易操纵监测模型，当日所有交易股票对应监测窗口总数是指所有交易股票数量与每个交易日内半个小时监测窗口数量的乘积。

存在开盘价操纵情形，需同时满足以下两个条件：

（1）相比于上一交易日的收盘价，当天交易日股票开盘价出现异常变化（Abnormal Opening Price Change），即

$$\Delta OPChg_{it} > \overline{\Delta OPChg_i} + 3\sigma_i \text{ 或 } \Delta OPChg_{it} < \overline{\Delta OPChg_i} - 3\sigma_i \tag{7-3}$$

其中，$\Delta OPChg_{it} = (OP_t - CP_{t-1})/CP_{t-1}$ 表示股票 i 在交易日 t 的开盘价相对交易日 $t-1$ 收盘价的变化率，$\overline{\Delta OPChg_i} = 1/30 \times \sum_{t=-30}^{t=-1} \Delta OPChg_{it}$ 为交易日 t 前30个交易日的滚动窗口下 $\Delta OPChg_{it}$ 的平均值，σ_i 为相同时间窗口下 $\Delta OPChg_{it}$ 的标准差。

（2）开盘交易15分钟后出现股票价格回转，回转幅度达到开盘价相对上一交易日收盘价变化幅度的50%以上，即

$$(OP_t - OP_{t+15mins})/(OP_t - CP_{t-1}) \times 100\% \geqslant 50\% \tag{7-4}$$

其中，OP_t、$OP_{t+15mins}$ 分别为股票 i 在交易日 t 的开盘价及开盘后15分钟的成交价格，CP_{t-1} 为股票 i 在交易日 $t-1$ 的收盘价。

需要注意的是，符合上述判定条件的股票价格变化也可能源于上市公司披露公告、谣言澄清等因素的影响，而与开盘价操纵无关。鉴于此，本报告也采用 Reuters 全球新闻数据库过滤掉由上述因素导致的股票价格在收盘及开盘阶段的异常变动，以提升开盘价操纵识别监测的准确性与有效性。

为度量股票市场疑似发生开盘价操纵的严重程度，本报告分别构建了疑似发生开盘价操纵数量占比和成交额占比两个指标。其中，疑似发生开盘价操纵数量占比是指交易日内疑似发生开盘价操纵股票的数量与当日交易股票数量之比，疑似发生开盘价操纵成交额占比是指交易日内疑似发生开盘价操纵股票在集合竞价期间的成交额之和与当日整个股票市场总成交额的比值。

三、收盘价操纵监测及度量

发生收盘价操纵后，股票成交价格倾向于表现出以下特征：股票价格在收盘结束前的最后时间内呈现出不同于其他交易日的异常波动，并在下一交易日回转至相对均衡的水平。基于该特征，本报告借鉴 Aitken 等（2015）的做法构建了以下尾市价格偏离模型（End of Day Price Dislocation Model）。具体来说，交易日 t 内股票 i 被判定为发生收盘价操纵，需同时满足以下两个条件：

（1）当天交易结束前15分钟内股票价格出现异常变化（Abnormal End -

of – day Price Change)①，即

$$\Delta EOD_{it} > \overline{\Delta EOD_i} + 3\sigma_i \text{ 或 } \Delta EOD_{it} < \overline{\Delta EOD_i} - 3\sigma_i \quad (7-5)$$

其中，$\Delta EOD_{it} = (P_{eod,it} - P_{eod-15mins,it}) / P_{eod-15mins,it}$ 表示交易日 t 内股票 i 的收盘价相对收盘前 15 分钟成交价格的变化率，$\overline{\Delta EOD_i} = 1/30 \times \sum_{t=-30}^{t=-1} \Delta EOD_{it}$ 为交易日 t 前 30 个交易日的滚动窗口下交易结束前 15 分钟股票价格变化率（End – of – day Price Change）的平均值，σ_i 为相同时间窗口下 ΔEOD_{it} 的标准差。

（2）与交易日 t 的收盘价相比，下一交易日股票 i 的开盘价出现价格回转（Price Reversal），且价格回转幅度达到上一交易日尾市价格变化的 50% 以上，即

$$(CP_t - OP_{t+1}) / (CP_t - CP_{t-15mins}) \times 100\% \geq 50\% \quad (7-6)$$

其中，CP_t、$CP_{t-15mins}$ 分别为股票 i 在交易日 t 的收盘价及收盘前 15 分钟的成交价格，OP_{t+1} 为股票 i 在交易日 $t+1$ 的开盘价。

另外，与开盘价操纵类似，符合上述判定条件的股票价格变化也可能源于上市公司披露公告、谣言澄清等因素的影响，而与收盘价操纵无关。鉴于此，本报告也采用 Reuters 全球新闻数据库过滤掉由上述因素导致的股票价格在收盘及开盘阶段的异常变动，以提升收盘价操纵识别监测的准确性与有效性。

为度量股票市场疑似发生收盘价操纵的严重程度，本报告分别构建了疑似发生收盘价操纵的数量占比和成交额占比两个指标。其中，疑似发生收盘价操纵数量占比是指交易日内疑似发生收盘价操纵股票的数量与当日交易股票数量之比，疑似发生收盘价操纵成交额占比是指交易日内疑似发生收盘价操纵股票在收盘前 15 分钟内的成交额之和与当日整个股票市场总成交额的比值。

第二节 内幕交易监测与度量

本报告借鉴 Aitken 等（2015）的做法，尝试利用内幕信息泄露指标来间接评估中国资本市场内幕交易行为的发生情况。具体来说，首先，信息泄露指标的测算以价格敏感性公告发布前证券价格的异常变化为依据，因而需要计算股票的超额收益率，计算公式如下：

$$AR_{it} = R_{it} - (\alpha_i + \beta_i R_{mt}) \quad (7-7)$$

① 根据《中国证券监督管理委员会证券市场操纵行为认定指引（试行）》，尾市交易操纵（即收盘价操纵）是指行为人在即将收市时，通过拉抬、打压或锁定手段，操纵证券收市价格的行为，而即将收市是指证券交易所集中交易市场收市前的 15 分钟。

其中，R_{it} 为股票 i 在交易日 t 的日收益率，R_{mt} 为市场在交易日 t 的日收益率，β_i 为交易日 t 前65 个交易日滚动窗口下股票 i 日收益率与市场日收益率的 OLS 回归系数，α_i 为股票 i 在该时期内除市场因素之外的每日收益率的预期值，比如当股票 i 在某时期内由于其发行人经营状况良好，因而其收益率高于市场收益率时，则会有 $\alpha_i > 0$。

其次，判定内幕信息是否发生泄露需要立足于上市公司所披露的公告，因而需要确定拟关注的上市公司公告样本。上市公司公告样本的筛选需遵循以下两个条件：（1）公司公告发布必须发生在清洁的事件窗口。对于在交易日 t 发布某公告的上市公司，如果该上市公司未在交易日 $t-6$ 至交易日 $t-1$ 之间发布其他公告，则交易日 t 被认为是清洁的事件窗口。仅关注来自清洁事件窗口期的公司公告，是为了避免多个公告对证券超额收益产生影响而造成混淆；同时，如果在清洁事件窗口内有多个公告发布，则只关注第一个公告①。（2）从发生在清洁窗口期的公告中筛选出价格敏感性公告。具体来说，若上市公司在交易日 t 发布公告，那么当上市公司股票 i 在交易日 $t-6$ 至交易日 $t+2$ 之间的 9 日累积超额收益率出现异常波动时，则认为该公告为价格敏感性公告。具体计算公式如下：

$$\sum_{j=-6}^{j=2} AR_{it-j} > \frac{1}{250}\sum_{k=t-260}^{k=t-11}\sum_{j=-6}^{j=2} AR_{ik-j} + 3\sigma_{it} \tag{7-8}$$

其中，$\frac{1}{250}\sum_{k=t-260}^{k=t-11}\sum_{j=-6}^{j=2} AR_{ik-j}$ 表示交易日 $t-260$ 至交易日 $t-11$ 之间9 日累积超额收益率的平均值，σ_{it} 为相同时间窗口下 9 日累积超额收益率的标准差。

最后，对于经筛选出的价格敏感性上市公司公告，可以分别从特定窗口期股票超额收益率或成交量是否出现异常变化，来判定该股票是否发生内幕信息泄露，分别称为基于成交价的信息泄露监测和基于成交量的信息泄露监测。一方面，就基于成交价的信息泄露监测而言，如果在价格敏感性公告发布前 6 个交易日内股票超额收益率出现异常变化，则被判定为发生内幕信息泄露。具体来说，对于在交易日 t 发布的正向价格敏感性公告②，如果在交易日 $t-6$ 至交易日 $t-1$ 之间，上市公司股票的超额收益率高出交易日 $t-260$ 至交易日 $t-11$ 之间股票超额收益率平均值 3 个单位的标准差以上，并且没有 1 个交易日股票的超额收益率低出交易日 $t-260$ 至交易日 $t-11$ 之间股票超额收益率平均值 3 个单位的标准差以上，则被认为可能发生信息泄露。具体计算公式如下：

$$AR_{it-j} > \frac{1}{250}\sum_{k=t-260}^{k=t-11} AR_{ik-j} + 3\sigma_{it}, \forall j = 1,2,\cdots,6$$

① 据验证，上市公司在同一交易日内发布的其他公告倾向于与第一个公告内容相关。

② 正向价格敏感性公告是指对股票价格预期利好的价格敏感性公告。

并且不存在 $AR_{it-j} < \frac{1}{250}\sum_{k=t-260}^{k=t-11} AR_{ik-j} - 3\sigma_{it}, j = 1,2,\cdots,6$ (7-9)

其中，$\frac{1}{250}\sum_{k=t-260}^{k=t-11} AR_{ik-j}$ 表示交易日 $t-260$ 至交易日 $t-11$ 之间股票 i 超额收益率的平均值，σ_{it} 为交易日 $t-260$ 至交易日 $t-11$ 之间股票 i 超额收益率的标准差。

另一方面，就基于成交量的信息泄露监测而言，如果在价格敏感性公告发布前 6 个交易日内股票的成交量出现异常变化，则被判定为发生内幕信息泄露。具体来说，如果在交易日 $t-5$ 至交易日 $t-1$ 之间存在至少一个交易日，上市公司股票的成交量异常变化高出交易日 $t-260$ 至交易日 $t-11$ 之间股票成交量异常变化平均值 3 个单位的标准差以上，则被认为可能发生信息泄露。具体计算公式如下：

$$\Delta_{it-j} > \frac{1}{250}\sum_{k=t-260}^{k=t-11} \Delta_{ik-j} + 3\sigma_{it}, \forall j = 1,2,\cdots,6 \qquad (7-10)$$

其中，$\Delta_{it} = (x_{it} - \bar{x}_{it-30})/\bar{x}_{it-30} - (X_t - \bar{X}_{t-30})/\bar{X}_{t-30}$ 代表股票 i 在交易日 t 成交量的异常变化值。x_{it} 表示股票 i 在交易日 t 的成交量，$\bar{x}_{it-30}$ 表示交易日 $t-30$ 至交易日 $t-1$ 内股票 i 成交量的平均值，X_t 表示市场指数在交易日 t 的成交量，$\bar{X}_{t-30}$ 表示交易日 $t-30$ 至交易日 $t-1$ 内市场指数对应成交量的平均值。$\frac{1}{250}\sum_{k=t-260}^{k=t-11} \Delta_{ik-j}$ 表示交易日 $t-260$ 至交易日 $t-11$ 之间股票 i 成交量异常变化的平均值，σ_{it} 为交易日 $t-260$ 至交易日 $t-11$ 之间股票 i 成交量异常变化的标准差。

以前述内幕交易行为的监测模型为基础，本报告分别构建了疑似发生信息泄露的数量占比和金额占比来衡量内幕交易行为的严重程度。疑似发生信息泄露数量占比是指交易日内疑似发生信息泄露股票的数量与当日交易股票数量之比，疑似发生信息泄露金额占比是指交易日前 6 个交易日至后 2 个交易日的监测窗口下，疑似发生信息泄露股票的成交额之和与当日整个股票市场总成交额之和的比值。其中，疑似发生信息泄露的数量占比代表了内幕交易行为发生的广度，疑似发生信息泄露的金额占比代表了内幕交易行为发生的深度。

本章小结

为有效评估中国股票市场发生疑似操纵行为的严重程度，本报告立足于公开可获得的市场交易数据，以相关研究成果为基础分别构建了用于监测股票市场疑似连续交易操纵、开盘价操纵、收盘价操纵行为的模型。具体来说，对于

连续交易操纵监测模型，本报告利用股票市场分时高频交易数据，以半小时为观测窗口，选取股票每个观测窗口下股票的收益率、成交量、成交额、相对报价价差、相对有效价差为监测变量，构建了其发生异常变化的测度指标，并以一定数量以上监测指标出现异常变化作为该监测窗口下发生疑似连续交易操纵的判定条件；对于开盘价操纵监测模型，特定交易日内股票被判定存在开盘价操纵情形的条件为：第一，相比上一交易日的收盘价，当天交易日股票开盘价出现异常变化；第二，开盘交易 15 分钟后出现股票价格回转。对于收盘价操纵监测模型，特定交易日内股票被判定存在收盘价操纵情形的条件为：第一，当天交易结束前 15 分钟内股票价格出现异常变化；第二，与特定交易日股票的收盘价相比，下一交易日股票开盘价出现价格回转。另外，在对开盘价操纵及收盘价操纵进行识别监测时，本报告也采用 Reuters 全球新闻数据库过滤掉了股票价格在收盘及开盘阶段的异常变动，以提升疑似操纵行为识别监测的准确性与有效性。

在内幕交易行为的监测方面，本报告尝试利用内幕信息泄露指标来间接评估中国资本市场内幕交易行为的发生情况。具体来说，首先，立足于上市公司所披露公告，判定其是否为可能引起股票价格异常波动的价格敏感性公告；其次，对于经筛选出的价格敏感性上市公司公告，可以分别从特定窗口期股票超额收益率或成交量是否出现异常变化，来判定该股票是否发生内幕信息泄露，分别称为基于成交价的信息泄露监测和基于成交量的信息泄露监测。

以前述市场操纵及内幕交易行为的监测模型为基础，本报告得以度量股票市场发生疑似违法违规行为的严重程度。具体来说，对于每一类股票市场违法违规行为，本报告都采用发生疑似行为的数量占比及金额占比来测度股票市场违法违规行为发生的广度和深度。其中，发生疑似行为的数量占比是指发生疑似行为数量占股票市场交易股票总数量的比重，发生疑似行为的金额占比是指发生疑似行为对应金额占股票市场成交额的比重。

股票市场系统性风险度量方法

本章依据前文梳理的股票市场系统性风险理论基础，借鉴国内外学术界对系统性风险的度量方法，构建了股票市场系统性风险度量指标体系。考虑到股票市场系统性风险的复杂性，单一指标难以对其进行全面有效的度量监测，本报告从系统性风险的三大元素——冲击、传染和后果出发，基于冲击强度、传染力度和损失程度三个维度来度量股票市场系统性风险水平。

第一节 股票市场系统性风险度量指标体系

学术界一般认为系统性风险主要包含三个元素：冲击、传染和后果。其中，冲击或者触发事件是股票市场系统性风险爆发的诱因；传染放大机制是个股股价大幅下跌演化成股票市场系统性风险的核心所在，冲击的传染扩散使风险由小变大、从局部传染至整个系统；后果则是股票市场系统性风险爆发的结果，股票市场系统性风险爆发的最直接后果就是股灾，即股票市场发生剧烈波动、危机或瘫痪，股市系统遭受巨大损失。综上所述，股票市场系统性风险水平的高低可以由冲击、传染和后果三个元素来度量评估，对应地，本报告将根据冲击强度、传染力度和损失程度三个维度构建指标体系来具体量化股票市场系统性风险水平。

首先，冲击或者触发事件的来源复杂多样，上市机构自身、经济基本面、股票市场本身、外汇市场和货币市场等金融系统中的其他部分、政治事件或政治谣言等都有可能成为冲击来源。触发事件可能是突如其来的、未预期的冲击，也可能是由于缺乏合适的政策响应，风险不断积聚，其发生的可能性随时间推移而不断提高。从规模上来说，冲击可以是同时对所有股票产生影响的全面冲击，也可以是对某个板块或某个行业甚至少数几只股票产生影响的局部冲

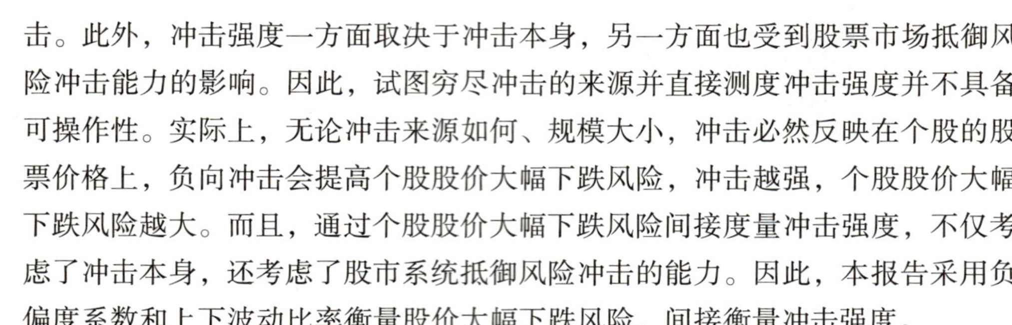

击。此外，冲击强度一方面取决于冲击本身，另一方面也受到股票市场抵御风险冲击能力的影响。因此，试图穷尽冲击的来源并直接测度冲击强度并不具备可操作性。实际上，无论冲击来源如何、规模大小，冲击必然反映在个股的股票价格上，负向冲击会提高个股股价大幅下跌风险，冲击越强，个股股价大幅下跌风险越大。而且，通过个股股价大幅下跌风险间接度量冲击强度，不仅考虑了冲击本身，还考虑了股市系统抵御风险冲击的能力。因此，本报告采用负偏度系数和上下波动比率衡量股价大幅下跌风险，间接衡量冲击强度。

其次，传染力度是影响系统性风险水平的关键因素之一。传染放大机制是股票市场系统性风险爆发的核心所在，冲击通过直接关联渠道、间接关联渠道和信息渠道等传染扩散，使个股股价大幅下跌演化成股票市场系统性风险。其中，直接关联和间接关联都属于业务关联因素，羊群效应、恐慌心理、信心丧失、信息传染等构成了信息渠道，冲击通过信息渠道也会传染扩散。传染机制的复杂性以及传染渠道的多样性使直接度量传染力度难以实现，因此，本报告基于股票市场同质性来间接评估传染力度。股票市场同质性既包括上市公司同质性，也包括投资者行为的一致性。个股的同质性越高，投资者行为越一致，风险传染的可能性以及范围越大，即传染力度越大。股票市场同质性又体现在价格和流动性两个维度上，本报告采用价格同步性指标和流动性同步性指标来度量股票市场同质性水平，进而反映出系统性风险的传染力度。

最后，股票市场系统性风险的爆发使整个系统遭受巨额损失，股票市场危机是系统性风险爆发的最直接后果。因而，系统性风险水平的高低可通过损失程度来反映，但是这里的损失程度并不是单只股票的，而是整个系统的。对股票市场系统损失程度的衡量应该基于市场层面，从市场整体出发。本报告采用在险价值和期望损失作为风险度量指标，构建了系统在险价值和系统期望损失，测度股市系统损失水平和潜在损失水平，从后果这一元素来评估股票市场系统性风险损失程度。

图 8－1 给出了本报告的股票市场系统性风险度量指标体系。本报告从冲击、传染、后果这三大元素出发，基于冲击强度、传染力度和损失程度三个维度测度股票市场系统性风险水平。其中，负偏度系数和上下波动比率着眼于个股股价大幅下跌风险，间接衡量系统性风险冲击强度；价格同步性和流动性同步性基于同质性视角，间接度量系统性风险传染力度；系统在险价值和系统期望损失从市场整体出发，直接测度系统性风险损失程度。

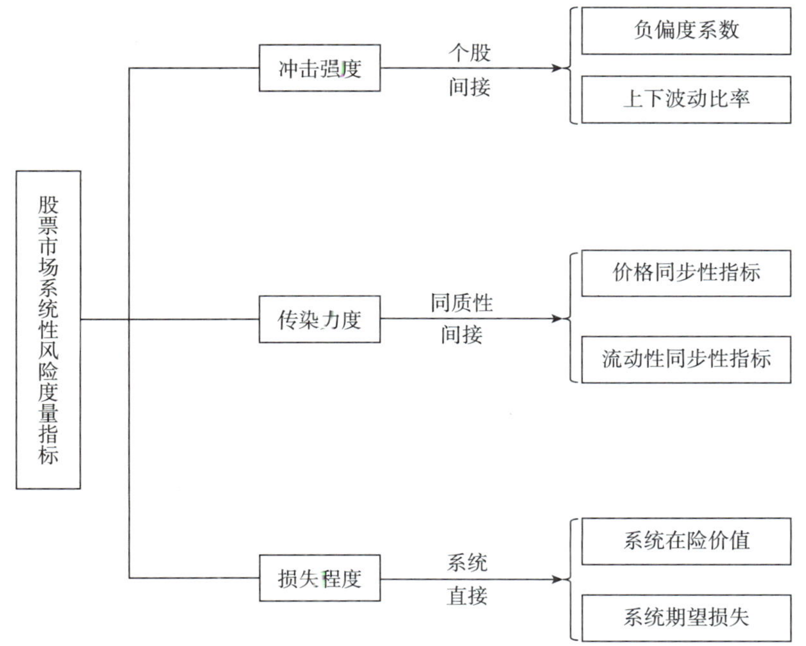

图 8－1　股票市场系统性风险度量指标体系

第二节　系统性风险冲击强度的度量指标

本报告通过测度个股股价大幅下跌风险来间接度量个股遭受的冲击强度，这么做同时考虑了冲击本身和股票市场抵御冲击的能力，并进一步将个股股价大幅下跌风险加权平均得到市场股价大幅下跌风险，进而评估整个股市系统性风险冲击强度。

本报告借鉴 Chen 等（2001）的研究方法，采用负偏度系数（Negative Coefficient of Skewness，NCSKEW）和上下波动比率（Down－to－Up Volatility，DUVOL）测度个股收益率分布的左偏程度来衡量个股股价大幅下跌风险，进而间接度量个股遭受的冲击强度。其中，*NCSKEW* 直接对个股收益率分布的左偏程度进行测算，*NCSKEW* 的构建方法如下：－1 乘以股票回报率的三阶矩，除以股票回报率的标准差的三次方。此时 *NCSKEW* 是正向指标，即 *NCSKEW* 越大，股票收益率分布的左偏程度越大，个股股价大幅下跌风险越高，个股遭受的冲击强度越大。同时伴随负的收益回报，股票波动率会显著上升，收益率的负偏态与波动的非对称性（Asymmetric Volatility）紧密相连，因此，Chen 等（2001）通过 *DUVOL* 间接衡量个股收益率分布的左偏程度。*DUVOL* 的构建方法如下：按照股票收益率是否高于样本均值这一标准将样本分为两个子样本，用

低于均值的子样本的方差除以高于均值的子样本的方差，然后取自然对数。当股票遭受冲击，股价大幅下跌时，股价非对称波动增大，*DUVOL* 指标上升，因此 *DUVOL* 也是一个衡量冲击强度的正向指标，即 *DUVOL* 数值越大，个股遭受的冲击强度越大。

本报告采用 Chen 等（2001）的方法来计算个股的负偏度系数和上下波动比率，以此来测度股价大幅下跌风险，间接度量个股遭受的冲击强度，并进一步采用交易额加权平均的负偏度系数和上下波动比率测度股票市场股价大幅下跌风险，间接度量整个市场遭受的冲击强度。指标具体构建方法如下：

（1）在交易日 t，市场 j 中的股票数量为 $N_{j,t}$，计算市场 j 中股票 i 的日收益率 $r_{ji,t}$。

（2）对个股日收益率 $r_{ji,t}$ 进行调整，用个股日收益率减去市场收益率得到 $\bar{r}_{ji,t}$，即调整后的个股日收益率。

（3）个股的负偏度系数（*NCSKEW*）定义如下：

$$NCSKEW_{ji,t} = -\frac{n_{ji,t}(n_{ji,t}-1)^{3/2}\sum_{t-64}^{t}\bar{r}_{ji,t}^{3}}{(n_{ji,t}-1)(n_{ji,t}-2)(\sum_{t-64}^{t}\bar{r}_{ji,t}^{2})^{3/2}} \tag{8-1}$$

本报告采用 1 个季度约 65 个市场交易日作为滚动窗口，计算股票 i 在每个交易日的负偏度系数，$NCSKEW_{ji,t}$ 是股票 i 在交易日 t 的负偏度系数。其中，$n_{ji,t}$ 为 65 个市场交易日中股票 i 实际交易的天数（个股可能因为某些原因而临时停牌）。$NCSKEW_{ji,t}$ 值越大，个股股票收益率分布的左偏程度越大，个股股价大幅下跌风险越高，个股遭受的冲击强度越大。

个股的上下波动比率（*DUVOL*）定义如下：

$$DUVOL_{ji,t} = \ln\left(\frac{(n_{ji,t}^{u}-1)\sum_{down}\bar{r}_{ji,t}^{2}}{(n_{ji,t}^{d}-1)\sum_{up}\bar{r}_{ji,t}^{2}}\right) \tag{8-2}$$

$DUVOL_{ji,t}$ 是股票 i 在交易日 t 的上下波动比率。其中，$n_{ji,t}^{u}$ 为调整后的个股日收益率大于滚动窗口期平均收益率的天数，$n_{ji,t}^{d}$ 为调整后的个股日收益率小于滚动窗口期平均收益率的天数。*DUVOL* 间接度量股票收益率分布的左偏程度，$DUVOL_{ji,t}$ 值越大，个股股票收益率分布的左偏程度越大，股价大幅下跌风险越高，个股遭受的冲击强度越大。

（4）本报告以个股成交额为权重，对个股的负偏度系数和上下波动比率进行加权平均，得到市场的负偏度系数和上下波动比率：

$$NCSKEW_{j,t} = \sum_{i=1}^{N_{j,t}}\frac{NCSKEW_{ji,t}\times value_{ji,t}}{\sum_{i=1}^{N_{j,t}}value_{ji,t}} \tag{8-3}$$

$$DUVOL_{j,t} = \sum_{i=1}^{N_{j,t}} \frac{DUVOL_{ji,t} \times value_{ji,t}}{\sum_{i=1}^{N_{j,t}} value_{ji,t}} \tag{8-4}$$

其中，$NCSKEW_{j,t}$ 和 $DUVOL_{j,t}$ 分别为市场 j 在交易日 t 的负偏度系数和上下波动比率。$NCSKEW_{j,t}$ 和 $DUVOL_{j,t}$ 值越大，表明整个市场股价下跌风险越高，系统性风险冲击强度越大。

第三节 系统性风险传染力度的度量指标

本报告从股票市场同质性出发间接度量风险传染的力度。当股票市场具有较高的同质性时，风险传染扩散的可能性以及范围都较大，表现为风险传染的力度较大。股票市场的同质性又可以从价格和流动性两个维度来体现。因此，本报告采用价格同步性指标和流动性同步性指标来反映股票市场同质性高低，进而间接度量系统性风险的传染力度。

关于价格同步性，本报告采用 Morck 等（2000）中股价变动方向性度量方法，构建了股票市场价格同步性指标（Price Synchronization Index，PSI）。假定在交易日 t，市场 j 中的股票数量为 $N_{j,t}$，则价格同步性指标 $PSI_{j,t}$ 定义为

$$PSI_{j,t} = \frac{\max(n_{j,t}^{up}, n_{j,t}^{down})}{n_{j,t}^{up} + n_{j,t}^{down}} \tag{8-5}$$

其中，$n_{j,t}^{up}$ 表示股价上涨的股票数量，$n_{j,t}^{down}$ 表示股价下跌的股票数量，$n_{j,t}^{same}$ 表示股价保持不变的股票数量，故有 $N_{j,t} = n_{j,t}^{up} + n_{j,t}^{down} + n_{j,t}^{same}$。以个股日收益率 $r_{ji,t} = (p_{ji,t} - p_{ji,t-1})/p_{ji,t-1}$ 来判断股价变动方向，若 $r_{ji,t} > 0$，则个股股价上涨；若 $r_{ji,t} < 0$，则个股股价下跌；若 $r_{ji,t} = 0$，则个股股价保持不变，其中 $p_{ji,t}$ 为交易日 t 个股 i 的收盘价，$p_{ji,t-1}$ 为交易日 $t-1$ 个股 i 的收盘价。

根据价格同步性指标的定义，$PSI_{j,t}$ 的取值范围为［0.5，1］。当 $PSI_{j,t}$ 的取值越接近于 1 时，表明股票价格同步性越高，风险传染力度越大；当 $PSI_{j,t}$ 的取值越接近于 0.5 时，则情况相反。

关于流动性同步性，本报告采用 Chordia 等（2000）提出的方法，构建了流动性同步性指标（Liquidity Synchronization Index，LSI）。在构建流动性同步性指标时，本报告采用报价深度和相对有效价差作为流动性的度量指标。因此，流动性同步性指标可以细分成两个不同的具体指标，即基于报价深度的流动性同步性指标和基于相对有效价差的流动性同步性指标。

第一种流动性指标为报价深度（Quoted Depth）。深度衡量了市场在承受

大额交易冲击时股票价格不出现大幅波动的能力，是常见的判断股票流动性强弱的指标。在深度的具体计算中，我们采用了报价深度，报价深度的计算公式为

$$Quoted\ Depth = \frac{Q_A + Q_B}{N_A + N_B} \tag{8-6}$$

其中，Q_A 表示满足 $P_A > P_B$ 条件下买方的报价量（股数），Q_B 表示满足 $P_A > P_B$ 条件下卖方的报价量（股数），N_A 表示满足 $P_A > P_B$ 条件下买方的报价订单数量，N_B 表示满足 $P_A > P_B$ 条件下卖方的报价订单数量。其中，P_A 表示卖方报价，P_B 表示买方报价。直观上来说，报价深度度量的是平均每笔报价订单的数量有多少。

第二种流动性指标为相对有效价差（*Relative Effective Spread*），计算公式为

$$Relative\ Effective\ Spread = 2 \times \left|\frac{P_t - P_M}{p_M}\right| \times 100\% \tag{8-7}$$

其中，P_t 为实际成交价格，P_M 为报价中间数。报价中间数为买卖报价的中值，其计算方法为 $P_M = \frac{(P_A + P_B)}{2}$。

本报告分别以报价深度和相对有效价差作为流动性指标，构建流动性同步性指标，具体方法如下：

（1）在交易日 t，市场 j 中的股票数量为 $N_{j,t}$，令 $DL_{ji,t}$ 为股票 i 的流动性指标变化率，$DL_{ji,t}$ 定义如下：

$$DL_{ji,t} = \frac{L_{ji,t} - L_{ji,t-1}}{L_{ji,t-1}} \tag{8-8}$$

其中，$L_{ji,t}$ 为交易日 t 股票 i 的流动性指标，$L_{ji,t-1}$ 为交易日 $t-1$ 股票 i 的流动性指标。

（2）令 $DL_{j,t}$ 为市场流动性指标变化率。$DL_{j,t}$ 由个股流动性指标变化率等权平均得到，定义如下：

$$DL_{j,t} = \frac{1}{N_{j,t}} \sum_{i=1}^{N_{j,t}} DL_{ji,t} \tag{8-9}$$

（3）以交易日 $t-64$ 至交易日 t 的流动性变化率为样本，通过 OLS 回归计算交易日 t 股票 i 的流动性同步性指标 β_{ji}，即个股的流动性同步性 β 系数：

$$DL_{ji,t} = \alpha_{ji} + \beta_{ji} DL_{j,t} + \varepsilon_{ji,t} \tag{8-10}$$

（4）以 65 个交易日为滚动窗口计算得到 β_{ji} 的序列 $\beta_{ji,t}$；

（5）在截面上统计交易日 t 市场内个股 $\beta_{ji,t} > 0$ 且显著（置信水平采用 95%）的比例，即流动性同步性指标 $LSI_{j,t}$：

$$Sgn(\beta_{ji,t}) = \begin{cases} 1 & \beta_{ji,t} > 0 \& p(\beta_{ji,t}) < 0.05 \\ 0 & \text{其他} \end{cases}$$

$$LSI_{j,t} = \frac{\sum_{i=1}^{N_{j,t}} Sgn(\beta_{ji,t})}{N_{j,t}} \tag{8-11}$$

第四节 系统性风险损失程度的度量指标

股票市场系统性风险爆发的最直接后果就是股票市场危机，即整个市场范围内出现股价急剧大幅下跌，股票市值大幅缩水。本报告从市场层面来度量整个系统的损失程度，以此来反映股票市场系统性风险水平的高低。

借鉴 Allen 等（2012）的研究，本报告采用在险价值（*VaR*）和期望损失（*ES*）这两个标准的风险度量指标，从截面维度来测度股市系统损失水平和潜在的损失水平，进而度量股票市场系统性风险损失程度。其中，左尾系统 *VaR* 与系统 *ES* 着眼于风险的释放，捕捉股票市场价格广泛的大幅下跌，测度股票市场系统性风险爆发的损失水平；右尾系统 *VaR* 与系统 *ES* 则着眼于风险的累积，捕捉股票市场价格普遍的急剧上涨，测度了潜在的损失水平。考虑到股票市场系统性风险的周期性变化特征，从理论上说，左尾系统 *VaR* 与系统 *ES* 是股票市场系统性风险的同期度量指标，右尾系统 *VaR* 与系统 *ES* 是股票市场系统性风险的前瞻性、预警性度量指标。

在交易日 t，市场 j 中的股票数量为 $N_{j,t}$，股票市场中个股 i 的日收益率 $r_{ji,t} = (p_{ji,t} - p_{ji,t-1})/p_{ji,t-1}$。其中，$p_{ji,t}$ 为交易日 t 个股 i 的收盘价，$p_{ji,t-1}$ 为交易日 $t-1$ 个股 i 的收盘价。左尾系统 *VaR* 和 *ES* 定义如下：

$$VaR^{l}: \Pr(r_{ji,t} \leqslant -VaR^{l}_{j,t}) = q\% \tag{8-12}$$

$$ES^{l}: -E\left(r_{ji,t} \mid r_{ji,t} \leqslant -VaR^{l}_{j,t}\right) \tag{8-13}$$

右尾系统 *VaR* 和 *ES* 定义如下：

$$VaR^{r}: \Pr(r_{ji,t} \geqslant VaR^{r}_{j,t}) = q\% \tag{8-14}$$

$$ES^{r}: E\left(r_{ji,t} \mid r_{ji,t} \geqslant VaR^{r}_{j,t}\right) \tag{8-15}$$

Allen 等（2012）采用基于广义帕累托分布（Generalized Pareto distribution, GPD）和偏态广义误差分布（Skewed generalized error distribution, SGED）的参数方法和一种非参方法来计算 *VaR* 和 *ES*，考虑到方法的简便性和模型风险的大小，本报告采用非参估计方法来计算 *VaR* 和 *ES*。

本报告考虑了 $q=1$ 和 $q=5$ 两种尾部情形。当 $q=1$ 时，$VaR^{l}_{j,t}$ 为交易日

t $N_{j,t}$ 只股票日收益率的 1% 分位数，$ES_{j,t}^{l}$ 为小于 $VaR_{j,t}^{l}$ 股票日收率的尾部期望；$VaR_{j,t}^{r}$ 为交易日 t $N_{j,t}$ 只股票日收益率的 99% 分位数，$ES_{j,t}^{r}$ 为大于 $VaR_{j,t}^{r}$ 股票日收益率的尾部期望。

当 $q = 5$ 时，$VaR_{j,t}^{l}$ 为交易日 t $N_{j,t}$ 只股票日收益率的 5% 分位数，$ES_{j,t}^{l}$ 为小于 $VaR_{j,t}^{l}$ 股票日收益率的尾部期望；$VaR_{j,t}^{r}$ 为交易日 t $N_{j,t}$ 只股票日收益率的 95% 分位数，$ES_{j,t}^{r}$ 为大于 $VaR_{j,t}^{r}$ 股票日收益率的尾部期望。

当交易日 t 市场 j 内交易的股票数量 $N_{j,t}$ 小于 20 只时，$q = 1$ 和 $q = 5$ 两种情形下的 $VaR_{j,t}^{l}$ 、$ES_{j,t}^{l}$ 、$VaR_{j,t}^{r}$ 和 $ES_{j,t}^{r}$ 均无法计算，此时这些指标被定义为缺失值；当股票数量 $N_{j,t}$ 大于或等于 20 只但小于 100 只时，$q = 5$ 情形下的 $VaR_{j,t}^{l}$ 、$ES_{j,t}^{l}$ 、$VaR_{j,t}^{r}$ 和 $ES_{j,t}^{r}$ 可以计算，$q = 1$ 情形下的指标无法计算，此时 $q = 1$ 情形下的指标被定义为缺失值；当股票数量 $N_{j,t}$ 大于 100 只时，两种情形下的 $VaR_{j,t}^{l}$ 、$ES_{j,t}^{l}$ 、$VaR_{j,t}^{r}$ 和 $ES_{j,t}^{r}$ 均可计算。

在式（8－12）和式（8－13）中，本报告已将左尾系统 VaR 和系统 ES 转化为正向指标，数值越大则表明股市系统损失水平越大；式（8－14）和式（8－15）中右尾系统 VaR 和系统 ES 也是正向指标，数值越大则表明股市系统潜在损失水平越大。

本章小结

为了准确测度股票市场系统性风险的水平，本报告从系统性风险的三大元素——冲击、传染和后果出发，基于冲击强度、传染力度和损失程度三个维度度量股票市场系统性风险水平。考虑到冲击来源和传染渠道的复杂多样，难以直接度量冲击强度和传染力度，因此本报告对冲击强度和传染力度进行间接度量。

首先，无论冲击来源如何、规模大小，其必然反映在个股的股票价格上，负向冲击导致个股股价大幅下跌风险上升，且冲击强度越大，个股股价大幅下跌风险越高。因此，本报告采用个股负偏度系数和上下波动比率衡量个股股价大幅下跌风险，通过个股股价大幅下跌风险间接度量个股遭受的冲击强度，并进一步将个股负偏度系数和上下波动比率加权平均，得到市场层面的负偏度系数和上下波动比率，以此来间接度量市场遭受的冲击强度，进而评估股票市场系统性风险水平。

其次，股票市场同质性越高，风险传染的可能性以及范围越大，即传染力度越大，本报告从股票市场同质性出发间接度量系统性风险传染力度。同时，股票市场同质性又体现在价格和流动性两个维度上，因此，本报告采用价格同步性指标和流动性同步性指标来间接度量传染力度，进而评估股票市场系统性风险水平。

最后，股票市场系统性风险爆发的最直接后果就是股灾，股票市场发生剧烈波动、危机或瘫痪，股市系统遭受巨大损失。因此，系统性风险水平的高低可以通过损失程度这一维度来评估。本报告采用在险价值和期望损失作为风险度量指标，构建了系统在险价值和系统期望损失，直接度量股票市场系统性风险损失程度，进而评估股票市场系统性风险水平。

第四篇　度量结果与分析篇

第九章 中国股票市场效率度量结果与分析

本章详细报告了中国股票市场效率度量的结果，并进行了深入的分析。首先分析了配置效率的度量结果，并结合我国股票发行制度进行了分析。然后分析了运行效率的度量结果，并结合我国股票交易制度变化、股票市场异常波动以及市场公正变化进行了分析。最后分析了信息效率的度量结果，并重点结合我国股票市场异常波动进行了分析。

需要说明的是，日交易数据与周交易数据以及发行融资数据的期间为1991年1月1日到2017年12月31日[①]，但受数据限制，日内报价数据的考察期间为1996年1月1日到2017年12月31日。研究样本包括当年发生交易的所有上市公司。日交易历史数据与周交易历史数据以及发行融资数据来自 Wind，日内分笔数据来自汤森路透[②]。

第一节 配置效率度量结果与分析

配置效率不仅包括首次公开发行股票融资的配置效率，还包括增发与配股等股票再融资的配置效率。首次公开发行股票的配置效率采用IPO抑价率进行度量，抑价率越高，配置效率越低。再融资发行股票的配置效率采用折价率来度量，折价率越高，配置效率越低。IPO抑价率与再融资折价率的具体计算方法详见前述第六章有关内容（式（6－2）和式（6－3））。本报告首先分析IPO的配置效率，其次分析再融资发行股票的配置效率，最后将两者合并起来分析中国股票市场总体的配置效率。

需要说明的是，受到暂停IPO等监管政策变化的影响，我国股票市场某些季度或年度没有首次公开发行和股票增发发生，因此配置效率相关指标在整个

① 由于1990年仅有八只股票且只有很少的交易日，因此本报告没有考虑这一年度的数据。

② 感兴趣的读者可以到MQD服务平台获取基于日内报价数据的动态更新结果。

样本区间并不都是连续的。

一、首次公开发行股票配置效率度量结果与分析

图 9－1 和图 9－2 分别展示了上海证券交易所、深圳证券交易所中所有 A 股的 IPO 抑价率的季度和年度结果。其中，IPO 算术平均抑价率根据当期每只股票的 IPO 数据等权重计算得到，而 IPO 加权平均抑价率则是以每只股票 IPO 募集资金总额占当期全部募集资金总额的比例为权重计算得到的加权平均值。

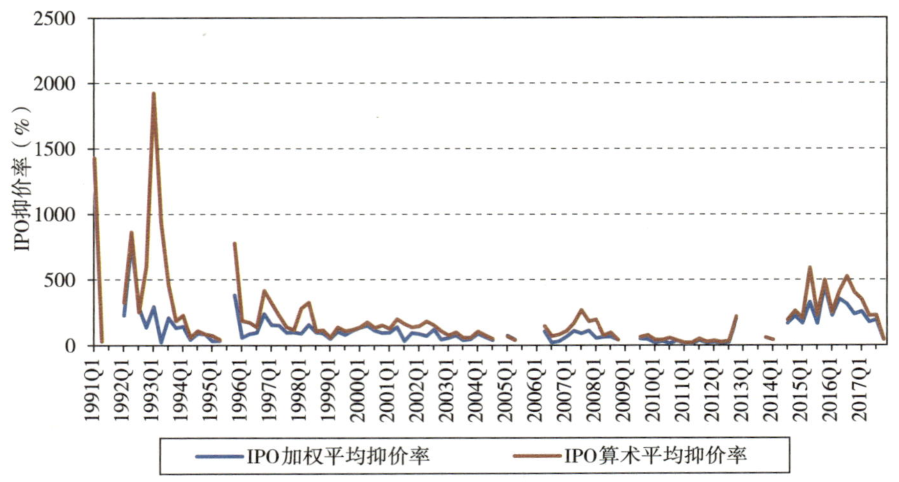

图 9－1　1991—2017 年中国股票市场首次公开发行抑价率季度结果

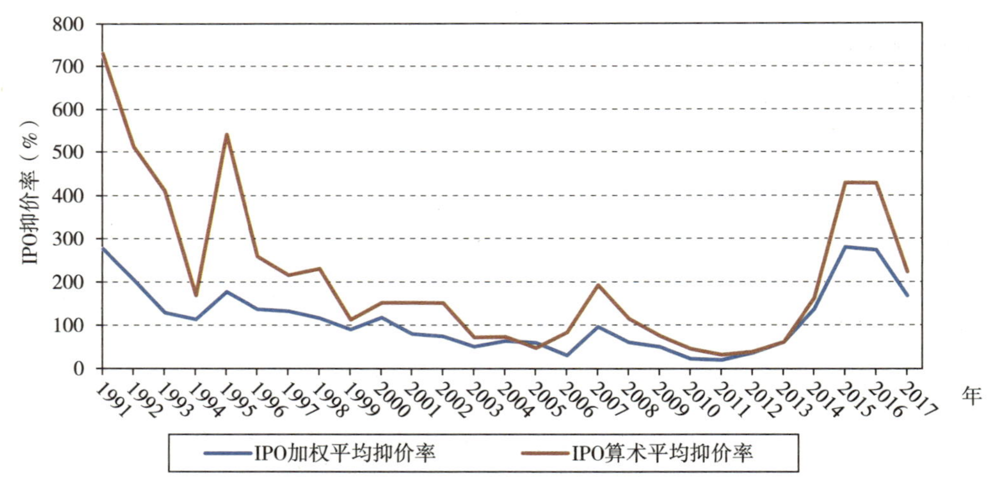

图 9－2　1991—2017 年中国股票市场首次公开发行抑价率年度结果

根据图 9－1 和图 9－2，本报告得到如下三个主要结论。首先，我国股票市场 IPO 抑价率较高，说明首次公开发行股票的配置效率较低。就 1991 年第一季度到 2017 年第四季度的样本区间，我国股票市场 IPO 算术平均抑价率与

IPO 加权平均抑价率的均值分别高达 217.15% 和 133.95%。而发达股票市场的 IPO 抑价率一般不超过 20%，新兴股票市场基本上都在 50% 以下，只有少数股票市场的 IPO 抑价率超过了 80%（Loughran et al.，1994，2015）。因此，初步比较来看，我国股票市场以 IPO 抑价率度量的配置效率并不理想①。

表 9－1 进一步统计了已有文献计算的中国股票市场 IPO 抑价率情况。可以看到，由于考察的区间不一样，不同文献列示的 IPO 抑价率差异较大。已有文献考察的样本区间基本覆盖了 1991 年到 2012 年，其均值为 220.52%，与本报告的结果基本一致。

表 9－1　已有文献计算的中国股票市场 IPO 抑价率情况

作者	样本数	样本区间	IPO 抑价率（%）
Mok 和 Hui（1998）	101	1990—1993 年	289.20
Su 和 Fleisher（1999）	308	1987—1995 年	948.59
Chen 等（2000）	277	1992—1995 年	350.47
Su（2004）	587	1994—1999 年	128.20
Chan 等（2004）	570	1995—1998 年	178.00
Wang（2005）	747	1994—1999 年	271.90
Kimbro（2005）	691	1995—2002 年	132.00
Li（2006）	314	1999—2001 年	134.62
Cheung 等（2009）	1191	1992—2006 年	133.61
Gao（2010）	217	2006—2008 年	157.00
Su 和 Bangassa（2011）	317	2001—2008 年	102.92
Tian（2011）	1377	1992—2004 年	219.01
Jia 等（2014）	1105	2006—2012 年	60.32
Hao 等（2014）	902	2004—2011 年	74.85
Chen 等（2015）	675	1999—2007 年	127.00
已有文献均值			220.52
本报告	3475	1991—2017 年	219.04

数据来源：根据 Cheung 等（2009）、Gao（2010）、Su 和 Bangassa（2011）、Tian（2011）、Jia 等（2014）、Hao 等（2014）、Chen 等（2015）等研究的结果整理而得。

其次，尽管我国股票市场的 IPO 抑价率还处于较高水平，但总体上呈现一定的下降趋势，说明我国股票市场首次公开发行股票的配置效率随着股票市场的逐步发展而不断改善。股市发展初期上市公司发行股票非常有限，导致了严重的供不应求。1990 年只有 8 只股票发行上市，1991 有 20 只股票发行但只有 5 只可以上市交易，之后股票发行数量才大幅增加。严重的供给不足导致 1990

① 在第十三章本报告对十三个国际主要股票市场进行了严谨的比较，得到了同样的结论。

年和1991年IPO抑价率非常高，单只股票的IPO抑价率最高超过了4400%①，季度均值最高超过了1400%。1993年股票发行正式实施审批制，股票发行的数量也开始快速增加。但审批制完全由政府和监管部门决定发行企业、价格、规模等项目，仍然不能很好地平衡发行企业与投资者之间的矛盾，IPO抑价率的季度均值经常超过200%，最高超过900%。发行制度的严重落后导致发行价格远低于二级市场交易价格，极大制约了股票市场配置资本的效率。1996年国务院证券委员将审批制改为“总量控制、限报家数”的配额制度，增加了发行的灵活性，在一定程度上促进了配置效率的改善。IPO抑价率均值逐渐从300%以上下降到150%左右。

为进一步减少行政审批特点和政府对股票发行的干预，中国证监会宣布从2001年开始实施通道制（又称推荐制），由专业的金融机构承担筛选上市公司的职能，大幅减少了政府干预。受该政策的积极影响，IPO抑价率均值进一步下降到100%以下。2004年中国证监会进一步推动发行制度市场化，实施了保荐制，强化了市场主体在发行中的决定作用。与此同时，2004年5月27日深市中小板正式启动，股票市场IPO数量增加一定程度上缓解了供需压力。在此背景下，IPO抑价率均值持续大幅下降到50%以下，甚至不到30%。然而，令人遗憾的是，深圳证券交易所与上海证券交易所分别从2011年和2014年开始对新股发行首日实施涨跌幅限制。原本为抑制新股发行市场过热的政策不仅没有发挥预期作用，反而损害了股票市场价格发现功能。涨跌幅限制虽然限制了上市首日涨跌幅，但市场上却出现了连续多个甚至超过30个交易日的连续涨停，进一步刺激了市场的投机情绪②。从2012年第二季度开始，IPO抑价率均值开始呈现出显著上升趋势，2014年第四季度上升到262.48%，伴随股市暴涨又进一步上升到589.19%。更加出乎意料的是，2016年之后股票市场持续下跌，但IPO抑价效率却没有下跌，仍然维持在200%到500%的范围内。以上结果说明，当前落后的发行制度已经严重阻碍了股票市场的配置效率。

最后，IPO抑价率受到股票市场极端波动的影响非常显著。在2007年和2015年股市快速上涨期间（参见第二章第三节），市场过度乐观的情绪导致负面信息无法进入股价之中，推高了发行市场与二级市场的股票需求。鉴于二级市场中个人投资者比例更高，股票价值更易被高估，这导致该期间中国股票市

① 飞乐音响（600651.SH）发行价格为7元，上市首日收盘价格为320.30元，抑价率为4475.71%；申华控股（600653.SH）发行价格为15元，上市首日收盘价格为329.50元，抑价率为2096.67%；万科A（000002.SZ）发行价格为1元，上市首日收盘价格为15.63元，抑价率为1463%。

② 上市首日无涨跌停虽然可能会导致当日涨跌幅过大，但其持续时间比较短。限制涨跌停虽然使上市当日的涨跌幅保持在一定范围内，但持续多日的连续涨停会不断放大股价上涨的影响。因此后者的影响可能更加显著，也更加持久。

场 IPO 抑价率更高。本报告还发现，2015 年的股市暴涨暴跌对 IPO 抑价率指标的影响显著高于 2007 年，说明前者导致的配置效率下降比金融危机的影响更为严重。这可能是因为，首日发行涨跌幅限制在一定程度上放大了股市异常波动对配置效率的不利影响。

此外，相对于简单算术平均，加权后的 IPO 抑价率水平相对较低且变化更加平缓。这一结果有三层含义。第一，首次公开发行股票募集资金额度较大的企业通常也是资产规模较大的企业，其信息不对称问题更小，因此抑价率更低。第二，较大的募集资金规模在一定程度上缓解了股票供求之间的不平衡，减少了制度因素对抑价率的不利影响，因此我国股票市场适当增加优质股票的供给有助于提高配置效率。第三，以往以算术平均值计算的 IPO 抑价率低估了股票市场的实际配置效率。

二、再融资配置效率度量结果与分析

图 9－3 和图 9－4 分别展示了我国股票市场再融资股票发行配置效率的季度和年度结果。再融资股票发行配置效率采用折价率进行度量，其详细计算公式见第六章相关内容（式（6－3））。本报告同时展示了再融资算术平均折价率与加权平均折价率。算术平均与加权平均的计算方法与前文一致，在此不再赘述。

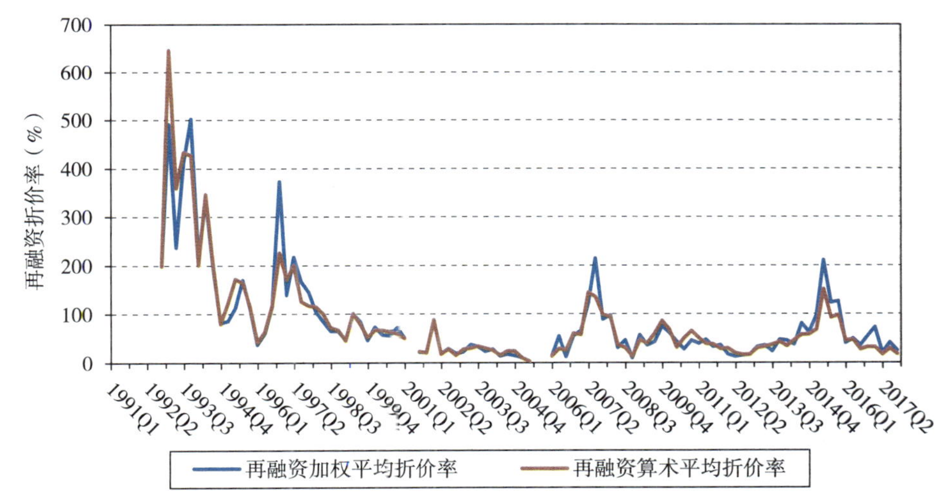

图 9－3　1991—2017 年中国股票市场再融资折价率季度结果

综合来看，从图 9－3 和图 9－4 中可以得出以下几个结论。首先，我国股票市场再融资折价率较高，配置效率比较低。本报告的结果要高于国内已有文

献的结果（胡乃武等，2002；何贤杰和朱红军，2009；姜来等，2010）①。与之相比，美国、英国、澳大利亚以及德国等发达股票市场的再融资折价率一般不超过 20%（Altinkilic and Hansen，2003；Corwin，2003；Owen and Suchard，2008；Armitage et al.，2014）。因此本报告结果表明，我国股票市场再融资折价率远远超过国际发达股票市场，即配置效率低于国际发达股票市场②。

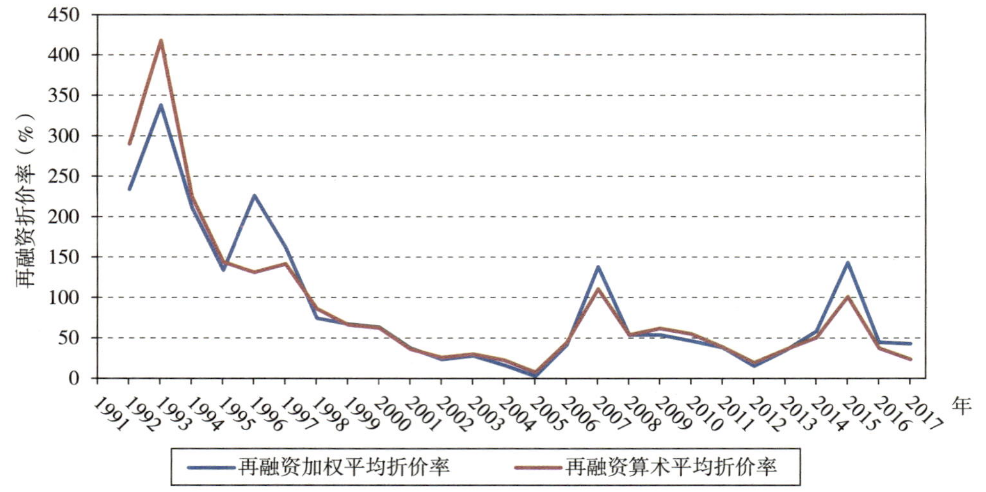

图 9－4　1991—2017 年中国股票市场再融资折价率年度结果

其次，再融资配置效率的变化与 IPO 配置效率非常相似，总体上呈现较为明显的改善趋势，但近些年出现了一定程度的下降。在股市发展的早期，再融资折价率季度均值都超过了 600%，年度均值也超过了 400%。但从 1997 年开始，再融资折价率开始出现非常明显的下降，从超过 300% 一直下降到 2005 年初的不到 10%。再融资配置效率的提升与制度改革密切相关。在股市早期，非定向增发与配股等再融资股票发行面临与首次公开发行类似的严格审批制度，很多企业都无法达到再融资规定的要求，因此再融资数量比较有限。在供给不足的情况下，再融资发行股票的价格无法真实反映其基本价值，因此股票市场配置效率很低。随着发行制度的不断市场化，再融资股票发行数量与募集资金规模快速增长，折价率不断下降，配置效率不断提高。其中，2001 年 6 月 12 日《减持国有股筹集社会保障资金管理暂行办法》的出台，标志着国有股减持工作正式启动，国有股减持增加了市场上的流通股存量，在一定程度上缓

① 国内研究再融资的文献虽然比较丰富，但很少报告折价率的统计结果。在报告结果的文献中，再融资折价率一般都超过了 30%。在报告折价率的文献中，研究所采用的样本以及样本区间也差异很大，而且样本容量太小，因此这些文献的结果与本报告存在较大的差异。

② 尽管这一比较结果可能会受到样本区间不一致的影响，但并不会改变本报告的结论。在之后的第十三章，本报告进行了严谨的国际比较，得到了同样的结论。

解了中国股票市场供需失衡问题。在2001年到2005年我国股票市场持续走弱且交易萎缩的情况下，再融资发行急剧减少，但折价率却持续下降，说明股票市场供需逐渐平衡，配置效率持续改善。但是2006年5月6日中国证监会发布的《上市公司证券发行管理办法》，允许增发选择非公开方式，向不超过10个特定对象定向增发股票。定向增发采用了与首次公开发行类似的市场化发行方式，但比公开发行的成本更低更便捷，因此迅速成为上市公司再融资首选的方式。目前，定向增发募集资金规模已经远远超过首次公开发行，通常是后者的数倍。但定向增发在便利上市公司的同时也带来了新的问题，一些上市公司借助定向增发进行利益输送，严重侵害了中小股东的利益。如此一来，定向增发中的信息不对称问题日益凸显，导致再融资折价率从2006年开始出现下降。尽管这种下降与股市异常波动有密切联系，但股市相对平静时期的折价率仍显著高于2005年之前的结果，说明定向增发很可能损害了再融资配置效率。

最后，市场波动对再融资折价率的影响较大，且加权后这一影响更加显著。在2007年和2015年，再融资折价率的算术平均值分别达到111.43%和102.02%，加权平均值更是分别达到了139.07%和144.36%，均远远高于总体均值水平。值得注意的是，这两次股市异常波动中，再融资折价率变化对2007年和2015年的市场波动敏感度差异并不是很大，这与IPO抑价率的波动呈鲜明的对比。

三、我国股票市场总体配置效率的分析

在以上首次公开发行配置效率与再融资配置效率分析的基础上，本报告进一步将两者合并为总的股票市场配置效率进行度量和分析。本报告分别计算了IPO抑价率与再融资折价率的算术平均值与加权平均值。算术平均值是对每个股票发行赋予相同权重计算的抑价率与折价率平均值，而加权平均值是以IPO或再融资规模为权重计算的抑价率与折价率平均值。算术平均值是目前学术文献中最常用的方法，为便于将本报告结果与其他研究进行横向比较，本报告采用算术平均值来进行分析。然而，由于IPO募集资金规模明显小于再融资规模，因此算术平均值可能会高估IPO抑价率的影响，低估再融资折价率的影响。鉴于此，本报告同时展示了加权平均值的结果，并以此进行分组度量分析。由于抑价率与折价率是配置效率的反向度量，因此两者的平均值越高，配置效率越低，反之则相反。

图9－5和图9－6分别展示了两种方式加权的平均值季度与年度结果。可以看到，总体配置效率的变化与IPO配置效率以及再融资配置效率非常类似。随着发行制度市场化改革的不断深化，IPO市场和再融资市场的配置效率也不

断提高。

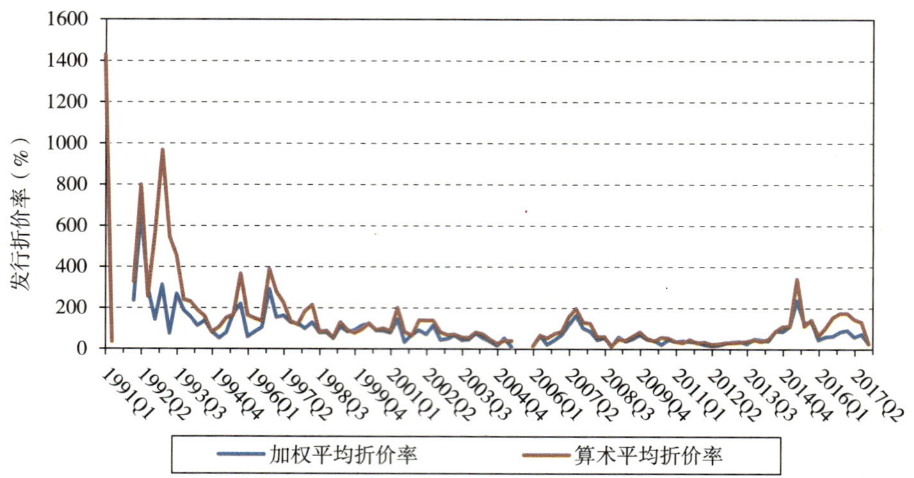

图 9-5　1991—2017 年中国股票市场总体配置效率季度结果

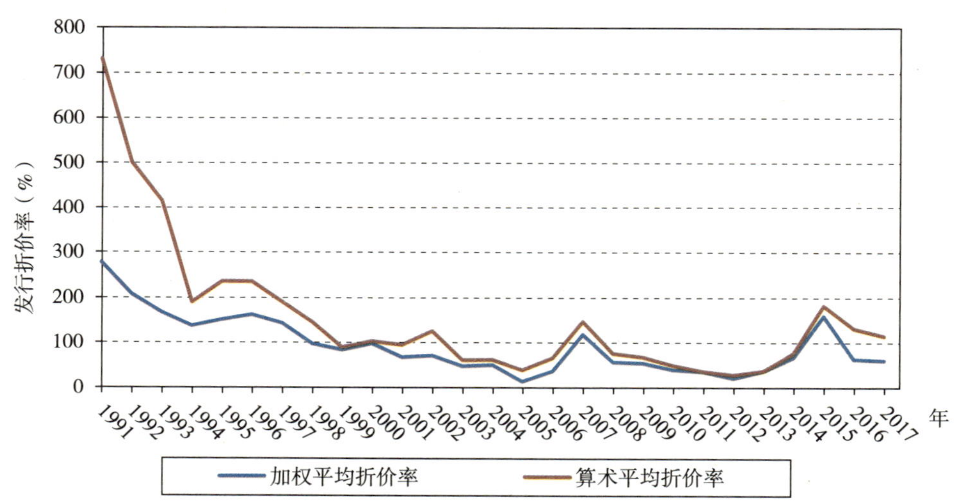

图 9-6　1991—2017 年中国股票市场总体配置效率年度结果

通过图 9-5 和图 9-6 可以发现，虽然有一些波动，但中国股票市场 IPO 抑价率与再融资折价率的平均值自 1991 年以来呈现下降趋势。这表明中国股票市场的配置效率随着股票市场的发展而平稳上升，但由于受到制度因素和市场冲击的影响而出现波动。

在此基础上，本报告进一步分析了总体配置效率在不同上市板块、不同行业以及不同所有权性质上市公司之间的差异。

（一）总体配置效率分板块度量结果分析

图 9-7 和图 9-8 展示了沪市主板、深市主板、中小板和创业板的总体配置效率结果。其中，各板块总体配置效率均按照前述加权方法得到。结合

表9－2，本报告有如下两个主要结论。

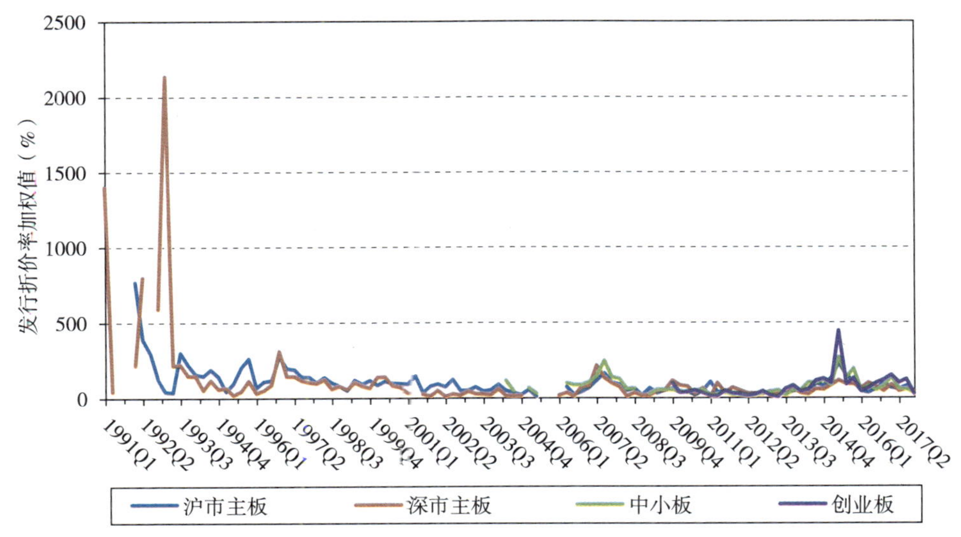

图9－7　1991—2017年我国股票市场不同板块总体配置效率季度结果

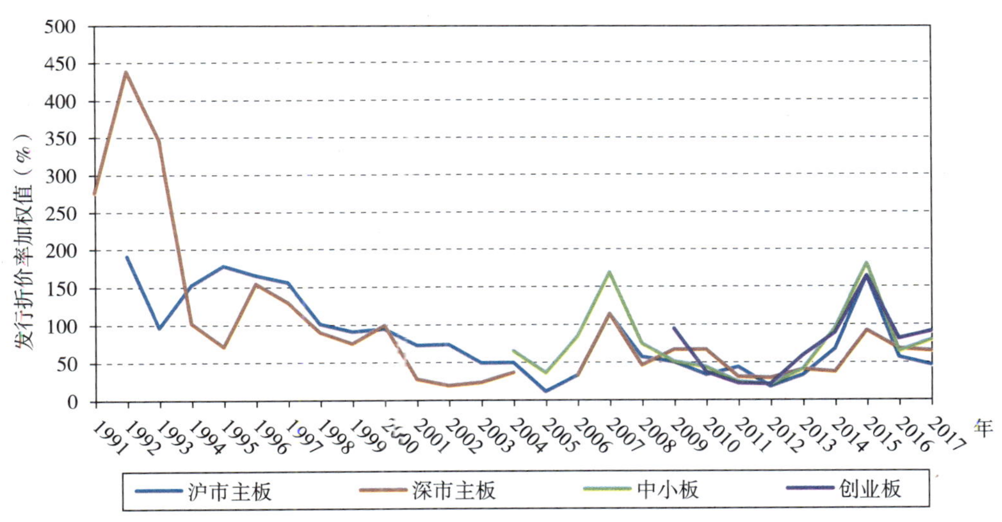

图9－8　1991—2017年我国股票市场不同板块总体配置效率年度结果

第一，主板与中小板、创业板的发行折价率之间存在一定差异。一般而言，中小板和创业板的折价率均值高于主板，波动性也高于主板。2004年中小板上市，不同板块之间开始可比，因此本报告利用2004年第二季度以来的数据对各市场板块的折价率进行了描述性统计。从均值来看，IPO抑价率与再融资折价率的平均值从大到小分别是中小板（71.33%）、创业板（70.39%）、沪市主板（54.68%）和深市主板（53.50%），相应的配置效率依次提高。其中，主板市场的IPO抑价率与再融资折价率的平均值相对最低，表现出较为良好的配置效率，这说明主板上市企业的信息不对称程度较低，对应的投资者投

资决策也相对理性。

第二，不同市场板块波动性差异明显。以标准差作为波动性测度，创业板、中小板、沪市主板和深市主板波动性依次减弱。2007 年前后，中小板市场波动最剧烈，其次是深市主板和沪市主板，主板的波动幅度相对较小。2015 年前后，深市主板 IPO 抑价率与再融资折价率的平均值波动最小，中小板、创业板和沪市主板市场成为我国股票市场的波动主力。这一现象也说明，沪市主板相对于深市主板受到 2015 年股灾的影响更大。

表 9 – 2　沪深两市股票分板块配置效率统计

	沪市主板	深市主板	中小板	创业板
均值	54. 68	53. 50	71. 33	70. 39
中值	42. 29	45. 95	52. 10	47. 95
标准差	42. 29	38. 83	54. 76	77. 70
最小值	5. 23	4. 45	12. 17	0. 94
最大值	226. 18	211. 84	265. 36	440. 40

（二）总体配置效率分行业度量结果分析

图 9 – 9 展示了我国股票市场总体配置效率分行业度量结果的均值情况。总体配置效率以 IPO 抑价率与再融资折价率的加权平均值度量，发行抑价率的加权平均值越低，配置效率越高，反之则相反。股票发行当年所属行业分类标准为中国证监会 2012 年行业分类标准的大类行业。图 9 – 9 的结果表明，卫生和社会工作、水利、环境和公共设施管理业、文化、体育和娱乐业这三个行业的 IPO 抑价率与再融资折价率加权平均值最高，配置效率最低。制造业、科学研究和技术服务业、采矿业的 IPO 抑价率与再融资折价率加权平均值都在 80% 到 100% 之间。金融业的 IPO 抑价率与再融资折价率加权平均值为 75. 92%，配置效率处于中等水平。电力、热力、燃气及水的生产和供应业（41. 42%）以及信息传输、软件和信息技术服务业（44. 21%）的 IPO 抑价率与再融资折价率加权平均值均低于 50%，是配置效率最高的两个行业。电力、热力、燃气及水的生产和供应业的企业通常为规模较大的公共服务企业，其较低的 IPO 抑价率与再融资折价率加权平均值与实际较为相符。然而信息传输、软件和信息技术服务业的 IPO 抑价率与再融资折价率加权平均值最低却似乎与直觉并不一致。导致这种结果的可能原因在于，由于普遍认为该行业风险较大，发行市场投资者投入了更多的专业知识与能力，提高了定价的准确性，从而降低了抑价率、提高了配置效率。

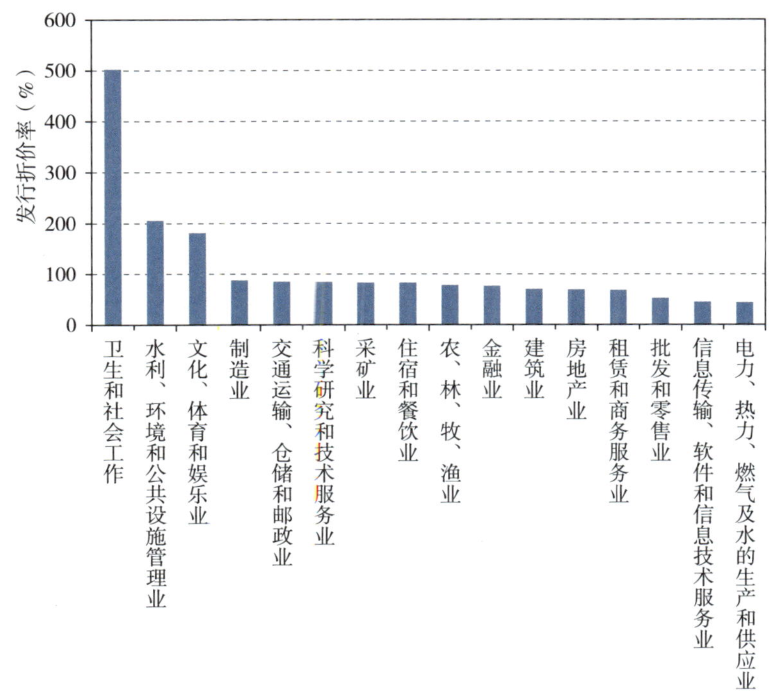

图 9－9　我国股票市场总体配置效率分行业均值情况

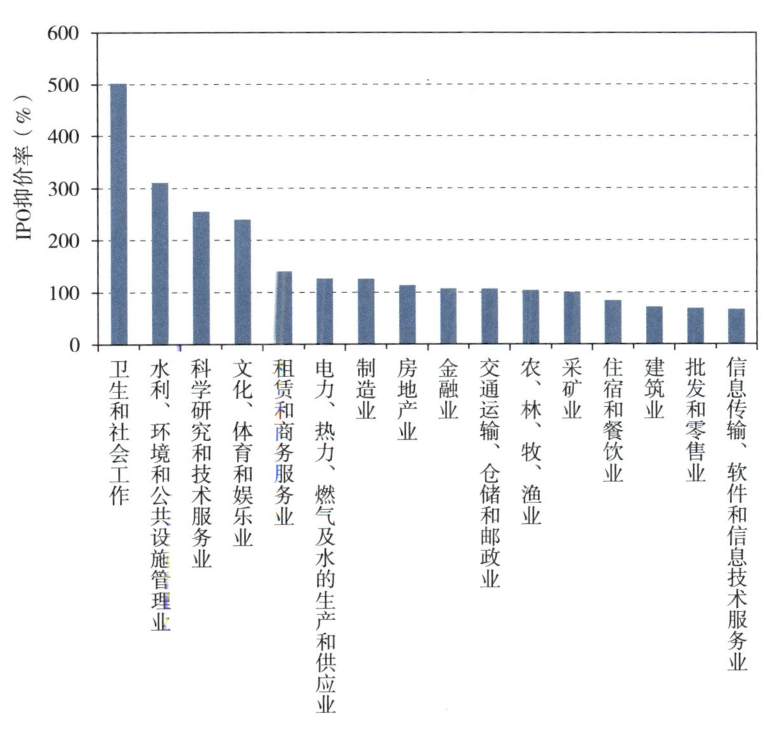

图 9－10　我国股票市场 IPO 抑价率的分行业均值

本报告进一步比较了IPO配置效率与再融资配置效率的分行业结果。结果表明，IPO配置效率与再融资配置效率在不同行业的表现存在非常明显的差异。对于IPO，抑价率最低的是信息传输、软件和信息技术服务业，其次是批发和零售业，最差的是卫生和社会工作、水利、环境和公共设施管理业、科学研究和技术服务业以及文化、体育和娱乐业。对于再融资，配置效率最好的是电力、热力、燃气及水的生产和供应业，其次是信息传输、软件和信息技术服务业，最差的则是交通运输、仓储和邮政业，以及住宿和餐饮业、制造业。值得注意的是，建筑业的IPO配置效率较高，但再融资配置效率却较差。

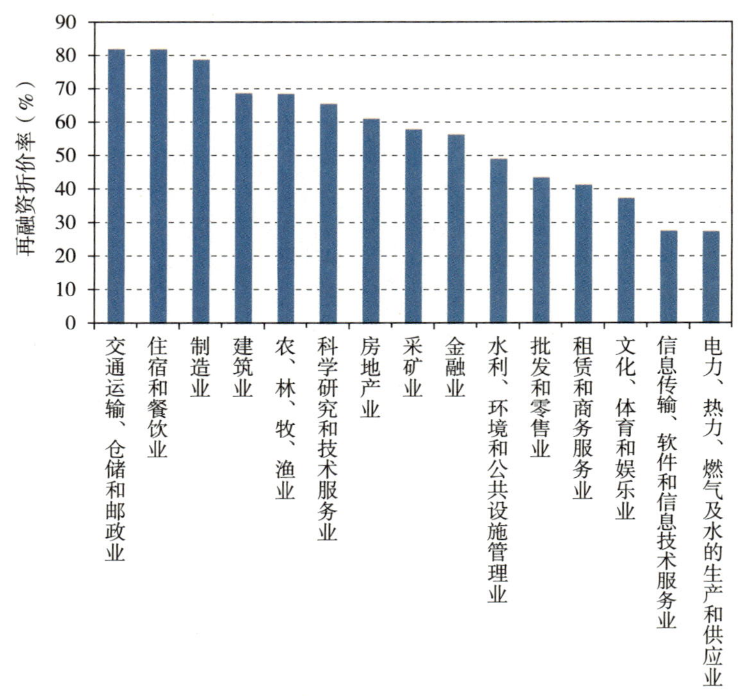

图9－11　中国股票市场再融资折价率的分行业情况

（三）总体配置效率分所有权性质度量结果分析

图9－12和图9－13分别展示了1991年到2017年不同所有权性质上市公司的总体配置效率季度与年度结果。依据所有权性质，本报告将上市公司分为国有控股和非国有控股上市公司两类，然后将其发行股票的抑价率或折价率按照筹资额加权。可以看到，国有控股股票的IPO抑价率与再融资折价率加权平均值基本上都低于非国有控股，因此配置效率相对较高。同时，应该注意到，国有控股公司也容易受到市场异常波动的影响。

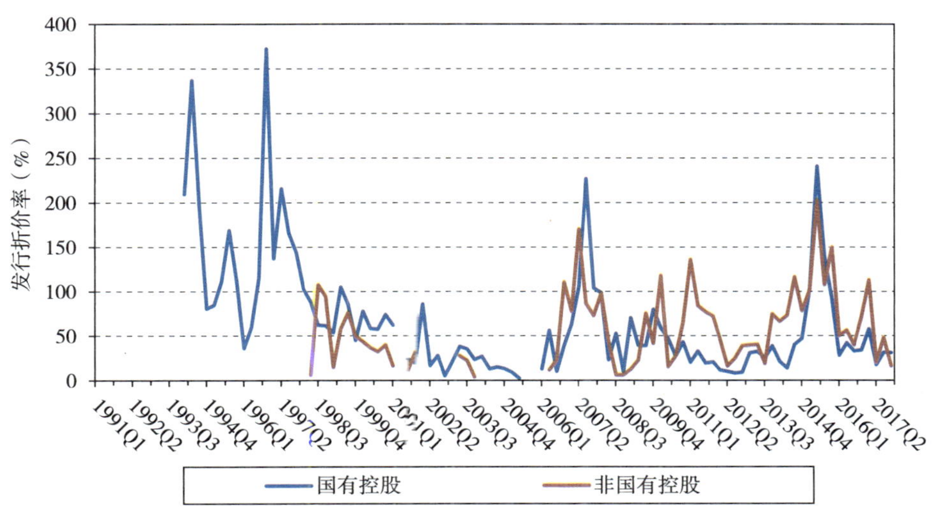

图 9－12　1991—2017 年不同所有权性质上市公司的总体配置效率季度结果

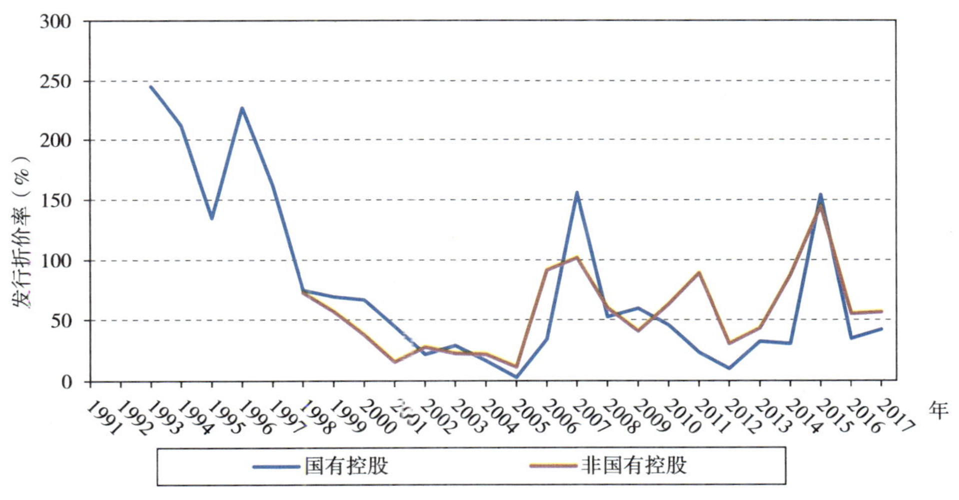

图 9－13　1991—2017 年不同所有权性质上市公司的总体配置效率年度结果

第二节　运行效率度量结果与分析

一、相对有效价差度量结果与分析

本报告首先对相对有效价差进行总体结果分析，然后按照板块、流动性等进行分组比较分析。本报告主要依据季度的结果进行分析，但同时给出了年度的结果作为辅助。对于有些指标，季度的结果数据波动较大而难以判断指标的变化趋势，而年度的结果可以更好地过滤这种噪音，从而发现指标变化趋势。

（一）中国股票市场相对有效价差度量总体结果

图 9 – 14 展示了上海证券交易所、深圳证券交易所以及以日成交额为权重的两个交易所加权后的相对有效价差总体结果的季度变化。在计算过程中，借鉴以往研究，本报告在 1% 的水平对日相对有效价差进行了 Winsor 处理，并在此基础上将日数据进行算术平均得到了季度相对有效价差。

从图 9 – 14 可以得到如下几个结论。第一，尽管存在一定波动，但总体上我国股票市场交易成本呈现非常明显的下降趋势。相对有效价差从 20 世纪 90 年代中后期的最高季度加权平均值 66.72 个基点下降到 2017 年第四季度的 15.27 个基点，下降幅度高达 77.11%。

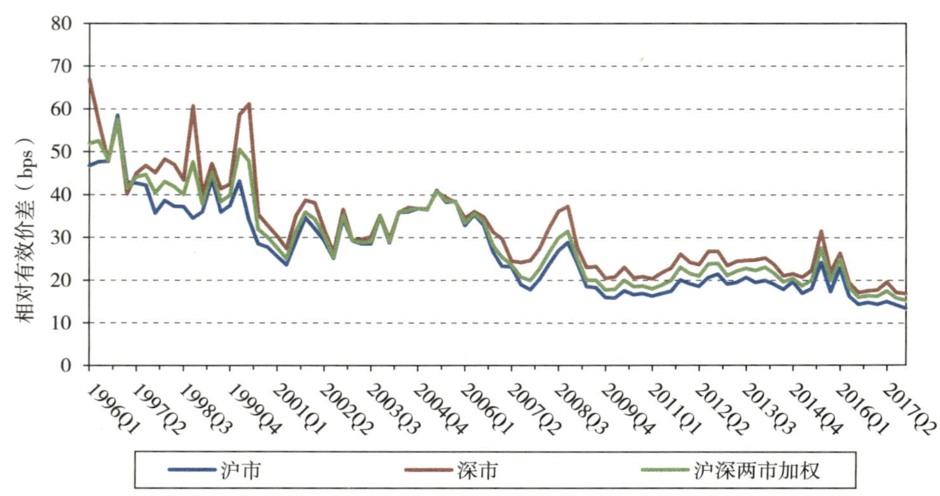

图 9 – 14 上海证券交易所、深圳证券交易所以及两个交易所以成交额加权的相对有效价差（季度）

第二，相对有效价差的变化与股票市场涨跌负相关，尤其是在股票市场暴涨暴跌期间。上海证券交易所上市股票的相对有效价差与上证综合指数的相关系数为 –0.66，深证证券交易所上市股票的相对有效价差与深证成分指数的相关系数为 –0.33。1996 年 12 月 13 日，我国证券市场实行涨跌停板制度，随后的几个交易日沪深股市都出现了大幅下跌，甚至跌停，该季度相对有效价差随之大幅增加。之后股市快速上涨，相对有效价差随之明显下降。而随着互联网泡沫的兴起，沪深两市相对有效价差从 2000 年第二季度的加权平均值 47.57 个基点下降到了 2001 年第二季度的 25.06 个基点，下降幅度高达 47.52%。但随着之后股市暴跌，相对有效价差很快就上升了 43.09%，达到了 35.85 个基点。受股权分置改革的积极影响，股市从最低不到 1000 点持续上涨到最高 6124 点，相对有效价差也再次从股改前 2005 年第二季度的 40.77 个基点下降到 2007 年第三季度的 20.69 个基点，下降了 49.25%。但之后的持续暴跌又导致相对有效价差上升到 2008 年第四季度的 31.39 个基点，上升了 51.71%。

2015 年 6 月前后，股票市场又出现暴涨暴跌，相对有效价差也随之先下降后上升。2016 年 1 月初熔断机制的触发再次导致股市暴跌，该季度有效价差也随之上升。

第三，从总体上看，股市暴涨暴跌对相对有效价差的影响越来越小。尽管每次股市暴涨暴跌都会导致相对有效价差大幅下降与上升，但后续发生的股市暴涨和暴跌都会使相对有效价差加权平均值低于前一次。不仅如此，就相对有效价差而言，2015 年的暴涨和暴跌虽然与 2007 年接近，但其间相对有效价差的上升与下跌幅度都明显小于前者。2016 年股市暴跌对相对有效价差的影响更不明显。

第四，从两个交易所各自的情况来看，上海证券交易所上市股票的相对有效价差总体上要低于深圳证券交易所上市股票的相对有效价差，但在 2002 年到 2005 年之间，两者的差异不明显。就 1996 年到 2017 年的样本区间，上海证券交易所上市股票相对有效价差的加权平均值为 27.59 个基点，深圳证券交易所上市股票相对有效价差的加权平均值为 32.43 个基点，两者相差 4.84 个基点，差异在 1% 的水平高度显著。

图 9－15 展示了上海证券交易所、深圳证券交易所以及以日成交额为权重的两个交易所加权后的相对有效价差总体结果的年度变化。可以看到，与季度相对有效价差相比，年度相对有效价差的变动更加平滑，但下降的趋势更为明显。不仅如此，2015 年和 2016 年两次股灾的影响已经变得非常不明显。这些结果表明，经过二十多年的发展和不断改革，中国股票市场运行效率已经得到了非常明显的改善。交易成本不断下降，运行效率稳定性不断增强。

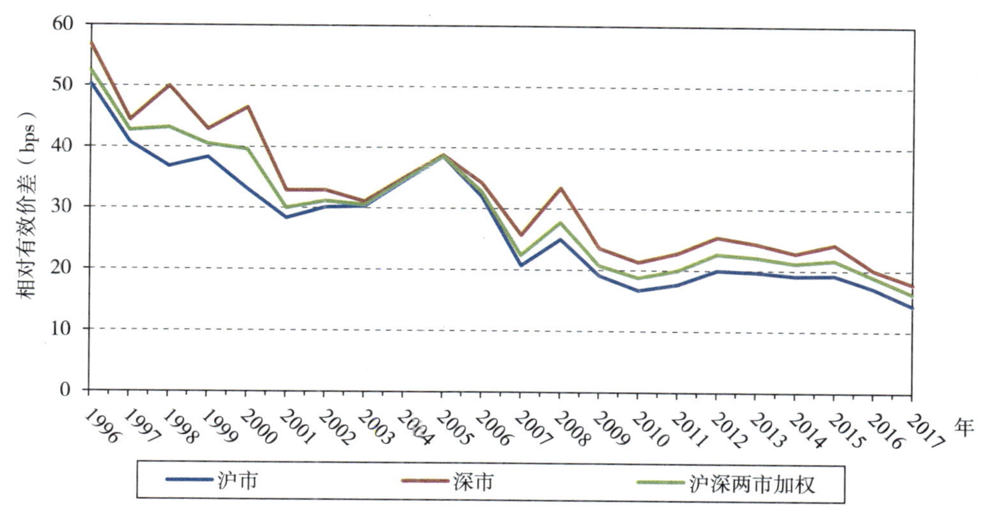

图 9－15　上海证券交易所、深圳证券交易所以及两个交易所以成交额加权的相对有效价差（年度）

（二）相对有效价差分组度量结果与分析

1. 上市各板块的相对有效价差度量结果与分析

本报告重点考察了沪市主板、深市主板、中小板与创业板四个上市板块相对有效价差的度量结果与差异。一般认为，沪市主板上市公司的规模最大，深市主板其次，中小板再次，最后是创业板。理论上，规模越大的上市公司信息不对称越低，因此相对有效价差也就越低。但本报告发现中国股票市场可能提供了不一样的观察。

图9－16和图9－17分别展示了沪市主板、深市主板、中小板以及创业板相对有效价差的季度与年度结果。从图9－16和图9－17的结果来看，本报告可以得到三个主要结论。

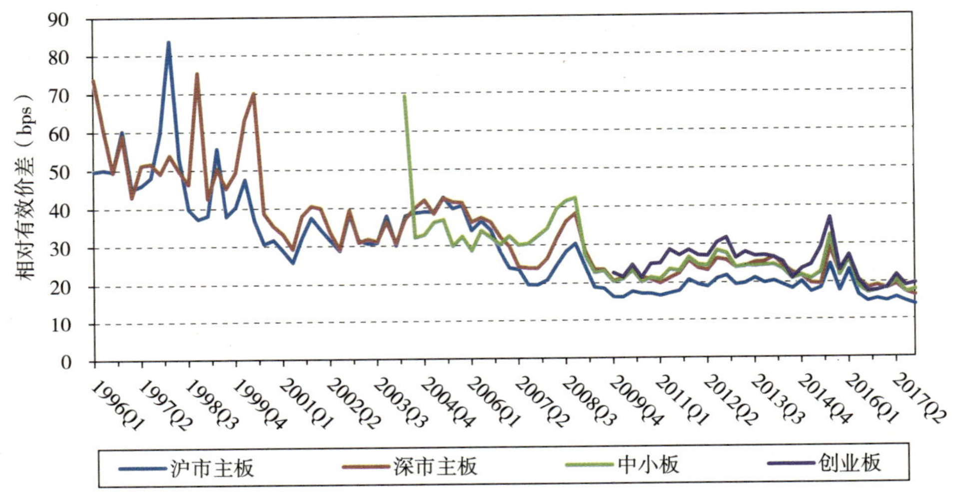

图9－16　沪市主板、深市主板、中小板以及创业板相对有效价差（季度）

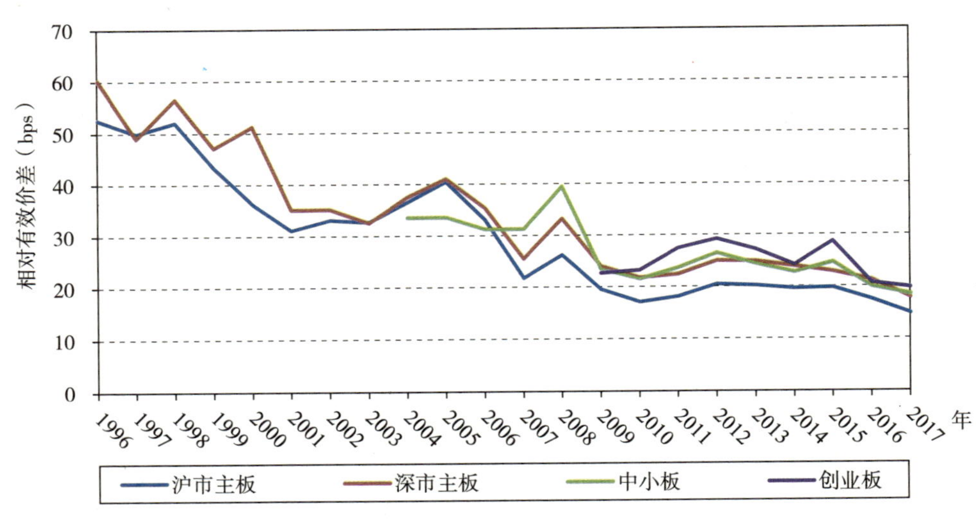

图9－17　沪市主板、深市主板、中小板以及创业板相对有效价差（年度）

第一，各板块相对有效价差的变动趋势一致。沪市主板、深市主板、中小板和创业板相对有效价差的趋势与总体趋势是一致的，都是明显的下降趋势。

第二，除了2002年到2005年，其他多数时间内沪市主板的相对有效价差都明显低于深市主板。t检验表明，在2005年之前，沪市主板与深市主板的相对有效价差差异为3.68，但t统计值仅为1.44，而2005年之后，两者的差异扩大到4.20，t统计值为3.90，在1%的水平显著。此外，沪市主板交易股票的相对有效价差受股市波动的影响低于深市主板交易股票。

第三，中小板与创业板发展初期的相对有效价差较高，但随着市场的不断完善，深市主板与中小板、创业板相对有效价差的差异已经并不明显。中小板创业开设的第一个季度相对有效价差加权平均值高达69.12个基点，但随后一个季度就下降到了32.12个基点，下降了53.53%。尽管在2007年股灾期间，中小板相对有效价差上升幅度较大，但之后与深市主板相对有效价差基本没有差异。创业板相对有效价差的表现与中小板非常类似，从2016年股灾之后已经与深市主板、中小板没有显著差异。

2. 沪深两市主要指数成分股相对有效价差度量结果与分析

本报告重点考察了上证50指数、深证100指数与沪深300指数。上证50指数开始于2004年1月2日，其成分股代表了上海证券交易所上市股票中流动性最好的50只股票；深证100指数开始于2003年1月1日，其成分股代表了深圳证券交易所上市股票中流动性最好的100只股票；而沪深300指数开始于2005年4月8日，其成分股则代表了沪深两市上市股票中流动性最好的300只股票。本报告将所有上市公司分成指数成分股与非指数成分股。理论上，流动性最好的股票其相对有效价差也应该最低。

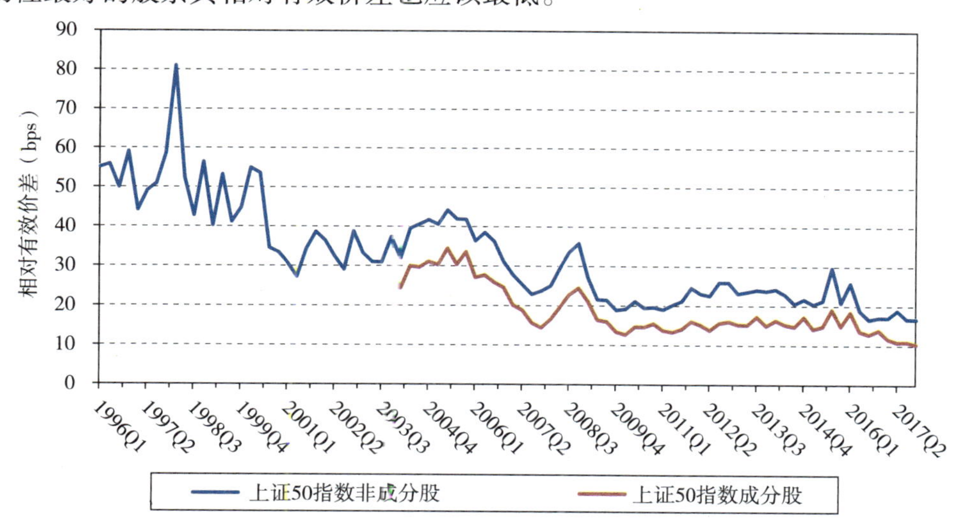

图9-18 上证50指数成分股与非成分股的相对有效价差（季度）

图 9 - 18 和图 9 - 19 分别展示了上证 50 指数成分股与非成分股相对有效价差季度与年度的度量结果。可以看到上证 50 指数成分股与非成分股相对有效价差的下降趋势与总体趋势保持一致。不仅如此，上证 50 指数成分股相对有效价差明显低于非成分股有效价差。就 2003 年到 2017 年的样本区间，上证 50 指数成分股相对有效价差加权平均值为 19.97 个基点，最低为 11.06 个基点，而非成分股相对有效价差加权平均值为 25.30 个基点，最低为 17.43 个基点。两者的加权平均值差异 5.33 个基点，在 1% 的水平显著。

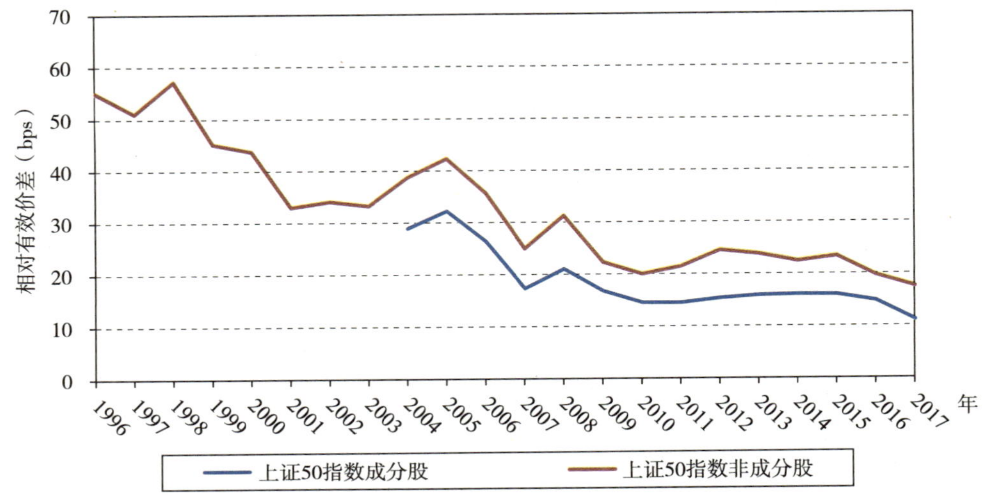

图 9 - 19　上证 50 指数成分股与非成分股的相对有效价差（年度）

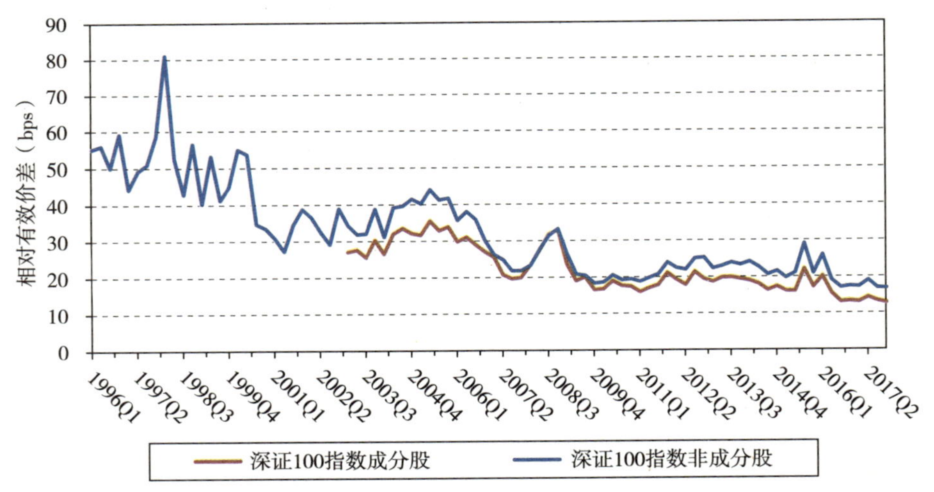

图 9 - 20　深证 100 指数成分股与非成分股的相对有效价差（季度）

图 9 - 20 和图 9 - 21 分别展示了深证 100 指数成分股与非成分股相对有效价差季度与年度的度量结果。深证 100 指数成分股相对有效价差在 2008 年股灾期间与非成分股并没有显著差异，但在其他多数时间内两者的相对有效价差

差异明显。这一结果与上证 50 指数并不一致，说明深证 100 指数成分股与非成分股的区分度弱于上证 50 指数成分股与非成分股。但这一结果与前述上市板块中深市主板、中小板以及创业板相对有效价差差异不明显的结果可能是一致的。

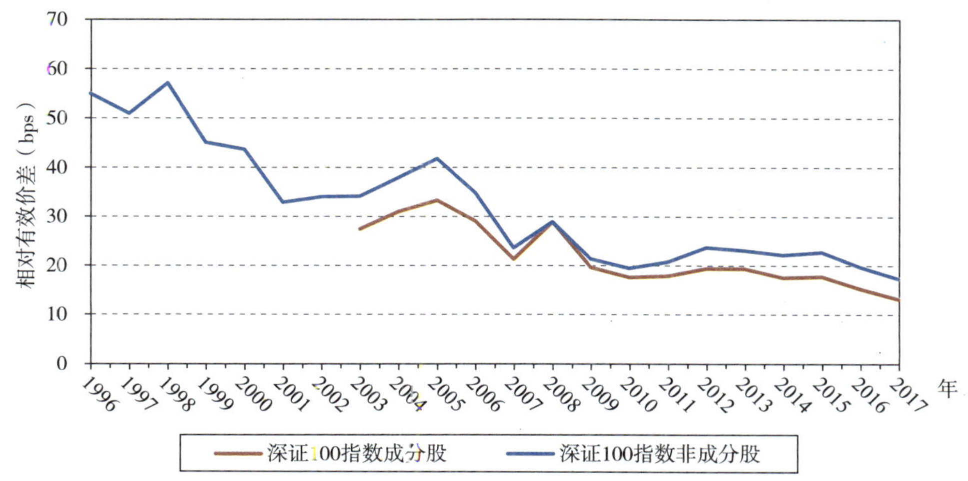

图 9－21　深证 100 指数成分股与非成分股的相对有效价差（年度）

图 9－22 和图 9－23 分别展示了沪深 300 指数成分股与非成分股相对有效价差季度与年度的度量结果。与上证 50 指数类似，沪深 300 指数成分股与非成分股相对有效价差的差异在所有样本区间都是显著的。就 2005 年到 2017 年的样本区间，沪深 300 指数成分股相对有效价差的加权平均值为 19.99 个基点，最低为 13.38 个基点，非成分股相对有效价差的加权平均值为 27.25 个基点，最低为 17.33 个基点。两者差异 7.26 个基点，在 1% 的水平显著。

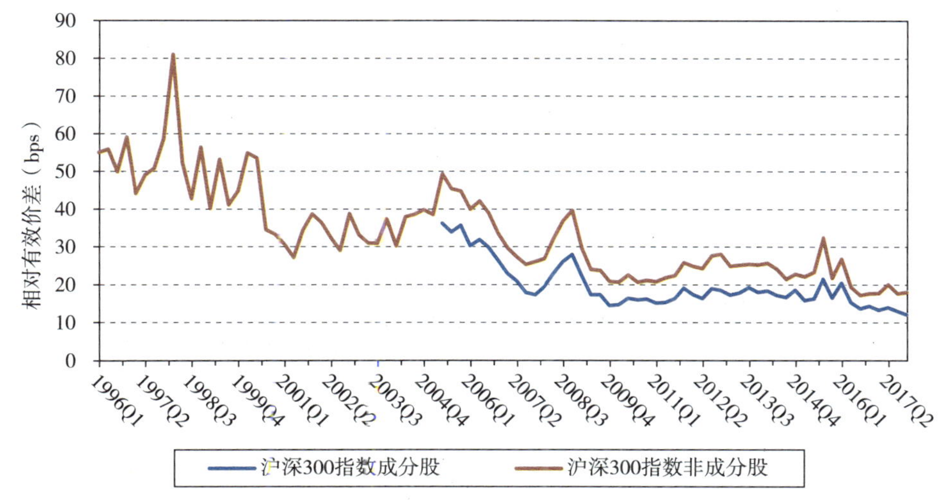

图 9－22　沪深 300 指数成分股与非成分股的相对有效价差（季度）

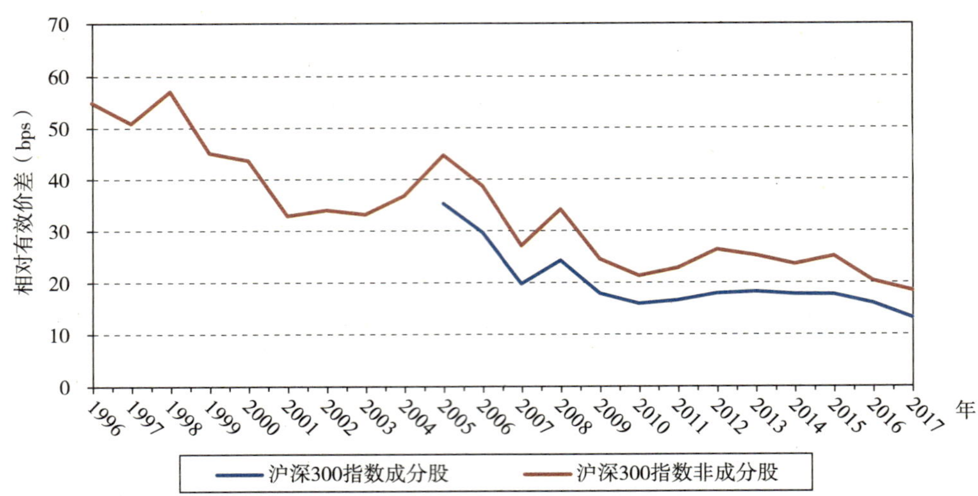

图 9－23　沪深 300 指数成分股与非成分股的相对有效价差（年度）

3. 不同流动性股票的相对有效价差度量结果与分析

本报告进一步依据成交额大小将沪深两市交易股票流动性细分为十个组，并比较了各组相对有效价差的差异。流动性分组依据每日市场成交额的十分位数，将所有样本股票平均分为 0～10%、10%～20%、20%～30%、30%～40%、40%～50%、50%～60%、60%～70%、70%～80%、80%～90% 以及 90%～100% 十个组。本报告先计算每日各组经成交额加权的相对有效价差，然后再计算季度和年度算术平均值。理论上，流动性与有效价差存在负相关关系，即流动性越好相对有效价差越小，流动性越差相对有效价差越大。

图 9－24 和图 9－25 分别展示了依据成交额十分位数分组的相对有效价差季度与年度的度量结果。主要结论有四个。

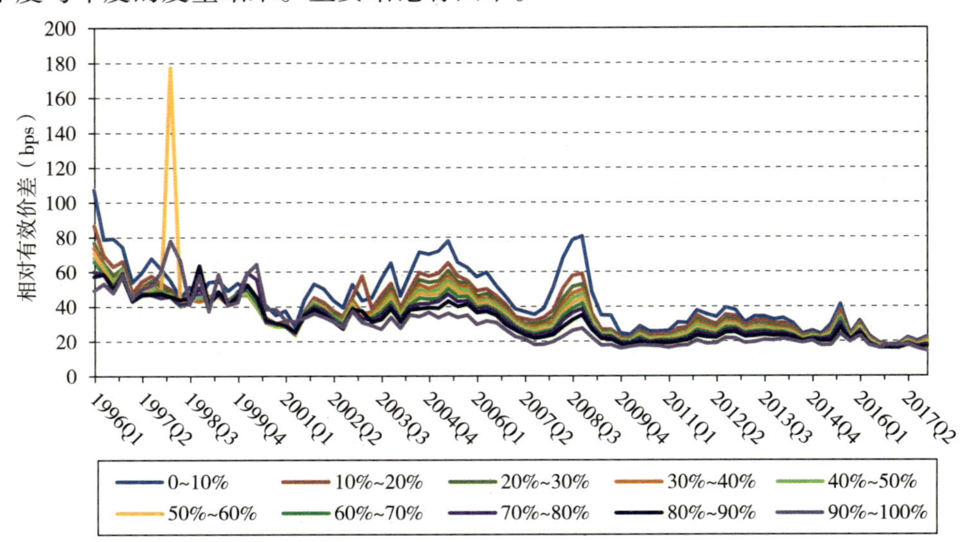

图 9－24　股票流动性与相对有效价差（季度）

第一，所有流动性分组相对有效价差的趋势与总体趋势一致，呈现明显的下降趋势。尤其是流动性最好的 90% ~ 100% 组，相对有效价差显著下降。

第二，2001 年之前，不同流动性分组之间的相对有效价差没有明显的规律，但在 2001 年之后，相对有效价差与流动性之间表现出持续和稳定的负相关关系。不仅如此，2009 年之后流动性分组之间相对有效价差差异更小。

第三，流动性最好的 90% ~ 100% 组相对有效价差最低，且受股市波动的影响非常小，但其他流动性分组的相对有效价差受股市波动的影响随流动性下降而增大。

第四，股市极端波动期间以及成交量急剧萎缩的 2002 年到 2005 年，流动性分组之间相对有效价差差异明显大于股市正常期间。

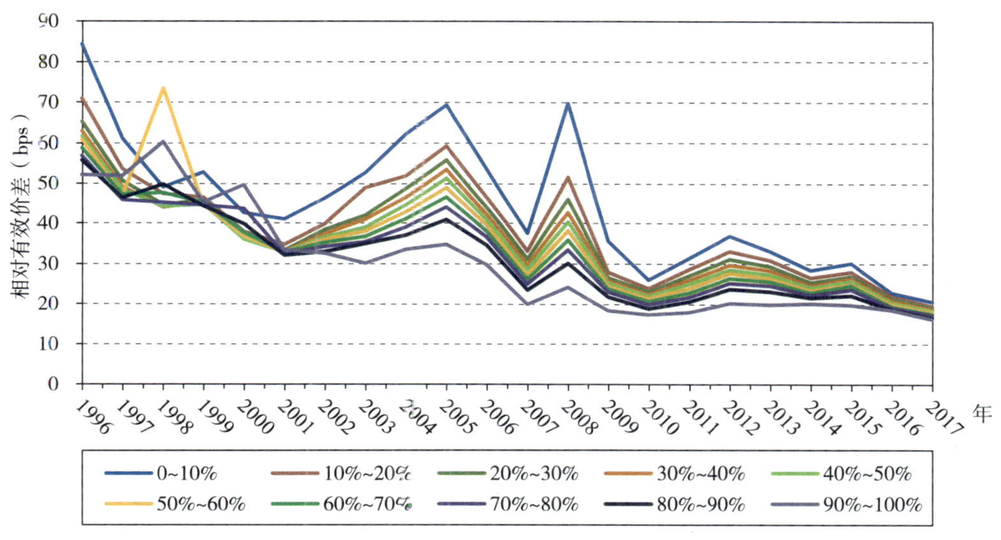

图 9 – 25　股票流动性与相对有效价差（年度）

4. 不同市值的相对有效价差度量结果与分析

本报告进一步依据股票流通市值将沪深两市交易股票流动性细分为十个组，并比较了各组相对有效价差的差异。流通市值分组依据每日股票市值的十分位数，将所有样本股票平均分为 0 ~ 10%、10% ~ 20%、20% ~ 30%、30% ~ 40%、40% ~ 50%、50% ~ 60%、60% ~ 70%、70% ~ 80%、80% ~ 90% 以及 90% ~ 100% 十个组。本报告先计算每日各组经流通市值加权的相对有效价差，然后再计算季度和年度算术平均值。市值是衡量企业规模的重要指标，因此流通市值与有效价差预期存在负相关关系，即流通市值越大相对有效价差越小，反之则相对有效价差越大。

图 9 – 26 和图 9 – 27 分别展示了依据流通市值十分位数分组的相对有效价差季度与年度的度量结果。从整个样本区间来看，流通市值与相对有效价差之

间的负相关关系比流动性与相对有效价差之间的负相关关系更为显著、持续和稳定。

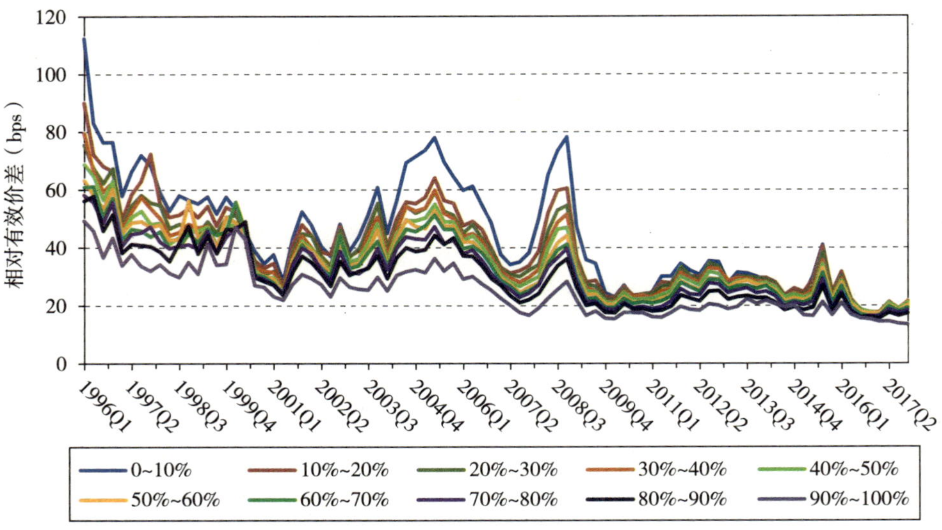

图 9－26　股票市值规模与相对有效价差（季度）

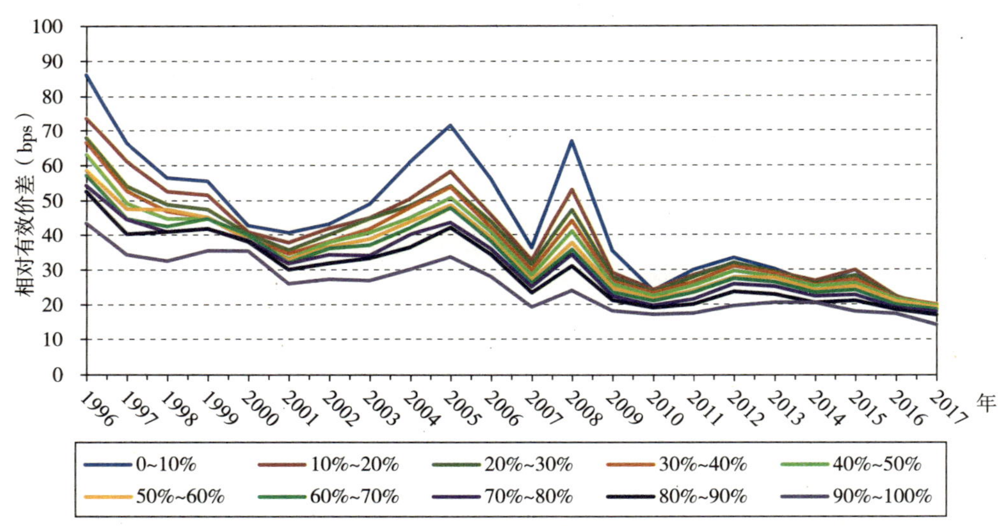

图 9－27　股票市值规模与相对有效价差（年度）

5. 相对有效价差的行业度量结果与分析

本报告依据中国证监会 2012 年行业分类标准的大类标准将所有上述公司分为十八个行业。这些行业包括农、林、牧、渔业、采矿业、制造业、电力、热力、燃气及水的生产和供应业、建筑业、批发和零售业、交通运输、仓储和邮政业、住宿和餐饮业、信息传输、软件和信息技术服务业、金融业、房地产业、租赁和商务服务业、科学研究和技术服务业、水利、环境和公共设施管理业、教育、卫生和社会工作、文化、体育和娱乐业以及综合行业。

由于涉及行业太多，季度数据过于杂乱，因此本报告只在图9－28展示了相对有效价差的大类行业的年度度量结果。主要结论有两个。第一，所有行业的相对有效价差都呈现明显的下降趋势。第二，金融业的相对有效价差一直都是最低的，制造业以及信息传输、软件和信息技术服务业等行业的相对有效价差居中，科学研究与技术服务业以及教育行业的相对有效价差相对较高。

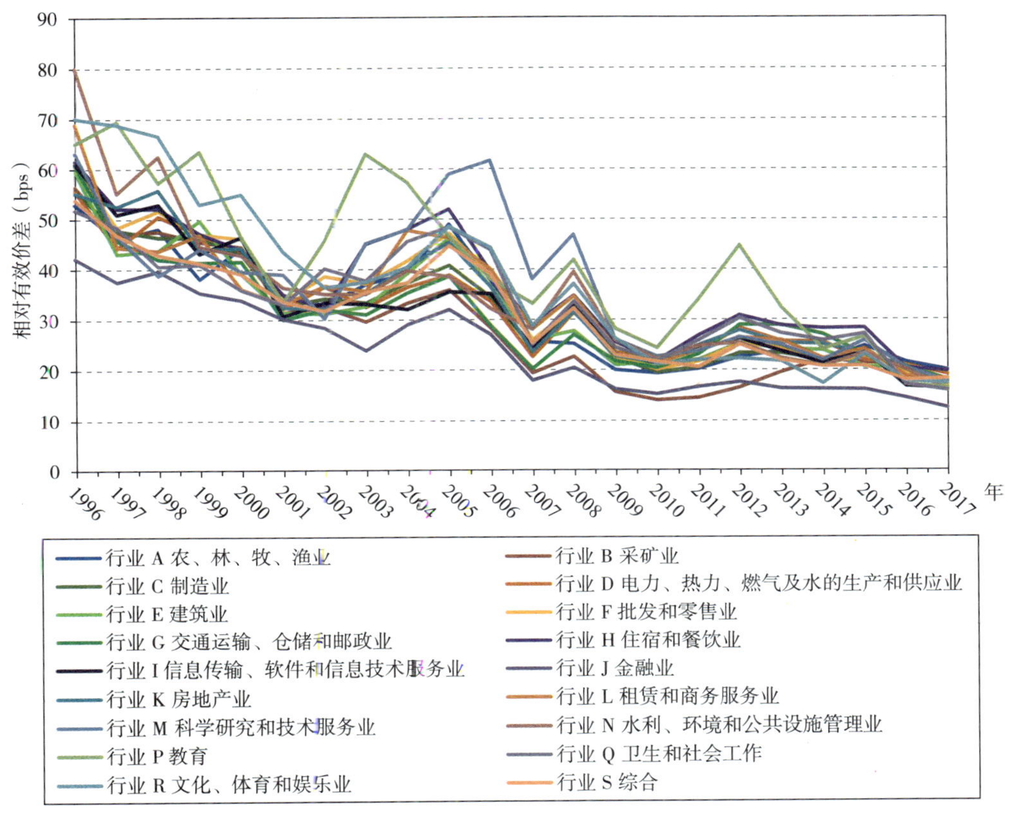

图9－28　股票所属大类行业与相对有效价差（年度）

为了更好地观察行业之间的差异，本报告进一步计算了1996年至2017年十八个大类行业的相对有效价差均值，并展示在图9－29中。可以看到，教育、文化、体育和娱乐业、科学研究和技术服务业以及住宿和餐饮业的相对有效价差最高，都超过了35个基点。制造业、信息传输、软件和信息技术服务业以及农、林、牧、渔业等行业的相对有效价差也都超过了30个基点，金融业的相对有效价差最低。

由于制造业占据了上市公司的一半以上，因此本报告进一步根据工业活动性质的相似性对制造业进行了细分。本报告将制造业细分为九类，分别为：

（1）农副食品加工业、食品制造业、酒、饮料和精制茶制造业、纺织业、纺织服装、服饰业与皮革、毛皮、羽毛及其制品和制鞋业；

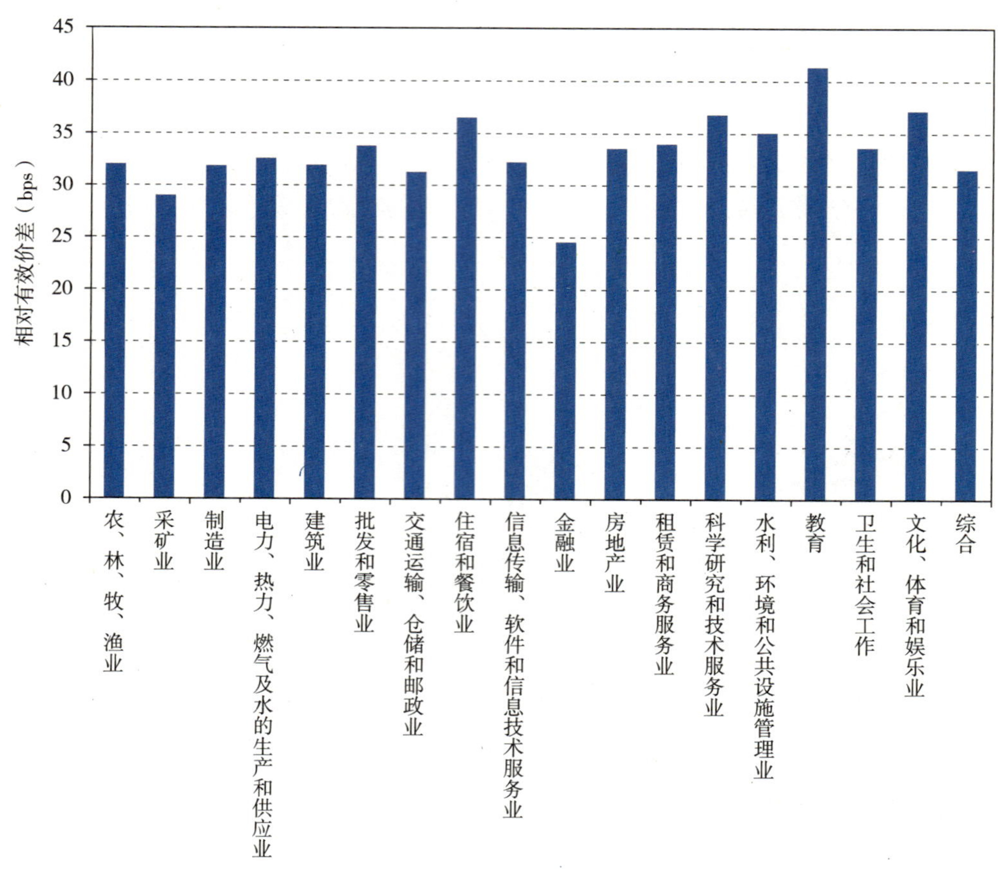

图 9－29　1996—2017 年不同大类行业的相对有效价差均值

（2）木材加工和木、竹、藤、棕、草制品业、家具制造业、造纸和纸制品业以及印刷和记录媒介复制业；

（3）石油加工、炼焦和核燃料加工业以及化学原料和化学制品制造业；

（4）医药制造业；

（5）化学纤维制造业、橡胶和塑料制品业以及非金属矿物制品业；

（6）黑色金属冶炼和压延加工业、有色金属冶炼和压延加工业以及金属制品业；

（7）通用设备制造业以及专用设备制造业；

（8）汽车制造业以及铁路、船舶、航空航天和其他运输设备制造业；

（9）电气机械和器材制造业、计算机、通信和其他电子设备制造业、仪器仪表制造业以及其他制造业。

本报告计算了 1996 年到 2017 年上述九个制造业细分行业的相对有效价差均值，并与信息传输、软件和信息技术服务业、科学研究和技术服务业进行了比较。有关结果展示在图 9－30 中。可以看到，制造业细分行业的相对有效价差与信息传输、软件和信息技术服务业接近，但明显低于科学研究和技术服务业。制造业细分行业之间的差距并不是非常明显，最高为化学制造有关行业的33.91个基点，最低为金属加工有关行业的30.58个基点，医药制造业的相对有效价差居中，为32.34个基点。

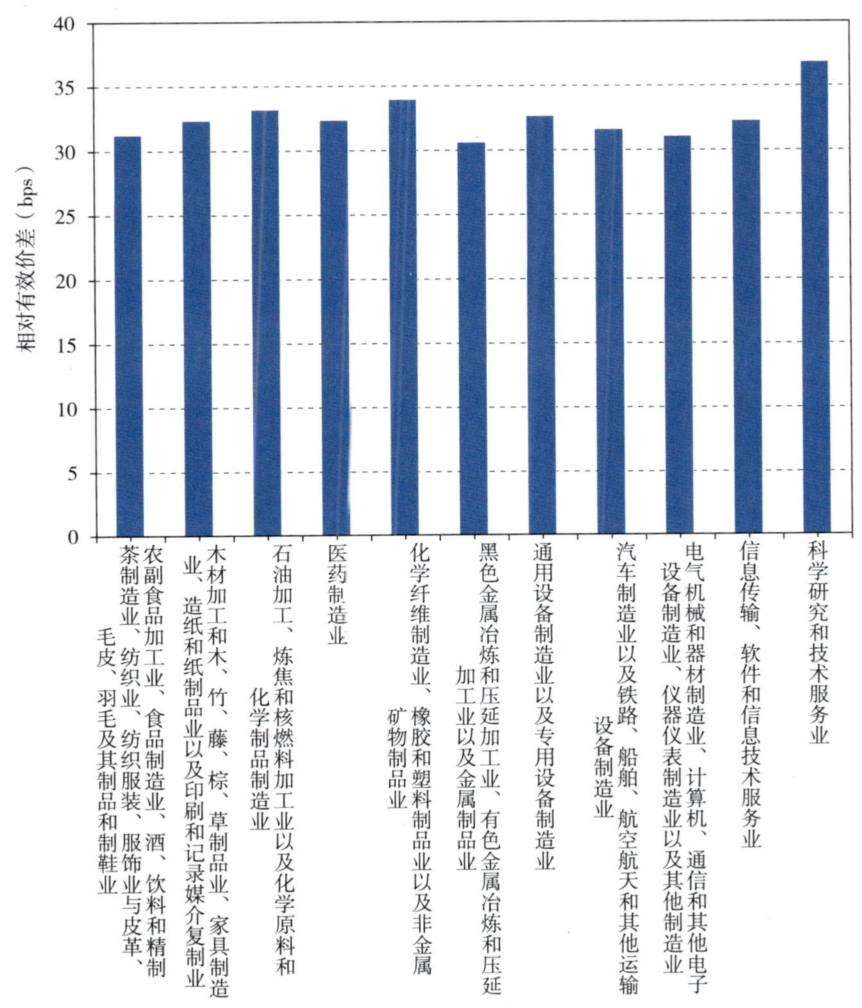

图9-30　1996—2017年制造业细分行业的相对有效价差均值

6. 相对有效价差的所有权性质分组度量结果与分析

本报告进一步分析了国有控股上市公司股票与民营控股、外资控股等非国有控股上市公司相对有效价差的差异。图9-31和图9-32分别展示了依据最终所有权性质分组的相对有效价差季度与年度的度量结果。可以看到，2003年之前国有控股上市公司与非国有控股上市公司股票的相对有效价差并没有明显的规律，但在之后非国有控股上市公司股票的相对有效价差明显高于国有控股上市公司股票。但在最近两年，两者的差异开始变得不明显。

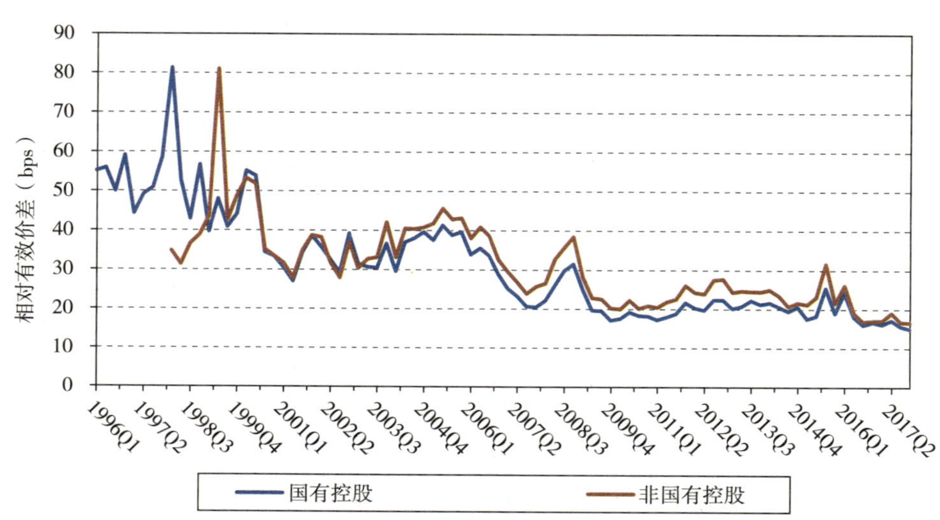

图 9－31　上市公司所有权性质与相对有效价差（季度）

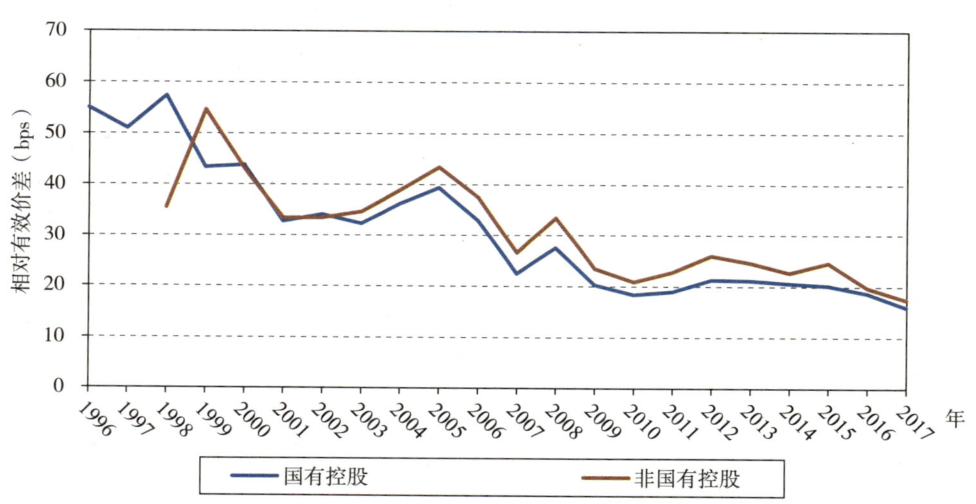

图 9－32　上市公司所有权性质与相对有效价差（年度）

7. 东中西部上市公司相对有效价差的度量结果与分析

图 9－33 展示了东部、中部以及西部上市公司股票相对有效价差的季度度量结果。在所有上市公司中，注册地在北京、天津、河北、辽宁、上海、江苏、浙江、福建、山东、广东与海南十一个东部地区的上市公司有 2421 家，占比 71.21%；注册地在山西、吉林、黑龙江、安徽、江西、河南、湖北、湖南八个中部地区的上市公司有 527 家，占比 15.50%；注册地在内蒙古、广西、重庆、四川、贵州、云南、西藏、陕西、甘肃、青海、宁夏、新疆十二个西部地区的上市公司有 452 家，占比 13.29%。从图 9－33 可以看到，东中西部上市公司股票的相对有效价差的差异并不是特别明显。2009 年之前，东部上市公司股票的相对有效价差略微低于中部和西部上市公司股票，但 2009 年之后

正好相反。总之，相对有效价差与地区差异似乎没有明显的关系。

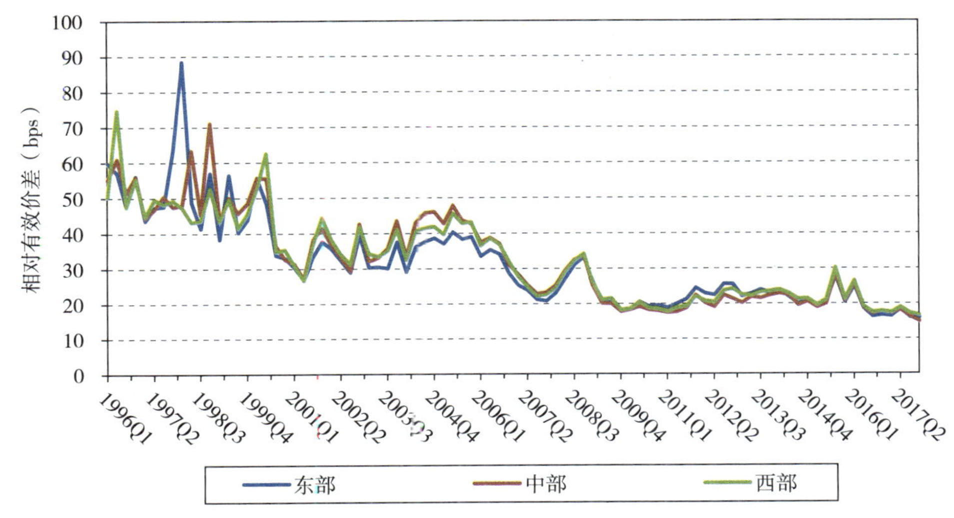

图 9－33　东中西部上市公司相对有效价差的度量结果（季度）

二、价格影响与相对实现价差度量结果与分析

附表 2 列示了上海证券交易所、深圳证券交易所以及以日成交额为权重的两个交易所加权后的价格影响与相对实现价差总体结果的季度变化。主要结论有三个。

第一，就价格影响（PI）来看，上海证券交易所、深圳证券交易所以及加权的价格影响的变化非常类似，并且总体上呈现持续下降的趋势。因此，中国股票市场信息不对称问题已经得到了明显的改善。在多数时间内，上海证券交易所的价格影响都明显小于深圳证券交易所，这与相对有效价差的结论是一致的。股市极端波动会导致价格影响波动，但这种影响越来越弱。

第二，就相对实现价差而言，深圳证券交易所相对实现价差普遍低于上海证券交易所。但深圳证券交易所相对实现价差在 2001 年之前波动非常剧烈，且经常出现明显的负值，之后逐步下降并稳定在 5 个基点左右。与之相比，上海证券交易所相对实现价差在 2001 年之前呈现持续下降的趋势，但之后除受股市暴涨暴跌影响而出现一些波动之外，总体上保持在 10 个基点上下。总之，随着我国股票市场的发展与完善，与存货及订单处理有关的成本逐渐下降并维持在相对稳定的水平。

第三，总体上深圳证券交易所信息不对称相关成本在交易成本中的占比一直维持在 60% 以上，上海证券交易所信息不对称成本占比低于深圳证券交易所，但也经常维持在 40% 以上。一个有趣的现象是，在 2007 年 10 月股市暴跌发生之前，上海证券交易所信息不对称成本占比连续四个季度大幅下降至低于

20%的水平，但之后的2007年第三季度却大幅上升到44.63%以上。而同时期深圳证券交易所信息不对称成本占比不仅没有下降，还有小幅上涨。但值得注意的是，在2015年股灾之前，上海证券交易所信息不对称成本占比已经连续三个季度上升，升幅达到44.15%。而随后2016年1月初连续两次触发熔断机制引发股市停盘导致市场出现严重恐慌情绪，信息不对称成本占比再次大幅上升。这些结果表明沪深两市的交易成本在构成上可能存在明显的差异。

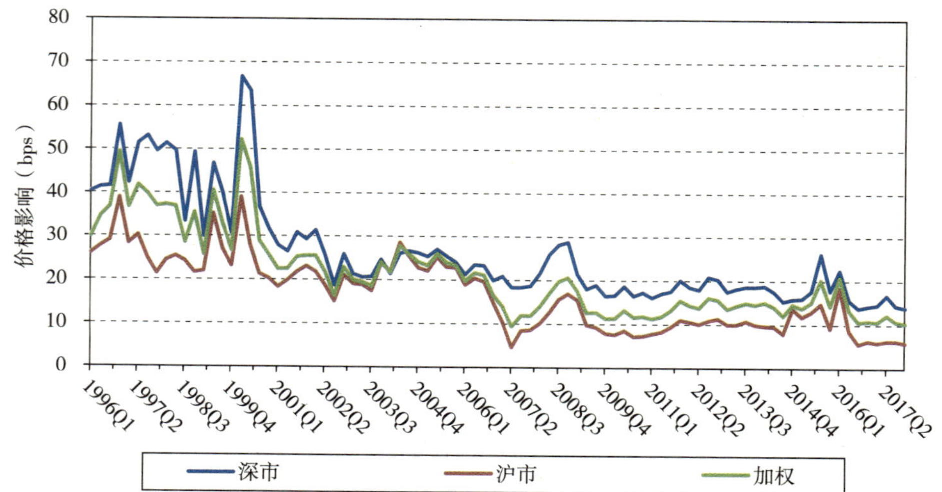

图9-34　上海证券交易所、深圳证券交易所与以成交额为权重的两市加权价格影响（季度）

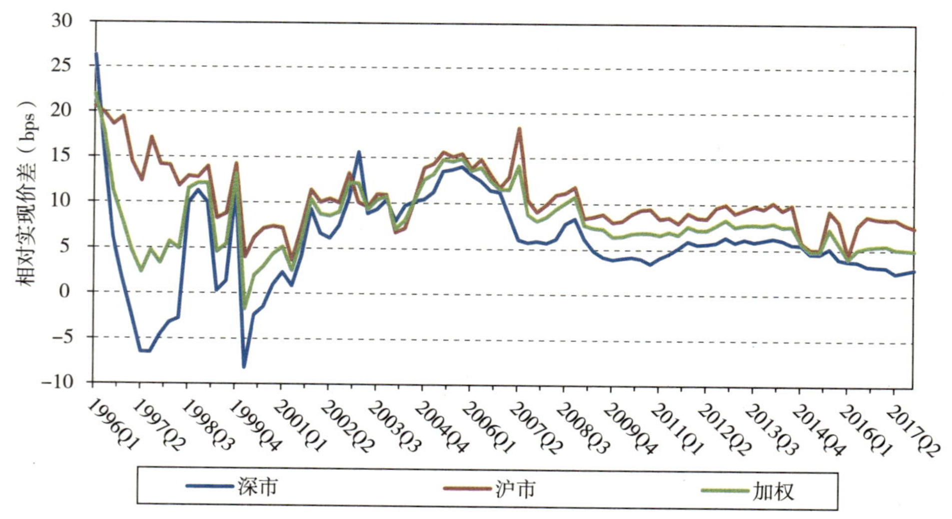

图9-35　上海证券交易所、深圳证券交易所与以成交额为权重的两市加权相对实现价差（季度）

综合相对有效价差、价格影响以及相对实现价差的度量结果来看，我国股票市场交易成本持续下降，尤其是信息不对称相关的交易成本下降非常明显，因此我国股票市场运行效率不断提升。

三、基于日频数据的运行效率度量结果与分析

与日内数据的结果相比，基于日频数据的运行效率度量结果可以追溯至1990年股市开设时。但是考虑到1990年上海证券交易所开设时仅有8只股票，因此为了使结果更加稳健，本报告从1991年开始展示运行效率的度量结果。另外，考虑到日频数据的运行效率结果大致与相对有效价差类似，本报告只展示了总体分析的结果。

（一）Roll价差度量结果与分析

附表3第一到第三列分别列示了上海证券交易所、深圳证券交易所以及以成交额为权重的加权Roll价差的季度均值结果，而图9－36展示了1991年第一季度到2017年第四季度Roll价差的变动趋势。由于1996年之前的Roll价差均值明显高于之后的均值，因此为了更好地观察Roll价差的变动趋势，本报告同时在图中展示了1991年第一季度到2017年第四季度的Roll价差变动情况。主要结论有三个。

第一，Roll价差的变化趋势与相对有效价差是非常类似的，总体上呈现明显的下降趋势，但上海与深圳两个交易所的Roll价差并没有明显的区别。可以看到，1996年之前Roll价差均值最高为737.94个基点，并且波动剧烈。1996年之后，虽然受多次股市极端波动的影响，但总体上持续稳定下降。沪深两市成交额加权的Roll价差2017年已经下降到了100个基点左右，不足1996年前最高值的15%，是1996年后最高均值304.78个基点的三分之一左右。

第二，Roll价差明显高于相对有效价差。在数据完整的1996年到2017年，上海证券交易所、深圳证券交易所以及加权Roll价差的均值分别为126.15个基点、126.63个基点以及126.56个基点，分别是上海证券交易所（32.43个基点）、深圳证券交易所（27.59个基点）以及加权相对有效价差均值（29.73）的3.89倍、4.59倍以及4.26倍。

第三，股票极端波动对Roll价差的影响非常明显，但与相对有效价差不同的是，2015年股灾对Roll价差上升的影响更加持续，并在2016年股灾的双重影响下，导致当年Roll价差均值上升了255.76个基点。这一Roll价差不仅超过了2007年到2008年股灾期间的249.08个基点，也是过去二十年的最高水平。

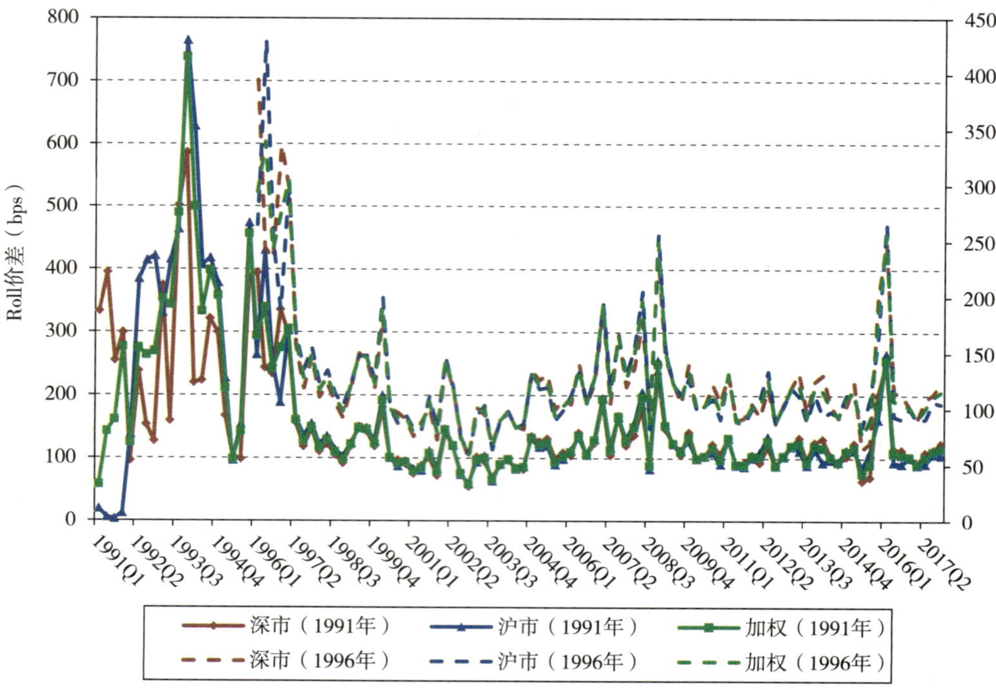

注：图中带形状标记的线为从1991年第一季度（1991Q1）开始到2017年第四季度（2017Q4）结束的Roll价差度量结果（左轴）；图中不带形状标记的线为从1996年第一季度（1996Q1）开始到2017年第四季度（2017Q4）结束的Roll价差度量结果（右轴）。

图9－36　上海证券交易所、深圳证券交易所与以成交额为权重的两市加权Roll价差（季度）

（二）Corwin价差度量结果与分析

附表3的第四到第六列分别列示了上海证券交易所、深圳证券交易所以及以成交额为权重的加权Corwin价差的季度均值结果，而图9－37展示了1991年第一季度到2017年第二季度Corwin价差的变动趋势。类似地，本报告在图9－37中同时展示了1996年第一季度到2017年第二季度Corwin价差的变动趋势。主要结论有三个。

第一，与1996年之前相比，1996年之后的Corwin价差呈现下降趋势，但受股市极端波动的影响比较明显。1991年到1996年，Corwin价差多数时间都在100个基点以上。但从1996年到2002年，Corwin价差呈现一定的下降趋势。在此之后则呈现明显的上升趋势，一直到2008年第二季度。之后又连续下降了八个季度，并在80个基点上下维持到2015年第一季度。随着股市的暴涨，Corwin价差在随后的两个季度上升到整个样本区间的最高值162.23个基点。经过短暂一个季度的下降之后，2016年第一季度Corwin价差随着熔断机制的连续触发再次上升到了127.54个基点，同样要高于20世纪90年代中后期的Corwin价差均值。从2016年第二季度开始，Corwin价差又迅速下降到80

个基点的水平。

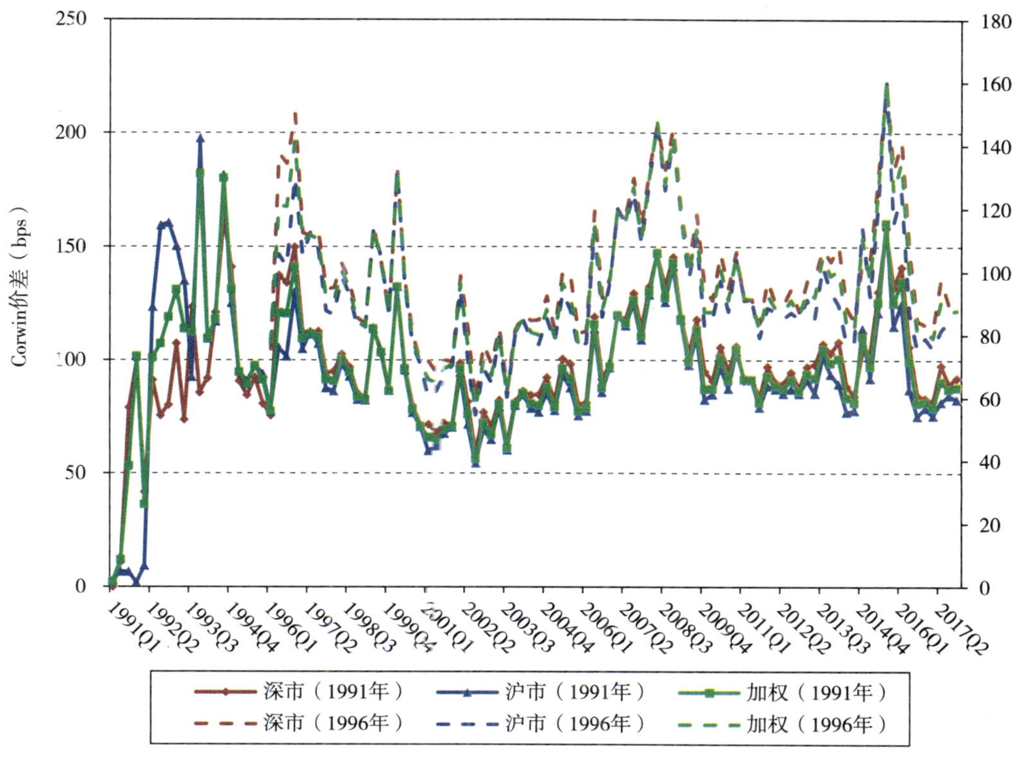

注：图中带形状标记的线为从 1991 年第一季度（1991Q1）开始到 2017 年第二季度（2017Q2）结束的 Corwin 价差度量结果（左轴）；图中不带形状标记的线为从 1996 年第一季度（1996Q1）开始到 2017 年第二季度（2017Q2）结束的 Corwin 价差度量结果（右轴）。

图 9－37　上海证券交易所、深圳证券交易所与以成交额为权重的两市加权 Corwin 价差（季度）

第二，Corwin 价差低于 Roll 价差，但明显高于相对有效价差。以 1996 年到 2017 年的均值来看，上海证券交易所、深圳证券交易所以及两市加权的 Corwin 价差均值分别为 93. 59 个、99. 65 个以及 96. 60 个基点，是相对有效价差的 2. 88 倍到 3. 61 倍。

第三，上海证券交易所与深圳证券交易所上市股票的 Corwin 价差趋势基本一样，季度均值也非常接近。

（三）Amihud 非流动性指数结果与分析

附表 3 的最后三列分别列示了上海证券交易所、深圳证券交易所以及以成交额为权重的加权 Amihud 非流动性指数的季度均值结果。主要的结论有三个。

第一，上海证券交易所与深圳证券交易所开设初期股票市场的 Amihud 指数非常高，但之后均呈现明显的下降趋势。在股市开设初期，100 万元的交易额最高时可以导致上海证券交易所股票价格上涨超过 10%，深圳证券交易所

股票价格上涨超过 20%。但之后逐渐下降到不到 0.01%。

第二，2005 年股改之前上海证券交易所与深圳证券交易所上市交易股票的 Amihud 指数多数时间都维持在 1 以上，并且波动非常明显。但股改之后 Amihud 指数从 2005 年第二季度的加权平均值 2.22 下降了 93.31% 到 2007 年第二季度的 0.15，之后基本保持在 0.20 以下。

第三，2007 年第三季度股市暴跌之后，Amihud 指数持续上升了四个季度，在 2008 年第三季度达到了 0.58，但这一水平明显低于股改之前的水平。在 2015 年和 2016 年两次股市暴跌期间，Amihud 指数都没有显著变化。总结而言，随着我国股市的发展与完善，股市极端波动对 Amihud 指数的影响越来越不明显。这在一定程度上反映了我国股市抵御系统性风险的能力得到了提升。

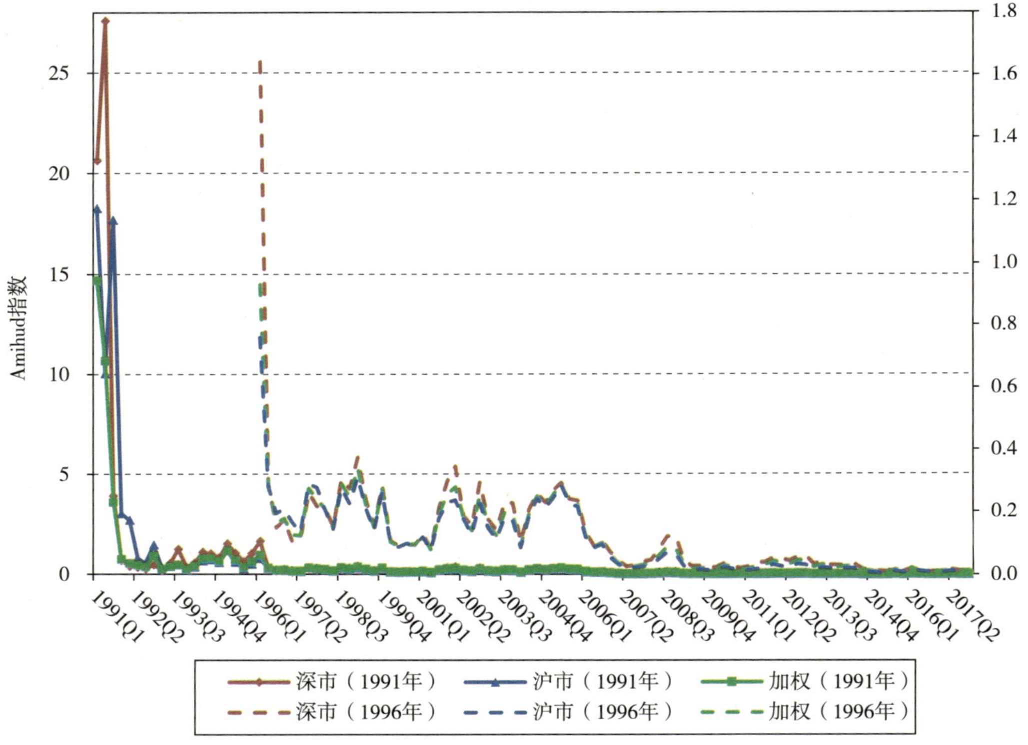

注：图中带形状标记的线为从 1991 年第一季度（1991Q1）开始到 2017 年第四季度（2017Q4）结束的 Amihud 非流动性度量结果（左轴）；图中不带形状标记的线为从 1996 年第一季度（1996Q1）开始到 2017 年第四季度（2017Q4）结束的 Amihud 非流动性度量结果（右轴）。

图 9－38　上海证券交易所、深圳证券交易所与以成交额为权重的两市加权 Amihud 指数（季度）

第三节 信息效率度量结果与分析

一、日内自相关系数绝对值度量结果与分析

（一）中国股票市场日内自相关系数绝对值度量总体结果

图9－39展示了1996年第一季度到2017年第四季度日内60秒买卖报价中间价收益率的一阶自相关系数绝对值。实际上，尽管日内自相关系数的日度数据有正有负，但季度数据都是正值。也就是说，图9－39中所有季度的日内自相关系数都是大于零的。主要发现有如下三个方面。

第一，日内自相关系数绝对值呈现前低后高的趋势。这与相对有效价差、Roll价差等运行效率指标明显的下降趋势完全不同。

第二，股市极端波动期间，日内自相关系数绝对值明显增加。相比之下，2007年到2008年以及2015年两次股市暴涨暴跌对日内自相关系数的影响最为明显和持久。2007年股市暴涨之前日内自相关系数季度加权均值最高在10%左右，但在2007年第二季度达到了32.76%，几乎是原来的3.3倍。之后经过了近四年才重新下降到10%以下。然而，从2014年第四季度开始，自相关系数再度增加一倍到15%，并在随后两个季度连续上涨到24.337%。之后随着股市下跌再次下降到10%以下。但让人意外的是，2016年初的股市暴跌并没有对自相关系数产生明显的影响。一般而言，个股虽然存在自相关性，但其绝对值并不是很大，尤其是那些小盘股（French and Roll，1986；Lo and Mackinlay，1990）。但是图9－39的自相关系数绝对值度量结果表明，两次股市极端波动期间我国股市的信息效率受到了严重的损害。

第三，尽管伴随着股市的暴涨，自相关系数绝对值（实际自相关系数都是正值）也跟着上升到2017年第二季度的最高点，但在2017年10月17日股指达到最高点之前的第三季度，自相关系数却显著下降了22.67%。这种变化与Black（1989）、Lee（1998）等学者提出的投资者非理性解释是一致的。当股市持续上涨时，有关股票负面的信息都被刻意地隐藏。即便投资者持有悲观的信息，但也会被市场高涨的情绪影响，从而改变交易策略。然而，市场中就有一些投资者是理性的。当股市持续上涨变得越来越不可能时，一些精明的投资者会选择卖出股票，这样悲观的信息逐渐被释放到市场之中。其他投资者在观察到这样的交易时会反思自己的交易策略，其中一部分投资者会跟随卖出股票。越来越多的投资者持有异质信念，结果股价变动方向变得不再那么确定，

前后时间间隔的股票之间相关性开始减弱。当越来越多的投资者采取类似的卖出交易策略时，悲观信息被快速反映到股价之中。到2008年第三季度时，自相关系数已经下降到了11.76%的低水平。但随后国家宣布“四万亿计划”再次影响了市场情绪，自相关系数在2009年又上升到了20%以上。尽管之后再次下降，但直到2011年第二季度才下降到10%以下。与之相比，2015年的下跌似乎来得更加突然。尽管暴跌发生之前2014年第四季度自相关系数比之前翻了一倍，但也仅在15%的水平。随后的第二季度自相关系数进一步上升到24.33%，但仍然大幅低于2007年的水平。市场高涨的情绪推动股市持续上涨，似乎2007年的走势又要重现。但监管部门去杠杆监管出乎了很多投资者的预期。与2007年有所不同的是，这次上涨过程中大量投资者采用了杠杆投资，从而使交易对股价下跌变得更加敏感。去杠杆监管迫使部分违规投资者仓皇卖出股票，股价持续下跌。杠杆交易的临界值接连被触发，大量股票被强制出售，进一步加剧股价下跌，在很短的时间内形成了恶性循环。股市的下跌使投资者逐渐恢复了理性，而国家救市政策在一定程度上也稳住了市场信心。股价自相关性经过两个季度就下降到了10%以内，甚至最低达到了2.45%。

因此，自相关系数绝对值的结果表明，信息效率与股市系统性风险之间存在非常密切的联系。信息效率的显著下降很可能是股市系统性风险出现的征兆。

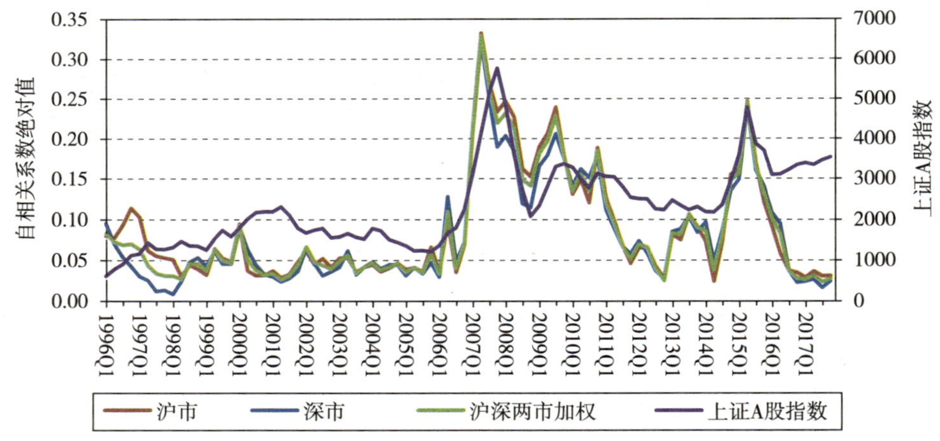

图9－39　上海证券交易所、深圳证券交易所以及两市以成交额加权的自相关系数绝对值（季度）

（二）日内自相关系数绝对值分组度量结果与分析

图9－40对不同板块上市公司的考察显示，各板块的趋势与总体趋势是一致的，但板块之间的差异并不明显。

图9－41、图9－42、图9－43分别显示了上证50指数、深证100指数和沪深300指数的成分股与非成分股的日内自相关系数绝对值度量结果。指数成

分股与非成分股的自相关系数绝对值非常接近，说明自相关系数的变动是系统性的，而不是由某类股票驱动的。

图 9－44 按照不同流动性水平进行分组，分别度量了各组的日内自相关系数绝对值。在 2006 年之前，自相关系数绝对值与成交额呈现明显的负相关关系，但在 2006 年之后，自相关系数绝对值与成交额却呈现明显的正相关关系。这种情况一直持续到 2016 年才有所变化，并且在年度均值中表现得更为明显。

图 9－45 按照不同流通市值水平进行分组，分别度量了各组的日内自相关系数绝对值。在多数时间内，日内自相关系数绝对值与市值之间都没有明显的关系，但在国际金融危机期间，除了市值规模最大的 90%～100% 组股票之外，其他不同市值规模股票之间的日内自相关系数绝对值差异非常明显，并且呈现明显的正相关关系。这种情况在 2007 年到 2009 年以及 2015 年表现得非常明显。这些结果表明，股市极端波动对信息效率的损害主要体现在大盘股而不是中小盘股。

图 9－46 展示了日内自相关系数绝对值的所有权性质分组度量结果。国有控股与非国有控股上市公司股票的日内自相关系数绝对值在 2006 年之前没有明显的差异，但在 2006 年到 2010 年，非国有控股上市公司股票日内自相关系数绝对值低于国有控股上市公司股票。然而从 2011 年开始到 2017 年，非国有控股上市公司股票日内自相关系数绝对值反而超过了国有控股上市公司。这一结果说明两点。第一，国际金融危机期间国有控股上市公司股票信息效率下降得更为严重。第二，随着中小板与创业板公司数量的大幅增加，非国有控股上市公司股票信息效率下降得比较明显。

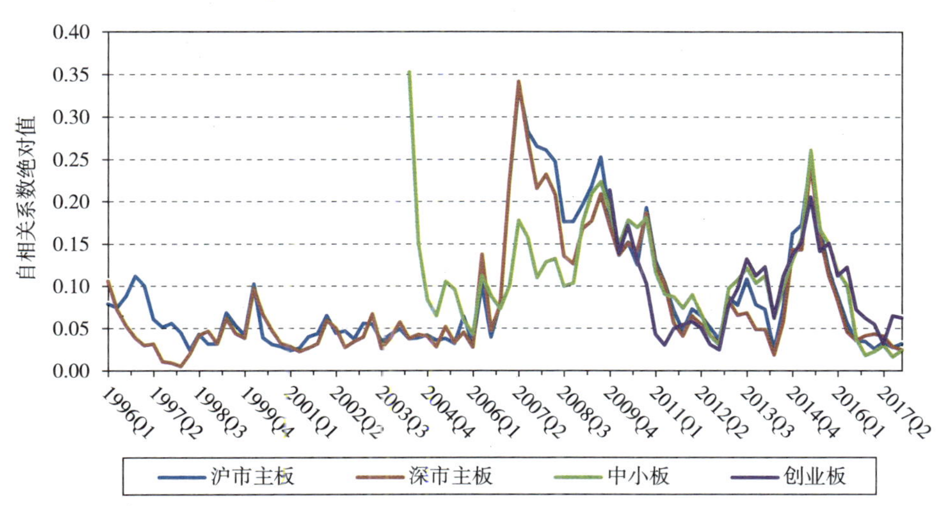

图 9－40　沪市主板、深市主板、中小板以及创业板日内自相关系数绝对值（季度）

第九章　中国股票市场效率度量结果与分析

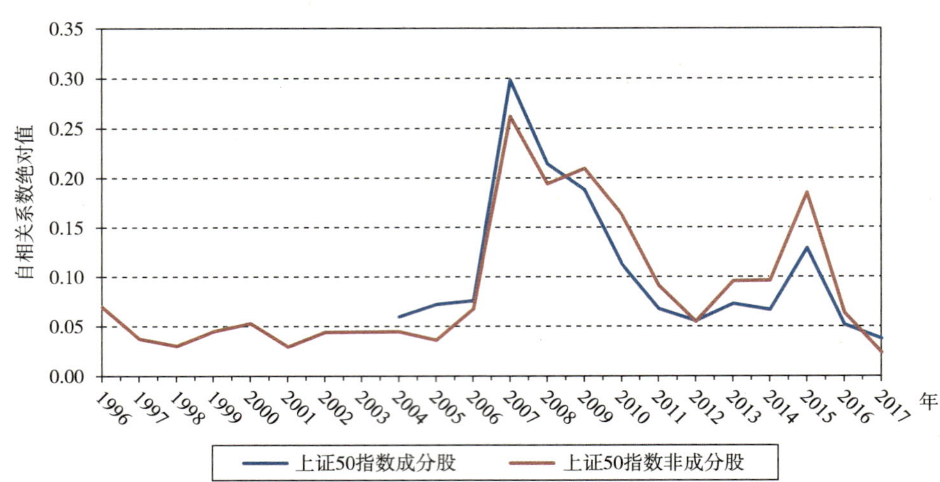

图 9-41　上证 50 指数成分股与非成分股日内自相关系数绝对值变动趋势（年度）

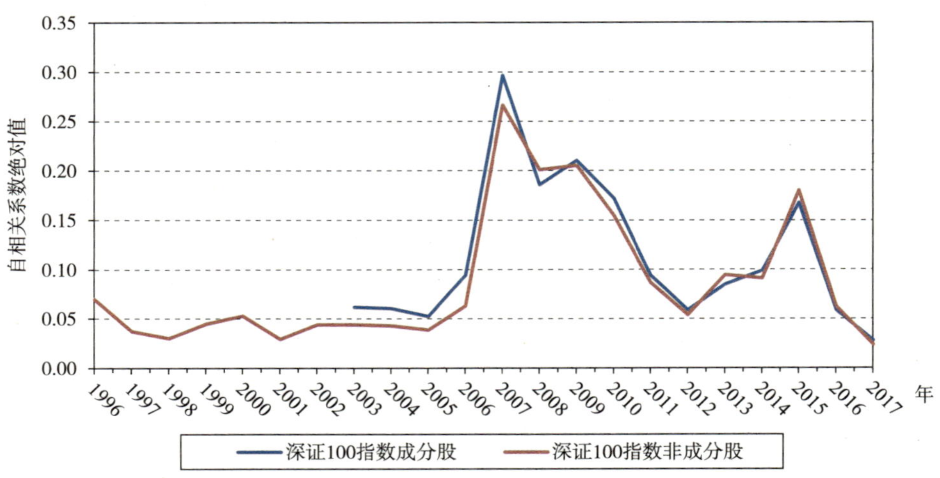

图 9-42　深证 100 指数成分股与非成分股日内自相关系数绝对值变动趋势（年度）

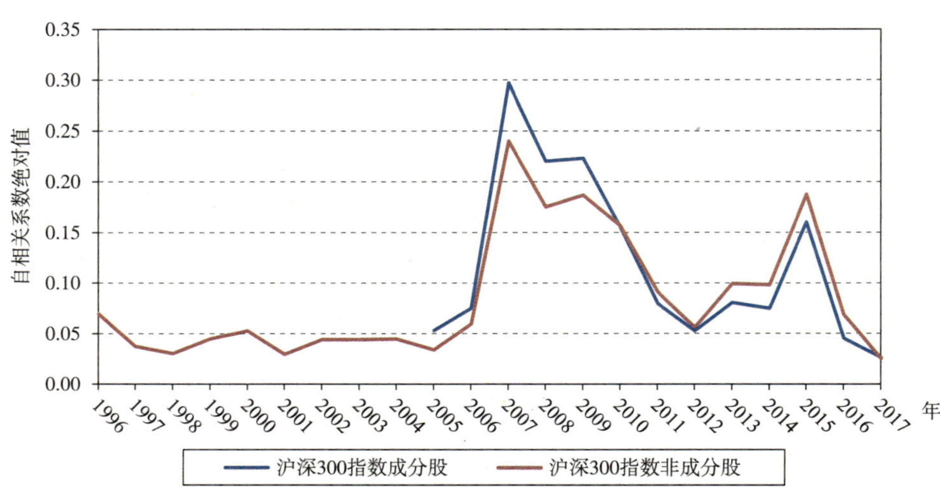

图 9-43　沪深 300 指数成分股与非成分股日内自相关系数绝对值变动趋势（年度）

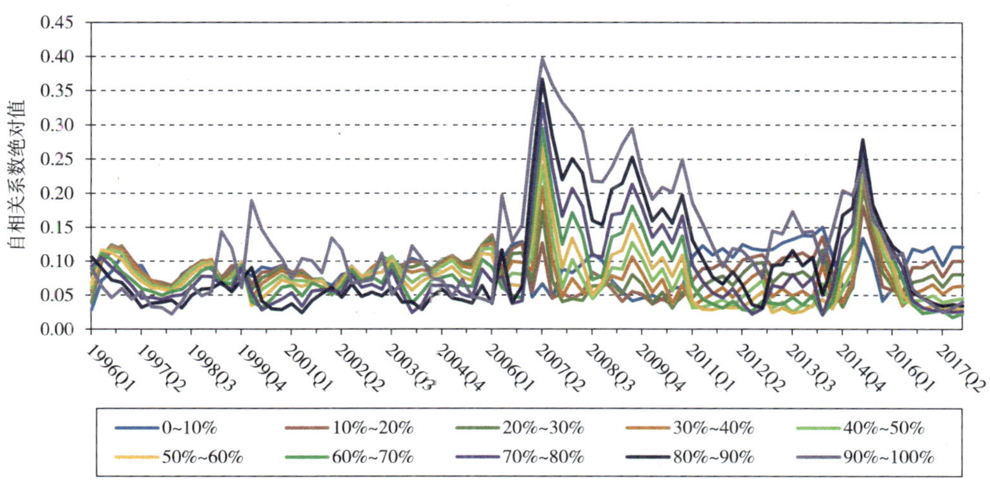

图 9－44　股票流动性与日内自相关系数绝对值（季度）

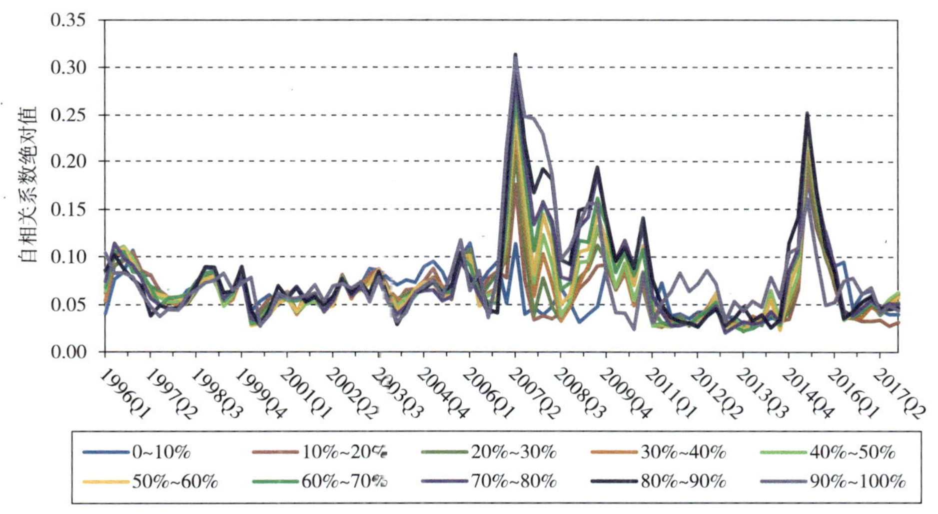

图 9－45　股票市值规模与日内自相关系数绝对值（季度）

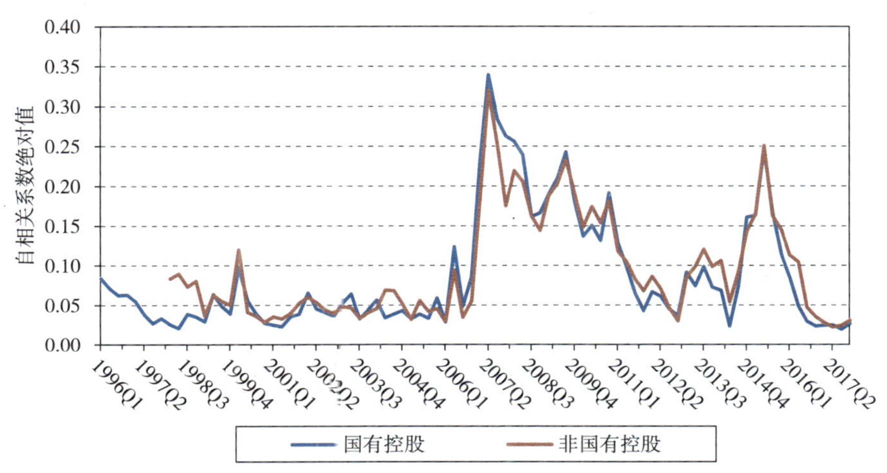

图 9－46　上市公司所有权性质与日内自相关系数绝对值（季度）

二、日内方差比绝对值度量结果与分析

（一）中国股票市场日内方差比度量总体结果

图 9－47 展示了 1996 年第一季度到 2017 年第四季度日内方差比绝对值。该方差比绝对值等于 5 分钟报价中间价收益率方差与 5 倍的 1 分钟报价中间价收益率方差的比值减去 1 之后再取绝对值。就整个样本区间而言，方差比绝对值的加权平均值为 0.31，说明我国股票市场的信息效率并不理想。日内方差比绝对值的变化趋势与日内自相关系数绝对值的变化趋势非常相似，但股市极端波动对两者的影响并不完全相同。2000 年之前的股市波动对日内方差比绝对值的影响比自相关系数绝对值的影响更为明显一些，但 2016 年的股市波动对日内方差比绝对值的影响则没有对自相关系数绝对值影响大。另外，上海证券交易所股票的日内方差比绝对值要普遍高于深圳证券交易所股票。就 1996 年到 2017 年的样本区间而言，上海证券交易所股票日内方差比绝对值均值为 0.32，深圳证券交易所股票为 0.29，两者相差 0.03，在 1% 的水平高度显著。

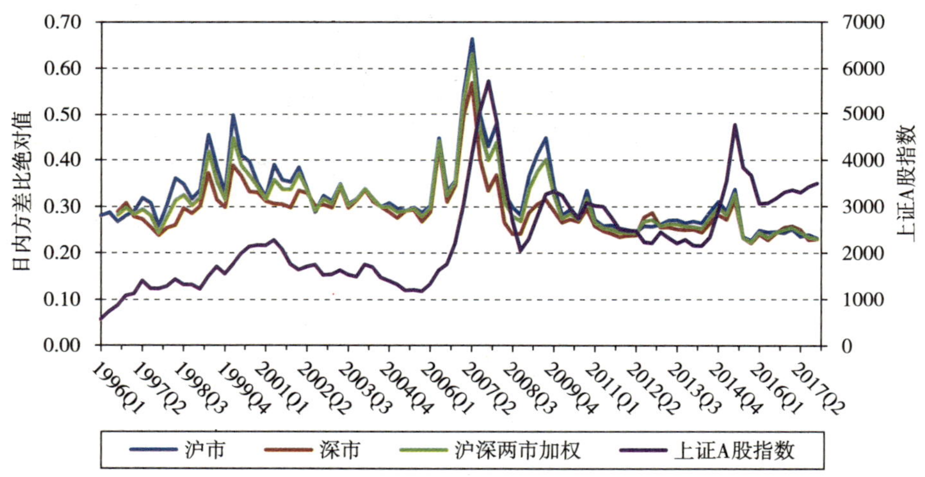

注：日内方差比绝对值等于 5 分钟报价中间价收益率方差与 5 倍的 1 分钟报价中间价收益率方差的比值减去 1 之后再取绝对值。

图 9－47　上海证券交易所、深圳证券交易所以及两个交易所以成交额加权的日内方差比绝对值（季度）

（二）日内方差比分组度量结果与分析

1. 上市各板块的日内方差比绝对值度量结果与分析

图 9－48 展示了各板块日内方差比绝对值的结果。各板块日内方差比绝对值的变化趋势与总体结果基本一样，但在如下几个方面存在一定差异。

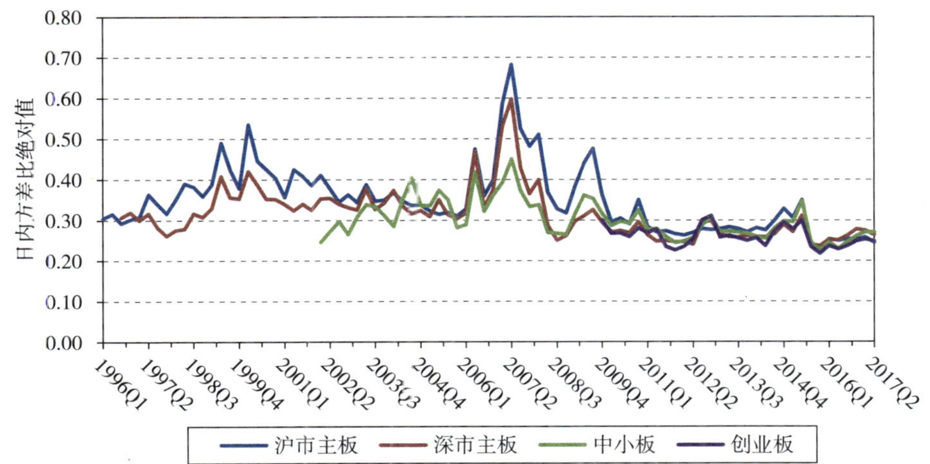

注：日内方差比绝对值等于5分钟报价中间价收益率方差与5倍的1分钟报价中间价收益率方差的比值减去1之后再取绝对值。

图9－48　沪市主板、深市主板、中小板以及创业板日内方差比绝对值变动趋势（季度）

第一，沪市主板日内方差比绝对值在多数时间段内都明显高于深市主板、中小板和创业板，说明沪市主板的信息效率更低。

第二，2007年到2008年股市极端波动对沪市主板和深市主板的影响非常明显，但对中小板的影响并不显著。

2. 沪深两市主要指数成分股日内方差比度量结果与分析

图9－49、图9－50、图9－51分别展示了上证50指数、深证100指数以及沪深300指数成分股与非成分股日内方差比绝对值的结果。就上证50指数

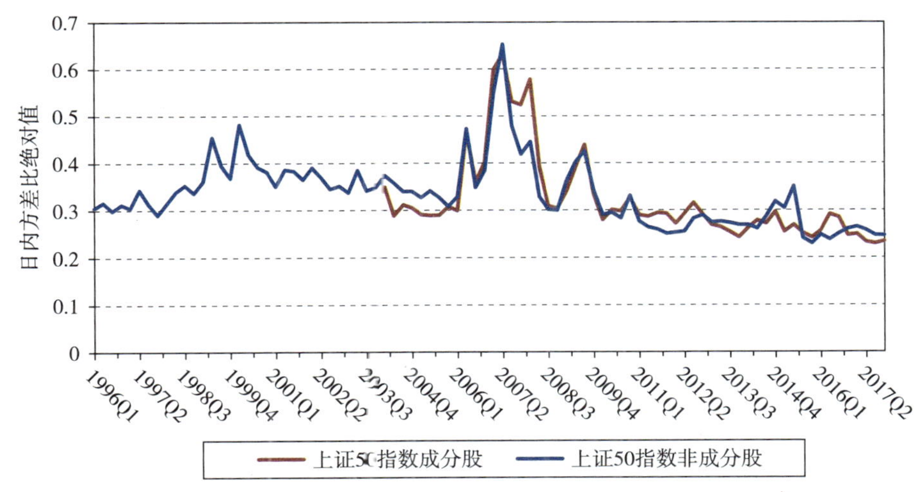

注：日内方差比绝对值等于5分钟报价中间价收益率方差与5倍的1分钟报价中间价收益率方差的比值减去1之后再取绝对值。

图9－49　上证50指数成分股与非成分股日内方差比绝对值（季度）

成分股与非成分股而言，两者日内方差比绝对值均值的区别并不明显。就深圳100指数成分股与非成分股而言，深证100指数成分股的日内方差比绝对值在2007年股市暴跌之前与非成分股的日内方差比绝对值并没有显著区别，但在暴跌之后开始小于后者。在2015年的股市极端波动期间，深证100指数成分股日内方差比绝对值的变化也明显小于非成分股。这些结果说明深证100指数成分股的信息效率改善要好于非成分股。

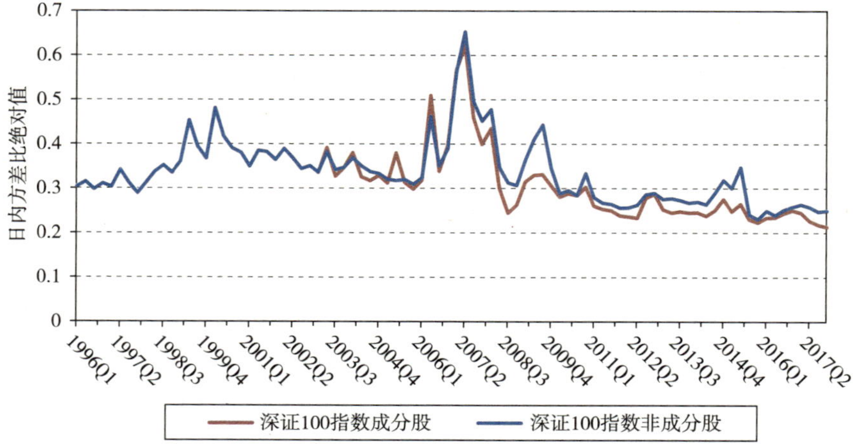

注：日内方差比绝对值等于5分钟报价中间价收益率方差与5倍的1分钟报价中间价收益率方差的比值减去1之后再取绝对值。

图9－50　深证100指数成分股与非成分股日内方差比绝对值（季度）

日内方差比绝对值

沪深300指数成分股　沪深300指数非成分股

注：日内方差比绝对值等于5分钟报价中间价收益率方差与5倍的1分钟报价中间价收益率方差的比值减去1之后再取绝对值。

图9－51　沪深300指数成分股与非成分股日内方差比绝对值（季度）

就沪深300指数而言，2012年之前，成分股的日内方差比绝对值都明显大于非成分股，但2012年之后则正好相反。这种结果与上证50指数比较类似，再次表明成分股的信息效率并不一定优于非成分股。由于两者之间的差异并不是特别大，因此我国股票市场信息效率不高的情况对于多数股票都是存在的。

3. 不同流动性股票的日内方差比度量结果与分析

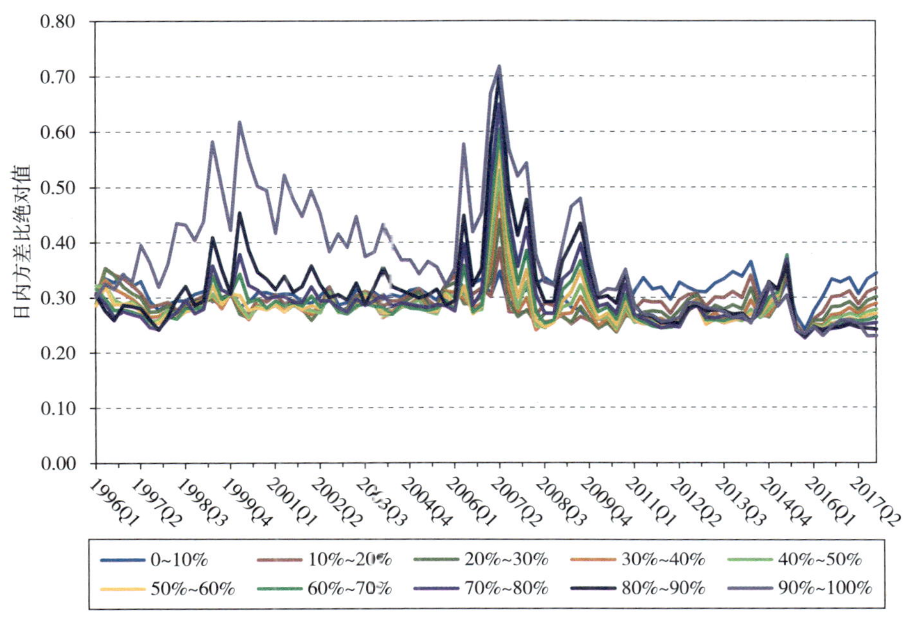

注：日内方差比绝对值等于5分钟报价中间价收益率方差与5倍的1分钟报价中间价收益率方差的比值减去1之后再取绝对值。

图9-52 股票流动性与日内方差比绝对值（季度）

图9-52展示了不同流动性分组股票的日内方差比绝对值的结果。除了成交额最高的三组股票（70%~80%、80%~90%以及90%~100%）之外，其他组股票的日内方差比绝对值在多数时间内与成交额呈现一定的负相关关系，但在2007年到2009年之间正好相反。不仅如此，国际金融危机期间，各组之间的差异也更加明显。2010年之前，成交额最高的两组股票（80%~90%以及90%~100%）的日内方差比明显高于其他各组股票，说明我国股票市场中交易的过度活跃并没有带来更多的有效信息，而是相反。但2010年之后，这种情况发生了明显的变化。成交额最高的两组股票（80%~90%以及90%~100%）的日内方差比绝对值大幅下降，所有成交额分组的日内方差比绝对值与成交额开始呈现较为明显的负相关关系，并且在2015年股市极端波动中没有再次出现逆转。这些结果说明了两点：第一，活跃的交易量带来了更多的信息，改善了信息效率；第二，融资融券的实施在一定程度上发挥了改善信息效率的积极作用。但是就日内方差比绝对值水平而言，仍然较高，说明市场信息效率仍不理想。另外，2010年之后伴随成交额最高两组股票日内方差比绝对

值的下降，成交额最低两组股票的日内方差比却明显上升，说明这两组股票信息效率出现了下降的趋势。因此该段期间融资融券等股票市场重大政策对不同流动性股票信息效率的影响可能需要更为深入的分析。

4. 不同市值的日内方差比度量结果与分析

图 9 - 53 展示了不同市值分组股票的日内方差比绝对值的结果。可以看到不同市值分组的比较结果与流动性分组有类似之处，但并不完全相同。市值最高组的日内方差比在多数的时间内都明显高于其他组，并且受股市波动的影响更为明显。另外，市值各组之间日内方差比绝对值差异也没有流动性分组那么明显。

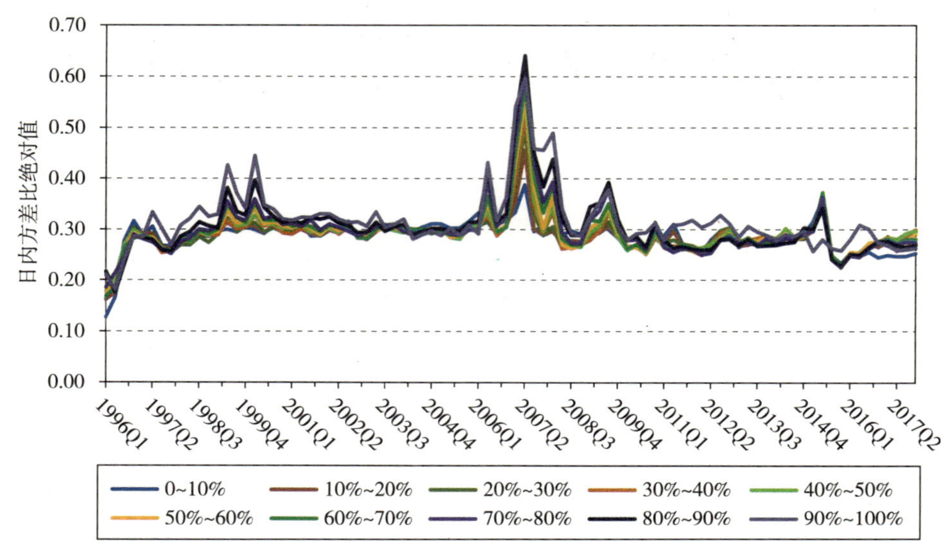

注：日内方差比绝对值等于 5 分钟报价中间价收益率方差与 5 倍的 1 分钟报价中间价收益率方差的比值减去 1 之后再取绝对值。

图 9 - 53　股票市值规模与日内方差比绝对值（季度）

5. 日内方差比的所有权性质分组度量结果与分析

图 9 - 54 展示了国有控股与非国有控股上市公司股票日内方差比绝对值的结果。可以看到除了国际金融危机期间非国有控股上市公司股票日内方差比绝对值略小于国有控股上市公司股票之外，其他时间内两者的区别并不明显。

三、日内波动率度量结果与分析

（一）中国股票市场日内波动率度量总体结果

图 9 - 55 展示了基于日内 3 秒间隔买卖报价中间价收益率的波动率度量结果。主要结论有如下几个。

第一，日内波动率并没有呈现明显的下降趋势，近期最低值与 20 世纪 90 年代中后期并没有明显区别。以加权日内波动率为例，20 世纪 90 年代中后期均值为 0.37%，最小值为 0.29%，而 2010 年以后的均值为 0.35%，最小值为 2017 年第一季度的 0.28%。

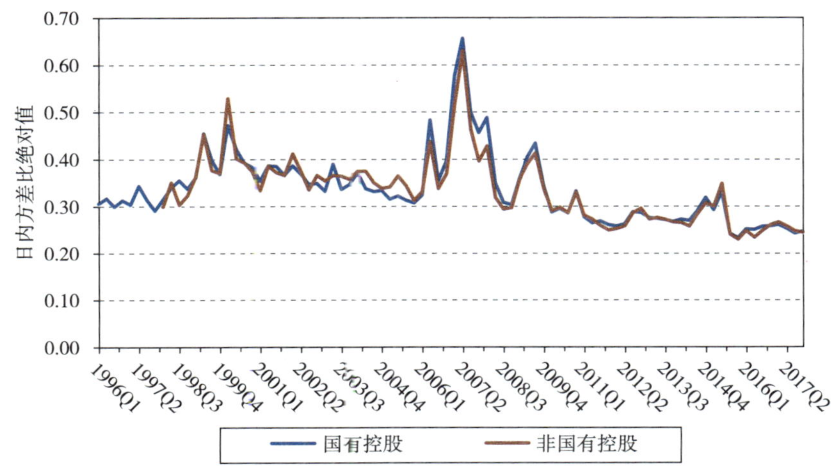

注：日内方差比绝对值等于 5 分钟报价中间价收益率方差与 5 倍的 1 分钟报价中间价收益率方差的比值减去 1 之后再取绝对值。

图 9-54　上市公司所有权性质与日内方差比绝对值（季度）

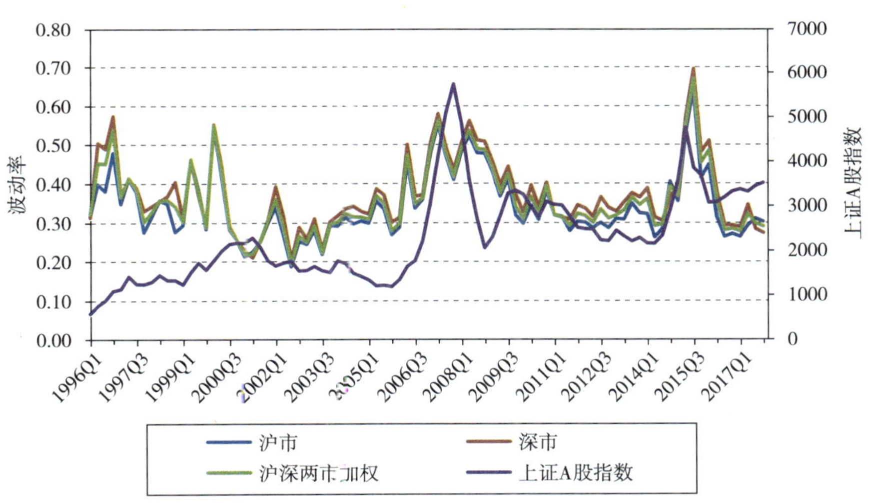

图 9-55　上海证券交易所、深圳证券交易所以及两个交易所以成交额加权日内波动率变动趋势（季度）

第二，股市暴涨暴跌对日内波动率的影响非常明显。无论是在互联网泡沫期间，还是国际金融危机期间以及 2015 年股灾期间，日内波动率都明显上升。但值得注意的是，日内波动率的上涨通常早于股票价格上涨，而且通常在股市达到阶段最高点之前就已经达到最大，而在股市达到阶段最高点时已经明显下降。但这种领先关系在 2015 年和 2016 年两次股灾中并不明显。这些结果与之

前自相关系数绝对值的变化非常一致，说明 2007 年到 2008 年的股灾与 2015 年、2016 年的确不一样。2015 年监管层的主动监管以及 2016 年熔断机制连续触发出乎了市场预料，但这种突发的事件在一定程度上阻止了股票市场信息效率的进一步下降，是一种积极的监管干预。以 2015 年为例，在监管部门干预之前，日内波动率已经在短时间内大幅上升为原来的两倍多，高达 0.67%，远远超过了之前任何一个季度的水平。即便没有监管部门的干预，未来股市大幅下跌似乎已经不可避免。因此监管部门的积极干预对恢复市场理性、提高信息效率发挥了重要的作用。

第三，上海证券交易所与深圳证券交易所上市公司股票的日内波动率在多数时间都没有显著差异，且波动率水平较高，说明两个交易所上市公司股票的信息效率都不是非常理想。这与之前的分析也是一致的。

（二）日内波动率分组度量结果与分析

1. 上市各板块的日内波动率度量结果与分析

图 9－56 展示了各上市板块的日内波动率结果。可以看到沪市主板在 2000 年以后的波动率都明显低于中小板和创业板，但与深市主板的差异并不明显。创业板的日内波动率最大。这些结果说明主板上市公司的信息效率最高，其次是中小板，最后是创业板。

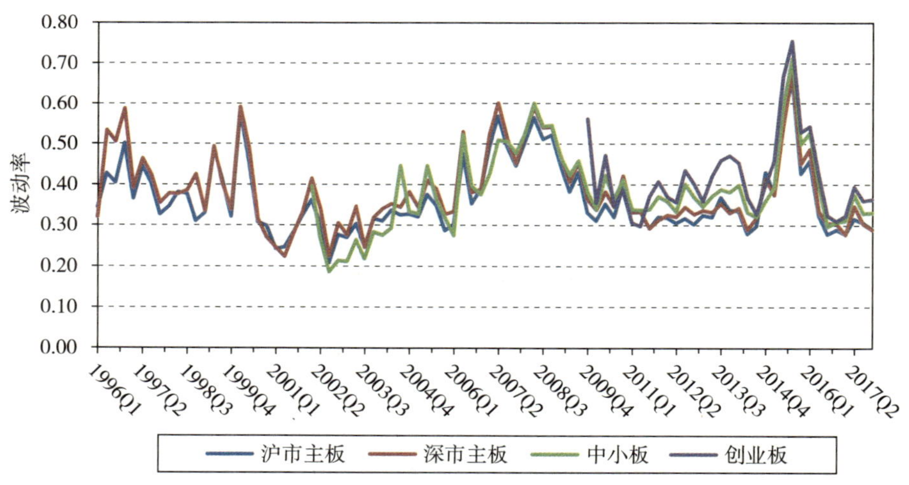

图 9－56　沪市主板、深市主板、中小板以及创业板日内波动率（季度）

2. 沪深两市主要指数成分股日内波动率度量结果与分析

图 9－57、图 9－58、图 9－59 分别展示了上证 50 指数、深证 100 指数与沪深 300 指数成分股与非成分股日内波动率的结果。可以看到所有指数成分股的日内波动率都低于非成分股，但这种差异在深圳 100 指数中要小一些。这些结果在一定程度上说明深圳证券交易所上市公司股票的信息效率可能更差一些。

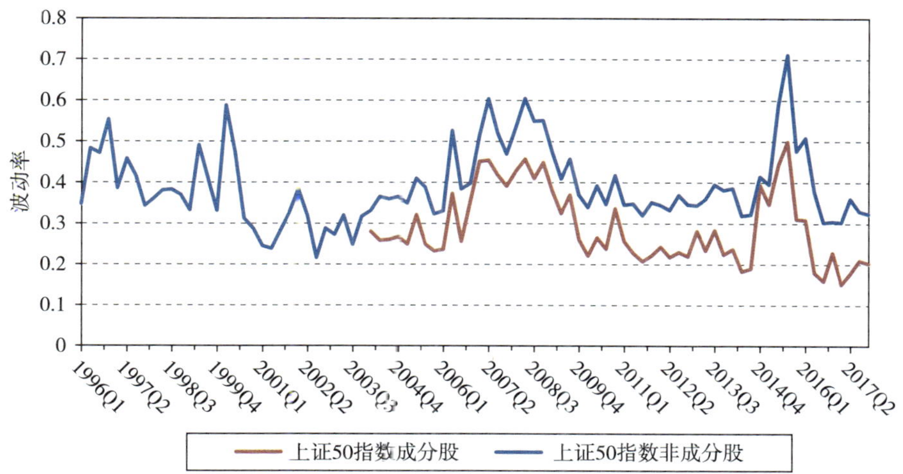

图 9－57　上证 50 指数成分股与非成分股日内波动率（季度）

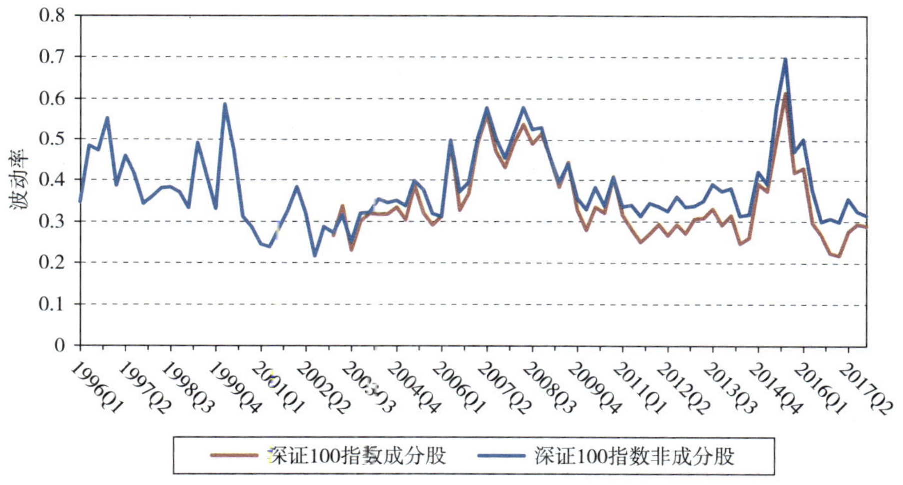

图 9－58　深证 100 指数成分股与非成分股日内波动率（季度）

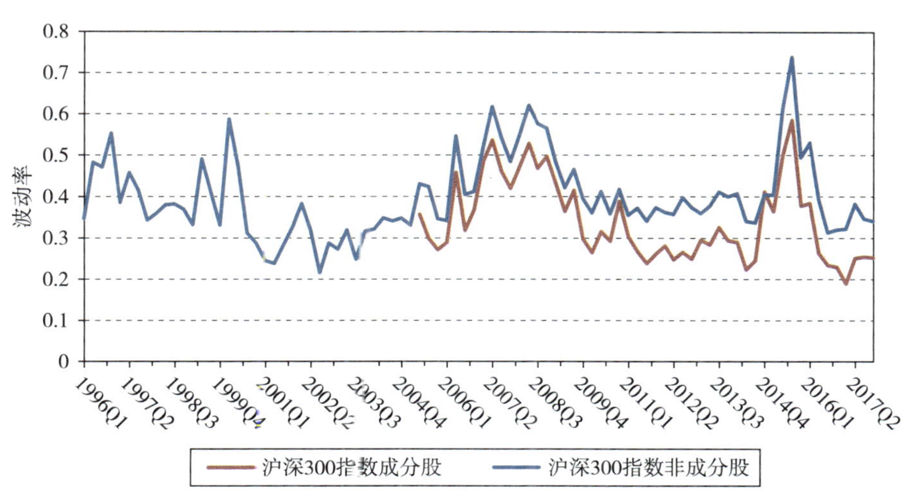

图 9－59　沪深 300 指数成分股与非成分股日内波动率（季度）

3. 不同流动性股票的日内波动率度量结果与分析

图 9-60 展示了不同流动性分组股票的日内波动率结果。可以看到各流动性分组股票的日内波动率差异明显，并且流动性与日内波动率呈现明显的正相关关系，即流动性越好的股票日内波动率越大。与日内自相关系数绝对值和日内方差比绝对值不同，日内波动率与流动性的这种正相关关系始终是持续和稳定的。理论上成交活跃的股票，流动性更好，日内中间价的波动也应该更低，但本报告提供的经验证据却正好相反。因此，从日内波动率流动性分组的结果比较来看，我国股票市场的信息效率并没有得到明显的改善。活跃的成交额大多来自噪音交易，结果股票价格波动加剧，市场信息效率下降。

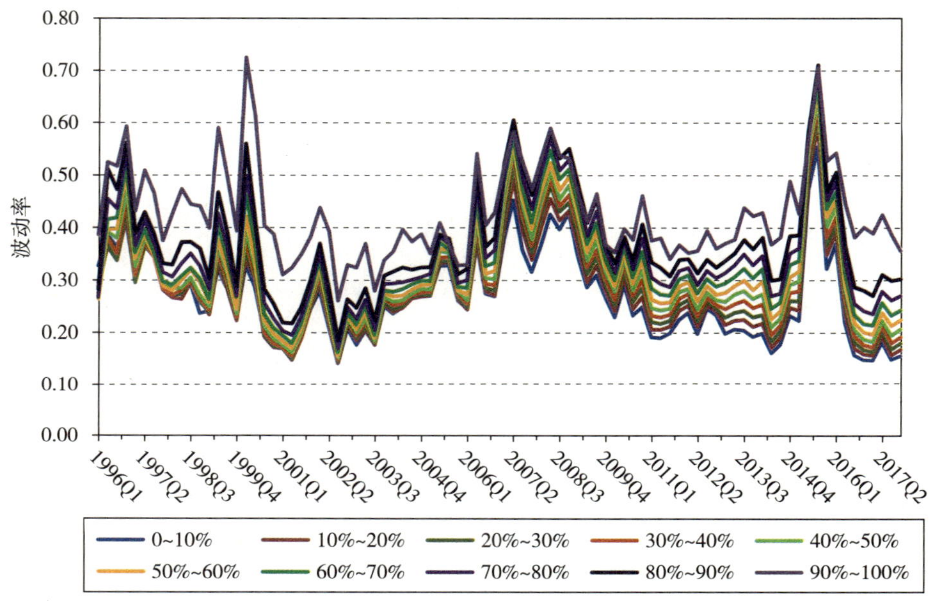

图 9-60　股票流动性与日内波动率（季度）

4. 不同市值的日内波动率度量结果与分析

图 9-61 展示了不同市值分组的日内波动率结果。与基于成交额的流动性分组结果相比，结论基本相反。不同市值之间的日内波动率差异虽然没有基于成交额的流动性分组明显，但仍然是存在的，而且市值与日内波动率呈现负相关关系，即市值越大，日内波动率越小。

5. 日内波动率的所有权性质分组度量结果与分析

图 9-62 展示了国有控股与非国有控股上市公司股票日内波动率的结果。可以看到国有控股上市公司股票的日内波动率在 2001 年之后都低于非国有控股上市公司股票。

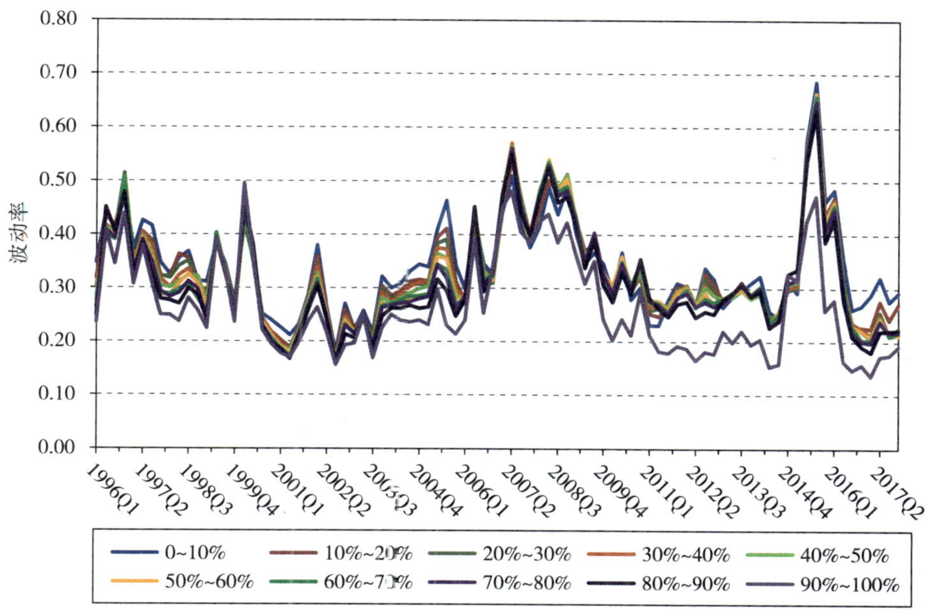

图9-61 股票市值规模与日内波动率（季度）

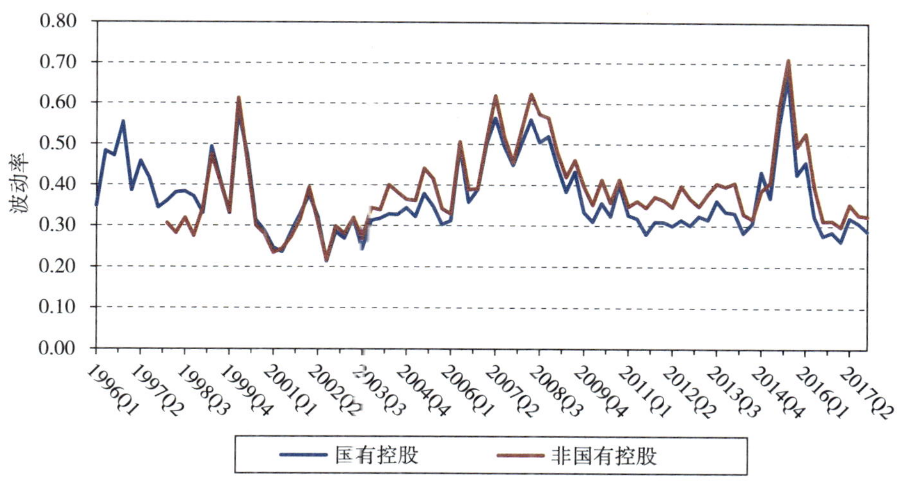

图9-62 国有控股与非国有控股上市公司股票日内波动率（季度）

四、基于日频数据的信息效率度量结果与分析

（一）基于可决系数 R^2 的特质信息含量

图9-63展示了1991年第一季度至2017年第四季度基于可决系数 R^2 的特质信息含量结果。本报告采用（$1-R^2$）来度量股价中的特质信息含量。可以看到，在我国股票市场发展的早期，特质信息含量（$1-R^2$）季度均值波动非常剧烈，最低不到0.2，但最高达0.98。1996年之后，特质信息含量波动有所

下降，但仍然比较明显，大致在0.40到0.85之间。就1991年到2017年的样本区间而言，特质信息含量的均值大约为0.64。Bris等（2007）计算了全球46个股票市场2001年之前的可决系数，其中也包括中国的上海证券交易所与深圳证券交易所。尽管没有给出每个股票市场的可决系数，但他们报告了不允许卖空股票市场的可决系数均值为0.19。由于特质信息含量等于1减去可决系数，因此包括中国两个交易所在内的股票市场特质信息含量均值为0.81。这显然远远高于本报告计算得到了0.64，说明我国股票市场信息效率并不理想。即便本报告将样本区间与Bris等（2007）保持一致，上述结论仍然成立。

另外，特质信息含量变化通常领先于股市变动。比如在2007年第三季度之前，伴随着股市上涨和成交额的不断增加，特质信息含量不仅没有增加，反而出现了下降。这种情况在2007年第二季度尤为明显，当期特质信息含量比之前一个季度下降了26.71%，仅为0.47。这说明就市场总体而言，该季度股价变动中超过一半的信息是市场信息。这是非常反常的现象。2015年的情况大致类似，但2016年股灾发生得的确太突然，特质信息含量变动并没有明确的征兆。

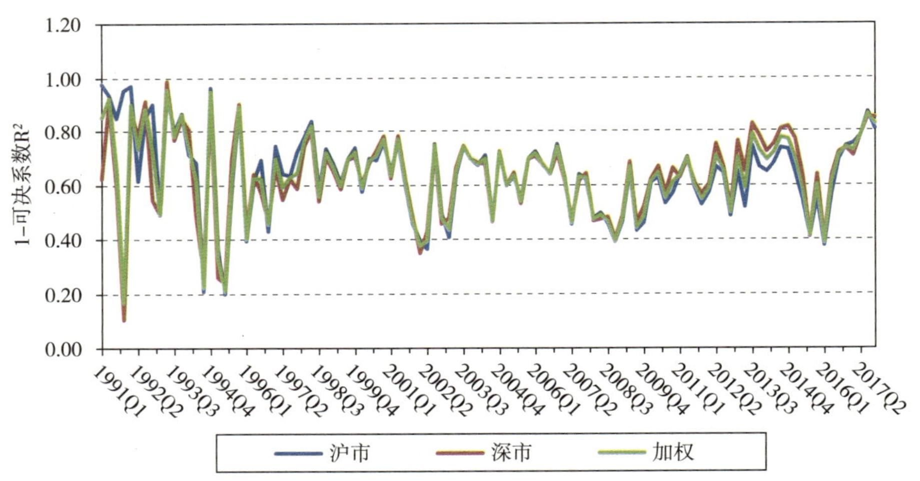

图9－63　1991年至2017年基于可决系数 R^2 的特质信息含量季度变动趋势

（二）基于互自相关系数的信息吸收速度

图9－64展示了1991年第一季度至2017年第四度基于互自相关系数的信息吸收速度。本报告采用互自相关系数绝对值来度量信息吸收速度。但需要指出的是，这里的信息吸收速度主要衡量股价吸收市场信息的速度。该指标距离零值越近，说明市场信息反映到股价中的时间就越短，速度就越快。主要的结论有如下几个。

第一，与股票市场开设初期相比，信息吸收速度总体上呈现明显的上升趋势。1995 年之前，信息吸收的速度非常缓慢。尤其是在深圳证券交易所交易的股票，最糟糕时，当期股票价格与滞后期市场信息的互自相关系数居然高达 0.8。1995 年之后，信息吸收速度开始变快。然而最近几年信息吸收速度出现了相反的变化趋势，信息吸收速度有所下降。

第二，随着股市的持续上涨，个股吸收市场信息的速度越来越慢。也就是说，个股股价的变动越来越受到市场上一期变动的影响，而不是市场当期信息以及自身信息的影响。如此一来，个股变动在市场信息的驱动下很可能变得越来越同步，从而增加了股市系统性风险。不仅如此，个股吸收市场信息的速度降低（互自相关系数上升）得快，但提高（互自相关系数下降）得却非常缓慢。

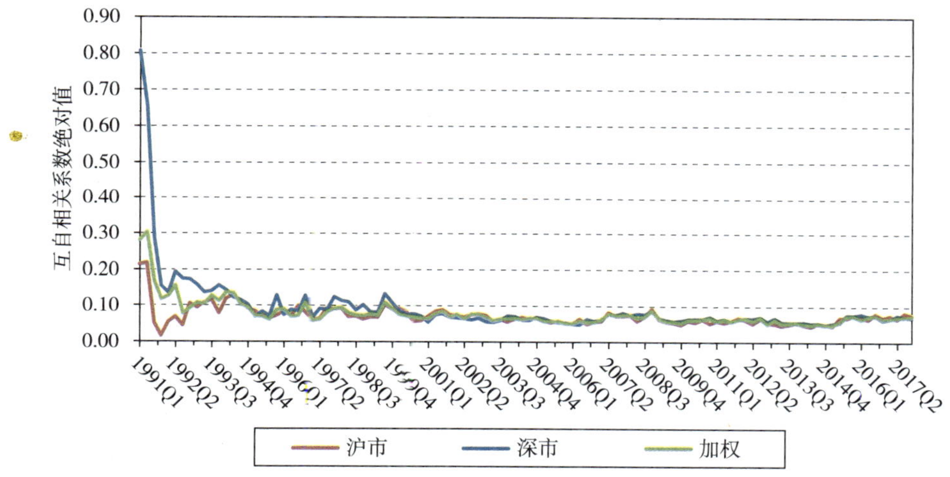

图 9-64　1991 年至 2017 年基于互自相关系数的信息吸收速度季度变动趋势

依据能够通过公开渠道获得的日内交易数据与日交易数据，采用前述章节介绍的度量方法，本章重点从截面和时间两个方面分析了上海证券交易所与深圳证券交易所的配置效率、运行效率与信息效率的度量结果，有关主要结论总结如下。

一、配置效率分析的主要结论

对于配置效率，本报告将其分为 IPO 配置效率与再融资配置效率两部分，并分别采用 IPO 抑价率与再融资折价率度量。主要结论包括两个方面。

第一，我国股票市场配置效率比较低。我国股票市场首次公开发行股票抑价率均值超过200%，再融资折价率超过80%，远远高于国际发达股票市场以及大多数新兴股票市场。

第二，我国股票市场配置效率总体上呈现较为明显的上升趋势，但近些年呈现了一定下降的趋势。在股票市场设立的早期，IPO抑价率季度均值甚至超过4400%，再融资折价率季度均值也超过了600%，但随着股票发行制度市场化的不断深化，IPO抑价率与再融资折价率都出现了大幅且持续的下降，说明配置效率得到了显著的改善。但2006年之后IPO配置效率与再融资配置效率都出现了下降的趋势。导致配置效率下降的原因有两个，一方面，发行制度市场化改革不能适应股票市场发展的新要求，甚至出现了倒退现象。2006年定向增发的推出虽然便利了发行企业融资，促进了股票供需平衡，但监管未能及时跟上使部分发行人利用定向增发进行利益输送，侵害了中小股东利益，加剧了信息不对称问题。2011年与2014年新股上市首日涨跌停板制度没有降低投资者参与一级市场的热情，反而延迟了股票市场价格发现功能，导致一级市场配置效率下降。另一方面，股票市场异常波动严重打击了投资者参与股票市场的信心，损害了股票市场资金配置功能，导致股票市场配置效率明显下降，并且恢复得非常缓慢。

二、运行效率分析的主要结论

对于运行效率，本报告主要采用日内账簿数据计算的相对有效价差、相对实现价差以及价格影响来分别衡量。但考虑到现有数据的局限，本报告同时采用日交易数据作为补充。基于上述度量方法的结果，本报告有关运行效率的结论有五个方面。

第一，总体上看，从1991年到2017年我国股票市场运行效率一直呈现较为明显的改善趋势。除了2015年和2016年股灾期间，近几年我国股票市场的相对有效价差均值已经比20世纪90年代的平均水平下降了75%以上，比股市设立初期更是下降了85%以上。导致运行效率持续改善的原因主要有三个，首先是股票市场投资者数量以及交易规模增长迅速，其次是公司治理水平持续改善，最后是国内股票市场投资者保护不断加强。

第二，我国股票市场运行效率容易受到股灾等股市极端波动的影响，但这种影响随着股市的发展呈现明显减弱的趋势。在股市发展的早期，股市波动的影响非常明显，这种情况一直持续到2007年到2008年的股灾。但随着股指期货、融资融券、转融通等业务的相继推出，股市运行的稳定性增强。尽管随后2015年和2016年连续发生了与之前规模相当的股灾，但运行效率的下降程度明显更小。因此，我国股票市场的运行效率不仅明显下降，而且运行更加稳定。

第三，上海证券交易所的运行效率略优于深圳证券交易所。其中主要的原因在于上海证券交易所上市公司股票的规模明显大于深圳证券交易所，因此前者的信息不对称问题和流动性都明显优于后者。

第四，无论采用何种流动性分组标准，流动性与运行效率之间总是存在显著的负相关关系，而且随着股市的发展这种关系越来越稳定。

第五，总体上，在股票市场运行的成本中，信息不对称有关的成本大约占70%，而订单处理、存货管理等非信息不对称成本占比30%，但上海证券交易所与深圳证券交易所的运行成本结构差异明显。对于深圳证券交易所，信息不对称有关的运行成本平均占比超过了80%，但这一比例对于上海证券交易所还不到60%。

因此，尽管我国股票市场运行效率还不尽如人意，但随着股票市场的不断发展和完善，总体上运行效率在不断提高，稳定性也在不断增强。

三、信息效率分析的主要结论

对于信息效率，本报告的主要结论有四个。

第一，日内高频数据与日间低频数据的度量结果都表明，我国股票市场信息效率虽然相对股市发展早期有所改善，但总体上提升趋势并不明显。这一结果与运行效率的显著提高形成了鲜明的对比，表明我国股票市场的效率在不同维度的表现并不同步。

第二，股票市场极端波动对信息效率的影响非常明显，说明我国股票市场中信息效率的建设基础仍然不牢固。研究发现股市暴涨同时伴随信息效率的快速下降，但股市暴跌过程中信息效率恢复到原来水平却要持续更长的时间，因此股市暴涨暴跌对信息效率的影响存在不对称效应。

第三，信息效率在不同的流动性、行业、所有权性质分组之间并没有表现出清晰的差异，因此上述因素对我国股票市场信息效率的影响并不显著。这也说明研究需要进一步挖掘影响我国股票市场信息效率的决定性因素。

第四，本报告发现股价中特质信息含量以及股价吸收市场信息的速度一直都不稳定，尤其是股价信息含量波动非常剧烈。在股市暴涨或暴跌期间，特质信息含量与市场信息吸收速度明显下降，表明投资者对股票进行估值时受市场信息的影响越来越大，结果导致信息效率显著下降。

综合以上配置效率、运行效率与信息效率三个方面的结果，本报告发现随着股票市场的发展与完善，我国股票市场的运行效率逐渐提升，但信息效

率却没有明显改善。与此同时，配置效率自股票市场开设以来显著提高，但是近年来又有一定程度的下降。因此，未来研究与监管应当重点关注配置效率、运行效率与信息效率改善的不平衡。对监管部门而言，未来应当减少不必要的监管，加快股市发行市场化改革，积极培育市场力量，提升配置效率与信息效率。

第十章 中国股票市场公正度量结果与分析

本章详细报告了中国股票市场疑似市场操纵、内幕交易行为的监测结果以及中国证监会所处罚的信息披露违规案例信息，并展开了深入分析。其中，监测疑似市场操纵与内幕交易行为所需数据来自汤森路透[①]，信息披露违规案例信息来自中国证监会官方网站。

第一节 市场操纵行为监测结果与分析

基于所构建的连续交易操纵、开盘价操纵和收盘价操纵行为的监测模型，本报告对2003年1月1日至2017年12月31日中国股票市场的疑似市场操纵行为进行了识别与监测。接下来，本报告将从交易所层面和股票层面对监测结果展开分析，以探究我国上海证券交易所股票市场（以下简称沪市）、深圳证券交易所股票市场（以下简称深市）操纵行为的特征。

一、连续交易操纵监测结果分析

（一）描述性统计分析

图10－1展示了沪深两市历年疑似发生连续交易操纵的数量。从图中可以看出，2003年至2017年沪市疑似发生连续交易操纵的总数量为161974次，深市疑似发生连续交易操纵的总数量为191148次，后者比前者多29174次，约高出18%，这可能是因为随着中小板和创业板市场的不断发展，在深圳证券交易所上市交易股票的数量增长更快，最终超越了上海证券交易所，从而为疑似连续交易操纵行为数量的增长提供了可能。如图10－2所示，进入2010年以后，深市日交易股票数量年度均值[②]超过沪市，并于2017年达到1824只左

① 感兴趣的读者可以到MQD服务平台获取相应数据的动态更新结果。

② 日交易股票数量年度均值，是指对单个交易日内发生交易的股票数量取年度平均值。

右的水平。与之相比，2017 年沪市日交易股票数量的年度均值约为 1223 只。

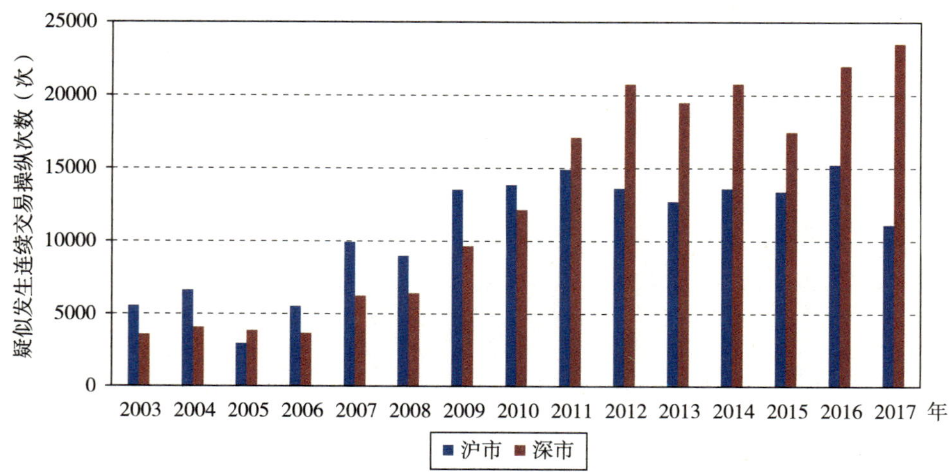

图 10－1　历年疑似发生连续交易操纵数量

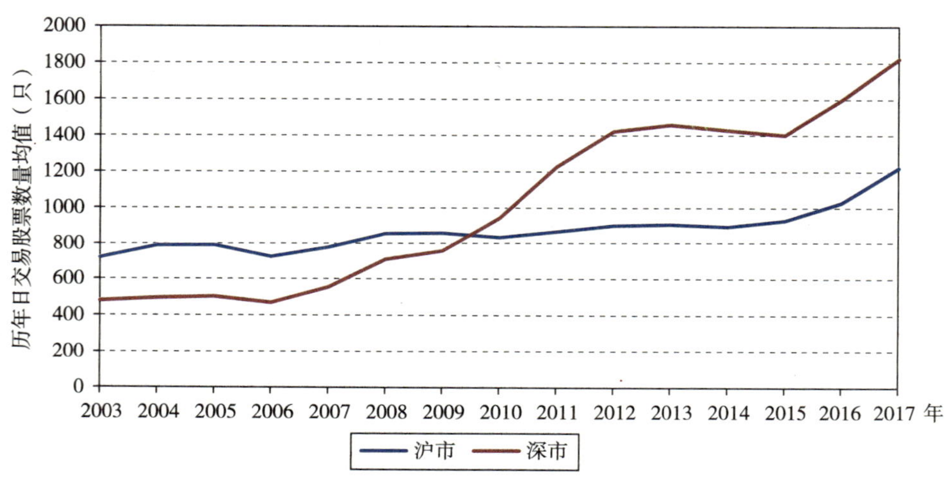

图 10－2　历年日交易股票数量均值

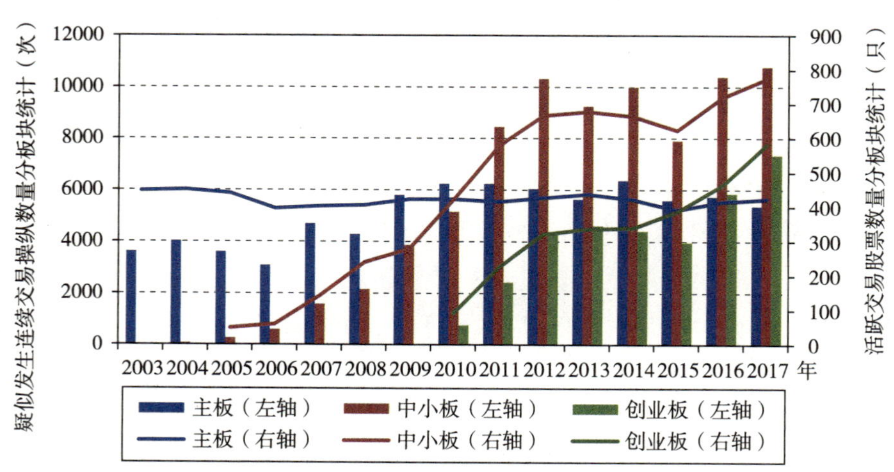

图 10－3　历年疑似发生连续交易操纵数量和日交易股票数量分板块统计

进一步地，深市分板块来看，2009年以来，深市主板日交易股票数量的年度均值及疑似发生连续交易操纵的数量基本上保持在比较稳定的水平。但是，随着中小板及创业板上市交易股票数量的增加，疑似发生连续交易操纵股票的数量呈现出逐年增长的趋势。其中，中小板疑似发生连续交易操纵股票的数量于2011年超过深市主板，创业板疑似发生连续交易操纵股票的数量也于2016年超过深市主板。由此可以看出，中小板和创业板市场规模日益扩大，在很大程度上也引起了疑似连续交易操纵行为的快速增长。

沪深两市上市交易股票的数量有所不同，因而有必要比较两市连续交易操纵行为的相对严重程度。为此，本报告分别构建了疑似发生连续交易操纵的数量占比和成交额占比来衡量该操纵行为的严重程度。图10－4和图10－5分别展示了沪深两市历年疑似发生连续交易操纵数量占比均值和成交额占比均值的变化情况。从图中可以发现，一方面，就沪深两市疑似发生连续交易操纵数量占比和成交额占比均值的历年变化情况而言，2003—2011年，数量占比和成交额占比整体上呈增长趋势，沪市的疑似连续交易操纵数量占比和成交额占比分别从0.3%和200个基点左右的水平快速增长至0.64%和331.04个基点的水平，深市的疑似连续交易操纵数量占比和成交额占比也分别从0.3%和200个基点左右的水平快速增长至0.52%和257.79个基点的水平，表明这一时期沪深两市的连续交易操纵行为日益严重；进入2012年以后，该增长趋势明显放缓，沪市的疑似连续交易操纵数量占比和成交额占比分别稳定在0.55%和300个基点左右的水平，深市的疑似连续交易操纵数量占比和成交额占比也分别稳定在0.5%和250个基点左右的水平。这一时期沪深两市连续交易操纵行为得到有效遏制，可能与监管部门逐步加大证券市场违规行为的监管力度有关。据统计，2003—2011年中国证监会处罚的市场操纵案件仅为34例，但2012年以后所处罚市场操纵案例的数量明显增多，截至2016年底该数量达到65例，远高于2003—2011年市场操纵案件的数量。同时，市场操纵罚款金额与获利金额的比重也能够反映对这类行为处罚力度的变化。1998—2006年、2007—2011年、2012—2016年该比重分别为100%、110%、242%，表明与2012年以前相比，2012年以后监管部门对市场操纵行为的监管力度明显加大。

另一方面，通过对沪深两市疑似发生连续交易操纵的情况进行横向比较后发现，2007—2016年沪市疑似发生连续交易操纵的数量占比和成交额占比均高于深市，表明与深市相比，沪市疑似连续交易操纵行为的发生情况更为严重。

为了解中国股票市场疑似发生连续交易操纵的总体情况，本报告也将沪深两市疑似发生连续交易操纵的数量进行了汇总统计，并整理在图10－6中。从图中可以看出，与前述沪深两市疑似发生连续交易操纵的变化趋势相一致，中国股票市场疑似发生连续交易操纵的数量占比也于2011年以前大体上呈增长趋势，并于2012年以后呈初步下降趋势。这表明2012年以后中国股票市场的连续交易操纵行为得到了有效遏制。

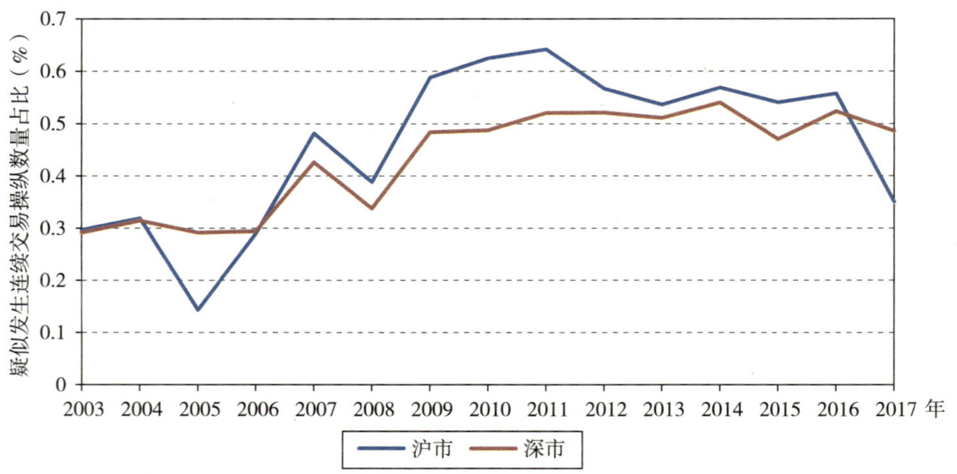

图10－4　历年疑似发生连续交易操纵数量占比均值变化情况

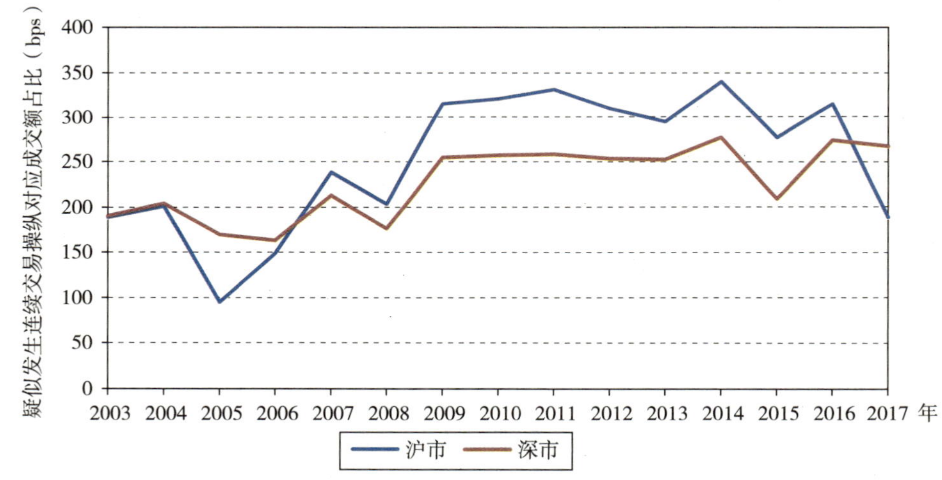

图10－5　历年疑似发生连续交易操纵成交额占比均值变化情况

（二）疑似发生连续交易操纵股票特征分析

从已监测出疑似发生连续交易操纵的股票来看，2003年至2017年沪深两市股票累计发生连续交易操纵次数的平均值分别为120次和94次，表明对被监测出疑似发生连续交易操纵的股票而言，在样本区间内累计发生连续交易操纵的次数分别达到120次和94次，并且沪市股票重复发生连续交易操纵的情况比深市更为严重；进一步地，为探究容易发生连续交易操纵股票的特征，本报告以样本区间内累计发生连续交易操纵次数的中位数为划分标准，将累计发生连续交易操纵次数高于中位数的股票形成了连续交易操纵次数较多的子样本。也就是说，由于沪深两市股票累计发生连续交易操纵次数的中位数分别为141次和91次，则沪市中累计发生连续交易操纵次数超过141次的股票和深市中累计发生连续交易操纵次数超过91次的股票将构成股票子样本。接下来，本报告将以该子样本为研究对象展开分析。

图 10－6　中国股票市场历年疑似发生连续交易操纵数量及占比

表 10－1　沪深两市股票累计发生连续交易操纵次数统计

股票市场	均值	中值	最小值	最大值
沪市	120	141	1	268
深市	94	91	1	251

根据《上海证券交易所股票上市规则》和《深圳证券交易所股票上市规则》，如果上市公司出现财务状况异常情况或其他异常情况，导致其股票存在被终止上市的风险，或者投资者难以判断公司前景，投资者权益可能受到损害的，证券交易所将对该公司股票实施风险警示。其中，风险警示包括退市风险警示和其他风险警示①。因此，对具有风险警示实施记录的股票而言，所对应上市公司的财务状况通常出现过异常变化，从而具有较低的经营稳定性。

本报告对发生连续交易操纵次数较多的股票子样本中具有风险警示实施记录的占比进行了统计（见表 10－2）。根据该表，在发生连续交易操纵次数较多的股票子样本中，具有风险警示实施记录股票的占比达到 24.15%。而与之相比，全部 A 股中具有风险警示实施记录股票的占比仅为 19.56%。这表明与全部 A 股中经营稳定性较低上市公司出现的平均概率相比，发生连续交易操纵

① 对于被实施退市风险警示的股票，在公司股票简称前冠以“*ST”字样；而对于被实施其他风险警示的，在公司股票简称前冠以“ST”字样。

次数较多的股票子样本中经营稳定性较低上市公司出现的概率往往更高。也就是说，与基本面良好、无风险警示实施记录的上市公司股票相比，经营稳定性较差、存在风险警示实施记录的上市公司股票更容易发生连续交易操纵。

表 10－2　有风险警示实施记录股票占比统计

类别	有风险警示实施记录股票占比	无风险警示实施记录股票占比
连续交易操纵次数较多的子样本	24. 15%	75. 85%
全部 A 股	19. 56%	80. 44%

另外，本报告也对发生连续交易操纵次数较多的股票子样本的总市值分布状况和换手率分布状况进行了统计（见图 10－7 和图 10－8）。一方面，从 2003 年至 2017 年样本股票日均总市值的分布状况来看，日均总市值在 50 亿元以下的股票占比达到 56. 35%，而在全部 A 股中该比例为 47. 27%。这表明发生连续交易操纵次数较多股票的总市值主要集中在 50 亿元以下；并且与全部 A 股相比，股票子样本中总市值处于 50 亿元以下的股票占比更高，即日均总市值规模较小的股票更容易发生连续交易操纵。

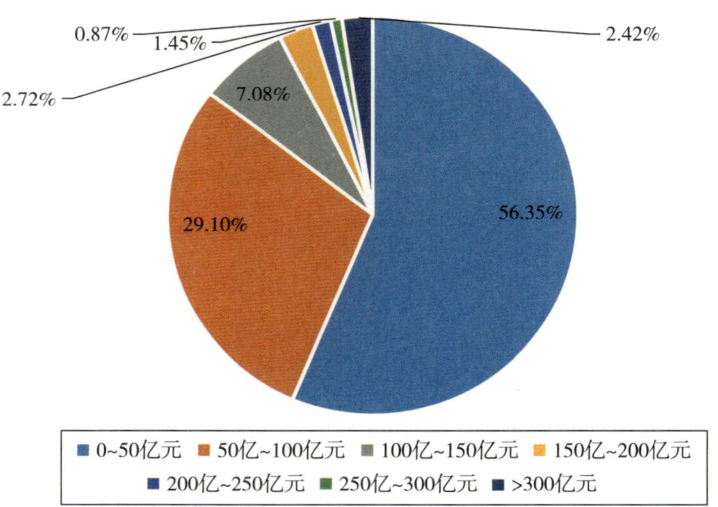

图 10－7　连续交易操纵次数较多子样本股票日均总市值分布状况

另一方面，从 2003 年至 2017 年样本股票日均换手率的分布状况来看，日均换手率介于 0～2% 之间、2%～4% 之间的股票占比分别达到 18. 14% 和 66. 05%，累计达到 84. 19%，表明发生连续交易操纵次数较多股票的日均换手率主要集中在 4% 以下；同时，从全部 A 股日均换手率的分布状况来看，日均换手率处于 4% 以下股票的数量占比为 62. 15%。这充分表明，与全部 A 股相比，股票子样本中换手率处于 4% 以下的股票占比更高，即日均换手率较低的股票更容易发生连续交易操纵。

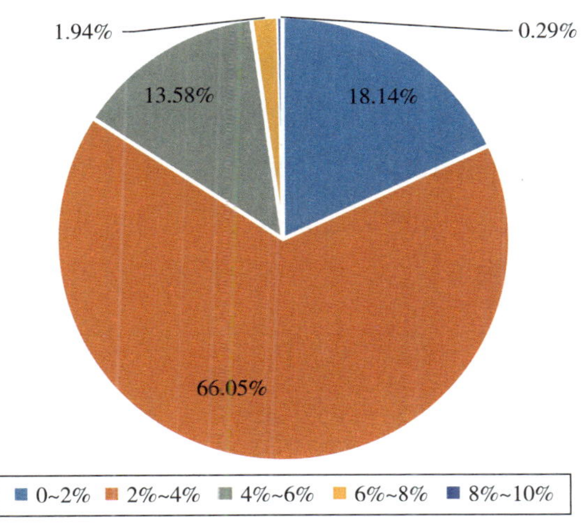

图 10－8　连续交易操纵次数较多子样本股票日均换手率分布状况

二、开盘价操纵监测结果分析

（一）描述性统计分析

图 10－9 展示了沪深两市历年疑似发生开盘价操纵的数量。从图中可以看出，2003 年至 2017 年沪市疑似发生开盘价操纵的总数量达到 12427 次，深市为 14915 次，后者比前者多 2488 次，约高出 20%。从历年疑似开盘价操纵数量的变化情况来看，2013 年以后深市疑似开盘价操纵的数量大幅增加，大大超过沪市疑似发生开盘价操纵的数量。与前述疑似连续交易操纵类似，这一变化可能与深圳证券交易所中小板和创业板市场的快速发展有关。如图 10－10 所示，随着中小板和创业板市场规模的扩大和日交易股票数量的增多，疑似发生开盘价操纵股票的数量也随之增多。尤其在进入 2013 年以后，中小板市场疑似发生开盘价操纵股票的数量达到 811 次，显著超过主板市场疑似开盘价操纵的股票数量；创业板市场疑似开盘价操纵股票的数量也达到 361 次，与主板市场疑似开盘价操纵股票的数量基本接近。由此可以看出，中小板和创业板市场规模日益扩大的同时，在很大程度上也引起了疑似开盘价操纵行为的快速增长。

进一步地，为比较沪深两市疑似发生开盘价操纵的相对水平，本报告对沪深两市疑似发生开盘价操纵的数量占比和成交额占比展开分析。图 10－11 和图 10－12 分别展示了沪深两市历年疑似发生开盘价操纵数量占比均值和成交额占比均值的变化情况。从图中可以看出，一方面，沪深两市疑似开盘价操纵的数量占比大体上均呈现出逐年下降趋势。具体来说，2003 年沪深两市疑似发生开盘价操纵股票的数量占比保持在 0.8% 左右的水平，但进入 2011 年以后

该数量占比降至 0.4% 左右，并一直稳定在 0.4% ~ 0.6% 之间的水平；但是，就沪深两市疑似开盘价操纵的成交额占比而言，并未表现出明显的下降趋势。除 2007 年少数月份出现异常波动外，沪深两市疑似发生开盘价操纵股票的成交额占比基本上在 1 个 ~ 1.5 个基点之间波动。由此可以看出，沪深两市疑似开盘价操纵数量占比有所降低的同时，成交额占比并未随之降低，表明对被监测出疑似开盘价操纵的股票而言，被操纵的严重程度有逐步提升的趋势。

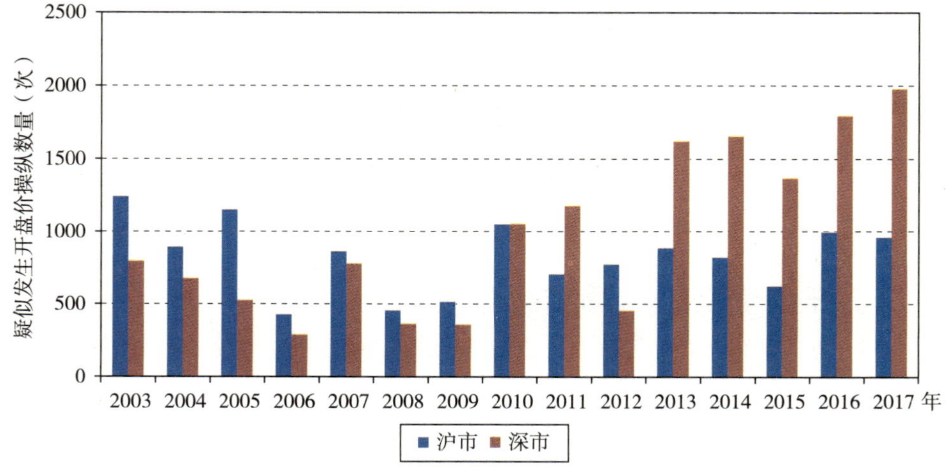

图 10－9　历年疑似发生开盘价操纵数量

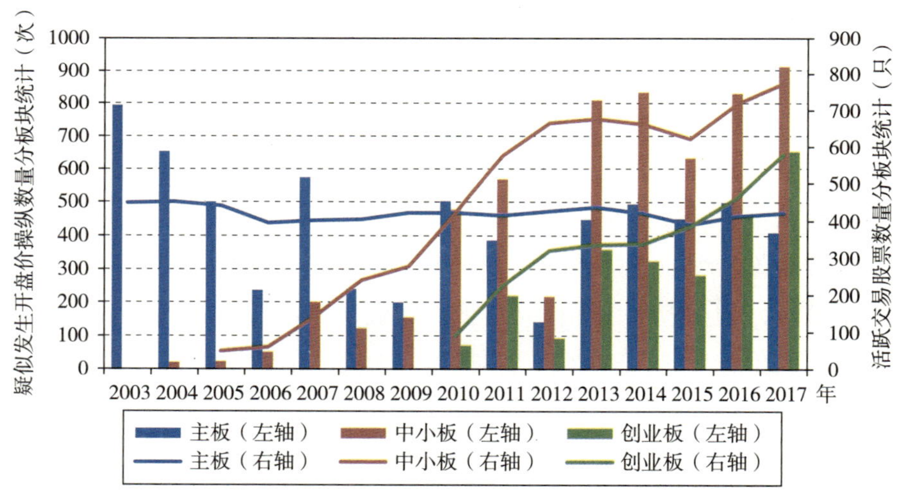

图 10－10　历年疑似发生开盘价操纵数量和日交易股票数量分板块统计

另一方面，通过对沪深两市疑似发生开盘价操纵的情况进行横向比较后发现，无论是数量占比还是成交额占比，沪深两市大体处于相同水平，并表现出较为一致的变动趋势。这表明沪深两市疑似发生开盘价操纵行为的严重程度大体相当。

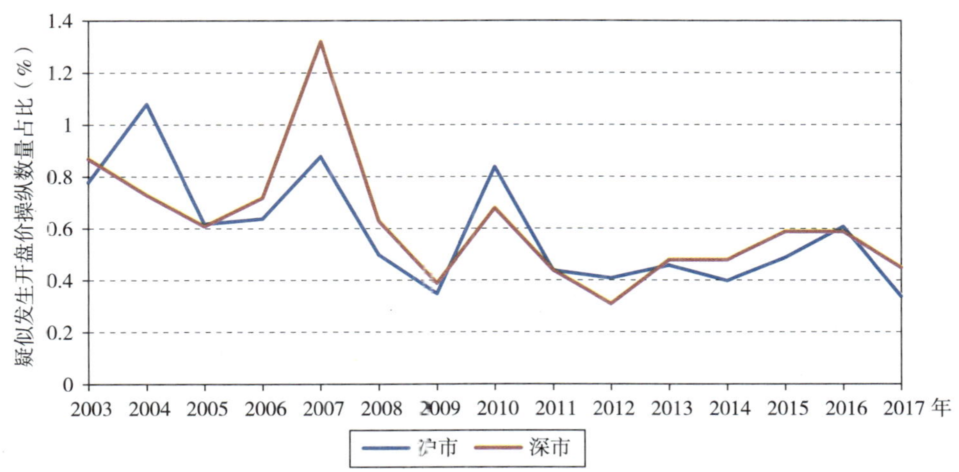

图 10－11　历年疑似发生开盘价操纵数量占比均值变化情况

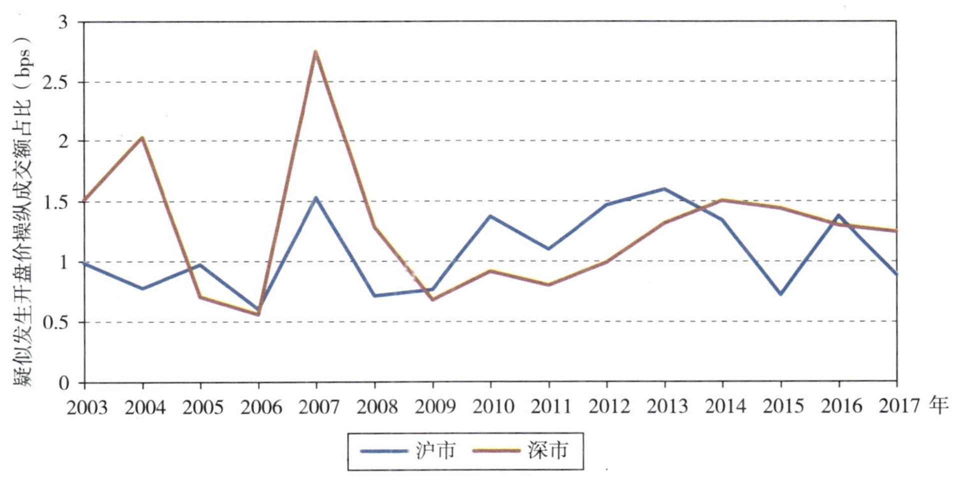

图 10－12　历年疑似发生开盘价操纵成交额占比均值变化情况

为了解中国股票市场疑似发生开盘价操纵的总体情况，本报告也将沪深两市疑似发生开盘价操纵的数量进行了汇总统计，并整理在图 10－13 中。其中，疑似发生开盘价操纵数量是指沪深两市疑似发生开盘价操纵数量之和，疑似发生开盘价操纵数量占比是指中国股票市场疑似发生开盘价操纵总数量占日交易股票总数量的比重。从数量上看，随着中国股票市场规模的扩大，疑似发生开盘价操纵的数量有所增长，但增长幅度相比于疑似发生连续交易操纵的增长幅度较小。2003 年至 2017 年，中国股票市场疑似发生开盘价操纵的次数由 2043 次增加至 2944 次，增长幅度约为 44%。但在此期间，沪深两市疑似发生连续交易操纵总数量的增幅却超过了 300%；从数量占比来看，2003 年沪深两市疑似发生开盘价操纵的数量占比为 0.71%，但该占比于 2006 年降至 0.25%，并一直保持在 0.3%～0.5%。总之，从历年沪深两市疑似开盘价操纵数量和数量占比的变化情况来看，我国股票市场开盘价操纵行为的严重程度总体上趋于减弱。

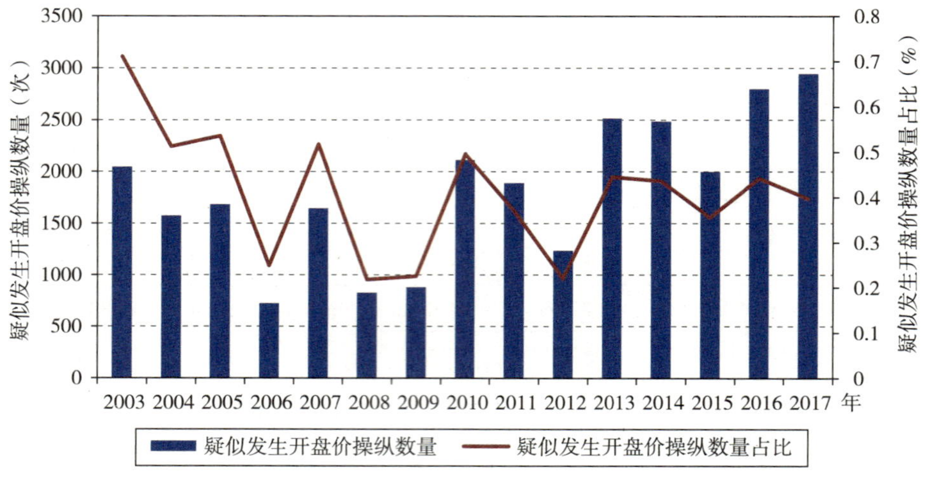

图 10－13　中国股票市场历年疑似发生开盘价操纵数量及占比

（二）疑似发生开盘价操纵股票特征分析

从已监测出疑似发生开盘价操纵的股票来看，2003 年至 2017 年沪深两市股票累计发生开盘价操纵次数的平均值分别为 10.02 次和 9.94 次，表明对被监测出疑似发生开盘价操纵的股票而言，在样本区间内累计发生开盘价操纵的次数分别达到 10.02 次和 9.94 次，并且沪市股票重复发生开盘价操纵的情况比深市更为严重；进一步地，为探究容易发生开盘价操纵股票的特征，本报告以样本区间内累计发生开盘价操纵次数的中位数为划分标准，将累计发生开盘价操纵次数高于中位数的股票形成了开盘价操纵次数较多的子样本。也就是说，由于沪深两市股票累计发生开盘价操纵次数的中位数分别为 10 次和 9 次，则沪市中累计发生开盘价操纵次数超过 10 次的股票和深市中累计发生开盘价操纵次数超过 9 次的股票将构成股票子样本。接下来，本报告将以该子样本为研究对象展开分析。

表 10－3　沪深两市股票疑似发生开盘价操纵累计次数统计

股票市场	均值	中值	最小值	最大值
沪市	10.02	10	1	27
深市	9.94	9	1	28

与针对疑似连续交易操纵次数较多股票子样本的分析类似，本报告基于沪深两市股票疑似发生开盘价操纵次数较多的股票子样本，统计了子样本中具有风险警示实施记录股票的占比。根据表 10－4，在发生开盘价操纵次数较多的

股票子样本中，具有风险警示实施记录股票的占比达到27.96%。而与之相比，全部A股中具有风险警示实施记录股票的占比仅为19.56%。这表明与全部A股中经营稳定性较低上市公司出现的平均概率相比，发生开盘价操纵次数较多的股票子样本中经营稳定性较低上市公司出现的概率往往更高。也就是说，与基本面良好、无风险警示实施记录的上市公司股票相比，经营稳定性较差、存在风险警示实施记录的上市公司股票更容易发生开盘价操纵。

表10-4 有风险警示实施记录股票占比统计

类别	有风险警示实施记录股票占比	无风险警示实施记录股票占比
开盘价操纵次数较多的子样本	27.96%	72.04%
全部A股	19.56%	80.44%

另外，本报告也对发生开盘价操纵次数较多的股票子样本的总市值分布状况和换手率分布状况进行了统计（见图10-14和图10-15）。一方面，从2003年至2017年样本股票日均总市值的分布状况来看，日均总市值在50亿元以下的股票占比达到56.82%，而在全部A股中该比例为47.27%。这表明发生开盘价操纵次数较多股票的总市值主要集中在50亿元以下；并且与全部A股相比，股票子样本中总市值处于50亿元以下的股票占比更高，即日均总市值规模较小的股票更容易发生开盘价操纵。

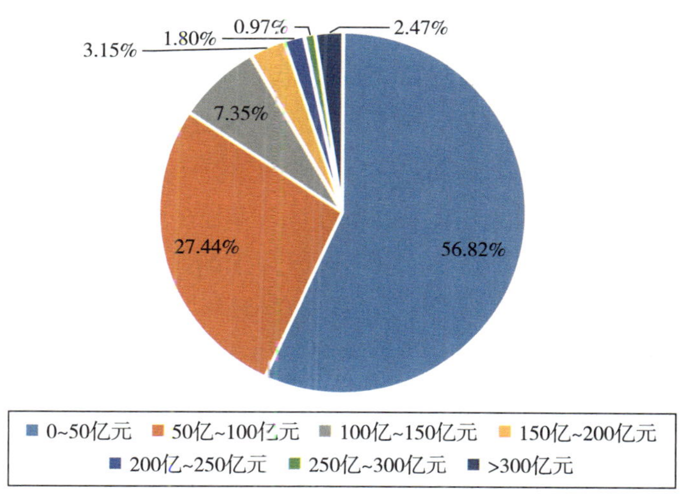

图10-14 开盘价操纵次数较多子样本股票日均总市值分布状况

另一方面，从2003年至2017年样本股票日均换手率的分布状况来看，日均换手率介于0~2%之间、2%~4%之间的股票占比分别达到24.44%和68.07%，累计达到95.5%，表明发生开盘价操纵次数较多股票的日均换手率主要集中在4%以下；同时，从全部A股日均换手率的分布状况来看，日均换

手率处于4%以下股票的数量占比为62.15%。这充分表明，与全部A股相比，股票子样本中换手率处于4%以下的股票占比更高，即日均换手率较低的股票更容易发生开盘价操纵。

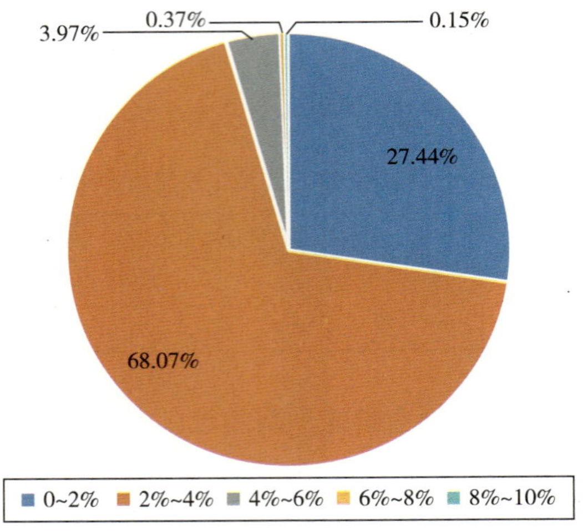

图10－15　开盘价操纵次数较多子样本股票日均换手率分布状况

三、收盘价操纵监测结果分析

（一）描述性统计分析

图10－16展示了沪深两市历年疑似发生收盘价操纵的数量。从图中可以看出，2003年至2017年沪市疑似发生收盘价操纵的总数量为6099次，深市疑似发生收盘价操纵的总数量为4351次，前者比后者多1748次，约高出40.2%。与连续交易操纵及开盘价操纵行为的监测结果不同，尽管深市中小板和创业板市场规模逐步扩大，交易股票数量日益增多，但深市疑似发生收盘价操纵数量却低于沪市。究其原因，可能是因为深圳证券交易所在收盘阶段采用了集合竞价交易制度，从而抑制了疑似收盘价操纵行为的发生。中小板收盘集合竞价机制于2004年6月率先实施。随后，主板市场也于2006年7月启动收盘集合竞价制度，股票收盘价通过集合竞价的方式产生，竞价时间为14：57至15：00。与之相比，沪市仍以股票最后一笔交易前一分钟所有交易的成交量加权平均价格作为收盘价。一般而言，通过集合竞价方式确定的收盘价，比连续竞价方式确定收盘价更能降低人为控制收盘价的可能性。这是因为，在收盘集合竞价制度下，以一段时间内所接收买卖申报达到最大成交量的价格作为收盘价。该收盘价所形成的成交量显著大于最后一笔交易前一分钟内的成交量，投资者若想达到操纵收盘价的目的，需要进行大笔的委托申报，这大大提高了市场操纵者干预股票收盘价格的成本和难度。

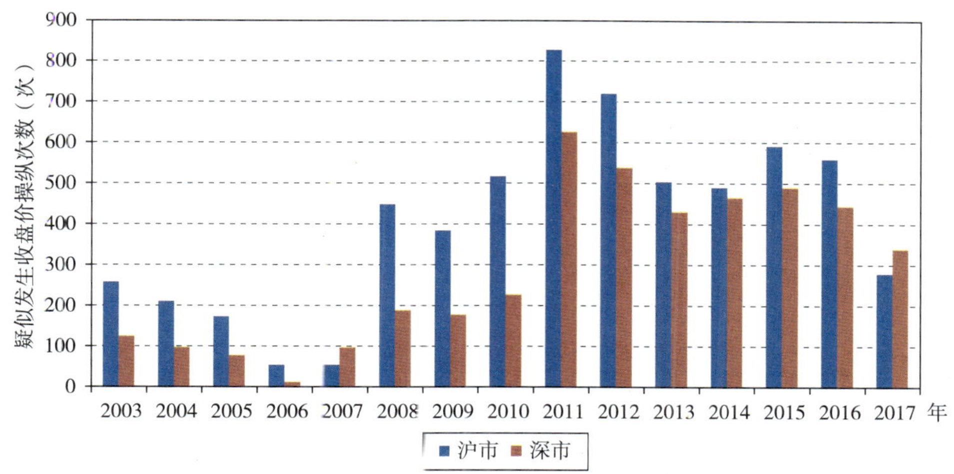

图 10－16　历年疑似发生收盘价操纵数量

实际上，已有学者通过研究证明了上述结论。在国外研究成果方面，Hillion 和 Suominen（2004）认为，采用收盘集合竞价交易制度可以有效减少收盘价市场操纵行为发生并提高市场效率。Comerton－Forde 和 Rydge（2006）认为收盘集合竞价阶段对收盘价计算方法的不同设计会使市场操纵发生难易程度不同，因此导致市场操纵发生的概率有所差别。在国内研究成果方面，许香存、李平和曾勇（2012）通过对深市中小板股票进行研究后发现，收盘集合竞价制度的引进有效减少了深市中小板市场尾盘集中交易情况，使收盘阶段流动性减少、波动性降低、价格变化幅度减少。张肖飞（2012）基于深圳证券交易所上市股票的研究表明，2006 年 7 月 1 日实施收盘集合竞价交易制度后，深市收盘阶段波动性、交易量、流动性等均显著下降，从而提升了股票市场的有效性。

另外，从历年沪深两市疑似收盘价操纵数量的变化趋势来看，沪深两市疑似发生收盘价操纵的数量于 2011 年以前大体上呈快速增长趋势，并于 2011 年分别达到 829 次和 627 次。但是，自 2012 年以后疑似收盘价操纵的次数趋于减少，并于 2017 年分别达到 281 次和 340 次。这在很大程度上可能与监管部门逐步加大证券市场违规行为的监管力度有关。

进一步地，为比较沪深两市疑似发生收盘价操纵的相对水平，本报告对沪深两市疑似发生收盘价操纵的数量占比和成交额占比展开了分析。图 10－17 和图 10－18 分别展示了沪深两市历年疑似发生收盘价操纵数量占比均值和成交额占比均值的变化情况。从图中可以看出，沪深两市历年疑似发生收盘价操纵数量占比和成交额占比的变化趋势有所不同。对沪市而言，尽管 2003—2007 年疑似收盘价操纵的数量占比和成交额占比均有所下降，分别从 2003 年的 0.3% 左右和 10.4 个基点下降至 2007 年的 0.18% 和 3.05 个基点，但自 2007 年以后两者大体上呈现出明显上升趋势，最终于 2017 年分别达到 0.23% 和 4.24

个基点；对深市而言，疑似收盘价操纵的数量占比和成交额占比整体上呈下降趋势，分别由 2003 年的 0.3% 左右和 8 个基点左右下降至 2017 年的 0.22% 和 4.69 个基点。这充分表明，一方面，就发生疑似收盘价操纵行为的严重程度而言，沪市有所加剧，而深市明显改善；另一方面，基于沪深两市疑似发生收盘价操纵情况的横向比较可以发现，沪市更为严重。在疑似收盘价操纵上沪深两市所表现出的差异，很大程度上源于收盘集合竞价制度有利于抑制收盘价操纵行为。

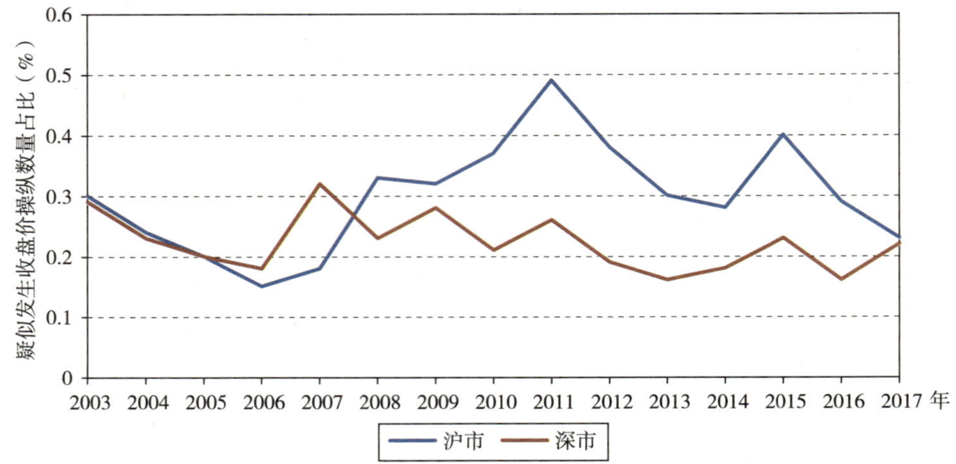

图 10－17　历年疑似发生收盘价操纵数量占比均值变化情况

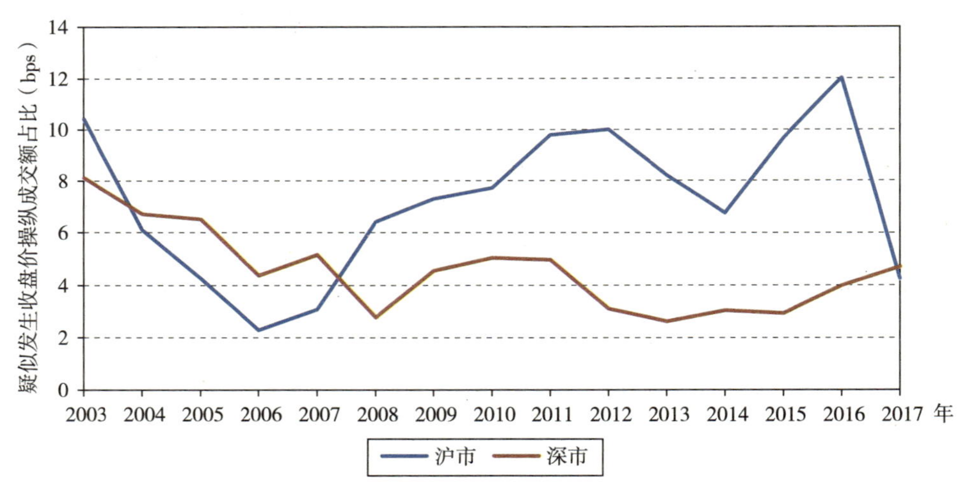

图 10－18　历年疑似发生收盘价操纵成交额占比均值变化情况

进一步来看，自 2011 年以后，沪深两市疑似发生收盘价操纵的数量占比和成交额占比均明显下降。2011 年沪市疑似发生收盘价操纵的数量占比和成交额占比分别为 0.49% 和 10 个基点左右，深市疑似发生收盘价操纵的数量占比和成交额占比分别为 0.26% 和 5 个基点左右。但是，自此以后数量占比显著下降，沪深两市疑似发生收盘价操纵的数量占比均于 2013 年降至最低水平，分别达到0.3%和0.16%；沪深两市疑似发生收盘价操纵的成交额占比也分别于2013年降至8.2个基点和2.6个基点的水平。这表明自2011年以来沪深两市的疑似收盘价操纵行为得到了有效控制。

为了解中国股票市场疑似发生收盘价操纵的总体情况，本报告也将沪深两市疑似发生收盘价操纵的数量进行了汇总统计，并整理在图10－19中。其中，疑似发生收盘价操纵数量是指沪深两市疑似发生收盘价操纵数量之和，疑似发生收盘价操纵数量占比是指中国股票市场疑似发生收盘价操纵总数量占日交易股票总数量的比重。从数量上看，随着中国股票市场规模的扩大，2006—2011年中国股票市场疑似发生收盘价操纵的总次数由69次增加至1456次，增长幅度超过20倍。但自2011年以后，疑似收盘价操纵行为的发生次数逐年减少；从数量占比来看，中国股票市场疑似发生收盘价操纵数量的占比也呈现出相同趋势。总之，2011年以来，随着我国证券市场违法违规行为监管力度的不断加大，收盘价操纵行为得到了有效遏制。

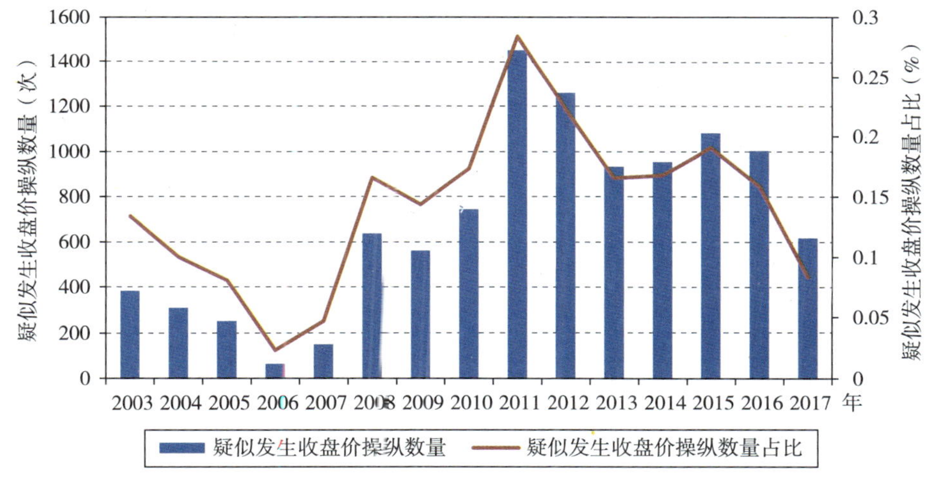

图10－19　中国股票市场历年疑似发生收盘价操纵数量及占比

股票收盘价格容易成为被操纵对象，主要是因为股票的收盘价格决定了相关基金产品和金融衍生品的价值。正如Comerton－Forde和Putnins（2011）所言，股票收盘价具有广泛的应用范围，比如常用来确定衍生工具的到期价值、评估经理人业绩、计算股票指数等。鉴于此，本报告基于中国股票市场疑似收盘价操纵行为的监测结果，对特定时期内收盘价操纵行为的发生情况进行统计，以探究市场操纵者人为控制股票收盘价的动机。

1. 月末疑似发生收盘价操纵情况

针对其他国家证券市场的研究表明，基金经理及相关机构具有在月末或季末等特定时间操纵收盘价的冲动。比如，Carhart等（2002）发现美国证券市场股票价格的上涨集中在收盘前半个小时内，并把这种现象归因于基金经理对股票价格的操纵。这主要是因为为了改善特定时间基金的收益状况，基金经理具有在收盘时推高目标股票价格的动机。Bernhard 和 Davies（2009）研究指出，基金经理具有在报告期末进行市场操纵的冲动，因为他们可以通过操纵收盘价格影响其报告期末业绩水平。Gallagher 等（2009）研究认为，基金经理在季末最后一天通过操纵流动性较差的股票以改变其基金收益情况，并且收益情况越差的基金经理越容易进行市场操纵。由于基金经理或相关机构存在利用月末等关键时刻进行收盘价操纵的倾向，为进一步探究我国股票市场收盘价操纵的动因，本报告对沪深两市月末疑似发生收盘价操纵情况进行了分析。

为评估我国证券市场月末发生疑似收盘价操纵行为的严重程度，本报告测度了沪深两市月末疑似发生收盘价操纵的数量占比和成交额占比。具体来说，在某一年内，月末疑似发生收盘价操纵的数量占比是指该年各月最后一个交易日疑似发生收盘价操纵数量之和占当年疑似发生收盘价操纵总数量的比重，月末疑似发生收盘价操纵的成交额占比是指该年各月最后一个交易日疑似发生收盘价操纵所对应的成交额之和占当年疑似发生收盘价操纵对应成交额的比重。图 10－20 和图 10－21 分别展示了沪深两市历年发生在月末疑似收盘价操纵的数量占比和成交额占比。从图中可以看出，2003—2005 年，沪深两市月末疑似发生收盘价操纵的数量占比远高于平均疑似发生收盘价操纵的数量占比，成交额占比也远高于平均疑似发生收盘价操纵的成交额占比①，这表明该时期内我国股票市场月末发生疑似收盘价操纵的现象较为严重。但是，自 2006 以来，

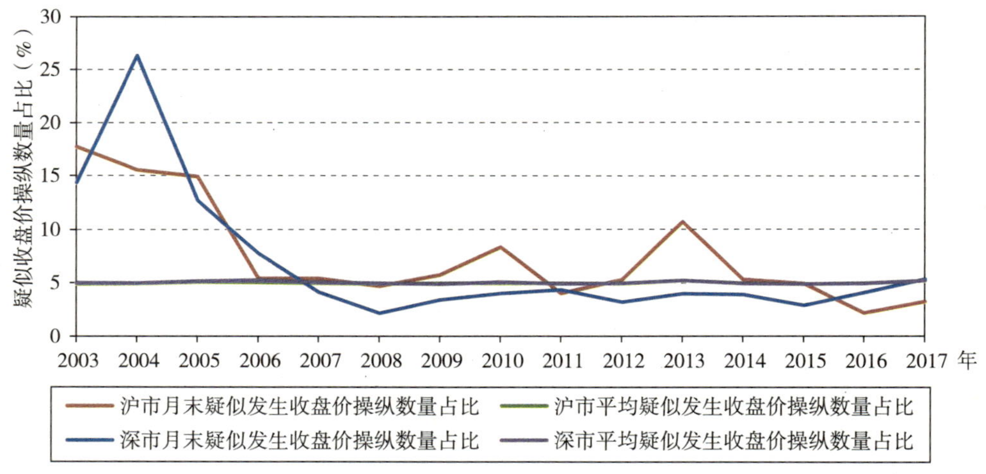

图 10－20　月末疑似收盘价操纵数量占比对比

① 在某一年内，平均疑似发生收盘价操纵的数量占比是指该年各月内日疑似发生收盘价操纵数量均值之和占当年疑似发生收盘价操纵总数量的比重，平均疑似发生收盘价操纵的成交额占比是指该年各月内日疑似发生收盘价操纵成交额均值之和占当年疑似发生收盘价操纵总成交额的比重。这两项指标能够反映股票市场发生疑似收盘价操纵的平均严重程度。

沪深两市月末疑似发生收盘价操纵的数量占比和成交额占比均显著下降，并与数量占比和成交额占比的平均值基本保持一致。这表明，进入 2006 年以后我国股票市场月末发生疑似收盘价操纵的现象明显缓解。

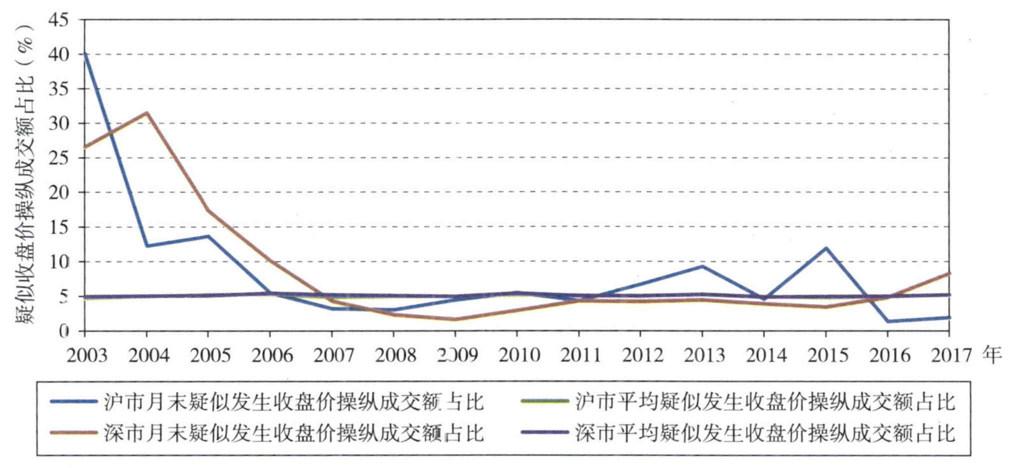

图 10－21　月末疑似收盘价操纵成交额占比对比

2. 股指期货到期日疑似发生收盘价操纵情况

2010 年 4 月，沪深 300 股指期货合约正式上市交易，标志着我国股指期货市场正式开通，这也为操纵者利用股指期货市场和股票现货市场双向操纵以获利提供了条件。已有研究表明，在其他国家的证券市场中，存在由股指期货到期结算导致的股票现货市场成交量、成交额、波动率等发生异常变化，即存在股指期货到期日效应。比如，Stoll 和 Whaley（1986，1987，1991，1997）展开了一系列关于美国指数衍生品到期日效应的研究。他们认为，在股指期货到期日临近结算价确定时点时，股票现货市场的成交量、波动率显著高于非到期日，并出现价格扭曲现象；Kumar 和 Seppi（1994）认为，当金融衍生品临近到期日时，股票价格与相关衍生品价格的变动趋于一致，此时最容易产生跨市操纵行为，并建议监管部门应加强对到期合约的监控，以防止操纵者利用衍生品市场与现货市场进行跨市场操纵；Pirrong（2004）研究发现，在股指期货市场与股票市场之间进行跨市场操纵能够获取巨额利润，监管部门必须严厉打击。综上所述，操纵者具有在股指期货到期日进行股票市场收盘价操纵的内在动机。为此，本报告对我国股票市场股指期货到期日发生疑似收盘价操纵的情况进行了统计分析。

为评估我国证券市场股指期货到期日发生疑似收盘价操纵行为的严重程度，本报告测度了沪深两市股指期货到期日疑似发生收盘价操纵的数量占比和成交额占比[①]。具体来说，在某一年内，股指期货到期日疑似发生收盘价操纵的数量占比是指该年所有股指期货到期日内疑似发生收盘价操纵数量之和占当年疑似发生收盘价操纵总数量的比重，股指期货到期日疑似发生收盘价操纵的成交额占比是指该年所有股指期货到期日内疑似发生收盘价操纵所对应的成交额之和占当年疑似发生收盘价操纵对应成交额的比重。图 10－22 和图 10－23 分别展示了沪深两市历年发生在股指期货到期日疑似收盘价操纵的数量占比和成交额占比。从图中可以看出，在数量占比方面，除 2011 年沪深两市股指期货到期日疑似发生收盘价操纵的数量占比明显高于平均疑似发生收盘价操纵数量占比[②]外，其他时期沪深两市股指期货到期日疑似发生收盘价操纵的数量占比基本上与平均疑似发生收盘价操纵的数量占比保持一致；在成交额占比方面，除个别年份外，沪深两市股指期货到期日疑似发生收盘价操纵的成交额占比也基本上与平均疑似发生收盘价操纵的成交额占比保持一致[③]。这充分表明，我国股票市场并不存在明显的利用股指期货到期日进行收盘价操纵的现象，这与国内部分学者对我国股票市场的研究结论相一致。比如，李琼和肖祖沔（2015）研究发现，股指期货到期日内股票现货市场不存在成交量显著变化和价格扭曲现象；顾京和叶德磊（2011）也认为，在股指期货到期日现货市场没有显著的成交量变化和波动率异常变化；黄明等（2013）基于股指合约 1 分钟高频数据的实证研究也表明，我国股市不存在到期日效应等。

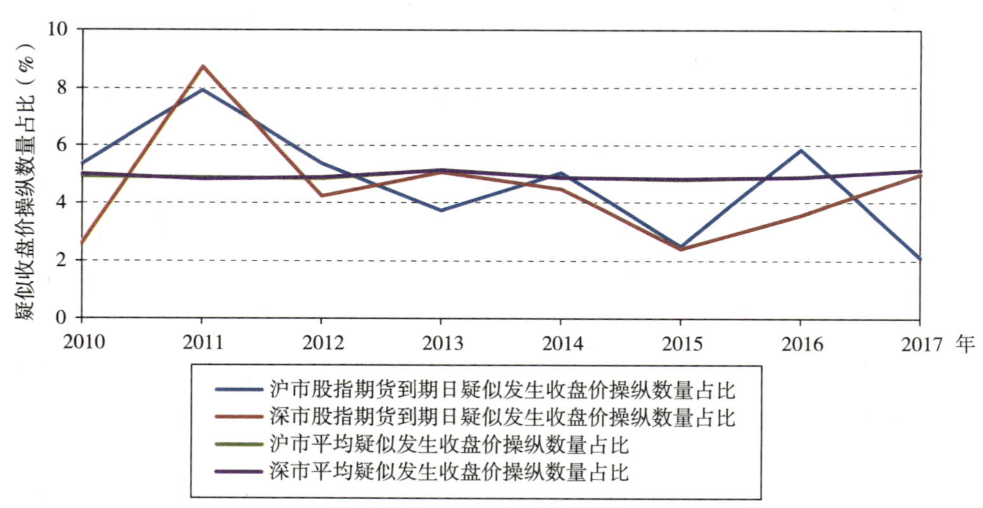

图 10－22　股指期货到期日疑似收盘价操纵数量占比对比

---

① 根据中国金融期货交易所交易规则，沪深 300 股指期货合约、中证 500 股指期货合约、上证 50 股指期货合约的最后交易日为合约到期月份的第三个周五。

② 平均疑似发生收盘价操纵数量占比的计算方法与前面保持一致。

③ 平均疑似发生收盘价操纵成交额占比的计算方法与前面保持一致。

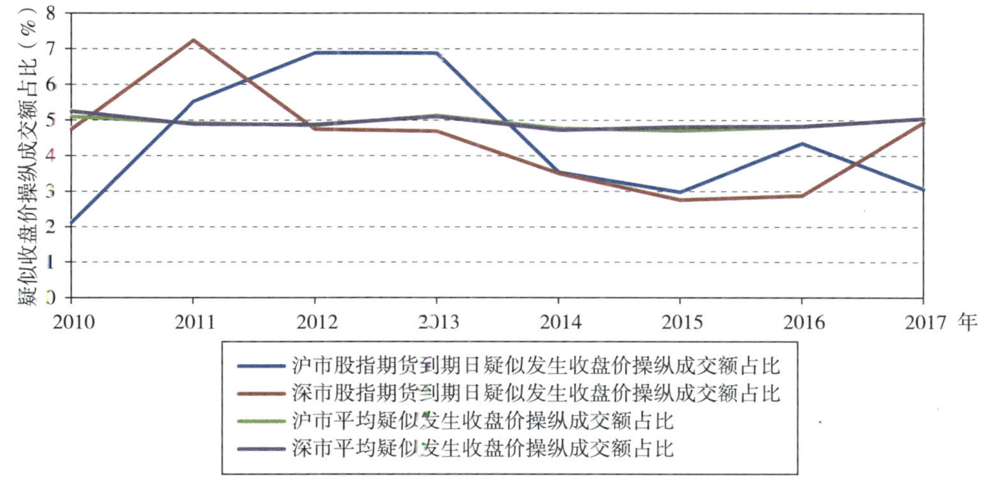

图 10－23　股指期货到期日疑似收盘价操纵成交额占比对比

我国股票市场不存在股指期货到期日效应，可能与我国股指期货合约交易的制度安排密切相关。首先，我国股指期货结算价格的计算更加合理，与欧美国家一般采用特定时点成交价为结算价不同，我国股指期货以到期日当天收盘前两个小时平均价格为结算价，这样增加了操纵价格的难度和成本；其次，欧美等成熟市场股指期货合约每年度一般只有 4 个到期月份，而我国有 12 个到期月份，这有利于缓释到期日对股票市场的冲击；最后，我国股指期货市场发展较晚，准入门槛高，规模较小，尤其是 2015 年 9 月中国金融期货交易所对股指期货交易实施限仓、提高平仓手续费、提高保证金比率等限制措施以来，股指期货市场发展缓慢，对现货市场所产生的影响也相对较小。

（二）疑似发生收盘价操纵股票特征分析

从已监测出疑似发生收盘价操纵的股票来看，2003 年至 2017 年沪深两市股票累计发生收盘价操纵次数的平均值分别为 5.62 次和 3.32 次，表明对被监测出疑似发生收盘价操纵的股票而言，在样本区间内累计发生收盘价操纵的次数分别达到 5.62 次和 3.32 次，并且沪市股票重复发生收盘价操纵的情况比深市更为严重；进一步地，为探究容易发生收盘价操纵股票的特征，本报告以样本区间内累计发生收盘价操纵次数的中位数为划分标准，将累计发生收盘价操纵次数高于中位数的股票形成了收盘价操纵次数较多的子样本。也就是说，由于沪深两市股票累计发生收盘价操纵次数的中位数分别为 5 次和 3 次，则沪市中累计发生收盘价操纵次数超过 5 次的股票和深市中累计发生收盘价操纵次数超过 3 次的股票将构成股票子样本。接下来，本报告将以该子样本为研究对象展开分析。

表 10－5　沪深两市股票疑似发生收盘价操纵累计次数统计

股票市场	均值	中值	最小值	最大值
沪市	5.62	5	1	22
深市	3.32	3	1	18

与针对疑似连续交易操纵次数较多的股票子样本和疑似开盘价操纵次数较多的股票子样本的分析类似，本报告基于沪深两市股票疑似发生收盘价操纵次数较多的股票子样本，统计了子样本中具有风险警示实施记录股票的占比。根据表 10－6，在发生收盘价操纵次数较多的股票子样本中，具有风险警示实施记录股票的占比达到 26.07%。而与之相比，全部 A 股中具有风险警示实施记录股票的占比仅为 19.56%。这表明与全部 A 股中经营稳定性较低的上市公司出现的平均概率相比，发生收盘价操纵次数较多的股票子样本中经营稳定性较低上市公司出现的概率往往更高。也就是说，与基本面良好、无风险警示实施记录的上市公司股票相比，经营稳定性较差、存在风险警示实施记录的上市公司股票更容易发生收盘价操纵。

表 10－6　有风险警示实施记录股票占比统计

类别	有风险警示实施记录股票占比	无风险警示实施记录股票占比
收盘价操纵次数较多的子样本	26.07%	73.93%
全部 A 股	19.56%	80.44%

另外，本报告也对发生收盘价操纵次数较多的股票子样本的总市值分布状况和换手率分布状况进行了统计（见图 10－24 和图 10－25）。一方面，从 2003 年至 2017 年样本股票日均总市值的分布状况来看，日均总市值在 50 亿元以下的股票占比达到 57.71%，而在全部 A 股中该比例为 47.27%。这表明发生收盘价操纵次数较多股票的总市值主要集中在 50 亿元以下；并且与全部 A 股相比，股票子样本中总市值处于 50 亿元以下的股票占比更高，即日均总市值规模较小的股票更容易发生收盘价操纵。

另一方面，从 2003 年至 2017 年样本股票日均换手率的分布状况来看，日均换手率介于 0～2% 之间、2%～4% 之间的股票占比分别达到 28.75% 和 63.02%，累计达到 91.77%，表明发生收盘价操纵次数较多的股票的日均换手率主要集中在 4% 以下；同时，从全部 A 股日均换手率的分布状况来看，日均换手率处于 4% 以下股票的数量占比为 62.15%。这充分表明，与全部 A 股相比，股票子样本中换手率处于 4% 以下的股票占比更高，即日均换手率较低的股票更容易发生收盘价操纵。

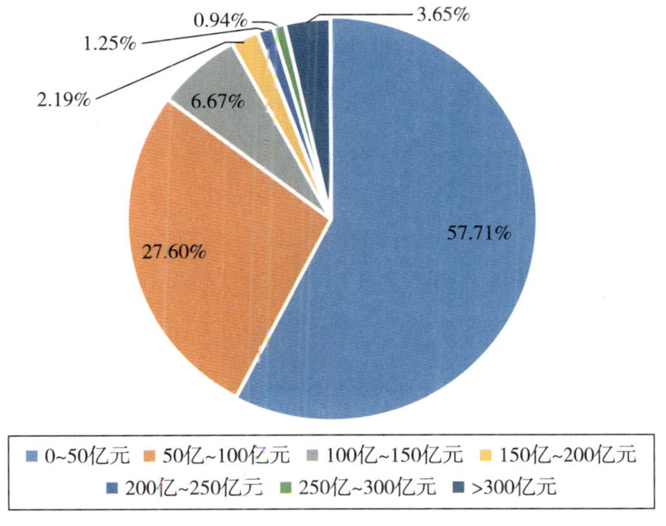

图 10－24　收盘价操纵次数较多子样本股票日均总市值分布状况

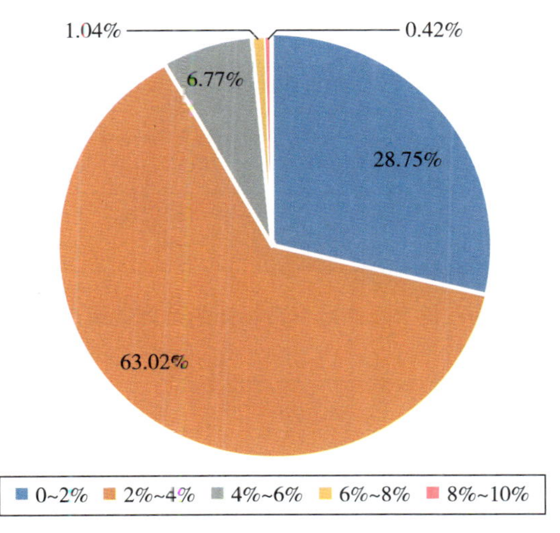

图 10－25　收盘价操纵次数较多子样本股票日均换手率分布状况

四、三类操纵行为监测结果比较

为进一步了解中国股票市场各类疑似市场操纵行为的相对严重程度，本报告基于中国股票市场连续交易操纵、开盘价操纵及收盘价操纵的监测结果，对三类疑似市场操纵行为的发生情况进行了横向比较。图 10－26 和图 10－27 分别展示了沪深两市三类疑似市场操纵行为的数量占比。从图中可以发现，首先，沪深两市疑似发生收盘价操纵的严重程度最低；其次，2003—2011 年，沪深两市疑似发生开盘价操纵的严重程度最高；最后，进入 2012 年以后，疑似开盘价操纵行为的次数占比趋于降低，而疑似连续交易操纵的数量占比大体呈上升趋势，并成为三类操纵行为中最为严重的市场操纵类型。

进一步地，本报告将沪深两市连续交易操纵、开盘价操纵及收盘价操纵的历年监测结果进行了汇总，以揭示中国股票市场发生疑似连续交易操纵、开盘价操纵及收盘价操纵的总体情况。图 10－28 展示了中国股票市场三类疑似市场操纵行为的数量及增速。从图中可以看出，2012 年以前我国股票市场三类疑似操纵行为的发生次数增长较快，由 2003 年的 10726 次增长至 2011 年的 35010 次，年增速最高达到 83.4%；进入 2012 年以后，受到监管力度不断加大的影响，三类疑似操纵行为发生次数基本稳定在 35000 次左右的水平，发生次数的增速明显减缓，表明我国股票市场操纵行为得到了有效遏制。

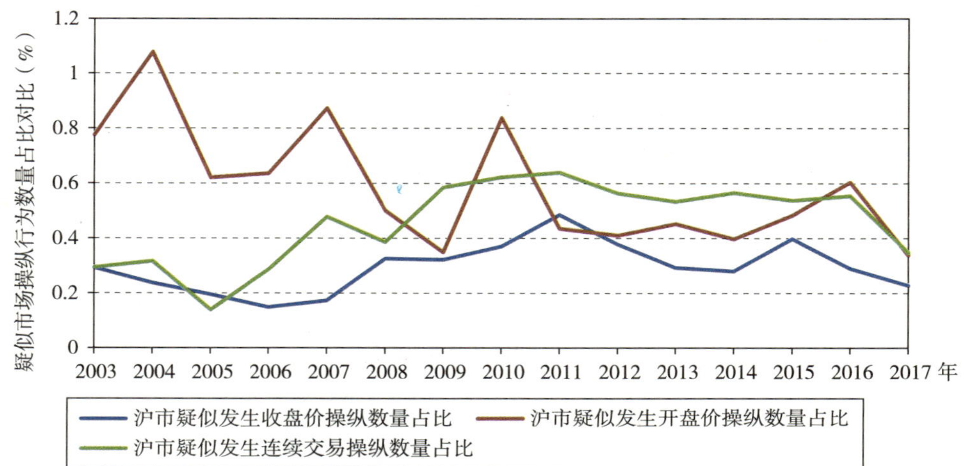

图 10－26　沪市三类疑似市场操纵行为数量占比对比

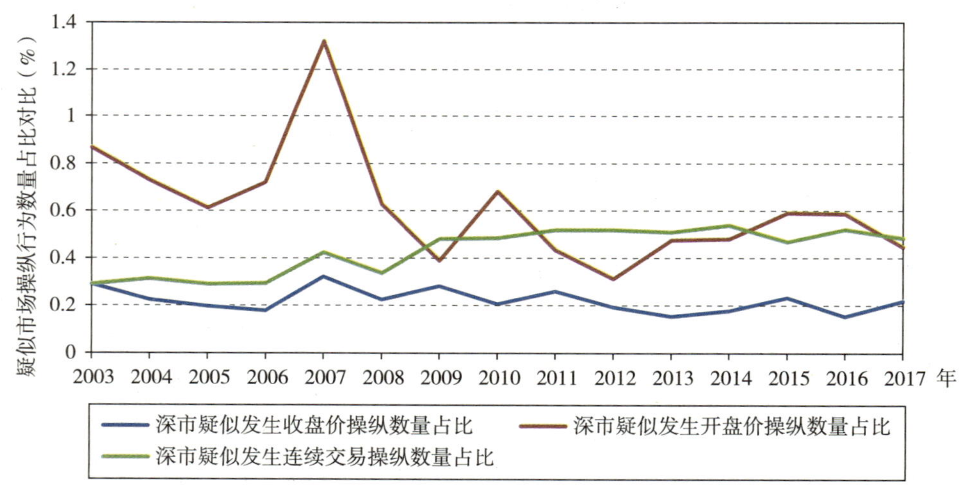

图 10－27　深市三类疑似市场操纵行为数量占比对比

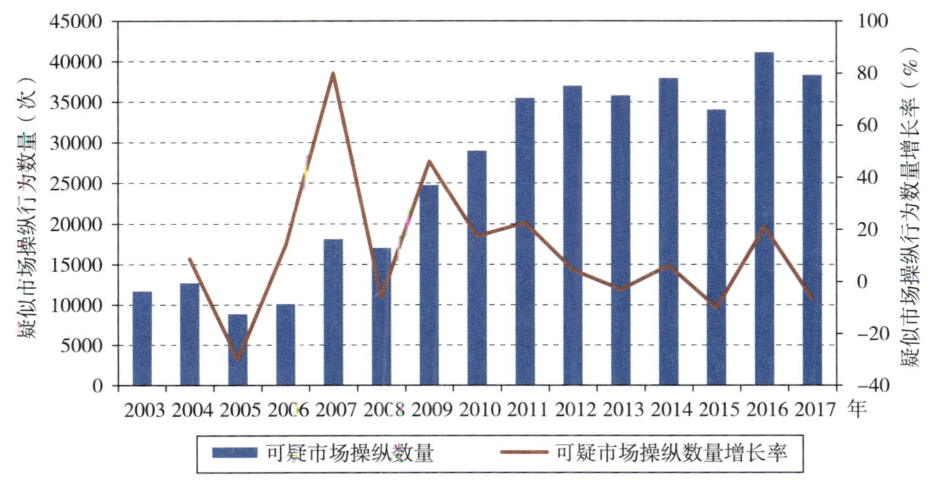

图 10－28　中国股票市场三类疑似市场操纵行为数量及增速

第二节　内幕交易行为监测结果与分析

在前文所构建的基于成交价的信息泄露模型及基于成交量的信息泄露模型的基础上，本报告对 2003 年 1 月 1 日至 2017 年 12 月 31 日中国股票市场的疑似内幕交易行为进行了识别与监测。在此基础上，本报告将进一步从交易所层面和股票层面对监测结果展开分析，以探究我国沪市及深市内幕交易行为的深度和广度，从而加深对我国股票市场公正程度乃至市场质量的认识。

一、基于成交价的信息泄露监测结果分析

（一）描述性统计分析

首先，为全面深入地了解中国股票市场内幕交易行为的严重程度，需考察沪市及深市内幕交易的广度。股票市场内幕交易行为的广度是指发生价格敏感信息泄露，并被用于从事内幕交易这一违法违规行为的普遍程度，此处以数量占比进行衡量。图 10－29 展示了沪市及深市历年疑似发生信息泄露的数量占比，从图中可以看出，沪市及深市疑似发生信息泄露的数量占比均大致呈逐年下降趋势。其中，沪市疑似发生信息泄露的数量占比由 2003 年的 0.16% 下降至 2017 年的 0.11%，深市疑似发生信息泄露的数量占比由 2003 年的 0.21% 下降至 2017 年的 0.11%，表明沪深两市发生疑似内幕交易行为的严重程度逐步改善，公正程度也相应有所提升。同时，通过与上证综合指数、深证成分指数的历年走势进行比较后发现，沪深两市疑似发生信息泄露的数量占比均表现出

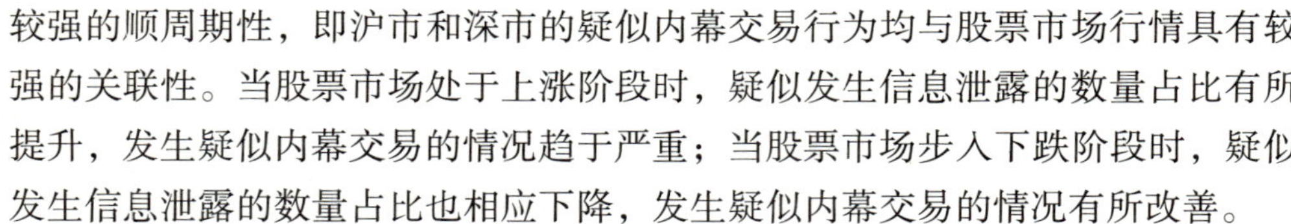

较强的顺周期性，即沪市和深市的疑似内幕交易行为均与股票市场行情具有较强的关联性。当股票市场处于上涨阶段时，疑似发生信息泄露的数量占比有所提升，发生疑似内幕交易的情况趋于严重；当股票市场步入下跌阶段时，疑似发生信息泄露的数量占比也相应下降，发生疑似内幕交易的情况有所改善。

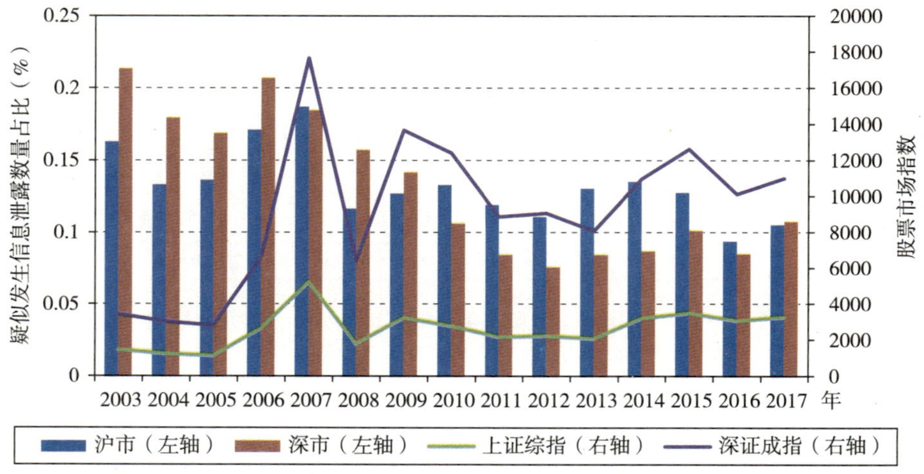

图 10－29　历年疑似发生信息泄露数量占比

其次，为全面深入地了解中国股票市场内幕交易行为的严重程度，需考察沪市及深市内幕交易的深度。股票市场内幕交易行为的深度是指发生价格敏感信息泄露，并被用于从事内幕交易这一违法违规行为的严重程度，此处以金额占比进行衡量。图 10－30 展示了沪市及深市历年疑似发生信息泄露的金额占比，从图中可以看出，沪市及深市疑似发生信息泄露的金额占比均大体上呈逐年下降趋势。其中，沪市疑似发生信息泄露的金额占比由 2003 年的 27.13 个基点下降至 2017 年的 16.67 个基点，深市疑似发生信息泄露的金额占比由

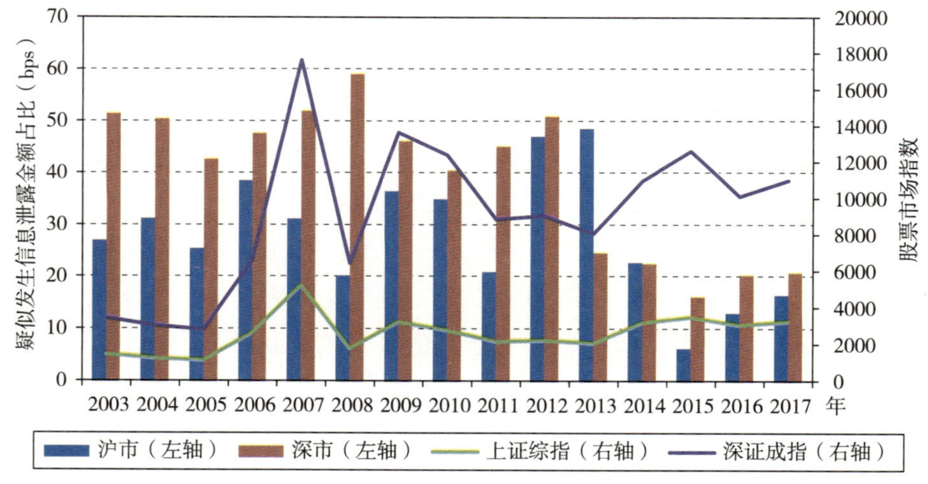

图 10－30　历年疑似发生信息泄露金额占比

2003 年的 51. 57 个基点下降至 2017 年的 20. 80 个基点，表明沪市及深市发生疑似内幕交易行为的深度均逐步改善，市场公正程度也相应提升。同时，通过对沪深两市疑似发生信息泄露的金额占比进行横向比较可以发现，深市疑似发生信息泄露的金额占比通常高于沪市，表明深市发生疑似内幕交易行为的深度大于沪市，从而更为严重。然而，两者的差距呈现出逐步收窄的趋势。具体而言，2003 年至 2007 年深市疑似发生信息泄露的金额占比平均比沪市高出 18. 15 个基点，但 2008 年至 2012 年该差距缩小至 16. 41 个基点，2013 年至 2017 年沪市深市之间的差距进一步缩小至 0. 64 个基点。

最后，为全面了解中国股票市场发生疑似内幕交易行为的总体状况，本报告将沪市及深市疑似发生信息泄露的监测结果进行了整合，从整体层面对中国股票市场内幕交易行为的严重程度展开分析。如图 10 – 31 所示，中国股票市场疑似发生信息泄露的数量大致呈现出 U 形趋势，即 2003 年至 2009 年疑似发生信息泄露的数量逐年减少，2012 年至 2017 年疑似发生信息泄露的数量呈现出明显的上升趋势。究其原因，该现象可能源于投资者结构的变化，具体如图 10 – 32 所示①。由于中国股票市场内幕交易的主体主要为个人投资者，并且主要采用以下两种内幕交易方式：一是非法获取内幕信息者直接利用内幕信息从事内幕交易，二是将信息泄露给他人并由他人从事内幕交易。由于个人投资者交易占比在 2007 年至 2012 年逐步减少，可能在一定程度上促使内幕交易次数有所下降；自 2013 年以后，个人投资者交易占比逐步上升，从而为内幕交易的发生提供了可能，导致内幕交易次数显著增加。在剔除股票市场规模的影响后，中国股票市场疑似发生信息泄露的数量占比呈现出明显的下降趋势，有利

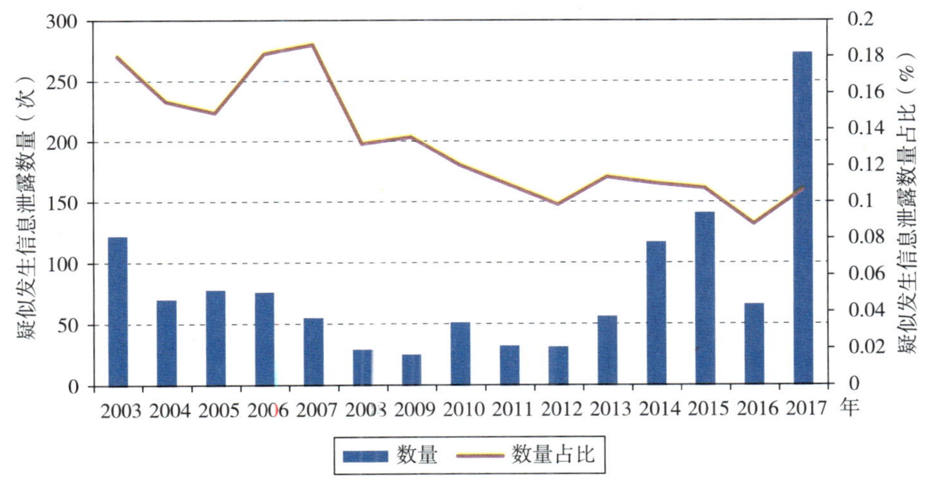

图 10 – 31　中国股票市场历年疑似发生信息泄露数量及占比

① 沪深两市具有大体一致的投资者结构，受数据可得性不足的限制，本报告主要关注沪市的投资者结构。

于促进中国股票市场公正程度逐步改善。具体而言，2003 年中国股票市场内幕交易数量占比为 0.18%，2017 年为 0.11%，2003 年至 2007 年日均数量占比为 0.17%，2008 年至 2012 年日均数量占比为 0.12%，2013 年至 2017 年日均数量占比为 0.10%，呈现出明显的下降趋势。总言之，由基于成交价的信息泄露模型监测结果可知，中国股票市场疑似内幕交易行为的广度逐年收窄，市场公正程度持续提升。

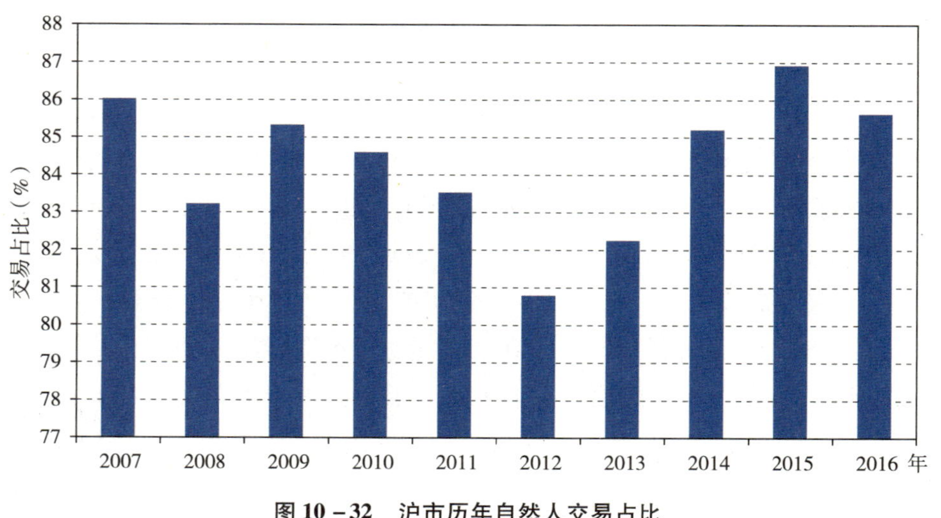

图 10－32　沪市历年自然人交易占比

（二）疑似发生信息泄露股票特征分析

基于成交价信息泄露模型的监测结果可知，就沪市而言，2003 年至 2017 年沪市共发生疑似内幕交易行为 554 次，涉及股票 410 只。在发生内幕交易的股票中，平均每只累计发生 1.35 次内幕交易，单只股票最大内幕交易次数为 4。从疑似发生信息泄露累计次数的分布状况来看，累计发生 1 次疑似内幕交易的股票占比达到 72.68%，累计发生 2 次疑似内幕交易的股票占比达到 20.98%，累计发生 3 次及以上疑似内幕交易的股票占比达到 6.34%。这充分表明，沪市很少对单只股票进行重复内幕交易。就深市而言，2003 年至 2017 年深市共发生疑似内幕交易行为 649 次，涉及股票 517 只。在发生内幕交易的股票中，平均每只累计发生 1.26 次内幕交易，单只股票最大内幕交易次数为 4。从疑似发生信息泄露累计次数的分布状况来看，累计发生 1 次疑似内幕交易的股票占比达到 79.50%，累计发生 2 次疑似内幕交易的股票占比达到 16.25%，累计发生 3 次及以上疑似内幕交易的股票占比达到 4.25%。这表明与沪市相同，深市也很少发生单只股票重复内幕交易的情况。

表 10－7　沪深两市股票疑似发生信息泄露累计次数统计

股票市场	均值	中值	最小值	最大值	1 次	2 次	3 次及以上
沪市	1.35	1	1	4	72.68%	20.98%	6.34%
深市	1.26	1	1	4	79.50%	16.25%	4.25%

风险警示制度是中国股票市场中为保护投资者合法权益，降低股票市场风险而实施的一项制度。自实施以来，A 股中有 19.56% 的股票具有风险警示实施记录，80.44% 的股票不存在风险警示实施记录。根据基于成交价信息泄露模型的监测结果，在发生疑似信息泄露的股票样本中，沪深两市具有风险警示实施记录股票的占比分别达到 28.06% 和 24.05%。而与之相比，全部 A 股中具有风险警示实施记录股票的占比仅为 19.56%。这表明与全部 A 股中经营稳定性较低上市公司出现的平均概率相比，发生疑似信息泄露股票样本中经营稳定性较低上市公司出现的概率往往更高。也就是说，与基本面良好、无风险警示实施记录的上市公司股票相比，经营稳定性较差、存在风险警示实施记录的上市公司股票更容易发生内幕交易。

表 10－8　有风险警示实施记录股票疑似发生信息泄露情况统计

类别	有风险警示实施记录股票占比	无风险警示实施记录股票占比
沪市疑似发生信息泄露股票	28.06%	71.94%
深市疑似发生信息泄露股票	24.05%	75.95%
全部 A 股	19.56%	80.44%

深圳 A 股市场包含主板、中小板及创业板三个细分市场，三个细分市场具有不同的上市交易条件，使各板块上市交易股票表现出不同的特征。因此，有必要对各板块股票发生疑似内幕交易的情况进行比较。图 10－33 对深市疑似发生信息泄露的数量进行了分板块统计。从图中可以看出，截至 2014 年，主板上市交易股票疑似发生信息泄露的数量一直处于最高水平。但是自 2014 年以后，随着中小板及创业板市场规模的逐步扩大，中小板上市交易股票疑似发生信息泄露的数量明显增加，由 2014 年的 20 次迅速增长至 2017 年的 36 次，并于 2015 年超越深市主板疑似发生信息泄露的数量；创业板上市交易股票中疑似发生信息泄露的数量也明显增加，由 2014 年的 9 次增长至 2017 年的 54 次，从而促使深市各板块发生疑似内幕交易行为的相对严重程度发生了结构性变化，由主板上市交易股票为主向中小板和创业板上市交易股票占比提升转变。

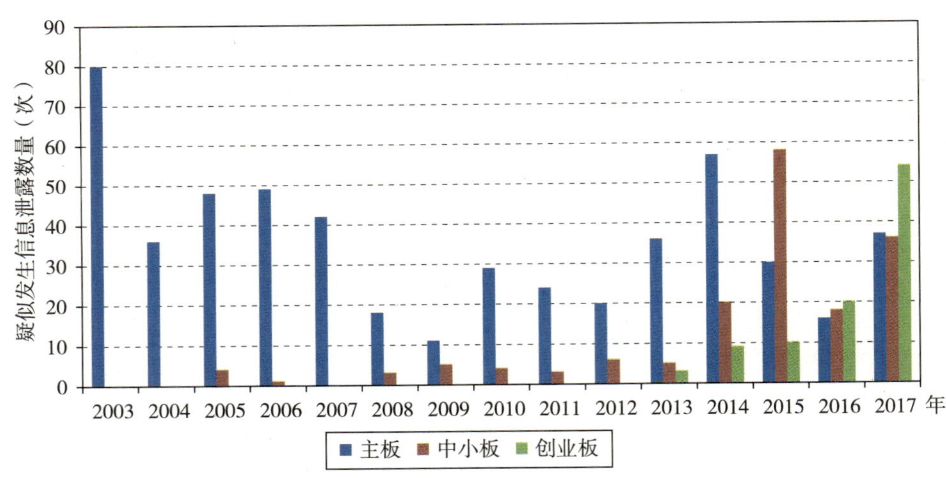

图 10－33　深市疑似发生信息泄露数量分板块统计

二、基于成交量的信息泄露监测结果分析

（一）描述性统计分析

与基于成交价信息泄露监测结果的分析相一致，本报告同样构建了疑似发生信息泄露的数量占比和金额占比，来衡量基于成交量的信息泄露模型所识别的内幕交易行为的严重程度。首先，为全面深入地了解中国股票市场内幕交易行为的严重程度，需考察沪市及深市内幕交易的广度，图 10－34 展示了沪市及深市历年疑似发生信息泄露的数量占比，可用于衡量沪深两市内幕交易行为的广度。从图中可以看出，沪市及深市疑似发生信息泄露的数量占比大致呈逐年下降趋势。其中，沪市疑似发生信息泄露的数量占比由 2003 年的 0.16% 下降至 2017 年的 0.09%，深市疑似发生信息泄露的数量占比由 2003 年的 0.18% 下降至 2017 年的 0.09%，表明沪市及深市发生疑似内幕交易行为的严重程度逐步改善，公正程度也相应有所提升。同时，通过与上证综合指数、深证成分指数的历年走势进行比较后发现，沪市及深市疑似发生信息泄露的数量占比均表现出较强的顺周期性，即沪市和深市的疑似内幕交易行为均与股票市场行情具有较强的关联性。当股票市场处于上涨阶段时，疑似发生信息泄露的数量占比有所提升，发生疑似内幕交易的情况趋于严重；当股票市场步入下跌阶段时，疑似发生信息泄露的数量占比也相应下降，发生疑似内幕交易的情况有所改善。

其次，为全面深入地了解中国股票市场内幕交易行为的严重程度，需考察沪市及深市内幕交易行为的深度，图 10－35 展示了沪深两市历年疑似发生信息泄露的金额占比，可用于衡量沪深两市内幕交易行为的深度。从图中可以看出，沪深两市疑似发生信息泄露的金额占比也大体上呈逐年下降趋势。其中，沪市疑似发生信息泄露的金额占比由 2003 年的 36.19 个基点下降至 2017 年的

11.23 个基点，深市疑似发生信息泄露的金额占比由 2003 年的 33.42 个基点下降至 2017 年的 19.54 个基点，表明沪深两市发生疑似内幕交易行为的深度也逐步改善，公正程度也相应有所提升。

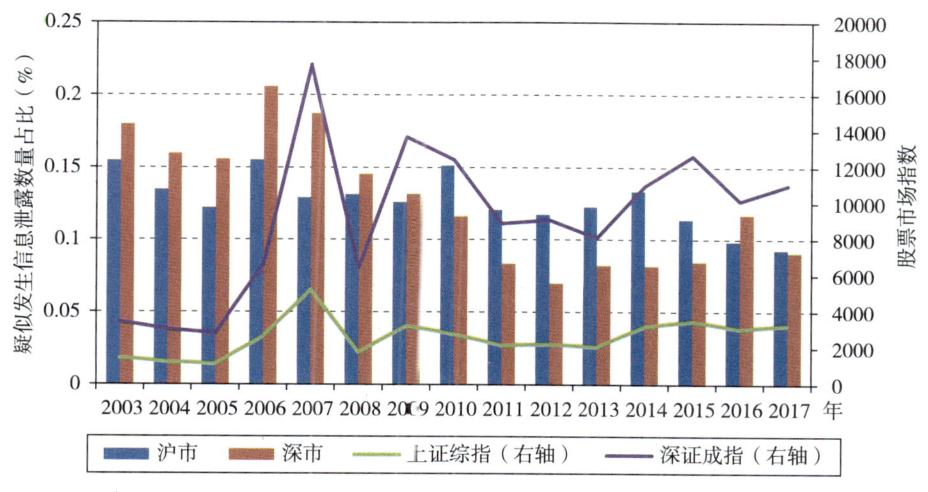

图 10－34　历年疑似发生信息泄露数量占比

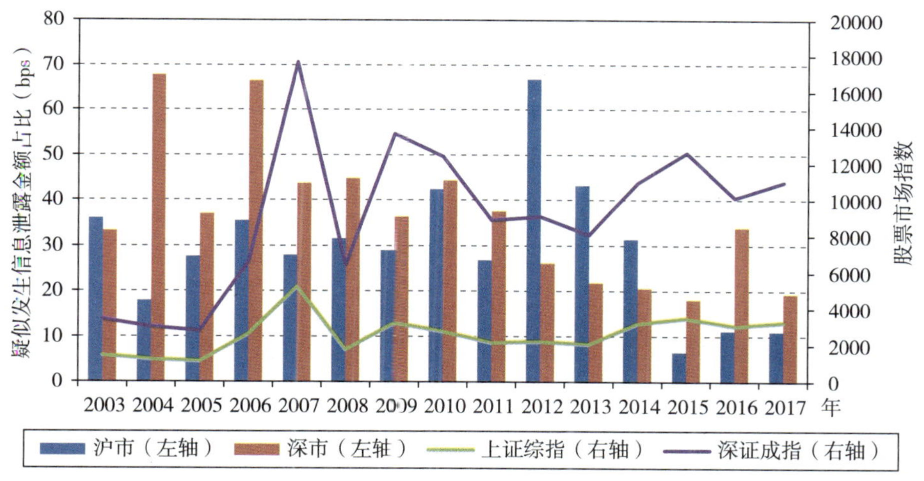

图 10－35　历年疑似发生信息泄露金额占比

最后，为全面了解中国股票市场发生疑似内幕交易行为的总体状况，本报告将沪市及深市疑似发生信息泄露的监测结果进行了整合，从整体层面对中国股票市场内幕交易行为的严重程度展开分析。如图 10－36 所示，中国股票市场疑似发生信息泄露的数量占比呈现出明显的下降趋势，有利于促进中国股票市场的公正程度逐步改善。具体而言，2003 年中国股票市场内幕交易数量占比为 0.16%，2017 年为 0.09%，2003 年至 2007 年日均数量占比为 0.16%，2008 年至 2012 年日均数量占比为 0.12%，2013 年至 2017 年日均数量占比为 0.10%，呈现出明显的下降趋势。总言之，由基于成交量的信息泄露模型监测结果可知，中

国股票市场疑似内幕交易行为的广度逐年降低，市场公正程度持续提升。

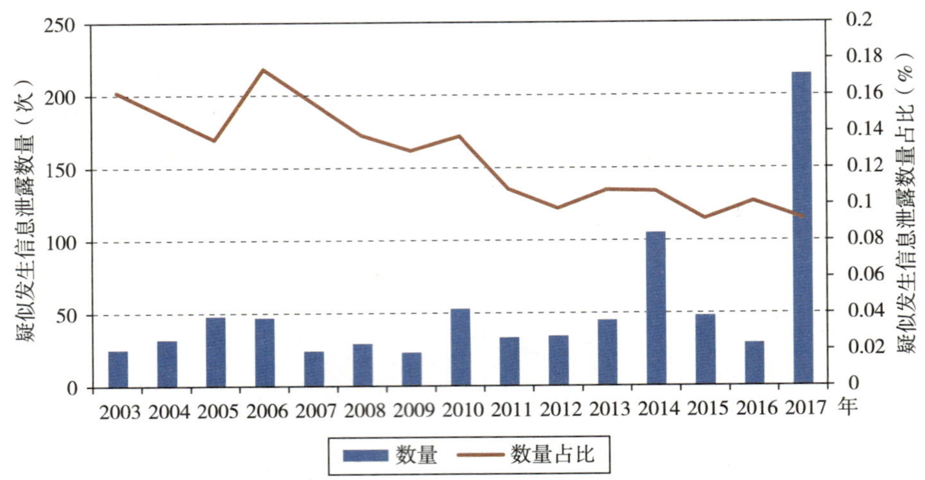

图 10－36　中国股票市场历年疑似发生信息泄露数量及占比

（二）疑似发生信息泄露股票特征分析

基于成交量信息泄露模型的监测结果可知，就沪市而言，2003 年至 2017 年沪市共发生疑似内幕交易行为 356 次，涉及股票 290 只。在发生内幕交易的股票中，平均每只累计发生 1.23 次内幕交易，每只股票最大内幕交易次数为 4。从疑似发生信息泄露累计次数的分布状况来看，累计发生 1 次疑似内幕交易的股票占比达到 82.07%，累计发生 2 次疑似内幕交易的股票占比达到 14.14%，累计发生 3 次及以上疑似内幕交易的股票占比达到 3.79%。这充分表明，沪市很少对单只股票进行重复内幕交易。就深市而言，2003 年至 2017 年深市共发生疑似内幕交易行为 523 次，涉及股票 438 只。在发生内幕交易的股票中，平均每只累计发生 1.19 次内幕交易，每只股票最大内幕交易次数为 3。从疑似发生信息泄露累计次数的分布状况来看，累计发生 1 次疑似内幕交易的股票占比达到 82.65%，累计发生 2 次疑似内幕交易的股票占比达到 15.30%，累计发生 3 次及以上疑似内幕交易的股票占比达到 2.05%。这表明与沪市一样，深市也很少发生单只股票重复内幕交易的情况。

表 10－9　沪深两市股票疑似发生信息泄露累计次数统计

股票市场	均值	中值	最小值	最大值	1 次	2 次	3 次及以上
沪市	1.23	1	1	4	82.07%	14.14%	3.79%
深市	1.19	1	1	3	82.65%	15.30%	2.05%

风险警示制度是中国股票市场中为保护投资者合法权益，降低股票市场风险而实施的一项制度。自实施以来，A 股中有 19.56% 的股票具有风险警示实施记录，80.44% 的股票不存在风险警示实施记录。根据基于成交价信息泄露

模型的监测结果，在发生疑似信息泄露的股票样本中，沪深两市具有风险警示实施记录股票的占比分别达到24.35%和24.17%。而与之相比，全部A股中具有风险警示实施记录股票的占比仅为19.56%。这表明与全部A股中经营稳定性较低上市公司出现的平均概率相比，发生疑似信息泄露股票样本中经营稳定性较低上市公司出现的概率往往更高。也就是说，与基本面良好、无风险警示实施记录的上市公司股票相比，经营稳定性较差、存在风险警示实施记录的上市公司股票更容易发生内幕交易。

表10-10　有风险警示实施记录股票疑似发生信息泄露情况统计

类别	有风险警示实施记录股票占比	无风险警示实施记录股票占比
沪市疑似发生信息泄露股票	24.35%	75.65%
深市疑似发生信息泄露股票	24.17%	75.83%
全部A股	19.56%	80.44%

深圳A股市场包含主板、中小板及创业板三个细分市场，三个细分市场具有不同的上市交易条件，使各板块上市交易股票表现出不同的特征。因此，有必要对各板块股票发生疑似内幕交易的情况进行比较。图10-37对深市疑似发生信息泄露的数量进行了分板块统计。从图中可以看出，截至2014年，主板上市交易股票疑似发生信息泄露的数量一直处于最高水平。但是自2014年以后，随着中小板及创业板市场规模的逐步扩大，中小板上市交易股票疑似发生信息泄露的数量明显增加，由2014年的18次迅速增长至2017年的35次，并于2015年超越主板疑似发生信息泄露的数量；创业板上市交易股票中疑似发生信息泄露的数量也明显增加，由2014年的5次增长至2017年的47次，从而促使深市各板块发生疑似内幕交易行为的相对严重程度发生了结构性变化，由主板上市交易股票为主向中小板和创业板上市交易股票占比提升转变。

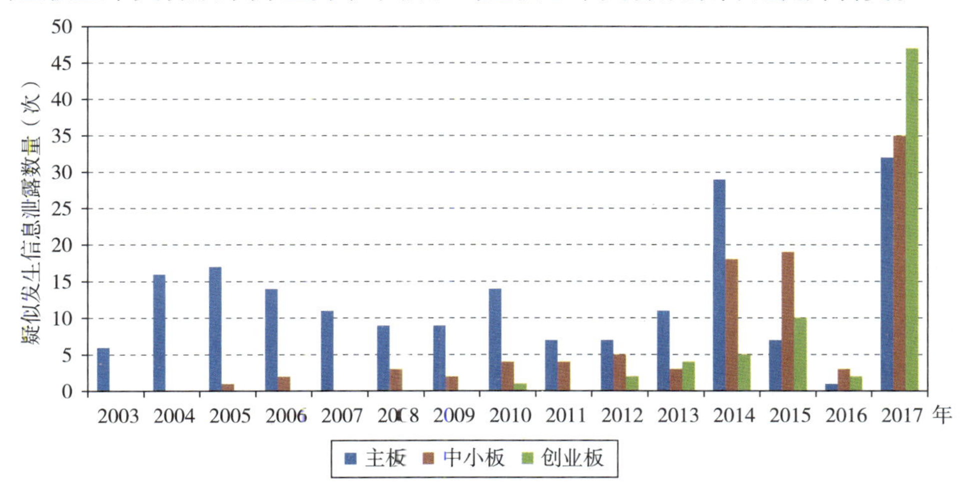

图10-37　深市各板块股票疑似发生信息泄露情况比较

第十章　中国股票市场公正度量结果与分析

三、两类信息泄露模型监测结果比较

两类信息泄露模型分别以上市公司价格敏感性公告发布前 6 个交易日内，股票超额收益和成交量是否发生异常变化为发生疑似内幕交易行为的判定条件，反映出内幕交易监测的不同逻辑。基于此，本报告对上述两类信息泄露模型的监测结果进行比较，以论证其在监测疑似内幕交易行为方面的有效性。沪市中基于两类信息泄露模型的监测结果显示（见图 10－38），一方面，由两类模型所得到的疑似发生信息泄露数量及数量占比表现出大体相同的变化趋势，从侧面反映出两类模型在监测疑似内幕交易行为方面具有一定的合理性、有效性及内在一致性；另一方面，从疑似发生信息泄露数量的绝对水平来看，基于成交价信息泄露模型所得到的监测结果通常高于基于成交量的信息泄露模型。具体而言，2003 年至 2017 年由基于成交价信息泄露模型所得到的疑似发生信息泄露总数量达到 554 次，年均达到 36.93 次；与之相比，由基于成交量信息泄露模型所得到的疑似发生信息泄露总数量达到 356 次，年均达到 23.73 次。这表明，股票市场的内幕交易行为往往更容易引起股票超额收益发生异常变化，而引起成交量的异常变化相对较少。

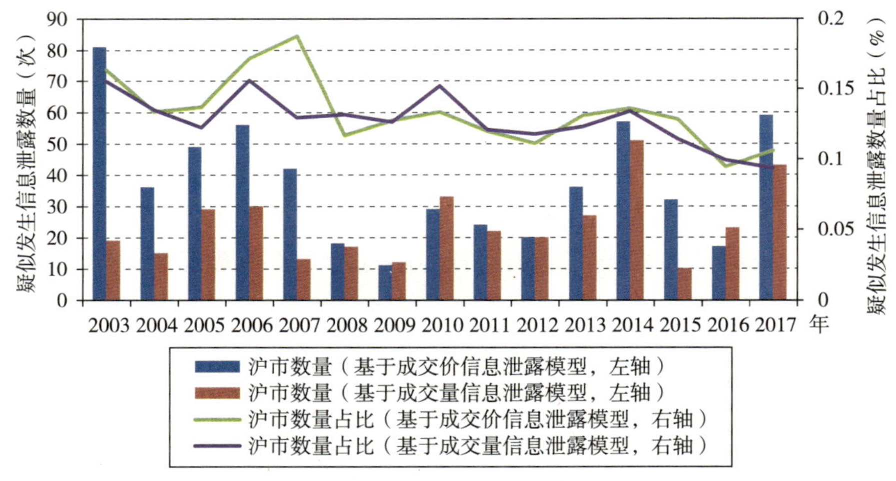

图 10－38　沪市两类信息泄露模型监测结果比较

上述现象可能与沪市中发生疑似内幕交易的股票主要集中于流动性较差的股票有关。基于历年被监测出发生信息泄露的股票样本，本报告按照股票年均成交额的高低将股票样本分为第一至第十档共 10 个子样本。其中，第一档子样本内股票的年均成交额最低，从而具有最低的流动性水平，第十档子样本内股票的年均成交额最高，从而具有最高的流动性水平。进一步地，本报告统计了各子样本股票所对应信息泄露金额对全样本内幕交易金额的占比，具体如表 10－11 所示。从表中可以看出，2003 年至 2017 年，由基于成交价信息泄露模型所得到的监测结果中，第一档子样本内股票所对应信息泄露总额占内幕交易总额的比重高达 57.58%；由基于成交量信息泄露模型所得到的监测结果中，第一档子样本内股票所对应信息泄露总额占内幕交易总额的比重高达61.63%。这充分表明，容易发生内幕交易的股票通常具有较差的流动性，往往较低规模的成交量便会引起股票成交价格及收益水平的异常变化，从而导致疑似内幕交易行为更容易被基于成交价的信息泄露模型监测到。这便解释了基于成交量信息泄露模型所监测到的内幕交易数量占比为何会低于基于成交价的信息泄露模型。

表 10-11　沪市不同流动性水平股票疑似发生信息泄露金额所占比重

单位：%

年份	第一档	第二档	第三档	第四档	第五档	第六档	第七档	第八档	第九档	第十档
基于成交价的信息泄露模型										
2003	64.46	17.15	5.93	4.34	3.33	1.64	0.95	0.64	1.22	0.33
2004	56.65	20.08	11.39	6.48	2.38	0.66	1.17	1.20	0.00	0.00
2005	54.82	11.36	13.52	10.99	6.10	1.69	0.71	0.36	0.45	0.00
2006	65.97	8.12	12.40	5.03	2.77	0.00	2.41	1.35	1.96	0.00
2007	48.46	31.64	9.89	3.09	3.28	0.00	2.44	0.00	0.86	0.34
2008	38.50	34.87	14.59	9.68	2.36	0.00	0.00	0.00	0.00	0.00
2009	81.63	16.06	0.00	0.00	2.31	0.00	0.00	0.00	0.00	0.00
2010	70.73	16.29	5.34	4.62	1.82	0.39	0.81	0.00	0.00	0.00
2011	49.62	29.45	3.28	8.01	5.40	4.25	0.00	0.00	0.00	0.00
2012	85.88	7.05	4.09	2.05	0.00	0.00	0.46	0.47	0.00	0.00
2013	88.33	6.78	3.40	0.00	1.24	0.25	0.00	0.00	0.00	0.00
2014	51.40	13.17	14.68	7.36	2.27	3.42	1.99	2.65	2.50	0.55
2015	0.00	17.81	11.66	16.39	12.88	8.18	22.13	8.38	2.57	0.00
2016	28.51	43.83	0.00	5.73	6.61	10.26	2.23	1.81	0.00	1.03
2017	48.95	20.29	14.38	5.33	3.16	3.93	1.57	1.16	0.22	0.50
总计	57.58	17.78	7.55	5.36	3.66	2.27	3.44	1.47	0.75	0.17
基于成交量的信息泄露模型										
2003	64.48	12.69	14.45	3.91	3.51	0.00	0.96	0.00	0.00	0.00
2004	22.56	17.40	26.73	21.26	6.56	0.00	4.84	0.64	0.00	0.00
2005	60.08	15.37	6.15	10.12	3.58	3.71	0.00	0.00	0.62	0.37
2006	63.01	6.68	21.46	6.12	0.83	1.14	0.00	0.00	0.76	0.00
2007	68.85	16.91	3.09	6.50	2.16	2.07	0.00	0.00	0.00	0.42
2008	56.75	21.18	10.13	9.72	1.41	0.00	0.82	0.00	0.00	0.00
2009	64.43	17.58	8.58	0.00	9.42	0.00	0.00	0.00	0.00	0.00
2010	71.85	17.35	4.18	3.45	2.60	0.00	0.56	0.00	0.00	0.00
2011	43.63	33.63	3.94	10.35	3.17	4.70	0.00	0.00	0.00	0.57

续表

年份	第一档	第二档	第三档	第四档	第五档	第六档	第七档	第八档	第九档	第十档
基于成交量的信息泄露模型										
2012	87.87	9.16	2.18	0.47	0.00	0.00	0.00	0.32	0.00	0.00
2013	79.53	6.35	9.94	1.50	0.52	0.38	0.00	1.69	0.10	0.00
2014	60.16	18.26	9.01	4.43	2.85	2.10	1.52	1.45	0.23	0.00
2015	0.00	0.00	17.34	48.90	0.00	14.65	19.11	0.00	0.00	0.00
2016	8.12	58.87	11.53	6.29	4.59	2.95	3.74	1.63	1.49	0.78
2017	40.32	16.77	19.63	4.90	5.44	3.70	3.97	3.69	1.34	0.23
总计	61.63	17.65	7.80	6.12	2.46	1.78	1.59	0.68	0.19	0.12

与此同时，深市中基于两类信息泄露模型的监测结果显示（见图 10－39），与沪市相一致，一方面，由两类模型所得到的疑似发生信息泄露数量及数量占比表现出大体相同的变化趋势，从侧面反映出两类模型在监测疑似内幕交易行为方面具有一定的合理性、有效性及内在一致性；另一方面，从疑似发生信息泄露数量的绝对水平来看，基于成交价信息泄露模型所得到的监测结果通常高于基于成交量的信息泄露模型。具体而言，2003 年至 2017 年由基于成交价信息泄露模型所得到的疑似发生信息泄露总数量达到 649 次，年均达到 43.27 次；与之相比，由基于成交量信息泄露模型所得到的疑似发生信息泄露总数量达到 523 次，年均达到 34.87 次。由此可知，与沪市相一致，深圳 A 股市场的内幕交易行为也更容易引起股票超额收益发生异常变化，而引起成交量的异常变化相对较少。

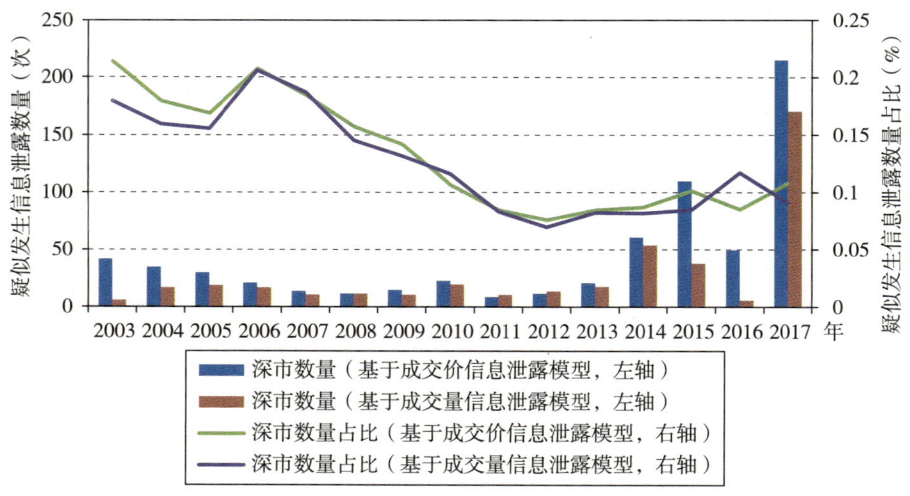

图 10－39　深市两类信息泄露模型监测结果比较

为此，本报告以深市历年被监测出发生信息泄露的股票样本为基础，同样按照股票年均成交额的高低将股票样本分为第一至第十档共 10 个子样本，并统计了各子样本股票所对应信息泄露金额对全样本内幕交易金额的占比（见表 10－12）。由表可知，2003 年至 2017 年，由基于成交价信息泄露模型所得到的监测结果中，第一档子样本内股票所对应信息泄露总额占内幕交易总额的比重高达 63.64%；由基于成交量信息泄露模型所得到的监测结果中，第一档子样本内股票所对应信息泄露金额的比重高达 67.19%。这充分表明，深市中容易发生内幕交易的股票往往也具有较差的流动性，从而导致疑似内幕交易行为更容易被基于成交价的信息泄露模型监测到。

表 10－12　深市不同流动性水平股票疑似发生信息泄露金额所占比重

单位:%

年份	第一档	第二档	第三档	第四档	第五档	第六档	第七档	第八档	第九档	第十档
基于成交价的信息泄露模型										
2003	70.47	17.32	3.56	1.67	2.02	3.04	0.75	0.34	0.83	0.00
2004	67.21	18.49	3.19	4.31	2.21	3.29	0.32	0.50	0.37	0.12
2005	60.15	10.48	4.74	13.38	4.79	0.59	3.71	1.25	0.92	0.00
2006	37.92	43.84	9.22	0.00	0.00	3.52	4.42	0.00	1.07	0.00
2007	77.67	9.04	6.82	4.23	0.00	0.00	0.00	2.24	0.00	0.00
2008	80.37	17.98	0.00	0.00	1.05	0.00	0.00	0.00	0.00	0.59
2009	71.19	18.84	0.00	6.61	2.76	0.00	0.00	0.60	0.00	0.00
2010	89.73	6.73	1.48	0.99	1.08	0.00	0.00	0.00	0.00	0.00
2011	95.56	3.58	0.00	0.86	0.00	0.00	0.00	0.00	0.00	0.00
2012	85.29	11.77	1.40	0.00	0.00	1.54	0.00	0.00	0.00	0.00
2013	66.90	27.53	0.00	2.17	2.02	1.34	0.00	0.00	0.00	0.04
2014	73.76	17.13	4.05	1.99	1.53	1.00	0.10	0.23	0.16	0.05
2015	52.27	22.07	4.85	8.24	4.91	3.01	1.28	2.61	0.00	0.75
2016	61.86	11.54	16.34	3.66	1.24	1.80	1.73	0.75	0.33	0.74
2017	62.75	15.92	8.61	4.87	2.12	2.04	1.64	1.31	0.59	0.14
总计	63.64	17.55	5.84	5.17	2.87	1.95	0.98	1.43	0.14	0.44
基于成交量的信息泄露模型										
2003	66.34	0.00	13.56	8.90	10.03	0.00	0.00	0.00	1.17	0.00
2004	75.91	12.02	5.32	0.00	0.00	6.53	0.00	0.23	0.00	0.00
2005	50.51	18.07	0.00	21.32	3.10	4.62	0.00	0.00	0.00	2.39
2006	64.83	20.15	9.53	0.00	0.81	2.54	0.00	2.13	0.00	0.00
2007	56.74	21.43	15.16	6.65	0.00	0.00	0.00	0.00	0.00	0.02
2008	71.35	21.31	0.00	1.61	4.29	0.00	1.44	0.00	0.00	0.00
2009	77.96	8.88	0.00	11.06	2.10	0.00	0.00	0.00	0.00	0.00

续表

年份	第一档	第二档	第三档	第四档	第五档	第六档	第七档	第八档	第九档	第十档
基于成交量的信息泄露模型										
2010	87.62	7.33	1.57	1.81	1.15	0.00	0.53	0.00	0.00	0.00
2011	91.90	6.30	0.00	0.92	0.00	0.88	0.00	0.00	0.00	0.00
2012	72.71	17.26	5.95	0.00	1.81	2.28	0.00	0.00	0.00	0.00
2013	62.19	30.74	2.77	0.00	0.60	3.70	0.00	0.00	0.00	0.00
2014	63.22	18.88	6.60	5.15	2.71	1.88	0.15	0.95	0.38	0.08
2015	61.17	24.70	5.12	1.18	3.07	3.65	1.11	0.00	0.00	0.00
2016	67.58	28.65	0.00	0.00	3.77	0.00	0.00	0.00	0.00	0.00
2017	62.58	15.58	7.77	5.48	4.40	2.11	0.89	0.96	0.11	0.12
总计	67.19	19.01	4.95	2.98	2.64	2.19	0.61	0.33	0.07	0.04

第三节 信息披露违规状况分析

一、中国上市公司信息披露违规总体情况

为深入了解中国上市公司信息披露行为的违规情况，本报告收集整理了2006—2017年由中国证监会处罚的2003年以来所发生的信息披露违规案例信息，并进行了统计分析。总体来看，2006—2017年经收集整理的信息披露违规案例数量为238例，平均每年被查处的信息披露违规案例数量为19.8例。从历年信息披露违规案例数量的变化情况来看（见图10－40），2014年及以前信息披露违规案例数量较少，每年违规案例数量保持在15例左右的水平；进入2015年以后，每年处罚的信息披露违规案例次数有所增加，保持在35例左右的水平，并于2015年达到46例的最高值。

基于以上分析可以看出，历年信息披露违规案例数量整体上呈增加趋势。这可能来自两方面的原因，一是随着我国资本市场规模的不断发展，上市公司数量日益增多，市场参与者数量也随之增长，这为信息披露违规行为的发生提供了客观条件；二是随着我国证券监管部门执法水平与执法力度的不断提高，也在一定程度上促使信息披露违规案例数量不断增加。

信息披露违规行为自发生至受到处罚所持续的时间可称为信息披露违规行为的处罚周期。一般而言，处罚周期的长短能够在一定程度上反映监管部门对这类违规行为监管力度的变化。图10－41展示了2006—2017年信息披露违规行为处罚周期的分布状况。从图中可以发现，共有163例违规案例的处罚周期集中在1～4年，占信息披露违规案例总数的68%；同时，有55例违规案例的处罚周期在5年以上（包括5年），占信息披露违规案例总数的比重约为23%。这表明，仍有较高比例的信息披露违规行为具有较长的处罚周期。

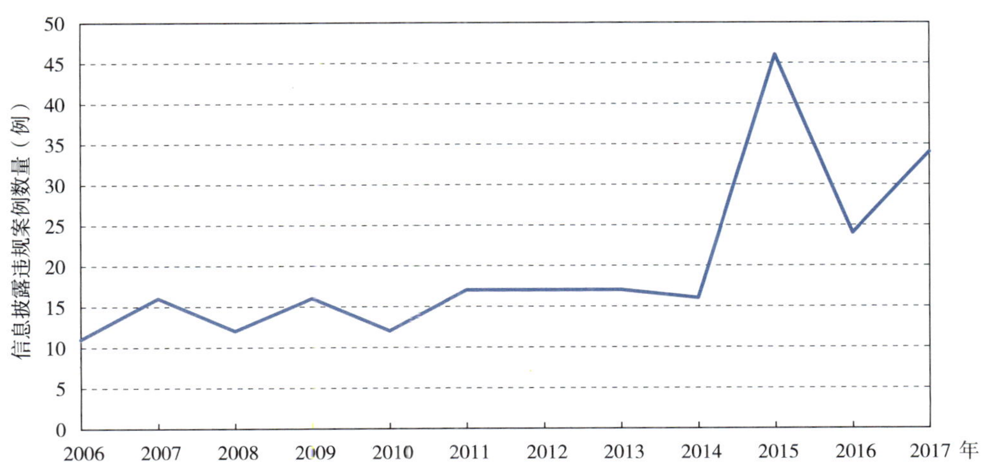

资料来源：课题组根据中国证监会行政处罚案例整理。

图10－40　历年信息披露违规案例数量

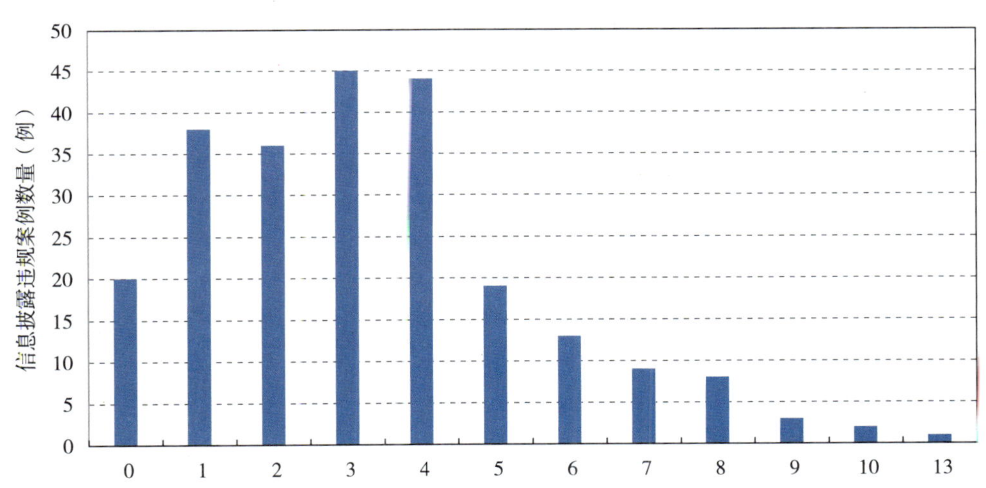

注："（0，1]"代表信息披露违规行为受到处罚所需时间在1年以内。

资料来源：课题组根据中国证监会行政处罚案例整理。

图10－41　信息披露违规行为处罚周期分布状况

进一步地，根据历年信息披露违规案例平均处罚周期的变化情况（见图10－42），随着时间的推移，违规案例的平均处罚周期并未出现明显的变化趋势，主要集中在4年左右。这在一定程度上表明，监管部门对信息披露违规行为的发现能力及处罚效率并未发生明显变化。

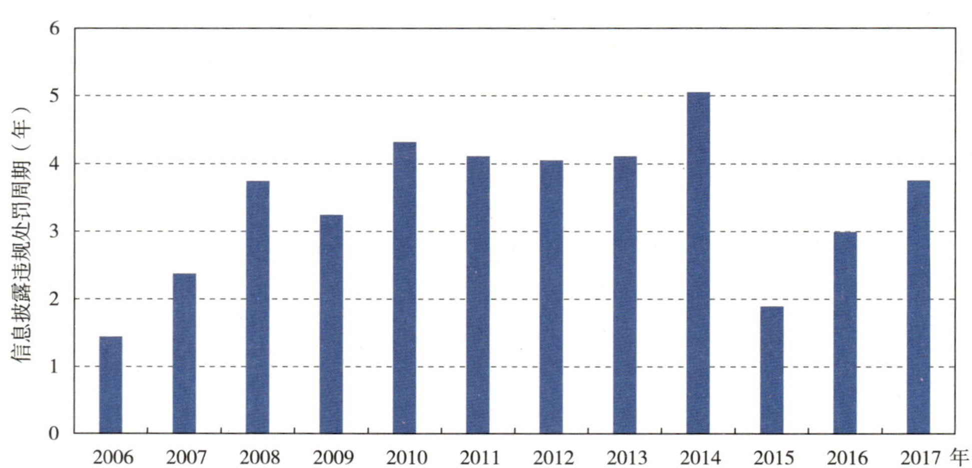

资料来源：课题组根据中国证监会行政处罚案例整理。

图 10－42　历年信息披露违规处罚周期变化

二、信息披露有效性评价及违规行为处罚情况分析

根据信息披露是否遵循真实性、准确性、完整性、及时性等原则，可以将上市公司信息披露违规行为划分为虚假记载、虚构利润、虚列资产、推迟披露、重大遗漏共五种类型。结合 2006—2017 年上市公司信息披露违规案例信息，本报告统计了各类型违规行为的分布状况，如图 10－43 所示。从图中可以看出，混合型违规发生次数最多，为 85 例，这表明一种违规类型的发生往往会伴随着其他违规类型的发生；抛开混合型违规，可以看出推迟披露、重大遗漏、虚假记载为发生较多的违规行为，发生次数分别为 83 次、38 次和 21 次，表明在各项信息披露原则和要求中，上市公司披露的及时性、完整性和真实性程度仍有待提升。

进一步来看，首先，信息披露缺乏及时性主要体现在定期报告和临时报告披露时限较长或不符合披露时限要求。就定期报告而言，我国 4 个月的披露时限要求明显长于其他成熟证券市场 3 个月的披露时限要求；就临时报告而言，部分上市公司倾向于采取一种以定期报告代替临时报告的形式对外公告，即将临时报告在定期报告的重大事项中披露，从而延长了披露相关事项的时间。另外，也有部分临时公告在事件发生后几个月甚至几年后才做补充披露。其次，信息披露缺乏完整性主要体现在故意隐瞒广大投资者有权利了解的公司重要事项及重大问题，包括对关联交易情况，公司董事、监事及高级管理层持股变动情况，资金投向等信息披露不充分等；然而，对于细枝末节的公司基本信息，却存在披露过度问题（陈峥嵘和潘妙丽，2012）。最后，信息披露缺乏真实性主要表现为上市公司在信息披露的文件上做出与事实真相不符的记载，尤其是

涉及关联交易、违规担保、实际控制人变动、公司对外投资等重大事件的虚假信息披露。同时，出于避免亏损和退市、为获得再融资等目的的财务造假现象也较为突出。为实现这些目的，上市公司虚构和提前确认收入、延迟费用、计提减值准备、高估公允价值等财务造假手段层出不穷。

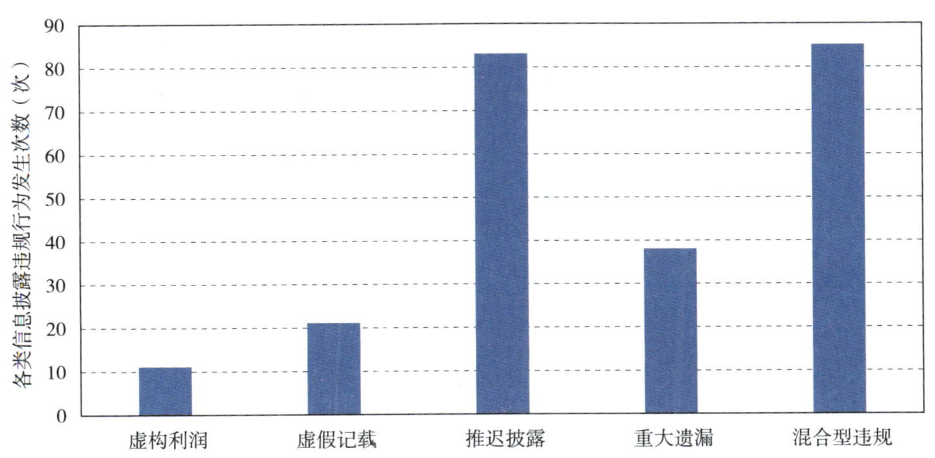

注：混合型违规是指一个违规案例中至少包括 2 种违规类型。

资料来源：课题组根据中国证监会行政处罚案例整理。

图 10－43　各类信息披露违规行为发生次数统计（2006—2017 年）

最后，为揭示监管部门对违规行为处罚力度的变化，本报告统计了历年信息披露违规行为的平均罚款金额，其中包括对上市公司及相关责任人的罚款（见图 10－44）。从图中可以发现，监管部门对该违规行为的处罚程度在波动中上升，平均罚款金额从 2006 年的 29.8 万元逐步提升至 2017 年的 152.3 万元，在很大程度上体现出监管部门加大对信息披露违规行为处罚力度的决心。

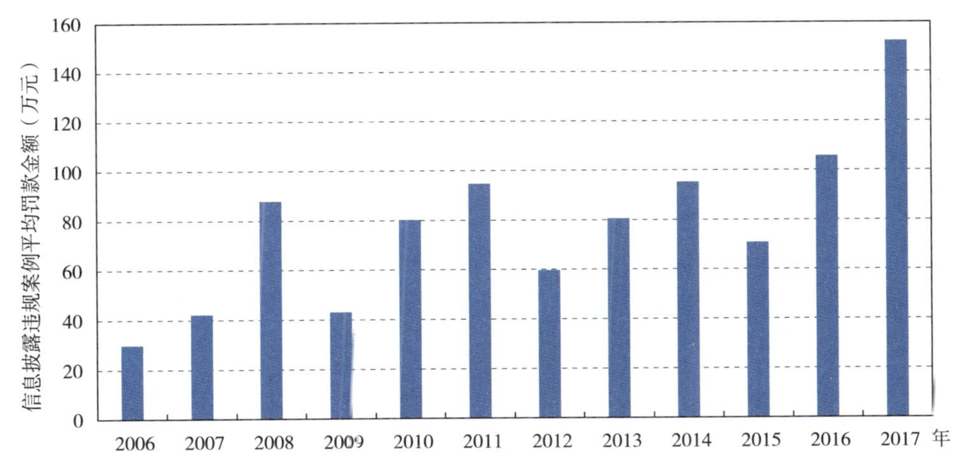

资料来源：课题组根据中国证监会行政处罚案例整理。

图 10－44　历年信息披露违规案例平均罚款金额统计

为全面而深入地了解中国股票市场的公正程度，本章一方面利用所构建的监测模型对2003年至2017年6月中国股票市场的疑似市场操纵及内幕交易行为进行了识别与监测，另一方面收集整理了2006—2017年由中国证监会及证券交易所处罚的信息披露违规案例信息，以揭示中国上市公司信息披露行为的违规情况。进一步地，本章对上述疑似违规行为的监测结果及经整理的信息披露违规案例信息进行了分析。具体来说，首先，沪深两市市场操纵行为的监测结果表明，在连续交易操纵方面，2003—2011年沪深两市发生疑似连续交易操纵行为的情况日益严重，但自2012年以后该现象得到了有效遏制，这可能与监管部门逐步加大证券市场违规行为的监管力度有关；在开盘价操纵方面，沪深两市发生疑似开盘价操纵行为的情况逐步改善，但对被监测出发生开盘价操纵的股票而言，被操纵的严重程度有逐步提升的趋势；在收盘价操纵方面，沪市发生疑似收盘价操纵的严重程度有所加剧，而深市发生疑似收盘价操纵的情况明显改善。收盘价操纵监测结果的横向比较也表明沪市更为严重。在疑似收盘价操纵上沪深两市所表现出的差异，很大程度上源于收盘集合竞价制度有利于抑制收盘价操纵行为。同时，本章也发现，2003—2005年沪深两市的收盘价操纵具有明显的月末效应，但该月末效应自2006年以后逐步消失；沪深两市也不存在股指期货到期日效应，这可能与我国股指期货合约交易的制度安排密切相关。

其次，沪深两市内幕交易行为的监测结果表明，沪深两市发生疑似内幕交易行为的严重程度逐步改善，并表现出较强的顺周期性，即沪市和深市的疑似内幕交易行为均与股票市场行情具有较强的关联性。当股票市场处于上涨阶段时，发生疑似内幕交易的情况趋于严重；当股票市场步入下跌阶段时，发生疑似内幕交易的情况有所改善。进一步地，经过对两类信息泄露模型监测结果比较后发现，从疑似发生信息泄露数量的绝对水平来看，基于成交价信息泄露模型所得到的监测结果通常高于基于成交量的信息泄露模型，表明股票市场的内幕交易行为往往更容易引起股票超额收益发生异常变化，而引起成交量的异常变化相对较少。这可能与发生疑似内幕交易的股票主要集中于流动性较差的股票有关。对于流动性较差的股票，往往较低规模的成交量便会引起股票成交价格及收益水平的异常变化，从而导致疑似的内幕交易行为更容易被基于成交价的信息泄露模型监测到。

另外，对被监测出发生市场操纵或内幕交易的股票进行统计后发现，第一，经营稳定性较差、存在风险警示实施记录的上市公司股票更容易成为市场操纵或内幕交易的对象。这表明，提升上市公司质量有利于从根本上降低证券市场操纵或内幕交易等违规行为发生的可能性；第二，日均总市值规模较小、日均换手率较低的股票更容易成为市场操纵的对象，因此监管部门应重点关注规模较小、流动性较差的上市公司股票；第三，对深市而言，随着中小板及创业板市场规模的逐步扩大，各板块发生疑似连续交易操纵、开盘价操纵以及内幕交易行为的相对严重程度发生了结构性变化，由主板上市交易股票为主向中小板和创业板上市交易股票占比提升转变。

最后，基于上市公司信息披露违规状况的分析表明，历年信息披露违规案例的数量总体上呈逐年增加趋势，这可能来自两方面的原因，一是随着我国资本市场规模的不断发展，上市公司数量日益增多，市场参与者数量也随之增长，这为信息披露违规行为的发生提供了客观条件；二是随着我国证券监管部门执法水平与执法力度的不断提高，也在一定程度上促使信息披露违规案例数量不断增加。从历年信息披露违规案例平均处罚周期的变化来看，违规案例的平均处罚周期并未出现明显的变化趋势，表明监管部门对信息披露违规行为的发现能力及处罚效率有待进一步提升。进一步地，各类型违规行为的分布状况表明，推迟披露、虚假记载及重大遗漏为发生次数最多的违规行为，表明在各项信息披露原则和要求中，上市公司披露的及时性、真实性和完整性程度仍有待提升。具体地，信息披露缺乏及时性主要体现在定期报告和临时报告披露时限较长或不符合披露时限要求；信息披露缺乏真实性主要表现为上市公司在信息披露的文件上做出与事实真相不符的记载，尤其是涉及关联交易、违规担保、实际控制人变动、公司对外投资等重大事件的虚假信息披露；信息披露缺乏完整性主要体现在故意隐瞒广大投资者有权利了解的公司重要事项及重大问题，包括对关联交易情况，公司董事、监事及高级管理层持股变动情况，资金投向等信息披露不充分等。

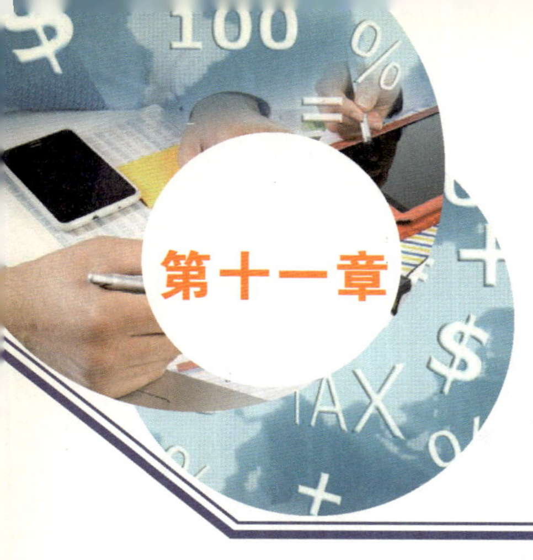

第十一章 中国股票市场系统性风险度量结果与分析

本章在股票市场系统性风险理论分析和度量方法的基础上，应用金融大数据处理技术和借助云计算服务测度中国股票市场系统性风险的冲击强度、传染力度和损失程度，并对这三个维度的度量结果展开详细分析，进而较为全面客观地评估中国股票市场在系统性风险维度的质量水平。需要说明的是，本章系统性风险度量分析的基础数据来自汤森路透，MQD 提供了大数据处理和云计算服务。

第一节 系统性风险冲击强度结果与分析

由本报告系统性风险的理论分析可知，冲击或者触发事件是股票市场系统性风险爆发的诱因。股票市场的冲击可能来自经济基本面、股票市场自身、其他金融市场等，冲击来源复杂并且难以直接度量。当股票市场受到冲击时，股票市场波动性提高，股票收益率①左偏程度加大，股价大幅下跌风险上升。本报告依据此逻辑，利用股价大幅下跌风险来间接度量股票市场系统性风险冲击强度，并且本报告中的冲击强度既包含了冲击本身，还包括了股票市场抵御风险冲击的能力。股票市场抵御风险冲击能力的提高，预示着股票市场内在稳定性增强，股票市场质量水平提高。本节利用个股层面负偏度系数和上下波动比率度量个股遭受的冲击强度，利用市场层面负偏度系数和上下波动比率度量市场系统性风险的冲击强度。本节将对沪深两市的系统性风险冲击强度展开详细分析。

图 11－1 为 1994 年 1 月至 2017 年 12 月沪深两市的负偏度系数和上下波动比率变化趋势。由图 11－1 可知，沪深两市的负偏度系数和上下波动比率具有相同的变化趋势，这表明负偏度系数和上下波动比率衡量股票市场系统性风险冲击强度具有一致性。1995 年至 2005 年，沪深两市负偏度系数和上下波动比

① 本节所提到的股票收益率都是调整后的股票收益率，即个股收益率减去市场平均收益率后的股票收益率。

率波动上升，系统性风险冲击强度呈上升趋势；2005 年至 2017 年，沪深两市负偏度系数和上下波动比率震荡下降，系统性风险冲击强度呈下降趋势。沪深两市负偏度系数和上下波动比率年度指标均小于 0，这表明沪深两市收益率呈现正偏态，指标描述性统计量如表 11－1 所示。

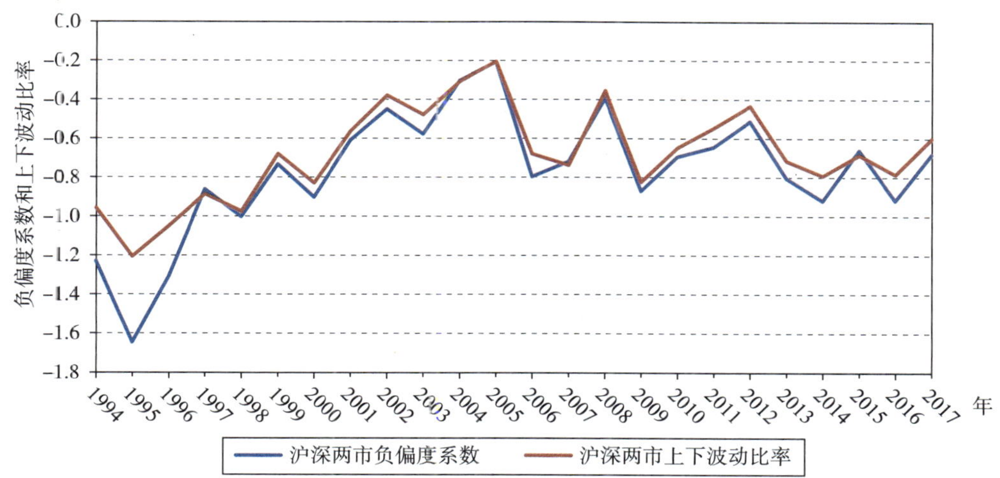

图 11－1　1994—2017 年沪深两市负偏度系数和上下波动比率变化趋势（年度）

表 11－1　1994—2017 年沪深两市负偏度系数和上下波动比率描述性统计量

	均值	中值	标准差	最小值	最大值
沪深两市负偏度系数	－0.771	－0.770	0.409	－2.634	0.262
沪深两市上下波动比率	－0.683	－0.698	0.330	－2.803	0.222

由本报告系统性风险理论分析可知，系统性风险的冲击强度既包括冲击本身又包括股票市场抵御冲击的能力。本节在此梳理 1994 年至 2017 年中国股票市场的重大政策和事件，以考察这些政策和事件对股票市场系统性风险冲击强度的影响。对股票市场系统性风险冲击强度产生重大影响的政策和事件见表 11－2。

表 11－2　1994—2017 年中国股票市场重大政策、事件及其影响

年份	日期	重大政策及事件	对系统性风险的主要影响	对冲击强度的影响
1994	7 月 30 日	三大救市政策：暂停新股发行；严格控制上市公司配股规模；扩大入市资金	大量资金涌入股票市场，改善股票市场供需平衡，对股票市场产生正向冲击	降低
1995	1 月 1 日	实行 T＋1 交易制度	抑制投机行为，提高股票市场抵御风险冲击能力	降低
	5 月 17 日	《关于暂停国债期货交易试点的紧急通知》发布	大量资金涌入股票市场，对股票市场产生正向冲击	降低

续表

年份	日期	重大政策及事件	对系统性风险的主要影响	对冲击强度的影响
1996	12 月 16 日	《人民日报》刊登特约评论员文章《正确认识当前股票市场》	抑制股票市场过热，对股票市场产生负向冲击	提高
	12 月 16 日	设置 10% 的涨跌幅限制	降低股票市场波动性，提高股票市场抵御风险冲击能力	降低
1997	7 月	亚洲金融危机	通过国际风险传染渠道，对股票市场造成负向冲击	提高
	11 月 14 日	《证券投资基金管理暂行办法》发布	加强对证券投资基金的管理，减少负向冲击	降低
	12 月 10 日	《证券交易所管理办法》重新颁布	提高市场信息质量，弥补信息不对称，提高股票市场抵御风险冲击能力	降低
1999	7 月 1 日	《中华人民共和国证券法》实施	规范市场秩序，减少股票市场负向冲击	降低
	9 月 16 日	《中国证券监督管理委员会股票发行审核委员会条例》发布	提高股票发行工作的质量和透明度，减少股票市场负向冲击	降低
2001	6 月 12 日	国有股减持办法出台	稀释股票市场中公众股票价值，对股票市场造成负向冲击	提高
2004	5 月 27 日	深圳证券交易所中小企业板正式启动	股票市场 IPO 数量增加，影响股票供需平衡，产生负向冲击	提高
2005	9 月 4 日	《上市公司股权分置改革管理办法》实施	完善公司法人治理结构，提高上市公司业绩，减少股票市场负向冲击	降低
	10 月 27 日	新修订的《中华人民共和国证券法》出台	加强信息披露，减少信息不对称问题，提高股票市场抵御风险冲击能力	降低
2006	5 月 8 日	《上市公司证券发行管理办法》实施	强化发行环节的市场约束机制，推动优质企业先行上市，减少股票市场负向冲击	降低
	9 月 1 日	《合格境外机构投资者境内证券投资管理办法》实施	利用外资的同时，增大国际金融风险	提高
2007	1 月 30 日	《上市公司信息披露管理办法》实施	减少上市公司管理层捂盘行为，减少股票市场负向冲击	降低

续表

年份	日期	重大政策及事件	对系统性风险的主要影响	对冲击强度的影响
2008	9 月	国际金融危机	通过国际风险传染渠道，对股票市场造成负向冲击	提高
	1 月至 12 月	大小非解禁数量增加	增加股票市场资金需求，造成股票供需失衡，对股票市场产生负向冲击	提高
2009	12 月	欧债危机在希腊率先爆发	通过国际风险传染渠道，对股票市场造成负向冲击	提高
2010	3 月 31 日	开通融资融券交易系统	完善做空机制，提高股票市场抵御风险冲击能力	降低
2011	11 月 28 日	融资融券扩容	完善做空机制，提高股票市场抗风险冲击能力	降低
2013	1 月至 12 月	全年停发 IPO	防止股票市场震荡，降低股票市场波动性，减少股票市场负向冲击	降低
2014	5 月 9 日	《关于进一步促进资本市场健康发展的若干意见》出台	保护中小投资者权益，促进上市公司规范发展，减少股票市场负向冲击	降低
2015	6 月 12 日	《证券公司外部接入信息系统评估认证规范》出台	降低股票市场杠杆率，提高股票市场抵御风险冲击能力	降低
2016	1 月 4 日至 1 月 7 日	股票市场熔断机制实施	导致价格扭曲，加剧股票市场波动，对股票市场产生负向冲击	提高
	12 月 2 日	修正《融资融券交易实施细则》	加强对融资融券业务的风险管理，提高股票市场抵御风险冲击能力	降低
	12 月 5 日	深港通启动	促进资本市场开放和改革同时，增大国际金融风险	提高
2017	4 月 1 日	设立雄安新区	对雄安新区概念股产生正向冲击	降低
	5 月 26 日	《上市公司股东、董監高减持股份的若干规定》	形成稳定的市场预期，化解恐慌情绪，减少负向冲击	降低
	6 月 21 日	MSCI 明晟公司宣布将中国 A 股纳入 MSCI 新兴市场指数	提高中国资本市场国际地位，产生正向冲击	降低

资料来源：课题组根据中华人民共和国中央人民政府网（http：//www. gov. cn/）、上海证券交易所官网（http：//www. sse. com. cn/）、深圳证券交易所官网（http：//www. szse. cn/）、《中国证券报》《证券市场导报》等资料整理得到。

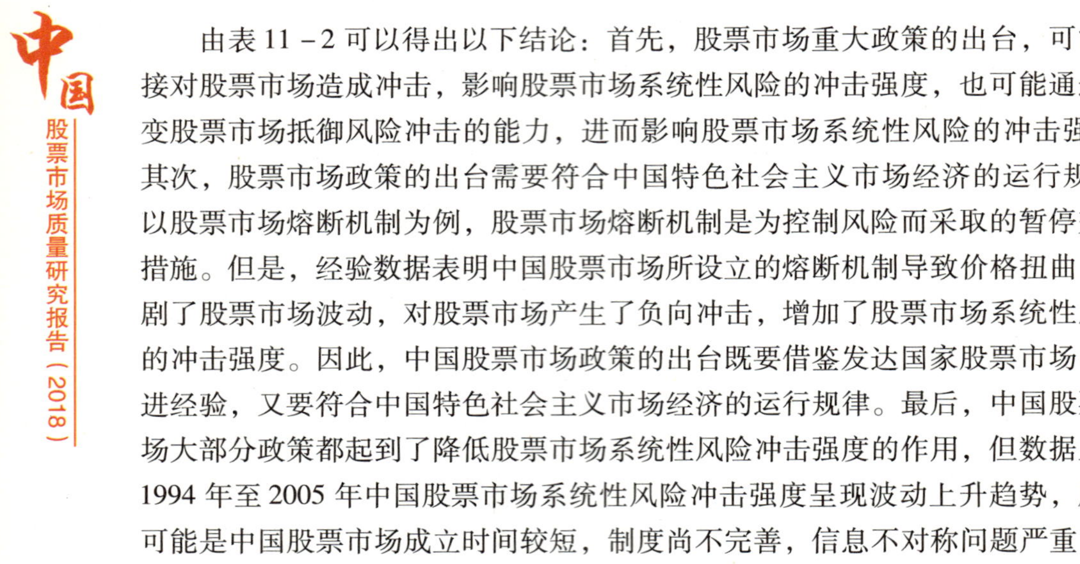

由表 11－2 可以得出以下结论：首先，股票市场重大政策的出台，可能直接对股票市场造成冲击，影响股票市场系统性风险的冲击强度，也可能通过改变股票市场抵御风险冲击的能力，进而影响股票市场系统性风险的冲击强度。其次，股票市场政策的出台需要符合中国特色社会主义市场经济的运行规律。以股票市场熔断机制为例，股票市场熔断机制是为控制风险而采取的暂停交易措施。但是，经验数据表明中国股票市场所设立的熔断机制导致价格扭曲，加剧了股票市场波动，对股票市场产生了负向冲击，增加了股票市场系统性风险的冲击强度。因此，中国股票市场政策的出台既要借鉴发达国家股票市场的先进经验，又要符合中国特色社会主义市场经济的运行规律。最后，中国股票市场大部分政策都起到了降低股票市场系统性风险冲击强度的作用，但数据显示 1994 年至 2005 年中国股票市场系统性风险冲击强度呈现波动上升趋势，原因可能是中国股票市场成立时间较短，制度尚不完善，信息不对称问题严重。投资者的投机行为和对利好政策的过度解读会产生股票市场泡沫，降低股票市场抵御风险冲击的能力，较小的负向冲击可能产生较大的冲击强度。2005 年至 2017 年中国股票市场系统性风险冲击强度呈现震荡下降趋势，表明随着股票市场制度的完善、信息质量的提高以及市场监管的加强，股票市场抵御风险冲击的能力不断提高，股票市场质量水平上升。

在不同时期，股票市场抵御风险冲击的能力不同，所遭受的冲击也不同，并且不同政策的效果也存在差异，所以股票市场系统性风险冲击强度也呈现变化趋势。鉴于负偏度系数和上下波动比率变化趋势相同，本节以负偏度系数为代表，从市场层面对沪深两市的系统性风险冲击强度展开分析。

一、沪深两市系统性风险冲击强度变化趋势分析

1994 年 1 月至 2017 年 12 月，沪深两市负偏度系数变化趋势如图 11－2 所示。

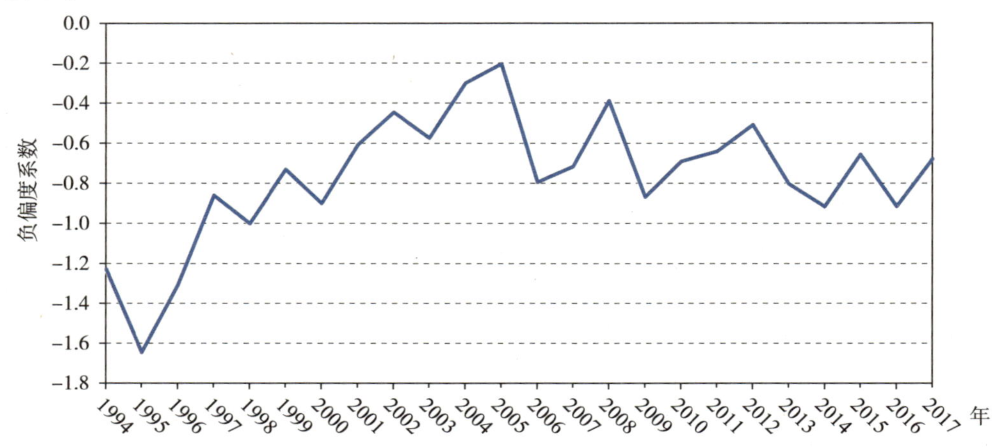

图 11－2　1994—2017 年沪深两市负偏度系数变化趋势（年度）

由图 11－2 可知，1995 年至 2005 年沪深两市负偏度系数波动上升，从冲击强度的视角看，股票市场系统性风险水平呈上升趋势；2005 年至 2017 年沪深两市负偏度系数震荡下降，股票市场系统性风险水平呈下降趋势。本节分别对沪深两市负偏度系数上涨和下降阶段展开分析。

（一）沪深两市负偏度系数上涨阶段（1995—2005 年）

沪深两市负偏度系数从 1995 年的－1.647 快速上涨到 2005 年的－0.206，沪深两市系统性风险的冲击强度呈上升趋势，股票市场系统性风险水平上升。系统性风险冲击强度上升主要由股票市场重大政策的出台、国际金融危机、投资者非理性行为导致。1995—2005 年，沪深两市负偏度系数上涨过程有三个持续上涨的阶段，分别是：1995—1997 年、2000—2002 年、2003—2005 年，其余年份呈现波动趋势，本节对这三个持续上涨阶段分别展开分析。

1. 第一个持续上涨阶段（1995—1997 年）

沪深两市负偏度系数由 1995 年的－1.647 快速攀升到 1997 年的－0.862，这是样本期内负偏度系数上涨速度最快的阶段，股票市场系统性风险水平升高。造成这一现象的主要原因是机构及个人的投机行为和国际金融危机对股票市场的强烈冲击，并且此时的股票市场制度尚不完善，抵御风险冲击能力较弱，当沪深两市遭受负面冲击时，负偏度系数快速上升。1996 年机构及个人的投机行为使沪深两市股价疯长，其中公司业绩较差的股票也涨势强劲，股票市场泡沫急剧上升。为此管理层采取一系列措施[①]抑制股票市场过热，直到 1996 年 12 月 16 日《人民日报》刊登了特约评论员的文章《正确认识当前股票市场》，才控制住股价上升，但股票市场泡沫也随之破裂，股票市场连续 4 天跌停，股票市场受到严重冲击。仅一天时间沪深两市负偏度系数就从－0.947（1996 年 12 月 16 日）上涨到－0.886（1996 年 12 月 17 日），随后沪深两市负偏度系数呈现逐步上升趋势。1997 年，亚洲金融危机爆发，金融危机通过贸易溢出效应、金融溢出效应、季风效应以及净传染效应将风险传染到中国，对中国股票市场产生负向冲击，致使沪深两市负偏度系数近半年时间在－0.750 高位波动，股票市场系统性风险水平升高。值得一提的是，沪深两市自 1992 年放开涨跌幅限制后，直到 1996 年 12 月 16 日才重新实施 10% 的涨跌幅限制。在此期间股票市场波动性较大，股票市场抵御风险冲击能力较弱，股票市场负偏度系数能够充分反映股票市场所遭受的冲击，因此在这一阶段负偏度系数涨幅最大。

---

① 1996 年 4 月 1 日到 12 月 12 日，上证综指上涨了 124%，深证成指上涨了 346%，涨幅达 5 倍以上的股票超过百只。从 10 月起，中国证监会共发出 12 道“金牌”抑制股票市场过热，大致有《关于规范上市公司行为若干问题的通知》《证券交易所管理办法》《关于坚决制止股票发行中透支行为的通知》等。

1995—1997 年，股票市场负偏度系数快速上升，系统性风险的冲击强度不断增强，但是冲击强度仍处于相对较低水平。主要原因是这一时期沪深两市成立时间较短，股票数量较少且供不应求，股价往往呈现大幅上涨的趋势，投资者的投资热情高涨，大量资金入市推动股票市场发展。此时的股票市场虽然受到负面冲击，但是股票市场系统性风冲击强度险仍处于相对较低水平。

2. 第二个持续上涨阶段（2000—2002 年）

沪深两市负偏度系数从 2000 年的 -0.902 上涨到 2002 年的 -0.449，负偏度系数快速上涨的原因主要是股票市场政策的出台和投资者非理性行为对股票市场产生冲击。2001 年 6 月 6 日，中国证监会宣布上市国有企业在首次公开发行股票以及增资扩股时应削减其所持国有股，减持比例占筹资额的 10%。国有股减持政策是为社会保障体系筹集资金，但是以市场价格强行回购较低价值的国有股，稀释了公众持有的股票价值（陈灯塔和周颖刚，2006），其结果是对股票市场产生了强烈的负向冲击。沪深两市负偏度系数从 -1.057（2001 年 6 月）一路上涨到 -0.227（2001 年 12 月）。国有股减持政策对市场产生了巨大冲击，增加了股票市场波动性，并持续影响到 2002 年。经历过 2001 年暴跌后，出于对市场监管的不信任、政策维稳的不确定性以及对证券市场转轨后走势的迷茫，场外资金入市信心不足，投资者的悲观情绪蔓延，进一步加剧股票市场低迷，成交额减少，股票市场负偏度系数全年位于 -0.3 高点波动。

3. 第三个持续上涨阶段（2003—2005 年）

沪深两市负偏度系数从 2003 年的 -0.577 上升到 2005 年的 -0.206，股票市场系统性风险水平上升。这与当年股票市场大量 IPO 和投资者非理性行为等因素的冲击有着密切的关系。2004 年 5 月，中国证监会批复同意深圳证券交易所设立中小企业板。2004 年沪深两市 IPO 数量共 98 家，IPO 数量较 2003 年上涨近 50%。在市场疲软的情况下，大规模的新股上市严重影响了股票的供需平衡，对股票市场产生了冲击。2000 年至 2003 年，沪深两市也有不少股票跌破发行价，但主要集中在大盘股和行业景气度差的股票上。而 2004 年，股票跌破发行价已不再局限于大盘股和行业景气度差的股票，多只新股跌破发行价。此外，2004 年中国股票市场前后共有 67 只 A 股股票跌破净资产值。在这些跌破净资产值的股票中不乏公司业绩不错的股票（67 只股票中仅有 7 只 ST 股票）。这些现象充分说明 2004 年中国股票市场环境极为恶劣，二级市场的投资者陷入了一种极端的看空状态，非理性行为对股票市场造成了强烈的冲击。与此同时，沪深两市负偏度系数从 -0.725（2004 年 4 月）快速攀升到 0.080（2004 年 8 月）。由此可知，在市场疲软的大环境下，大量的 IPO 会影响股票市场供需平衡，并通过投资者的非理性行为对股票市场产生强烈的冲击，股票市场负偏度系数上升，股票市场系统性风险也随之上升。

（二）沪深两市负偏度系数下降阶段（2005—2017年）

2005年至2017年，沪深两市推出了一系列政策和法律法规，对健全股票市场制度、加强市场管理、提高股票市场抵御风险冲击能力起到了重要的作用，沪深两市负偏度系数从2005年的-0.206震荡下降到2017年的-0.673。从股票市场抵御风险冲击这个角度看，2005年至2017年中国股票市场质量在不断提高。2005新修订的《证券法》明显加强了公开透明原则，理顺了证券交易双方的法律关系，明确了证券市场参与各方的权利、义务和责任。伴随着新修订的《证券法》出台，公司信息披露更加完全，公司信息透明度的提高可以有效降低个股价格暴跌风险（潘越等，2011），沪深两市负偏度系数下降。2005年9月4日《上市公司股权分置改革管理办法》正式出台，全面股改步入操作阶段。对于上市公司，进行股权分置改革有利于引进市场化的激励和约束机制，形成良好的自我约束机制和有效的外部监督机制，进一步完善公司法人治理结构。对于流通股股东，通过股改得到非流通股股东支付的对价，使非流通股股东和流通股股东利益趋于一致，有利于上市公司绩效的提高（姚伟峰等，2009），降低了上市公司经营不善对股票市场的负面冲击。中国证监会于2007年2月1日正式实施信息披露规范统领性文件《上市公司信息披露管理办法》，至此中国的业绩预告制度才趋于成熟。《上市公司信息披露管理办法》首次引入了公平披露的概念，要求上市公司及其他信息披露义务人应当同时向所有投资者公开披露信息，以使所有投资者平等获悉同一信息。朱红军和汪辉（2009）发现该规则实施后没有给市场总体带来寒风效应，并且股票收益波动性显著下降。2014年5月9日国务院发布了《关于进一步促进资本市场健康发展的若干意见》，此文件标志着中国资本市场中小投资者权益保护有了纲领性文件。“新国九条”完善了市场功能，补足了制度短板，有助于公司更好地利用权益资本，促进中国上市公司和证券市场的进一步规范发展（沈艺峰等，2008）。以上措施有效地健全了股票市场制度，提升了股票市场信息质量，保护了投资者权益，减小了股票市场冲击，提高了股票市场抵抗风险冲击的能力，促使沪深两市负偏度系数下降。

在沪深两市负偏度系数震荡下降阶段，负偏度系数有3次明显回升，分别是2008年、2012年和2015年，本节对这三个高点展开分析。

1. 第一个高点（2008年）

2008年，中国股票市场在经历了2006年、2007年的牛市行情后，步入了极具代表性的熊市阶段，沪深两市受到了强烈的冲击，股票市场负偏度系数由2007年的-0.719上涨到2008年的-0.391。在此次股票市场系统性风险冲击

强度上升的过程中，大小非解禁数量的增加、投资者非理性行为以及国际金融危机起到了重要的推动作用。

2008 年，中国股票市场大小非解禁数量激增，严重影响了股票市场供需平衡。多家巨型上市公司传出再融资计划，引发市场惊恐，对股票市场产生负向冲击。一些股民认为再融资计划是上市公司恶意圈钱行为，并由此引发股民盲目抛售股票的非理性行为，羊群效应在股票市场中盛行。沪深两市负偏度系数也从 2008 年 2 月的 -0.810 急速攀升到 2008 年 10 月的 -0.064，股票市场系统性风险的冲击强度上升。

在国际方面，2008 年国际金融危机全面爆发，美国纽约证券交易所和纳斯达克证券交易所股票价格大幅下跌，直接导致周边股票市场的下挫，并通过国际风险传染渠道影响中国经济走向（吴吉林和张二华，2010），进一步提高了中国股票市场系统性风险的冲击强度，股票市场系统性风险水平上升。

2. 第二个高点（2012 年）

2012 年沪深两市负偏度系数变化趋势呈现 U 型，沪深两市负偏度系数从 -0.144（2012 年 1 月）下降到 -0.811（2012 年 5 月），随后上升到 -0.474（2012 年 9 月），此后一直在 -0.5 的高点附近波动。

沪深两市负偏度系数位于高点波动，主要受欧债危机、新股发行数量激增以及投资者非理性行为的影响。2012 年欧债危机继续发酵，欧债危机在影响全球经济复苏进程的同时，对中国的外需和宏观经济产生了较大冲击，持续的欧债危机也给中国股票市场带来了恐慌情绪，并通过投资者的非理性行为对沪深两市产生冲击。与此同时，2009 年至 2011 年中国资本市场的扩容速度显著超过投资者预期，新股发行过多、过快，造成股票市场供需失衡，对股票市场产生负向冲击。在经济疲弱和投资者缺乏信心的大环境下，股票价格必然下跌，股票市场波动性增大，股票市场负偏度系数上升，股票市场系统性风险冲击强度提高。

3. 第三个高点（2015 年）

2015 年，中国股票市场遭遇了一场惨痛的危机。从 2015 年 6 月 15 日起，以中国证监会清理场外配资为起点，股票市场巨幅震荡，大盘急剧下跌，多次千股跌停，指数屡次刷新历史单日（周）最大跌幅。至 2015 年 7 月 8 日，超过一半的上市公司停牌，整个市场流动性趋于枯竭，股票市场面临着极高的系统性风险。在此过程中，2015 年沪深两市负偏度系数均值为 -0.660，沪深两市负偏度系数指标略高于正常水平。指标大小看似与市场表现不相吻合，其原因在于 2015 年股票市场从牛市急速转向熊市，沪深两市的负偏度系数年度指标包含了股价上涨阶段的正向冲击和股价下跌阶段的负向冲击的全部信息。基于此，本节进一步使用日度数据，考察沪深两市在2015年股灾期间负偏度系数变化趋势。

股灾期间，2015年7月至10月共81个交易日，沪深两市负偏度系数均值为-0.462，最小值为-0.888，最大值为-0.240，2015年7月至10月沪深两市负偏度系数频数分布（以0.1为组距）如图11-3所示。

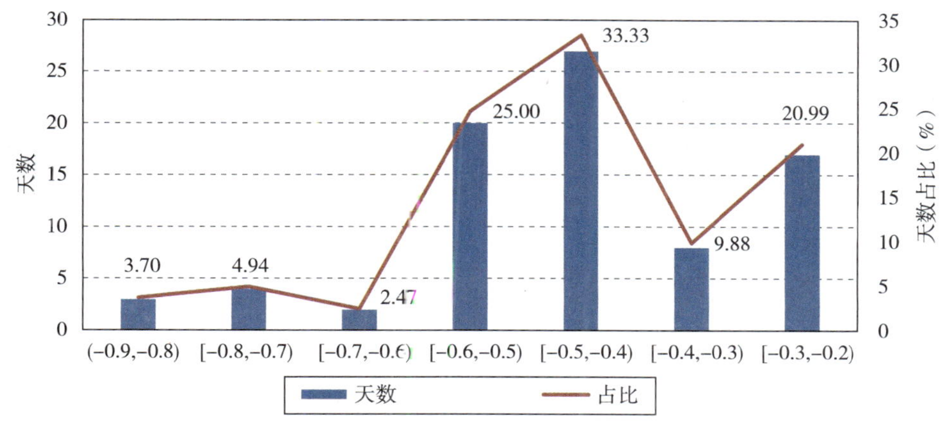

图11-3 2015年7月至10月沪深两市负偏度系数频数分布

由图11-3可知，2015年7月至10月，沪深两市负偏度系数集中分布在-0.6至-0.2之间，占比高达90%，并且在81个交易日中有17个交易日沪深两市负偏度系数高于-0.3。这表明在此期间，沪深两市的系统性风险冲击强度较大，与市场表现相吻合。使用日度数据，负偏度系数有效揭示了沪深两市在股灾期间系统性风险的冲击强度，也验证了负偏度系数的稳健性。

造成此次股票市场异常波动和负偏度系数快速上升的原因是多方面的，高杠杆场外配资是导致此次系统性风险冲击强度上升的主要原因。2015年初，投资者对利好政策的过度解读，造成大规模高杠杆资金入市，股票市场泡沫膨胀。直至2015年6月12日，中国证券业协会发布《证券公司外部接入信息系统评估认证规范》，明确规定证券公司不得接入HOMS系统及任何电子交易系统，场外配资正式开始收紧。当股票价格下跌时，由于大规模、高杠杆运用场外配资，股票市场出现强制平仓，并引起一连串连锁反应。由于大量卖盘的出现，股价进一步下跌，更多配资盘被强制平仓，引发恶性循环，造成股票价格大幅度下降，对股票市场产生了强烈的负向冲击，股票市场负偏度系数上升，股票市场系统性风险水平升高。

二、沪深两市各板块系统性风险冲击强度比较分析

本节通过比较沪深两市各板块负偏度系数和上下波动比率的变化，揭示各板块系统性风险冲击强度的变化趋势，各板块负偏度系数变化趋势见图 11 –4，各板块上下波动比率变化趋势见图 11 –5。

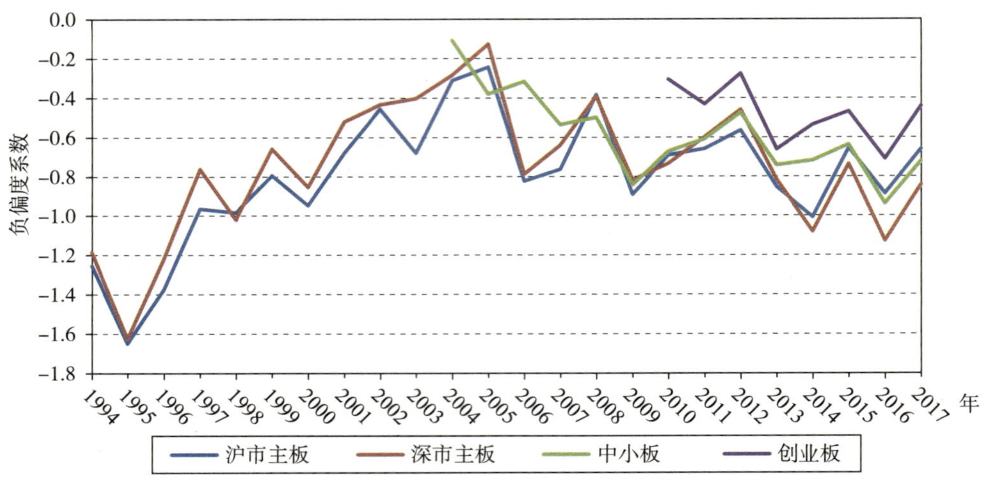

图 11 –4　1994—2017 年沪深两市各板块负偏度系数变化趋势（年度）

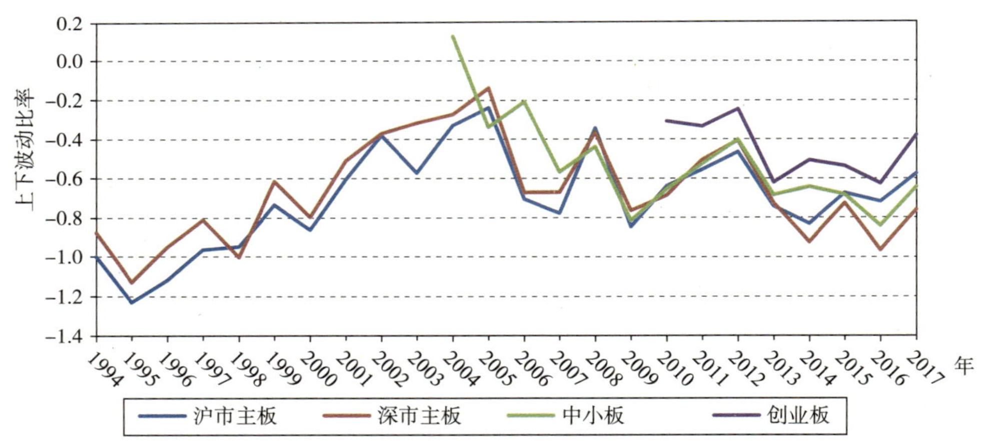

图 11 –5　1994—2017 年沪深两市各板块上下波动比率变化趋势（年度）

图 11 –4 展示了 1994 年至 2017 年沪深两市各板块负偏度系数的变化趋势；图 11 –5 展示了 1994 年至 2017 年沪深两市各板块上下波动比率的变化趋势。由图 11 –4 和图 11 –5 可知，沪深两市各板块负偏度系数和上下波动比率变化趋势相同，这表明沪深两市各板块系统性风险冲击强度的变化趋势相同。但是各板块的系统性风险冲击强度大小存在差异，各板块负偏度系数和上下波动比率的描述性统计量见表 11 –3。

表 11－3 1994—2017 年沪深两市各板块负偏度系数和上下波动比率描述性统计量

指标	板块	均值	中值	标准差	最小值	最大值
负偏度系数	沪市主板	－0.801	－0.806	0.427	－3.478	0.310
	深市主板	－0.757	－0.752	0.441	－3.208	0.363
	中小板	－0.612	－0.658	0.351	－2.947	0.722
	创业板	－0.479	－0.548	0.318	－1.221	0.376
上下波动比率	沪市主板	－0.704	－0.716	0.344	－3.185	0.385
	深市主板	－0.667	－0.685	0.359	－2.408	0.371
	中小板	－0.559	－0.612	0.384	－2.234	4.184
	创业板	－0.446	－0.493	0.378	－1.358	3.860

由表 11－3 可知，各板块负偏度系数均值从小到大的排序依次是：沪市主板、深市主板、中小板、创业板。其中沪市主板与深市主板的负偏度系数均值相差不大，分别为－0.801 和－0.757，而中小板和创业板负偏度系数均值远高于沪市主板、深市主板。对于上下波动比率均值，也有相同的结论。由此可知在各板块中，沪深两市主板的系统性风险冲击强度较小，中小板的冲击强度较大，创业板的冲击强度最大。创业板股票不但拥有其他市场的共性风险，还有来自其自身的风险。创业板上市公司规模小、市场估值难、估值结果稳定性差，而且较大数量的股票买卖行为有可能诱发股价出现大幅波动，股价操纵也更为容易，所以创业板容易遭受冲击并且抵御风险冲击的能力较弱。单从系统性风险冲击强度的维度来看，沪深两市主板系统性风险最低，中小板次之，创业板系统性风险最高。

三、冲击强度的影响因素分析

通过对沪深两市系统性风险冲击强度的结果分析，本节归纳总结系统性风险冲击强度的影响因素主要包括：国际风险、投资者行为、上市公司管理层行为以及政策出台。

（一）国际风险

自 1996 年至 2017 年，国际上主要发生过三次重大经济危机，分别是 1997 年爆发的亚洲金融危机、2008 年由美国次贷危机引发的国际金融危机、2009 年率先在希腊爆发的欧洲主权债务危机（经过蔓延升级，2012 年欧洲的债务危机已经威胁到全部欧洲主权国家的信用评级和信贷情况）。国际金融危机通过金融溢出效应、贸易溢出效应、季风效应以及净传染效应对中国国际收支、资金信贷等方面产生负面冲击，加大股票市场波动性，提高股票市场系统性风险冲击强度。

（二）投资者行为

投资者的非理性行为在历次股市异常波动中起到了助涨助跌的作用，影响股市系统性风险的冲击强度。在面对利好消息时，投资者往往倾向于对利好消息过度解读，导致大量杠杆资金涌入股票市场，股价泡沫膨胀，降低股票市场系统风险冲击强度的同时，也降低了股市抵御风险冲击的能力。在面对利空消息时，投资者易受到恐慌情绪的影响，盲目跟风抛售股票，对股市产生强烈的负向冲击，股市系统性风险冲击强度上升。

（三）上市公司管理层行为

在缺乏有效监管的公司中，管理层可能出于维持超额福利水平、政治晋升、避税行为等目的，隐藏坏消息和披露好消息。但是，被隐藏的坏消息终究会爆发出来（通常会集中爆发出来），对公司股票产生强烈的负向冲击，个股遭受的冲击强度上升。个股遭受的冲击强度可以通过以下两个渠道提高股票市场系统性风险冲击强度。第一，当多家公司的负面消息集中爆发时，多只股票遭受的冲击强度上升会提高股票市场系统性风险的冲击强度。例如 2008 年初，多家上市公司再融资计划的传言导致股票市场收益率左偏程度提高，股市系统性风险冲击强度上升。第二，个股受到冲击后，可能会通过风险传染渠道将风险传染至其他股票，并形成二次冲击，进而提高股票市场系统性风险冲击强度。

（四）政策出台

股票市场重大政策的制定和出台会对股票市场产生冲击，影响股票市场系统性风险冲击强度。政策对股票市场的影响可分为短期和长期两个方面。从长期的角度看，股票市场相关政策对股票市场结构及制度框架进行调节，主要通过政策指导和法律约束来进行。例如，2005 新修订的《证券法》、2007 实施的《上市公司信息披露管理办法》、2014 年发布的《关于进一步促进资本市场健康发展的若干意见》等都从不同方面健全了股票市场制度，提升了股票市场抵御风险冲击的能力，促使沪深两市系统性风险冲击强度下降。从短期的角度看，股票市场政策可以对股票市场的短期波动进行调节，目的是控制股票市场的短期波动幅度，防止股指暴涨暴跌。例如，2005 年《上市公司股权分置改革管理办法》的出台完善了公司法人治理结构，降低了上市公司经营不善对股票市场的负面冲击。然而，某些政策出发点虽好，但是入场时机不对或推进方式欠妥，对股市也造成了一定程度的伤害。例如，2001 年国有股减持办法出台、2016 年熔断机制实施都不同程度地提高了股市的波动性，对股票市场产生负面冲击，提升了股市系统性风险冲击强度。

综上所述，可以得出以下结论。第一，沪深两市系统性风险冲击强度呈现先上升后下降的趋势。这表明随着股票市场制度的完善、信息质量的提高以及市场监管的加强，股票市场抵御风险冲击的能力不断提高，股票市场质量显著改善。对比2008年和2015年中国两次股灾期间沪深两市系统性风险的冲击强度，本节发现2015年沪深两市系统性风险的冲击强度、持续时间远小于2008年，再次印证了股市抵御风险冲击的能力提高和股票市场质量的改善。第二，在沪深两市各板块中，主板系统性风险冲击强度最低，中小板次之，创业板系统性风险冲击强度最高。第三，股票市场重大政策的出台，可能直接对股票市场造成冲击，影响股票市场系统性风险的冲击强度；也可能通过改变股票市场抵御风险冲击的能力，影响股票市场系统性风险的冲击强度。股票市场相关政策的制定和出台，既要借鉴发达股票市场的先进经验，又要符合中国特色社会主义市场经济的运行规律，进而有助于降低股票市场系统性风险水平，提高股票市场质量。

第二节　系统性风险传染力度结果与分析

由本报告系统性风险的理论分析可知，引发股票市场系统性风险的冲击可以通过直接关联渠道、间接关联渠道和信息渠道传染至市场并引发整个市场剧烈波动、危机或瘫痪。可见，风险传染是系统性风险爆发的关键环节，系统性风险水平的高低受到传染力度的影响。理论上应采用传染渠道或传染机制来测度风险传染力度，但传染渠道或传染机制较为复杂，对它们进行直接测度较为困难。本报告从另一个视角——股票市场同质性来衡量，当股票市场表现出较高的同质性时，意味着风险传染的力度也会较大。因此本报告用股票市场同质性来衡量系统性风险的传染力度，而股票市场的同质性又可以从价格和流动性两个维度来体现。价格同步性是指股票市场中大多数股票在一段时间内价格发生同向变动（共同上涨或共同下跌）的现象，当这种现象较为严重时，反映出股票市场高度同质化，加剧了风险在价格维度的传染，导致千股跌停或千股涨停，进而引发股票市场系统性风险。流动性同步性是指股票市场中流动性的共同决定因素导致个股流动性与市场流动性共同变化。当流动性同步性较高时，个股流动性的变动对市场流动性的变化较敏感，说明股票市场同质性较高，个股流动性倾向于同向变化，加剧风险在流动性维度的传染。接下来，本报告将依据价格同步性指标和流动性同步性指标的度量结果对中国股票市场系统性风险传染力度展开详细分析。

一、价格同步性指标的结果与分析

本节选取上海证券交易所开业（1990 年 12 月 19 日）为起点，分别对沪深两市①、沪深四个板块②的价格同步性指标展开分析，样本区间的截止点为 2017 年 12 月 31 日。

（一）价格同步性指标的描述性分析

1. 沪深两市价格同步性水平

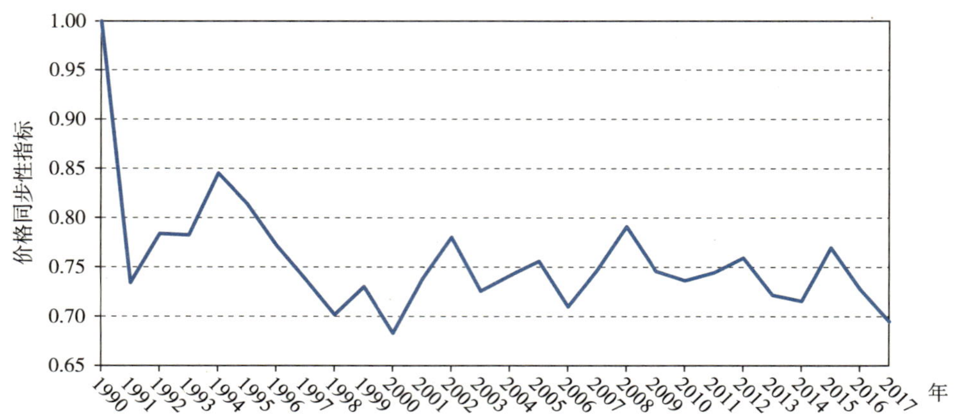

图 11－6　1990—2017 年沪深两市价格同步性水平（年度）

由图 11－6 可知，沪深两市价格同步性指标存在多个短期趋势，经历了多次不同程度的上升和下降，但从整体来看，1990 年至 2017 年沪深两市价格同步性指标呈现出缓慢下降的趋势。若以十年为一个阶段（除去 1990 年仅有的 9 个交易日），1991 年至 2000 年沪深两市价格同步性指标的均值为 0.7593；2001 年至 2010 年沪深两市价格同步性指标的均值为 0.7472，第二个十年比第一个十年下降了 0.0121；2011 年至 2017 年沪深两市价格同步性指标的均值为 0.7333，即第三个十年还没有结束，已经比第二个十年又下降了 0.0139；除此以外，2017 年沪深两市价格同步性指标的均值已降至 0.7 以下。因此，长期来看，自中国股票市场正式诞生以来，从“摸着石头过河”的试点到股票市场制度不断建立和完善，中国股票市场价格同步性水平在不断下降，由价格同步性指标衡量的股票市场同质性水平在降低，进而系统性风险在价格维度的传染力度也在逐渐减弱。

1990 年 12 月 19 日至 2017 年 12 月 31 日沪深两市价格同步性指标的描述

① 本节出现的“沪深两市”是指将沪市和深市的所有股票合并分析，即将沪市和深市整体当作一个市场，分析沪深两市价格同步性指标，进而分析中国股票市场系统性风险在价格维度的传染力度。

② 沪深四个板块分别是沪市主板、深市主板、中小板、创业板。

性统计量如表 11 -4 所示，该指标在各区间（以 0.1 为组距）的交易日频数分布情况如图 11 -7 所示。

表 11 -4　1990 年 12 月 19 日至 2017 年 12 月 31 日沪深两市价格同步性指标描述性统计量

交易日（个）	均值	中值	标准差	最小值	最大值
6613	0.7485	0.7439	0.1470	0.5000	1.0000

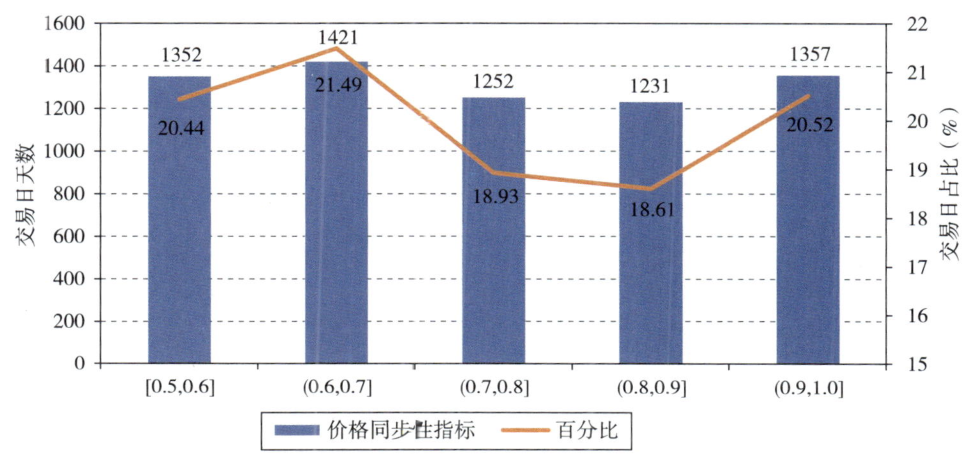

图 11 -7　1990 年 12 月 19 日至 2017 年 12 月 31 日沪深两市价格同步性指标各区间交易日频数分布及占比

由表 11 -4 可以看出，在 6613 个交易日中，沪深两市价格同步性指标均值达到 0.7485，中值为 0.7439，标准差为 0.1470（离散程度较小）。由图 11 -7 可以看出，价格同步性指标在各区间的分布较为均匀，其中分布在（0.6，0.7］区间的交易日最多，而分布在（0.8，0.9］区间的交易日最少，但两者相差仅 190 个交易日，分布在（0.8，1.0］高水平区间的交易日达到 39.1%。因此，总体上，沪深两市价格同步性水平虽然在缓慢下降，但仍处于较高水平，反映出沪深两市同质化现象仍然比较严重，加剧了系统性风险在价格维度的传染。

2. 沪深四个板块价格同步性水平

由图 11 -8 可知，沪市主板和深市主板价格同步性指标变化趋势基本一致，并呈现出下降的趋势。1991 年至 1999 年，深市价格同步性指标高于沪市价格同步性指标；1999 年之后，沪深两市价格同步性指标变化趋势基本重合。

由图 11 -8 还可以看出，中小板和创业板价格同步性指标也呈现出下降的趋势。自 2004 年 6 月 25 日 8 家公司在中小板挂牌上市以来，中小板价格同步性水平从高于深市主板向与深市主板重合的趋势变化。自 2009 年 10 月 30 日 28 家公司在创业板挂牌上市以来，创业板价格同步性指标在四个板块中一直处于最高水平，创业板同质化现象相对于主板和中小板来说较为严重，系统性风险传染力度相对较大。创业板价格同步性指标明显高于主板和中小板的原因可能是创业板对上市企业行业的偏好为“两高”“六新”① 企业，上市企业种类属性、经营模式、所属板块题材等，均具有很高的同质性，部分企业遭受冲击可通过传染渠道在创业板内迅速传染，导致创业板系统性风险传染力度较大。

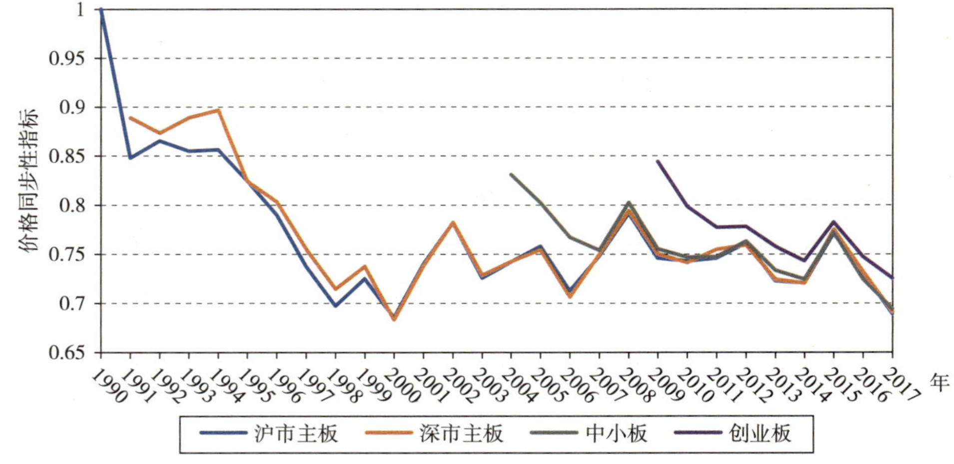

图 11－8　1990—2017 年沪深四个板块价格同步性指标变化趋势（年度）

沪市主板启动至 2017 年 12 月 31 日，沪市主板价格同步性指标的均值为 0. 7607；深市主板启动至 2017 年 12 月 31 日，深市主板价格同步性指标的均值为 0. 7671；中小板启动至 2017 年 12 月 31 日，中小板价格同步性指标的均值为 0. 7557；创业板启动至 2017 年 12 月 31 日，创业板价格同步性指标的均值为 0. 7653。

为了更清晰地比较同时间段内沪深两市四个板块价格同步性水平，本节选取了创业板开始有统计数据的时间（2009 年 10 月 30 日）至 2017 年 12 月 31 日，对中国股票市场四个板块价格同步性水平进行比较分析，如表 11－5 所示。

表 11－5　2009 年 10 月 30 日至 2017 年 12 月 31 日沪深四个板块价格同步性指标描述性统计量

	均值	中值	标准差	最小值	最大值
沪市主板	0. 7357	0. 7288	0. 1416	0. 5000	1. 0000
深市主板	0. 7374	0. 7343	0. 1441	0. 5012	1. 0000

① “两高”“六新”企业指高科技、高成长性和新经济、新服务、新农业、新能源、新材料、新商业模式的企业。

续表

	均值	中值	标准差	最小值	最大值
中小板	0.7386	0.7298	0.1415	0.5000	1.0000
创业板	0.7653	0.7746	0.1462	0.5000	1.0000

由表 11－5 的数据对比不难看出，四个板块中，由沪市主板、深市主板、中小板到创业板，价格同步性水平依次上升，同质化现象越加严重，系统性风险在价格维度的传染力度依次增大。

（二）价格同步性指标的影响因素分析

短期来看，沪深两市价格同步性指标的波动受到政策事件、国际经济环境的影响；长期来看，沪深两市价格同步性指标的整体下降趋势受到制度健全完善程度的影响。

1. 政策事件

沪深两市股票价格经常由于国家调控政策同向运动，受政策干预现象非常明显。本节引入了中国证券市场发展过程中较为重大的政策事件，以论证政策事件对股票市场价格同步性的影响。表 11－6 展示了 1991 年至 2017 年中国证券市场重大政策事件及其相应的沪深两市价格同步性情况。从表中可以看出，沪深两市价格同步性指标与政策性因素密切相关，每次重大政策出台当日或者出台后几日①，股票市场基本上表现出较高的价格同步性水平。受政策事件影响，股票市场同质化现象严重，加剧了系统性风险在价格维度的传染力度。由此形成了政策牵着股票市场走、股票市场围绕政策转的局面。中国股票市场带有一定的政策色彩，受到短期性政策的刺激或抑制作用影响较大，这也是中国股票市场同质性较高的原因之一。1991 年至 2017 年重大政策事件如表 11－6 所示。

表 11－6　1991—2017 年重大政策事件与价格同步性（*PSI*）情况

年份	日期	政策事件	*PSI*
1992	1 月 19 日	邓小平视察南方，考察了深圳股市情况并发表讲话	1.00
	5 月 21 日	取消涨跌幅限制	0.71
	5 月 21 日	实行 T+0 交易制度	0.71
	8 月 10 日	深圳“8·10 事件”②（8 月 10 日晚爆发）	1.00
1993	5 月 15 日	人民币存贷款利率上调	0.93
	7 月 11 日	人民币存贷款利率上调	0.90
	10 月 25 日	上海证券交易所向社会公众开放国债期货交易	0.95

① 对于休市期间出台的政策或发生的事件，对应的价格同步性指标顺延至下一个交易日。

② 1992 年 8 月 10 日深圳新股申购引发风波，预发认购表 500 万张，数千名没有买到抽签表的股民打出反腐败和要求公正的标语，并形成对深圳市政府和人民银行围攻的局面，酿成“8·10 事件”。

续表

年份	日期	政策事件	*PSI*
1994	1月14日	朱镕基总理金融工作谈话	0.98
	3月14日	“四不”救市政策①	0.97
	7月28日	《人民日报》发表《证监会与国务院有关部门共商稳定和发展股票市场的措施》	1.00
	7月30日	三大救市政策②	1.00
1995	1月3日	实行T+1交易制度	0.88
	2月23日	上海国债市场发生“327风波”③	0.86
	5月17日	中国证监会发出《关于暂停国债期货交易试点的紧急通知》，强制协议平仓，暂停国债期货交易试点	0.94
1996	4月24日	上海证券交易所调低包括交易年费在内的7项市场收费标准	1.00
	12月16日	《人民日报》发表特约评论员文章《正确认识当前股票市场》，称“最近一个时期的暴涨是不正常和非理性的”	1.00
	12月16日	实行10%涨跌幅限制	1.00
1997	5月12日	印花税从3‰上调至5‰	0.82
	5月22日	严禁三类企业④进入股市	0.99
	6月6日	人民银行发文，禁止银行资金违规流入股票市场	0.97
1998	6月12日	印花税从5‰下调至4‰	0.99
1999	5月16日	国务院批准了搞活市场六项政策⑤	0.58
	5月19日	网络科技股“5·19行情”⑥	1.00
	5月24日	证券公司增资扩股正式启动	0.91
	6月14日	证监会官员发表讲话，指出股市上升是恢复性的	0.95
	6月15日	《人民日报》发表特约评论员文章，重复股市是恢复性上涨	0.89
	9月9日	三类企业⑦获准进入股市	0.99
	10月25日	国务院批准保险公司购买证券投资基金间接进入证券市场	0.87

① “四不”救市政策：（1）55亿新股上半年不上市；（2）当年不征收股票转让所得税；（3）公股、个人股年内不并轨；（4）上市公司不得乱配股。

② 监管部门推出“停发新股、严控上市公司配股规模、采取措施扩大入市资金范围”三大政策。

③ 327品种是对1992年发行的3年期国债期货合约的代称，由于保值贴息的不确定性，决定了该产品在期货市场上具有一定的投机价值，而由此引发“327风波”。

④ 三类企业是指：国有企业、国有控股公司与国有企业控股的上市公司。

⑤ 六项政策指“改革股票发行体制、逐步解决证券公司合法融资渠道、允许部分具备条件的证券公司发行融资债券、扩大证券投资基金试点规模、搞活B股市场、允许部分B股H股公司进行回购股票的试点”。

⑥ 中国股市开启以网络科技股为龙头的“5·19行情”，当日沪市上涨51点，深市上涨129点。

⑦ 三类企业是指：国有企业、国有控股公司与国有企业控股的上市公司。

续表

年份	日期	政策事件	*PSI*
2001	6 月 12 日	国有股减持办法出台	0.72
	7 月 26 日	国有股减持在新股发行中正式实施	0.81
	10 月 23 日	国有股减持办法暂停	1.00
	11 月 6 日	印花税从 4‰下调至 2‰	0.95
2002	1 月 28 日	国有股减持阶段性成果公布	0.98
	6 月 23 日	停止执行国有股减持①	1.00
2004	10 月 29 日	人民币存贷款利率上调	0.85
	11 月 10 日	企业年金入市启动	0.99
2005	1 月 23 日	印花税从 2‰下调至 1‰	0.96
	3 月 17 日	住房贷款利率上调	0.77
	4 月 29 日	股权分置改革试点启动②	0.78
	5 月 9 日	三一重工等 4 家上市公司进入股权分置改革首批试点程序	0.91
	7 月 22 日	开始实行有管理的浮动汇率制度，形成人民币升值预期	0.95
	8 月 23 日	中国证监会、国资委、财政部、人民银行、商务部联合指导股权分置改革	0.77
	9 月 4 日	股权分置改革全面推开③	0.87
2007	5 月 30 日	印花税从 1‰上调至 3‰	0.95
2008	4 月 24 日	印花税从 3‰下调至 1‰	1.00
	9 月 18 日	国资委宣布支持中央企业增持或回购上市公司股份	0.85
	9 月 19 日	印花税单边征收 1‰	1.00
2010	1 月 12 日	从 1 月 18 日起上调存款类金融机构人民币存款准备金率	0.89
	3 月 31 日	融资融券业务正式实施	0.89
	5 月 13 日	国务院鼓励民间投资健康发展	0.92
	10 月 19 日	人民币存贷款利率上调	0.92
2012	8 月 30 日	转融资试点启动	0.80
2013	2 月 28 日	转融券试点启动	0.93
	7 月 19 日	从 7 月 20 日起全面放开金融机构贷款利率管制	0.86
	8 月 16 日	“光大证券乌龙指”事件④	0.87
2014	11 月 17 日	“沪港通”正式启动	0.78

① 除企业海外发行上市外，对国内上市公司停止执行关于利用证券市场减持国有股的规定，并不再出台具体实施办法。

② 中国证监会发布《关于上市公司股权分置改革试点有关问题的通知》，宣布启动股权分置改革试点。

③ 《上市公司股权分置改革管理办法》出台，标志着股权分置改革全面推开。

④ 光大证券异常交易指令导致沪深股市早盘瞬间放量暴涨，此后在跟风盘推动下大幅上扬，午后沪深股指快速回落，尾盘双双收跌。

续表

年份	日期	政策事件	*PSI*
2015	3 月 9 日至 6 月 12 日	监管层鼓励资金入市，允许场内融资的同时，对场外配资监管采取宽松态度，目的在于借助场外杠杆配资快速活跃股票市场	0.73
	6 月 27 日至 8 月 25 日	政府推出入市、续贷、鼓励回购、暂停 IPO、限制做空等稳定市场的措施；监管部门加大严厉打击操纵市场和内幕交易等的违规违法行为和清理场外配资行为，救市拉开	0.85
2016	1 月 4 日至 7 日	股市熔断机制实施	0.91
	12 月 5 日	“深港通”正式启动	0.61

资料来源：课题组根据中华人民共和国中央人民政府网（http：//www.gov.cn/）、上海证券交易所官网（http：//www.sse.com.cn/）、深圳证券交易所官网（http：//www.szse.cn/）、《中国证券报》《证券市场导报》等资料整理得到。

从表 11－6 可知，在列示的 60 个重大政策事件中，导致价格同步性指标超过 0.7 的政策事件占了 97%，导致价格同步性指标达到 1.0 的政策事件占了 20%。这充分说明中国股票市场对政策的依赖性或者受政府调控影响较大，导致股票价格同质化现象凸显，加剧了系统性风险在价格维度的传染力度。中国股票市场的诞生和发展都表现出计划性与市场性并存的特点，呈现出一种“政府鼓励→股市狂涨→政府管制→股市下跌→政府救市”的循环趋势，导致大量临时性、易变性的政策措施取代了市场监管。股票市场很难形成稳定的政策预期，具有很大的不确定性，而每一项临时性政策或突发事件都会带来股票价格剧烈波动。此外，投资者发现“政策市”规律时，也会将投资焦点过度集中在政策出台上，反而忽视了投资标的本身的价值。投资者的交易频率随政策的出台与导向发生着变化，投资者大多处于一种追随政策、缺乏自主投资意识的状态之中。因此中国股票市场大部分投资者投资决策会受到市场共同因素较大的影响，而很少去考虑上市公司经营业绩等基本面状况，这会导致股票价格在市场共同因素的驱动下同向运动，对中国股票市场价格同步性指标下降产生阻碍作用，同时也会削弱市场机制的作用，降低股票市场的质量水平。

2. 国际经济环境

由图 11－6 可知，2008 年国际金融危机和 2012 年欧洲主权债务危机蔓延升级对沪深两市价格同步性指标产生了一定影响。

2007 年美国爆发次贷危机，由美国次贷危机逐渐恶化为 2008 年国际金融危机，全球股市发生震荡，沪深两市同样受到了此次金融危机的波及。2008 年 1 月 21 日，全球股市在美国次贷危机的背景下经历了“黑色星期一”，其间沪深两市紧随全球股市，在 21 日和 22 日两天内暴跌 13%。2008 年 3 月 31 日和 4 月 1 日，上证综指两天内跌幅达到 7%，类似于上述的暴跌在 2008 年比较频繁。2008 年国际金融危机成为引发全球股市震荡的最大的不稳定因素，它可以通过国际风险传染渠道影响中国股票市场。2008 年沪深两市价格同步性指标均值达到0.791，受国际经济环境冲击的影响，股票市场同质化现象严重，系统性风险传染力度较大。

欧洲主权债务危机从爆发（2009 年底）到蔓延升级（2012 年初），历时三年左右。相对于美国次贷危机，欧洲主权债务危机对中国股票市场产生的冲击较小，影响方式仍然是通过国际风险传染渠道。2010 年至 2012 年，沪深两市价格同步性指标有较小幅度的上升，在 2012 年达到阶段性高点 0.759。

总之，国际经济环境发生重大变化会对股票市场价格同步性产生一定影响，这一影响往往是负面的。国际经济环境变化是难以预估和控制的不稳定因素，因此我国应该重视监测国际风险点，不忽略任何一个风险隐患，同时还应不断提高抵御国际风险冲击的能力。

3. 制度健全完善程度

现有文献中提到投资者产权保护以及信息透明度与价格同步性存在密切关系。这里引入中国证券市场发展过程中重要的法律法规或监管措施，以论证制度健全完善程度对价格同步性的影响，如表 11－7 所示。

表 11－7　1991—2017 年重要法律法规或监管措施与价格同步性（*PSI*）情况

年份	日期	法律法规或监管措施	*PSI*
1993	4 月 22 日	《股票发行与交易管理暂行条例》	0.67
	7 月 7 日	《证券交易所管理暂行办法》	0.52
	12 月 29 日	《中华人民共和国公司法》	0.59
1997	3 月 14 日	新修订的《中华人民共和国刑法》①	0.58
	11 月 14 日	《证券投资基金管理暂行办法》	0.54
	12 月 10 日	《证券交易所管理办法》②	0.58
1998	12 月 29 日	《中华人民共和国证券法》	0.92
2000	10 月 8 日	《开放式基金试点办法》③	0.62
2001	8 月 31 日	《国务院办公厅关于严厉打击以证券期货投资为名进行违法犯罪活动的通知》	0.53
	12 月 4 日	退市制度正式推出	0.64

① 从此内幕交易、编造传播虚假信息、操纵证券交易价格等犯罪行为将依法受到严惩，证券犯罪第一次被写进了《刑法》。

② 这是中国证券市场自律监管迈向实质性的重要一步，它对由于证券交易所职责履行不到位所导致的市场信息披露混乱、上市公司报表公布极不规范等不良现象起到了有效的遏制作用，从而有助于提高市场的信息含量和信息透明度，加大对投资者的保护力度，并且有助于投资者捕捉到更多的公司特质信息。

③ 该办法是中国证券投资基金业乃至证券业发展史上的一个里程碑，标志着中国证券基金业作为机构投资者进入一个崭新的阶段。袁良胜（2006）研究发现，机构投资者的发展，特别是开放式基金的推出，在一定程度上抑制了股票市场的波动性，有助于改变股票市场“追涨杀跌”的不理性行为，稳定了股票市场。

续表

年份	日期	法律法规或监管措施	PSI
2003	10 月 9 日	《证券发行上市保荐制度暂行办法》	0.62
	10 月 28 日	《中华人民共和国证券投资基金法》	0.67
2004	1 月 6 日	《关于进一步提高上市公司财务信息披露质量的通知》	0.58
	1 月 31 日	《国务院关于推进资本市场改革开放和稳定发展的若干意见》	0.93
	3 月 30 日	《证券投资基金信息披露管理办法》	0.60
2005	10 月 27 日	新修订的《中华人民共和国证券法》	0.61
	10 月 27 日	新修订的《中华人民共和国公司法》	0.61
2006	12 月 13 日	《上市公司信息披露管理办法》	0.52
	12 月 21 日	《国务院办公厅关于严厉打击非法发行股票和非法经营证券业务有关问题的通知》	0.68
2008	4 月 20 日	《上市公司解除限售存量股份转让指导意见》①	0.52
	8 月 14 日	《证券发行上市保荐业务管理办法》	0.60
	12 月 26 日	XBRL 测试顺利完成，上海证券交易所和深圳证券交易所正式要求上市公司从 2009 年开始同步披露 PDF（便携式文档）和 XBRL（可扩展商业报告语言）格式的财务报告②	0.59
2010	4 月 26 日	《企业内部控制配套指引》	0.56
2011	11 月 24 日	《国务院关于清理整顿各类交易场所切实防范金融风险的决定》	0.60
2012	12 月 16 日	上海证券交易所正式发布四项退市配套业务规则③；深圳证券交易所正式发布实施两项退市制度相关规则④	0.68
	12 月 28 日	新修订的《中华人民共和国证券投资基金法》	0.83
2013	12 月 27 日	《国务院办公厅关于进一步加强资本市场中小投资者合法权益保护工作的意见》⑤	0.60
2014	1 月 12 日	《关于加强新股发行监管的措施》	0.51
	5 月 9 日	《国务院关于进一步促进资本市场健康发展的若干意见》	0.69

① 中国证监会规定大小非减持超过总股本 1% 的，须通过大宗交易系统转让，大小非减持情况在中国证券登记结算有限公司网站定期披露。

② 推行 XBRL 财务报告的目的是提升财务报告数据的一致性和可比性，帮助投资者和监管部门能够方便利用计算工具对财务报告进行充分挖掘。理论上讲，XBRL 财务报告的实施可以降低投资者的信息处理成本，提高信息效率，使股价能够更充分地反映公司特质信息，从而降低股票价格同步性水平。史永和张龙平（2014）利用 2007 年至 2012 年 A 股上市公司数据对上海证券交易所和深圳证券交易所实施 XBRL 的效果进行检验，实证结果表明，XBRL 财务报告的实施能够有效降低股票价格同步性水平，这也支持了基于特质信息的解释。

③ 《上海证券交易所风险警示板股票交易暂行办法》《上海证券交易所退市整理期业务实施细则》《上海证券交易所退市公司股份转让系统股份转让暂行办法》和《上海证券交易所退市公司重新上市实施办法》。

④ 《深圳证券交易所退市公司重新上市实施办法》和《深圳证券交易所退市整理期业务特别规定》。

⑤ 该文件加快实现中小投资者保护工作常态化、规范化和制度化，同时对上市公司信息披露提出了更高的要求，对中小投资者的保护取得了实质性的进步，有利于消除股票市场同质化现象。

续表

年份	日期	法律法规或监管措施	*PSI*
2015	1月5日	上海证券交易所调整上市公司信息披露监管模式，实施分行业监管	0.69
2017	5月26日	《上市公司股东、董监高减持股份的若干规定》	0.51
	12月7日	《关于首次公开发行股票预先披露等问题》	0.60

资料来源：课题组根据中华人民共和国中央人民政府网（http：//www.gov.cn/）、上海证券交易所官网（http：//www.sse.com.cn/）、深圳证券交易所官网（http：//www.szse.cn/）、《中国证券报》《证券市场导报》等资料整理得到。

从表11－7可知，在32个有助于证券市场制度健全完善的法律法规或监管措施中，促进价格同步性指标低于0.7的比例占了91%。这充分说明制度的健全完善对股票市场价格同步性指标下降具有促进作用，证券市场发育得越成熟，股票价格就表现出越高的异质性，系统性风险在价格维度的传染力度也将随之减弱。

中国股票市场作为新兴股票市场，从无到有，逐步规范，在不到30年的时间里经历了一条迅速发展的道路。相应地，制度建设经历了一个从无到有、从薄弱到逐渐加强的历史实践过程。中国股票市场价格同步性指标整体的下降趋势与制度健全完善程度存在密切关系。这里的制度健全完善着重强调投资者法律保护机制的加强和公司信息透明度的提高，二者均对股票价格同步性水平的下降产生了深远影响。投资者法律保护机制的加强通过降低投资者的信息收集成本，来提高股票价格中的公司特质信息含量；公司信息透明度的提高通过抑制公司内部人的掏空行为来提高股票价格对公司特质信息的吸收。总之，伴随着中国证券市场制度建设的逐步推进以及不断完善的历史进程，股票价格同步性水平趋于下降，股票价格所反映出的公司特质信息越加丰富，股票市场表现出应有的异质性，系统性风险传染力度也随之减弱，系统性风险爆发的可能性得到控制。

（三）投资者同质性分析

投资者是股票市场的行为主体，其行为选择和交易活动会对股票价格产生最为直接的影响。股票市场同质化与投资者同质性较高存在较大的关系。股票市场中一般有三类投资者，包括自然人、专业机构、一般法人。其中一般法人是公司大股东等，他们很少参与二级市场交易，即使参与也是出于战略投资考虑。股票市场定价是交易定价，持有股票但不交易并不会直接影响股价，因此需要关注自然人和机构投资者交易占比情况。接下来将从持股市值和交易占比两个角度较为全面地分析中国股票市场投资者同质性。图11－9和图11－10分别展示了2007年至2016年沪市投资者持股市值占比和交易占比情况，以此

为代表说明中国投资者同质性情况。

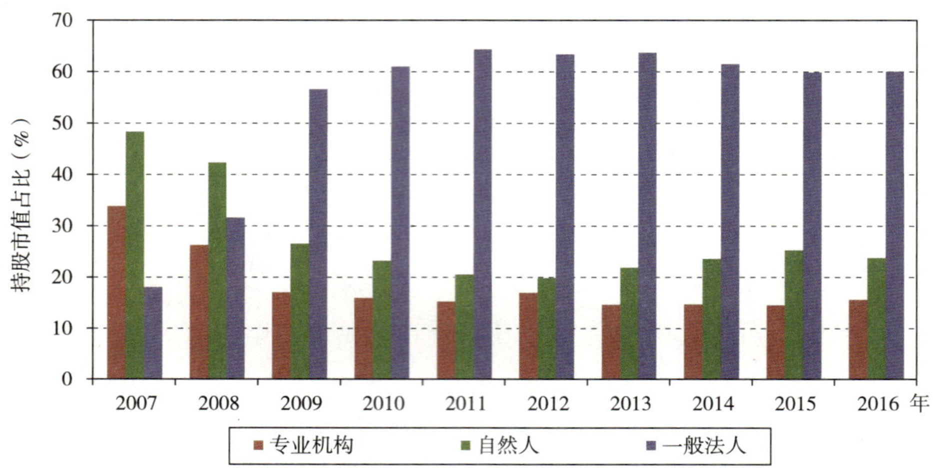

数据来源：《上海证券交易所统计年鉴》。

图 11－9　2007—2016 年沪市各类投资者持股市值占比情况

由图 11－9 可知，2007 年至 2009 年，一般法人持股市值占比上升较快，2009 年之后基本维持在 60% 以上。自 2007 年以来，专业机构和自然人持股市值占比均呈现出下降趋势，其中自然人持股市值占比在 2015 年有所回升。自然人持股市值始终大于专业机构持股市值，即除去一般法人，中国股票市场主要以自然人持股为主。大量自然人投资者使股票市场投机氛围浓厚，羊群效应显著，加剧了股票市场同质化现象，系统性风险传染力度较大。

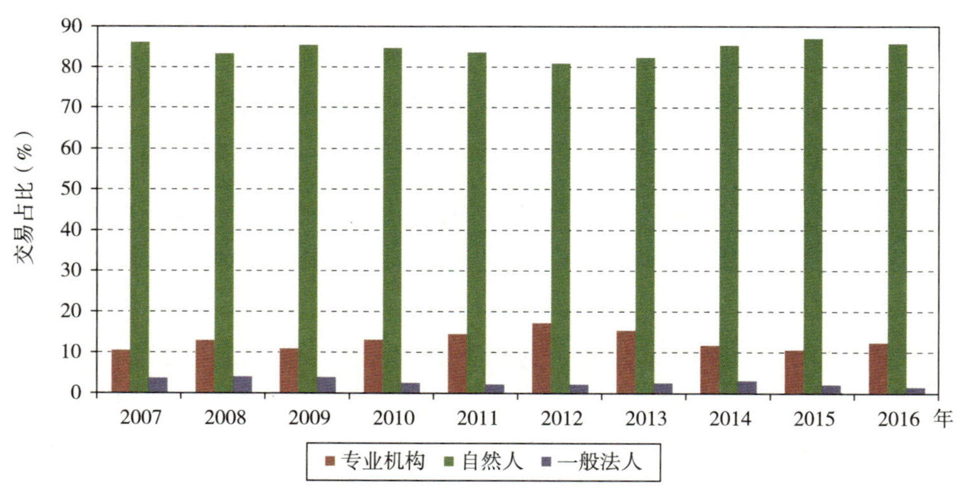

数据来源：《上海证券交易所统计年鉴》。

图 11－10　2007—2016 年沪市各类投资者交易占比情况

持股市值是从静态的角度分析投资者同质性，交易占比可以从动态的角度来分析投资者同质性。由图 11－10 可以看出，一般法人虽然持股市值占比达 60%以上，但一般法人的交易占比极低，最大值仅 4%左右，是股票市场中最不活跃的一类投资者。自然人与专业机构交易占比差距显著，自然人交易占比基本在 80%～90%区间小幅波动，而专业机构交易占比在 10%～20%区间小幅波动，可见，自然人投资者交易非常频繁。现阶段，自然人的交易活动仍然占据了中国股票市场的主导地位，自然人投资者的羊群效应会助长股票价格同向运动，反映了我国股票市场高度同质化，系统性风险传染力度较大。

行为金融学理论认为投资者是不同质的，他们分别基于不同的信息集进行交易活动，可区分为信息交易者和噪音交易者①。当噪音交易者充斥股票市场时，个人投资偏离理性轨道，羊群效应十分明显，投资者同质性水平升高。游家兴和汪立琴（2012）选取机构投资者作为信息交易者的代理变量，实证研究发现，机构投资者的参与提高了整个市场投资者的理性程度，有助于市场信息传递机制的完善，推动了股票价格对公司特质信息的吸收，从而有力地抑制了股票价格同向运动。由本节具体数据分析可知，无论是从持股市值占比还是从交易占比来看，自然人投资者仍占据中国股票市场主导地位，而自然人投资者中非理性投资者居多，投资者同质性显著，导致股票市场容易出现追涨杀跌的情形，推动股票价格同向运动。所以中国股票市场价格同步性水平虽然在缓慢下降，但是目前仍处于较高水平。

综上所述，中国股票市场自诞生以来价格同步性水平在缓慢降低，中国股票市场价格同步性水平受到政策事件、国际经济环境、制度健全完善程度和投资者同质性的影响。监管部门应当避免对股票市场进行过多的政策干预，提高抵御国际风险的能力，完善证券市场制度建设，正确引导和培养投资者行为和价值投资观念，以达到降低股票市场价格同步性水平的目的，进而降低系统性风险在价格维度的传染力度。

二、流动性同步性指标的结果与分析

流动性同步性指标通过测度股票市场中影响流动性的共同决定因素来衡量系统性风险在流动性维度的传染力度。当流动性同步性高时，股票市场中个股流动性的变动对市场流动性的变化很敏感，说明股票市场的同质性较高，个股流动性倾向于同向变化，加剧了风险在流动性维度的传染力度。由于构建流动性同步性指标所使用的流动性度量方法不同，流动性同步性可以细分成两个不同的具体指标。本节计算了基于相对有效价差和报价深度的流动性同步性

① 信息交易者和噪音交易者又可以称为理性投资者和非理性投资者。

指标。

（一）沪市和深市流动性同步性指标序列分析

本部分以沪市和深市的所有交易股票为考察对象，其中沪市的样本区间为1996年4月1日至2017年12月31日，深市的样本区间为2006年1月1日至2017年12月31日。

1. 沪市和深市流动性同步性指标整体分析

表11－8 2006—2017年沪市和深市流动性同步性指标描述性统计量

流动性同步性	均值	中值	标准差	最小值	最大值
SH－ESRatio	0.542	0.536	0.182	0.080	0.976
SH－QDRatio	0.487	0.484	0.155	0.014	0.925
SZ－ESRatio	0.535	0.545	0.183	0.121	0.919
SZ－QDRatio	0.470	0.440	0.146	0.166	0.926

为了便于对比，表11－8的数据统一从2006年1月进行描述性统计分析。其中，SH－ESRatio指沪市基于相对有效价差的流动性同步性指标，SH－QDRatio指沪市基于报价深度的流动性同步性指标；SZ－ESRatio指深市基于相对有效价差的流动性同步性指标，SZ－QDRatio指深市基于报价深度的流动性同步性指标。由表11－8可知，沪市的流动性同步性平均水平高于深市，从流动性维度来说，沪市的系统性风险传染力度比深市高。这与深市的上市公司特征有关，深市根据上市门槛、资产要求、股本要求、盈利要求等将上市公司划分为主板、中小板、创业板三个板块，各个板块的上市公司有不同的特征和要求，具有较强的异质性。比如在创业板上市的股票要求发行人具有较高的成长性，在科技创新、制度创新、管理创新等方面具有较强的竞争优势。而沪市只有主板，对上市公司的要求标准比较单一，公司之间的同质性比较高，从这方面来说，深市的上市公司异质性比沪市更高，这可能是导致深市的流动性同步性水平较低的原因。

2. 沪市和深市流动性同步性指标变动趋势分析

图11－11中沪市的流动性同步性指标时间范围是1996年4月1日至2017年12月31日，深市的流动性同步性指标时间范围是2006年1月1日至2017年12月31日。由图11－11可知，在历次股票市场危机前后，流动性同步性指标会有一个阶段性的高点出现。一般来说，在股票市场的危机阶段，系统性风险的传染力度会比较大，从而增加系统性风险爆发后的损失程度。股票市场危机期间，投资者面临的不确定性远远高于其他期间，个股流动性变化对市场流动性变化非常敏感，系统性风险在流动性维度的传染力度增大。市场流动性

的提高或者降低往往会引起大多数个股流动性提高或者降低，形成对市场流动性变动的一致预期，市场流动性的持续下降导致个股流动性衰竭。在涨跌幅限制下，过高的市场同质性水平会导致沪深两市在下跌时，股票跌停而丧失流动性。比如2015年中国股市危机中，沪深两市近三分之一的股票跌停丧失流动性。在熊市或者市场指数震荡期间投资者对市场行情的预期分歧较大，而且个股之间的收益率差异很大，此时股票市场同质性水平降低，流动性同步性指标震荡下降，从而在流动性维度降低了系统性风险的传染力度。1997年亚洲金融危机以及2008年国际金融危机中国股市暴跌之后上证综指进行了相当长一段时间的震荡整理。1999年第三季度至2002年第三季度以及2008年第二季度至2014年第三季度，在上述两个股票市场整体震荡阶段，股票之间的流动性分化比较明显，股票市场的流动性同步性水平呈现出下降趋势。随着股票市场牛熊周期转换，流动性同步性水平也呈现出周期性变化。

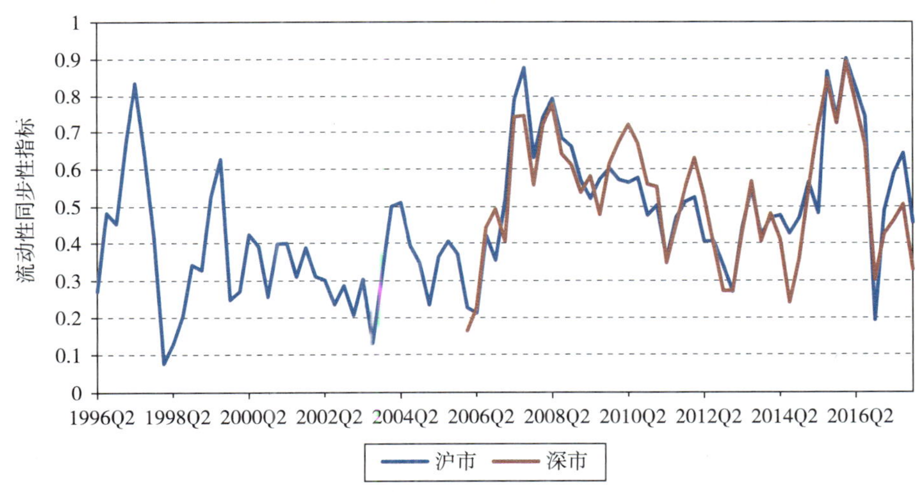

图11-11　1996—2017年沪市和深市基于相对有效价差的流动性同步性指标变动趋势（季度）

整体来看，在股票市场短时间内快速上涨或者下跌阶段流动性同步性比较高，反映出此时系统性风险的传染力度较大，市场的稳定性较差，这也是股票市场短时间内快速上涨或者下跌的原因之一。1998年6月12日，监管部门宣布降低证券交易印花税，从单边交易千分之五降低到千分之四，降低了投资者的交易成本，同年3月25日、7月1日、12月7日人民银行连续三次降息，增加了股票市场的资金流动性。资金流动性增加使投资者对所有股票的需求增加，股票市场同质性水平上升，这时个股之间的流动性趋向于同步变化，整个市场的同步性水平比较高。流动性同步性水平也相应地从1998年第一季度的0.128上升至1999年第一季度的0.329。2010年第一季度至2014年第三季度沪深两市的流动性同步性水平震荡下降，这主要是由于趋紧的货币政策。2010

年人民银行6次上调存款准备金率，2011年1月至2011年7月，人民银行共加息3次（2010年以来共5次），上调存款准备金率6次（2010年以来共12次）。一年期存款利率提高到3.5%，大型金融机构存款准备金率达到21.5%的历史高点。一系列收紧的货币政策使投资者融资成本上升，股票市场的资金流动性收紧，上证综合指数从2010年初的3244点下跌到2012年底的2269点。由于资金流动性趋紧，投资者在选择投资标的时更加慎重，个股之间的流动性产生分化，股票市场同质性水平降低。与此相对应的流动性同步性指标从2010年第一季度的0.672下降到2014年第三季度的0.242。从流动性维度衡量的股票市场同质性水平下降，股票市场系统性风险传染力度降低。

以2005年6月6日为分界线，上证综指先熊后牛，2005年6月8日，沪指上涨8%，股票市场创下了自2002年以来的最大单日涨幅和最大单日成交记录。流动性同步性指标从2005年第一季度的0.235上升到同年第三季度的0.405。2003年至2007年中国GDP每年以超过10%的速度增长，实体经济蓬勃发展，上市公司业绩不断增长，在股权分置改革平稳推进以及经济快速增长等因素的作用下，投资者对股票市场持续上涨信心十足，投资者对股票市场走势的一致预期使股票市场的同质性水平较高，流动性同步性随着大盘指数一路走高并于2007年第三季度达到高点0.878，此时股票市场的同质性水平达到了较高水平，同时系统性风险的传染力度较大。

2014年第三季度至2015年第三季度，沪深两市的同质性水平大幅上升。这段时间的流动性同步性指标波动主要是因为融资融券业务的快速发展放大了股票市场内杠杆率，股票价格下跌时，导致市场的"流动性螺旋"（Liquidity Spiral）[①] 现象，在股票市场受到价格下降的冲击以后，股票价格和流动性交替下降，互相加强，加大了系统性风险的传染力度，破坏了股票市场的稳定性。2010年1月11日，国务院原则上通过了股指期货和试点融资融券，融资融券交易作为投资者信用交易的一个渠道，增加了股票市场的杠杆水平。融资余额是指投资者每日融资买进与归还借款间差额的累积，融资余额越高代表投资者对市场前景越乐观。如图11－12和图11－13所示，2015年3月至2015年6月融资余额快速上涨，连同场外配资共同提高了整个股票市场的杠杆水平，在此期间上证综指也从3月初的3363点上升到6月12日的5166点，三个多月上涨54.9%，投资者做多氛围浓厚。随着杠杆率的上升，流动性同步性指标也从

① 流动性螺旋最早由普林斯顿大学Brunnermeier和Pedersen于2009年提出。投资者一旦面临流动性问题，如果不能得到资金补给，投资者将持续减仓，加重损失，最终造成投资者缺资金、市场缺流动性的流动性螺旋陷阱中。在这个螺旋中，高杠杆既是触发器，更是放大器。资产下跌引发杠杆坍塌，迫使资产快速贱卖，引发更大规模的价格下跌。

5 月 4 日的低点 0. 364 上升到 6 月 15 日的 0. 576。2015 年 6 月 15 日，以中国证监会清理场外配资为起点，A 股市场大幅震荡，经历几轮下跌，多次千股跌停丧失流动性，大盘指数屡次刷新历史单日（周）最大跌幅。市场的大幅下跌使保证金交易者的抵押证券价值缩水，同时抵押证券的抵押折扣上升，使投资者可用于投资的资金总量下降，投资者在自身资金条件的约束下不得不减少自己当前的股票头寸，资金条件的改变影响到杠杆投资者对资产流动性的提供，流动性同步性进一步升高说明个股流动性变化对市场流动性变化十分敏感，单个股票的流动性与整个市场的流动性共同下降。2015 年 7 月 8 日，超过一半的上市公司停牌，市场流动性趋于枯竭。图 11 - 12 和图 11 - 13 分别展示了沪市和深市 2014 年 11 月至 2015 年 12 月流动性同步性与融资余额的变化。

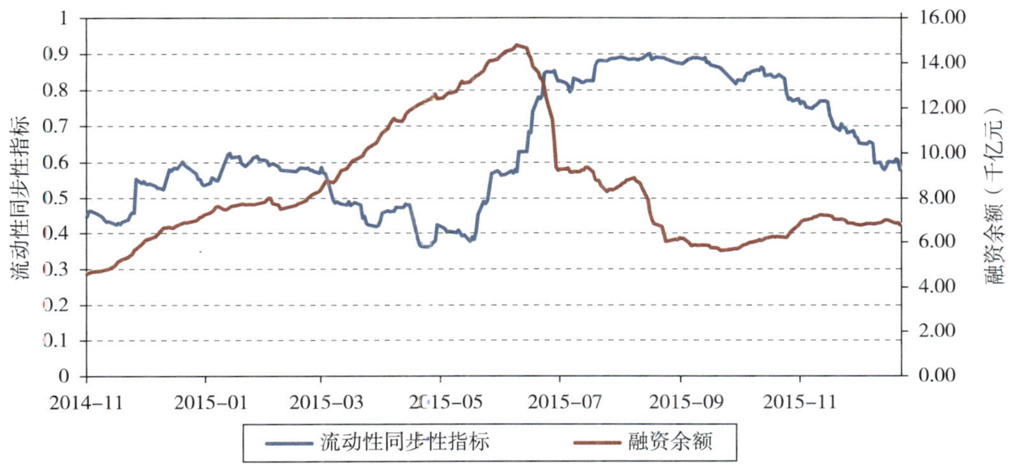

图 11 - 12　2014 年 11 月至 2015 年 12 月沪市流动性同步性与融资余额（日度）

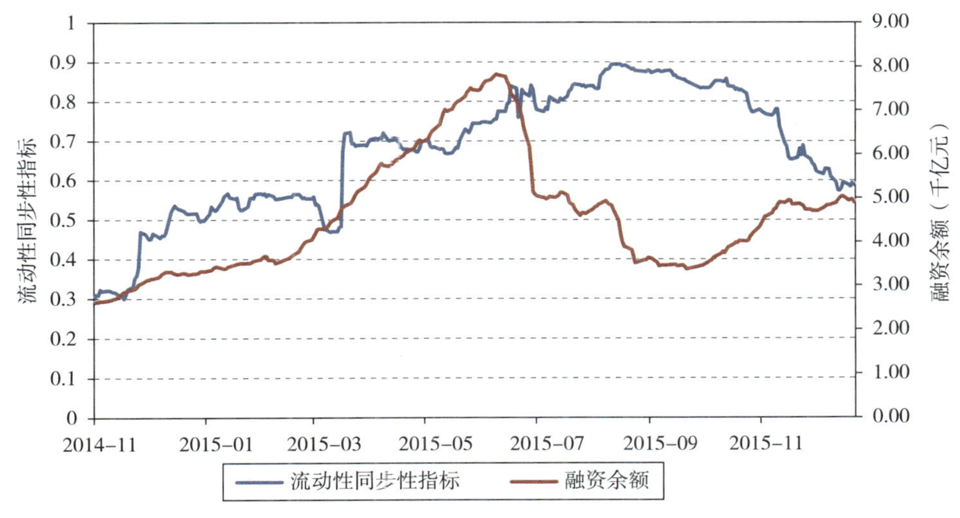

图 11 - 13　2014 年 11 月至 2015 年 12 月深市流动性同步性与融资余额（日度）

从图 11－12 和图 11－13 可以看出，沪市和深市流动性同步性水平随着融资余额（杠杆水平）的增加而上升。融资余额上升说明场内保证金交易规模增加，高杠杆率造成了股市系统不稳定，股票市场同质性水平比较高，系统性风险传染力度较大。

为了稳定股票市场，2016 年 1 月 1 日起，A 股市场正式实施熔断机制。熔断机制以沪深 300 指数为基准，设置 5%、7% 两档熔断阈值，上海证券交易所、深圳证券交易所、中国金融期货交易所三大交易所触发 5% 熔断阈值时暂停交易 15 分钟，尾盘阶段（自 14：45 始）触发 5% 或全天任何时候触发 7% 时暂停交易至收市。熔断机制设计的初衷是当遇到股市短时间内大幅下跌时，中断交易给投资者从恐慌情绪中恢复理性的时间，从而可以重新做出理性的交易判断。在美国和日本，熔断机制在稳定市场、控制风险中确实起到了一定的作用。但是，中国的股票市场机制与这些国家存在较大差异，并且熔断机制缺少相应的配套政策支持。在多重利空形势下推出熔断机制，加剧了市场的恐慌情绪，引发股市“踩踏事件”和“磁吸效应”[①]（Hao，2016）。1 月 4 日，A 股开盘第一天就触发熔断，先后触及了 5% 和 7% 的阈值，导致三大交易所当天仅交易 140 分钟后休市。1 月 7 日，市场开盘后 15 分钟，再次触发熔断休市。两天四次熔断，沪深两市超过一千只股票跌停，沪市和深市基于相对有效价差的流动性同步性指标分别由 2015 年第四季度的 0.738 和 0.726 上升到 2016 年第一季度的 0.902 和 0.894。说明熔断机制不但没有起到预期的“稳定市场，控制风险”的作用，反而产生了巨大的负面影响，提高了股票市场系统性风险的传染力度，降低了股票市场质量水平。1 月 7 日晚，三大交易所紧急发布通知，为维护市场稳定运行，经中国证监会同意，自 1 月 8 日起暂停实施指数熔断机制。

3. 流动性同步性指标的影响因素分析

综合以上对沪市和深市流动性同步性结果分析，可以将影响流动性同步性的因素分为以下三类。

第一，投资者行为。中国股票市场流动性同步性较高的重要源头是个人投资者的“羊群效应”显著。中国股票市场与以美国为代表的成熟股票市场相比具有明显的差别。中国股票市场的主要特点是整体换手率偏高，无论是从持股占比还是从交易占比来看，个人投资者都占据了股票市场主导地位。个人投资者更加偏爱市值小、价格波动大的股票，投机性特征显著，导致股票市场波动较大。短期价格波动引起的个人投资者风险规避程度以及对未来价格的预期

① 指实行涨跌幅限制和熔断等机制后，证券价格将要触发强制措施时，同方向的投资者害怕流动性丧失而抢先交易，反方向的投资者为等待更好的价格而延后交易，造成证券价格加速达到该价格水平的现象。市场表现为涨跌停和熔断的价位附近存在磁吸力，所以称为磁吸效应。

等因素都会影响市场流动性。总之，市场流动性与投资者的行为密切相关。如果投资者具有不同的投资组合需求和风险偏好，投资者对个股流动性的需求和供给就会产生分化，有利于降低流动性同步性，进而降低股票市场系统性风险传染力度，从而有效地提高股票市场质量水平。

第二，股票市场杠杆水平。由前文分析可知两融业务的推行，放大了股票市场内杠杆率。股票价格上升时，融资余额增加，对所有股票的需求增加，流动性同步性水平升高。股票价格下跌时，导致市场出现“流动性螺旋”现象。在股票市场受到价格下跌冲击后，股票价格和流动性交替下降，互相加强，流动性同步性升高，加大了系统性风险的传染力度。

第三，宏观经济环境。在经济高速稳定发展阶段，上市公司业绩普遍向好，投资者对上市公司发展前景比较乐观，股票市场流动性同步性水平较高。在货币政策扩张阶段，融资成本下降，投资者对股票的需求比较旺盛，个股流动性随着市场流动性同步变化，流动性同步性水平上升；在货币政策紧缩阶段，融资成本上升，投资考选择投资标的时更加谨慎，对个股流动性的需求产生分化，流动性同步性水平降低。总之，资金流动性充裕会提高股票市场流动性同步性水平。

（二）沪市和深市基于报价深度的流动性同步性分析

基于报价深度的流动性同步性指标与基于相对有效价差的流动性同步性指标一样，在市场短时间内下跌或者上涨幅度较大时流动性同步性水平会比较高，此时市场同质性水平比较高，从流动性的维度来说，股票市场系统性风险传染力度大。由于度量流动性的方法不同，在个别时间段两个指标有相背离的情况，这体现了用相对有效价差和报价深度测度流动性同步性之间的差异。

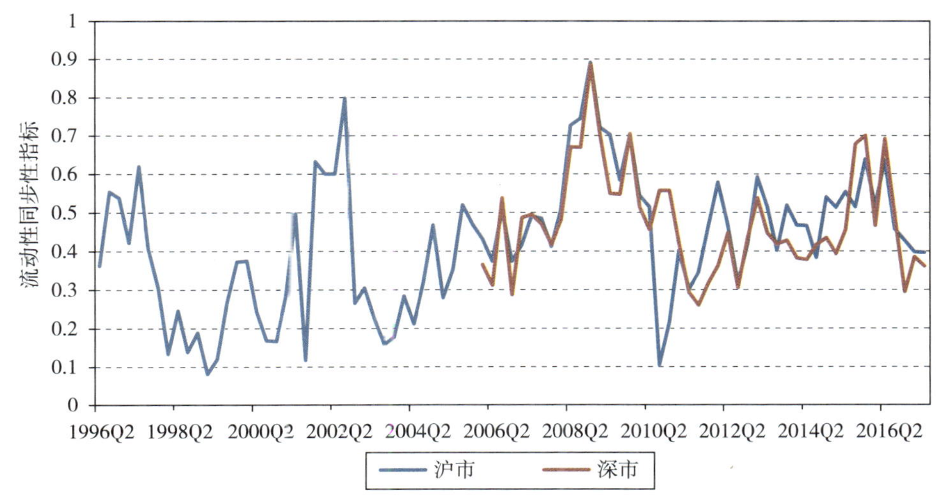

图 11－14　1996—2017 年沪市和深市基于报价深度的流动性同步性指标序列（季度）

（三）沪市流动性同步性指标和价格同步性指标比较

由图 11－15 可以看出，流动性同步性指标与价格同步性指标的变动趋势基本同步，说明从价格维度和流动性维度衡量的股票市场同质性水平大体一致。1998 年至 2000 年和 2012 年至 2013 年两个时间段内两个指标的数值变化有些差异，其余时间段包括几次股市危机期间两个指标的高点基本同步变化，这与整个股票市场系统性风险的积累与释放过程相符合。

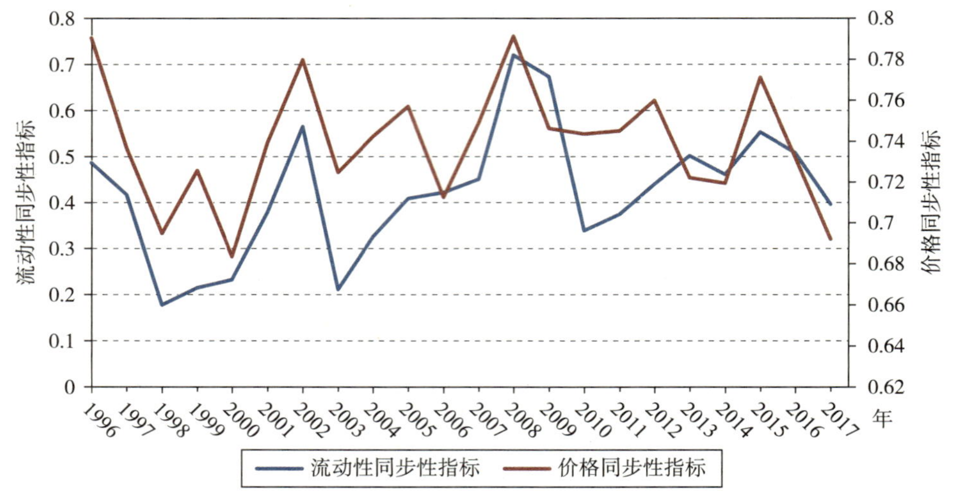

图 11－15　1996—2017 年沪市基于报价深度的流动性同步性和价格同步性指标（年度）

（四）深市各板块流动性同步性分析

为了更深入地研究上市公司的同质性对流动性同步性水平的影响，本节重点考察分析了深市主板、中小板与创业板三个上市板块基于相对有效价差的流动性同步性指标。一般而言，深市主板上市公司的规模最大，其次是中小板，创业板上市公司规模最小，同时深市对各个板块上市公司的上市要求和标准也不同。本节根据市场板块的不同，计算了各个板块基于相对有效价差的流动性同步性指标。基于数据的可得性，时间区间为 2006 年 1 月 1 日至 2017 年 12 月 31 日，由于创业板于 2009 年 10 月 30 日正式上市①，所以创业板数据的时间区间设定为 2009 年 10 月 30 日至 2017 年 12 月 31 日。

根据表 11－9 的描述性统计量可以发现，基于相对有效价差的流动性同步性指标显示，主板的流动性同步性水平依次低于中小板、创业板，这表明主板股票市场上市公司异质性水平高于中小板，中小板股票市场上市公司异质性水

① 2009 年 3 月 31 日，中国证监会正式发布《首次公开发行股票并在创业板上市管理暂行办法》，该办法自 2009 年 5 月 1 日起实施。2009 年 10 月 23 日，创业板举行开板启动仪式，并在 2009 年 10 月 30 日正式上市。首批上市的 28 家创业板公司，平均市盈率为 56.7 倍，远高于全部 A 股市盈率以及中小板的市盈率。

平高于创业板。

表 11－9 深市各板块基于相对有效价差的流动性同步性指标的描述性统计量

	交易日①（个）	均值	中值	标准差	最小值	最大值
主板	2863	0.493	0.493	0.194	0.102	0.930
中小板	2863	0.557	0.571	0.188	0.083	0.938
创业板	1947	0.584	0.594	0.184	0.162	1.000

图 11－16 深市主板、中小板及创业板基于相对有效价差的流动性同步性指标（季度）

图 11－16 展示了深市主板、中小板以及创业板基于相对有效价差的流动性同步性季度指标，从图 11－16 的结果来看，我们能发现以下几点。

第一，各个板块走势总体一致。深市主板、中小板及创业板的流动性同步性变动趋势一致，从 2006 第一季度至 2008 年第一季度整体上扬，然后步入 2008 年至 2014 年的缓慢下降阶段，最后进入迅速上升阶段，并在 2016 年第一季度到达到高点之后再次进入下降阶段。

第二，整体而言，各个板块的流动性同步性水平差异明显。结合表 11－9 的描述性统计量以及图 11－16 的结果显示，创业板、中小板、深市主板的流动性同步性水平依次降低。

第三，创业板在发展初期流动性同步性水平较高，随着市场的发展和不断完善，以及在创业板上市的公司与在中小板及主板上市的公司差异的缩小，创业板与中小板以及主板市场的流动性同步性差异在逐渐缩小。创业板在发展初期（2009 年 10 月 30 日正式启动），流动性同步性水平接近 0.9，并且在此后

① 主板和中小板的计算区间是 2006 年 1 月 1 日至 2017 年 12 月 31 日，其间有 2863 个交易日；创业板的计算区间是 2009 年 10 月 30 日至 2017 年 12 月 31 日，其间有 1947 个交易日。

相当一段时间内一直处于相对较高的水平。2015 年中国股市危机后创业板与中小板和深市主板市场流动性同步性水平基本一致。

总之，流动性同步性指标的变动受到投资者行为、股票市场杠杆水平以及宏观经济环境因素的影响。长期来看，我国股票市场流动性同步性随着股票市场的牛熊周期转换变动而且幅度较大、稳定性较差，促进股票市场稳定的制度建设任重道远。

综上所述，从价格与流动性两个维度衡量的股票市场同质性水平反映了系统性风险传染力度。股票市场系统性风险传染力度的强弱在一定程度上决定了股票市场受到冲击后损失程度的大小。我国股票市场价格同步性水平在缓慢下降，流动性同步性水平下降趋势并不明显。结合价格同步性和流动性同步性的影响因素可以看出，投资者同质性、国内外经济环境、政策事件、股票市场杠杆水平、制度健全完善程度会对股票市场系统性风险传染力度产生较大影响。加强投资者教育与保护，引导投资者理性投资，有助于减少股票市场盲目跟风炒作的现象；健全股票市场的信息披露制度，营造一个公正、透明的股票交易场所，有利于减少股票市场参与者之间的信息不对称；严格控制股票市场杠杆水平；减少政府过多干预股票市场，促使市场机制充分发挥作用，以达到降低股票市场同质性水平的目的，从而降低系统性风险传染力度。

第三节　系统性风险损失程度结果与分析

根据第五章的理论分析和第八章的度量方法，本节采用系统在险价值（以下简称系统 VaR）和系统期望损失（以下简称系统 ES）来测度沪深两市的系统损失水平和系统潜在损失水平，进而衡量中国股票市场系统性风险的损失程度。其中，左尾系统 VaR 和系统 ES 测度系统损失水平，右尾系统 VaR 和系统 ES 测度系统潜在损失水平。在股票市场成立初期，上市股票数量太少，导致本节部分指标无法计算，故本节的样本区间最终确定为 1993 年 1 月 1 日至 2017 年 12 月 31 日。

一、系统损失水平结果与分析

（一）整体分析

首先，对沪深两市左尾系统 VaR 和系统 ES 的度量结果展开分析。图 11－17 展示了 1993 年至 2017 年沪深两市不同分位的左尾系统 VaR 和系统 ES。由图 11－17 可以看出，不同分位的左尾指标走势相同且系统 VaR 和系统 ES 的走势也一致。另外，在整个样本区间内，左尾指标并未表现出明显的上涨或下降趋势。但值得注意的是，在 2008 年国际金融危机和 2015 年中国股市危机之前，所有左尾指标均呈现持续的大幅上升趋势，持续上涨时间最长超过 5 年，最大上涨幅度超过 300%，这与样本区间内其他时期有明显区别。

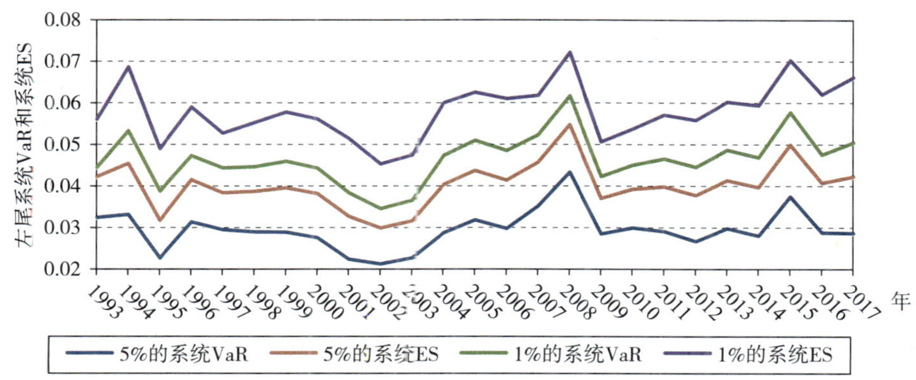

图 11－17　1993—2017 年沪深两市左尾系统 VaR 和系统 ES（年度）

由图 11－17 可知，选择 1% 或 5% 并不影响对左尾指标走势的分析，故本节以下部分以 5% 左尾系统 VaR 为代表，对各板块的系统损失水平进行更为细致的分析。

图 11－18 展示了 1993 年至 2017 年沪深两市各板块的左尾指标。沪市和深市主板左尾系统 VaR 起始于 1993 年第一季度，中小板数据起始于 2004 年第三季度，创业板数据起始于 2009 年第四季度，各板块数据均截至 2017 年第四季度。由图 11－18 可以看出，左尾指标存在两段持续大幅上涨过程，分别是 2003 年第一季度至 2008 年第二季度和 2014 年第三季度至 2015 年第三季度。

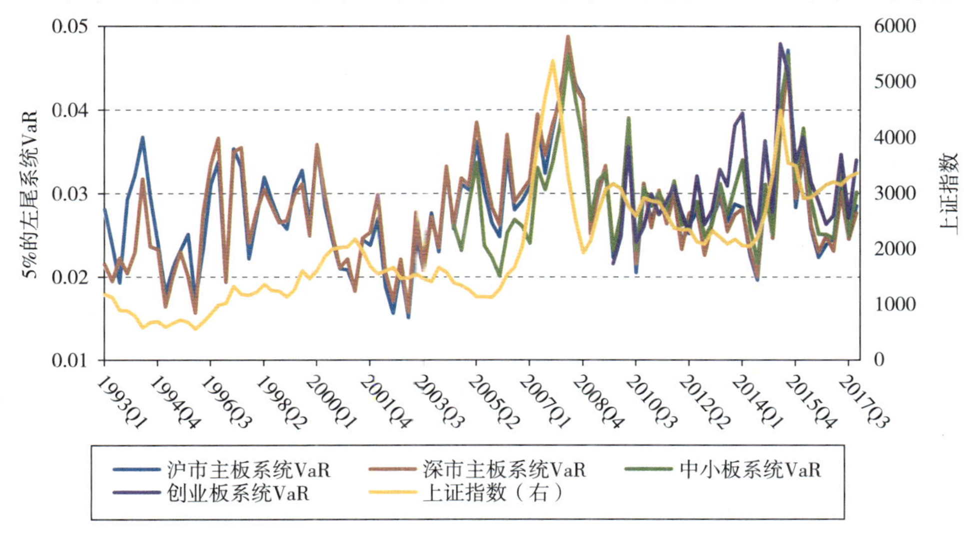

图 11－18　1993—2017 年沪深两市各板块的左尾指标（季度）

从图 11－18 中还可看出，各板块左尾系统 VaR 保持较为一致的走势，但相对水平有所差异。中小板自 2004 年成立至 2009 年，其左尾系统 VaR 低于沪深两市主板左尾系统 VaR，2009 年以后中小板左尾系统 VaR 高于沪深两市主板左尾系统 VaR。自 2009 年创业板设立以来，创业板左尾系统 VaR 基本上一直高于沪深两市主板和中小板左尾系统 VaR。

就整个样本区间而言，沪市主板和深市主板左尾系统 VaR 均值几乎相同，分别为 0.0280 和 0.0279。中小板左尾系统 VaR 均值为 0.0296，创业板左尾系统 VaR 均值为 0.0309。由此可知，创业板左尾系统 VaR 均值最高，中小板左尾系统 VaR 均值次之，而沪深主板左尾系统 VaR 均值最低。

（二）局部分析

接下来本节以两段持续上涨区间为重点，详细分析左尾系统 VaR 两次持续大幅上涨过程，以探究左尾系统 VaR 在股市危机前的特征和表现。

表 11－10　沪深两市各板块左尾系统 VaR 在两次持续大幅上涨过程中的表现

指标名称	时间区间	季度数	沪市主板	深市主板	中小板	创业板
左尾系统 VaR	2003Q1—2008Q2	22	214.53%	209.45%	77.18%	—
左尾系统 VaR	2014Q3—2015Q3	5	140.84%	126.52%	114.68%	76.91%

此前由图 11－18 可知，在左尾系统 VaR 第一次持续大幅上涨过程中，沪深主板和中小板左尾系统 VaR 从 2003 年第一季度开始不断上升，直到 2008 年第二季度达到最高点。从表 11－10 可以看出，除中小板左尾系统 VaR 涨幅为 77.18% 外，其余板块左尾系统 VaR 涨幅均超过 200%。另外，此时创业板尚未成立，创业板左尾系统 VaR 在此次持续大幅上涨期间为缺失值。

究其原因，在第一次持续大幅上涨期间，经济基本面、违规交易风险、信息不对称、国际金融冲击等因素起到了较为重要的作用。

1. 经济基本面

国家统计局数据显示，2003 年至 2008 年，中国 GDP 总量持续上升，从 2003 年的 13 万亿元逐年增长至 2008 年的 31 万亿元。经济持续的高速增长使投资者对中国市场保持过于乐观的预期，投资者为追求高收益而不断加大股票市场中的资金量。同时，投资者的风险偏好也因过于乐观的预期而改变，从而更倾向于做出冒险的投资决策，这导致市场中系统损失水平开始逐步升高。

2. 违规交易风险

2005 年股权分置改革令大量非流通股进入市场，这在短期内会对市场形成巨大冲击。同样，2005 年汇改后，人民币汇率不断上升，人民币对美元汇率从 2005 年汇改时的 8.1∶1 上升到 2007 年的 7.3∶1，2008 年更是上升到 6.8∶1。在人民币升值的预期下，长期资金和短期资金源源不断地流入股票市场，股票市场受汇改的利好刺激而呈现出明显的牛市。但由于扩容过快，市场尚缺乏足够的自我纠错机制和市场监管机制，这使市场中极易出现股票价格操纵和内幕交易行为，系统性风险水平进一步攀升。

3. 信息不对称

在我国股票市场中，信息的公开和传递尚不能完全做到及时、有效，市场中的信息不对称情况较为严重。在这种背景下，股权分置改革和汇改可能间接使市场内违规交易的风险逐渐扩大，市场内的信息不对称进一步加剧，系统性风险损失水平上升。

4. 国际金融冲击

2007 年美国次贷危机爆发和随之而来的 2008 年国际金融危机期间，投资者对中国股市的负面预期开始不断攀升。经济基本面的恶化和市场中各种利空消息的出现带动沪深两市暴跌，中国股票市场的系统损失水平达到局部高点。此时，系统性风险趋于阶段性饱和并在股票市场中剧烈释放。2008 年国际金融危机后，中国股票市场的系统损失水平也逐步回归危机前水平。

在左尾系统 VaR 第二次持续大幅上涨过程中，沪深主板和中小板左尾系统 VaR 在 5 个季度内不断上升，直到 2015 年第三季度达到最高点。由表 11 - 10 可知，除创业板的左尾指标涨幅为 76.91% 外，其余板块的左尾指标涨幅均超过 100%。究其原因，政策介入、高杠杆和羊群效应等是导致左尾系统 VaR 出现第二次持续大幅上涨的重要因素。

1. 政策介入

2008 年国际金融危机后，中国经济增速大幅回落，出口出现负增长，经济面临硬着陆的风险。中国政府推出“四万亿计划”以对抗金融危机对中国经济的冲击，并解除针对地方政府债务的限制。2014 年开始，政府先后出台“互联网 +”、工业 4.0、全民创业等经济利好政策，以期通过政策带动股市，进而盘活实体经济。在政策不停地刺激下，大量无处可去的闲置资金进入股票市场。在无强劲的经济基本面支撑的背景下，大盘指数不断攀新高，股票市场内系统性风险损失水平也快速升高。

2. 高杠杆

大量资金集中入市使大盘指数在极短的时间内迅速攀升，投资者很有可能受短期内迅速走高的市场行情影响而改变自身风险偏好，从而做出更加激进的投资决策。而由于缺乏合理的杠杆约束机制，投资者的资金杠杆率急剧攀升，高额场外配资行为不断涌现，系统性风险损失水平也迅速升高。

3. 羊群效应

投资者羊群效应显著，且机构投资者呈现出明显的散户化特征，机构投资者与个人投资者一样追涨杀跌。羊群效应对风险在股票市场内部的传染起到了

放大作用。在羊群效应、市场对政策的误读和高杠杆的共同作用下，市场内的非理性泡沫不断累积，交易噪音不断增大，市场内的系统损失水平急剧攀升，并在 2015 年中国股市危机期间达到局部顶点。

2015 年中国股市危机之后，左尾系统 VaR 呈现出缓慢的向好态势，这主要得益于两个方面。第一，宏观经济企稳、结构转型进一步优化、消费成为经济增长新动力等宏观因素带来利好。2017 年中国 GDP 增速保持在 6.9% 左右，为提高经济增长质量、促进经济结构优化等提供了良好的宏观经济环境和条件。2017 年我国服务业增加值占国内生产总值的比重达到 51.6%，我国经济正在经历从以工业为主导的时代向以服务业为主导的时代即后工业化时代的重大转变。与此同时，消费已成为我国经济增长的最大动力。2010 年之后，我国最终消费支出占 GDP 的比重总体呈现上升趋势，这一占比在 2016 年提高到 64.6%，消费已成为我国经济增长的新动力，拉动经济增长的效应显著。一系列宏观经济利好因素显著缓解了股票市场系统性风险。第二，股市中的非理性行为虽然在短期中会放大股价波动的幅度，但长期来看，市场中的非理性因素最终会通过股票市场自身估值修复功能回归理性，从而使风险水平逐步恢复至股灾前水平。在以上各因素的综合作用下，中国股票市场中的系统损失水平有所回落。

二、系统潜在损失水平结果与分析

（一）整体分析

首先，对沪深两市右尾系统 VaR 和系统 ES 的度量结果展开分析。图 11－19 展示了 1993 年至 2017 年沪深两市不同分位的右尾系统 VaR 和系统 ES。在整个样本区间内，右尾指标同样未表现出明显的上涨或下降趋势。但值得注意的是，右尾指标分别在 2007 年和 2015 年之前呈现出持续大幅上升趋势，这与右尾指标在样本区间内其他时间段的走势有明显区别。

由图 11－19 可知，选择 1% 或 5% 并不影响对右尾指标走势的分析，故本节以下部分以 5% 右尾系统 VaR 为代表，对各板块的系统潜在损失水平进行更为细致的分析。

图 11－20 展示了 1993 年至 2017 年沪深两市各板块 5% 右尾系统 VaR。由图 11－20 可知，沪市主板、深市主板、中小板和创业板右尾系统 VaR 具有一致的走势。另外，各板块右尾系统 VaR 在样本区间内存在两次持续大幅上涨过程。第一次持续大幅上涨发生在 2002 年第三季度至 2007 年第二季度，第二次持续大幅上涨发生在 2011 年第四季度至 2015 年第二季度。

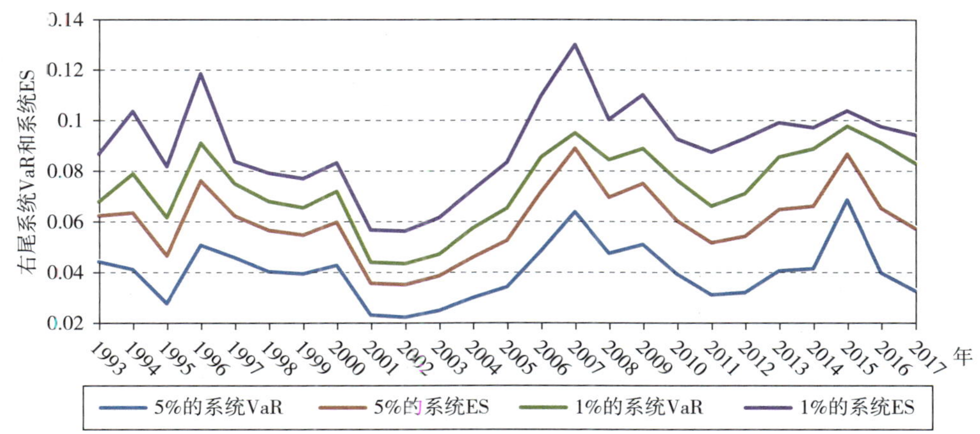

图 11－19　1993—2017 年沪深两市右尾系统 VaR 和系统 ES（年度）

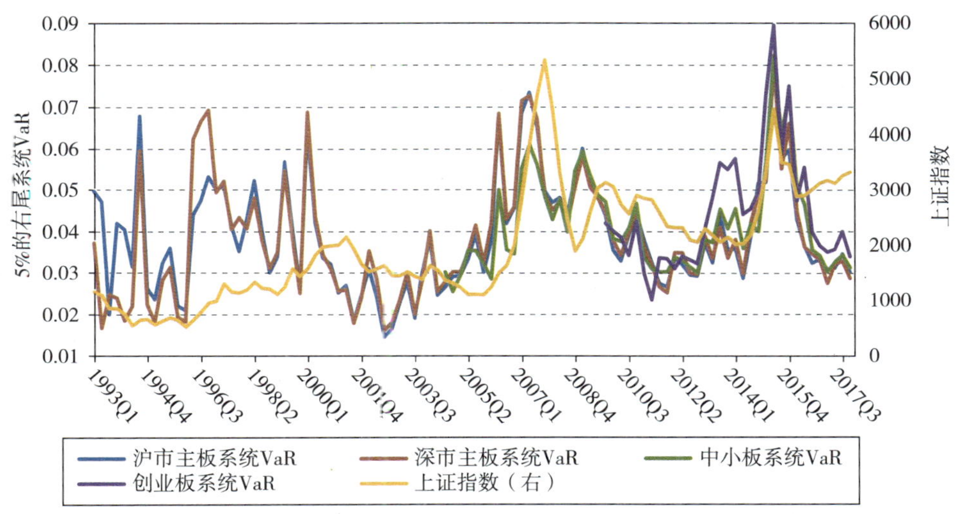

图 11－20　1993—2017 年沪深两市各板块的右尾指标（季度）

从图 11－20 中还可以看出，就各个板块右尾系统 VaR 相对水平而言，中小板右尾系统 VaR 在区间起始阶段低于沪深主板右尾系统 VaR，但在 2009 年后高于沪深主板右尾系统 VaR。创业板自创立以来，其右尾系统 VaR 基本上高于沪深主板和中小板右尾系统 VaR。样本区间内沪市主板和深市主板右尾系统 VaR 均值分别为 0.0391 和 0.0388，中小板右尾系统 VaR 均值为 0.0423，创业板右尾系统 VaR 均值为 0.0448。由此可知，创业板右尾系统 VaR 均值最高，中小板次之，而沪市主板和深市主板相近且低于其他板块。

（二）局部分析

接下来本节以两段持续上涨区间为重点，详细分析右尾系统 VaR 两次持续大幅上涨过程，以探究右尾系统 VaR 在股市危机前的特征和表现。

表 11-11　沪深两市各板块右尾系统 VaR 在两次持续大幅上涨过程中的表现

指标名称	时间区间	季度数	沪市主板	深市主板	中小板	创业板
右尾系统 VaR	2002Q3～2007Q2	20	397.45%	341.86%	101.30%	—
右尾系统 VaR	2011Q4～2015Q2	15	198.71%	217.38%	170.06%	165.35%

此前由图 11-20 可知，在右尾系统 VaR 第一次持续大幅上涨过程中，右尾指标从 2002 年第三季度持续上升到 2007 年第二季度。右尾系统 VaR 与左尾系统 VaR 上涨时间略有不同，但所处区间十分接近。从表 11-11 中可具体得知，在第一次持续大幅上涨过程中，除中小板右尾系统 VaR 涨幅为 101.30% 外，其余板块右尾系统 VaR 涨幅均超过 300%。同样，此时创业板尚未成立，创业板右尾系统 VaR 在此次持续大幅上涨期间为缺失值。而在第二次持续大幅上涨过程中，所有板块右尾系统 VaR 涨幅均在 150% 以上。

和左尾系统 VaR 一样，右尾系统 VaR 出现持续大幅上涨同样受到各方面因素的影响，这些因素可归纳为三类。

第一，国际因素。自 2007 年美国次贷危机爆发后，按揭证券价格泡沫破裂，投资者对其失去信心进而引发流动性危机。虽然多国中央银行多次向股票市场注入流动性，但最终金融危机仍于 2008 年在全球范围内爆发和传染。在此次危机中，中国面临外需疲软、失业率飙升和经济衰退等困境，受此影响，右尾系统 VaR 在 2007 年第二季度达到局部顶点，中国股票市场的系统潜在损失水平达到局部饱和。

第二，政策因素。中国股票市场最初成立的目的是为国企脱困，解决国企融资难问题。不仅股市成立的初衷存在强烈的政策背景，不同时期的中国股市也带有不同的阶段性政策意图，因此股市成为政策实施的载体，这导致中国股票市场极易受政策影响。在 2015 年中国股市危机中，投资者误读金融改革政策，将发展资本市场的长期战略误读为“国家牛”的短期体现，投资者认为此次牛市有政策支撑，进而放低自身风险意识并在短期内疯狂地追涨。因此，在 2015 年中国股市危机前，中国股票市场系统潜在损失水平迅速大幅攀升。

第三，非理性因素。中国股票市场的参与者以个人投资者为主，且机构投资者的专业投资能力参差不齐，这意味着市场中的噪音交易比例过高，市场参与者更易受到噪音信息的影响而做出非理性决策。此外，我国机构投资者更倾向于采取短期分散化投资策略，而不是依赖自身行业研究能力对特定行业进行长期投资，且机构投资者往往也采用追涨杀跌的散户做法，这与机构投资者稳定市场的功能背道而驰（杨娉，2015）。另外，在 2015 年中国股市危机中，不乏出现高额场外配资、投资者羊群效应等非理性行为，这些特征令中国股票市场在行情向好时极易受非理性因素的影响而产生股价虚高，股票市场系统潜在损失水平往往在此期间迅速累积，直至市场的基本面完全无法支撑股价虚高而令非理性泡沫破裂，进而出现股价暴跌。

三、系统损失水平与系统潜在损失水平比较分析

通过本节对中国股票市场的系统损失水平和系统潜在损失水平的度量和分析，我们可以看出二者既表现出相对一致的共同特征，也反映出略有分化的差异特征。经过总结归纳，两者共有三个共同特征和两个差异特征。

1. 共同特征

就中国股票市场系统损失水平和系统潜在损失水平的共同特征而言，第一，两者均易受到宏观经济因素、政策因素、市场因素和国际因素等的冲击和影响。第二，系统损失水平和系统潜在损失水平在 2008 年国际金融危机和 2015 年中国股市危机中及时监测到中国股票市场系统性风险损失程度异于常态的变化，并做出了较为精确的定量测度。第三，无论是系统损失水平还是系统潜在损失水平，创业板均高于中小板和主板。究其原因，一方面，创业板的上市标准相较主板和中小板更低。表 11－12 展示了在沪深两市主板、中小板和创业板首次公开发行股票（IPO）的部分要求。可以看出，企业在创业板进行首次公开发行股票的盈利要求、资产要求、股本要求均低于主板和中小板。这意味着创业板上市企业的资产规模相对更小，经营状况和盈利能力相对更低，抵御系统性风险的能力更加薄弱。一旦股票市场整体暴露在巨大风险中，创业板的损失相对而言将更加严重。另一方面，创业板对上市企业的行业偏好为“两高”“六新”企业，即高科技、高成长性和新经济、新服务、新农业、新能源、新材料、新商业模式的企业。在这一背景下，无论是创业板上市企业的种类和属性，还是企业的经营模式、所属板块题材等，均具有很高的同质性，这使创业板企业往往面临相似的风险敞口。一旦部分企业遭受负面冲击，其他企业很有可能同样遭受相同冲击并出现相似风险事件，从而导致初始冲击很容易通过间接传染渠道在创业板内迅速传染。因此，创业板抵御系统性风险的能力相对较弱，损失程度也相对较高。

表 11－12　主板、中小板和创业板首次公开发行股票部分要求

条件	主板和中小板	创业板
主体资格	依法设立且合法存续的股份有限公司	依法设立且持续经营的股份有限公司
持续经营时间	发行人自股份有限公司成立后，持续经营时间应当在 3 年以上。有限责任公司按原账面净资产值折股整体变更为股份有限公司的，持续经营时间可以从有限责任公司成立之日起计算	发行人是依法设立且持续经营 3 年以上的股份有限公司。有限责任公司按原账面净资产值折股整体变更为股份有限公司的，持续经营时间可以从有限责任公司成立之日起计算

续表

条件	主板和中小板	创业板
盈利要求	最近3个会计年度净利润均为正数且累计超过3000万元，净利润以扣除非经常性损益前后孰低者为计算依据 最近3个会计年度经营活动产生的现金流量净额累计超过5000万元；或者最近3个会计年度营业收入累计超过3亿元 最近一期末不存在未弥补亏损	最近2年连续盈利，最近2年净利润累计不少于1000万元；或者最近1年盈利，最近1年营业收入不少于5000万元。净利润以扣除非经常性损益前后孰低者为计算依据
资产要求	最近一期末无形资产（扣除土地使用权、水面养殖权和采矿权等后）占净资产的比例不高于20%，最近一期末不存在未弥补亏损	最近一期末净资产不少于2000万元，且不存在未弥补亏损
股本要求	发行前股本总额不少于3000万元，发行后股本总额不少于5000万元	发行后股本总额不少于3000万元
公开发行股份比例	公开发行的股份达到公司股份总数的25%以上；公司股本总额超过4亿元的，公开发行股份的比例为10%以上	公开发行的股份达到公司股份总数的25%以上；公司股本总额超过4亿元的，公开发行股份的比例为10%以上

资料来源：课题组根据《首次公开发行股票并上市管理办法》《首次公开发行股票并在创业板上市管理办法》《上海证券交易所股票上市规则》《深圳证券交易所股票上市规则》《深圳证券交易所创业板股票上市规则》等资料整理。

2. 差异特征

除了上述这些共同特征，系统损失水平和系统潜在损失水平在相对水平和走势上仍有所分化，表现出一定的差异化特征。第一，由前文的分析可知，尽管二者走势基本保持一致，但是系统潜在损失水平在样本区间内显著高于系统损失水平。第二，系统损失水平和系统潜在损失水平的走势在时间上略有分化。虽然左尾和右尾系统 VaR 两次持续大幅上涨过程均发生在2008年国际金融危机和2015年中国股市危机前，但右尾系统 VaR 在2007年已达到局部高点，这不仅先于左尾系统 VaR 达到局部高点，同样早于上证指数的局部高点。对于左尾指标和右尾指标走势这一差异化表现，本报告将进一步考察二者在2008年国际金融危机前和2015年中国股市危机前的表现，以探究右尾指标是否具有一定的前瞻性。

图11－21展示了1993年至2017年沪深两市左尾系统 VaR 和右尾系统 VaR，并和同期上证指数进行比较。从图中可以看出，沪深两市左尾和右尾系统 VaR 均从2002年开始上升，但在2005年右尾系统 VaR 上升幅度开始增大，而左尾系统 VaR 呈现出先下降后上升的趋势，且后续上升幅度明显小于右尾

系统 VaR。由左尾系统 VaR 走势可知，股票市场系统损失水平并未出现大幅提升，但由右尾系统 VaR 测度的股票市场系统潜在损失水平已开始快速大幅上升，这说明此时中国股票市场中的系统性风险实际上已在快速累积升高。同样，右尾系统 VaR 在 2011 年即已开始持续大幅上涨，但同一时期左尾系统 VaR 并无明显趋势，仅在 2015 年中国股市危机爆发前 1 年才开始迅速上升。在 2008 年国际金融危机前和 2015 年中国股市危机前的持续大幅上涨过程中，右尾系统 VaR 均先于左尾系统 VaR 开始上升，且具有时间跨度更长、上升幅度更大的特点。右尾系统 VaR 在股票市场系统性风险爆发前即监测到了系统潜在损失水平的上升，可以看出右尾指标具有一定的前瞻性，对股票市场系统性风险的爆发可起到一定的预警作用。

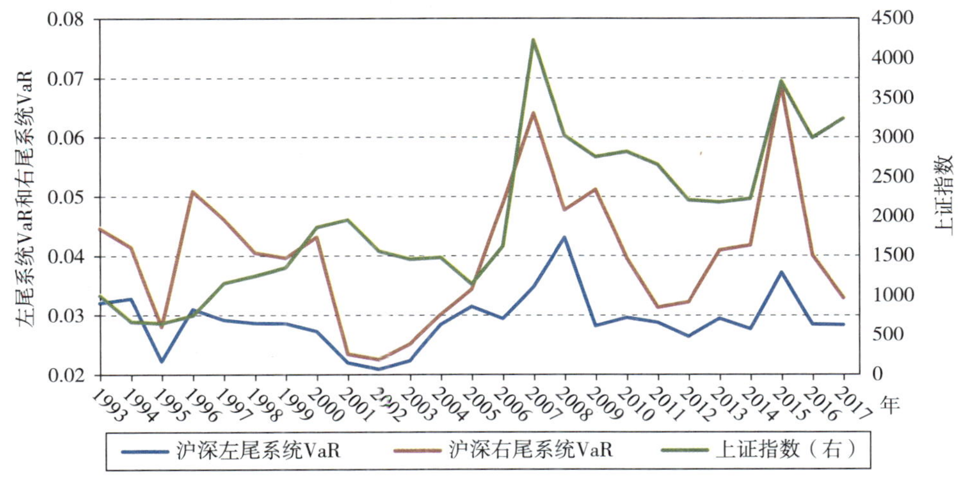

图 11－21　1993—2017 年沪深两市的左尾和右尾指标（年度）

综上所述，可以得到如下结论。第一，无论是系统损失水平还是系统潜在损失水平，在中国股票市场各板块中都具有一致的走势，但就中国股票市场不同板块而言，沪深两市主板的损失程度低于中小板，而创业板最高。第二，2008 年国际金融危机和 2015 年中国股市危机前，左尾系统 VaR 和系统 ES 捕捉到系统损失水平的变化，右尾系统 VaR 和系统 ES 捕捉到了系统潜在损失水平的变化，其他时间段内系统损失水平和系统潜在损失水平相对较低，走势较为平缓。第三，右尾系统 VaR 和系统 ES 对股票市场系统性风险的爆发具有一定的预警功能。第四，无论是中国股票市场左尾系统 VaR 和系统 ES，还是右尾系统 VaR 和系统 ES，其变化趋势都受宏观经济、国际因素、政策介入、信息不对称和投资者非理性行为等因素的共同影响。

股票市场损失程度衡量的是在股票市场遭受系统性风险的冲击后，股票市场作为一个有机的系统所遭受的整体损失水平。股票市场的损失程度越高，股

票市场质量被系统性风险侵蚀的程度就越高，市场质量的降低将进一步恶化企业融资环境，挤压企业生存空间，同时暴露在系统性风险敞口下的企业自身经营状况将持续恶化。最终，由股票市场系统性风险爆发导致的股票市场质量恶化将传染至实体经济中。因此，只有提升中国股票市场抵御系统性风险冲击的能力，守住不发生系统性风险的底线，才能从根本上保障股票市场安全、稳定、高质量地运作，进而保证实体经济稳健运行。

本章小结

为了守住不发生系统性金融风险的底线、促进中国股票市场健康发展、不断提高市场质量，本章采用第八章构建的股票市场系统性风险度量指标体系，一方面对中国股票市场系统性风险水平的动态变化进行实时监测，另一方面对系统性风险在各个板块的分布情况进行测度评估。学术界一般认为系统性风险主要包括三个元素：冲击、传染和后果。为全面有效地度量监测股票市场系统性风险，对应地，本章从冲击强度、传染力度和损失程度三个维度来衡量股票市场系统性风险水平，进而从系统性风险维度评估中国股票市场质量水平。本章采用负偏度系数和上下波动比率衡量个股价格大幅下跌风险，间接度量冲击强度；采用价格同步性指标和流动性同步性指标反映股票市场同质性高低，间接衡量传染力度；采用系统在险价值和系统期望损失测定系统损失水平以及系统潜在损失水平，进而衡量系统性风险损失程度。这一整套指标体系能够对中国股票市场系统性风险水平进行全方位的测度，有助于中国金融监管当局防范应对股票市场系统性风险、健全股票市场宏观审慎政策调控框架。

首先，系统性风险冲击强度的度量结果显示，1994 年至 2005 年中国股票市场系统性风险冲击强度呈现震荡上升趋势，原因可能是中国股市成立时间较短，制度尚不完善，信息不对称问题严重。投资者的投机行为和对利好政策的过度解读会产生股市泡沫，降低股市抵御风险冲击的能力，较小的负向冲击可能会产生较大的冲击强度。2005 年至 2017 年中国股票市场系统性风险冲击强度呈现震荡下降趋势，表明随着股市制度的完善、信息质量的提高以及市场监管的加强，股票市场抵御风险冲击的能力提高，股票市场质量显著改善。值得注意的是，对比 2008 年和 2015 年中国两次股灾期间沪深两市负偏度系数和上下波动比率，不难发现，2015 年股市系统性风险的冲击强度、持续时间均远小于 2008 年。这同样表明随着中国股票市场制度的完善、相关法律的健全，中国股票市场抵御冲击的能力提高。此外，沪深两市主板的系统性风险冲击强度较小，主板抵御风险冲击的能力较强；创业板的冲击强度较大，创业板抵御风险冲击的能力较弱。

其次，系统性风险传染力度在价格维度的度量结果显示，1990 年至 2017 年中国股票市场价格同步性指标呈现出缓慢下降的趋势，股票市场同质化现象在逐步缓解，即中国股票市场系统性风险在价格维度的传染力度表现出下降的向好态势。但目前中国股票市场价格同步性指标仍处于较高水平，股价变动的异质性水平较低，价格同向变动趋势明显，进而在价格维度的传染力度仍然较大。这与中国股票市场带有一定的政策色彩以及投资者结构和行为存在较为密切的关系。此外，创业板的价格同步性水平高于中小板，中小板的价格同步性水平高于主板。系统性风险传染力度在流动性维度的度量结果显示，在 2006 年第一季度至 2008 年第二季度和 2014 年第三季度至 2015 年第三季度，流动性同步性指标大幅上升，反映出股票市场同质性较高，股票市场流动性维度的传染力度不断加强，股票市场系统性风险不断提高。在 2008 年第二季度至 2014 年第三季度，个股流动性出现分化，股票市场异质性水平有所提高，流动性同步性指标则震荡下降。这表明在股票市场单边上涨或者单边下跌时，流动性同步性水平较高；在股票市场处于熊市或者震荡整理期间，流动性同步性水平则震荡下降。但目前中国股票市场流动性同步性指标仍处于较高水平，说明中国股票市场在流动性维度的传染力度仍然较大。此外，创业板的流动性同步性水平高于中小板，中小板的流动性同步性水平高于主板。

最后，系统性风险损失程度的度量结果显示，右尾系统 VaR 度量的系统潜在损失水平显著高于左尾系统 VaR 度量的系统损失水平。左尾系统 VaR 在 2003 年第一季度至 2008 年第二季度和 2014 年第三季度至 2015 年第三季度，右尾系统 VaR 在 2002 年第三季度至 2007 年第二季度和 2011 年第四季度至 2015 年第二季度均表现出持续大幅上升过程，说明右尾系统 VaR 比左尾系统 VaR 攀升的时间更早，并且幅度更大，更早达到局部顶点。因此，度量系统潜在损失水平的右尾系统 VaR 具有一定的前瞻性。此外，无论是左尾指标还是右尾指标，从截面来看，创业板的均值最高，中小板次之，沪市主板和深市主板的均值最低，即就损失程度而言，创业板、中小板、沪市主板和深市主板依次降低。

本章的分析结果同时也表明，中国股票市场系统性风险水平的动态变化受到国内外经济金融环境、政策事件、投资者结构和行为、制度健全完善程度、股票市场杠杆水平和上市公司管理层行为等一系列因素的影响。

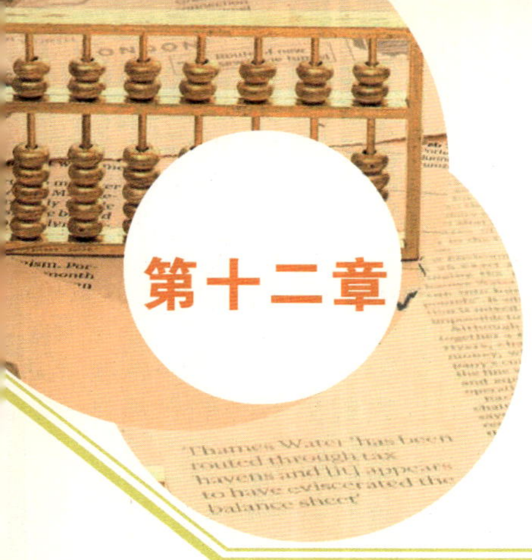

第十二章 中国股票市场质量指数构建与分析

本章的主要工作是构建中国股票市场质量指数，并依据指数结果进行分析。指数构建主要包括三个方面的内容。首先是股票市场质量指数构建所需指标的选择。前文已经介绍了中国股票市场质量度量的指标体系，也依据度量的结果进行了分析。本报告发现有些指标度量的市场质量内容非常相似，有些则因数据的缺陷不是非常理想。因此，本报告并没有采用前述提到的所有指标来构建市场质量指数，而是选择那些结果稳健且具有代表性的指标。其次，为了解决各指标量纲不同而无法直接相加的问题，本报告借鉴已有指数编制方法对所有指标进行标准化处理。最后，本报告采用平均赋权的方式确定各指标、各维度的权重。本报告之所以采用平均赋权，是因为准确区分每个指标或每个维度孰轻孰重是一件困难的事情。在市场平静时期可能市场效率与市场公正较为重要，但在股市异常波动时期系统性风险的重要性就会凸显出来。本报告采用平均赋权不仅便于理解，也方便后来研究者进行修正，具有较强的灵活性。

第一节 中国股票市场效率指数构建及分析

一、股票市场效率指数构建

基于前文所述股票市场效率的维度划分和度量方法，我们在配置效率、运行效率、信息效率这三个维度的基础上构建反映股票市场效率水平的中国股票市场效率指数。本报告对低频数据指标的构建与分析从 1991 年开始，受制于数据可得性，对高频数据指标的构建与分析则从 1996 年开始。考虑到股票市场效率各维度数据结果的统一性，我们基于 1996 年第三季度至 2017 年第四季度中国股票市场运行效率、信息效率和配置效率的度量结果构建中国股票市场效率指数。同时，为了与中国股票市场质量指数的其他维度保持一致，我们选择2003年第一季度的数据作为基期。

基于以上数据，我们首先构建了股票市场配置效率指数、运行效率指数和信息效率指数，随后对三个股票市场效率子指数赋权，最后计算出反映中国股票市场整体效率水平的市场效率指数。

股票市场效率指数的构建主要分为三个步骤。第一，采用取倒数的方法将各项逆向指标转换成正向指标。根据指标的数值大小与市场效率关系的不同，可以将指标分为正向指标和逆向指标。正向指标数值越大、逆向指标数值越小，表明指数反映的市场效率水平越高。市场效率指标体系中，运行效率、信息效率和配置效率所对应的指标多为逆向指标，因此本报告通过取倒数的方法将上述指标转换成正向指标①。第二，以2003年第一季度为基期（基期取值为100），将各项指标进行标准化处理。第三，通过对指标体系内各项指标的加权计算，得到配置效率指数、运行效率指数和信息效率指数，并进一步加权计算得到股票市场效率指数。相应的指数数值越大，代表股票市场资金配置越有效、交易成本越低、价格发现能力越强，股票市场的效率水平越高。股票市场效率各维度的指标选择和相应权重如表12－1所示。

表12－1　中国股票市场各维度效率指数的构建

评估维度	权重	指标	权重
配置效率	33.33%	IPO抑价率	16.67%
		再融资折价率	16.67%
运行效率	33.33%	相对有效价差	16.67%
		Roll价差	16.67%
信息效率	33.33%	方差比	11.11%
		特质信息含量	11.11%
		互自相关系数	11.11%

二、中国股票市场效率指数结果分析

本报告首先依据表12－1中的指标编制配置效率、运行效率与信息效率三个子指数，然后将三个指标按照等权重合并为我国股票市场效率指数。需要说明的是，中国股票市场配置效率测度中IPO和再融资数据并不连续，特别是在重大改革（如2005年股权分置改革）前后存在断点。为了便于观察与分析，本节中我们对配置效率指数、IPO抑价率和再融资折价率作图时用直线连接相

① 需要说明的是，信息效率中的特质信息含量用（$1-R^2$）度量，已经为正向指标，在此不再做倒数运算。

邻有效观测值。

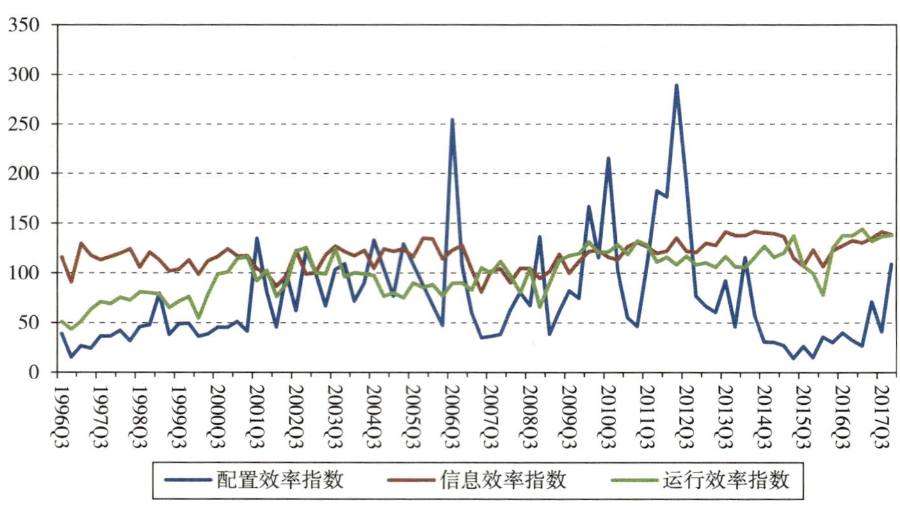

图 12－1　中国股票市场不同维度效率指数

（一）中国股票市场效率不同维度的分析

1. 配置效率

已有研究发现，中国发行市场中严重的供需失衡和信息不对称问题共同作用于中国 IPO 和再融资市场的配置效率。因此，本报告采用 IPO 抑价率和再融资折价率来反映发行市场中的制度建设情况和信息不对称程度等，进而度量股票市场配置效率。对指标结果进行转换并标准化处理后，我们得到股票市场配置效率指数。该指数计算结果显示，中国股票市场配置效率指数波动较大，上升趋势并不明显。股票市场配置效率的波动，同时受到发行制度改革和市场价格冲击的影响。

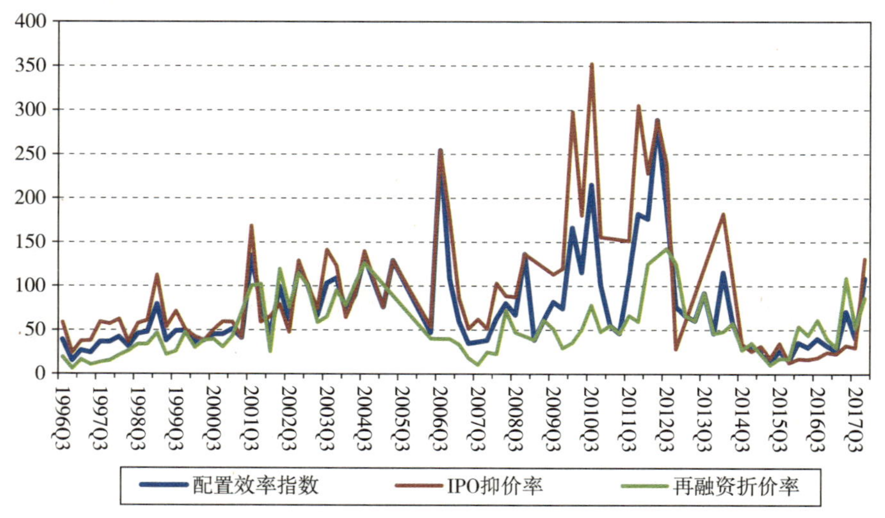

图 12－2　中国股票市场配置效率指数构建

从图 12－2 中可以看到，中国股票市场配置效率在 2012 年前后变化趋势并不一致。2012 年第二季度之前配置效率明显提高，但是之后基本维持较低水平。具体来看，1996 年第三季度配置效率指数为 38.61，到 2012 年第二季度的 288.87，增幅高达 648.17%，年均增幅 13.40%。然而，自 2012 年下半年开始配置效率指数大幅下降，到 2015 年股灾期间达到 14 左右的历史最低。随后配置效率虽略有提升，但到 2017 年第四季度之前配置效率指数仍低于历史均值。这一方面说明 2015 年股灾对配置效率影响极大，另一方面也说明中国配置效率未来仍然存在较大提升空间。

同时，中国股票市场配置效率波动较大，且受到政策制度和市场剧烈波动的影响非常显著。从图 12－2 中可以发现，配置效率指数的波动相当剧烈，出现了多次急涨急跌。首先，股票发行和定价制度改革会影响股票市场配置效率。2001 年 3 月核准制下的“通道制”正式实施，推进了股票市场化发展，提高了配置效率。2004 年 5 月中国股票市场保荐制度全面实施，加之 2004 年底中国证监会决定在首次公开发行中启动询价制，两项重大制度改革有效提高了市场配置效率。此外，2011 年 2 月 28 日，深圳证券交易所对首次公开发行股票交易出现规定情形时交易所可以对其实施盘中临时停牌措施，同时开始对增发股票实施涨跌幅限制。而 2014 年 6 月 13 日，上海证券交易所与深圳证券交易所同时发布通知，规定了上市首日申报价格的范围。由于涨跌幅限制加剧了信息不对称程度，2011 年和 2014 年股票市场配置效率都出现了明显下降。除此之外，2000 年、2007 年和 2015 年配置效率指数的下降主要受到股票市场价格剧烈波动的影响。市场价格波动剧烈，发行市场中信息不对称程度提高，导致股票市场配置效率下降。

2. 运行效率

在运行效率维度，本报告选择相对有效价差和 Roll 价差两个指标构建运行效率指数。其中，相对有效价差以市场高频交易数据为基础，而 Roll 价差则从日频数据计算得到，选择这两个指标可以从不同数据基础上衡量股票市场运行效率。总体来看，中国股票市场运行效率长期内呈现平稳上升趋势，但是易受股灾等市场极端波动的影响。

一方面，随着中国股票市场的发展，运行效率得到有效提升。根据图 12－3，以相对有效价差和 Roll 价差度量的运行效率呈现阶段性上升趋势。因此，在两个指标的综合作用下运行效率指数也呈现出显著的上升趋势，说明中国股票市场的运行效率自 1996 年以来平稳上升。具体来看，以 2003 年为基期，股票市场运行效率指数从 1996 年第三季度的 50.38 上升到 2017 年第四季度的 137.60，增幅高达 173.12%，年均增长率 6.48%。从图 12－3 中也可以看到，

早期运行效率指数基本处于 50 到 100 区间内，而 2008 年之后这一指数也大多位于 100 至 150 区间，中国股票市场运行效率实现跨越式发展。

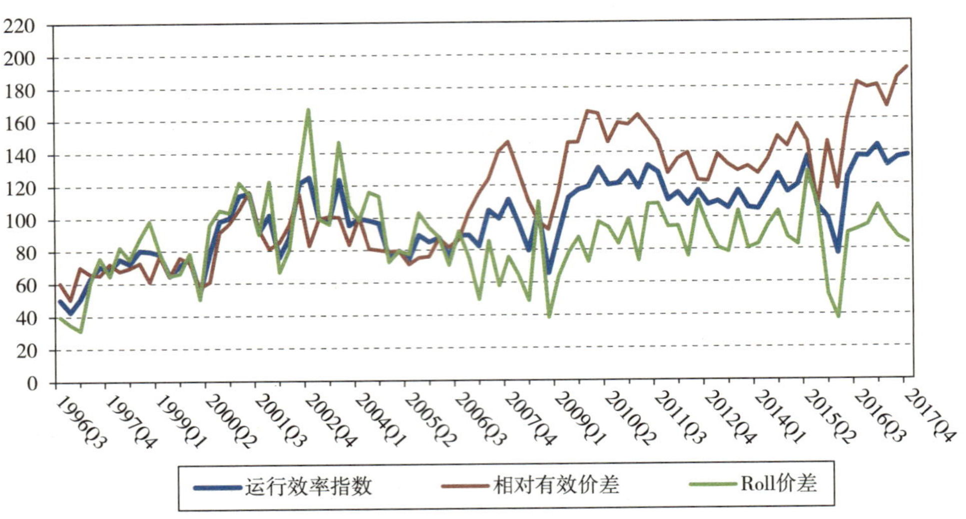

图 12－3　中国股票市场运行效率指数构建

另一方面，运行效率指标受到市场剧烈波动的影响较大。市场剧烈波动前后，以价差反映的交易成本较高，市场的运行效率也显著降低。但是需要注意的是，运行效率的降低相对市场剧烈波动有一定程度的滞后。以 2007 年国际金融危机为例，信息效率和配置效率的波动在 2007 年已经有所反映，而运行效率自 2007 年第四季度才开始下降，在 2008 年第四季度运行效率达到局部低点。2015 年股灾事件也是如此，股灾开始时运行效率随之下跌，直到 2016 年第一季度股票市场下跌完成后运行效率指数才达到最低。可以发现，股票市场剧烈波动的下跌行情，降低了市场运行效率。随着下跌行情结束，运行效率也随之回调。

3. 信息效率

本报告在高频数据层面选择方差比，日频数据层面选择特质信息含量和互自相关系数，共同衡量股票市场价格吸收信息的能力和速度。总体来看，中国股票市场信息效率指数上升趋势并不明显，但是同样易受股灾等市场极端波动的影响。

与运行效率不同，长期内信息效率的改善程度并不显著。从图 12－4 中可以看到，信息效率指数的不同构成部分变动趋势具有相似之处。反映信息吸收程度的特质信息含量、反映信息吸收速度的互自相关系数以及方差比指标在大部分情况下呈现类似的变化态势，在波动中小幅提升。在这三个指标的共同作用下，信息效率指数整体呈现微弱的上升趋势。可以认为，股票市场发展过程中价格发现功能的提升不够显著，指数表现明显弱于股票市场运行效率。同样以 2003 年为基期，1996 年第三季度股票市场信息效率指数为 115.47，到 2017

年第四季度这一数据为138.48，信息效率的提升不像运行效率那么显著。

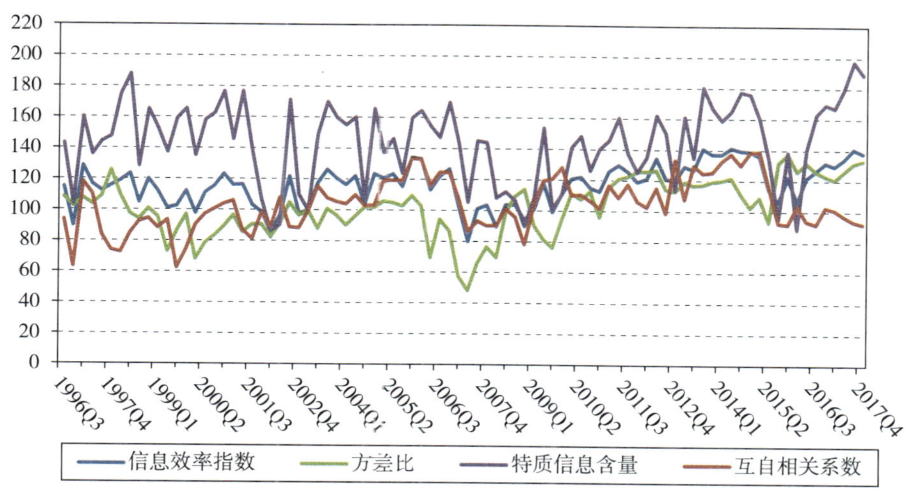

图12-4 中国股票市场信息效率指数构建

与配置效率和运行效率类似，信息效率也受到相关交易制度和股票市场剧烈波动的影响。1996年12月开始实施的涨跌停板制度，在保持市场稳定之外阻碍了价格发现过程，信息效率随之下降。此外，股票市场波动越剧烈，市场上价格反映信息的能力就越低，信息效率下降。以2015年为例，方差比指标反映的信息吸收能力在股灾爆发当期达到局部低点，其他两方面所反映的信息效率也在下降，因此2015年第二季度信息效率随股灾爆发而下降。

（二）中国股票市场效率指数总体分析

图12-5展示了中国股票市场效率指数的变化情况。其中，“效率指数H-P滤波趋势项”是指市场效率指数经H-P滤波后得到的趋势成分，反映了剔除周期性波动因素后效率指数的走势。从图12-5中可以看到，中国股票市场效率指数基本呈现平稳上升趋势，说明随着市场发展中国股票市场效率逐步提高。

在2000年第一季度之前，中国股票市场效率指数基本集中在60到80之间，股票市场缺乏效率。这一时期中国股票市场建立时间较短，相关基础设施还不够完善，因此效率水平相对较低。从2000年第三季度开始的一段时间，股票市场的效率进一步提升，效率指数基本稳定在80以上。随后，2007年国际金融危机带来的冲击使中国股票市场效率短期内大幅降低，但这一下降趋势仅维持了四个季度，2007年底市场效率指数就开始回升，中国股票市场效率逐步恢复并进一步提高。自2007年第四季度开始，中国股票市场效率指数波浪式上升，在2012年第二季度达到177.22，显示出这一时期股票市场效率连续大幅提高。然而，自2012年下半年开始，中国股票市场指数连续下降，在

2015 年股灾后下降到 79.81。随后效率指数水平逐步提升，在 2017 年第四季度达到了 128.18，说明目前中国股票市场发展态势良好。当然，需要注意到中国股票市场的效率仍然有很大的提升空间。

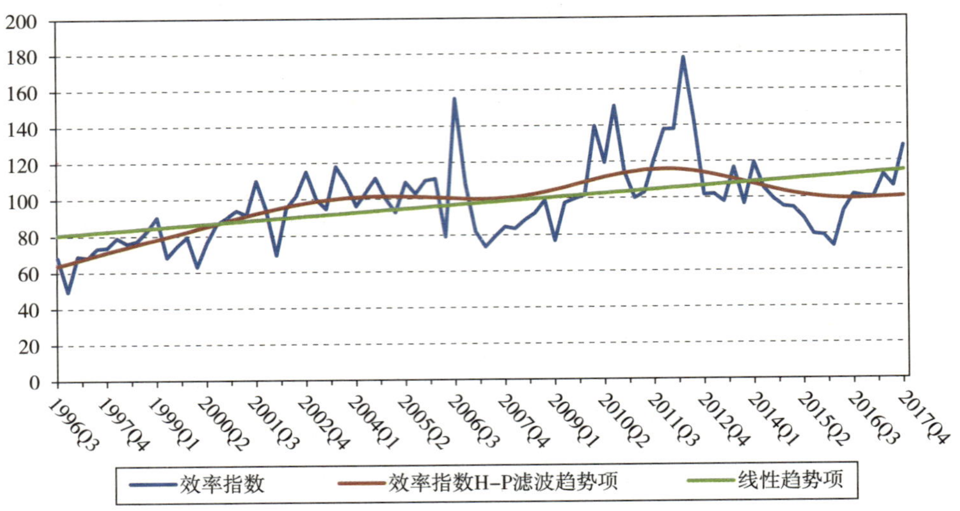

图 12－5　中国股票市场效率指数

通过以上对中国股票市场效率指数的简要分析，我们可以得到以下结论。首先，中国股票市场的效率相对早期市场有明显提高，但是股灾后市场效率的水平还不够理想。其次，市场价格剧烈波动时期，股票市场效率受到了严重的消极影响。结合数据，股票市场效率指数的阶段性低点分别位于 2000 年、2007 年和 2015 年，基本上都是市场出现较大波动的时期。最后，股票市场效率指数的下降早于股灾等重大事件实际的爆发点，具有一定的先行性。

三、股票市场发展中的股票市场效率

由于中国股票市场效率指数是在配置效率指数、运行效率指数和信息效率指数的基础上计算得到的，因此市场效率指数必然受到这三个维度效率指标的影响。而配置效率、运行效率和信息效率都会受到发行交易制度的重大改革、市场价格剧烈波动影响。因此，我们从中国股票市场发展历程出发，结合各维度效率指数的计算结果，从制度建设和股票市场波动两个方面进一步分析中国股票市场效率指数。

（一）中国股票市场变革与效率指数

首先，我们从股票市场历次较大的变革对效率的影响出发，分析效率指数的有效性。在此，股票市场变革包括相关的法律法规建设、监管制度变化和运行制度变化。其中，运行制度主要包括发行制度、交易制度、退市制度。

1996 年 12 月开始实施的涨跌停板制度，旨在维持正常的市场秩序、保护广大投资者利益。涨跌停板制度对股票价格变动的限制阻碍了价格发现过程，信息效率和配置效率有所下降。但是在当时的背景下，涨跌停板制度有效遏制了过度投机对股票市场价格的冲击，降低了交易成本，能够使股票市场更好地发挥价格发现功能。因此，1996 年第四季度之后虽然信息效率受到损害，但是配置效率和运行效率却都有所提升，表现出当时涨跌停板制度实施的有效性。

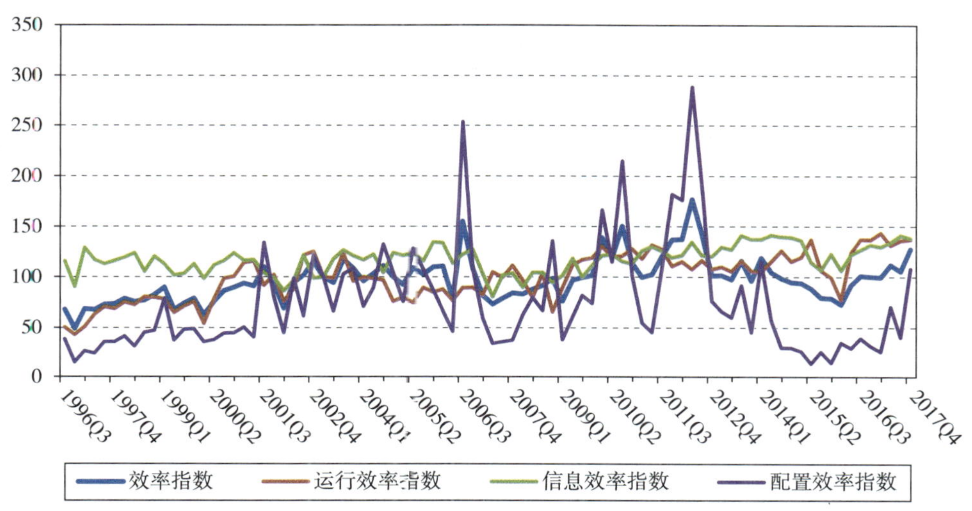

图 12－6 中国股票市场效率指数和不同维度效率指数

2001 年 3 月“通道制”正式实施，标志着中国股票市场由审核制转向核准制。随后，2004 年 5 月中国股票市场保荐制度全面实施，有效提高了市场的配置效率。2005 年之前，中国股票首次公开发行主要按照控制市盈率定价，市场化程度很低。而中国证监会 2004 年发布《关于首次公开发行股票试行询价制度若干问题的通知》，于 2005 年 1 月 1 日启动首次公开发行股票试行询价制。询价制能够有效降低发行市场定价的信息不对称程度、提高配置效率。综合这两个方面的影响，2004 年市场配置效率有所提高，带来了整个股票市场效率的提升。

2005 年，启动股权分置改革，以消除非流通股和流通股的流通制度差异并释放流动性。市场流动性的提高，缓解了二级市场定价偏差，提高了股票市场的配置效率，因此改革开始进行后股票市场效率出现了明显的提高。

2010 年 3 月 31 日，中国证监会推出证券公司融资融券业务试点，拉开了中国融资融券的序幕。融资融券业务的开展，完善了股票市场的卖空机制，有助于提高股票市场的信息效率和配置效率，数据显示市场效率指数从低位开始上升。2010 年 4 月 16 日起沪深 300 股指期货的上市交易，继续加强价格发现

功能，进一步拉升了市场效率指数。

2011年2月28日，深圳证券交易所对首次公开发行股票交易出现规定情形时交易所可以对其实施盘中临时停牌措施，同时开始实施涨跌幅限制。2014年6月13日，上海证券交易所与深圳证券交易所同时发布通知，修改上市首日交易机制，上海证券交易所分别针对集合竞价和连续竞价阶段规定了申报价格的不同范围以及暂停交易处理办法，深圳证券交易所则规定全日申报都不得超过同样的价格范围以及相应的处理措施。由于涨跌幅限制阻碍了价格发现、加剧了信息不对称程度，对信息效率和配置效率都产生了负面影响，因此2011年和2014年股票市场配置效率都出现了明显降低。

（二）中国股票市场波动与效率指数

2000年，尤其是这一年的第二季度，互联网泡沫显著。股票市场泡沫的形成过程中，价格传递信息的能力下降，信息效率和配置效率都受到这一影响而降低。因此，这一阶段的股票市场效率较低。

受到国际金融危机的影响，2007年至2008年中国股票市场价格出现剧烈波动。价格的剧烈波动导致信息效率和配置效率大幅下降，最终股票市场效率降低。而运行效率指数在这一时期反倒出现了小幅提高，这说明运行效率独立于信息效率和配置效率而变动。值得注意的是，配置效率指数下降的起点要早于国际金融危机爆发的时间，信息效率指数和效率指数也有类似的趋势，体现出效率指标的先行性。

2015年前半年，中国股市异常狂热，直到6月开始大幅度下跌形成“股灾”。这一段时期的配置效率自2014年下半年就开始连续下降，体现了这一年发行市场较低的配置效率。相对于股灾发生时间，配置效率指标具有一定的先行性。

综合以上分析，我们可以得到以下结论。首先，中国股票市场效率指数保持着显著的上升趋势，反映了中国股票市场效率在不断提升。其次，虽然保持着上升趋势，但是中国股票市场效率指数仍存在较大的波动。这一波动情况既受到市场价格剧烈波动的影响，也受到发行制度、交易制度等相关政策的影响。最后，从配置效率指数、运行效率指数和信息效率指数的变化趋势和相互关系来看，不同维度的效率之间的发展特征差异很大。其中，运行效率有较大的提升和改善，继续保持当前趋势即可。而为了加强和巩固信息效率提升趋势，需要加大对这一方面的重视和相关政策有效性评估。而配置效率波动较大，且近年来表现较差，具有很大的提升空间。

针对这一结果，中国股票市场需要以配置效率为核心，通过降低信息不对称、提高价格发现能力等相关措施来提高配置效率和信息效率。具体来说，要坚持市场化导向，推进注册制改革，取消显隐性监管，提高股票市场配置效率。通过这些改进措施，方可建设更有效率的股票市场，从而为实体经济发展提供有力支持。

第二节　中国股票市场公正指数构建及分析

一、股票市场公正指数构建

基于所构建的各类疑似市场操纵及内幕交易行为的监测模型，本报告对2003年1月1日至2017年12月31日中国股票市场发生疑似市场操纵及内幕交易行为的相对严重程度进行了分析。进一步地，本报告将前述扰乱市场秩序行为的数量占比及金额占比纳入指标体系，构建了用于度量股票市场公正程度的市场公正指数。具体来说，股票市场公正指数的构建主要包含三个步骤：第一，采用取倒数的方法将各项指标转换成正向指标。根据各项指标的数值大小与市场公正程度之间变动方向的不同，可分为正向指标和逆向指标。正向指标数值越大，表明发生扰乱市场秩序行为的严重程度越低，所反映的市场公正程度越高；逆向指标数值越小，表明发生扰乱市场秩序行为的严重程度越低，所反映的市场公正程度越高。市场公正指数指标体系包含了疑似发生各类市场操纵行为及信息泄露的数量占比和金额占比，均为逆向指标。因此，本报告通过取倒数的方法将上述指标转换成正向指标。第二，将2003年第一季度设为基期，基期取值为100，对各项指标进行标准化处理。第三，通过对指标体系内的各项指标进行加权计算，得到股票市场公正指数。该指数数值越大，代表扰乱市场秩序行为发生的严重程度越低，股票市场的公正程度越高。指标体系及权重设定如表12－2所示。

表12－2　股票市场公正指数指标体系及权重

评估维度	权重	指标	各指标权重
市场操纵	50%	疑似发生连续交易操纵数量占比	8.33%
		疑似发生连续交易操纵金额占比	8.33%
		疑似发生开盘价操纵数量占比	8.33%
		疑似发生开盘价操纵金额占比	8.33%
		疑似发生收盘价操纵数量占比	8.33%
		疑似发生收盘价操纵金额占比	8.33%

续表

评估维度	权重	指标	各指标权重
内幕交易	50%	基于成交价信息泄露模型的疑似信息泄露数量占比	12.5%
		基于成交价信息泄露模型的疑似信息泄露金额占比	12.5%
		基于成交量信息泄露模型的疑似信息泄露数量占比	12.5%
		基于成交量信息泄露模型的疑似信息泄露金额占比	12.5%

二、中国股票市场公正指数结果分析

基于2003年第一季度至2017年第四季度中国股票市场疑似市场操纵及内幕交易行为的监测结果，本报告先后构建了各评估维度下市场公正的子指数以及反映中国股票市场总体公正水平的市场公正指数。一方面，从各评估维度下市场公正子指数的走势中可以看出，对市场操纵维度下市场公正子指数（即市场操纵指数）而言，2003年第一季度至2006年第四季度，市场操纵指数呈现逐步上升趋势，于2003年第一季度的100稳步上升至2006年第四季度的210，表明在这段时期中国股票市场操纵行为发生的严重程度明显改善。这主要是因为该时期内中国股票市场疑似收盘价操纵和开盘价操纵行为发生的可能性显著降低，疑似发生收盘价操纵和开盘价操纵的数量占比分别由2003年的0.13%和0.71%下降至2006年的0.02%和0.25%。相应地，由收盘价和开盘价操纵所反映的市场公正子指数也分别由2003年第一季度的100和100明显上升至2006年第四季度的363和191。

进入2007年以后，市场操纵维度下的公正子指数出现大幅下降，并基本上在100～150之间波动。这主要是因为2007年以后中国股票市场疑似收盘价操纵行为发生的可能性有所提升，疑似发生收盘价操纵的数量占比从2006年的0.02%快速上升至0.1%以上的水平，最高时于2011年达到0.28%；相应地，由收盘价操纵所反映的市场公正子指数也由2006年第四季度的363大幅下降至100左右的水平，最低时于2011年第四季度达到52。

另外，值得注意的是，2015—2016年中国股票市场发生了异常波动，在此期间市场操纵者存在利用股票市场异常波动进行市场操纵以获取超额利润的倾向，从而使由开盘价操纵所反映的市场公正子指数分别于2015年第三季度、2016年第一季度出现显著下降，分别降低至42和47，由收盘价操纵所反映的市场公正子指数也于2015年第三季度、2016年第一季度出现显著下降，分别降低至41和78。受此影响，市场操纵维度下的公正子指数也于这两个时期出现显著下降，均降低至61。

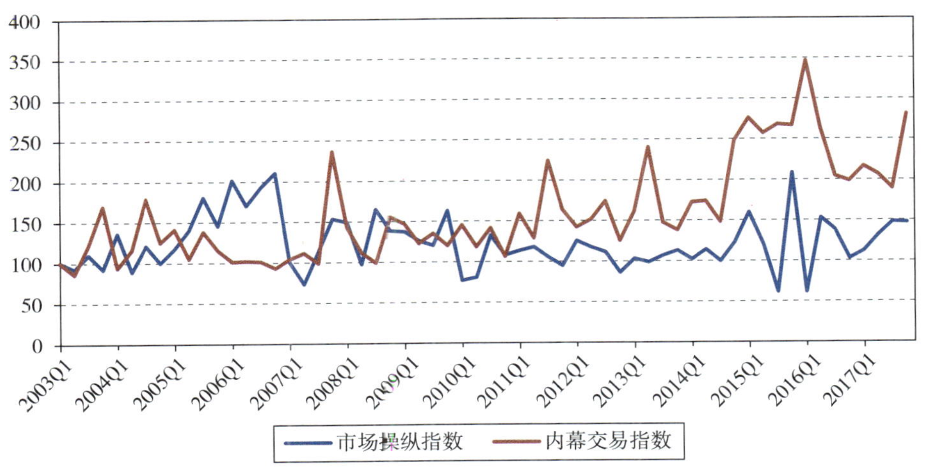

图12－7　股票市场公正各维度子指数

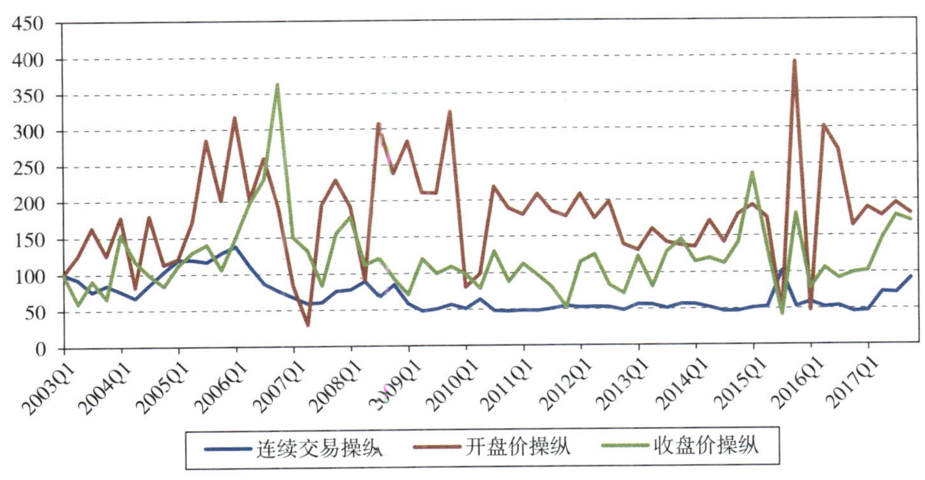

图12－8　市场操纵维度下市场公正子指数

就内幕交易维度下市场公正子指数（即内幕交易指数）而言，2003年第一季度至2007年第二季度，该指数基本上在100～150之间波动，表明这一时期中国股票市场发生疑似内幕交易行为的严重程度没有发生明显变化。这主要是因为无论是基于成交价信息泄露模型的监测结果，还是基于成交量信息泄露模型的监测结果，这一时期内中国股票市场疑似发生信息泄露的数量占比基本上保持稳定；相应地，由基于成交价信息泄露模型及基于成交量信息泄露模型所反映的市场公正子指数也基本上在100～150之间波动。

进入2007年第三季度后，上述两类信息泄露模型的监测结果显示，中国

股票市场疑似发生信息泄露的数量占比明显下降。其中，根据基于成交价的信息泄露模型，疑似发生信息泄露的数量占比由 2007 年的 0.19% 最终下降至 2017 年的 0.11%；根据基于成交量的信息泄露模型，疑似发生信息泄露的数量占比由 2007 年的 0.16% 最终下降至 2017 年的 0.09%。尤其在 2010 年以后，随着全流通市场的形成，股票市场功能进一步发挥，上市公司并购重组活动日益活跃，利用上市公司并购重组信息进行内幕交易的现象呈多发态势。为此，监管部门加大了防范和打击内幕交易活动的力度，形成了一定的震慑力。受此影响，疑似内幕交易行为发生的严重程度逐步改善，由基于成交价信息泄露模型及基于成交量信息泄露模型所反映的市场公正子指数也逐步上升，最高时于 2016 年第一季度分别达到 363 和 329。内幕交易维度下的市场公正子指数也于 2016 年第一季度达到最高水平。

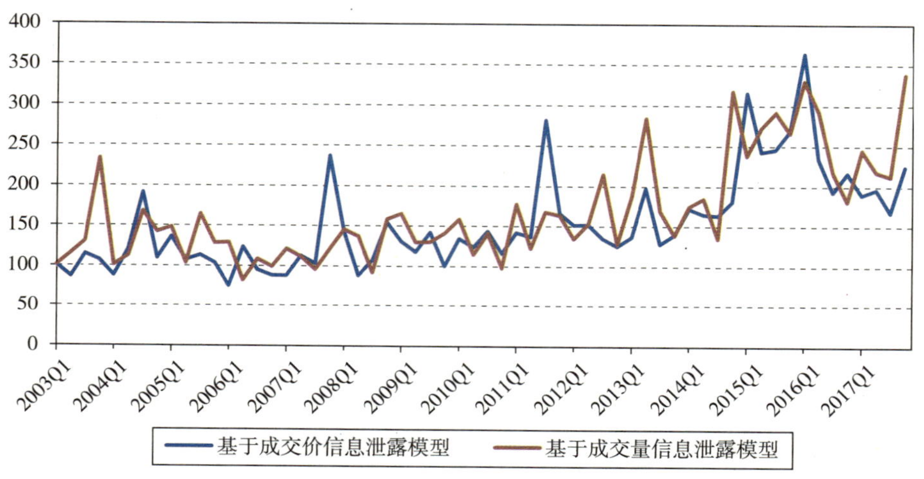

图 12－9　内幕交易维度下市场公正子指数

另一方面，基于市场操纵和内幕交易维度下的市场公正子指数，可以通过等权重加权计算得到用于反映中国股票市场总体公正水平的市场公正指数（见图 12－10）。其中，图 12－10 中“公正指数 H－P 滤波趋势项”是市场公正指数经 H－P 滤波后得到的趋势成分，反映了剔除周期性波动因素后公正指数的走势。从该指数的走势可以看出，2003 年第一季度至 2006 年第四季度，中国股票市场公正指数由 100 逐步提升至 151。这一时期中国股票市场公正程度的提升，主要是源于疑似收盘价操纵和开盘价操纵行为发生的可能性显著降低，从而在很大程度上改善了股票市场秩序；但是，进入 2007 年以后，由于疑似发生开盘价及收盘价操纵的数量占比显著提升，导致股票市场公正指数大幅下降，于 2007 年第二季度迅速降低至 92。与此同时，随着发生疑似内幕交易行为的严重程度明显改善，在一定程度上抵消了由市场操纵行为所导致的公正程度下降，促使股票市场公正指数有所提升，并于2007年第四季度达到194。随后，中国股票市场公正指数基本稳定在125左右的水平，并一直持续到2011年第四季度。进入2012年后，监管部门加快了法治化建设的步伐，在完善资本市场法律法规体系的同时，也组建了稽查总队上海、深圳支队，进一步强化了稽查执法力量，并以此为基础陆续开展打击市场操纵、内幕交易等扰乱市场秩序行为的专项执法行动，严厉打击各种违法违规行为。由表12－3可知，2012年后中国证监会对市场操纵和内幕交易行为的监察执法力度显著增强，行政处罚案件均在2012年前后有较大提升，并且2012年之前监管部门对市场操纵行为的处罚金额均值为365.73万元，而在2012年及之后增加至10788.92万元；就内幕交易行为而言，2012年之前监管部门对其行政处罚金额均值为14.71万元，而2012年及之后则上升为537.53万元。此外，旨在促进资本市场健康发展，保护投资者合法权益的政策法规，对维护市场公正也有所助益。2012年前后，促进市场公正的政策法规频频出台，为切实防范系统性金融风险，保护投资者合法权益，促进资本市场健康发展，国务院下发了一系列政策法规；中国证监会也先后颁布了一系列规定，用以规范保荐、交易等行为，遏制市场操纵、内幕交易、信息披露违规及违规减持等不法行为；最高人民法院从金融审判的角度，加强对资本市场违法违规行为的威慑（见表12－4）。受此影响，收盘价操纵、内幕交易等各类违法违规行为发生的严重程度明显改善，并推动市场公正指数稳步上升，达到150～250之间的水平，并于2015年第四季度达到237的最高水平。不过，在2015年第三季度和2016年第一季度，受到疑似开盘价及收盘价操纵行为的发生情况趋于严重的影响，市场公正指数也在上述时期明显恶化，分别下降至165和171的水平。

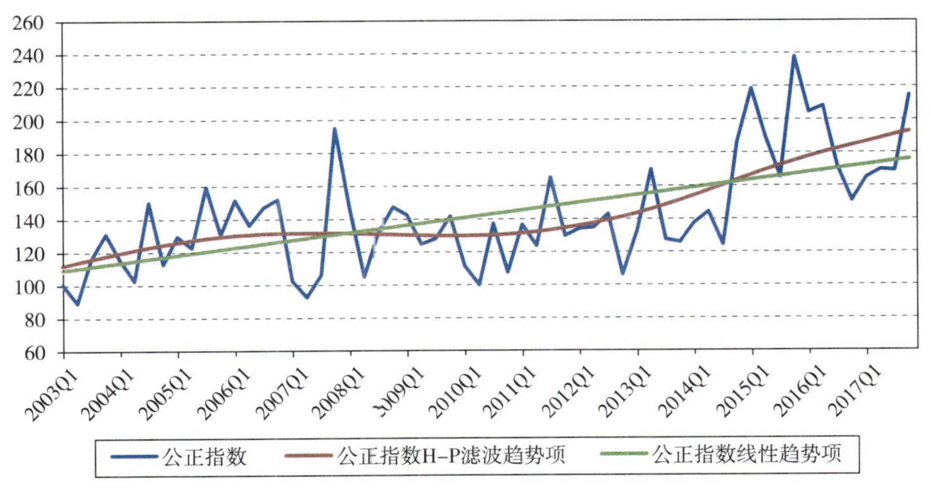

图12－10　中国股票市场公正指数走势

表 12－3　中国股票市场违法违规行为处罚力度

年份	市场操纵		内幕交易	
	处罚案件（数量）	处罚均额（万元）	处罚案件（数量）	处罚均额（万元）
2007	2	387. 24	1	20. 00
2008	2	996. 29	3	9. 51
2009	4	186. 66	6	6. 44
2010	2	307. 55	10	21. 94
2011	5	271. 43	10	14. 74
2012	4	4262. 11	14	32. 74
2013	2	105. 00	34	1646. 57
2014	8	585. 36	44	69. 83
2015	12	3333. 03	17	46. 79
2016	22	6234. 10	54	448. 37
2017	16	50636. 49	33	897. 57
2003—2011	15	365. 73	30	14. 71
2012—2017	64	10788. 92	196	537. 53

注：早期行政处罚决定书对案件信息的披露尚不健全，因此表 12－3 已略去关键信息缺失的行政处罚案件。

资料来源：课题组根据中国证监会行政处罚案例整理。

表 12－4　中国股票市场公正相关政策法规

时间	政策法规	出台部门
2004 年 1 月	《国务院关于推进资本市场改革开放和稳定发展的若干意见》	国务院
2004 年 6 月	《中华人民共和国证券投资基金法》	全国人大常委会
2007 年 5 月	《关于进一步加强投资者教育，强化市场监管有关工作的通知》	中国证监会
2011 年 11 月	《国务院关于清理整顿各类交易场所切实防范金融风险的决定》	国务院
2012 年 3 月	《关于进一步加强保荐业务监管有关问题的意见》	中国证监会
2012 年 12 月	《关于加强与上市公司重大资产重组相关股票异常交易监管的暂行规定》	中国证监会
2013 年 12 月	《国务院办公厅关于进一步加强资本市场中小投资者合法权益保护工作的意见》	国务院
2014 年 5 月	《关于进一步促进资本市场健康发展的若干意见》	国务院
2015 年 11 月	《关于加强金融消费者权益保护工作的指导意见》	国务院
2017 年 5 月	《上市公司股东、董监高减持股份的若干规定》	中国证监会
2017 年 8 月	《关于进一步加强金融审判工作的若干意见》	最高人民法院

资料来源：课题组根据公开资料整理。

总之，市场操纵指数的变化趋势表明，中国股票市场操纵行为发生的严重程度于2003年第一季度至2006年第四季度明显改善，并于2007年后基本稳定在一定水平；内幕交易指数的变化趋势表明，中国股票市场发生疑似内幕交易行为的严重程度于2003年第一季度至2007年第二季度没有发生明显变化，并自2007年第三季度后显著改善；在两者的共同作用下，中国股票市场的总体公正水平于2003年第一季度至2006年第四季度明显提升，并于2007年第一季度至2011年第四季度基本稳定在125左右的水平。进入2012年后，随着监管转型逐步深入与监管力度趋于加大，维护市场公正的政策法规也频频出台（具体见表12－4），在很大程度上抑制了各类违法违规行为的发生，并推动收盘价操纵、内幕交易行为等各类行为发生的数量占比逐步下降，从而推动市场公正指数进一步提升至150～250之间的水平。总体而言，中国股票市场公正指数呈现出明显向好趋势，这与监管部门出台的用于维护市场公开、公平、公正的一系列政策法规密不可分。

第三节 中国股票市场系统性风险指数构建及分析

一、中国股票市场系统性风险指数构建

本报告参考国内外学术界的理论与实证研究成果，结合系统性风险的三元素——冲击、传染和后果，基于冲击强度、传染力度和损失程度三个维度，构建中国股票市场系统性风险指数，对2003年第一季度至2017年第四季度中国股票市场系统性风险进行度量和分析。

中国股票市场系统性风险指数的构建主要分为三个阶段：首先，将各个指标转换成正向指标，即指标数值越大，系统性风险水平越低。对于计算结果均为正数的指标（包括价格同步性指标、流动性同步性指标、左尾系统ES、左尾系统VaR、右尾系统ES、右尾系统VaR），取其倒数作为该指标的结果；对于计算结果有正有负的指标（包括负偏度系数和上下波动比率），取其相反数作为该指标的结果。其次，为了与市场效率指数、市场公正指数保持统一，将2003年第一季度设为基期（基期取值为100），对各项指标进行标准化处理。最后，对指标体系内冲击强度、传染力度和损失程度各子指数进行等权计算，对构成每个子指数的指标再进行等权处理，得到股票市场系统性风险指数。股票市场系统性风险指数越大，表明股票市场系统性风险水平越低，股票市场质量在系统性风险维度越高。股票市场系统性风险指数的指标体系及权重设定如表12－5所示。

表 12－5　股票市场系统性风险指数的指标体系及权重

评估维度	权重	指标		权重
冲击强度	33.33%	负偏度系数		16.67%
		上下波动比率		16.67%
传染力度	33.33%	价格同步性指标		16.67%
		流动性同步性指标		16.67%
损失程度	33.33%	损失水平	左尾系统 VaR	8.33%
			左尾系统 ES	8.33%
		潜在损失水平	右尾系统 VaR	8.33%
			右尾系统 ES	8.33%

二、中国股票市场系统性风险指数结果与分析

（一）系统性风险指数的描述性分析

表 12－6 为 2003 年第一季度至 2017 年第四季度中国股票市场系统性风险指数及子指数的描述性统计量。由表 12－6 可知，三个维度子指数中，冲击强度子指数的均值最大，波动程度也最大；损失程度子指数的均值最小，波动程度也最小。

表 12－6　2003—2017 年中国股票市场系统性风险指数及子指数描述性统计量

	季度数	均值	中值	标准差	最小值	最大值
系统性风险指数	60	77.57	80.11	14.66	45.23	106.06
冲击强度子指数	60	99.72	102.87	40.64	－2.11	171.41
传染力度子指数	60	76.19	74.22	12.72	57.24	133.81
损失程度子指数	60	56.80	56.66	11.76	35.34	100

表 12－7 为 2003 年第一季度至 2017 年第四季度中国股票市场系统性风险指数与三个子指数之间的相关系数。由表 12－7 可知，系统性风险指数与冲击强度子指数之间相关性最大，相关系数为 0.8668；系统性风险指数与损失程度子指数之间相关性最小，相关系数为 0.2374，三个子指数与系统性风险指数的相关系数均通过了 10% 显著性水平检验。此外，传染力度子指数和损失程度子指数存在显著的正相关关系，冲击强度子指数和损失程度子指数存在负相关关系。

表 12-7　2003—2017 年中国股票市场系统性风险指数与子指数的相关系数

	系统性风险指数	冲击强度子指数	传染力度子指数	损失程度子指数
系统性风险指数	1	0.8668 (0.0000)	0.4701 (0.0002)	0.2374 (0.0678)
冲击强度子指数	0.8668 (0.0000)	1	0.0145 (0.9124)	-0.2286 (0.0789)
传染力度子指数	0.4701 (0.0002)	0.0145 (0.9124)	1	0.6272 (0.0000)
损失程度子指数	0.2374 (0.0678)	-0.2286 (0.0789)	0.6272 (0.0000)	1

注：括号内的数值为 P 值。

（二）系统性风险指数的趋势分析

图 12-11 为本报告构建的中国股票市场系统性风险指数变化趋势图。图中“系统性风险指数 H-P 滤波趋势项”是系统性风险指数经过 H-P 滤波后得到的趋势成分，该成分能够反映剔除周期性波动因素后系统性风险指数的走势。图中“系统性风险指数线性趋势项”则直接反映出系统性风险指数的线性走势。

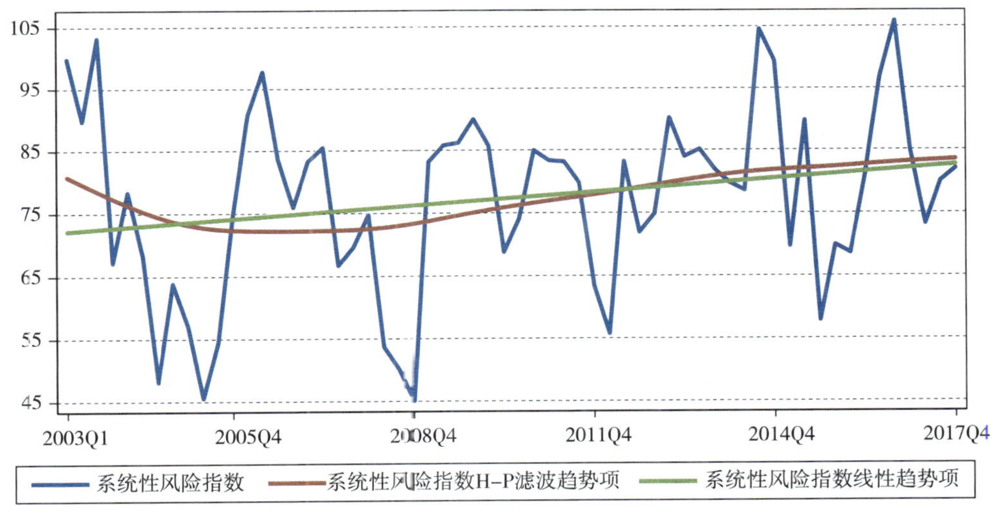

图 12-11　2003—2017 年中国股票市场系统性风险指数变化趋势（季度）

通过对中国股票市场系统性风险指数线性趋势项的直观分析，2003 年第一季度至 2017 年第四季度中国股票市场系统性风险水平在缓慢降低，股票市场质量在系统性风险维度得到了一定程度的改善。与此同时，系统性风险指数 H-P 滤波趋势项自 2003 年第一季度开始，呈现先下降后上升的趋势，系统性风险水平在 2006 年第四季度达到最大，随后系统性风险水平逐渐回落，即剔

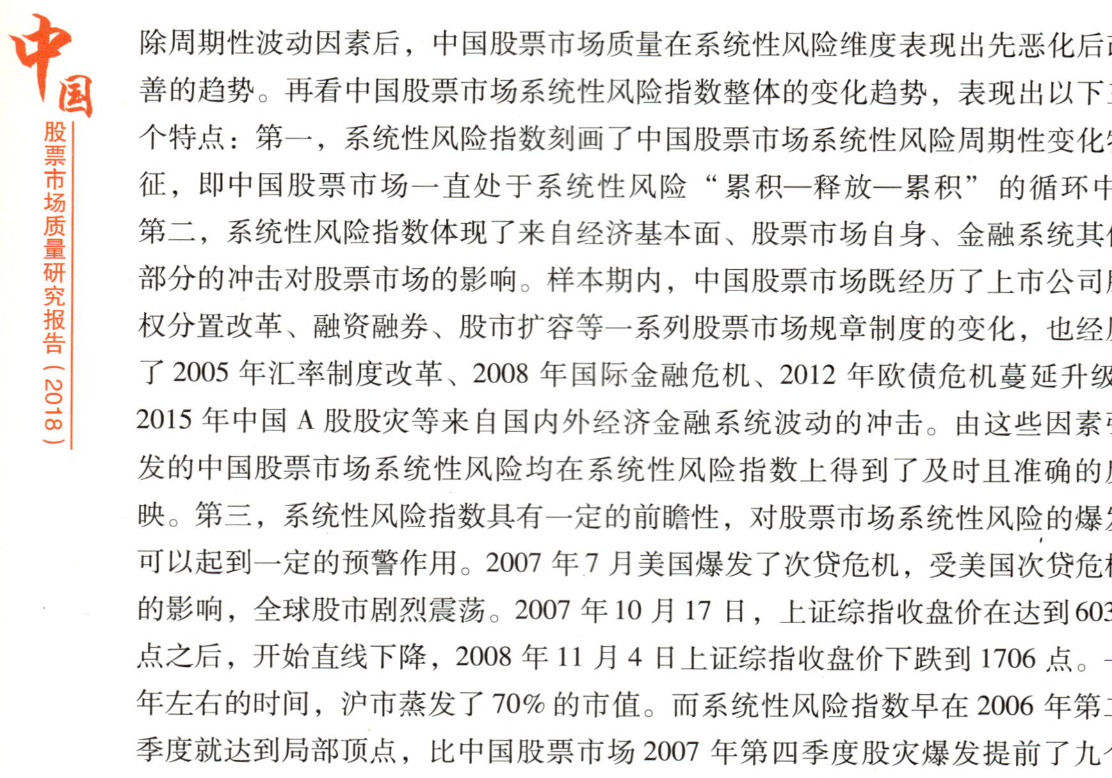

除周期性波动因素后，中国股票市场质量在系统性风险维度表现出先恶化后改善的趋势。再看中国股票市场系统性风险指数整体的变化趋势，表现出以下三个特点：第一，系统性风险指数刻画了中国股票市场系统性风险周期性变化特征，即中国股票市场一直处于系统性风险“累积—释放—累积”的循环中。第二，系统性风险指数体现了来自经济基本面、股票市场自身、金融系统其他部分的冲击对股票市场的影响。样本期内，中国股票市场既经历了上市公司股权分置改革、融资融券、股市扩容等一系列股票市场规章制度的变化，也经历了2005年汇率制度改革、2008年国际金融危机、2012年欧债危机蔓延升级、2015年中国A股股灾等来自国内外经济金融系统波动的冲击。由这些因素引发的中国股票市场系统性风险均在系统性风险指数上得到了及时且准确的反映。第三，系统性风险指数具有一定的前瞻性，对股票市场系统性风险的爆发可以起到一定的预警作用。2007年7月美国爆发了次贷危机，受美国次贷危机的影响，全球股市剧烈震荡。2007年10月17日，上证综指收盘价在达到6036点之后，开始直线下降，2008年11月4日上证综指收盘价下跌到1706点。一年左右的时间，沪市蒸发了70%的市值。而系统性风险指数早在2006年第二季度就达到局部顶点，比中国股票市场2007年第四季度股灾爆发提前了九个季度。再看2015年中国A股股灾，2015年6月12日，上证综指收盘价上升到5166点之后，呈现出急剧下跌的态势。2015年8月26日，跌破3000点，两个多月的时间，上证综指下跌了43%。而系统性风险指数早在2014年第三季度就达到局部顶点，比中国股票市场2015年第二季度股灾爆发提前了三个季度。对于历史上中国股票市场的两次重大股灾，系统性风险指数都体现出一定的前瞻性，具有一定的预警功能。

值得注意的是，虽然2015年中国A股股灾导致股票市场遭受重创，但是由于股票市场不断发展以及相应法律法规的健全完善，加之监管部门对股票市场系统性风险日趋成熟的监测和应对机制，2015年股灾在持续时间和影响程度上均小于2008年股灾。对比系统性风险指数可以直观得出，2008年系统性风险指数为73.04，2015年系统性风险指数为82.32，系统性风险指数明显上升。两次股灾的数据对比也充分表明中国股票市场在抵御系统性风险上取得了一定成效。

通过图12－11可知，样本区间内中国股票市场系统性风险具有明显的周期性特征。本报告通过系统性风险指数及其三个维度子指数的变动情况，着重分析系统性风险指数大幅下降的阶段以及背后的原因。系统性风险指数与三个子指数的变动情况如图12－12所示。

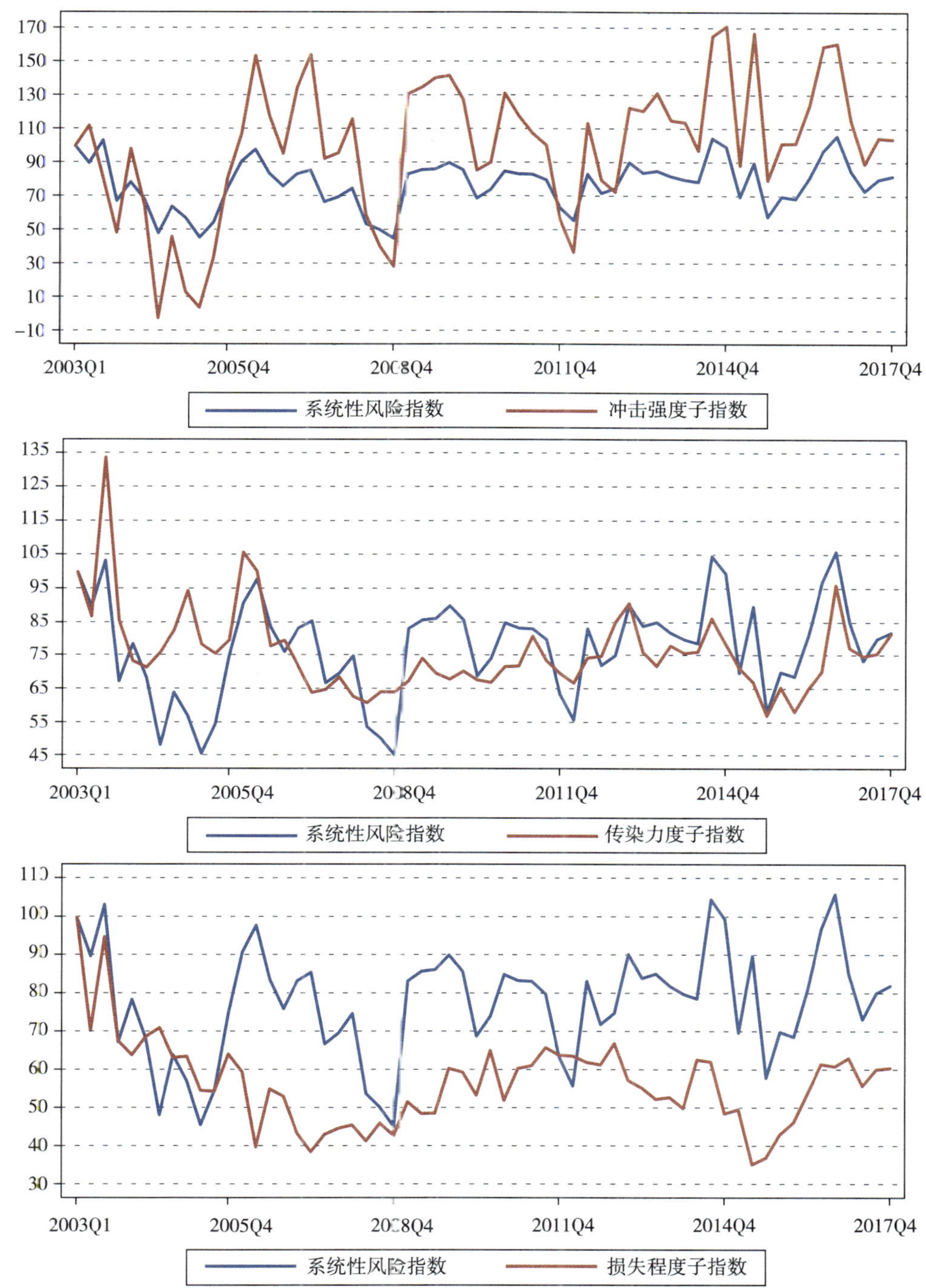

图 12－12　2003—2017 年中国股票市场系统性风险指数及子指数变化趋势（季度）

1. 第一个阶段（2003 年第一季度至 2005 年第二季度）

这一阶段系统性风险指数呈大幅下降的趋势，指数从 2003 年第一季度的 100.0 震荡下降到 2005 年第二季度的 45.7，下降幅度为 54.3%，中国股票市

场系统性风险水平显著上升。随着2001年互联网泡沫的破灭与2002年国有股减持办法的实施、停止，股票市场严重受挫，上证综指开始了长达四年的持续下跌。直到2005年初，在实体经济已经向好的情况下，股票市场仍不改下跌的趋势，上证综指跌破1000点，在2005年第二季度（具体时间为6月6日）跌至998点，比之前的最高点（2001年6月14日的2245.44点）下跌了55.54%，市场呈现出萧条景象。与此同时，系统性风险指数在2005年第二季度达到低点，数值为45.7，表明此时中国股票市场系统性风险水平达到局部顶点。进一步地，通过子指数的分析，本报告发现冲击强度和损失程度是驱动这一阶段系统性风险指数下降的主要原因。冲击强度子指数从2003年第一季度的100.0震荡下降到2005年第二季度的4.0，下降幅度高达96%；损失程度子指数从2003年第一季度的100.0震荡下降到2005年第二季度的54.7，下降幅度为45.3%。相应地，构建冲击强度子指数的负偏度系数和上下波动比率呈大幅上升趋势，很好地捕捉了这一阶段股票市场受到冲击之后，股价大幅下跌的风险。股票市场抵御风险冲击的能力降低，较小的负向冲击可能会产生较大的冲击强度。而作为构建损失程度子指数的相关指标，左尾系统VaR和左尾系统ES所测度的损失水平上升幅度较为明显，很好地捕捉了系统性风险集中释放造成的损失。

这一阶段系统性风险指数下降的主要原因是，在市场持续低迷、许多股票跌破发行价的情况下，仍有大量新股上市，严重破坏了股票的供需平衡，对股票市场产生了很大冲击。与此同时，二级市场的投资者陷入一种极端看空状态，投资者非理性行为对股票市场造成强烈冲击，股票市场负偏度系数和上下波动比率上升。此外，由于扩容过快，市场尚缺乏足够的自我纠错机制和市场监管机制，这使市场中容易出现价格操作和内幕交易行为，市场内的信息不对称加剧，当系统性风险开始集中释放时，股市系统损失水平也随之上升。

随着2005年新修订的《证券法》出台，上市公司信息披露更加完全，公司信息透明度的提高有效降低了个股价格暴跌风险（潘越等，2011），进而降低了个股价格大幅下跌对股市的冲击，提高了股票市场抵御风险冲击的能力。与此同时，2005年第三季度股权分置改革全面推开，通过引入市场化机理和约束机制，进一步完善法人结构，降低了上市公司经营不善对股市的负面冲击。以上措施有效健全了股票市场制度，提升了信息质量，保护了投资者权益，提高了股票市场抵御风险冲击的能力，降低了系统性风险的传染力度，进而降低了股票市场系统性风险水平，系统性风险指数下降的趋势得到遏制，开始大幅回升。

2. 第二个阶段（2006年第二季度至2008年第四季度）

这一阶段系统性风险指数呈大幅下降的趋势，指数从2006年第二季度的

97.9 震荡下降到 2008 年第四季度的 45.2，下降幅度为 53.8%，股票市场系统性风险水平显著上升。进一步地，通过子指数的分析，本报告发现冲击强度和传染力度是驱动这一阶段系统性风险指数下降的主要原因。冲击强度子指数从 2006 年第一季度的 153.6 震荡下降到 2008 年第四季度的 28.6，下降幅度高达 81.4%；传染力度子指数从 2006 年第一季度的 100.2 震荡下降到 2008 年第四季度的 64.2，下降幅度为 35.9%。相应地，构建冲击强度子指数的负偏度系数和上下波动比率呈波动上升趋势，很好地捕捉了这一阶段股票市场遭受的冲击强度较大，股票市场抵御风险冲击的能力有所降低。而作为构建传染力度子指数的两个指标，流动性同步性指标呈现急剧上升的趋势，价格同步性指标呈现震荡上升的趋势，很好地捕捉了这一阶段股票市场同质性水平较高，系统性风险在价格维度和流动性维度迅速传染扩散。

2006 年 1 月至 2007 年 10 月，上证综指持续、快速上涨，从 1161 点上涨至 6124 点。首先，中国经济持续稳定的增长为股票市场的发展提供了良好的宏观经济环境。其次，2005 年汇率制度改革后，人民币汇率进入了有管理的浮动汇率制度时期，人民币对美元汇率从 2005 年汇改时的 8.1：1 上升到 2007 年的 7.3：1。在人民币升值预期下，国际游资源源不断地涌入中国股票市场。最后，股市的上涨吸引了大量国内投资者投入股票市场，2007 年新增 A 股账户 6000 万户，相当于过去十年开户量的总和。此外，2007 年自然人投资者持股市值是机构投资者持股市值的 1.4 倍，并且自然人投资者交易占比更是达到机构投资者的 6.5 倍。分析指标可知，大量自然人投资者使中国股票市场羊群效应现象严重，股票价格同向变动趋势明显，价格同步性指标在 2006 年第四季度至 2007 年第一季度呈现出直线上升趋势；同时股票市场中大多数股票流动性向好，流动性同步性指标从 2006 年第二季度的 0.22 上升至 2007 年第三季度的 0.83，此时反映出股票市场高度同质化，加剧了系统性风险的传染力度。与此同时，负偏度系数从 2006 年第二季度的 -1.00 震荡攀升至 2007 年第三季度的 -0.55，上下波动比率从 2006 年第二季度 -0.90 震荡攀升至 2007 年第三季度的 -0.58，股票市场系统性风险的冲击强度也在不断扩大。

2007 年 10 月至 2008 年 12 月，在达到历史高点之后，上证综指进入急剧下跌阶段。2008 年初，多家大型公司传出再融资计划，再融资一般被认为是上市公司恶意圈钱行为，造成市场恐慌，对股票市场产生冲击，由此引发股民盲目抛售股票的非理性行为，股票市场羊群效应显著。此外，2008 年出台了两次调整印花税的政策，分别是 4 月 24 日印花税从 3‰下调至 1‰，9 月 19 日印花税由双边征收调整为单边征收 1‰。在国际方面，2007 年美国爆发次贷危机，由于美国在全球经济中的显要地位，美国次贷危机逐渐演变成 2008 年国

际金融危机。国际金融危机通过国际风险传染渠道影响中国经济走向，并影响中国股票市场，2008 年上证综指跌幅近 60%。受以上政策或事件的影响，价格同步性指标从 2007 年第三季度的 0.73 急剧上升至 2008 年第四季度的 0.80；流动性同步性指标在 2007 年第四季度至 2008 年第二季度也呈现出明显攀升态势，系统性风险的传染力度不断变大。与此同时，负偏度系数从 2007 年第三季度的 -0.55 震荡攀升到 2008 年第四季度的 -0.22，上下波动比率从 2007 年第三季度的 -0.58 震荡攀升到 2008 年第四季度的 -0.14，系统性风险的冲击强度继续扩大。因此，冲击强度和传染力度急剧变化促使中国股票市场系统性风险水平上升。

值得注意的是，作为指数框架中具有预警功能的指标——右尾系统 VaR 和右尾系统 ES，这两个指标早在 2005 年第四季度就开始呈现出持续大幅上升趋势。这表明本报告构建的系统性风险指数具有一定的前瞻性，可以较好地监测股票市场潜在系统性风险。

随着 2009 年上海证券交易所和深圳证券交易所正式要求上市公司开始同步披露 PDF（便携式文档）和 XBRL（可扩展商业报告语言）格式的财务报告，2010 年上市公司信息披露编报规则进一步细化以及企业内部控制细则更加完善，2012 年上海证券交易所和深圳证券交易所对退市制度也进行了规则细化，2013 年出台相关文件使中小投资者合法权益的保护取得了实质性进步，2014 年新股发行监管措施得以具体实施，以及 2014 年“新国九条”的发布对我国新时期资本市场的发展做出了统筹规划和总体部署。随着上述一系列不断细化和可执行性强的措施出台，系统性风险指数回到正常波动状态，中国股票市场系统性风险处于较低水平。

3. 第三个阶段（2014 年第三季度至 2015 年第三季度）

这一阶段系统性风险指数呈大幅下降的趋势，指数从 2014 年第三季度的 104.7 急剧下降到 2015 年第三季度的 58.0，下降幅度为 44.6%，中国股票市场系统性风险水平显著上升。进一步地，通过子指数的分析，本报告发现冲击强度、传染力度和损失程度同时促使这一阶段系统性风险指数急剧下降。冲击强度子指数从 2014 年第三季度的 165.5 急剧下降到 2015 年第三季度的 79.8，下降幅度为 51.8%；传染力度子指数从 2014 年第三季度的 86.4 急剧下降到 2015 年第三季度的 57.2，下降幅度为 33.8%；损失程度子指数从 2014 年第三季度的 62.2 急剧下降到 2015 年第三季度的 37.1，下降幅度为 40.4%。

这个阶段上证综指经历了快速上涨和急剧下跌的过程。2015 年初，为了结束 2009 年至 2014 年的熊市阶段，监管层开始鼓励资金入市，在允许场内融资的同时，对场外配资的监管采取宽松态度，目的在于借助场外杠杆配资快速活跃股票市场，股市开始快速上涨。2014 年 7 月 11 日至 2015 年 6 月 12 日，上证综指从 2033 点上涨到 5166 点，涨幅高达 154%。股市出现狂涨并失控，中国证监会出于对股市增长过快的担忧，于 2015 年 6 月 13 日宣布严查场外配资，意图降低股市过热的风险。但这一举措引起了市场的过度反应，6 月 15 日成为本轮股市的转折点，上证综指开始急剧下跌。2015 年第三季度，发生“千股跌停”的股灾。

在冲击强度维度，负偏度系数在 2015 年第三季度上升了 53.9%，上下波动比率在 2015 年第三季度上升了 50.5%，说明股灾期间股价大幅度下跌，对股票市场产生了强烈冲击，股票市场抵御风险冲击的能力降低，系统性风险水平急剧上升。

在传染力度维度，由于大规模、高杠杆地运用场外配资，股票价格大幅下跌时出现强制平仓，导致市场出现“流动性螺旋”现象。股价下跌，大量卖盘出现，更多配资盘被强制平仓，市场流动性趋于枯竭，股价进一步下跌。股票市场流动性螺旋现象导致股票价格和流动性交替下降，互相加强，股票市场同质性水平上升，加剧了系统性风险的传染力度。2015 年股灾期间传染力度子指数为 57，低于 2008 年国际金融危机期间的 61，表明高杠杆增加了我国股票市场系统性风险的传染力度。

在损失程度维度，左尾系统 VaR 和左尾系统 ES 较好地度量了股票市场系统性风险损失水平。“千股跌停”以及触发熔断机制时期，左尾系统 VaR 和左尾系统 ES 均出现快速大幅上升，此时股票市场系统性风险集中释放，股市系统损失水平较高。右尾系统 VaR 和右尾系统 ES 度量了股票市场系统性风险潜在损失水平，较好地捕捉到了潜在系统性风险累积的过程。这两个指标在 2014 年第二季度至 2015 年第二季度已经呈现出持续大幅上升趋势，右尾系统 VaR 在五个季度内上升幅度达 150%。这同样表明本报告构建的系统性风险指数具有一定的前瞻性，可以较好地监测中国股票市场潜在系统性风险。

经历了 2015 年中国股市危机之后，监管当局更加重视股票市场系统性风险的爆发，意识到高杠杆容易滋生高风险。上海证券交易所和深圳证券交易所所在 2015 年和 2016 年对《融资融券交易实施细则》进行了多次修改，目的在于加强融资融券业务的风险管理，严格控制股票市场杠杆水平。同时，监管当局也加大了对场外配资的监管审查力度。2015 年第三季度至 2016 年第四季度系统性风险指数开始大幅回升，中国股票市场系统性风险水平显著下降。

2016 年第四季度至 2017 年第二季度的系统性风险指数呈现出下降趋势，2017 年第三季度至 2017 年第四季度又呈现出回调趋势。表明新一轮系统性风险可能正在累积酝酿之中。2016 年第四季度后，冲击强度子指数和传染力度

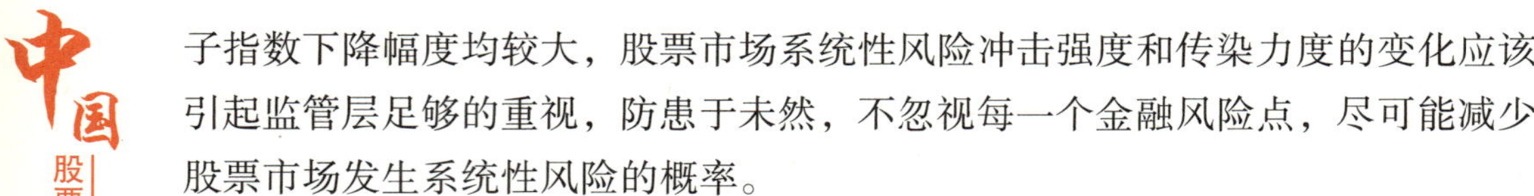

子指数下降幅度均较大，股票市场系统性风险冲击强度和传染力度的变化应该引起监管层足够的重视，防患于未然，不忽视每一个金融风险点，尽可能减少股票市场发生系统性风险的概率。

综上所述，本报告构建的中国股票市场系统性风险指数，从冲击强度、传染力度和损失程度三个维度，全面度量了中国股票市场系统性风险水平，进而从系统性风险维度评估了中国股票市场的质量水平。本报告的度量结果显示，2003 年至 2017 年系统性风险指数线性趋势项呈现缓慢上升的趋势，说明我国股票市场质量水平在系统性风险维度得到了一定程度的提升。从另一个角度看，2003 年至 2017 年系统性风险指数 H－P 滤波趋势项先下降后上升，即剔除周期性因素后，中国股票市场质量在系统性风险维度表现出先恶化后改善的趋势。此外，系统性风险指数不仅能够捕捉到诸如 2008 年国际金融危机这类来自国际市场外部冲击所导致的系统性风险，也能发现股市扩容、股权分置改革以及场内融资场外配资等股票市场规章制度对系统性风险产生的影响，还能够反映投资者非理性行为对系统性风险的影响。值得一提的是，本报告构建的系统性风险指数还具备对中国股票市场系统性风险进行一定程度预警的功能，能够较早发现股票市场中潜在系统性风险的累积。在 2008 年国际金融危机和 2015 年中国 A 股股灾中，系统性风险指数在风险爆发前均早已表现出持续大幅下降的趋势，对中国股票市场系统性风险的监测具备一定的前瞻性。

第四节　中国股票市场质量指数构建及分析

综合已有关于股票市场质量的相关文献以及国内外监管界的实践经验，在充分考虑中国股票市场发展实际情况的基础上，本报告从股票市场系统的角度提出了一个维度更为丰富的改进的股票市场质量微观度量指标体系，各维度包含的度量指标及相应权重见表 12－8。在本报告构建的微观度量指标体系中，中国股票市场质量包括三个组成部分，分别为市场效率、市场公正与系统性风险。

表 12－8　中国股票市场质量指数的构建

市场质量框架	评估维度	度量指标	权重
市场效率	配置效率	IPO 抑价率、再融资折价率	33.33%
	信息效率	方差比、特质信息含量、互自相关系数	
	运行效率	相对有效价差、Roll 价差	

续表

市场质量框架	评估维度	度量指标	权重
市场公正	市场操纵	连续交易操纵数量占比、连续交易操纵金额占比、开盘价操纵数量占比、开盘价操纵金额占比、收盘价操纵数量占比、收盘价操纵金额占比	33.33%
	内幕交易	基于成交价信息泄露数量占比、基于成交价信息泄露金额占比、基于成交量信息泄露数量占比、基于成交量信息泄露金额占比	
系统性风险	冲击强度	负偏度系数、上下波动比率	33.33%
	传染力度	价格同步性指标、流动性同步性指标	
	损失程度	左尾系统 VaR、左尾系统 ES、右尾系统 VaR、右尾系统 ES	

以三个维度子指数为基础，本报告通过等权平均得到中国股票市场质量指数，该指数反映了我国股票市场总体质量的变化情况。三个维度子指数的变化决定了我国股票市场质量指数的走势。因此，本报告结合三个维度子指数的变化情况分析我国股票市场质量指数。受到数据可得性的限制，本报告构建的中国股票市场质量指数样本区间为 2003 年第一季度至 2017 年第四季度。

一、中国股票市场质量指数的趋势分析

图 12 – 13 为本报告构建的中国股票市场质量指数变化趋势图。图中“市场质量指数 H – P 滤波趋势项”是中国股票市场质量指数经过 H – P 滤波后得到的趋势成分，该成分能够反映剔除周期性波动因素后中国股票市场质量的走势。图中“市场质量指数线性趋势项”则直接反映出我国股票市场质量指数的线性走势。

通过对中国股票市场质量指数线性趋势项的直观分析，我们发现 2003 年第一季度至 2017 年第四季度中国股票市场质量不断改善，表明监管当局实施的诸如保荐制度、股权分置改革、《关于进一步促进资本市场健康发展的若干意见》等一系列政策，实现了较好的政策效果。股票市场质量指数 H – P 滤波趋势项结果显示，中国股票市场经过了 2003 年至 2006 年改革的不断探索阶段后，建立了全流通市场，在此之后中国股票市场质量改善的幅度不断增加。

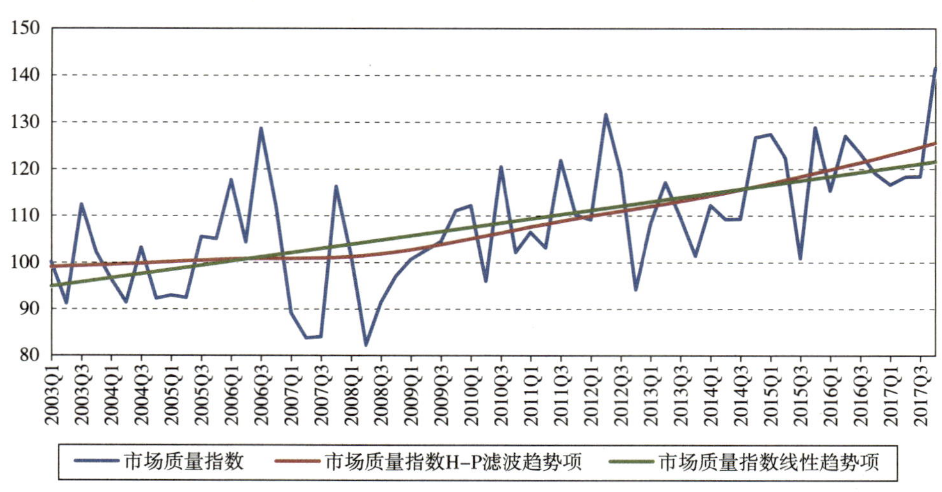

图 12－13　2003—2017 年中国股票市场质量指数变化趋势

二、中国股票市场质量指数分析

接下来，本报告结合三个维度子指数分析我国股票市场质量指数的变化情况，进而捕捉 2003 年以来我国股票市场质量时变的特征。

总体上，2003 年第一季度至 2017 年第四季度，我国股票市场质量指数的变化可以划分为三个阶段：第一个阶段为 2003 年第一季度至 2007 年第三季度，该时期内中国股票市场处于改革不断探索阶段，股票市场质量指数呈缓慢上升的状态。第二个阶段为 2007 年第四季度至 2014 年第二季度，中国股票市场处于国际金融危机冲击及危机后持续震荡阶段，股票市场质量指数先急剧下降后缓慢提升。第三个阶段是 2014 年第三季度至样本期末，此时中国股票市场处于政策推动下的股票市场质量持续改善阶段，股票市场质量指数波动上升。

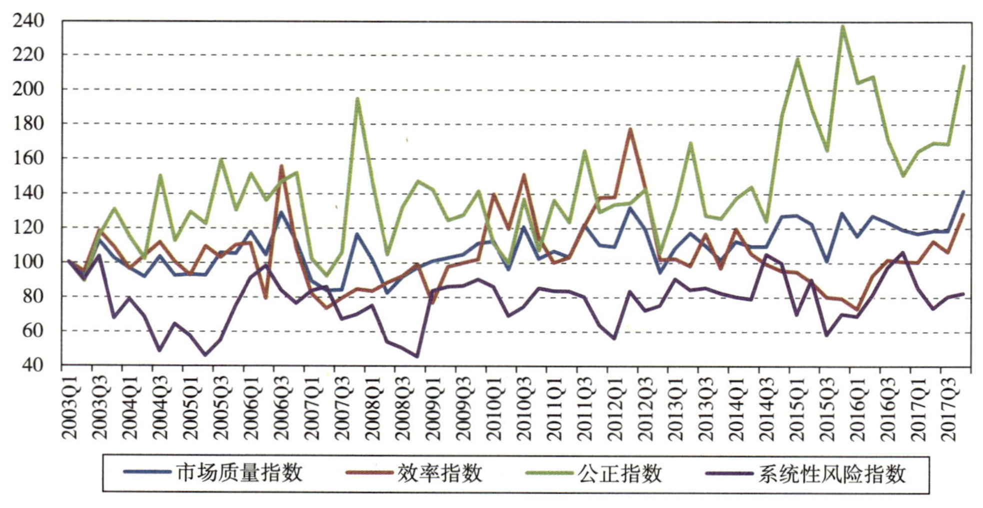

图 12－14　2003—2017 年中国股票市场质量指数及各维度子指数变化趋势

第一个阶段为2003年第一季度至2007年第三季度，该时期内中国股票市场处于改革不断探索阶段，股票市场质量指数呈缓慢上升的状态。我国股票市场自1990年12月19日正式建立以来，经历了十余年的初创探索，颁布了《证券法》，确定了涨跌停板制度，逐步建立了较为完善的市场交易制度和监管体制。在此基础上，2003年以来，我国股票市场依旧没有放慢改革探索的步伐，实施了保荐制度、股权分置改革等一系列政策，基本建立起全流通的股票市场，效率、公正和系统性风险子指数有所提升，该阶段我国股票市场质量缓慢改善。

2004年保荐制度全面实施以及中国证监会决定在首次公开发行中启动询价机制，完善了我国股票市场的发行制度，使市场的配置效率得到了有效提高，促使股票市场效率持续改善。市场效率的提升增加了市场操纵行为的成本，使疑似收盘价操纵和开盘价操纵行为发生的可能性显著降低，在很大程度上改善了股票市场秩序，市场操纵行为的严重程度明显改善，股票市场公正水平有了较为明显的提升。随着2001年互联网泡沫的破灭与2002年国有股减持办法的实施、停止，股票市场严重受挫，上证综指开始了长达四年的持续下跌。2003年第一季度至2005年第二季度，系统性风险子指数大幅下降，系统性风险水平快速上升，成为股权分置改革前中国股票市场质量轻微下降的主要驱动因素。2005年第二季度我国开始施行股权分置改革，消除非流通股和流通股的流通制度差异。随着市场流动性的提高和相关制度的完善，提高了我国股票市场的配置效率、信息效率和运行效率，市场效率出现了明显的提高。在此期间，不公正交易行为发生的概率也有所降低，市场公正水平相应提升。在系统性风险维度，股权分置改革通过引入市场化的机理和约束机制，进一步完善法人结构，降低了上市公司经营不善对股市的负面冲击。以上措施有效地健全了股票市场制度，提升了股市信息质量，保护了投资者权益，提高了股市抵御风险冲击的能力，使中国股市系统性风险情况显著改善。股权分置改革的实施，使效率、公正和系统性风险子指数得到了全面改善，提升了我国股票市场质量，2006年第三季度市场质量指数达到了这一时期内的最高值128.5。

值得注意的是，受系统性风险子指数大幅下降的影响，2007年起我国股票市场质量呈下降趋势。保荐制度、股权分置改革等一系列政策的推动为股票市场的发展提供了政策上的支持，加之该期间全球经济繁荣拉动我国出口增长，带动我国经济高速发展，上市公司业绩普遍较好，2005年第三季度开始中国股市持续快速上涨，上市公司股价逐渐脱离其基础价值，股市开始出现泡沫，潜在系统性风险不断累积。受此影响，2007年第一季度开始，系统性风险子指数大幅下降，导致市场质量指数开始下降。虽然在第一个阶段内，中国股票市场质量指数均值为100.2，市场质量略好于基期，但2007年起市场质量指数的下降说明中国股票市场质量开始恶化。

第二个阶段为2007年第四季度至2014年第二季度的国际金融危机冲击及危机后持续震荡阶段，该阶段中国股票市场质量呈现出先急剧下降再稳步上升的特征。2007—2008年国际金融危机对我国实体经济和股票市场影响巨大，效率、公正和系统性风险子指数大幅下降，导致市场质量指数在短期内急剧下降。国际金融危机期间，市场质量指数最低降至82.11，是研究样本期内的最低值，此时中国股票市场质量处于最低的阶段。国际金融危机爆发前，贸易持续顺差导致外汇占款不断增加，汇改后人民币升值预期使大量热钱涌入，同时开放式基金大量发行募集社会资本，造成大量资金流入股市，推动上证综指持续、快速上涨，股票价格偏离其基础价值，股市泡沫逐步积累，潜在系统性风险水平较高。国际金融危机爆发后，我国出口受阻，上市公司盈利普遍出现下滑情况，影响了中国股市基本面；同时国际金融危机通过国际间风险传染渠道对中国股市产生直接影响，致使2007—2008年我国股票市场价格出现剧烈波动。加之2007年我国股票市场中自然人投资者占比很高，使股票市场投机氛围浓厚，羊群效应显著，股票市场同质化现象严重，使系统性风险传染力度不断加大，造成系统性风险子指数持续、大幅下降，系统性风险爆发。系统性风险爆发造成了市场混乱的局面，信息传递机制受阻，流动性下降，更容易出现市场操纵和内幕交易等行为，破坏市场公正交易环境，导致股票市场公正水平下降。同时，国际金融危机期间股票价格的剧烈波动提高了交易成本并降低了市场反映信息的能力，导致运行效率和信息效率大幅下降。股票市场效率降低使不公正交易行为难以被发现，进一步降低了股票市场公正水平，股票市场公正子指数大幅下降。

此后，随着国际金融危机的结束，市场效率、公正和系统性风险子指数都有了显著的回升，我国股票市场质量状况有了明显的改善。2010年3月31日，中国证监会推出证券公司融资融券业务试点。融资融券业务的开展，完善了股票市场的卖空机制，充分发挥了卖空机制的价格发现功能，降低了市场中信息不对称程度，提高了股票市场的信息效率和配置效率，市场效率子指数开始快速上升。随后在2010年4月16日，沪深300股指期货开始上市交易，继续提高了中国股票市场的价格发现能力，进一步拉升了市场效率子指数。2011年第一季度，深圳证券交易所宣布，对首次公开发行的股票，在交易过程中出现规定情形时交易所可以对其实施盘中临时停牌措施，同时开始对其实施涨跌幅限制。这一改革限制了股票市场价格发现功能，加剧了市场中信息不对称程度，对信息效率和配置效率产生了负面影响，导致市场效率子指数出现了较为明显的下降，从114.34下降到99.87。但这一发行制度的变化对股票市场并没有产生持续性的影响，政策实施后的2011年第二季度效率子指数开始回升，并很快回到了政策实施前的水平。总体来说，2009年至2011年，市场效率子指数整体呈稳步上升趋势，市场效率水平的不断提高是这一段时期我国股票市场质量改善的最主要驱动因素。与此同时，监管部门出于遏制利用上市公司并购重组信息进行内幕交易的目的，加大了防范和打击内幕交易活动的力度，形成了一定的震慑力。受此影响，疑似内幕交易行为发生的严重程度逐步改善，市场公正子指数也逐步上升。在市场效率和公正水平的推动下，我国股票市场质量逐步提高。

进入2012年第二季度后，中国股票市场指数呈逐步下降趋势。为稳定二级市场走势，监管部门于2012年10月暂停IPO，以避免大量新股申购分流资金对股票市场的冲击。本次IPO暂停时间约15个月，在中国股票市场历史上的9次IPO暂停中历时最长。IPO暂停极大地制约了股票市场的融资功能，对中国股票市场的配置效率产生了不利影响，股票市场配置效率指数也由2012年第二季度的288.86大幅下降至2012年第四季度的76.55。受此影响，中国股票市场质量指数相应地从2012年第二季度的131.62显著下降至2012年第四季度的94.07。尽管长期的IPO暂停导致中国股票市场配置效率下降，但在此期间市场公正子指数及系统性风险子指数有所提升，在很大程度上抵消了市场效率指数下降所产生的影响，使市场质量指数在出现大幅下降后很快趋于稳定。具体来说，一方面，进入2012年后，监管部门加快了法治化建设的步伐，促进市场公正的政策法规频频出台：国务院出台了一系列政策法规，旨在切实防范金融风险、保护投资者合法权益，促进资本市场健康发展；中国证监会也先后颁布了一系列规定，遏制市场操纵、内幕交易等不法行为；最高人民法院也从金融审判的角度，加强了对资本市场违法违规行为的威慑。在完善资本市场法律法规体系的同时，中国证监会也组建了稽查总队上海、深圳支队，进一步强化了稽查执法力量，并以此为基础陆续开展打击市场操纵、内幕交易等扰乱市场秩序行为的专项执法行动，严厉打击各种违法违规行为。受此影响，收盘价操纵、内幕交易等各类违法违规行为发生的严重程度明显改善，推动市场公正子指数稳步上升。另一方面，由于股票二级市场行情持续震荡，市场成交规模不断萎缩。在此过程中，股票市场冲击强度明显减弱，系统性风险水平逐步下降，系统性风险子指数有所改善。总之，在市场公正水平明显提升及系统性风险水平下降等有利因素的作用下，中国股票市场质量指数很快趋于稳定，并一直持续到2014年。

2014年2月，为缓解新股发行中一直存在的“三高”现象（高发行价、

高上市价和高市盈率)，中国证监会发布了《关于进一步推进新股发行体制改革的意见》，推行新股发行制度市场化改革。针对投资者报价过高导致的新股高价发行问题，该意见指出，网下投资者报价后，发行人和主承销商应预先剔除申购总量中报价最高的部分，剔除的申购量不得低于申购总量的10%，然后根据剩余报价及申购情况协商确定发行价格。这表明对于超过报价平均水平一定范围的报价，将被排除在获得新股配售资格的范围之外。这一制度安排既与市场经济的价格机制相悖，也未能从根本上解决新股炒作的问题，仅通过降低新股发行价对一级、二级市场的利益分配进行了重新调整。同时，针对长期以来二级市场新股炒作现象，该意见规定，建立以新股发行价为比较基准的上市首日停牌机制，加强对“炒新”行为的约束。具体来说，如果上市交易首日新股价格比发行价上涨或下跌20%，股票将临时停牌；若复牌后股票价格在此基础上再上涨或下跌20%，将再次停牌。

上述新股发行制度改革安排尽管体现了尝试解决发行市场高报价、二级市场新股炒作等现象的初衷，但剔除报价最高的10%部分、上市首日停牌机制形成了对新股定价及二级市场交易价格的干预，在一定程度上会恶化股票市场的配置效率。受此影响，中国股票市场效率子指数自2014年第一季度后进一步下跌。但是，在公正子指数明显提升的作用下，中国股票市场质量指数仍保持上升趋势，并于2014年第二季度达到109.12。

第三个阶段是2014年第三季度至样本期末，此时中国股票市场处于政策推动下的股票市场质量持续改善阶段，股票市场质量指数波动上升。这一时期，国家更加注重发展多层次的资本市场，以便于企业直接融资。2014年5月发布《关于进一步促进资本市场健康发展的若干意见》。“新国九条”对发展多层次股票市场、规范发展债券市场、培育私募市场、推进期货市场建设、提高证券期货服务业竞争力、扩大资本市场开放、防范和化解金融风险、营造资本市场良好发展环境等工作进行了全面部署。在政策的推动以及媒体的影响下，投资者通过融资融券和股票配资业务获得大量资金并投入股票市场。在场外杠杆的作用下，短期内股票市场快速持续上涨。2014年7月11日至2015年6月12日，上证综指从2033点上涨到5166点，涨幅高达154%。在股票市场单边上涨行情中，股票价格及股票流动性的同步性有所提升，系统性风险传染力度不断加大，促使股票市场系统性风险水平不断上升。受此影响，中国股票市场系统性风险子指数随之下降，并于2015年第一季度达到69.84；与此同时，股票市场的繁荣也促使市场操纵等违法违规行为频繁发生，扰乱了股票市场秩序。据统计，监管部门于2015年累计立案调查案件数量为2014年的2倍左右。受此影响，市场公正子指数于2015年第一季度大幅下降，最低时于

2015 年第三季度达到 164.62。在股票市场市场公正及系统性风险子指数均有所下降的影响下，中国股票市场质量指数在此期间也呈现出逐步下降趋势。

出于对股市行情增长过快的担忧，监管部门于 2015 年 6 月宣布严查场外配资，意图降低股市过热的风险。但这一举措引起了市场的过度反应，上证综指开始急剧下跌，股市也在此期间发生以“千股跌停”为代表的异常波动。一方面，股票市场的异常波动不仅破坏了市场流动性，导致股票交易成本显著提升，运行效率相应降低，而且受监管部门于 2015 年 7 月再一次暂停 IPO 的影响，股票市场的配置效率进一步恶化，市场效率子指数也持续恶化，于 2015 年第三季度降至 79.81 的水平。另一方面，股票市场的异常波动也促使系统性风险传染力度及损失程度均呈现不同程度的增加。其中，在传染力度方面，由于大规模、高杠杆地运用场外配资，股票价格大幅下跌时出现强制平仓，导致市场出现“流动性螺旋”现象，即股价下跌，大量卖盘出现，更多配资盘被强制平仓，市场流动性枯竭，股价进一步下跌。股票市场流动性螺旋现象导致股票价格和流动性同步下降，提升了我国股市同质性水平，加大了系统性风险的传染力度。在损失程度方面，“千股跌停”时期，左尾系统 VaR 和系统 ES 均出现快速大幅上升，此时股市系统损失水平较高。受此影响，系统性风险子指数也于 2015 年第三季度大幅降低至 58.04。在上述两个因素的共同作用下，中国股票市场质量持续恶化，市场质量指数于 2015 年第三季度降至 100.82 的水平。

股票市场异常波动期间，监管部门迅速采取了一系列政策措施，对稳定市场走势和投资者情绪发挥了关键性作用。危机的有效应对与处理，有效遏制了股票市场风险冲击强度、传染力度及损失程度的进一步扩大，有效防范了可能发生的系统性风险，推动系统性风险子指数逐步回升。此后，监管部门更加重视稽查执法在维护股票市场秩序中的重要作用，在推进监管转型的过程中逐步将监管重心向事后稽查执法转移。据统计，2015 年证监会系统办结立案案件 334 件，较上年增加 54%。立案案件调查平均周期由上一年的 126 天减少至 86 天。稽查执法力度的逐步加大对市场操纵、内幕交易等违反市场秩序行为形成了巨大的震慑力，从而促使市场公正子指数大幅回升，并于 2015 年第四季度达到 237.13 的水平。市场公正子指数与系统性风险子指数的回升，推动中国股票市场质量有所提升，市场质量指数于 2015 年第四季度达到 128.76 的水平。但是，2016 年初中国股票市场再次发生了异常波动，连续触发刚刚实施的指数熔断机制。在此期间，中国股票市场质量指数也相应有所下降，于 2016 年第一季度降低至 115.23。

实施熔断机制所引发的股价异常波动并未对我国股票市场产生持续影响，

市场质量指数在 2016 年第二季度开始迅速回升。同时，IPO 审核呈现出提速趋势，由此所引起的市场效率子指数的提升促使中国股票市场质量指数处于稳步上升的状态。具体来说，新股发行速度加快增加了新股供给，有效缓解了新股的供求失衡，有利于从根源上解决发行市场所存在的高发行价、高上市价和高市盈率现象。与此同时，沪深交易所于 2016 年 1 月发布的新股发行实施细则取消了新股申购预缴款制度，投资者在申购委托时不再需要全额缴纳申购资金，有利于缓释新股发行对二级市场的资金分流效应。总之，发行市场的上述变化有利于促进市场配置效率提升，加上市场公正水平的大幅提高以及系统性风险水平保持稳定，该阶段中国股票市场质量呈波动上升状态。

结合上述分析，本报告得出如下结论：第一，2003 年第一季度至 2017 年第四季度中国股票市场质量总体上处于不断改善的状态，且随着全流通市场的建立，股票市场质量改善的幅度不断增加。第二，本报告构建的中国股票市场质量指数具有一定的预测性和前瞻性。由于系统性风险子指数可以较好地捕捉潜在系统性风险的变化情况，使股票市场质量指数在危机爆发前即出现恶化趋势，成功预警了 2008 年和 2015 年股市危机。第三，股权分置改革对我国股票市场质量提升具有明显且持续的影响，但 2007 年以后，随着股票市场持续单边上涨，潜在系统性风险累积导致市场质量开始下降，为国际金融危机期间市场质量急剧大幅下跌以及随后股票市场进入漫长恢复期埋下隐患。第四，国际金融危机期间，我国股票市场质量指数先急剧下降后稳步上升。国际金融危机期间，市场质量指数最低降至 82.11，是研究样本期内的最低值，此时中国股票市场质量处于最低的阶段。随着国际金融危机的结束，中国证监会试行了融资融券业务并发布了一系列保护投资者、打击市场违规行为的政策法规，实现了较好的政策效果，市场效率、公正和系统性风险子指数都有了显著的提升，我国股票市场质量持续改善。第五，2014 年第三季度开始，国家更加注重发展多层次资本市场，在政策的推动以及媒体的影响下，大量场外杠杆资金进入股票市场，由于杠杆资金的介入，2015 年和 2016 年发生的两次股灾导致股市在短期内急剧下跌。受益于中国股票市场自身建设的不断完善和监管部门迅速采取措施，两次股灾在影响程度和持续时间上均小于 2008 年国际金融危机期间。加上 IPO 审核呈现出审核提速、监管部门加大对市场违规操作的打击力度等提高了市场效率和公正水平，促使这一时期中国股票市场质量总体上呈波动上升趋势。

本章小结

基于构建的股票市场质量微观度量框架，本章分别构建了中国股票市场效率指数、公正指数和系统性风险指数，来刻画中国股票市场各维度的运行情况。进一步地，本章构建了中国股票市场质量指数，以揭示中国股票市场质量的变化情况。

从中国股票市场效率指数的变化情况来看，首先，中国股票市场效率指数保持显著的上升趋势，反映了中国股票市场效率在不断提升。其次，虽然保持上升趋势，但是中国股票效率指数存在较大的波动。这一波动情况既受到市场价格剧烈波动的影响，也受到发行制度、交易制度等相关政策的影响。最后，从配置效率指数、运行效率指数和信息效率指数的变化趋势和相互关系来看，不同维度的效率之间的发展特征差异很大。其中，运行效率有了很好的提升，继续保持当前趋势。而为了加强和巩固信息效率的上升趋势，需要加大对这一方面的重视和相关政策有效性评估。而配置效率波动较大，且近年来表现较差，具有很大的提升空间。

从中国股票市场公正指数的变化情况来看，一方面，在 2012 年以前，中国股票市场操纵行为发生的严重程度于 2003 年第一季度至 2006 年第四季度明显改善，并于 2007 年后基本稳定在一定水平；中国股票市场发生疑似内幕交易行为的严重程度于 2003 年第一季度至 2007 年第二季度没有发生明显变化，并自 2007 年第三季度后显著改善；在两者的共同作用下，中国股票市场的总体公正水平于 2003 年第一季度至 2006 年第四季度明显提升，并于 2007 年第一季度至 2011 年第四季度基本保持稳定；另一方面，进入 2012 年后，随着监管转型逐步深入与监管力度趋于加大，维护市场公正的政策法规也频频出台，在很大程度上抑制了各类违法违规行为的发生，从而推动市场公正指数进一步提升。总之，中国股票市场公正指数呈现出明显向好趋势，这与监管部门出台的用以维护市场公开、公平、公正的一系列政策法规密不可分。

从中国股票市场系统性风险指数的变化情况来看，虽然中国股票市场系统性风险具有周期性变化特征，一直处于“累积—释放—累积”的循环当中，但是中国股票市场系统性风险指数具有上升的线性趋势，同时剔除周期性波动因素后，系统性风险指数具有先下降后上升的 H－P 滤波趋势。此外，系统性风险指数不仅能够捕捉到诸如 2008 年国际金融危机这类来自国际市场外部冲击所导致的系统性风险，也能发现股市扩容、股权分置改革以及场内融资场外

配资等股票市场规章制度对系统性风险的影响，还能够反映投资者非理性行为对系统性风险的影响。值得一提的是，系统性风险指数还具备对系统性风险进行一定程度预警的功能，即能够较早发现市场中潜在系统性风险的累积。在2008年和2015年爆发的股灾中，系统性风险指数在风险爆发前均早已表现出持续大幅下降的趋势，对系统性风险的监测具备一定的前瞻性。

从中国股票市场质量指数的变化情况来看，可以划分为三个阶段：第一个阶段为2003年第一季度至2007年第三季度，该时期内中国股票市场处于改革不断探索阶段，实施了保荐制度、股权分置改革等一系列政策，基本建立起全流通的股票市场，效率、公正和系统性风险子指数得到了全面提升，该阶段我国股票市场质量缓慢改善。第二个阶段为2007年第四季度至2014年第二季度，中国股票市场处于国际金融危机冲击及危机后持续震荡阶段，股票市场质量指数先急剧下降后缓慢提升。国际金融危机对我国实体经济和股票市场影响巨大，效率、公正和系统性风险子指数大幅下降，导致市场质量指数在短期内急剧下降。此后，随着国际金融危机的结束，市场效率、公正和系统性风险子指数都有了显著的回升，我国股票市场质量状况有了明显的改善。第三个阶段是2014年第三季度至样本期末，此时中国股票市场处于政策推动下的股票市场质量持续改善阶段，股票市场质量指数波动上升。

第五篇　国际比较篇

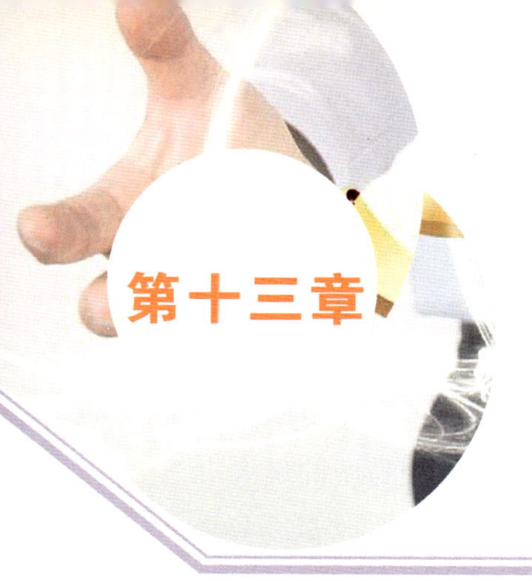

第十三章 股票市场效率的国际比较

本部分重点比较分析上海证券交易所和深圳证券交易所股票市场与其他十一个主要国际股票市场的配置效率、运行效率与信息效率。其中，发达股票市场的代表包括美国纽约证券交易所（以下简称纽约市场）与纳斯达克证券交易所（以下简称纳斯达克市场）、英国伦敦证券交易所（以下简称伦敦市场）、日本东京证券交易所（以下简称东京市场）、澳大利亚证券交易所（以下简称澳大利亚市场），新兴股票市场的代表包括印度孟买证券交易所（以下简称孟买市场）、巴西圣保罗证券交易所（以下简称圣保罗市场）、俄罗斯莫斯科证券交易所（以下简称莫斯科市场）、南非约翰内斯堡证券交易所（以下简称约翰内斯堡市场）。就中国地区的股票市场而言，除了上海证券交易所与深圳证券交易所，本报告还考察了中国香港证券交易所（以下简称香港市场）和中国台湾证券交易所（以下简称台湾市场）。以上十三个股票市场中十一个位列全球规模最大股票市场，占全球股市规模的比例大约为 80%。不仅如此，以上股票市场还包括了每个大洲最重要的股票市场。因此，本报告采用的国际股票市场样本基本涵盖了全球最重要、最具代表性的股票市场。

对于国际比较样本，本报告选择了 2007 年到 2017 年每个股票市场的所有上市公司。如此选择，主要有以下四个原因。第一，样本区间内世界各国股票市场的交易基本上都是通过电子交易系统进行的，做市商交易所占比重已经可以忽略，这在一定程度上能够避免交易系统差异对比较结果可靠性的影响。第二，选择样本区间内每个股票市场的所有上市公司而不是部分公司，可以避免样本选择偏差问题。第三，统一样本区间可以准确比较在相同区间内中国股票市场与国际主要股票市场的差异，避免“关公战秦琼”，提高比较结果的可靠性。第四，统一度量方法使国际比较结果更加可靠。少数国际比较分析的文献虽然采取各种方法尽量避免样本区间不统一的问题①以及方法不一致的问题，

① 尽管这些国际比较文献尽量选择比较统一的样本区间，但受数据获取限制，仍然普遍存在样本开始与截止时间不一致的情况。

但受数据限制，其很难获得所有样本公司数据（Bris et al.，2007）[①]，并且很少考虑控制交易系统差异的影响。国内有关研究在测度我国股票市场效率的同时，也尝试将其与国际进行比较，但上述四个方面都没有办法解决。比如在较早的文献中，基于1999年11月8日到2000年11月22日以10分钟为间隔的日内交易记录，屈文洲与吴世农（2002）计算了40只深证成分股股票的买卖报价价差，并与20世纪80年代纽约证券交易所和美国证券交易所的最大市值股票（Handa and Schwartz，1996）以及伦敦和巴黎证券交易所股票（Pagano and Roell，1990）的买卖报价价差进行了比较，得到了指令性驱动的深圳股票市场买卖报价价差明显低于国际的结论；张峥等（2013）采用2001年10月到2005年12月的数据计算了时间加权相对报价价差，与Goyenko等（2009）在同样期间计算的以成交额加权的相对有效价差进行比较，得出了中国股票市场流动性优于美国的结论。受上述四个方面的限制，这些国际比较的结论明显与实际情况不符，可靠性较差。本报告采用更为全面的数据和样本、更加系统的方法以及更加统一的交易系统条件，但却得到了与以往文献完全不同的结论。

因此，本章以2007年到2017年十三个股票市场的所有上市公司发行与交易数据为基础，从配置效率、运行效率和信息效率三个维度对比分析股票市场效率。需要说明的是，本章各部分数据均来自汤森路透，MQD提供了运行效率和信息效率部分的云计算和大数据处理工作。

第一节　股票市场配置效率国际比较

对于配置效率的国际比较，本报告主要从各股票市场的首次公开发行（Initial Public Offerings，IPO）和股权再融资（Follow－on Offering）两个方面进行考察。这里的股权再融资，既包括国内常见的增发（Seasoned Equity Offerings，SEO）与配股（Right Offerings），也包括大宗交易等其他股权再融资形式。运用股票市场中的个股发行信息，本报告分别计算了各市场的IPO抑价率和再融资折价率，进而比较分析了十三个国际主要股票市场的配置效率。需要特别指出的是，股票市场配置效率度量涉及的所有发行数据与股票价格数据均来自汤森路透。

一、股票市场IPO配置效率的国际比较

本报告首先比较了2007年至2017年十三个国际主要股票市场IPO的基本

---

① 国际比较文献通常选择规模较大的上市公司，但这种处理忽略了各国上市公司结构变化对市场效率的影响，比如我国中小板与创业板。

情况，包括 IPO 数量与 IPO 募集资金规模。然后，本报告依据 IPO 抑价率的结果比较分析了各市场的配置效率。

（一）不同股票市场 IPO 的基本情况

图 13－1 展示了 2007—2017 年国际主要股票市场的 IPO 基本情况。美国的纽约市场和纳斯达克市场依然是世界上最重要的股票交易市场，前者的 IPO 募集资金总额超过了 3500 亿美元，遥遥领先于其他股票市场。作为新兴股票市场的重要代表，近十年来沪市和深市 IPO 发展飞速，已经成为全球最受瞩目的股票市场。沪深两市 IPO 数量合计 1850 个，是纽约市场的 2.35 倍，是香港市场的 2.72 倍；沪市的 IPO 筹资额仅次于纽约市场和香港市场，而深市的 IPO 筹资额介于纳斯达克市场和东京市场之间。

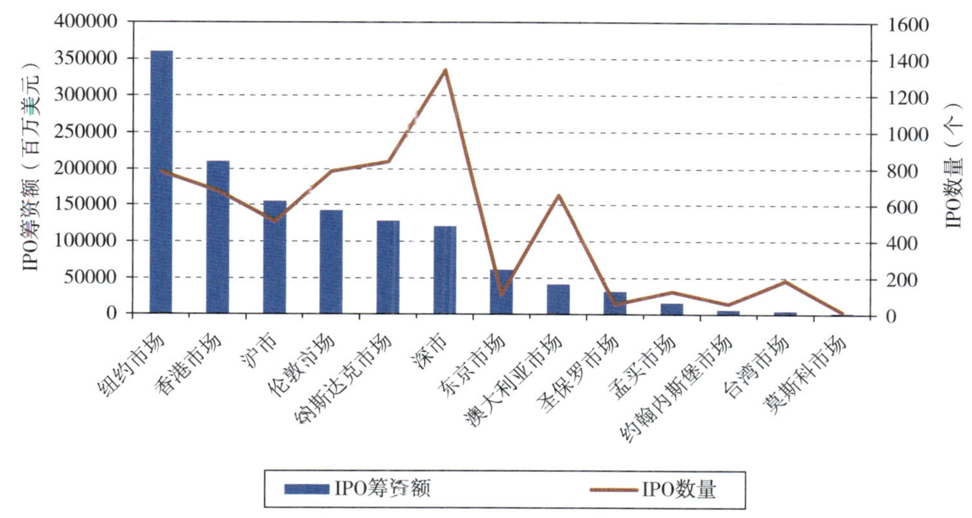

图 13－1　2007—2017 年国际主要股票市场的 IPO 基本情况

与其他新兴股票市场相比，中国股票市场 IPO 发展的表现更加突出。2007 年以来，圣保罗市场、孟买市场、约翰内斯堡市场、莫斯科市场等金砖国家股票市场的 IPO 数量和筹资额都远远低于中国的沪市和深市。中国的香港市场和台湾市场 IPO 情况差异较大，前者的筹资额仅次于纽约市场，而台湾市场的 IPO 数量和筹资额都较低，仅略高于莫斯科市场。

香港市场的 IPO 情况，与沪深两市的发展密切相关。2005 年以来，沪市和深市股票上市发行实行“保荐制”，保荐机构需要在股票发行上市的过程中提供协助并在上市后进行持续督导。考虑到保荐责任，保荐机构倾向于提高对拟发行股票公司的要求，再加上中国证监会发行审核委员会的严格审核，沪市和深市 IPO 不能充分满足企业的融资需求，部分境内企业开始选择到香港市场和纳斯达克市场上市发行。由于香港股票市场采取注册制，上市相对比较便

利，因此很多内地企业开始选择到香港上市。目前港股上市的企业中有近50%为内地企业①。就目前的数据来看，包括香港在内的中国股票市场IPO体量已经基本与美国持平。

（二）IPO配置效率的国际比较

本报告首先依据股票IPO的发行数据以及股票上市后的股价数据分别计算每个市场每只股票的IPO抑价率，然后计算每个市场的平均抑价率作为该市场IPO配置效率的度量。本报告采用算术平均与加权平均两种方法计算每个股票市场的平均抑价率。加权平均抑价率是以IPO募集资金额为权重计算的加权平均抑价率。具体抑价率计算结果和排名结果如表13－1所示。由于莫斯科市场、圣保罗市场和约翰内斯堡市场2007年以来的IPO数量均不到60个，市场活跃度较低，本报告仅将其结果列出，但在IPO配置效率的国际比较以及后续分析中暂不做考虑。

表13－1　2007—2017年股票市场IPO配置效率的国际比较

市场	IPO数量（个）	算术平均抑价率（%）			加权平均抑价率（%）		
		未调整	调整后	排名	未调整	调整后	排名
沪市	509	42.79	238.64	10	34.06	97.62	9
深市	1341	57.00	185.40	9	43.36	147.53	10
香港市场	678	17.73	17.73	4	11.18	11.18	5
台湾市场	187	31.98	31.98	8	33.35	33.35	8
纽约市场	787	13.57	13.57	2	10.06	10.06	4
纳斯达克市场	841	21.40	21.40	5	14.87	14.87	6
伦敦市场	788	16.27	16.27	3	6.98	6.98	1
东京市场	111	10.99	10.99	1	9.79	9.79	3
澳大利亚市场	656	22.51	22.51	7	9.28	9.28	2
孟买市场	126	22.11	22.11	6	15.90	15.90	7
圣保罗市场	57	6.59	6.59	—	5.90	5.90	—
约翰内斯堡市场	58	32.39	32.39	—	17.86	17.86	—
莫斯科市场	14	1.98	1.98	—	0.05	0.05	—

注：（1）考虑到政策差异和数据可得性，此处的抑价率调整只适用于沪深两市，具体计算方法见式（6－2），未调整抑价率计算参照式（6－1）；

（2）沪市和深市分别有32.30%和24.87%的IPO上市首日涨停，且存在连续涨停现象，故调整后IPO抑价率大幅提高；

（3）抑价率为反向指标，抑价率越高、配置效率越低，此处排名按照配置效率由高到低进行排序，后文做同样处理。

---

① 中国内地企业可以通过H股、“大红筹”“小红筹”等多种路径在香港上市，在此仅计算H股和“大红筹”，仍存在大量在香港上市的民营企业未被统计。

从表 13－1 中可以发现，与其他国际主要股票市场相比，沪市和深市的 IPO 抑价率较高，配置效率表现较差。鉴于沪市和深市近年来实施涨跌幅限制，在这期间以上市首日收盘价计算的 IPO 抑价率可能无法准确反映股票首次公开发行的配置效率，因此本报告同时列出了以 IPO 上市后涨跌停板结束次日的收盘价替代上市首日收盘价计算的调整 IPO 抑价率。调整后的沪深两市 IPO 抑价率是其他股票市场的 IPO 抑价率的数倍乃至十倍。另一配置效率较低的股票市场是台湾市场，其 IPO 抑价率水平与沪市调整前的水平比较接近，也超过了 30%。与之相对的是，香港市场 IPO 抑价率近十余年的加权均值仅为 11.18%，与纽约市场等发达股票市场接近，表现出较高的 IPO 配置效率。

在国际主要股票市场中，伦敦市场、澳大利亚市场、东京市场、纽约市场、纳斯达克市场等发达股票市场的 IPO 配置效率明显高于其他市场。特别是伦敦市场，其 IPO 加权平均抑价率仅为 6.98%，在表中所列股票市场中 IPO 配置效率最高。IPO 规模较大的纽约市场，2007 年以来 IPO 算术平均抑价率和加权平均抑价率分别为 13.57% 和 10.06%，在国际股票市场中表现得也比较突出。

（三）IPO 配置效率与筹资规模关系的国际比较

本报告接下来将每个股票市场的 IPO 按照筹资规模以及发行价格分成不同组，分析了 IPO 配置效率与筹资规模（以发行筹资额计）、发行价格之间的关系。本报告将每个市场的 IPO 按照以美元计价的筹资额平均分成 5 组，其中组 1 的 IPO 筹资额最小，组 5 的筹资额最大。各市场分组 IPO 抑价率的结果展示在表 13－2 中。

表 13－2　2007—2017 年 IPO 配置效率与筹资规模关系的国际比较

单位：%

市场	组 1（筹资规模最小）	组 2	组 3	组 4	组 5（筹资规模最大）
沪市	43.78	46.83	49.95	40.16	31.09
深市	86.19	51.80	55.98	39.90	30.39
香港市场	29.29	11.48	6.88	8.76	11.75
台湾市场	37.90	38.77	23.61	28.43	35.99
纽约市场	10.24	9.24	10.46	6.44	11.00
纳斯达克市场	11.66	5.91	16.43	27.59	12.35
伦敦市场	22.12	29.30	8.31	8.62	6.05
东京市场	15.62	4.66	15.52	7.95	9.83
澳大利亚市场	32.38	27.37	14.63	16.84	8.30
孟买市场	18.23	34.93	24.47	22.34	14.68
圣保罗市场	5.03	14.75	2.06	3.72	5.91

续表

市场	组 1（筹资规模最小）	组 2	组 3	组 4	组 5（筹资规模最大）
约翰内斯堡市场	32.70	22.18	105.50	3.78	6.32
莫斯科市场	NA	NA	NA	NA	NA

注：与中国股票市场分析相一致，此处的 IPO 抑价率为加权平均值，本节后续若无特别说明均默认为加权平均抑价率或折价率。NA 表示由于 IPO 数量太少，暂时不报告分组 IPO 抑价率（表 13 – 3 亦然）。

首先，国际主要股票市场的 IPO 抑价率与筹资额之间存在一定程度的负相关关系。其中，沪市、深市、伦敦市场、澳大利亚市场、孟买市场等股票市场中 IPO 抑价率与筹资额基本呈现负相关关系，即筹资额越大、IPO 抑价率越低，对应的配置效率越高。在其他股票市场中，IPO 抑价率与筹资额之间的关系并不特别明确。由于筹资额的大小一定程度上代表了 IPO 企业信息不对称的程度，因此上述结果表明信息不对称是 IPO 配置效率的重要影响因素，这与第三章的理论分析是一致的。

（四）IPO 配置效率与发行价格关系的国际比较

IPO 发行价格是指首次公开发行中出售新股的价格。一般而言，发行价格与 IPO 抑价率负相关，即发行价格越高，IPO 抑价率越低。本报告按照以美元计价的发行价格同样将各股票市场的 IPO 分为 5 组，其中组 1 内 IPO 发行价格最低，而组 5 中 IPO 发行价格最高。有关分组结果展示在表 13 – 3 中。

表 13 – 3　2007—2017 年 IPO 配置效率与发行价格关系的国际比较

单位：%

市场	组 1（发行价格最低）	组 2	组 3	组 4	组 5（发行价格最高）
沪市	31.34	34.05	52.45	36.46	30.07
深市	91.70	64.69	42.68	36.20	25.67
香港市场	18.81	11.28	5.95	7.67	13.83
台湾市场	43.40	36.34	18.87	27.24	36.58
纽约市场	7.18	8.23	10.78	3.74	13.93
纳斯达克市场	8.13	11.73	11.89	20.59	15.18
伦敦市场	30.57	6.73	7.79	6.33	6.62
东京市场	0.75	19.48	12.55	7.73	6.88
澳大利亚市场	33.31	17.14	15.49	8.58	8.68
孟买市场	9.96	3.04	5.16	27.79	13.63
圣保罗市场	1.72	10.36	2.67	10.57	5.55
约翰内斯堡市场	334.76	14.84	4.54	8.65	3.47
莫斯科市场	NA	NA	NA	NA	NA

从表 13－3 中可以发现，在多数国际主要股票市场中，IPO 抑价率与发行价格之间存在明显的负相关关系，但在其他市场中则呈现 U 形关系。在沪市、深市和伦敦市场、澳大利亚市场、东京市场中，发行价格越高，IPO 抑价率越低，配置效率越高。而香港市场、台湾市场等其他市场，随着发行价格的提高，IPO 抑价率先下降后上升，说明高价股和低价股的 IPO 抑价率都相对较高。本报告的结果与以往文献是一致的。Chalk 和 Peavy（1987）以及 Ibbotson 等（1988）都认为 IPO 抑价率与发行价格之间存在负相关关系，即低价股的抑价率更高。然而 Fernando 等（2004）对美国 1981—1988 年的 IPO 数据研究则发现，低价股和高价股的 IPO 抑价率都比较大。他们认为低价股的抑价主要是对投资者预期损失的补偿，而高价股的抑价用来吸引机构投资者。

二、股票市场再融资配置效率的国际比较

与 IPO 配置效率分析类似，本报告首先分析十三个国际主要股票市场的再融资基本情况，然后再比较分析其再融资折价率情况及其反映的配置效率。

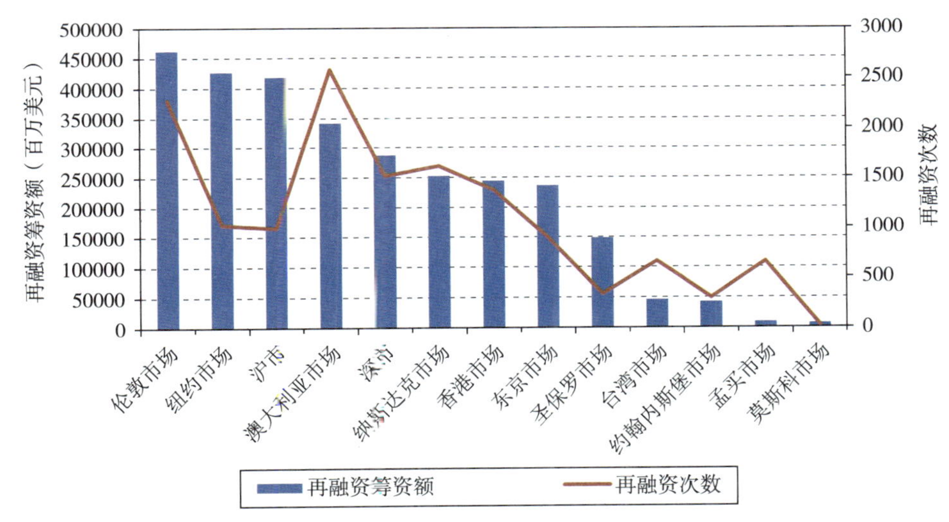

图 13－2　2007—2017 年国际主要股票市场的再融资基本情况

（一）不同股票市场再融资的基本情况

图 13－2 展示了国际上主要股票市场近年的再融资情况。可以看到，再融资的结果与 IPO 的结果差异比较明显。一方面，国际主要股票市场再融资筹资规模明显大于 IPO 筹资规模，其中多数市场近十年的再融资筹资额都超过了 2000 亿美元，再融资次数也多在 1000 次以上。这一结果充分说明了将股权再融资纳入股市整体配置效率度量中的重要性。另一方面，不同股票市场的再融资规模与 IPO 规模之间不存在必然联系，IPO 规模较小的股票市场可能拥有较

大的再融资市场，如伦敦市场、澳大利亚市场等。

从再融资规模来讲，伦敦市场、纽约市场、沪市、澳大利亚市场、深市、纳斯达克市场、香港市场以及东京市场的规模都超过了2000亿美元，是国际上最主要的股票再融资市场。沪市、深市的再融资筹资额均在纳斯达克市场之上，尤其是沪市再融资筹资额仅略低于伦敦市场和纽约市场，远超纳斯达克市场。在发达股票市场中，IPO规模最大的纽约市场再融资筹资额略小于伦敦市场，随后是澳大利亚市场和纳斯达克市场，东京市场的再融资规模最小。伦敦市场的再融资规模超过了4500亿美元，主要是因为皇家苏格兰银行、汇丰银行、巴克莱银行、哈里法克斯银行以及劳埃德银行等金融机构在国际金融危机期间大量发行股票以补充银行资本所致。澳大利亚市场再融资规模巨大主要是力拓、伍德赛德等矿产能源公司以及澳大利亚国民银行、联邦银行大量发行股票所致。此外，作为新兴市场，圣保罗的再融资市场表现突出，2007年以来累计筹资额近1500亿美元，但巴西国家石油公司的再融资就占据了大约一半。

（二）再融资配置效率的国际比较

与IPO配置效率类似，本报告同时计算了每个股票市场再融资的算术平均折价率与加权平均折价率。再融资折价率的计算方法见第六章内容，其中加权平均折价率是以再融资规模为权重计算的。具体的折价率计算结果和配置效率排名情况如表13－4所示。其中，由于莫斯科市场十余年内仅有不足二十次增发，市场极度不活跃，因此本报告仅列出其结果，但并不作为配置效率国际比较的对象。

表13－4　2007—2017年股票市场再融资配置效率的国际比较

市场	次数	算术平均折价率（%）	排名	加权平均折价率（%）	排名
沪市	989	36.71	11	40.32	11
深市	1514	47.39	12	44.29	12
香港市场	1374	11.98	4	10.71	3
台湾市场	655	31.31	9	15.12	8
纽约市场	1023	8.47	2	12.72	5
纳斯达克市场	1611	9.33	3	5.83	1
伦敦市场	2279	5.64	1	10.69	2
东京市场	890	21.56	7	25.27	10
澳大利亚市场	2583	13.48	5	18.31	9
孟买市场	652	29.23	8	11.78	4
圣保罗市场	330	31.40	10	13.83	7
约翰内斯堡市场	295	13.68	6	12.92	6
莫斯科市场	19	3.74	—	6.19	—

表 13－4 的结果表明，与 IPC 抑价率类似，深市、沪市的再融资折价率水平也远高于其他国际主要股票市场，配置效率处于较低水平。相比之下，台湾市场的再融资配置效率仅略高于沪市和深市，而香港市场的再融资折价率与其他发达股票市场接近，再融资配置效率较高。

在表 13－4 所展示的股票市场中，伦敦市场、纳斯达克市场和纽约市场的算术平均折价率和加权平均折价率也都处于较低水平。再融资市场规模居首的伦敦市场 2007 年以来的再融资折价率水平反映出很高的资金配置效率。而同样是发达股票市场的东京市场和澳大利亚市场，再融资配置效率并不理想。另外，与传统认知不同的是，孟买、圣保罗、约翰内斯堡等新兴股票市场的再融资折价率居中，其配置效率在国际主要股票市场中处于中间位置，高于沪市和深市。

从理论上讲，再融资折价水平主要由信息不对称程度决定，同时还反映了流动性补偿、监督成本以及利率输送等因素。较低的再融资折价率表明纳斯达克市场、伦敦市场、纽约市场等发达股票市场的完善和成熟。在这些股票市场上，由于市场机制比较健全，投资者保护较强，信息不对称程度较低，再融资过程中的利益输送也比较少见，因此其股权再融资市场的配置效率较高。

（三）再融资配置效率与筹资规模关系的国际比较

与 IPO 配置效率类似，本报告在国际主要股票市场再融资配置效率的横向对比之外，进一步对各个市场中再融资配置效率与对应筹资规模（以发行筹资额计）、发行价格之间的关系进行了分析。为此，本报告将每个市场按照以美元计价的筹资额分为 5 组，其中组 1 中再融资筹资额最小，而组 5 为再融资筹资额最大的一组。有关结果展示在表 13－5 中。

表 13－5　2007—2017 年股票市场再融资配置效率与筹资规模关系的国际比较

单位：%

市场	组 1（筹资规模最小）	组 2	组 3	组 4	组 5（筹资规模最大）
沪市	37.10	39.76	32.68	37.63	42.01
深市	61.99	50.52	43.14	40.95	43.97
香港市场	11.14	13.87	14.68	8.91	10.51
台湾市场	16.21	12.11	13.55	31.83	25.29
纽约市场	9.58	6.05	5.31	3.83	18.67
纳斯达克市场	13.05	15.35	6.71	5.03	4.48
伦敦市场	2.81	3.84	6.94	5.65	11.57
东京市场	61.49	38.85	16.96	15.14	13.51
澳大利亚市场	9.39	11.94	9.74	16.51	19.24

续表

市场	组 1（筹资规模最小）	组 2	组 3	组 4	组 5（筹资规模最大）
孟买市场	25.78	37.18	24.21	29.54	10.26
圣保罗市场	41.02	13.50	50.99	35.70	4.61
约翰内斯堡市场	9.54	14.44	19.22	9.94	12.86
莫斯科市场	NA	NA	NA	NA	NA

注：NA 表示由于再融资数量太少，暂时不报告分组再融资折价率（表 13－6 亦然）。

从表 13－5 中可以看到，国际主要股票市场的再融资折价率与筹资额之间的关系较为多样化。其中，东京市场、纳斯达克市场再融资折价率与筹资额呈典型的负相关关系，即筹资额越大、再融资折价率越低，对应市场的再融资配置效率越高。一般而言，筹资额较大的企业经营规模也比较大，相应的信息不对称程度较低。因此，台湾市场和纳斯达克市场中信息不对称对再融资折价现象的解释力较强，在各种影响因素中占据主导地位。在其他股票市场中，再融资折价率与筹资规模之间的关系并不稳定。

（四）再融资配置效率与发行价格关系的国际比较

本报告进一步将每个市场按照以美元计价的发行价格平均分为 5 组。同样地，组 1 中再融资发行价格最低，组 5 中再融资发行价格最高。与 IPO 发行价格类似，一般情况下再融资价格与再融资折价率负相关。

表 13－6　2007—2017 年股票市场再融资配置效率与发行价格关系的国际比较

单位：%

市场	组 1（发行价格最低）	组 2	组 3	组 4	组 5（发行价格最高）
沪市	47.44	43.18	32.32	40.77	33.16
深市	67.19	54.12	33.28	28.99	31.68
香港市场	20.25	23.97	10.18	10.51	6.59
台湾市场	76.20	29.13	6.61	10.62	3.15
纽约市场	17.99	24.46	52.91	38.94	1.62
纳斯达克市场	42.10	9.95	4.18	2.61	2.31
伦敦市场	27.61	3.79	19.61	3.38	2.89
东京市场	102.68	16.76	5.83	8.60	7.67
澳大利亚市场	55.30	77.91	14.46	14.21	9.59
孟买市场	76.95	32.66	36.67	9.53	3.34
圣保罗市场	93.09	24.50	6.94	10.99	3.46
约翰内斯堡市场	7.65	26.36	20.76	9.64	11.09
莫斯科市场	NA	NA	NA	NA	NA

表 13－6 展示了价格分组的统计结果。可以看到，大多数国际主要股票市场的再融资折价率随着发行价格的提高而下降，在发行价格最高的一组再融资折价率最低，再融资配置效率最高。

三、股票市场总体配置效率的国际比较

接下来，本报告将每个市场的 IPO 与股权再融资配置效率综合起来，从市场总体的角度比较各个股票市场的配置效率差异。

（一）不同股票市场发行融资的基本情况

从图 13－3 中可以发现，IPO 筹资额和再融资筹资额分别居首的纽约市场和伦敦市场总体融资规模也位于前两位，紧随其后的是中国的沪市、香港市场和深市。2007 年以来，中国股票市场的总体发行融资规模已超过美国和英国各主要股票市场的规模。

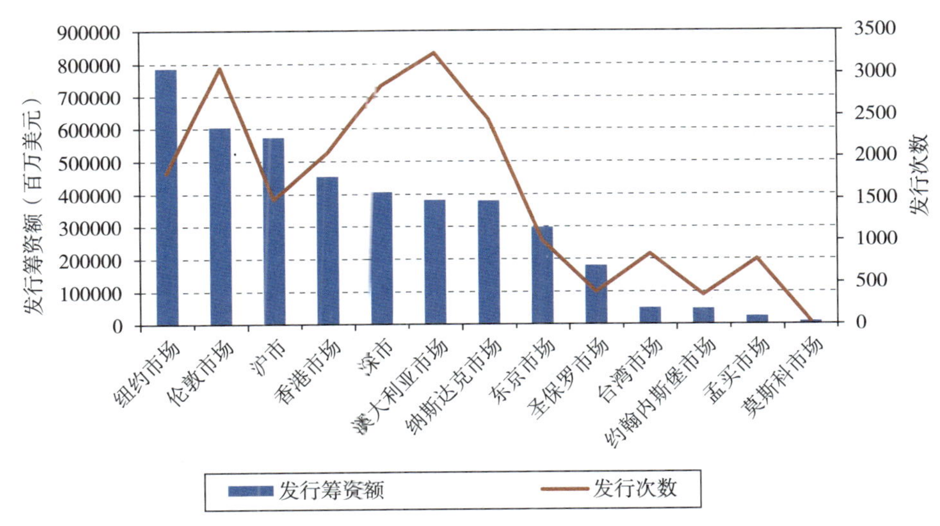

图 13－3　2007—2017 年国际主要股票市场股票发行基本情况

除了伦敦市场外，发行次数最多的股票市场分别是澳大利亚市场、深市和纳斯达克市场。由于这三个市场的发行筹资额居中，因此平均每次发行筹资额相对较低，分别为 1.43 亿美元、1.18 亿美元和 1.55 亿美元。与之相对的，纽约市场和沪市的单次发行筹资额均值分别为 4.35 亿美元和 3.84 亿美元。这一差异，与澳大利亚市场、深市和纳斯达克市场上市公司规模相对较小等特征密切相关。相对于中国主要股票市场和发达股票市场，其他新兴股票市场的总体融资规模较小。

（二）股票市场配置效率的国际比较

本报告将每个市场 2007—2017 年的发行抑价率与折价率进行算术平均与

加权平均。发行抑价率与折价率算术平均值是将IPO与再融资按照等权重计算的平均值；而发行抑价率与折价率加权平均值是以IPO与再融资规模为权重计算的平均值。由于抑价率与折价率是配置效率的反向度量，因此IPO抑价率与再融资折价率的平均值越高，则配置效率越低，反之则相反。本报告按照平均值的高低进行了反向排序。平均值越低，配置效率越高，排名越靠前；平均值越高，配置效率越低，排名越靠后。具体的计算结果和配置效率排名信息展示在表13－7中。考虑到莫斯科市场IPO与股权再融资数量太少，因此本报告仅在表中列出，但在国际比较分析时暂不考虑。

表13－7　2007—2017年股票市场配置效率的国际比较

市场	发行次数	IPO抑价率与再融资折价率算术平均值（%）	配置效率排名	IPO抑价率与再融资折价率加权平均值（%）	配置效率排名
沪市	1498	38.81	11	40.10	11
深市	2855	51.41	12	43.85	12
香港市场	2052	12.48	4	10.98	3
台湾市场	842	31.46	10	17.06	8
纽约市场	1810	10.19	2	12.84	6
纳斯达克市场	2452	12.37	3	9.79	1
伦敦市场	3067	7.23	1	9.80	2
东京市场	1001	20.29	7	21.63	10
澳大利亚市场	3239	15.22	6	17.38	9
孟买市场	778	28.12	9	14.75	7
圣保罗市场	387	27.28	8	11.21	4
约翰内斯堡市场	353	13.81	5	12.10	5
莫斯科市场	33	3.49	—	6.11	—

注：由于抑价率与折价率是配置效率的反向度量，因此配置效率的排序是按照折价率与抑价率平均值高低相反的顺序排列的。

表13－7表明，沪市和深市的发行抑价率与折价率加权平均值远高于其他国际主要股票市场，分别为40.10%和43.85%。除了抑价率与折价率加权平均值为21.63%的东京市场外，其他股票市场总体加权平均值都低于20%。尤其是伦敦市场，算术平均值和加权平均值分别为7.23%和9.80%，说明该股票市场配置效率较高。

在发达股票市场中，东京市场和澳大利亚市场的抑价率与折价率加权平均值仅次于沪市和深市，反映出较低的配置效率。圣保罗市场、约翰内斯堡市场、孟买市场、台湾市场等新兴股票市场发行筹资额较小，在国际主要股票市场中抑价率与折价率加权平均值居中。由前文可知，香港市场发行筹资额很大，已成为国际上重要的股票发行市场。然而与同等发行规模的其他股票市场相比，其抑价率与折价率加权平均值相对较低，反映出香港市场相对较高的资金配置效率。由于沪市、深市与香港市场的上市发行企业有很多共通之处，因此香港市场的制度建设经验值得内地股票市场借鉴。

导致沪深两个股票市场配置效率落后于其他股票市场的可能原因在于其股票市场化程度较低。就 IPO 高抑价率而言，现有文献从两个方面进行了解释。一方面，监管部门对 IPO 的管制较为严格，导致 IPO 上市困难、新股供给严重不足（刘煜辉和熊鹏，2005）。另一方面，通过类似市盈率限制等制度对 IPO 价格的管制限制了市场定价，价格不能完全反映已有信息（田利辉，2010；刘志远等，2011；张峥等，2012）。

就股权再融资而言，我国股市再融资高折价率主要与大股东利益输送密切相关，这种情况在定向增发中尤其明显。但在成熟股票市场中，市场机制的完善以及较强的投资者保护有效制约了大股东利益输送，缓解了信息不对称，因此整个股票市场再融资市场的配置效率较高。

综合 IPO 和再融资两个方面，可以发现我国沪市和深市的市场制度建设有待加强，以提高发行融资过程中的配置效率。

（三）配置效率与筹资规模关系的国际比较

本报告进一步将每个市场 2007—2017 年的 IPO 和再融资按照以美元计价的筹资额分为 5 组，得到抑价率与折价率加权平均值的分组结果。与前文一致，组 1 中筹资额最小，而组 5 中筹资额最大。

表 13－8　2007—2017 年股票市场中配置效率与筹资规模关系的国际比较

单位：%

市场	组 1（筹资规模最小）	组 2	组 3	组 4	组 5（筹资规模最大）
沪市	43.21	43.87	34.81	37.09	40.95
深市	74.87	54.42	49.00	39.01	40.92
香港市场	15.40	14.13	11.33	8.44	11.28
台湾市场	15.42	11.35	12.20	27.50	21.57
纽约市场	12.67	8.12	9.46	6.06	16.52
纳斯达克市场	14.06	13.18	12.12	12.08	7.92
伦敦市场	6.15	7.77	7.98	5.69	10.51
东京市场	53.81	38.66	19.57	18.12	15.03
澳大利亚市场	20.28	13.02	10.94	15.05	18.06
孟买市场	27.56	28.96	23.15	32.78	13.89

续表

市场	组 1（筹资规模最小）	组 2	组 3	组 4	组 5（筹资规模最大）
圣保罗市场	52.99	17.32	50.75	23.28	2.60
约翰内斯堡市场	13.10	15.70	18.16	9.01	11.95
莫斯科市场	0.22	0.39	2.96	2.29	8.16

从表 13－8 中可以看到，国际主要股票市场的抑价率与折价率加权平均值和筹资额之间的关系有多种情况。其中，深市、纳斯达克市场、东京市场的发行折价率与筹资额呈较为典型的负相关关系，即筹资额越大、抑价率与折价率加权平均值越低，对应市场的配置效率越高。除此之外，香港市场、纽约市场、伦敦市场中抑价率与折价率加权平均值和筹资额之间也基本遵循这一负相关关系，仅在筹资规模最大的一组中发行折价率出现不同程度的上升。

（四）配置效率与发行价格关系的国际比较

表 13－9 展示了价格分组的结果。本报告按照以美元计价的发行价格将各股票市场的 IPO 和再融资数据分为 5 组。其中组 1 内发行价格最低，而组 5 中发行价格最高。

表 13－9　2007—2017 年股票市场中配置效率与发行价格关系的国际比较

单位：%

市场	组 1（发行价格最低）	组 2	组 3	组 4	组 5（发行价格最高）
沪市	41.94	40.24	34.66	41.38	32.22
深市	68.05	50.74	36.39	32.44	29.48
香港市场	8.44	11.01	22.62	10.55	7.09
台湾市场	30.46	33.14	29.49	10.21	3.12
纽约市场	16.60	18.54	14.27	50.58	7.27
纳斯达克市场	35.13	12.62	14.50	11.69	2.31
伦敦市场	24.75	6.97	15.81	5.10	3.71
东京市场	96.82	34.69	10.63	8.01	6.97
澳大利亚市场	52.44	48.94	34.66	11.65	10.32
孟买市场	19.32	14.53	28.45	14.01	3.81
圣保罗市场	53.57	12.61	8.23	2.60	7.70
约翰内斯堡市场	9.78	12.32	24.47	8.70	10.85
莫斯科市场	0.79	0.03	1.73	18.69	5.26

表 13－9 表明，在沪市、深市、纽约市场、伦敦市场等多数股票市场中，发行价格和抑价率与折价率加权平均值之间存在负相关关系，即发行价格越

高，发行折价率越低，相应的配置效率越高。这与本节前文所述，发行价格反映新股发行公司基本面的情况相一致。但是在其他金砖国家股票市场中，发行折价率与发行价格之间的关系并不明确。

综上所述，在首次公开发行和再融资市场中，沪市和深市的发行规模较大，在国际市场中占据重要地位。然而与规模重要性不匹配的是，沪深两市的IPO和再融资的配置效率相对较低。但前文（第九章）的分析表明近年来沪深两市的配置效率正呈现稳定的上升趋势，因此如果股票发行的市场化进一步完善，沪深两个股票市场的配置效率预期将进一步缩小与其他股票市场的差距，尤其是发达股票市场。总之，本报告认为，我国监管部门应当在及时总结已有市场化改革经验与教训的基础上，加快推进沪市和深市的发行制度的市场化改革，减少不必要的监管，通过培育市场力量，巩固市场化改革成果，从而持续提高股票市场配置效率。

第二节　股票市场运行效率国际比较

一、股票市场运行效率的总体比较

表13－10展示了2007年到2017年沪市、深市以及其他十一个国际主要股票市场以相对报价价差与相对有效价差分别度量的运行效率均值结果。相对报价价差与相对有效价差是运行效率的反向度量，两者越小，运行效率越高，反之则相反。本报告依据相对报价价差与相对有效价差的高低进行了反向排序。价差越小，排名越靠前；价差越大，排名越靠后。

就相对报价价差而言，均值最低的是纽约市场，仅为7.74个基点，其次是莫斯科市场的7.66个基点，再次是纳斯达克市场的10.79个基点，沪市与深市紧随其后，均值分别为12.76个基点和12.88个基点，然后是伦敦市场、东京市场、约翰内斯堡市场、澳大利亚市场、孟买市场、台湾市场、香港市场，均值最高的是圣保罗市场，为48.41个基点。

就相对有效价差来看，纽约市场同样排名第一，仅为5.71个基点，紧随其后的是纳斯达克市场，为10.92个基点，再次是莫斯科市场，为11.48个基点，沪市与深市分列第7位和第9位，均值分别为19.29个基点与23.75个基点，最差的是圣保罗、孟买与香港等股票市场。

以上结果表明，如果只依据相对报价价差的结果，沪市与深市的相对报价价差与指标均值最低的三个股票市场之间差距并不明显。然而相对有效价差的

结果却表明，沪市和深市相对有效价差与表现最好的纽约市场、纳斯达克市场，甚至莫斯科市场相比，差距还是比较明显，在所有十三个交易所中仅仅排在中下的水平。因此，尽管经过二十七年的发展，中国股票市场已经取得了令人瞩目的成绩，但以相对有效价差衡量的运行效率仍然有很大的提升空间。

本报告进一步分析了不同股票市场相对有效价差的构成差异。可以看到，在东京、纽约、台湾、纳斯达克以及深圳等股票市场的相对有效价差中，价格影响的占比都超过了75%，但沪市与伦敦市场的价格影响占相对有效价差的比例刚刚超过一半，而澳大利亚市场价格影响占比最低，仅为35.79%。这些结果说明，深市处理订单有关的交易成本已经在全球处于较好水平，但沪市的订单处理成本还有很大的改进空间。

表13－10　主要国际股票市场运行效率比较

股票市场	相对报价价差		相对有效价差		价格影响（bps）	相对实现价差（bps）	价格影响与相对有效价差之比（%）
	均值（bps）	按均值从小到大排名	均值（bps）	按均值从小到大排名			
沪市	12.76	4	19.29	7	9.78	9.41	50.72
深市	12.88	5	23.75	9	18.70	4.94	78.72
香港市场	28.20	12	31.27	11	22.90	7.50	73.22
台湾市场	24.30	11	29.64	10	26.15	3.48	88.22
纽约市场	7.74	2	5.71	1	4.45	1.14	77.89
纳斯达克市场	10.79	3	10.92	2	8.61	3.52	78.89
伦敦市场	15.23	6	16.63	4	8.42	7.99	50.64
东京市场	19.27	7	19.40	8	18.63	0.75	96.06
澳大利亚市场	21.37	9	17.72	5	6.34	11.40	35.79
孟买市场	21.82	10	36.77	12	21.95	16.10	59.71
莫斯科市场	7.66	1	11.48	3	8.19	3.20	71.34
圣保罗市场	48.41	13	48.36	13	35.66	12.40	73.74
约翰内斯堡市场	21.03	8	18.70	6	13.65	5.07	73.00
平均	19.34		22.28		15.65	6.68	69.84

二、股票市场运行效率历史变化的比较

图13－4是沪市、深市与纽约市场、纳斯达克市场、伦敦市场、澳大利亚市场以及东京市场等发达市场的比较。可以看到，受2008年国际金融危机的影响，纽约市场相对有效价差在2008年上升了近一倍，但当年纳斯达克市场的相对有效价差均值相比2007年的水平却有所下降，2009年才明显上升。导

致这种结果的可能原因在于，国际金融危机主要起源于金融机构，而这些机构主要在纽约市场上市，因此国际金融危机带来的冲击首先在纽约市场出现。随着国际金融危机的深入，其他行业也开始受到影响，因此纳斯达克市场相对有效价差开始上升。同时随着国际金融危机在全球的传播，伦敦市场、澳大利亚市场以及东京市场的相对有效价差也在2009年出现明显上升。但从整个样本区间来看，各股票市场的相对有效价差都呈现出明显的下降趋势。

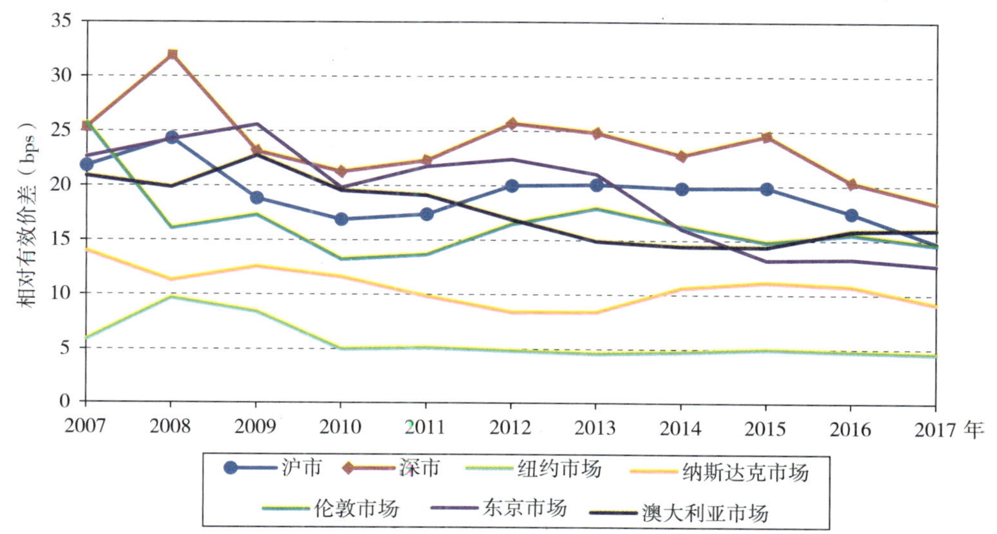

图13－4　沪市、深市与发达股票市场的相对有效价差变动比较

图13－5展示了沪市、深市与其他新兴股票市场相对有效价差的变动情况。可以看到，金砖国家中莫斯科市场的相对有效价差始终是最低的，在国际金融危机期间虽有所上升，但变化并不是非常明显。在2009年之前，圣保罗市场与孟买市场相对有效价差明显高于其他股票市场，但2009年之后圣保罗市场的相对有效价差持续下降，近年其均值仅高于莫斯科市场。与之相比，孟买市场的相对有效价差不但没有下降，反而从2014年开始上升，目前是金砖国家股票市场中相对有效价差最高的。南非约翰内斯堡市场的相对有效价差在国际金融危机期间有所上升，但2009年之后不断下降，其相对有效价差一直维持在15个基点左右，略高于圣保罗市场，但低于沪市和深市。

就中国地区其他股票市场而言，台湾市场的变化很小，一直维持在30个基点上下。香港市场受国际金融危机影响最为明显，2008年之后其相对有效价差一直保持上升的趋势，并在2015年达到了近些年的最高值。这个变动说明香港股票市场不仅受国际市场危机影响，而且受到境内股票市场极端波动的影响。总体上看，香港市场与台湾市场的相对有效价差在整个样本区间都明显大于沪市与深市。

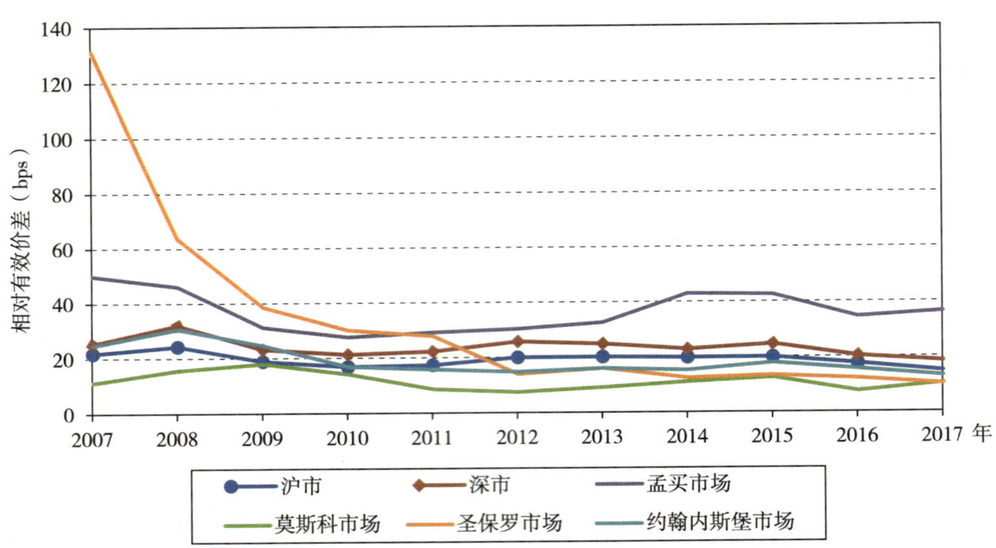

图 13－5　沪市、深市与其他新兴股票市场相对有效价差变动比较

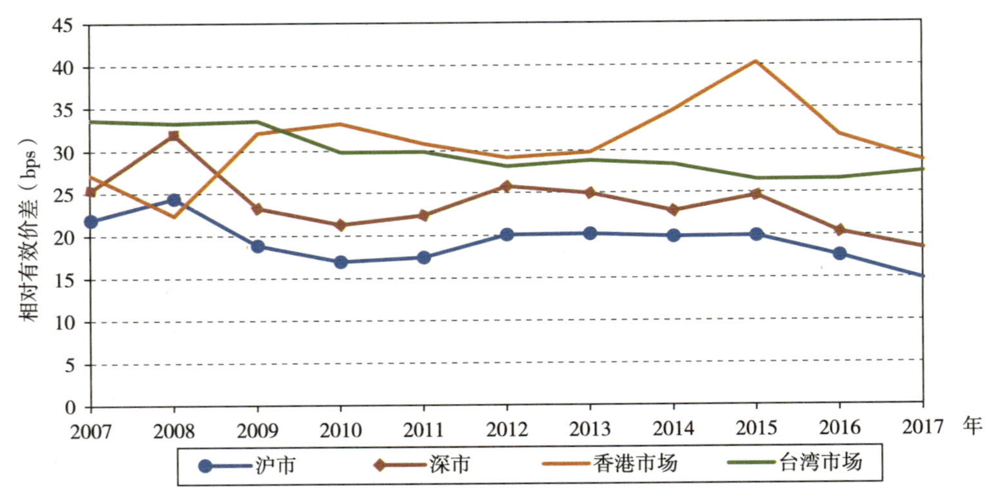

图 13－6　中国不同地区股票市场相对有效价差变动比较

以上结果表明，沪市与深市的运行效率优于香港市场与台湾市场，但相比印度之外的其他金砖国家股票市场而言，这一优势并不明显，还有很大的提升空间。

第三节　股票市场信息效率国际比较

一、总体比较

表 13－11 展示了沪市、深市与其他国际主要股票市场信息效率的比较结

果。为了更好地比较三个指标的综合结果，本报告将每个股票市场每个指标的均值从小到大进行排序，指标均值越小排名越靠前，排名分值越低，代表信息效率越高。然后，本报告将每个交易所三个指标的排名加总得到综合排名得分。综合得分越小，排名越靠前，信息效率就越高。可以看到，在三个信息效率的度量结果中，沪市与深市的排名都非常靠后，与约翰内斯堡市场以及圣保罗市场比较接近，但明显落后于纽约市场、纳斯达克市场等发达股票市场以及莫斯科市场、孟买市场，也不及香港市场与台湾市场。因此，与运行效率的结果相比，沪市与深市在信息效率方面的表现非常不理想，应是未来改进的重点。

表 13－11　国际主要股票市场信息效率比较

股票市场	日内自相关系数绝对值		日内方差比绝对值		日内波动率		综合排名得分
	均值	按均值从小到大排名	均值	按均值从小到大排名	均值	按均值从小到大排名	
沪市	0.1447	13	0.3263	11	0.3980	11	35
深市	0.1355	12	0.2997	10	0.4221	12	34
香港市场	0.0342	4	0.2708	8	0.2950	9	21
台湾市场	0.0384	6	0.2813	9	0.2860	8	23
纽约市场	0.0297	2	0.2051	2	0.1945	2	6
纳斯达克市场	0.0300	3	0.2053	3	0.2338	5	11
伦敦市场	0.0403	7	0.2551	7	0.1929	1	15
东京市场	0.0433	8	0.2446	6	0.2817	7	21
澳大利亚市场	0.0503	9	0.2274	4	0.2018	3	16
孟买市场	0.0241	1	0.2328	5	0.3666	10	16
莫斯科市场	0.0359	5	0.1859	1	0.2106	4	10
圣保罗市场	0.1279	11	0.3506	12	0.4548	13	36
约翰内斯堡市场	0.0805	10	0.3817	13	0.2815	6	29

二、历史变化的比较

图 13－7 到图 13－15 分别展示了沪市、深市与发达股票市场、其他新兴股票市场及中国地区其他市场的日内自相关系数绝对值、日内方差比绝对值以及日内波动率的变动比较。

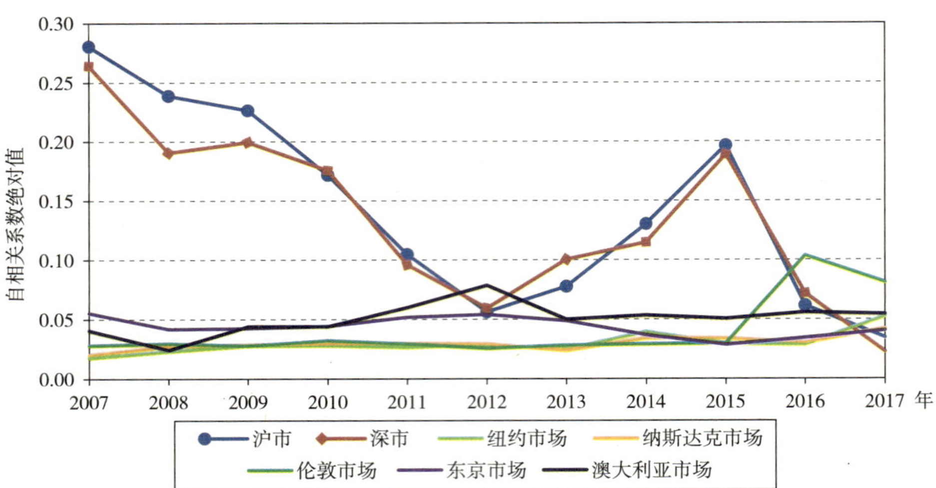

图 13－7　沪深两市与发达股票市场自相关系数绝对值变动比较

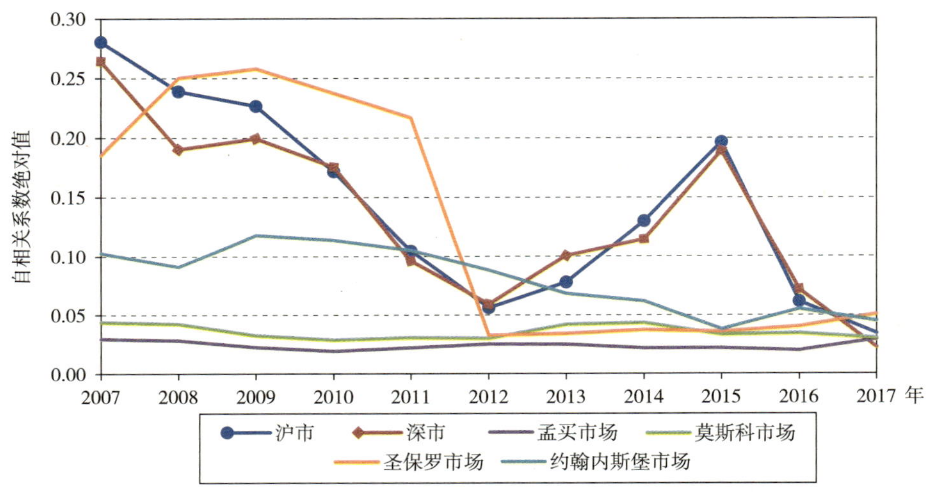

图 13－8　沪深两市与其他新兴股票市场自相关系数绝对值变动比较

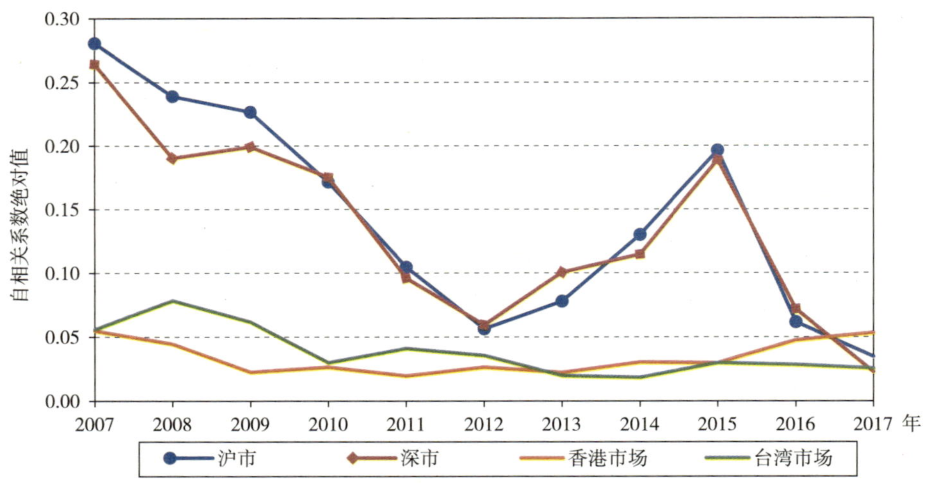

图 13－9　中国不同地区股票市场自相关系数绝对值变动比较

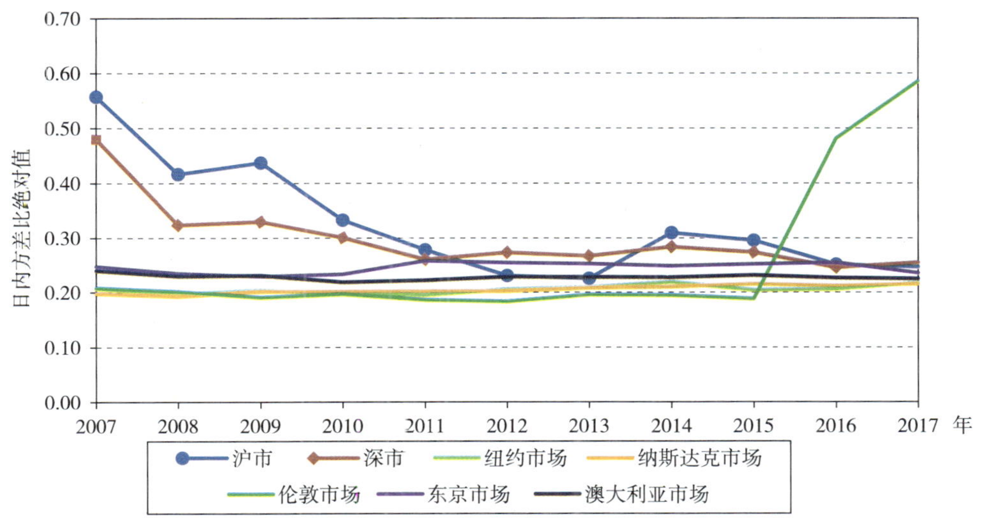

图 13-10　沪深两市与发达股票市场日内方差比绝对值变动比较

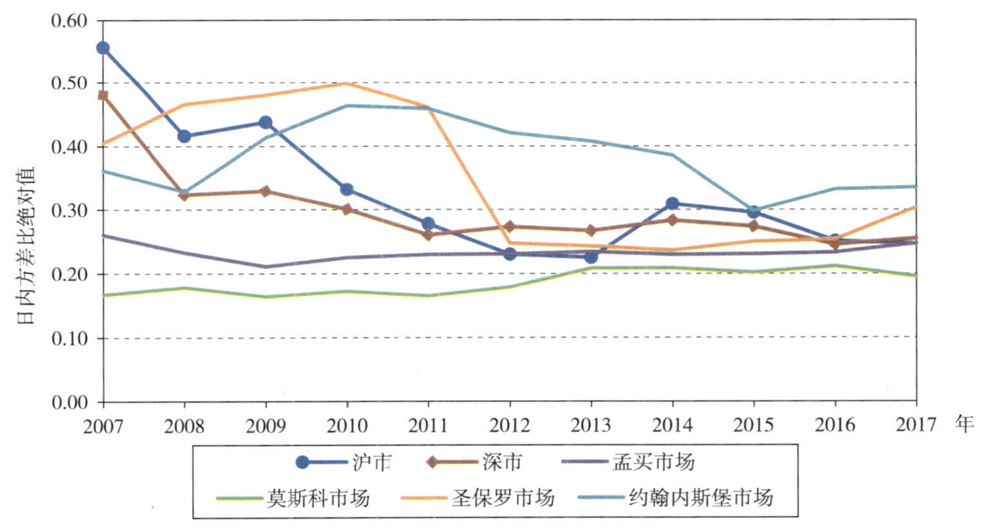

图 13-11　沪深两市与其他新兴股票市场日内方差比绝对值变动比较

就日内自相关系数绝对值而言，纽约市场、纳斯达克市场波动很小，均值很稳定；伦敦市场在 2016 年之前指标均值一直很低，但 2016 年英国脱欧给股市带来非常不利的影响，均值大幅上升；澳大利亚市场的均值呈现缓慢上升的趋势，在五个发达股票市场中均值最高；东京市场的均值呈现明显的下降趋势，并且波动很小。但新兴股票市场的日内自相关系数绝对值均呈现出比较明显的下降趋势，除了圣保罗市场波动较大之外，其他市场波动都比较有限。与之相比，沪市、深市不仅均值更高，而且波动非常大。但值得注意的是，最近两年沪深两市自相关系数绝对值明显下降，其中深市 2017 年均值为 0.0225，沪市为 0.0344，不仅低于大多数新兴股票市场与中国地区其他股票市场，而且

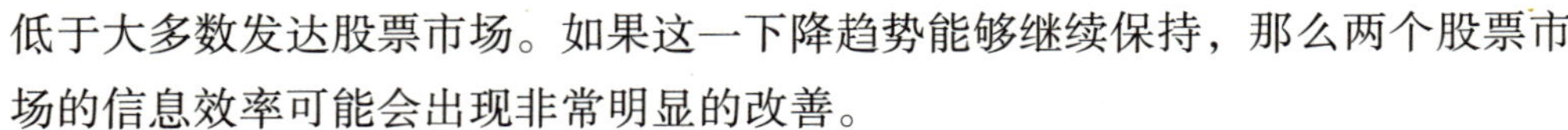

低于大多数发达股票市场。如果这一下降趋势能够继续保持，那么两个股票市场的信息效率可能会出现非常明显的改善。

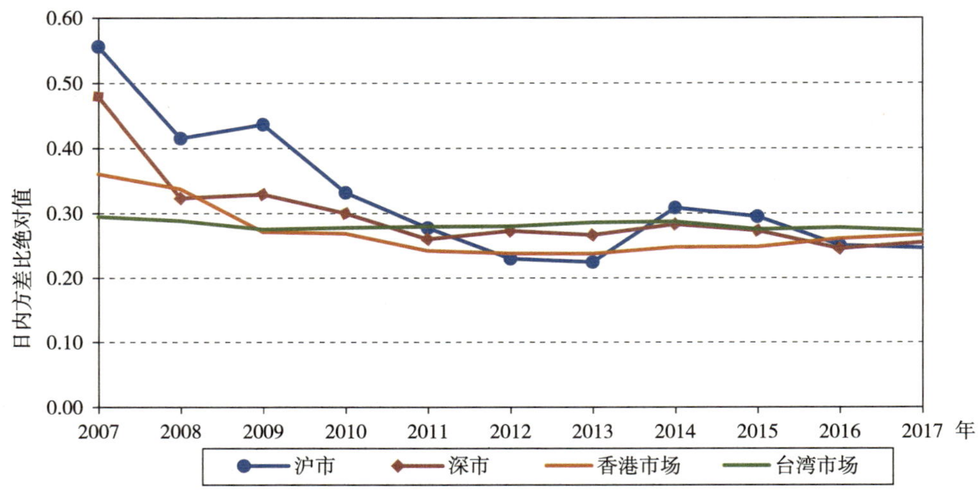

图 13－12　中国不同地区股票市场日内方差比绝对值变动比较

就日内方差比绝对值而言，沪市、深市的表现与日内自相关系数绝对值很类似。但是，虽然两个股票市场的日内方差比绝对值逐年下降，但其均值仍然显著高于发达股票市场，在新兴股票市场以及中国地区股票市场中处于中等水平。

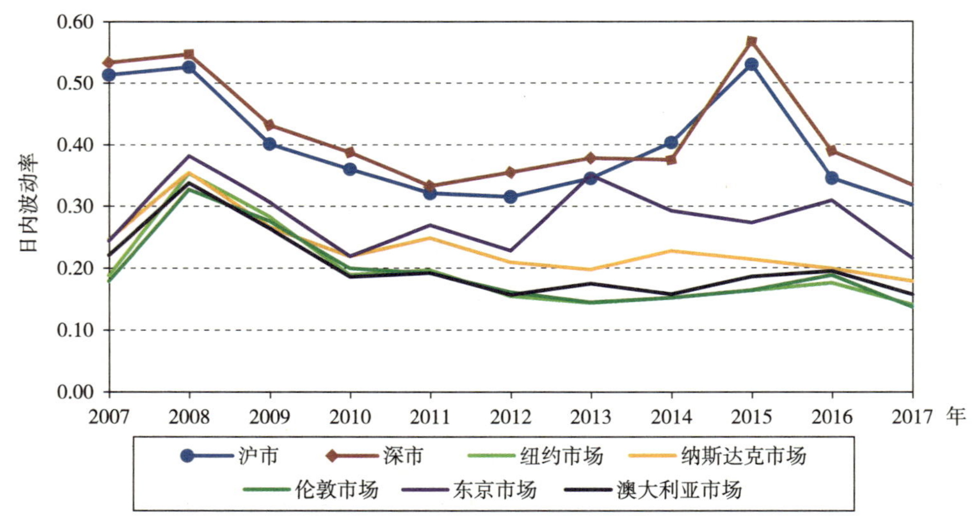

图 13－13　沪深两市与发达股票市场日内波动率变动比较

就日内波动率度量结果而言，中国股票市场信息效率的情况更不容乐观。沪市、深市的日内波动率不仅远远高于发达股票市场，也同样显著高于新兴股票市场以及中国地区其他股票市场。

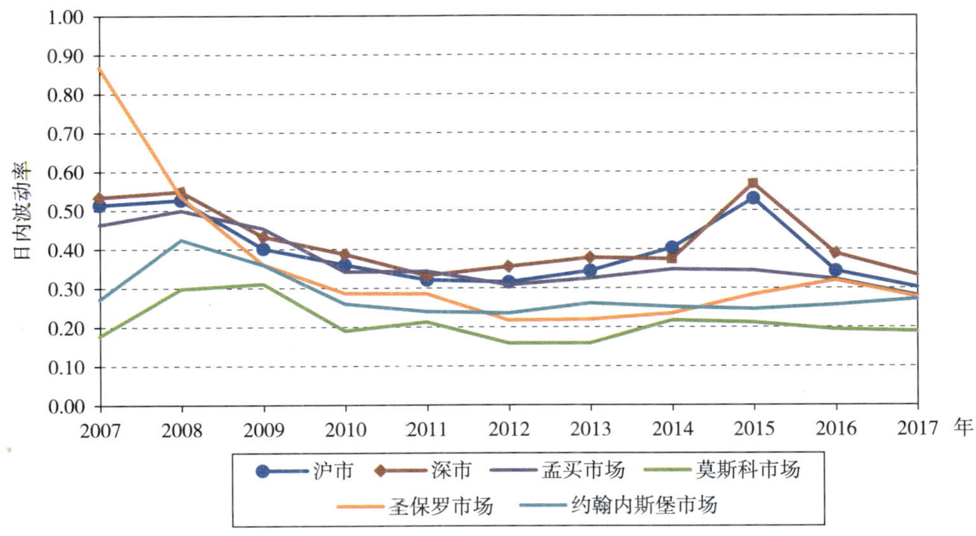

图 13－14　沪深两市与其他新兴股票市场日内波动率变动比较

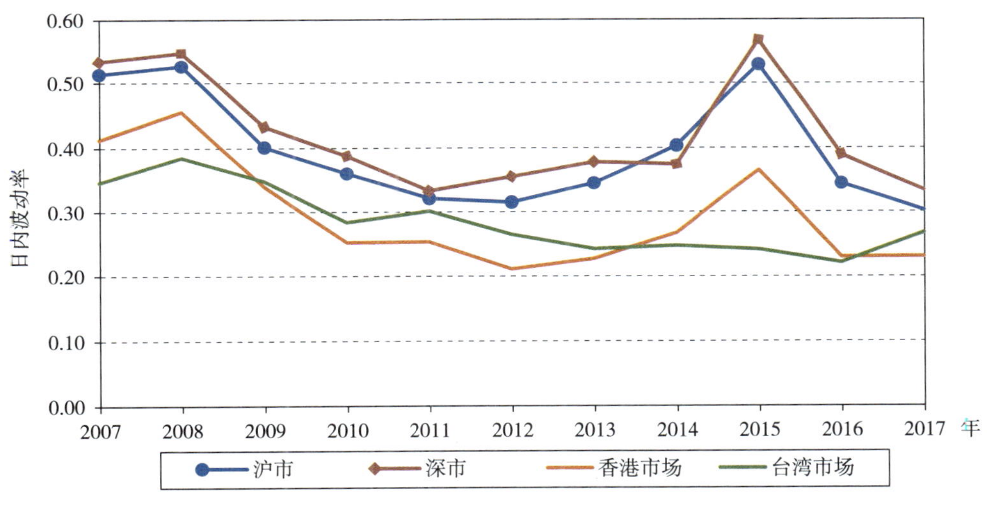

图 13－15　中国不同地区股票市场日内波动率变动比较

综合以上分析，伴随着国际金融危机的逐渐远去和世界各国经济的缓慢复苏，国际股票市场日趋稳定，股票市场信息效率也出现了明显的改善。然而，受到交易成本、市场透明度、卖空限制以及涨跌幅限制等股票市场制度的影响，沪市与深市的信息效率虽然比十多年前有所改善，但是与其他国际主要股票市场相比仍然处于较低水平。因此，监管部门未来应当重点关注我国股票市场信息效率的提升问题，不断优化相关制度建设。

就市场效率而言，通过将沪市、深市与其他十一个股票市场进行对比，本报告得到如下结论。

在配置效率方面，沪市和深市的配置效率已经取得显著提高，但是相对于其他国际主要股票市场仍然处于较低水平。配置效率的国际比较研究表明，发达股票市场 IPO 抑价率与股权再融资折价率较低，配置效率较高。导致我国股票市场配置效率落后于国际股票市场的主要原因可能是股票发行的市场化水平较低。因此未来监管部门应当进一步加快深化股票发行市场化改革，减少不必要的管制，充分培育市场力量，持续稳定地提高配置效率。

在运行效率方面，经过二十七年的发展，总体上沪市与深市的运行效率已经有非常明显的改善，但与国际主要股票市场相比仅仅处于中游水平，还有比较明显的提升空间。值得注意的是，随着股票市场的平稳发展以及中国证监会打击股价操纵、内幕交易等不公正行为的力度加强，沪市与深市近两年运行效率提升明显，与发达股票市场的差距正在进一步缩小。

在信息效率方面，沪市与深市的信息效率不仅大幅落后于发达股票市场，而且也明显落后于主要新兴股票市场。信息效率的相对劣势，既来源于交易成本、信息透明度相关政策对交易过程的影响，同时也受到涨跌幅限制、卖空限制等交易制度对价格发现过程的制约。尽管近两年信息效率有所提升，但由于两个股票市场历史上信息效率的波动一直比较剧烈，因此这种提升能否持续仍需进一步观察。

综合市场效率三个维度的比较，本报告认为未来监管部门的重点是提高我国股票市场的配置效率与信息效率。由于这两个效率受监管与股票市场化机制不健全的影响较为明显，因此监管部门应当进一步减少管制，为股票市场改革的深化积极创造市场条件。

第十四章 股票市场公正的国际比较

本章以上海证券交易所和深圳证券交易所股票市场与其他十一个具有代表性的全球主要股票市场为样本，对市场操纵行为和内幕交易行为发生的严重程度进行了国际比较，以期能够全面了解我国股票市场的公正水平。其中，十一个股票市场的选择和称谓与股票市场效率的国际比较部分保持一致。监测可疑市场操纵行为与内幕交易行为所需的数据来自汤森路透[①]。受数据可得性限制，本报告未对信息披露违规行为发生的严重程度进行国际比较。

第一节 市场操纵行为监测结果国际比较

为全面了解中国股票市场发生操纵行为的严重程度，本报告选取包含发达股票市场、新兴股票市场以及中国香港、中国台湾地区股票市场在内的十一个股票市场为样本，对开盘价操纵、连续交易操纵、收盘价操纵三类疑似市场操纵行为的监测结果进行了横向比较。其中，发达股票市场包括纽约市场、纳斯达克市场、伦敦市场、东京市场、澳大利亚市场；新兴股票市场包括孟买市场、圣保罗市场、莫斯科市场、约翰内斯堡市场；同时，为比较中国不同地区股票市场发生操纵行为的相对严重程度，本报告也对香港市场和台湾市场的疑似市场操纵行为进行了监测。疑似市场操纵行为的监测区间为2007年1月1日至2017年12月31日。

本报告统计了监测区间内各证券交易所疑似市场操纵行为数量占比的平均值，以比较各证券交易所不同类型市场操纵行为严重程度的总体情况。首先，就连续交易操纵而言，在十三个股票市场中，伦敦市场、澳大利亚市场、约翰内斯堡市场疑似发生连续交易操纵数量占比的平均值最低，均约为0.06%，其次为纳斯达克市场、莫斯科市场、圣保罗市场、香港市场，数量占比均值接近

① 感兴趣的读者可以到MQD服务平台获取相应数据的动态更新结果。

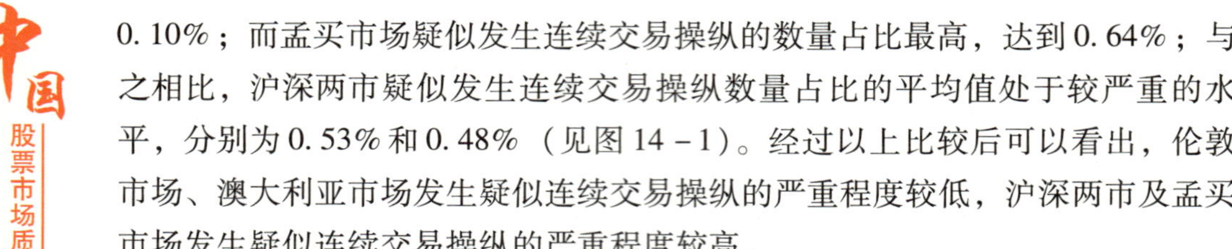

0.10%；而孟买市场疑似发生连续交易操纵的数量占比最高，达到0.64%；与之相比，沪深两市疑似发生连续交易操纵数量占比的平均值处于较严重的水平，分别为0.53%和0.48%（见图14－1）。经过以上比较后可以看出，伦敦市场、澳大利亚市场发生疑似连续交易操纵的严重程度较低，沪深两市及孟买市场发生疑似连续交易操纵的严重程度较高。

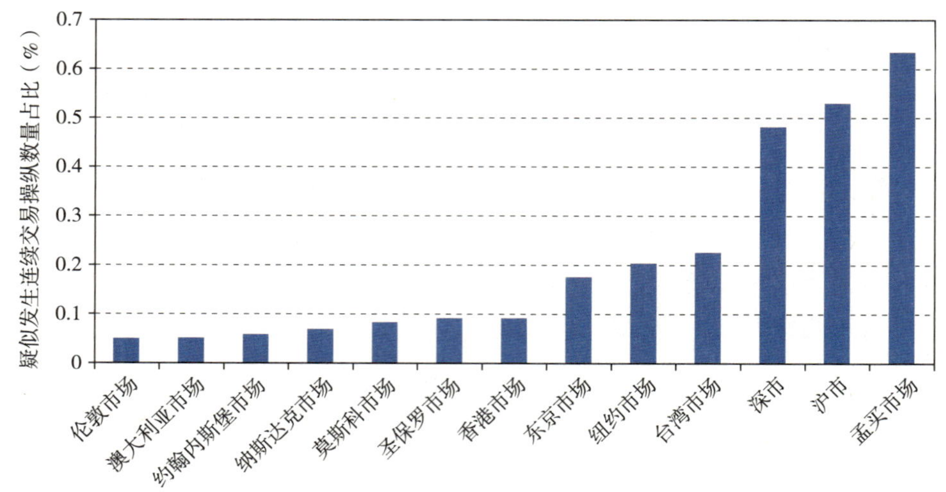

图14－1　疑似发生连续交易操纵数量占比均值

其次，就开盘价操纵而言，在十三个证券交易所中，澳大利亚市场疑似发生开盘价操纵数量占比的平均值最低，为0.09%；伦敦市场、东京市场、纽约市场、纳斯达克市场等发达股票市场疑似发生开盘价操纵数量占比的平均值也处于较低水平，分别为0.13%、0.14%、0.25%、0.31%；与之相比，莫斯科市场、孟买市场、约翰内斯堡市场等新兴市场疑似发生开盘价操纵数量占比的平均值处于较高水平，分别达到0.76%、0.44%、0.34%。就中国不同地区的股票市场而言，沪深两市疑似发生开盘价操纵数量占比的平均值最高，分别为0.52%和0.59%，其次分别为台湾市场和香港市场，为0.48%和0.22%。由此可以看出，总体上，发达股票市场发生疑似开盘价操纵的严重程度最低，而莫斯科市场等新兴股票市场以及包含沪深两市、台湾市场在内的中国股票市场，发生疑似开盘价操纵的严重程度较高。

最后，就收盘价操纵而言，在十三个证券交易所中，一方面，东京市场疑似发生收盘价操纵数量占比的平均值最低，为0.12%，其次分别为纽约市场和伦敦市场，分别达到0.12%和0.17%；值得注意的是，由于深市实行收盘集合竞价制度，从而具有较低水平的收盘价操纵数量占比，达到0.22%；另一方面，发达股票市场中澳大利亚市场疑似发生收盘价操纵数量占比的平均值最高，接近0.6%的水平，新兴股票市场中莫斯科市场、约翰内斯堡市场疑似发生收盘价操纵数量占比的平均值也相对较高，分别达到0.55%和0.43%。总体来看，发达股票市场和新兴股票市场疑似发生收盘价操纵的严重程度均有所分化，发达股票市场中东京市场、纽约市场、伦敦市场和纳斯达克市场疑似发生收盘价操纵的严重程度最低，而澳大利亚市场疑似发生收盘价操纵的严重程度最高；新兴股票市场中莫斯科市场、约翰内斯堡市场疑似发生收盘价操纵的严重程度较高，而孟买市场、圣保罗市场疑似发生收盘价操纵的严重程度较低；就中国不同地区的股票市场而言，深市疑似发生收盘价操纵的严重程度最低，而其他股票市场疑似发生收盘价操纵的严重程度相对较高。

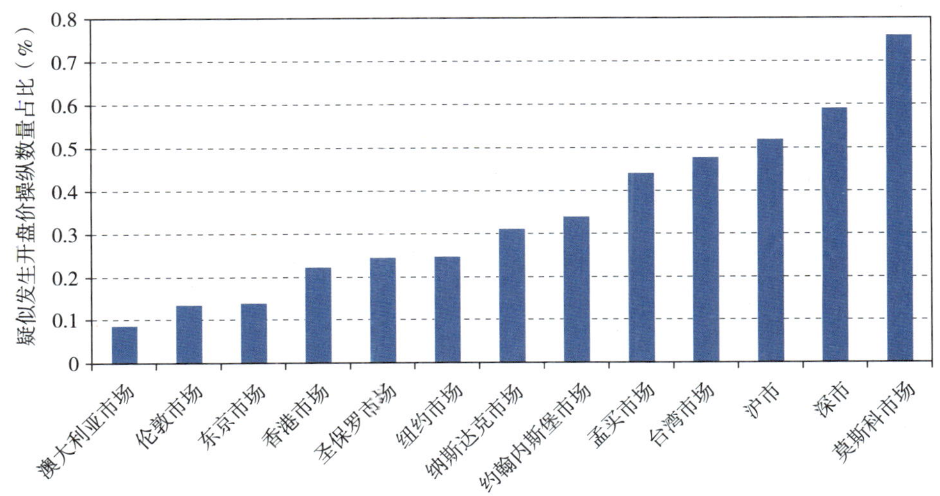

图14－2　疑似发生开盘价操纵数量占比均值

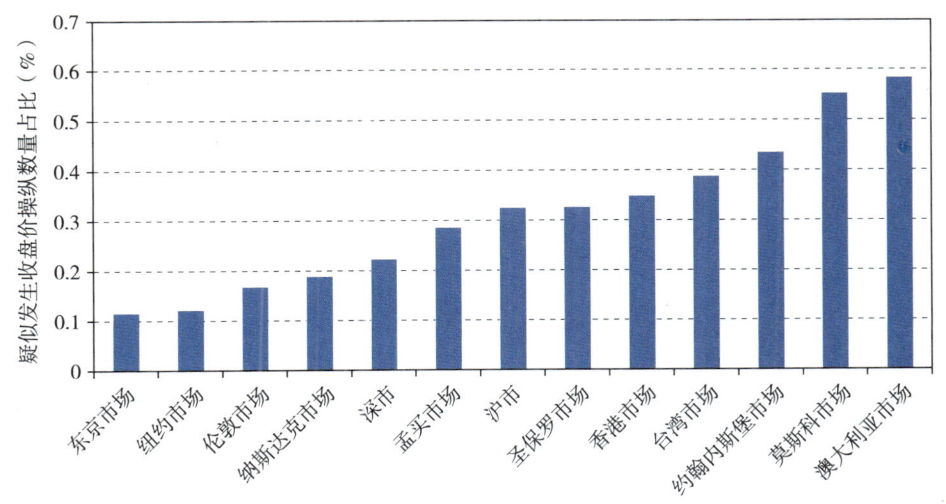

图14－3　疑似发生收盘价操纵数量占比均值

从各证券交易所不同类型市场操纵行为的严重程度来看，发达股票市场尤其是东京市场、纽约市场和伦敦市场发生疑似市场操纵行为的严重程度相对较

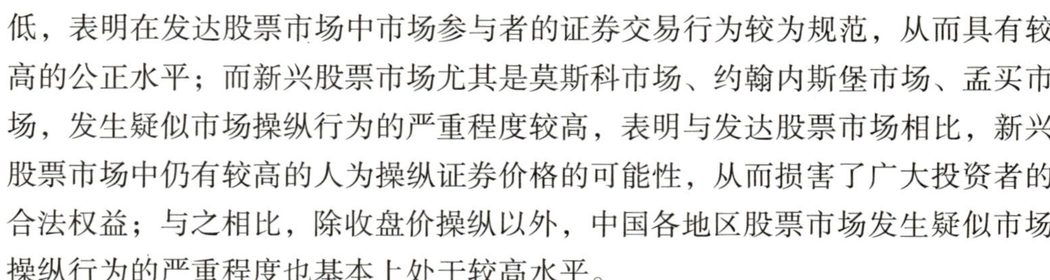

低，表明在发达股票市场中市场参与者的证券交易行为较为规范，从而具有较高的公正水平；而新兴股票市场尤其是莫斯科市场、约翰内斯堡市场、孟买市场，发生疑似市场操纵行为的严重程度较高，表明与发达股票市场相比，新兴股票市场中仍有较高的人为操纵证券价格的可能性，从而损害了广大投资者的合法权益；与之相比，除收盘价操纵以外，中国各地区股票市场发生疑似市场操纵行为的严重程度也基本上处于较高水平。

以上为各股票市场发生疑似市场操纵行为严重程度的总体分析。接下来，本报告将分别对沪深两市与发达股票市场、新兴股票市场操纵行为的监测结果进行比较，并进一步比较了中国不同地区股票市场发生疑似市场操纵行为的相对严重程度。

一、沪深两市与发达股票市场操纵行为监测结果比较

（一）疑似发生连续交易操纵数量占比横向比较

如表 14－1 所示，疑似发生连续交易操纵数量占比的描述性统计显示，沪深两市疑似发生连续交易操纵数量占比的平均值分别为 0.53% 和 0.48%，远大于发达国家股票市场，表明与发达股票市场相比，沪深两市发生疑似连续交易操纵的情况更为严重；沪深两市疑似发生连续交易操纵数量占比的标准差分别为 0.09 和 0.06，也明显高于发达国家股票市场，表明沪深两市历年疑似发生连续交易操纵数量占比的波动程度也相对更高。与此同时，图 14－4 也展示了历年各股票市场疑似发生连续交易操纵数量占比的变化情况。从图中可以看出，沪深两市疑似发生连续交易操纵的数量占比基本保持在 0.3%～0.6% 之间。与之相比，伦敦市场、澳大利亚市场疑似发生连续交易操纵的数量占比处于明显低于 0.1% 的水平，纳斯达克市场、纽约市场、东京市场疑似发生连续交易操纵的数量占比也基本处于 0.2% 的水平。总之，与发达股票市场相比，我国沪深两市发生疑似连续交易操纵的情况较为严重。

表 14－1　疑似发生连续交易操纵数量占比描述性统计

股票市场	均值	中值	标准差	最小值	最大值
沪市	0.53%	0.56%	0.09	0.35%	0.64%
深市	0.48%	0.49%	0.06	0.34%	0.54%
纽约市场	0.20%	0.19%	0.05	0.16%	0.31%
纳斯达克市场	0.07%	0.07%	0.04	0.02%	0.13%
伦敦市场	0.05%	0.05%	0.01	0.03%	0.06%
东京市场	0.18%	0.18%	0.04	0.13%	0.26%
澳大利亚市场	0.05%	0.05%	0.01	0.04%	0.08%

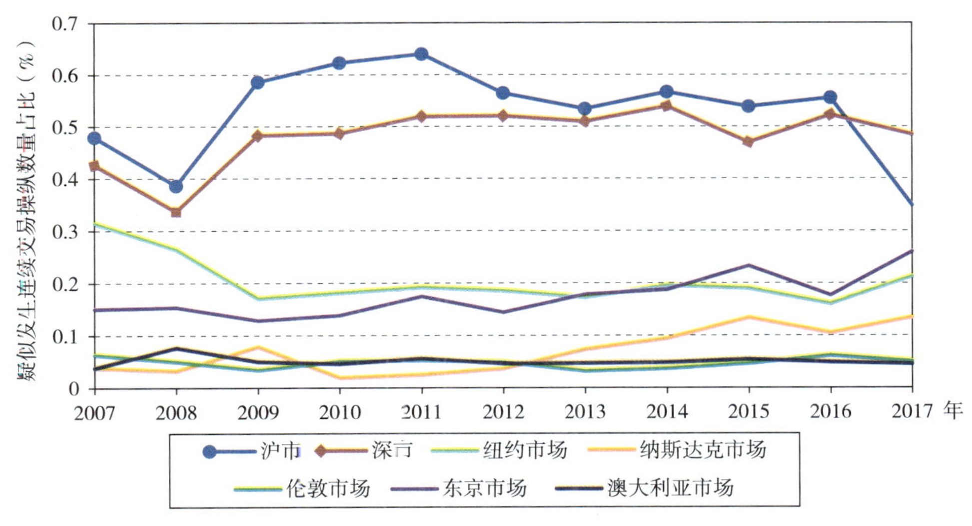

图 14－4　疑似发生连续交易操纵数量占比横向比较

（二）疑似发生开盘价操纵数量占比横向比较

如表 14－2 所示，疑似发生开盘价操纵数量占比的描述性统计显示，沪深两市疑似发生开盘价操纵数量占比的平均值分别为 0.52% 和 0.59%，远大于发达股票市场，表明与发达股票市场相比，沪深两市发生疑似开盘价操纵的情况更为严重；沪深两市疑似发生开盘价操纵数量占比的标准差分别为 0.18 和 0.26，也明显高于发达股票市场，表明沪深两市历年疑似发生开盘价操纵数量占比的波动程度也相对更高。与此同时，图 14－5 也展示了历年各股票市场疑似发生开盘价操纵数量占比的变化情况。从图中可以看出，沪深两市疑似发生开盘价操纵的情况明显改善，数量占比分别由 2007 年的 0.88% 和 1.32% 下降至 2017 年的 0.34% 和 0.45%；这充分表明，尽管中国股票市场发生疑似开盘价操纵的严重程度仍处于较高水平，但随着数量占比不断降低，中国股票市场与发达股票市场之间的差距正逐步缩小。

表 14－2　疑似发生开盘价操纵数量占比描述性统计

股票市场	均值	中值	标准差	最小值	最大值
沪市	0.52%	0.46%	0.18	0.34%	0.88%
深市	0.59%	0.48%	0.26	0.39%	1.32%
纽约市场	0.25%	0.25%	0.05	0.17%	0.32%
纳斯达克市场	0.31%	0.45%	0.11	0.21%	0.34%
伦敦市场	0.13%	0.14%	0.04	0.08%	0.20%
东京市场	0.14%	0.15%	0.04	0.07%	0.21%
澳大利亚市场	0.09%	0.08%	0.01	0.07%	0.12%

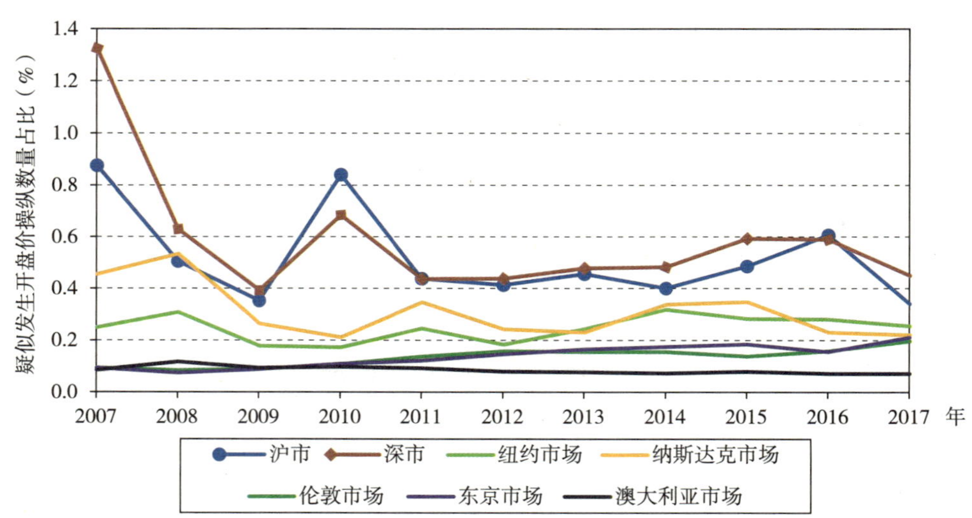

图 14－5 疑似发生开盘价操纵数量占比横向比较

（三）疑似发生收盘价操纵数量占比横向比较

如表 14－3 所示，疑似发生收盘价操纵数量占比的描述性统计显示，沪深两市疑似发生收盘价操纵数量占比的平均值分别为 0.32% 和 0.22%，尽管低于澳大利亚市场，但明显高于其他市场，表明与发达股票市场相比，沪深两市发生疑似收盘价操纵的情况仍较为严重；同时，沪深两市疑似发生收盘价操纵数量占比的标准差较大，表明沪深两市历年疑似发生收盘价操纵数量占比的波动程度较高。图 14－6 也展示了历年各股票市场疑似发生收盘价操纵数量占比的变化情况。从图中可以看出，发达股票市场历年疑似发生收盘价操纵的数量占比整体上较为稳定。

表 14－3 疑似发生收盘价操纵数量占比描述性统计

股票市场	均值	中值	标准差	最小值	最大值
沪市	0.32%	0.32%	0.09	0.18%	0.49%
深市	0.22%	0.22%	0.05	0.16%	0.32%
纽约市场	0.12%	0.12%	0.02	0.08%	0.15%
纳斯达克市场	0.19%	0.20%	0.05	0.09%	0.25%
伦敦市场	0.17%	0.19%	0.06	0.07%	0.23%
东京市场	0.12%	0.11%	0.03	0.09%	0.19%
澳大利亚市场	0.58%	0.54%	0.13	0.44%	0.87%

通过上述分析可以发现，澳大利亚市场疑似发生市场操纵行为有明显特征，其疑似发生收盘价操纵情况相对其余各国股票市场而言较为严重，但疑似发生开盘价操纵情况却相对较弱。究其原因，主要是因为澳大利亚市场采用了随机开盘交易机制。澳大利亚市场所有上市股票按照代码首字母分为 5 个不同

时间段进行开盘集合竞价，且每一组股票的竞价持续时间都由交易系统随机产生15秒钟的波动，如表14-4所示，第1组股票开盘集合竞价时间可在9：59：45到10：00：15之间任一时刻进行。这种随机开盘交易机制大大增加了操纵股票开盘价格的难度，提高了操纵开盘价的操纵成本和复杂性，因此使澳大利亚市场疑似发生开盘价操纵情况明显较弱。

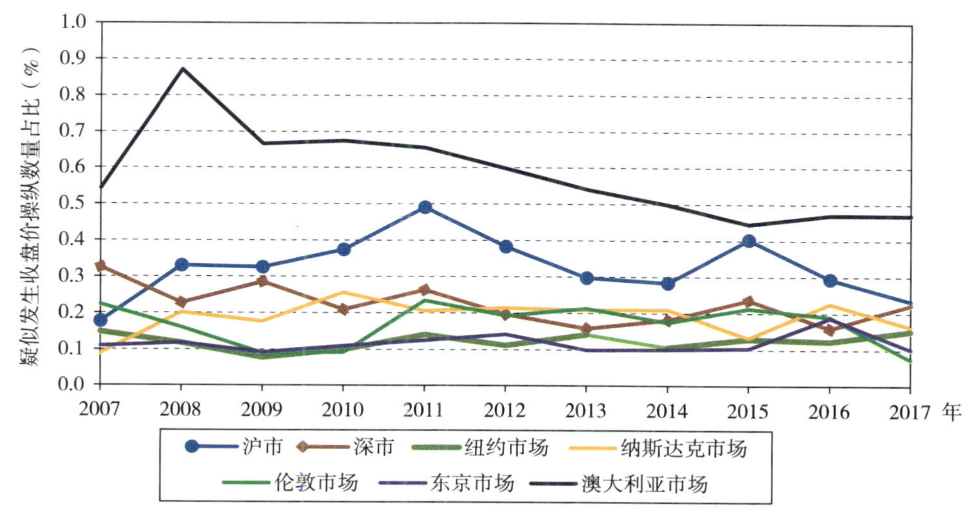

图14-6　疑似发生收盘价操纵数量占比横向比较

表14-4　澳大利亚股票市场开盘集合竞价时间

组别	开盘集合竞价时间	首字母	股票举例
第1组	10：00：00am +/-15secs	A~B	ANZ，BHP
第2组	10：02：15am +/-15secs	C~F	CPU，FXJ
第3组	10：04：30am +/-15secs	G~M	GPT
第4组	10：06：45am +/-15secs	N~R	QAN
第5组	10：09：00am +/-15secs	S~Z	TLS

二、沪深两市与新兴股票市场操纵行为监测结果比较

（一）疑似发生连续交易操纵数量占比横向比较

如表14-5所示，疑似发生连续交易操纵数量占比的描述性统计显示，沪深两市疑似发生连续交易操纵数量占比的平均值分别为0.53%和0.48%，低于孟买市场，但明显高于其他新兴国家股票市场，表明与新兴国家股票市场相比，沪深两市发生疑似连续交易操纵行为的严重程度较高；沪深两市疑似发生连续交易操纵数量占比的标准差分别为0.09和0.06，明显低于孟买市场，但明显高于其他新兴国家股票市场。图14-7也展示了历年各股票市场疑似发生连续交易操纵数量占比的变化情况。从图中可以看出，孟买市场历年发生疑似连续交易操纵的

数量占比表现出较高的波动性，而沪深两市历年发生疑似连续交易操纵的数量占比较为稳定，另外也可以看出沪深两市发生疑似连续交易操纵的严重程度从2011 年的沪市 0.64%、深市 0.51% 分别下降到 2017 年的沪市 0.34%、深市0.48%，表明我国沪深两市发生疑似连续交易操纵严重程度在不断改善。

表 14 – 5　疑似发生连续交易操纵数量占比描述性统计

股票市场	均值	中值	标准差	最小值	最大值
沪市	0.53%	0.56%	0.09	0.35%	0.64%
深市	0.48%	0.49%	0.06	0.34%	0.54%
孟买市场	0.64%	0.60%	0.38	0.16%	1.44%
莫斯科市场	0.08%	0.08%	0.02	0.05%	0.12%
圣保罗市场	0.09%	0.10%	0.04	0.03%	0.14%
约翰内斯堡市场	0.06%	0.05%	0.01	0.04%	0.08%

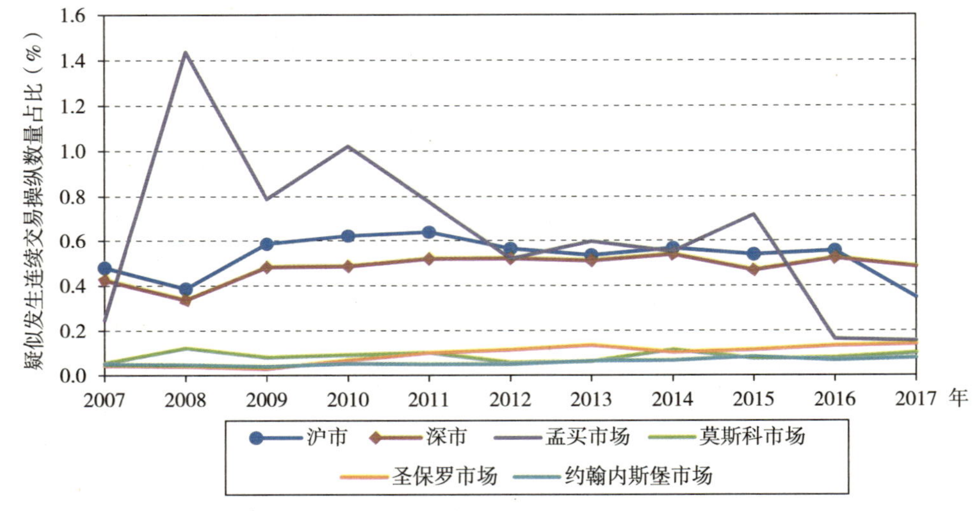

图 14 – 7　疑似发生连续交易操纵数量占比横向比较

（二）疑似发生开盘价操纵数量占比横向比较

如表 14 – 6 所示，疑似发生开盘价操纵数量占比的描述性统计显示，沪深两市疑似发生开盘价操纵数量占比的平均值分别为 0.52% 和 0.59%，处于较高水平，表明与新兴股票市场相比，沪深两市发生疑似开盘价操纵的情况较为严重。图 14 – 8 也展示了历年各股票市场疑似发生开盘价操纵数量占比的变化情况。从图中可以看出，沪深两市疑似发生疑似开盘价操纵的情况明显改善，数量占比分别由 2007 年的 0.88% 和 1.32% 下降至 2017 年的 0.34% 和 0.45%；这充分表明，尽管中国股票市场发生疑似开盘价操纵的严重程度仍处于较高水平，但随着数量占比不断降低，中国股票市场与新兴股票市场之间的差距正逐步缩小。

表 14－6 疑似发生开盘价操纵数量占比描述性统计

股票市场	均值	中值	标准差	最小值	最大值
沪市	0.52%	0.46%	0.18	0.34%	0.88%
深市	0.59%	0.48%	0.26	0.39%	1.32%
孟买市场	0.44%	0.40%	0.18	0.26%	0.84%
莫斯科市场	0.76%	0.62%	0.24	0.54%	1.26%
圣保罗市场	0.24%	0.22%	0.09	0.15%	0.37%
约翰内斯堡市场	0.34%	0.44%	0.22	0.00%	0.55%

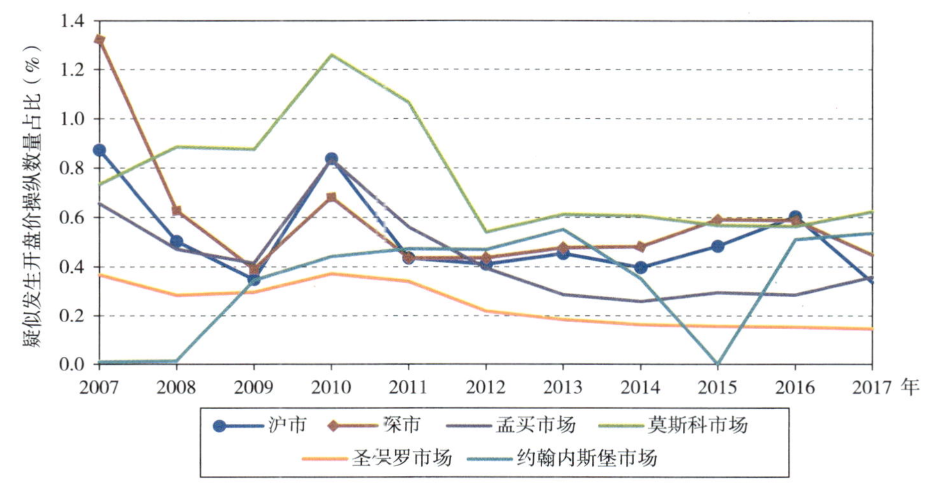

图 14－8 疑似发生开盘价操纵数量占比横向比较

（三）疑似发生收盘价操纵数量占比横向比较

如表 14－7 所示，疑似发生收盘价操纵数量占比的描述性统计显示，沪深两市疑似发生收盘价操纵数量占比的平均值分别为 0.32% 和 0.22%，与新兴股票市场相比，沪深两市发生疑似收盘价操纵的严重程度较低；图 14－9 也展示了历年各证券交易所疑似发生收盘价操纵数量占比的变化情况。从图中可以看出，沪深两市发生疑似收盘价操纵的严重程度最低；新兴市场中，莫斯科市场发生疑似收盘价操纵的严重程度最高，其次为约翰内斯堡市场。

表 14－7 疑似发生收盘价操纵数量占比描述性统计

股票市场	均值	中值	标准差	最小值	最大值
沪市	0.32%	0.32%	0.09	0.18%	0.49%
深市	0.22%	0.22%	0.05	0.16%	0.32%
孟买市场	0.29%	0.30%	0.04	0.21%	0.36%
莫斯科市场	0.55%	0.58%	0.11	0.38%	0.74%
圣保罗市场	0.33%	0.29%	0.08	0.22%	0.49%
约翰内斯堡市场	0.43%	0.47%	0.06	0.31%	0.51%

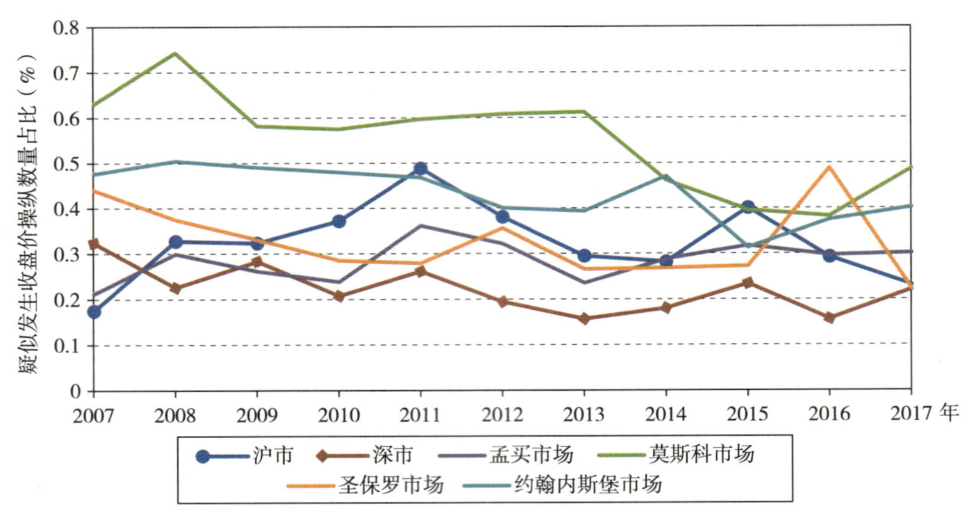

图 14－9　疑似发生收盘价操纵数量占比横向比较

值得注意的是，圣保罗市场发生疑似开盘价和收盘价操纵的严重程度在新兴市场中均处于较低水平。究其原因，可能与圣保罗市场的交易机制有关。具体来说，圣保罗市场实施随机的开盘和收盘交易机制，以其收盘交易机制为例，其连续竞价交易阶段的结束时间为 16：55，17：00 后进入集合竞价阶段。但是，如果出现价格发生变化、成交量发生变化、出现新的买卖申请改变了已达成的订单数量或改变了剩余订单的平衡四种情况，则按照以下标准延长收盘集合竞价时间：（1）如果在 16：55～17：00 的最后两分钟内，出现上述四种情况之一，将延长 5 分钟集合竞价时间；（2）如果在 17：00～17：05 的最后 30 秒内，出现上述四种情况之一，将延长 1 分钟集合竞价时间；（3）如果在 17：05～17：06 的最后 15 秒内，出现上述四种情况之一，将延长 1 分钟集合竞价时间。圣保罗股票市场开盘交易机制与收盘交易机制原理相同。该交易机制设计通过延长交易时间来提高操纵开盘价格或收盘价格的成本和难度，从而在一定程度上抑制了操纵行为的发生。

三、中国不同地区股票市场操纵行为监测结果比较

（一）疑似发生连续交易操纵数量占比横向比较

如表 14－8 所示，疑似发生连续交易操纵数量占比的描述性统计显示，平均值最高的为沪市，达到 0.53%，其次为深市，达到 0.48%；在波动性方面，沪深两市疑似发生连续交易操纵数量占比的标准差也最高，分别达到 0.09 和 0.06。与之相比，香港市场疑似发生连续交易操纵数量占比的平均值最低，仅为 0.09%，波动性水平也处于最低水平，仅为 0.02。总之，香港市场发生疑似连续交易操纵的严重程度最低，深市、沪市与台湾市场发生疑似开盘价操纵

的情况整体较为接近。

表 14－8　疑似发生连续交易操纵数量占比描述性统计

股票市场	均值	中值	标准差	最小值	最大值
沪市	0.53%	0.56%	0.09	0.35%	0.64%
深市	0.48%	0.49%	0.06	0.34%	0.54%
香港市场	0.09%	0.10%	0.02	0.05%	0.13%
台湾市场	0.23%	0.22%	0.04	0.17%	0.27%

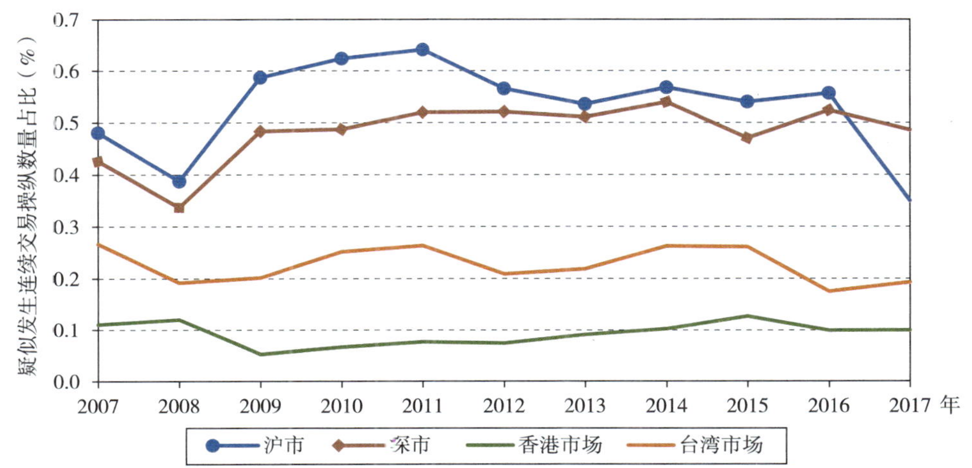

图 14－10　疑似发生连续交易操纵数量占比横向比较

（二）疑似发生开盘价操纵数量占比横向比较

如表 14－9 所示，疑似发生开盘价操纵数量占比的描述性统计显示，平均值最高的为深市，达到 0.59%，其次为沪市，达到 0.52%；在波动性方面，沪深两市疑似发生开盘价操纵数量占比的标准差也最高，分别达到 0.18 和 0.26。与之相比，香港市场疑似发生开盘价操纵数量占比的平均值最低，仅为 0.22%，波动性水平也处于最低水平，仅为 0.07。总之，香港市场发生疑似开盘价操纵的严重程度最低，深市、沪市与台湾市场发生疑似开盘价操纵的情况整体较为接近。

表 14－9　疑似发生开盘价操纵数量占比描述性统计

股票市场	均值	中值	标准差	最小值	最大值
沪市	0.52%	0.46%	0.18	0.34%	0.88%
深市	0.59%	0.48%	0.26	0.39%	1.32%
香港市场	0.22%	0.24%	0.07	0.11%	0.36%
台湾市场	0.48%	0.51%	0.17	0.09%	0.72%

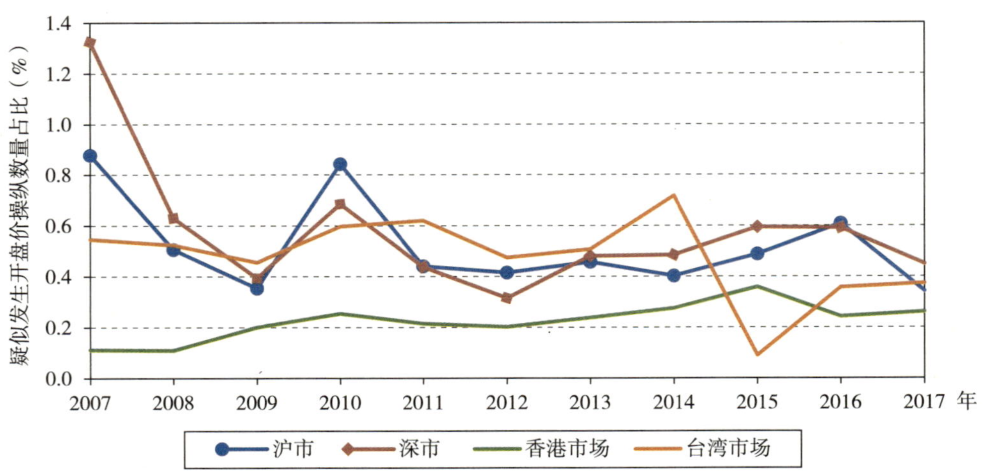

图 14－11　疑似发生开盘价操纵数量占比横向比较

（三）疑似发生收盘价操纵数量占比横向比较

如表 14－10 所示，疑似发生收盘价操纵数量占比的描述性统计显示，台湾市场疑似发生收盘价操纵数量占比的平均值最高，达到0.39%，其次为香港市场，疑似发生收盘价操纵数量占比的平均值达到0.35%，沪深两市疑似发生收盘价操纵数量占比的平均值最低，分别为0.32%和0.22%。这表明，与香港、台湾地区股票市场相比，大陆地区股票市场发生疑似收盘价操纵的严重程度最低。

表 14－10　疑似发生收盘价操纵数量占比描述性统计

股票市场	均值	中值	标准差	最小值	最大值
沪市	0.32%	0.32%	0.09	0.18%	0.49%
深市	0.22%	0.22%	0.05	0.16%	0.32%
香港市场	0.35%	0.34%	0.06	0.25%	0.46%
台湾市场	0.39%	0.36%	0.14	0.18%	0.64%

第二节　内幕交易行为监测结果国际比较

为全面了解中国股票市场发生内幕交易行为的严重程度，本报告选取包含发达股票市场、新兴股票市场以及中国香港、中国台湾地区股票市场在内的十一个股票市场为样本，对基于成交价和成交量的信息泄露模型的监测结果进行了横向比较。与市场操纵行为监测结果的国际比较相一致，发达股票市场包括纽约市场、纳斯达克市场、伦敦市场、东京市场和澳大利亚市场；新兴股票市

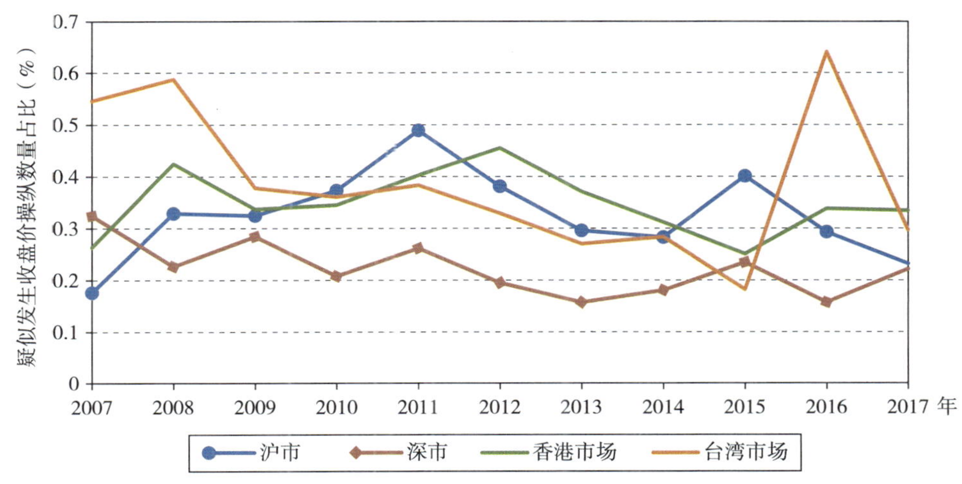

图 14－12　疑似发生收盘价操纵数量占比横向比较

场包括孟买市场、圣保罗市场、莫斯科市场和约翰内斯堡市场；同时，为比较中国不同地区股票市场发生内幕交易行为的相对严重程度，本报告也对香港市场和台湾市场的疑似内幕交易行为进行了监测。在本章，疑似内幕交易行为的监测区间为 2007 年 1 月 1 日至 2017 年 12 月 31 日。

接下来，本报告将分别对沪深两市与发达股票市场、新兴股票市场内幕交易行为的监测结果进行比较，并进一步比较中国不同地区股票市场发生疑似内幕交易行为的相对严重程度，从而加深对中国股票市场公正程度乃至市场质量的认识。

一、沪深两市与发达股票市场内幕交易监测结果比较

为全面深入地了解中国股票市场疑似内幕交易行为的严重程度，需将其与发达股票市场加以比较，图 14－13 展示了由成交价信息泄露模型所得疑似发生内幕交易数量占比的历年变化情况。从图中可以看出，一方面，就疑似发生内幕交易数量占比的水平而言，沪市及深市疑似发生内幕交易的数量占比处于较高水平，平均值分别达到 0.13% 和 0.11%。其次分别为伦敦市场、澳大利亚市场、纽约市场、纳斯达克市场和东京市场，疑似发生内幕交易数量占比的平均值分别为 0.0759%、0.0718%、0.0690%、0.0689% 以及 0.0666%，表明与发达股票市场相比，沪市及深市发生疑似内幕交易的情况较为严重。另一方面，就历年疑似发生内幕交易数量占比的变化而言，沪市及深市疑似发生内幕交易的数量占比整体上均呈下降趋势，均由 2007 年的 0.19% 下降至 2017 年的 0.11%，表明沪市及深市发生疑似内幕交易的严重程度均逐步改善，并与发达股票市场日益接近。与之相比，发达股票市场疑似发生内幕交易的数量占比较为稳定，基本保持在 0.05% 至 0.08% 之间的水平。

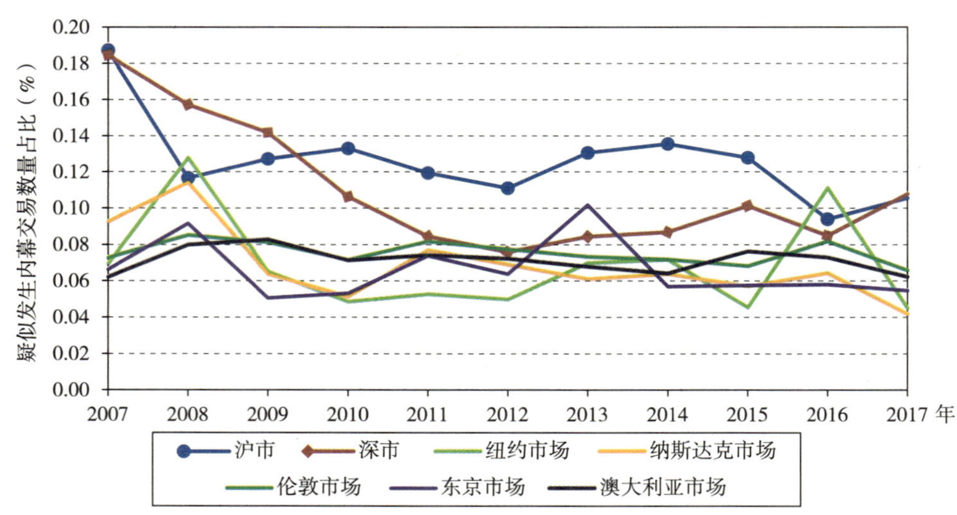

图 14－13　由成交价信息泄露模型所得疑似发生内幕交易数量占比横向比较

为全面深入地了解中国股票市场内幕交易行为的严重程度，需对成交量信息泄露模型监测结果加以分析，将沪市及深市与发达股票市场进行对比，图 14－14 展示了由成交量信息泄露模型所得疑似发生内幕交易数量占比的历年变化情况。从图中可以看出，一方面，就疑似发生内幕交易数量占比的水平而言，沪深两市疑似发生内幕交易的数量占比处于较高水平，平均值分别达到 0.12% 和 0.11%。其次分别为澳大利亚市场、伦敦市场、东京市场、纽约市场和纳斯达克市场，疑似发生内幕交易数量占比的平均值分别为 0.0667%、0.0617%、0.0594%、0.0515% 以及 0.0469%，表明与发达股票市场相比，沪深两市发生疑似内幕交易的情况较为严重。另一方面，就历年疑似发生内幕交易数量占比的变化而言，沪深两市疑似发生内幕交易的数量占比整体上均呈下降趋势，分别由 2007 年的 0.13% 和 0.19% 下降至 2017 年的 0.09% 和 0.09%，表明沪深两市发生疑似内幕交易的严重程度正逐步改善。与之相比，发达股票市场疑似发生内幕交易的数量占比较为稳定，基本保持在 0.04% 至 0.08% 之间的水平。总之，与由成交价信息泄露模型所得到的监测结果一致，由成交量信息泄露模型所得的监测结果显示，沪深两市发生疑似内幕交易行为的情况尽管比发达股票市场更为严重，但呈现出逐步改善的趋势，并日益接近发达股票市场水平。

通过将沪深两市与发达股票市场进行对比可知，无论是基于成交价的信息泄露模型，还是基于成交量的信息泄露模型，沪市和深市内幕交易行为的广度均高于发达股票市场，即内幕交易行为的严重程度高于发达股票市场，公正程度相对较低，但在近十年呈现出明显的改善趋势。一方面，沪市和深市较发达市场严重，主要是由于发达股票市场建立较早，具有较为成熟的禁止内幕交易行为的法律体系，且相关法律的执行力度较强（Bhattacharya and Daouk，2002）。相较而言，中国股票市场成立较晚，且针对内幕交易行为的立法起步较晚，相关法律体系仍处于完善阶段，因此沪深两市内幕交易行为比发达股票市场严重。另一方面，沪深两市内幕交易行为呈现出明显的改善趋势，主要是因为股票市场监察执法力度的持续增强，以及旨在保护投资者合法权益、维护多层次资本市场健康发展的政策法规频频出台，客观上维护了我国股票市场的秩序，降低了内幕交易行为的广度，促成了我国股票市场公正的持续改善。

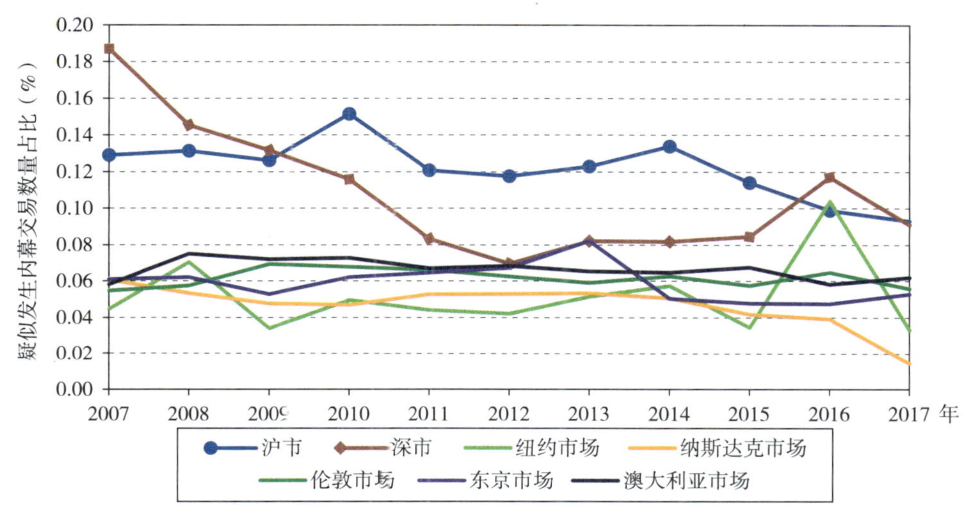

图 14-14　由成交量信息泄露模型所得疑似发生内幕交易数量占比横向比较

二、沪深两市与新兴股票市场内幕交易监测结果比较

为全面深入地了解中国股票市场疑似内幕交易行为的严重程度，需将其与新兴股票市场加以比较，图 14-15 展示了由成交价信息泄露模型所得疑似发生内幕交易数量占比的历年变化情况。从图中可以看出，就疑似发生内幕交易数量占比的水平而言，沪深两市疑似发生内幕交易的数量占比平均值分别达到 0.13% 和 0.11%，明显低于莫斯科市场、约翰内斯堡市场及圣保罗市场，这些股票市场疑似发生内幕交易的数量占比平均值依次为 0.38%、0.29% 和 0.17%。这表明与新兴股票市场相比，沪深两市发生疑似内幕交易的严重程度相对较低。另外，孟买市场疑似发生内幕交易的数量占比平均值仅为 0.04%，表明与该市场相比，沪市及深市发生疑似内幕交易行为的情况更为严重。

为全面深入地了解中国股票市场内幕交易行为的严重程度，需对成交量信息泄露模型监测结果加以分析，将沪市及深市与新兴股票市场进行对比，图 14-16 展示了由成交量信息泄露模型所得疑似发生内幕交易数量占比的历年变化情况。从图中可以看出，就疑似发生内幕交易数量占比的水平而言，2007

年至 2017 年疑似发生内幕交易数量占比的平均值由高到低依次为莫斯科市场、圣保罗市场、约翰内斯堡市场、沪市、深市和孟买市场，分别为 0.27%、0.18%、0.14%、0.12%、0.11% 和 0.04%。新兴股票市场之间的对比结果显示，除比孟买市场更为严重外，沪深两市疑似发生内幕交易的严重程度显著低于莫斯科市场、圣保罗市场和约翰内斯堡市场，与由成交价信息泄露模型所得到的监测结果一致。

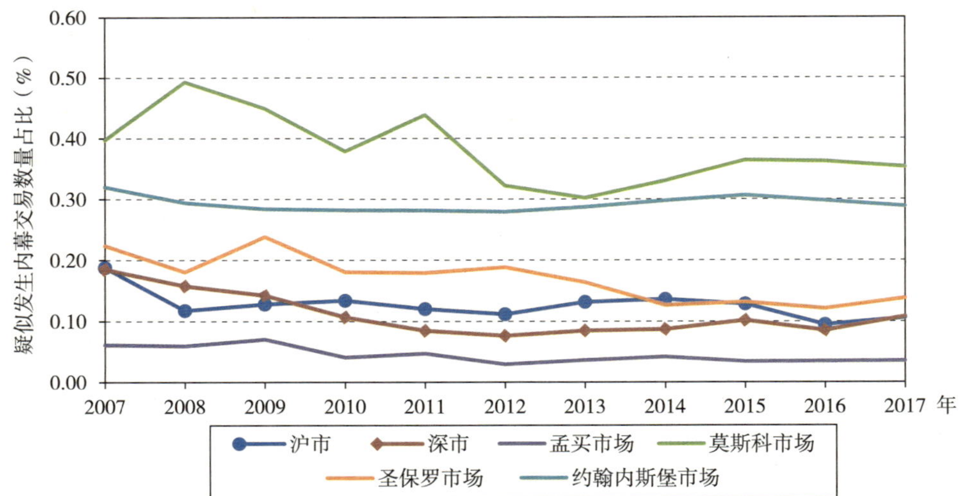

图 14－15　由成交价信息泄露模型所得疑似发生内幕交易数量占比横向比较

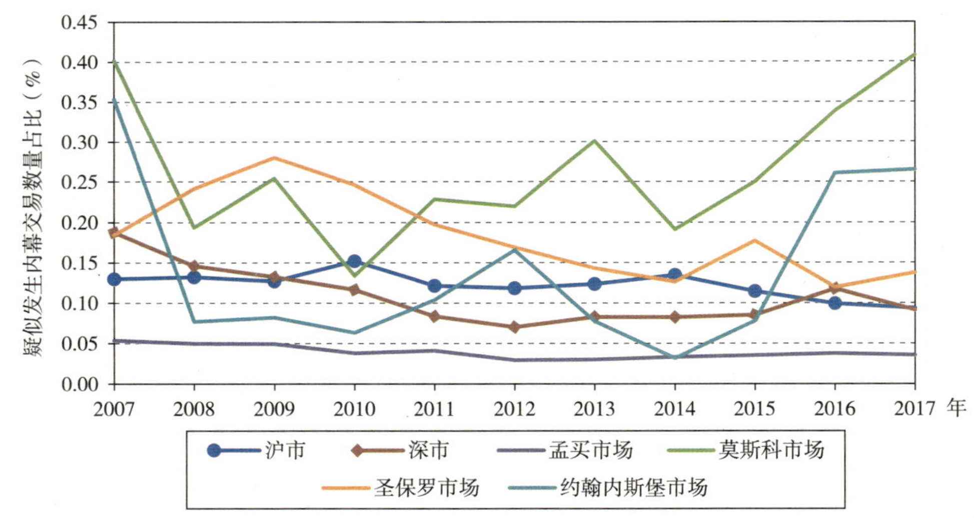

图 14－16　由成交量信息泄露模型所得疑似发生内幕交易数量占比横向比较

通过将沪深两市与新兴股票市场进行对比可知，无论是基于成交价的信息泄露模型，还是基于成交量的信息泄露模型，沪市和深市内幕交易行为的广度均处于相对较低水平，即内幕交易行为的严重程度较大多新兴市场低，公正程度相对较高，并且近十年呈现出明显的改善趋势。具体而言，无论是基于成交价的信息泄露模型还是基于成交量的信息泄露模型，孟买市场内幕交易行为的严重程度均处于新兴市场最低水平，沪市和深市次之。究其原因，Bhattacharya 和 Daouk（2002）认为新兴股票市场关于内幕交易行为的法律体系普遍不够健全，同时大多新兴市场存在着较为严重的司法问题，即存在禁止内幕交易行为法律法规的情况下，对相应法律法规的执行不到位，这就使新兴市场的内幕交易行为相对较为严重。就孟买市场而言，在上述六个股票市场中，其成立时间最早，并逐步建立起以信息披露为核心的法律体系，从而在源头上减少了内幕交易发生的可能性，同时其严格的监管法规也使孟买市场的公正程度处于相对较高水平。

三、中国不同地区股票市场内幕交易监测结果比较

为全面深入地了解中国股票市场疑似内幕交易行为的严重程度，需对中国不同地区股票市场加以比较，图 14－17 展示了由成交价信息泄露模型所得的中国不同地区股票市场疑似发生内幕交易的数量占比的历年变化情况。从图中可以看出，就疑似发生内幕交易数量占比的水平而言，2007 年至 2017 年疑似发生内幕交易数量占比的平均值由高到低依次为台湾市场、沪市、深市和香港市场，分别为 0. 1299%、0. 1267%、0. 1110% 和 0. 0913%。这表明在中国不同地区的股票市场中，香港市场发生疑似内幕交易的严重程度最低，具有更高的公正水平；台湾市场发生疑似内幕交易的严重程度最高，其公正水平有待提高；与香港、台湾地区股票市场相比，沪深两市发生疑似内幕交易的严重程度处于中等水平。

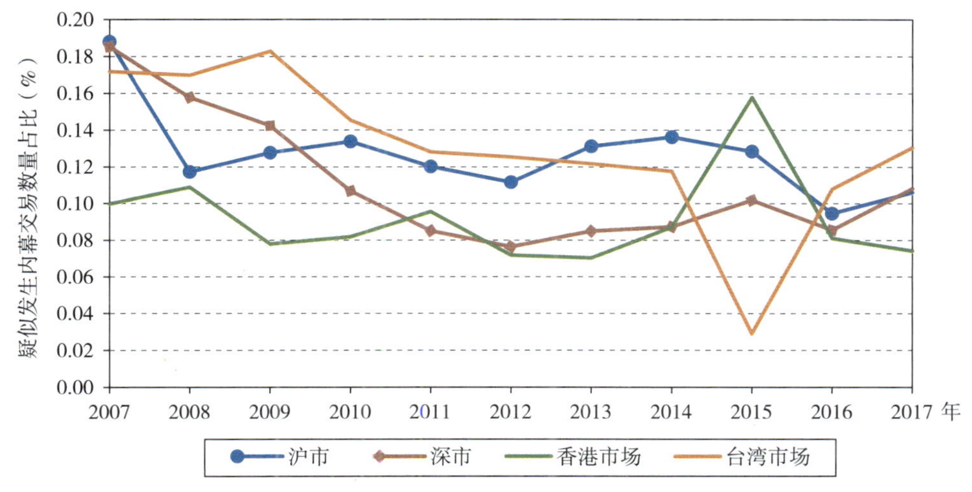

图 14－17　由成交价信息泄露模型所得疑似发生内幕交易数量占比横向比较

为全面深入地了解中国股票市场内幕交易行为的严重程度，需对成交量信

息泄露模型监测结果加以分析，对中国不同地区股票市场进行对比，图 14－18 展示了由成交量信息泄露模型所得疑似发生内幕交易数量占比的历年变化情况。从图中可以看出，就疑似发生内幕交易数量占比的水平而言，2007 年至 2017 年，疑似发生内幕交易数量占比的平均值由高到低依次为台湾市场、沪市、深市和香港市场，分别为0.17%、0.12%、0.11%和0.06%。这表明与由成交价信息泄露模型所得到的监测结果一致，在中国不同地区的股票市场中，香港市场发生疑似内幕交易的严重程度最低，具有更高的公正水平；台湾市场发生疑似内幕交易的严重程度最高，其公正水平有待提高；与香港、台湾地区股票市场相比，沪深两市发生疑似内幕交易的严重程度处于中等水平。

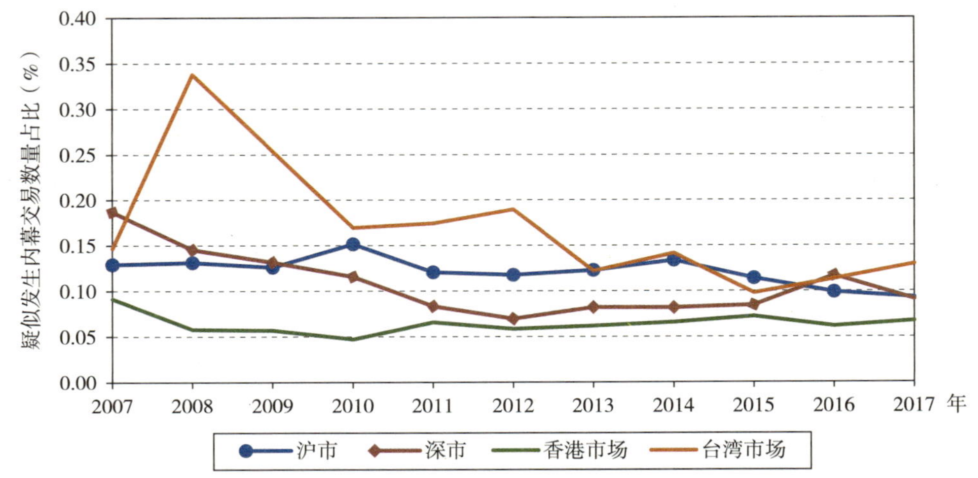

图 14－18　由成交量信息泄露模型所得疑似发生内幕交易数量占比横向比较

通过比较中国不同地区股票市场可知，无论是基于成交价的信息泄露模型，还是基于成交量的信息泄露模型，香港市场内幕交易的广度均处于最低水平，沪市和深市居中，台湾市场则处于最高水平，同时四个股票市场的公正程度在十五年中均呈现出明显的改善趋势。一方面，Beny（2007）认为不同法系的国家的公司法及证券法存在较大差异，海洋法系通常具有更强的投资者保护力度，尤其是对企业内部人员从事交易具有较多限制。这正是属于海洋法系的香港市场内幕交易行为较少，而属于大陆法系的沪市、深市以及台湾市场内幕交易行为较为严重的原因。另一方面，四个市场内幕交易行为的严重程度均呈现出明显的改善趋势，表明中国不同地区股票市场的公正程度均得到了提高，这是四个市场的监察执法力度不断提高，维护市场公正的政策法规频频出台，发行及交易制度不断完善的结果。

为全面了解中国股票市场发生市场操纵及内幕交易行为的严重程度，本报告选取包含发达股票市场、新兴股票市场以及中国香港、中国台湾地区股票市场在内的十一个股票市场为样本，对各类疑似市场操纵及内幕交易行为的监测结果进行了横向比较。一方面，对市场操纵行为的监测结果而言，首先，与发达股票市场相比，沪深两市发生疑似连续交易操纵、开盘价操纵及收盘价操纵行为的情况仍较为严重，不过发生疑似开盘价操纵的严重程度正逐步改善，与发达股票市场之间的差距明显缩小；其次，与新兴股票市场相比，沪深两市发生疑似连续交易操纵及收盘价操纵行为的严重程度较低，尽管发生疑似开盘价操纵的严重程度仍处于较高水平，但与新兴股票市场之间的差距正逐步缩小；最后，对中国不同地区股票市场操纵行为的监测结果比较后发现，沪深两市发生疑似开盘价操纵的情况较为严重，而发生疑似收盘价操纵的严重程度较低。

另一方面，对内幕交易行为的监测结果而言，基于成交价及成交量信息泄露模型的监测结果均表明，与发达股票市场相比，沪深两市发生疑似内幕交易行为的情况更为严重，但呈现出逐步改善趋势，并日益接近发达股票市场发生疑似内幕交易的水平；与新兴股票市场相比，沪深两市发生疑似内幕交易行为的严重程度较低；与香港、台湾地区股票市场相比，沪深两市发生疑似内幕交易的严重程度处于中间水平。

总之，与发达股票市场相比，我国沪深两市发生市场操纵及内幕交易行为的情况较为严重；而与新兴股票市场相比，我国沪深两市发生市场操纵及内幕交易行为的严重程度较低。这表明在防范证券市场违规行为的效果上，我国沪深两市尽管优于多数新兴股票市场，但与发达股票市场相比仍存在较大差距。

第十五章 股票市场系统性风险的国际比较

本章从系统性风险冲击强度、传染力度和损失程度三个维度将沪深两市与十一个股票市场进行对比分析，以期能够全面了解我国沪深股票市场的系统性风险水平。其中，十一个股票市场的选择和称谓延续股票市场效率和公正国际比较部分，并将这十一个市场划分为发达股票市场、新兴股票市场和中国其他地区股票市场。需要说明的是，股票市场系统性风险国际比较所需的数据来自汤森路透，MQD 提供了大数据处理和云计算服务。

第一节 系统性风险冲击强度国际比较

本节测算了 2007 年至 2017 年十三个股票市场负偏度系数和上下波动比率，对十三个股票市场的系统性风险冲击强度进行对比分析。表 15－1 和表 15－2 分别给出了十三个股票市场负偏度系数和上下波动比率的描述性统计量。

由表 15－1 和表 15－2 可知，在十三个股票市场中，沪市、深市和孟买市场的系统性风险冲击强度较小；约翰内斯堡市场、东京市场、纽约市场、澳大利亚市场、伦敦市场的系统性风险冲击强度相对较大。接下来，本节将沪深两市与发达股票市场、新兴股票市场以及中国其他地区股票市场分别进行比较分析。

表 15－1　2007—2017 年十三个股票市场负偏度系数的描述性统计量

市场	均值	中值	标准差	最小值	最大值
沪市	－0.801	－0.806	0.427	－3.478	0.310
深市	－0.680	－0.709	0.267	－1.401	0.031
香港市场	－0.513	－0.511	0.405	－1.675	4.779
台湾市场	－0.527	－0.527	0.239	－1.279	0.046
纽约市场	－0.195	－0.192	0.153	－1.191	0.937
纳斯达克市场	－0.403	－0.399	0.292	－1.988	0.720
伦敦市场	－0.206	－0.213	0.242	－1.576	1.127

续表

市场	均值	中值	标准差	最小值	最大值
东京市场	-0.142	-0.198	0.325	-1.573	2.487
澳大利亚市场	-0.171	-0.173	0.189	-0.854	0.803
孟买市场	-0.641	-0.681	0.441	-3.336	3.454
莫斯科市场	-0.440	-0.445	0.412	-2.281	1.618
圣保罗市场	-0.455	-0.287	0.610	-5.370	1.882
约翰内斯堡市场	-0.121	-0.149	0.243	-2.008	1.389

表 15-2　2007—2017 年十三个股票市场上下波动比率的描述性统计量

市场	均值	中值	标准差	最小值	最大值
沪市	-0.704	-0.716	0.344	-3.185	0.385
深市	-0.631	-0.655	0.258	-1.279	0.131
香港市场	-0.432	-0.428	0.316	-1.401	2.999
台湾市场	-0.508	-0.522	0.212	-1.107	0.085
纽约市场	-0.176	-0.177	0.122	-0.935	0.753
纳斯达克市场	-0.331	-0.331	0.212	-1.308	0.448
伦敦市场	-0.196	-0.214	0.180	-1.186	0.487
东京市场	-0.155	-0.174	0.201	-1.148	0.925
澳大利亚市场	-0.204	-0.201	0.111	-0.691	0.305
孟买市场	-0.569	-0.604	0.368	-1.813	1.676
莫斯科市场	-0.376	-0.357	0.296	-1.495	0.833
圣保罗市场	-0.370	-0.244	0.481	-3.660	1.021
约翰内斯堡市场	-0.128	-0.131	0.128	-0.906	0.873

一、沪深两市与发达股票市场比较

图 15-1 和图 15-2 分别展示了 2007 年至 2017 年沪深两市与发达股票市场负偏度系数和上下波动比率的变化趋势。

由表 15-1 和表 15-2 可知，沪深两市负偏度系数和上下波动比率的均值低于五个发达股票市场。图 15-1 和图 15-2 进一步表明，2007 年至 2017 年沪深两市的负偏度系数和上下波动比率在各个年份均低于这五个市场，反映出沪深两市系统性风险冲击强度小于发达股票市场。

在五个发达股票市场内部，东京市场负偏度系数和上下波动比率的均值最高；纳斯达克市场负偏度系数和上下波动比率的均值最低；纽约市场、伦敦市场、澳大利亚市场位于中间水平。纳斯达克市场和东京市场负偏度系数和上下波动比率的波动幅度较大；纽约市场、澳大利亚市场和伦敦市场的波动幅度较小，并且冲击强度水平呈现微弱的上升趋势。

此外，虽然发达股票市场的系统性风险冲击强度高于沪深两市，但是发达股票市场系统性风险冲击强度的波动性低于沪深两市，尤其是在2008年国际金融危机和2010年至2012年的欧债危机期间，沪深两市系统性风险冲击强度大幅上升，而发达股票市场系统性风险冲击强度上升幅度较小。这表明发达股票市场抵御风险冲击的能力较强，股票市场更加成熟。

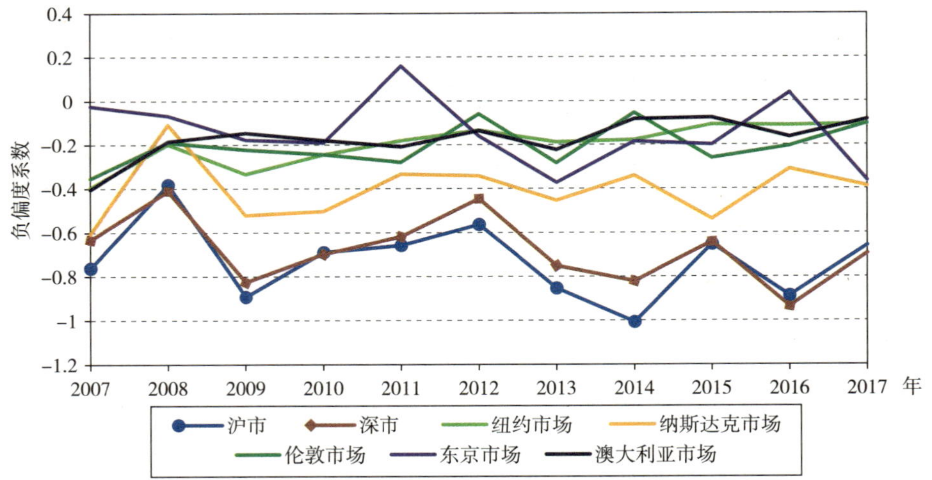

图 15－1　2007—2017 年沪深两市与发达股票市场负偏度系数变化趋势

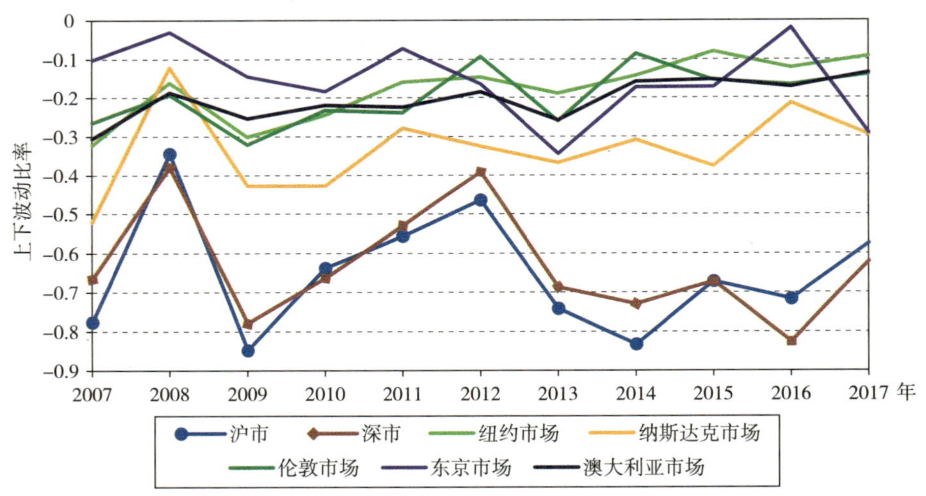

图 15－2　2007—2017 年沪深两市与发达股票市场上下波动比率变化趋势

二、沪深两市与新兴股票市场比较

图 15－3 和图 15－4 分别展示了 2007 年至 2017 年沪深两市与新兴股票市场负偏度系数和上下波动比率的变化趋势。

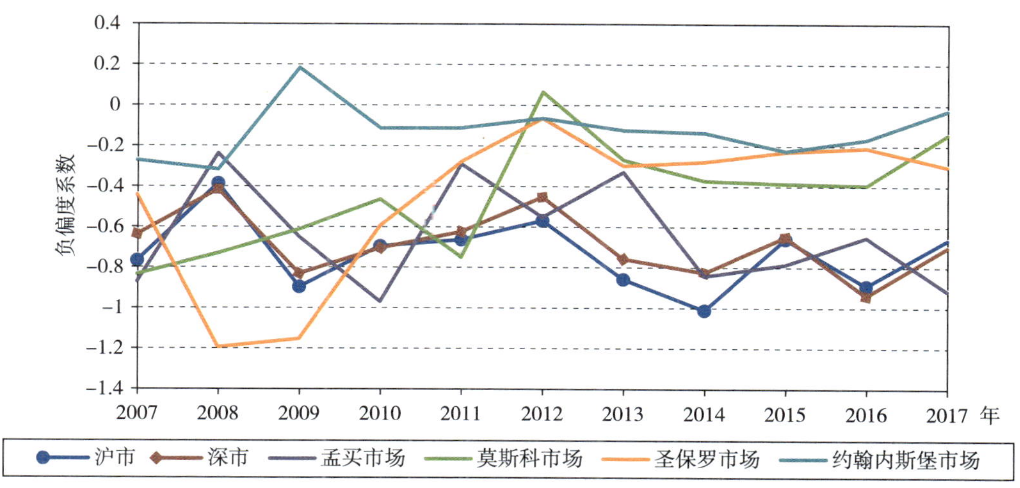

图 15－3　2007—2017 年沪深两市与新兴股票市场负偏度系数变化趋势

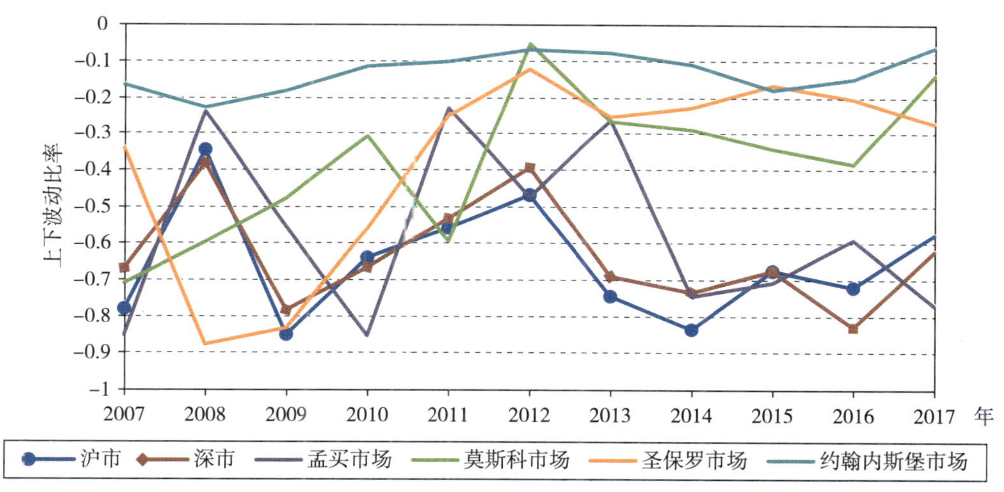

图 15－4　2007—2017 年沪深两市与新兴股票市场上下波动比率变化趋势

由表 15－1 和表 15－2 可知，沪市、深市和孟买市场负偏度系数和上下波动比率的均值远低于其他三个股票市场，约翰内斯堡市场的均值则最高。新兴股票市场系统性风险冲击强度与各国经济基本面有密切联系。约翰内斯堡市场位于南非，近些年来，南非政局动荡、经济发展停滞、金融市场信心匮乏、主权信用评价屡遭下调，经济基本面持续恶化，对股票市场产生了剧烈的冲击，致使约翰内斯堡市场系统性风险冲击强度始终处于高位。

图 15－3 和图 15－4 进一步表明，孟买市场系统性风险冲击强度指标呈震荡下降趋势，莫斯科市场和圣保罗市场冲击强度指标呈波动上升趋势，约翰内斯堡市场冲击强度指标始终处于高位，并呈现出小幅波动。

此外，沪深两市和四个新兴股票市场的系统性风险冲击强度波动性相对较

大，当股市遇到冲击时，股票市场系统性风险冲击强度显著上升，这表明新兴股票市场抵御风险冲击的能力较低，市场仍需完善。

三、中国不同地区股票市场比较

图 15－5 和图 15－6 分别展示了 2007 年至 2017 年中国不同地区股票市场负偏度系数和上下波动比率的变化趋势。

由表 15－1 和表 15－2 可知，在中国不同地区股票市场中，股票市场负偏度系数和上下波动比率的均值从小到大依次是：沪市、深市、台湾市场、香港市场。这表明沪市系统性风险冲击强度最小，香港市场系统性风险冲击强度最大，深市和台湾市场位于中间水平。相比沪深两市，香港市场国际化程度较高，有较多的机构投资者和海外投资者，并且提供包括股本证券、股本认股权证、衍生权证、期货、期权、牛熊证、交易所买卖基金等不同类别的金融产品。香港市场所遭受的国际风险冲击以及金融产品所带来的风险冲击远高于沪深两市，所以香港市场负偏度系数和上下波动比率均值高于沪深两市，股市系统性风险冲击强度较大。

由图 15－5 和图 15－6 可知，中国四个股票市场的负偏度系数和上下波动比率变化趋势基本相同。2008 年国际金融危机和 2010 年至 2012 年欧债危机期间，四个市场负偏度系数和上下波动比率均呈现大幅上涨的趋势，股市系统性风险冲击强度上升；2015 年中国 A 股市场爆发股灾，股市系统性风险冲击强度上升，而在此期间，台湾市场系统性风险冲击强度也呈现上升趋势。这表明中国四个股票市场存在着风险联动性，并且随着沪港通、深港通的相继启动，中国股票市场一体化程度将进一步提高。

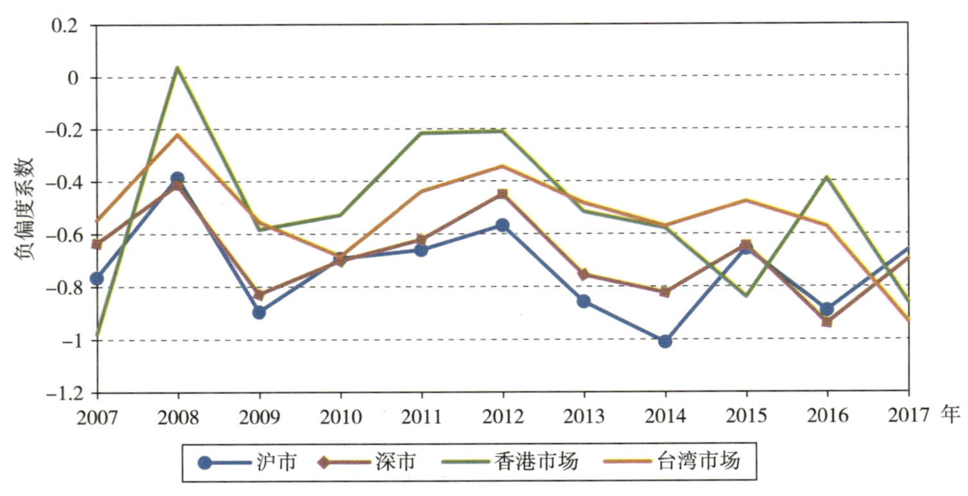

图 15－5 2007—2017 年中国不同地区股票市场负偏度系数变化趋势

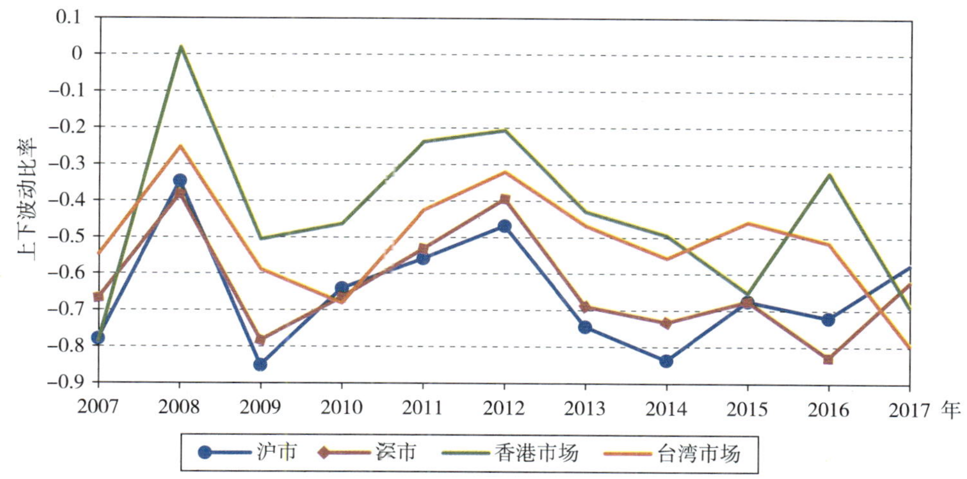

图 15－6　2007—2017 年中国不同地区股票市场上下波动比率变化趋势

由上文分析可知，在十三个股票市场中，沪深两市的系统性风险冲击强度相对较低。这既有沪深两市作为新兴股票市场的共性原因，也有其特性原因。本节从经济基本面、股票市场内部因素、企业内部因素和国际因素四个方面对其进行归纳总结。

1. 经济基本面

2007 年至 2017 年，中国经济发展迅速、社会稳定、宏观经济运行良好。其中，GDP 保持中高速增长、通货膨胀保持温和、汇率风险可控，经济基本面向好，这减少了外部经济环境对股票市场的冲击，有利于降低股票市场系统性风险冲击强度。

2. 股票市场内部因素

股票市场内部因素主要包括以下两个方面：

（1）国有控股公司体量较大。在沪深两市中，国有控股公司体量较大[①]，当这些公司出现经营困境时，因其股东背景将容易以较低的成本筹集资金（刘小玄和周晓艳，2011；中国财政科学研究院“降成本”课题组等，2017），进而改善公司的经营状况，减少因上市公司经营不善对股市产生的冲击。

（2）IPO 制度安排。目前，沪深两市采取 IPO 核准制，在此制度下，证券监管机构对拟上市公司的盈利能力、经营风险等方面提出了严格要求，保证了新上市公司的质量，减小了业绩较差的上市公司对股票市场产生冲击的可能性。沪深两市中国有控股公司体量较大且 IPO 审核严格，有利于减少股市的负

① 截至 2017 年 12 月 31 日，沪深两市主板、中小板和创业板共有 1037 家国有控股公司，国有控股公司在 A 股市场总市值中的占比为 44.06%，国有控股公司 2017 年成交额占 A 股市场当年成交额的 39.04%，国有控股公司占有相当大的体量。

面冲击，沪深两市系统性风险冲击强度较低。

3. 企业内部因素

企业内部因素主要包括以下两个方面：

（1）集团企业的风险分担。在新兴股票市场中，企业家通常会选择集团企业的组织形式来节约成本和降低风险（Bae et al.，2006）。当新兴股票市场中的上市公司陷入经营困境时，该上市公司股票价格应该下降，股票负偏度系数和上下波动比率上升，但新兴股票市场中的企业家经常使用他们控制的其他企业的资源去拯救陷入困境的控制企业（Friedman et al.，2003）。由于其他企业的风险分担，陷入经营困境的上市公司股价并没有大幅度下跌，股票负偏度系数和上下波动比率也就不会大幅度上升，所以新兴股票市场的负偏度系数和上下波动比率较低。

（2）管理层选择性信息披露。在新兴股票市场中，企业管理层选择性信息披露行为也会造成股市负偏度系数和上下波动比率偏低。在发达股票市场中，成熟的公司监管机制迫使公司管理层为股东争取最大利益；而在新兴股票市场中，因为缺乏相应的监管机制，公司管理层对信息披露拥有更多的自由裁量权（Bae et al.，2006）。新兴股票市场中的公司管理层出于自利目的，选择披露好消息，隐藏或慢慢释放坏消息，致使企业股票价格上涨，股票收益率上升，股市负偏度系数和上下波动比率下降。集团企业的风险分担和管理层选择性信息披露，降低了由企业经营不善所带来的风险冲击，导致股市负偏度系数和上下波动比率较低。

4. 国际因素

相比美国、英国等发达国家，中国资本市场国际化程度较低。目前，中国资本账户管制尚未完全放开、QFII 持股市值占比较低、B 股市场规模较小，这表明中国资本市场开放程度不高，但这同时也减少了国际投资者的投机行为对中国股票市场的冲击，有效地降低了国际金融市场的风险溢出效应，减弱了沪深两市的系统性风险冲击强度。

第二节　系统性风险传染力度国际比较

本节采用价格同步性指标和流动性同步性指标分别从价格和流动性两个维度衡量上述十三个股票市场的同质性水平，以此反映股票市场系统性风险传染力度。

一、价格同步性的国际比较

（一）各市场价格同步性水平

十三个股票市场价格同步性指标的样本区间为2007年1月1日至2017年12月31日，表15－3给出了十三个股票市场价格同步性指标的描述性统计量。

在十三个股票市场中，沪市和深市价格同步性水平高于其他十一个股票市场，沪市和深市价格同步性指标的均值分别为0.7428和0.7427。五个发达股票市场中价格同步性水平较低的是澳大利亚市场和伦敦市场，价格同步性指标均值分别为0.5979和0.5988，五个发达股票市场中较高的是东京市场，达到0.6758。四个新兴股票市场价格同步性指标均值较高的是圣保罗市场，达到0.6231，均值较低的是约翰内斯堡市场，仅为0.6048。中国其他地区股票市场中香港市场价格同步性水平较低，价格同步性指标的均值为0.6340。

表15－3进一步表明，价格同步性指标均值较小的股票市场，标准差也较小，即价格同步性水平较低的股票市场在时间维度上的表现也较为稳定。在发达股票市场中，澳大利亚市场和伦敦市场价格同步性水平偏低的同时，价格同步性指标离散程度也偏低，指标表现较为稳定；在新兴股票市场中，指标同样表现较好的是约翰内斯堡市场和孟买市场。相对于其他十一个股票市场，沪市和深市价格同步性指标的均值、中值、标准差、最小值和最大值都较大，沪深两市的价格同步性现象更为严重，反映出股票市场的高同质性，进而加剧了系统性风险在价格维度的传染力度。

表15－3　2007—2017年十三个股票市场价格同步性指标描述性统计量

股票市场	交易日（个）	均值	中值	标准差	最小值	最大值	按均值从小到大排名
沪市	2670	0.7428	0.7371	0.1438	0.5005	1.0000	13
深市	2659	0.7427	0.7351	0.1431	0.5003	1.0000	12
香港市场	2680	0.6340	0.6117	0.1021	0.5000	0.9815	7
台湾市场	2682	0.6724	0.6482	0.1241	0.5000	0.9927	10
纽约市场	2736	0.6627	0.6471	0.1085	0.5000	0.9848	9
纳斯达克市场	2739	0.6487	0.6359	0.0991	0.5002	0.9574	8
伦敦市场	2702	0.5988	0.5839	0.0745	0.5000	0.9172	2
东京市场	2681	0.6758	0.6602	0.1160	0.5000	0.9886	11
澳大利亚市场	2771	0.5979	0.5813	0.0780	0.5000	0.9673	1
孟买市场	2681	0.6051	0.5868	0.0822	0.5002	0.9475	4
莫斯科市场	2697	0.6220	0.6034	0.0910	0.5000	0.9577	5
圣保罗市场	2678	0.6231	0.6093	0.0882	0.5000	0.9581	6
约翰内斯堡市场	2734	0.6048	0.5897	0.0780	0.5000	0.9556	3

（二）各市场价格同步性指标的变化历程

为了更加直观地比较十三个股票市场2007—2017年价格同步性指标的变化历程，故绘制了图15－7、图15－8和图15－9，将沪深两市价格同步性指标分别与发达股票市场、新兴股票市场、中国其他地区股票市场做对比。

1. 沪深两市与发达股票市场比较

由图15－7可知，2007年至2017年上述七个股票市场价格同步性指标均表现出缓慢下降的趋势。沪市和深市价格同步性指标变化趋势基本重合，并始终位于五个发达股票市场之上。澳大利亚市场和伦敦市场价格同步性指标变化趋势基本重合，位于最低位置；纽约市场和纳斯达克市场价格同步性指标变化走势相似，但纽约市场价格同步性水平高于纳斯达克市场；东京市场基本上是发达股票市场中价格同步性水平最高的市场。由图15－7还可以看出，上述七个股票市场均受到2008年国际金融危机的影响，2007年至2008年价格同步性指标均有明显的上升趋势。在2008年国际金融危机的冲击之下，除美国以外其他股票市场价格同步性指标均呈现下降趋势，而美国的两大股票市场仍保持在2008年上下的水平，说明次贷危机对美国股票市场产生了极大的负面影响，即使是美国这样的成熟市场也需要较长时间恢复。受欧洲主权债务危机的影响，五个发达股票市场价格同步性指标在2011年均达到了一个高点，而沪深两市则在2012年达到一个高点，这说明沪深两市受欧洲主权债务危机的影响弱于2008年国际金融危机。再看中国2015年股灾，并没有对发达股票市场产生冲击，这五个股票市场价格同步性指标在2015年并没有出现比较一致的上升趋势。

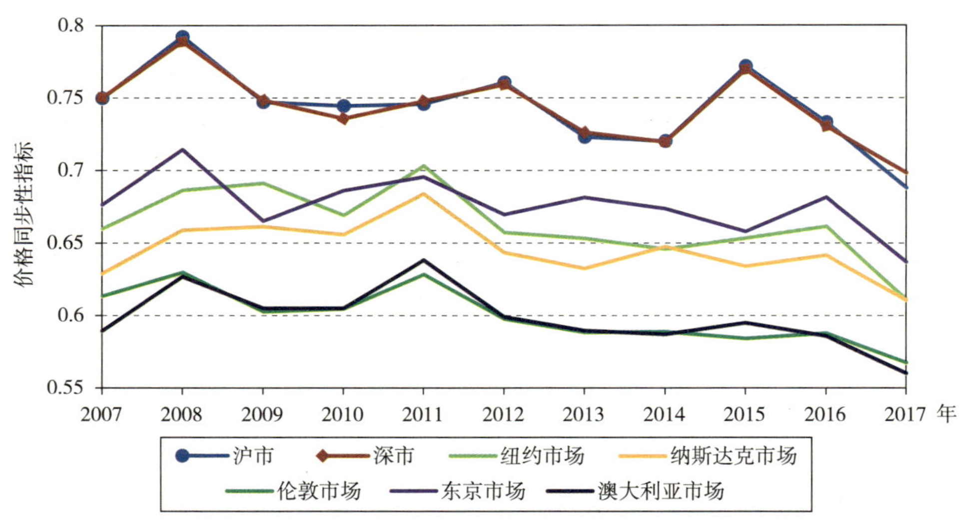

图15－7　2007—2017年沪深两市与发达股票市场价格同步性指标变化趋势

2. 沪深两市与新兴股票市场比较

由图 15－8 可知，2007 年至 2017 年上述四个新兴股票市场价格同步性指标同样呈现出缓慢下降的趋势。沪市和深市价格同步性指标始终位于四个新兴股票市场之上，并且差距较大。2007 年至 2017 年，沪市和深市价格同步性指标最低为 0. 6877，四个新兴股票市场价格同步性指标最高仅为 0. 6613。而且，四个新兴股票市场价格同步性指标变化曲线交叉较为明显。同样的情形是，四个新兴股票市场 2008 年均受到国际金融危机的影响以及 2011 年受到欧洲主权债务危机的影响。再看中国 2015 年股灾，同样没有对上述四个新兴股票市场产生冲击。

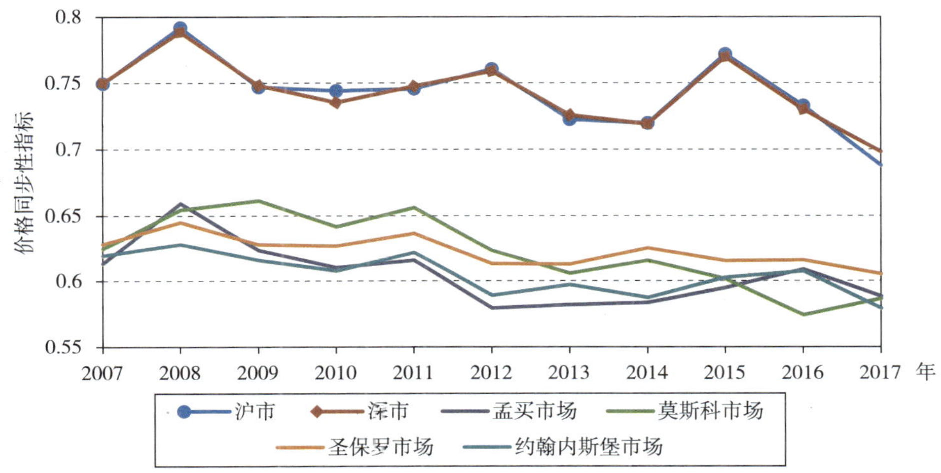

图 15－8　2007—2017 年沪深两市与新兴股票市场价格同步性指标变化趋势

3. 中国不同地区股票市场比较

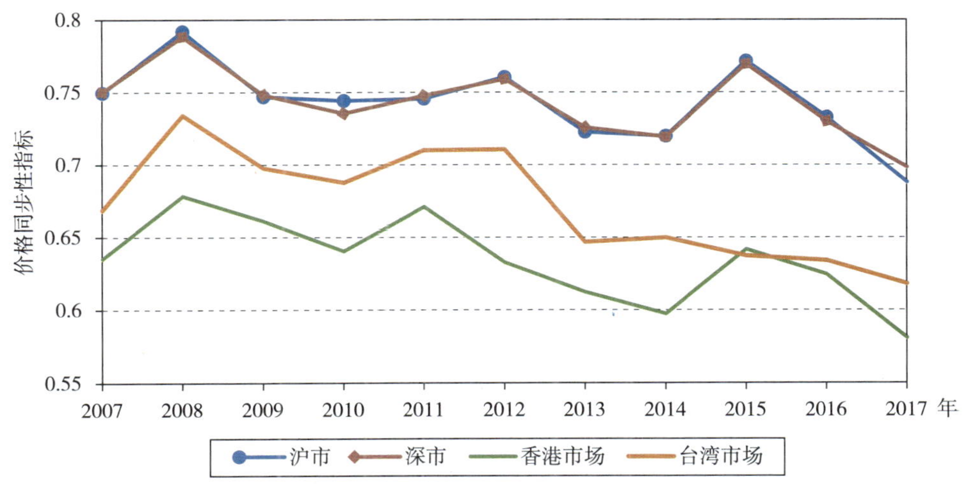

图 15－9　2007—2017 年中国不同地区股票市场价格同步性指标变化趋势

由图 15 -9 可知，相对于沪市和深市而言，2007 年至 2017 年香港市场和台湾市场价格同步性指标下降幅度较大。中国不同地区股票市场中，香港市场价格同步性指标基本位于沪市、深市和台湾市场之下，台湾市场居中。2008 年中国不同地区股票市场均受到国际金融危机的影响，2011 年香港市场和台湾市场受到了欧洲主权债务危机的影响，沪市和深市受到欧洲主权债务危机的影响则是在 2012 年，这里不再赘述。受到 2015 年中国 A 股股灾的影响，香港市场 2014 年至 2015 年价格同步性指标明显向上攀升，而台湾市场却在缓慢下降。这说明香港市场和中国大陆地区股票市场联动更为密切。

（三）价格同步性指标在各区间的交易日频数分布情况

为了进一步了解十三个股票市场价格同步性指标在各个区间（以 0.1 为组距）的交易日频数分布情况，对日度数据进行处理得到了表 15 -4。

表 15 -4　2007—2017 年十三个股票市场价格同步性指标在各区间的交易日占比

价格同步性指标 / 股票市场	[0.5，0.6]	(0.6，0.7]	(0.7，0.8]	(0.8，0.9]	(0.9，1.0]	按均值从小到大排名
沪市	21.09%	21.50%	19.55%	19.29%	18.58%	13
深市	20.27%	22.45%	19.33%	19.59%	18.35%	12
香港市场	46.16%	29.89%	15.41%	7.05%	1.49%	7
台湾市场	35.38%	27.52%	19.09%	11.56%	6.45%	10
纽约市场	34.36%	30.37%	22.26%	11.18%	1.83%	9
纳斯达克市场	37.86%	30.81%	23.15%	7.78%	0.40%	8
伦敦市场	58.55%	31.16%	8.81%	1.37%	0.11%	2
东京市场	32.23%	27.71%	22.49%	14.43%	3.13%	11
澳大利亚市场	59.65%	29.20%	8.44%	2.42%	0.29%	1
孟买市场	56.62%	29.65%	10.85%	2.57%	0.30%	4
莫斯科市场	48.50%	32.33%	13.87%	4.60%	0.70%	5
圣保罗市场	46.56%	33.94%	15.16%	3.85%	0.49%	6
约翰内斯堡市场	55.27%	31.64%	11.30%	1.68%	0.11%	3

由表 15 -4 不难得出，除沪市和深市以外，其他股票市场价格同步性指标在各区间的交易日频数分布差异显著，并且均呈现出价格同步性指标越高，交易日频数越小的规律。而沪市和深市价格同步性指标在各区间的交易日频数分布很接近，分布过于均匀。图 15 -10 选取了沪深两市、发达股票市场中的澳大利亚市场、新兴股票市场中的约翰内斯堡市场以及中国其他地区股票市场中的香港市场，更加直观地展示了不同股票市场价格同步性指标的分布规律。

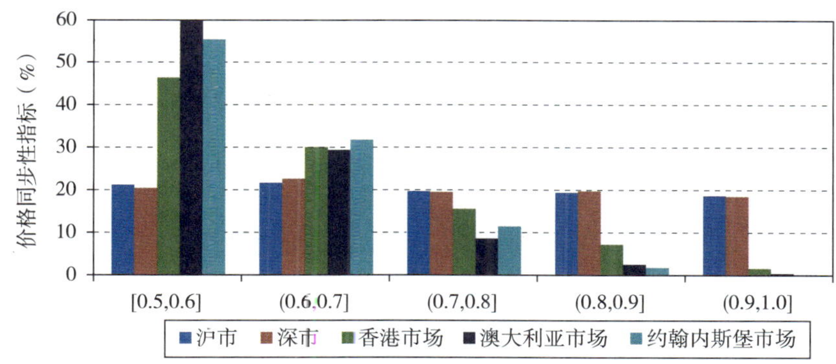

图 15－10　2007—2017 年价格同步性指标在各区间的交易日占比

综合以上分析，大致可以得到以下结论：

第一，2007 年至 2017 年十三个股票市场价格同步性指标均呈现出下降趋势，股票市场系统性风险在价格维度的传染力度均逐渐减弱。

第二，无论是和发达股票市场比较，还是和新兴股票市场比较，沪市和深市价格同步性指标均处于较高水平，价格同步性现象较为严重，反映出股票市场同质化程度较高，进而导致系统性风险在价格维度的传染力度较大。

第三，每个股票市场由于自身的发育程度、交易制度、投资者结构和国家法律体系等多方面原因，各个股票市场的价格同步性水平高低各异，系统性风险在价格维度的传染力度各不相同。

第四，2007 年至 2017 年六个发达股票市场（联合国将中国香港列为发达地区）价格同步性指标的均值为 0.6363；七个新兴股票市场价格同步性指标的均值为 0.6590。因此，就样本中新兴股票市场整体而言，其价格同步性水平高于发达股票市场价格同步性水平。如果扩大股票市场样本容量，两者的差距应当会进一步拉大。Sarod 和 Richard（2009）的研究中三十四个新兴股票市场在 1996 年至 2005 年价格同步性指标的均值为 0.67，而七个发达股票市场价格同步性指标的均值为 0.62，新兴股票市场价格同步性水平普遍高于发达股票市场。这一结论与 Morck 等（2000）的结论基本保持一致。

第五，公司信息透明度高的经济体比公司信息透明度低的经济体股票市场价格同步性水平低。Sarod 和 Richard（2009）的研究中提到，日本的公司信息透明度比澳大利亚的公司信息透明度低，同属于发达股票市场，澳大利亚股票市场价格同步性指标为 0.58，比日本股票市场价格同步性指标 0.67 明显要低。而本节在样本区间（2007 年至 2017 年）得到的结论与上述一致，澳大利亚股票市场价格同步性水平（0.5979）明显低于日本东京股票市场价格同步性水平（0.6758）。

二、流动性同步性的国际比较

（一）各市场流动性同步性水平

表 15－5　2007—2017 年十三个股票市场基于相对有效价差的流动性同步性描述性统计量

股票市场	均值	中值	标准差	最小值	最大值
沪市	0. 536	0. 529	0. 158	0. 076	0. 942
深市	0. 508	0. 519	0. 151	0. 137	0. 861
香港市场	0. 047	0. 042	0. 020	0. 000	0. 181
台湾市场	0. 251	0. 230	0. 125	0. 055	0. 563
纽约市场	0. 199	0. 174	0. 109	0. 000	0. 578
纳斯达克市场	0. 084	0. 050	0. 082	0. 000	0. 415
伦敦市场	0. 040	0. 036	0. 028	0. 000	0. 198
东京市场	0. 225	0. 175	0. 140	0. 040	0. 663
澳大利亚市场	0. 054	0. 037	0. 048	0. 009	0. 288
孟买市场	0. 102	0. 084	0. 062	0. 007	0. 338
莫斯科市场	0. 081	0. 065	0. 056	0. 000	0. 347
圣保罗市场	0. 043	0. 034	0. 032	0. 003	0. 214
约翰内斯堡市场	0. 040	0. 037	0. 018	0. 000	0. 128

表 15－6　2007—2017 年十三个股票市场基于报价深度的流动性同步性描述性统计量

股票市场	均值	中值	标准差	最小值	最大值
沪市	0. 467	0. 469	0. 147	0. 014	0. 852
深市	0. 442	0. 415	0. 125	0. 190	0. 838
香港市场	0. 062	0. 057	0. 023	0. 000	0. 177
台湾市场	0. 220	0. 191	0. 127	0. 005	0. 535
纽约市场	0. 152	0. 149	0. 078	0. 000	0. 344
纳斯达克市场	0. 065	0. 058	0. 037	0. 000	0. 218
伦敦市场	0. 025	0. 022	0. 017	0. 000	0. 115
东京市场	0. 093	0. 084	0. 045	0. 003	0. 284
澳大利亚市场	0. 044	0. 038	0. 028	0. 005	0. 217
孟买市场	0. 049	0. 036	0. 059	0. 010	0. 432
莫斯科市场	0. 067	0. 062	0. 030	0. 000	0. 242
圣保罗市场	0. 037	0. 035	0. 016	0. 003	0. 104
约翰内斯堡市场	0. 043	0. 040	0. 019	0. 000	0. 128

限于数据可得性，除伦敦市场的流动性同步性数据是从 2009 年 6 月 18 日至 2017 年 12 月 31 日外，其他十二个市场流动性同步性数据的区间均为 2007

年 1 月 1 日至 2017 年 12 月 31 日。表 15 – 5 和表 15 – 6 分别给出了十三个股票市场基于相对有效价差和报价深度的流动性同步性指标描述性统计量。

无论是基于相对有效价差还是基于报价深度，沪深两市流动性同步性指标的均值都远远高于其他股票市场，两种方法构建的流动性同步性指标的均值都超过了 0.4。这表明，沪深两市系统性风险传染力度比较强，市场同质性水平还有很大的改善空间。

接下来以市场类型为划分依据，将沪深两市分别与发达股票市场、新兴股票市场和中国其他地区股票市场进行比较分析。

（二）沪深两市与发达股票市场比较

1. 基于相对有效价差的流动性同步性指标比较

沪深两市流动性同步性水平远远高于发达股票市场。由表 15 – 5 可知，沪深两市流动性同步性指标的样本均值分别为 0.536 和 0.508，而发达股票市场中东京市场的均值最高，但仅为 0.225。东京市场之后美国的纽约市场和纳斯达克市场流动性同步性水平也比较高，其流动性同步性的均值分别为 0.199 和 0.084。流动性同步性水平比较低的市场是伦敦市场、澳大利亚市场，其流动性同步性的均值分别仅为 0.040 和 0.054。

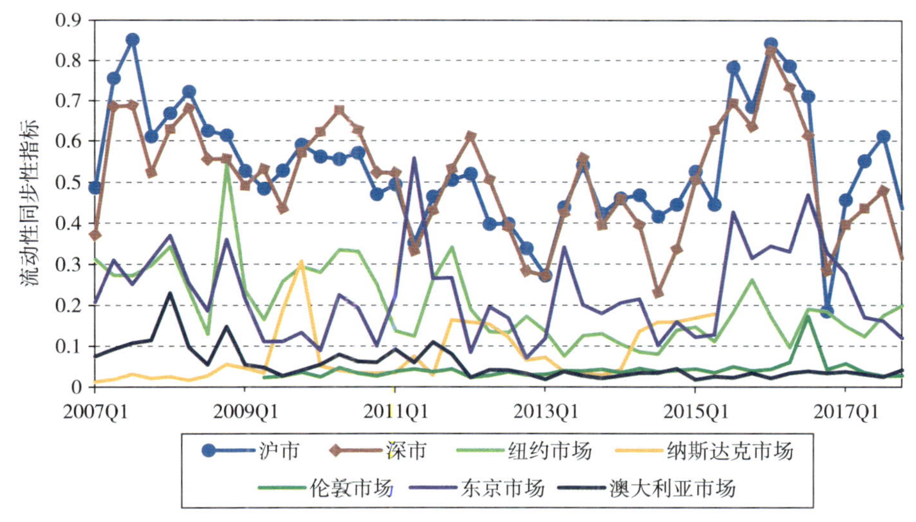

图 15 – 11　2007—2017 年沪深两市与发达股票市场基于相对有效价差的流动性同步性水平

2. 基于报价深度的流动性同步性比较

基于报价深度的流动性同步性指标，沪深两市的系统性风险传染力度依然远远高于发达股票市场。沪市和深市流动性同步性指标的均值分别达到了 0.467 和 0.442，远高于五个发达股票市场。而且由图 15 – 12 可以看出，沪深两市的流动性同步性指标在 2007 年至 2017 年的绝大部分时间内都高于发达股票市场。发达股票市场中纽约市场和东京市场基于报价深度的流动性同步性指标的均值分别为0.152和0.093，高于其他发达股票市场。流动性同步性最低的是伦敦市场，这表明伦敦市场同质性水平较低，其主要原因是伦敦市场由主板市场和二板市场组成。其中，主板市场是面向大型企业的市场，二板市场是专为高增长型企业设立的市场。另外，伦敦市场上市的企业除了英国的企业还有大量来自海外的企业，后者约占其上市公司总数的25%。

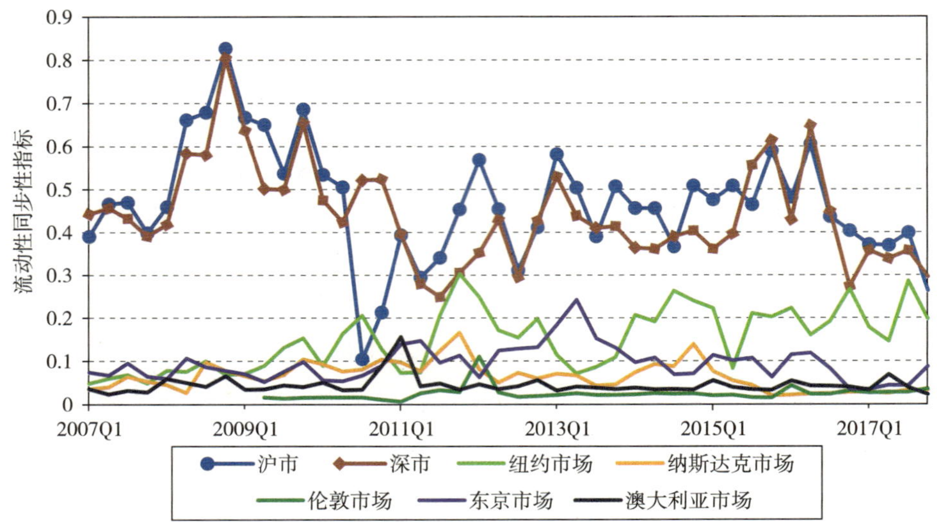

图15－12　2007—2017年沪深两市与发达股票市场基于报价深度的流动性同步性水平

（三）沪深两市与新兴股票市场比较

1. 基于相对有效价差的流动性同步性比较

基于相对有效价差的流动性同步性指标，与四个新兴股票市场相比，沪市和深市流动性同步性水平依然是最高的。由图15－13可以看到，在2007年至2017年的绝大部分时间内沪市和深市的流动性同步性水平都远高于四个新兴股票市场。此外相比四个新兴股票市场，沪市和深市的流动性同步性不仅整体水平高，而且波动的幅度也很大，流动性同步性指标的标准差分别达到了0.158和0.151。在四个新兴股票市场中，孟买市场和莫斯科市场的流动性同步性水平相对较高，均值分别达到了0.102和0.081；约翰内斯堡市场流动性同步性指标的均值最低，仅为0.040，而且波动也最小，标准差仅为0.018。

2. 基于报价深度的流动性同步性比较

基于报价深度的流动性同步性指标，沪深两市流动性同步性的整体水平和波动性都远远大于四个新兴股票市场。由表15－6和图15－14可以看出，四个新兴股票市场的流动性同步性的均值都小于0.07，标准差小于0.06，整体水平比较低，而且相对比较稳定。

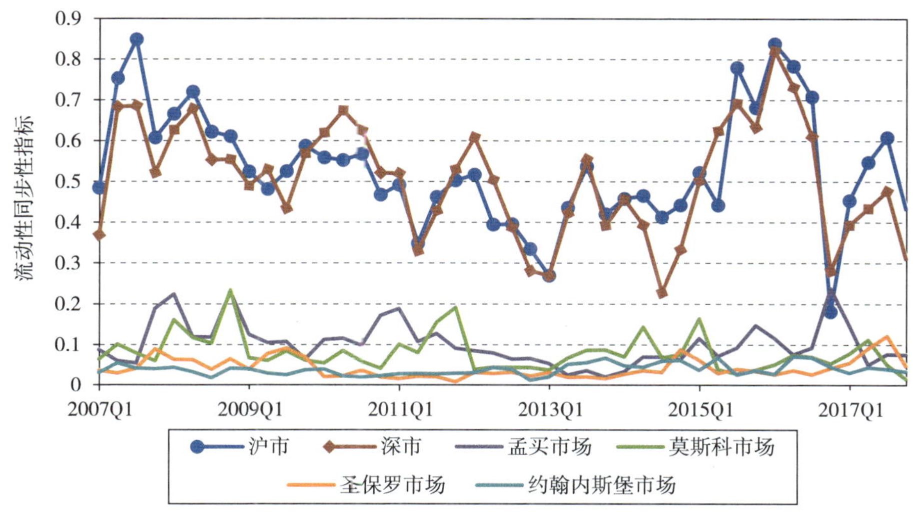

图 15－13　2007—2017 年沪深两市与新兴股票市场基于相对有效价差的流动性同步性指标

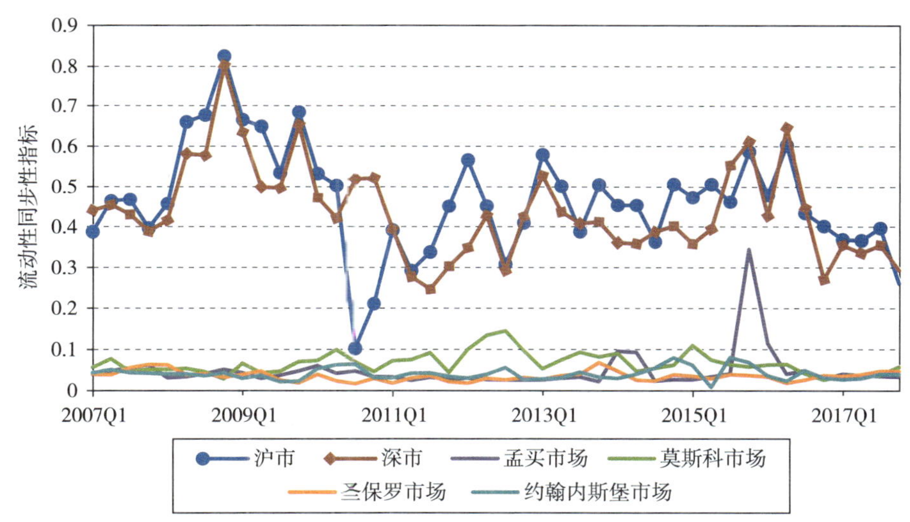

图 15－14　2007—2017 年沪深两市与新兴股票市场基于报价深度的流动性同步性指标

（四）中国不同地区股票市场比较

1. 基于相对有效价差的流动性同步性比较

基于相对有效价差的流动性同步性指标，沪市和深市的均值水平最高，台湾市场次之，香港市场均值最低。同时，沪市流动性同步性指标的标准差为 0.158，其次为深市和台湾市场，标准差最小的是香港市场。总的来说，沪市和深市的流动性同步性水平最高，波动最大；香港市场的流动性同步性水平最低，且波动最小，反映出香港市场同质性水平较低，系统性风险传染力度较弱。

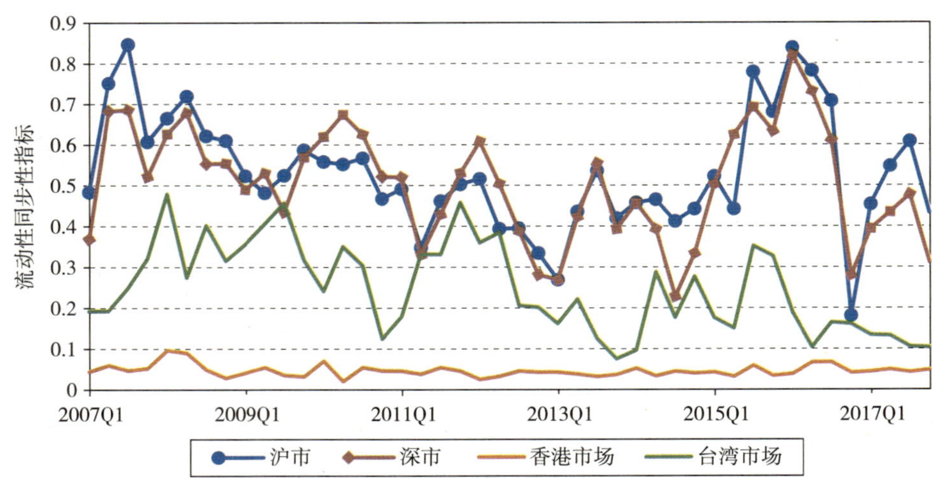

图 15－15　2007—2017 年中国不同地区股票市场基于相对有效价差的流动性同步性指标

2. 基于报价深度的流动性同步性比较

基于报价深度的流动性同步性指标，均值最高的为沪市和深市，其次为台湾市场，香港市场的均值最小。标准差最大的为沪市，台湾市场和深市次之，标准差最小的是香港市场。这与基于相对有效价差的流动性同步性指标得到的结论基本一致。

综合以上分析可以得到以下结论：第一，在十三个股票市场中，沪市和深市的流动性同步性处于最高水平，系统性风险在流动性维度的传染力度较大。

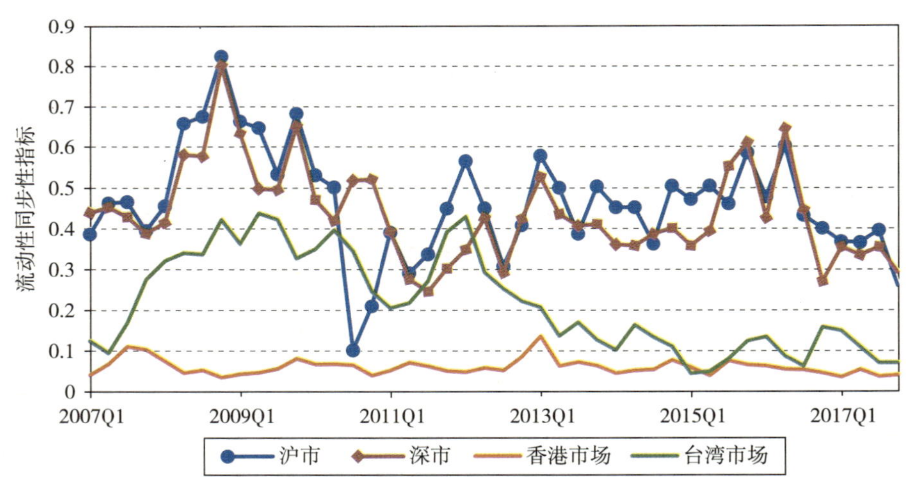

图 15－16　2007—2017 年中国不同地区股票市场基于报价深度的流动性同步性指标

第二，由于各个交易所上市公司的标准、交易制度、投资者行为以及所在经济体的经济发展水平各异，流动性同步性指标反映的十三个股票市场同质性水平各不相同，系统性风险在流动性维度的传染力度也有所差异。

第三，2007 年至 2017 年六个发达股票市场基于相对有效价差的流动性同步性指标的均值是 0.074，基于报价深度的流动性同步性指标的均值为 0.108；七个新兴股票市场基于相对有效价差的流动性同步性指标的均值为 0.223，基于报价深度的流动性同步性指标的均值为 0.189。因此就样本中新兴股票市场整体而言，其流动性同步性水平高于发达股票市场流动性同步性水平。

第四，信息透明度高的国家比信息透明度低的国家股票市场流动性同步性水平要低（Karolyi et al.，2012）。以往研究认为，日本的公司信息透明度比澳大利亚的公司信息透明度低（Sarod and Richard，2009）。本报告的测度结果显示，澳大利亚市场基于相对有效价差的流动性同步性指标的均值为 0.054，明显低于东京市场的均值 0.225；澳大利亚市场基于报价深度的流动性同步性指标的均值为 0.044，也低于东京市场的均值 0.093。

第五，相比其他市场，沪市、深市、台湾市场等具有涨跌幅限制的市场流动性同步性水平较高。这说明涨跌幅限制虽然能够抑制股票市场过度波动，但也会提高市场流动性同步性水平，进而增强股票市场同质性。

结合上述分析可知，无论是从价格维度还是从流动性维度，沪深市场的系统性风险传染力度均比其他十一个股票市场大，反映出沪深两市较高的同质性水平。与国际成熟股票市场相比，我国股票市场系统性风险传染力度较大的原因归纳整理如下。

1. 监管法律体系

我国股票市场仅仅经历了二十七年的短暂历程，而其他十一个股票市场的发展历程大多在百年以上，拥有较为成熟的股票市场法律体系，在健全完善的法律体系下，市场机制能够充分发挥作用，政府干预股票市场极少。目前，我国股票市场法律体系的构建仍然任重道远，主要体现在我国政府对股票市场的干预过多，使股票市场带有一定的政策色彩。我国股票市场经常出现“政府鼓励→股市狂涨→政府管制→股市下跌→政府救市”的局面，造成股票价格同步上涨或同步下跌。在政府“有意识”用干预手段代替市场机制的驱动下，股票市场会跟随政策导向表现出较高的同质性，进而加剧系统性风险传染力度。而在成熟股票市场，政府的干预只出现在股票市场失灵或者市场出现灾难性危机的时候。因此我国股票市场监管法律体系应逐渐由政府频繁出台过多干预政策向建立健全统一的监管法律体系过渡。在统一的监管法律体系框架下，让市场机制发挥应有的作用，降低股票市场同质性水平，进而降低系统性风险传染力度。

2. 投资者结构

无论是从开户数，还是从持股市值和交易频率来看，自然人投资者均在我

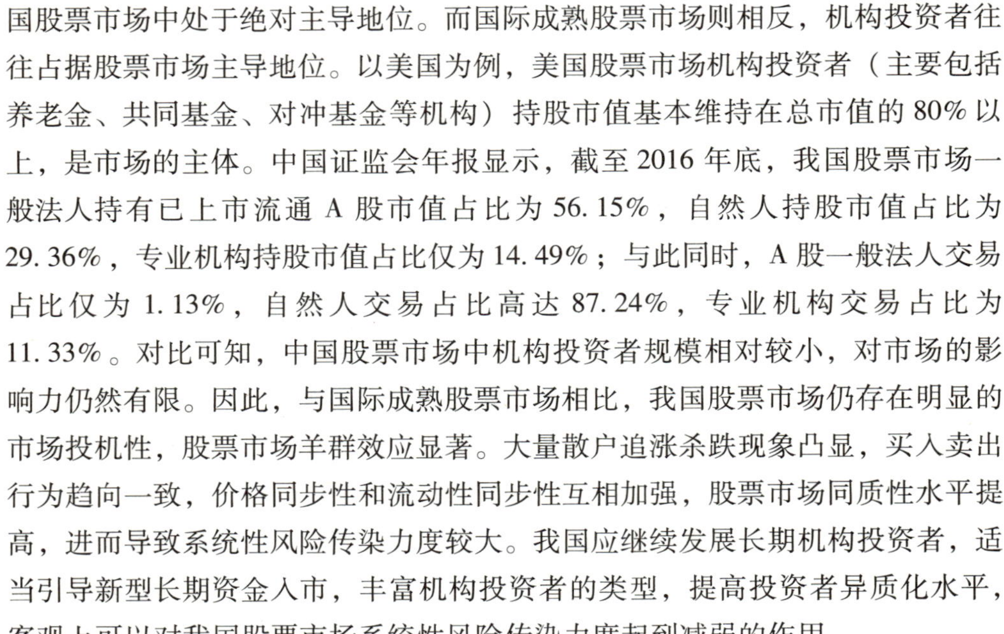

国股票市场中处于绝对主导地位。而国际成熟股票市场则相反，机构投资者往往占据股票市场主导地位。以美国为例，美国股票市场机构投资者（主要包括养老金、共同基金、对冲基金等机构）持股市值基本维持在总市值的 80% 以上，是市场的主体。中国证监会年报显示，截至 2016 年底，我国股票市场一般法人持有已上市流通 A 股市值占比为 56.15%，自然人持股市值占比为 29.36%，专业机构持股市值占比仅为 14.49%；与此同时，A 股一般法人交易占比仅为 1.13%，自然人交易占比高达 87.24%，专业机构交易占比为 11.33%。对比可知，中国股票市场中机构投资者规模相对较小，对市场的影响力仍然有限。因此，与国际成熟股票市场相比，我国股票市场仍存在明显的市场投机性，股票市场羊群效应显著。大量散户追涨杀跌现象凸显，买入卖出行为趋向一致，价格同步性和流动性同步性互相加强，股票市场同质性水平提高，进而导致系统性风险传染力度较大。我国应继续发展长期机构投资者，适当引导新型长期资金入市，丰富机构投资者的类型，提高投资者异质化水平，客观上可以对我国股票市场系统性风险传染力度起到减弱的作用。

3. 信息披露制度

（1）信息披露标准

国际上有两种信息披露标准，一种以股价为出发点，规定凡是对股价造成影响的事项都应包括在信息披露的范畴里。另一种以投资者为出发点，规定监管者应站在理性投资者的立场上考虑，将凡是会对投资者投资决策造成影响的信息都包括在信息披露的范畴里。我国信息披露制度长期围绕第一种标准，忽视了第二种标准，造成披露信息大多关注短期股价效应，忽视了上市公司长期发展信息、企业内部控制信息、高管薪酬信息、大量持股信息等对投资者投资决策产生长期影响的披露。投资者作为上市公司股东的利益并没有得到有效保护，投资者和上市公司之间的信息不对称没有得到有效消除，上市公司异质信息没有得到有效披露。相关研究也发现，在投资者产权保护制度较差的国家，股票市场价格同步性现象较为严重（Morck et al.，2000）；Karolyi 等（2012）认为投资者保护机制不完善的国家有着更高的流动性同步性水平。因此，我国股票市场应更多以投资者为出发点，优化信息披露质量，披露更多有助于投资者做出长期决策的信息，加强投资者保护力度。

（2）信息披露监管效率

我国证监会作为行政机构缺乏足够的激励效应对上市公司的信息披露质量进行主动检查，监管效率较低。我国股票市场信息披露调查模式是由交易所发现问题，再上报中国证监会申请进行调查，中国证监会处于比较被动的位置。而美国证券交易委员会承担着主动调查上市公司信息披露的职责。因此，我国证监会对上市公司履行信息披露义务起到的威慑作用相对于美国股票市场来说较小。由于中国证监会调查方式的局限或者调查周期较长，投资者也会失去对中国证监会监控上市公司信息披露质量的信心，进而忽略上市公司披露的重要异质信息，而将投资焦点过度集中于收集成本较低的市场层面信息。在市场层面信息的驱动下，股票价格和流动性趋于同向运动，导致股票市场系统性风险传染力度较大。中国证监会应承担主动调查上市公司信息披露的职责，定期或不定期对上市公司的信息披露报告主动进行检查，而不是在问题出现后，进行被动的调查。

第三节 系统性风险损失程度国际比较

本节采用5%的左尾和右尾系统 VaR 测度十三个股票市场的系统损失水平和系统潜在损失水平，对十三个市场的系统性风险损失程度进行比较分析。左尾和右尾系统 VaR 的样本区间为 2007 年 1 月 1 日至 2017 年 12 月 31 日。表 15 –7和表 15 –8 分别给出了十三个股票市场左尾和右尾系统 VaR 的描述性统计量。

表 15 –7　十三个股票市场左尾系统 VaR 的描述性统计量

市场名称	均值	中值	标准差	最小值	最大值	均值从小到大排名
沪市	0. 0303	0. 0256	0. 0247	–0. 0500	0. 1006	2
深市	0. 0322	0. 0273	0. 0258	–0. 0506	0. 1007	6
香港市场	0. 0476	0. 0417	0. 0257	–0. 0112	0. 6025	10
台湾市场	0. 0281	0. 0238	0. 0158	–0. 0306	0. 1000	1
纽约市场	0. 0310	0. 0261	0. 0217	0. 0000	0. 2303	3
纳斯达克市场	0. 0496	0. 0435	0. 0268	0. 0157	0. 7586	11
伦敦市场	0. 0315	0. 0289	0. 0137	0. 0000	0. 1344	4
东京市场	0. 0319	0. 0273	0. 0209	0. 0000	0. 5182	5
澳大利亚市场	0. 0851	0. 0833	0. 0201	0. 0392	0. 2703	13
孟买市场	0. 0463	0. 0460	0. 0126	0. 0085	0. 2500	9
莫斯科市场	0. 0430	0. 0374	0. 0227	0. 0000	0. 2840	8
圣保罗市场	0. 0516	0. 0476	0. 0210	0. 0123	0. 2289	12
约翰内斯堡市场	0. 0412	0. 0382	0. 0153	0. 0081	0. 1667	7

由表 15 –7 和表 15 –8 可知，在十三个股票市场中，沪市和深市左尾系统 VaR 的均值分别位列第二和第六位，右尾系统 VaR 的均值分别位列第六和第

七位。这表明沪深两市系统性风险损失程度相对较低，在十三个股票市场中处于中间位置。

左尾系统 VaR 均值最高的四个市场依次是澳大利亚市场、圣保罗市场、纳斯达克市场和香港市场；右尾系统 VaR 均值最高的四个市场依次是澳大利亚市场、香港市场、圣保罗市场和纳斯达克市场。左尾系统 VaR 均值最低的四个市场依次是台湾市场、沪市、纽约市场和伦敦市场；右尾系统 VaR 均值最低的四个市场依次是伦敦市场、纽约市场、东京市场和台湾市场。这表明左尾系统 VaR 和右尾系统 VaR 具有相似的截面特征，只不过前者着眼于风险的释放，测度系统损失水平，后者着眼于风险的累积，测度系统潜在损失水平，二者均能反映股票市场系统性风险损失程度在截面维度的差异。接下来，本节将沪深两市与发达股票市场、新兴股票市场以及中国其他地区股票市场分别进行比较分析。

表 15-8 十三个股票市场右尾系统 VaR 的描述性统计量

市场名称	均值	中值	标准差	最小值	最大值	均值从小到大排名
沪市	0.0427	0.0400	0.0231	-0.0843	0.1011	6
深市	0.0452	0.0427	0.0238	-0.0993	0.1012	7
香港市场	0.0550	0.0500	0.0286	-0.0028	0.6024	12
台湾市场	0.0369	0.0345	0.0173	-0.0255	0.0838	4
纽约市场	0.0328	0.0283	0.0237	-0.0146	0.3151	2
纳斯达克市场	0.0517	0.0465	0.0251	0.0000	0.3343	10
伦敦市场	0.0311	0.0294	0.0135	0.0000	0.1411	1
东京市场	0.0356	0.0325	0.0256	-0.0119	0.6667	3
澳大利亚市场	0.0959	0.0918	0.0256	0.0000	0.3333	13
孟买市场	0.0494	0.0490	0.0120	0.0000	0.1989	9
莫斯科市场	0.0458	0.0400	0.0267	0.0000	0.4831	8
圣保罗市场	0.0547	0.0502	0.0230	0.0000	0.2583	11
约翰内斯堡市场	0.0419	0.0394	0.0146	0.0000	0.1250	5

一、沪深两市与发达股票市场比较

图 15-17 和图 15-18 分别给出了 2007 年至 2017 年沪深两市与发达股票市场左尾和右尾系统 VaR 的走势。

由表 15-7 可知，在五个发达股票市场中，澳大利亚市场左尾系统 VaR 的均值最高，达到 0.0851。纳斯达克市场次之，纽约市场、伦敦市场和东京市场左尾系统 VaR 的均值较为接近，系统损失水平较低。图 15-17 进一步显示，

2007 年至 2017 年澳大利亚市场和纳斯达克市场的左尾系统 VaR 在各个年份均高于其他三个发达股票市场，沪深两市左尾系统 VaR 与纽约市场、伦敦市场、东京市场比较接近。

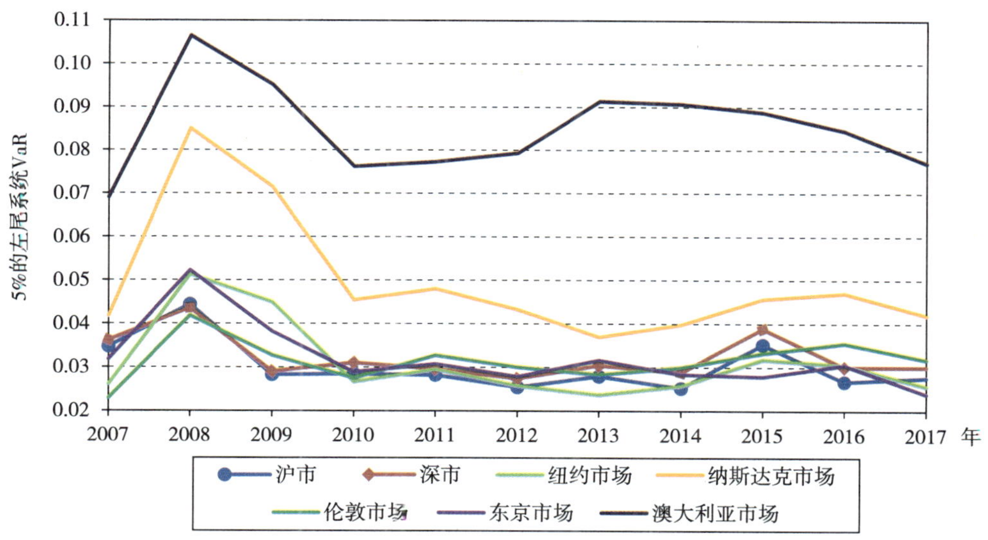

图 15－17　2007—2017 年沪深两市与发达股票市场 5%的左尾系统 VaR

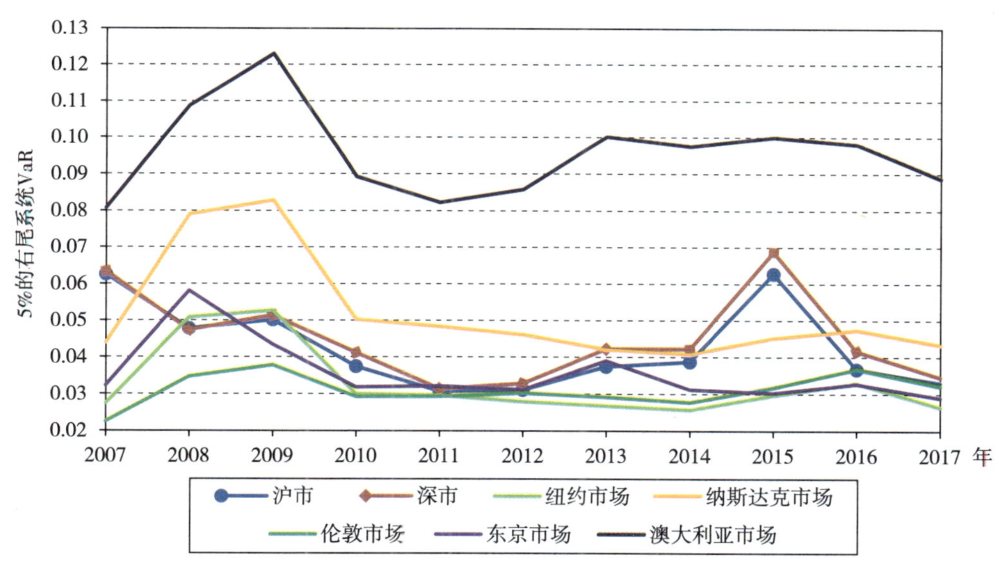

图 15－18　2007—2017 年沪深两市与发达股票市场 5%的右尾系统 VaR

2008 年国际金融危机导致纽约市场、纳斯达克市场、伦敦市场、东京市场、澳大利亚市场五个发达股票市场左尾系统 VaR 大幅上升，涨幅分别达到 97. 34%、103. 45%、83. 23%、64. 63%和 54. 03%。但是，沪市和深市左尾指标的涨幅均不超过 30%，系统损失水平上升幅度相对较小。2015 年中国 A 股股灾导致沪市和深市左尾系统 VaR 显著上升，而五个发达股票市场左尾指标

并未出现明显上涨。

结合表 15－8 和图 15－18 可知，在五个发达股票市场中澳大利亚市场系统潜在损失水平最高，纳斯达克市场次之，伦敦市场、纽约市场和东京市场最低，而沪深两市的系统潜在损失水平略高于伦敦市场、纽约市场和东京市场。

无论是从系统损失水平还是从系统潜在损失水平来看，澳大利亚市场的系统性风险损失程度都远高于其他发达股票市场，其主要原因有以下两个方面。其一，与其他发达股票市场相比，澳大利亚市场的上市门槛较低。作为英联邦国家的股票市场之一，澳大利亚市场的上市规则、监管规则和交易机制等与伦敦市场较为相似，但澳大利亚市场的上市门槛低于伦敦市场，甚至不及伦敦二板市场的上市要求，上市难度远低于纽约市场、伦敦市场和东京市场。其二，澳大利亚市场已上市企业大多为中小型企业。截至 2015 年，市值小于 5000 万澳元（约为 3.25 亿元）的中小企业占澳大利亚市场上市企业总数的 53% 左右，市值处于 5000 万澳元到 1 亿澳元（约为 6.5 亿元）的企业数量占比为 11% 左右，市值处于 1 亿澳元到 2 亿澳元（约为 13 亿元）的企业数量占比为 21% 左右。总的来说，较低的上市门槛和较小的企业规模使澳大利亚股票市场抗风险能力相对较弱，系统性风险损失程度较高。

此外，由图 15－17 和图 15－18 可知，纳斯达克市场与纽约市场系统 VaR 的走势大体一致，但是纳斯达克市场系统 VaR 的水平远高于纽约市场。这主要是因为纳斯达克市场的上市门槛低于纽约市场，上市标准和条件要求相对宽松，而且纳斯达克市场的上市公司以高科技、具有良好成长性和发展前景的中小型企业为主，而纽约市场的上市公司以资产规模大、市值高、历史悠久的巨型公司为主。

二、沪深两市与新兴股票市场比较

图 15－19 和图 15－20 分别给出了 2007 年至 2017 年沪深两市与新兴股票市场左尾和右尾系统 VaR 的走势。

由表 15－7 可知，在四个新兴股票市场中，圣保罗市场左尾系统 VaR 的均值最高，孟买市场和莫斯科市场次之，约翰内斯堡市场最低。受 2008 年国际金融危机的影响，四个市场左尾系统 VaR 明显上升，随后逐步回落，而 2015 年中国 A 股股灾对这四个市场左尾指标影响不大。

图 15－19 和表 15－7 进一步表明，沪深两市左尾系统 VaR 不仅均值低于四个新兴股票市场，而且在 2007 年至 2017 年的绝大部分时间内，沪深两市左尾系统 VaR 的水平也远低于四个市场。此外，沪深两市左尾系统 VaR 在 2008 年的涨幅小于四个新兴市场，沪深两市受国际金融危机的影响相对较小。

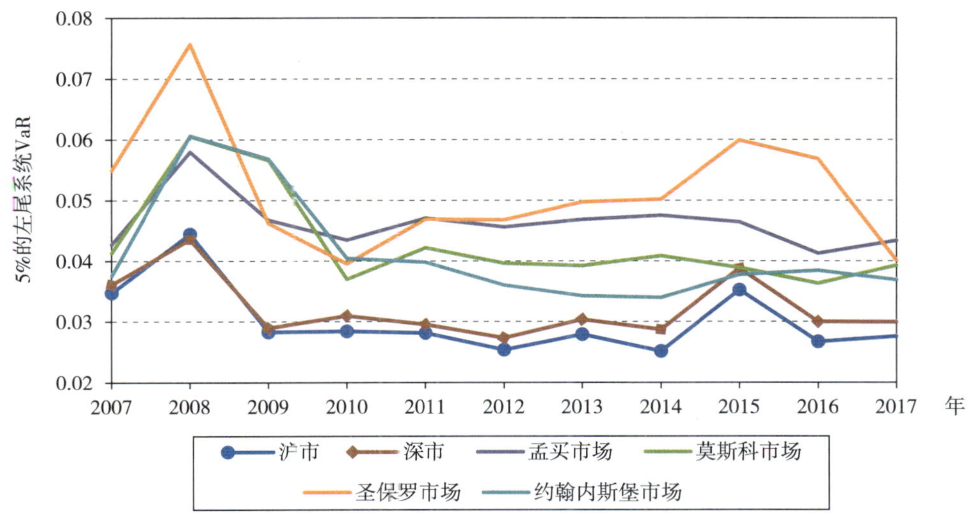

图 15－19　2007—2017 年沪深两市与新兴股票市场 5%的左尾系统 VaR

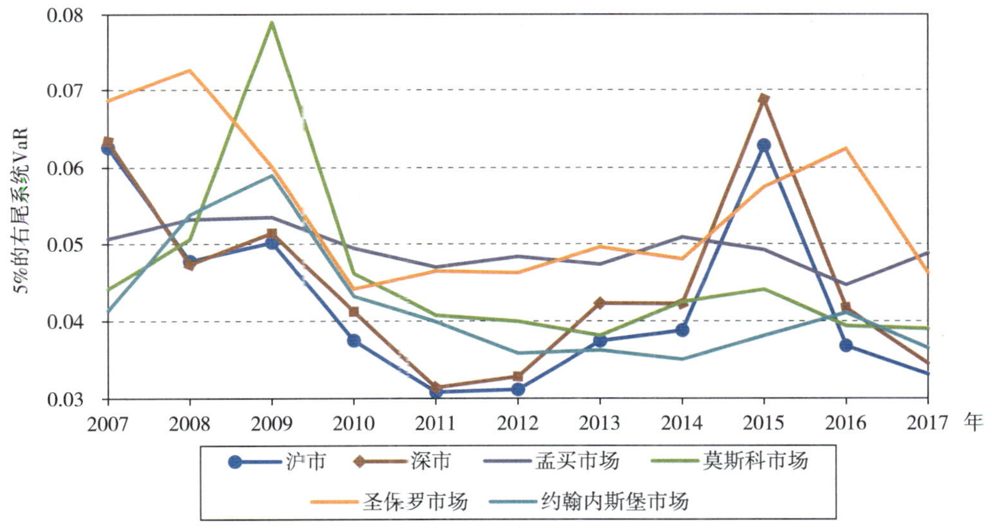

图 15－20　2007—2017 年沪深两市与新兴股票市场 5%的右尾系统 VaR

与左尾指标一致，在四个新兴股票市场中，圣保罗市场右尾系统 VaR 的均值最高，孟买市场和莫斯科市场次之，约翰内斯堡市场最低。沪深两市右尾系统 VaR 的均值低于孟买市场、莫斯科市场和圣保罗市场，但略高于约翰内斯堡市场。

综上所述，无论是从系统损失水平还是从系统潜在损失水平来看，四个新兴股票市场的系统性风险损失程度在十三个市场中处于中高水平。而相比新兴股票市场，沪深两市的系统性风险损失程度较低。

三、中国不同地区股票市场比较

图 15－21 和图 15－22 分别给出了 2007 年至 2017 年中国不同地区股票市场左尾和右尾系统 VaR 的走势。

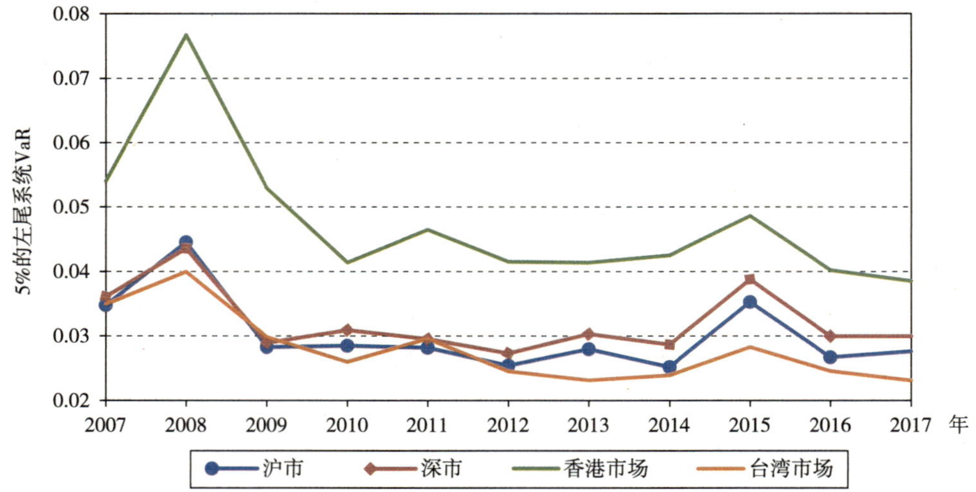

图 15－21　2007—2017 年中国不同地区股票市场 5%的左尾系统 VaR

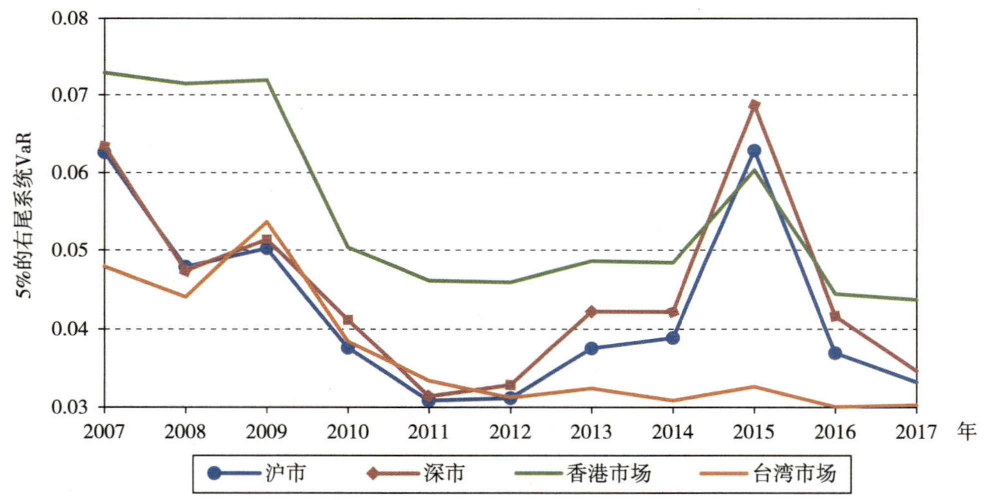

图 15－22　2007—2017 年中国不同地区股票市场 5%的右尾系统 VaR

由表 15－7 和图 15－21 可知，在中国不同地区股票市场中，左尾系统 VaR 的均值从大到小依次是香港市场、深市、沪市和台湾市场，且沪深两市和台湾市场左尾系统 VaR 的水平较为接近，香港市场的左尾指标则远高于其他三个市场。受 2008 年国际金融危机的影响，四个市场左尾系统 VaR 均呈现不同程度的上升。其中，香港市场左尾指标上升幅度为 42%，高于沪深两市和台湾市场。此外，在 2015 年 A 股股灾期间，香港市场和台湾市场左尾系统

VaR 指标也明显上升，反映出中国不同地区股票市场的联动程度较高。

与左尾指标一致，右尾系统 VaR 的均值从大到小依次也是香港市场、深市、沪市和台湾市场。因此，无论是从系统损失水平还是从系统潜在损失水平来看，在四个市场中香港市场的系统性风险损失程度最高，台湾市场最低，沪深两市处于中间位置。香港市场的系统性风险损失程度较高，主要是因为香港市场的国际化程度和开放水平较高，与国际金融市场的联系更为密切，更容易受到国际金融市场冲击的影响。

综合以上分析可知，在十三个股票市场中，沪深两市左尾和右尾系统 VaR 处于中间位置，系统性风险损失程度相对较低。究其原因，可归纳总结为宏观经济因素、市场联动因素和市场机制设计因素三个方面。

1. 宏观经济因素

中国经济总量持续扩大，经济结构进一步优化，宏观经济总体态势向好，为沪深两市提供了相对较好的经济基本面。国家统计局数据显示，2007 年至 2017 年，中国国内生产总值（GDP）持续上升，从 2007 年的 27 万亿元逐年增长至 2017 年的 82 万亿元，经济总量逐年增高。中国经济结构位于转型期，中国经济发展正在从速度型效益转向质量型效益[①]，经济增速虽有所放缓，但质量不断提高，同时服务业增加值占 GDP 的比重不断上升，从 2007 年的 42.9% 上升至 2017 年的 51.6%，结构转型效果显著。相对于新兴市场国家，中国具有更大的经济体量，经济体系中存在更全面的行业配置，经济增长动力更加多元，经济结构更加合理，因此经济基本面能够对股市形成更为稳固的支撑作用，沪深两市的系统性风险损失程度整体上低于新兴市场。

在 2008 年国际金融危机后，新兴市场和发达市场国家经济持续恶化、经济复苏动力羸弱，而中国实体经济在供给侧改革的推动下活力不断增强，效益持续好转，市场环境趋向好转，为沪深两市提供了相对较好的经济基本面，沪深两市表现出相对较低的系统性风险损失程度。

2. 市场联动因素

Kortian 和 Regan（1996）、Bang 和 Chiang（1991）等学者发现美国、英国、澳大利亚和日本股票市场间存风险传染效应。发达市场与国际金融市场的联系更为紧密，风险冲击来源复杂多样，传染渠道更多且方式更为隐蔽，因此更易受到国际金融风险的冲击，系统性风险损失程度相对更高。沪深两市国际

① 2018 年 1 月 27 日，由国务院发展研究中心指导、中国发展出版社主办的“国研智库论坛·新年论坛 2018”在北京举行。国务院发展研究中心党组成员兼办公厅主任余斌在会上指出，“所谓转型升级，指的是从速度型效益转向质量型效益；从行业之间转向行业内部生产要素再配置；从引进、消化、吸收国外先进技术转向自主创新；从以工业制造业开放为主转向以服务业的全面对外开放为主。”

化程度与开放水平相对较低、与国际市场联动程度较弱，因此更不易遭受来自国际市场的风险冲击，系统损失程度相对更低。

3. 市场机制设计因素

沪深两市采用的涨跌幅限制虽然在一定程度上牺牲了信息在股票市场中的传递效率，但有效地阻碍了风险在短时间内大量而集中的释放，在一定程度上熨平了股票市场中由极端风险引发的过度波动，从而对系统性风险形成的损失和后果进行较为有效的遏制。因此，沪深两市系统性风险损失程度相对较低。

本章小结

为了全面了解沪深两市系统性风险在国际主要股票市场中的相对水平、促进中国股票市场健康发展、不断提高市场质量，本章从系统性风险冲击强度、传染力度、损失程度三个维度，将沪深两市与包含发达股票市场、新兴股票市场以及中国香港、中国台湾地区股票市场在内的十一个股票市场进行对比分析。通过股票市场系统性风险的国际比较分析，有助于中国金融监管当局认清我国股票市场在发展中面临的问题，并从其他股票市场借鉴适合我国股票市场发展阶段的政策制度，更有效地提升我国股票市场质量水平。

第一，系统性风险冲击强度的国际对比分析表明，沪市和深市在十三个股票市场中冲击强度最低。原因可能来自以下四个方面：（1）经济基本面向好。2007 年至 2017 年，中国经济飞速发展，国家宏观经济运行较好，减少了经济基本面对股市的冲击。（2）资本市场国际化程度较低。中国股票市场国际化程度相对较低，减小了国际金融市场冲击对中国股票市场的影响。（3）国有控股公司体量较大。在沪深两市中，国有控股公司体量较大，当这些公司出现经营困境时，因其背景能够以较低的成本筹集资金，进而改善公司的经营状况，减少因上市公司经营不善对股市产生的冲击。（4）IPO 制度安排。目前，沪深两市采取 IPO 核准制，在此制度下，证券监管机构对拟上市公司的盈利能力、经营风险等方面提出了严格要求，保证了新上市公司的质量，减少了业绩较差的上市公司对股票市场产生冲击的可能性。

第二，系统性风险传染力度的国际对比分析表明，无论是从价格维度还是流动性维度来看，沪市和深市同质性水平在十三个股票市场中最高，反映出系统性风险传染力度较大。这主要有以下三个方面的原因：（1）我国股票市场法律体系不够健全，监管当局对股票市场干预过多，使股票市场带有一定的政策色彩，股票市场跟随政策导向表现出较高的同质性。（2）沪市和深市自然人投资者不论是持股市值还是交易频率都占据我国股票市场的主导地位，投资者具有较高的同质性。（3）我国股票市场信息披露制度不完善，对投资者的保护力度不足、信息披露监管效率较低，导致价格同步性和流动性同步性水平较高。

第三，系统性风险损失程度的国际对比分析表明，在十三个股票市场中，沪深两市左尾和右尾系统 VaR 处于中间位置，系统性风险损失程度相对较低。这主要有以下三个方面的原因：（1）中国较好的经济基本面能够对股市形成稳固的支撑作用。（2）沪深两市的国际化程度和开放水平不高，受国际金融危机的影响较小。（3）沪深两市采用了涨跌幅限制，在一定程度上抑制了投资者的过度投机行为和股票市场的过度波动。

综合以上三点可知，我国沪市和深市的系统性风险传染力度比其他股票市场大，但是系统性风险冲击强度相对较小，进而导致系统性风险损失程度在十三个股票市场中处于中间位置，水平相对较低。

第六篇　结论与政策篇

第十六章 结论与政策建议

本报告研究了我国股票市场的质量。首先梳理了国内外学术界与监管界对股票市场质量的研究，结合我国股票市场实践特点提出了股票市场质量的概念框架。然后，从微观的视角构建了股票市场质量度量指标体系，并依据金融交易大数据进行了度量。在此基础上，本报告编制了包含市场效率、市场公正与系统性风险三个维度的我国股票市场质量指数。基于上述度量结果与股票市场质量指数，本报告深入分析了我国股票市场质量从开市到现在的动态变化。同时，除了我国沪深股票市场之外，本报告还测度了纽约证券交易所、纳斯达克证券交易所等十一个具有代表性的全球主要股票市场的质量，并将其进行了横向比较。本报告得到了很多重要的新发现与新结论，并据此提出了改进我国股票市场质量的政策建议。

第一节 主要结论

以下内容是本报告的主要结论。首先分别总结了我国股票市场质量的市场效率、市场公正以及系统性风险三个维度的主要结论。然后从整个股票市场系统的角度对比分析了各维度主要结论的差异与联系，并总结了我国股票市场质量的总体结论。

一、市场效率主要结论

（一）配置效率主要结论

配置效率的主要结论包括两个方面。第一，与国际股票市场相比，我国股票市场配置效率还较低。我国股票市场首次公开发行股票抑价率均值超过200%，再融资折价率超过80%，明显高于国际发达股票市场以及大多数新兴股票市场。

第二，我国股票市场配置效率总体上呈现较为明显的上升趋势，但近些年呈现下降的趋势。在股票市场设立的早期，IPO 抑价率季度均值甚至超过 4400%，再融资折价率季度均值也超过了 600%，但随着股票发行制度市场化改革的不断深化，IPO 抑价率与再融资折价率都出现了大幅且持续的下降，说明配置效率得到了显著的改善。但 2006 年之后 IPO 配置效率与再融资配置效率都出现了下降的趋势。

导致配置效率下降的原因有两个方面。一方面，发行制度市场化改革不能适应股票市场发展的新要求，甚至出现了倒退现象。2006 年定向增发的推出虽然便利了发行企业融资，促进了股票供需平衡，但监管未能及时跟上使部分发行人利用定向增发进行利益输送，侵害了中小股东利益，加剧了信息不对称问题。2011 年与 2014 年新股上市首日涨跌幅限制没有降低投资者参与一级市场的热情，反而延迟了股票市场价格发现功能，降低了一级市场配置效率。另一方面，股票市场异常波动严重打击了投资者参与股票市场的信心，损害了股票市场功能，导致股票市场配置效率明显下降，并且恢复得比较缓慢。

（二）运行效率主要结论

运行效率的主要结论包括四个方面。第一，总体上我国股票市场运行效率从 1991 年到 2017 年呈现较为明显的持续改善趋势。除去 2015 年和 2016 年股灾期间的波动，相对有效价差均值已经比 20 世纪 90 年代的平均水平下降了四分之三以上，比股市设立初期更是下降了 85% 以上。

第二，股市异常波动对我国股票市场运行效率产生了非常显著的不利影响，但这种负面影响随着股市的发展呈现明显减弱的趋势，说明股市运行效率的提升正在逐渐发挥稳定市场的作用。在股市发展的早期，股市波动的影响非常明显。但股指期货、融资融券、转融通等业务的相继推出提高了我国股票市场自我稳定的能力，从而削弱了 2015 年和 2016 年连续发生的股市异常波动对运行效率的不利影响。

第三，流动性与运行效率之间总是存在显著的正相关关系，而且随着股市的发展这种关系越来越稳定，进一步说明我国股票市场运行效率在不断提升。

第四，就我国股票市场的交易成本而言，信息不对称有关的成本大约占 70%，而订单处理、存货管理等非信息不对称成本占比 30%，但上海证券交易所与深圳证券交易所的运行成本结构差异明显。对于上海证券交易所，信息不对称有关的运行成本平均占比超过了 80%，但这一比例对于深圳证券交易所还不到 60%。

（三）信息效率主要结论

对于信息效率，本报告的主要结论有三个。第一，虽然比股市发展早期有所改善，但不同指标给出的结论存在较大差异，说明我国股票市场信息效率的改善并不明确。日内方差比绝对值的结果表明信息效率呈现明显的改善趋势，但日内自相关系数绝对值与波动率却表明信息效率不仅没有改善，甚至有下降的趋势。基于日间数据的特质信息含量与互自相关系数绝对值表明，信息效率改善并不明显，而且波动较大。这一结果与运行效率的显著提高形成了较为鲜明的对比，表明我国股票市场的效率在不同维度的表现并不一致。

第二，股票市场异常波动对信息效率的影响非常明显，说明我国股票市场信息效率建设的基础仍然不牢固。股市暴涨经常伴随信息效率的快速下降，但股市暴跌后信息效率恢复到原来水平却需要更长的时间。

第三，股价中异质信息含量以及股价吸收市场信息的速度一直都不稳定，尤其是股价信息含量波动非常剧烈。

以上是针对我国股票市场质量各效率指数得到的结论。如果将市场效率作为整体与国际主要股票市场比较，本报告还可以得到如下重要结论。首先，总体上我国股票市场效率呈现不断改善的趋势，但市场效率不同维度的发展并不均衡，结构差异非常明显。运行效率的改善持续且稳定，信息效率的改善并不明显，配置效率虽然不断改善但波动较大，并且在近些年呈现一定的下降态势。

其次，与国际主要股票市场相比，我国股票市场运行效率处于中等水平，但信息效率却排名靠后，进一步说明我国股票市场质量发展不均衡。

再次，我国股票市场的市场化重要改革对股票市场质量的提升发挥了积极的作用，但仍然存在较大的改进空间。发行制度的渐进式市场化改革在初期明显改善了配置效率，但后期为稳定市场而出台的措施对配置效率产生了负面影响，进而形成了配置效率的波动上升趋势。股权分置改革显著提升了股票市场运行效率，但股指期货、融资融券等交易机制的完善不但没有提高反而降低了运行效率，对信息效率也没有显著的改善作用。

最后，市场公正的提升对配置效率、运行效率与信息效率的改善都产生了积极作用，但股票市场系统性风险的增加弱化了这种积极的影响。

二、市场公正主要结论

（一）市场操纵主要结论

首先，沪深两市市场操纵行为的监测结果表明，在连续交易操纵方面，2003—2011 年沪深两市发生疑似连续交易操纵行为的情况日益严重，但自 2012 年以后该现象得到有效遏制。

其次，在开盘价操纵方面，沪深两市发生疑似开盘价操纵行为的情况逐步

改善，但对被监测出发生开盘价操纵的股票而言，被操纵的严重程度有逐步提升的趋势。

再次，在收盘价操纵方面，沪市发生疑似收盘价操纵的严重程度有所加剧，而深市发生疑似收盘价操纵的情况明显改善。收盘价操纵监测结果的横向比较也表明沪市的情况更为严重。不仅如此，2003—2005 年沪深两市的收盘价操纵具有明显的月末效应，但该月末效应自 2006 年后逐步消失；沪深两市不存在股指期货到期日效应。

最后，日均总市值规模较小、日均换手率较低的股票更容易成为市场操纵的对象，因此监管部门应重点关注规模较小、流动性较差的上市公司股票。

（二）内幕交易主要结论

首先，沪深两市发生疑似内幕交易行为的严重程度逐步改善，并表现出较强的顺周期性，即沪市和深市的疑似内幕交易行为均与股票市场行情有较强的关联性。

其次，从疑似发生信息泄露数量的绝对水平来看，基于成交价的信息泄露模型所得到的监测结果通常高于基于成交量的信息泄露模型，表明股票市场的内幕交易行为往往更容易引起股票超额收益发生异常变化，而引起成交量的异常变化相对较少。因此，发生疑似内幕交易的股票主要集中于流动性较差的股票。

（三）信息披露违规主要结论

首先，基于上市公司信息披露违规状况的分析表明，历年信息披露违规案例的数量总体上呈逐年增加趋势。从历年信息披露违规案例平均处罚周期的变化来看，违规案例的平均处罚周期并未出现明显的变化趋势，表明监管部门对信息披露违规行为的发现能力及处罚效率有待进一步提升。

其次，推迟披露、虚假记载及重大遗漏为发生次数最多的违规行为，表明在各项信息披露原则和要求中，上市公司披露的及时性、真实性和完整性程度仍有待提升。其中信息披露缺乏及时性主要体现在定期报告和临时报告披露时限较长或不符合披露时限要求；信息披露缺乏真实性主要表现为上市公司在信息披露的文件上做出与事实真相不符的记载，尤其是涉及关联交易、违规担保、实际控制人变动、公司对外投资等重大事件的虚假信息披露；信息披露缺乏完整性主要体现在故意隐瞒广大投资者有权利了解的公司重要事项及重大问题，包括对关联交易情况，公司董事、监事及高级管理层持股变动情况，资金投向等信息披露不充分等。

以上是针对市场公正各维度的结论，但如果将市场公正作为整体并与国际主要股票市场进行比较，本报告还得到如下重要结论。首先，尽管总体上我国股票市场的公正水平呈不断提升趋势，但各类扰乱市场秩序行为得到遏制的程度有所分化，表现出一定的结构性差异。一方面，从各类违法违规行为的发生情况来看，内幕交易、开盘价操纵的改善最为显著，连续交易操纵、收盘价操纵的改善程度相对较低，上市公司信息披露违规行为的处罚效率仍有待提升，从而难以切实提升信息披露质量；另一方面，从沪深两市发生违法违规行为的比较来看，深市实施收盘集合竞价制度以后，发生收盘价操纵的严重程度明显改善。除此之外，沪深两市在其他各类违法违规行为的发生程度上基本一致。深市分板块来看，各板块发生连续交易操纵、开盘价操纵及内幕交易行为的相对严重程度发生了结构性变化，逐步由主板上市交易股票为主向中小板和创业板上市交易股票占比提升转变。

其次，经营稳定性较差、存在风险警示实施记录的上市公司股票更容易成为市场操纵或内幕交易的对象，因此提升上市公司质量有利于从根本上降低证券市场操纵或内幕交易等违规行为发生的可能性。

最后，股票市场公正的国际比较结果显示，与发达股票市场相比，我国沪深两个股票市场发生市场操纵及内幕交易行为的情况较为严重；与新兴股票市场相比，我国大陆地区股票市场发生市场操纵及内幕交易行为的严重程度较低；与香港、台湾地区股票市场相比，我国大陆地区股票市场发生市场操纵及内幕交易行为的严重程度处于中间水平。这表明在防范各类违法违规行为的效果上，我国大陆地区股票市场尽管优于多数新兴股票市场，但与发达股票市场相比仍存在较大差距。

三、系统性风险主要结论

首先，虽然中国股票市场系统性风险具有周期性变化特征，一直处于“累积—释放—累积”的循环当中，但是中国股票市场系统性风险指数具有上升的线性趋势，同时剔除周期性波动因素后，系统性风险指数具有先下降后上升的H－P滤波趋势。因此，从总体上来说，中国股票市场质量在系统性风险维度得到了一定程度的改善。

其次，本报告基于冲击强度、传染力度和损失程度三个维度构建的股票市场系统性风险指数具有一定程度的前瞻性和预警性，能够较早地监测出股票市场中潜在系统性风险的积聚累积。在2007—2008年和2015年爆发的股市危机中，系统性风险指数在危机爆发前均早已持续大幅下跌，对股票市场系统性风险的爆发具备一定的前瞻预警功能。

再次，从冲击强度、传染力度和损失程度三个维度来看，沪深两市主板的系统性风险水平低于中小板，中小板的系统性风险水平低于创业板。对于负偏度系数、上下波动比率、价格同步性、流动性同步性、系统在险价值和系统期

望损失等指标，沪深两市主板的指标均值低于中小板，中小板的指标均值低于创业板。

最后，与国际主要股票市场相比，沪深两市系统性风险的相对水平在冲击强度、传染力度和损失程度三个维度上表现出明显的差异。其中，沪深两市的价格同步性和流动性同步性在十三个市场中最高，即系统性风险传染力度最大；沪深两市的负偏度系数和上下波动比率在十三个市场中最小，即系统性风险冲击强度最低；沪深两市的左尾和右尾系统 VaR 在十三个市场中处于中间位置，即系统性风险损失程度相对较低。

四、股票市场质量总体结论

综合起来，上述我国股票市场质量三个维度的结论可以进一步总结为如下四个方面。

第一，总体上随着市场化改革的不断深入与监管制度的不断优化，我国股票市场质量呈现明显的改善趋势，但股票市场质量各维度的改善程度存在一定差异。就市场效率、市场公正与系统性风险三个维度而言，市场公正得到了持续改善；市场效率在 2012 年之前表现出显著的持续改善趋势，但之后呈现一定的下降趋势；而系统性风险呈现明显的周期性变化特征，但总体上也得到了一定程度的改善。

第二，我国股票市场质量市场效率与市场公正维度内部的发展也不均衡。就市场效率而言，运行效率持续显著改善，信息效率则改善缓慢且幅度较小，配置效率改善显著但 2012 年之后出现较为明显的下降，最终导致市场效率下降。就市场公正而言，中国股票市场内幕交易行为得到了有效遏制，而市场操纵行为的改善程度则相对较低，其中开盘价操纵的改善程度最为显著。

第三，与国际股票市场相比，我国股票市场质量在各维度上的表现差异非常明显。我国股票市场系统性风险的冲击强度最低，损失程度相对较低。运行效率与市场公正处于中等水平，距离发达股票市场有一定距离，但要优于其他新兴股票市场。然而，我国股票市场的信息效率明显低于其他股票市场，系统性风险传染力度明显高于其他股票市场。

第四，我国股票市场质量三个维度之间存在非常密切的联系。股票市场异常波动发生通常伴随着市场效率的明显下降，并且恢复的速度比较缓慢，而市场效率的下降使市场不公正行为因成本减小而变得活跃，最终导致股票市场系统性风险上升，损害了股票市场质量。当监管部门加大打击市场不公正行为的力度时，市场公正的提升通常伴随着市场效率的提升，进而降低了股票市场系统性风险。

第二节 政策建议

一、我国股票市场质量提升的总体思路

通过系统全面的分析，本报告发现我国股票市场质量在不断提升的同时也存在很多不利因素。多数改革政策对股票市场质量的提升发挥了积极作用，但后续政策的延迟出台导致市场质量出现波动。尽管这些波动并没有改变市场质量总体改善的趋势，但却产生了不必要的市场波动与改革成本。本报告认为，导致这种结果的原因之一是缺乏持续监测与评价市场质量的工具。为此，本报告认为应该重视我国股票市场的顶层设计，系统、有步骤地提升我国股票市场的质量。本报告建议按照如下的步骤来完善我国股票市场，提升股票市场质量。

第一步，通过广泛的调研与讨论，确定我国股票市场发展的阶段性目标。本报告认为习近平新时代中国特色社会主义思想提出的质量至上论断应当作为我国股票市场未来改革的指导思想，要研究如何从提升股票市场质量的系统视角来设计 2020 年、2050 年我国股票市场的阶段性发展目标。本报告从市场效率、市场公正以及系统性风险三个维度构建的股票市场质量可以为我国股票市场的改革提供一定的理论借鉴。

第二步，务必尽快构建我国股票市场质量动态监测体系，及时准确地评价与掌握我国股票市场质量。金融大数据与人工智能技术已经在金融交易实务中广泛应用，并对现代金融产生了非常深远的意义。其影响有正有负，但监管部门应当及时跟踪和评价新金融科技对股票市场质量的影响。因此，为了确保与金融交易实务同步，监管部门迫切需要研究新金融科技如何应用于金融监管，提升监管效率。

最后，在上述工作的基础上，监管部门应当及时关注市场质量的变化。在新政策出台之前，可在股票市场质量监测系统中进行模拟测试，评估其潜在影响。在新政策推出之后，要密切关注市场质量变化。针对市场质量下降的情况，要及时研究并尽快形成新的后续政策，尽量减少市场不必要的波动，实现市场效率、市场公正与系统性风险的同步改善。

二、我国股票市场质量提升的具体对策

（一）我国股票市场效率完善政策建议

1. 要注意市场效率提升的整体协调发展，扬长补短，形成配置效率、运

行效率与信息效率良性互动的发展机制。我国股票市场经过近 30 年的发展，尽管过程波折，但总体上已经取得了明显的成绩。未来的改革应当站在系统的角度上设计我国股票市场改革的方案，推动股票市场的发展。时至今日，我国经济整体都处于向质量转变的重要时刻。习近平新时代中国特色社会主义新思想以及十九大报告明确提出要坚持质量至上，深化我国金融改革。在此背景下，我国股票市场的未来发展应当围绕市场质量，在梳理已有发展经验的基础上，完善与优化已有政策，提出新的建设方案，做到扬长补短，促进配置效率、运行效率与信息效率全面发展。

2. 监管部门要特别重视提高股票市场信息效率。通过不断提高市场信息效率强化股票市场自发稳定力量，增强抵御系统性风险的能力，降低监管的成本，提高监管效率。运行效率的改善与信息效率的低下是目前我国股票市场发展中比较突出的矛盾，是阻碍我国股票市场提高自我抵御风险能力的不利因素。监管部门应当将股票现货市场及其衍生品市场视为有机联系的股票市场系统，进一步提高股票市场与相关衍生品市场交易的同步性，在抑制投机的同时提高股票市场及其衍生品市场形成的股票市场系统的信息效率。监管部门还应当进一步完善卖空机制，扩大融券来源，降低卖空成本，发挥卖空机制价格发现功能，提升信息效率。近些年股市频繁发生的异常波动导致融资融券备受批评，但监管部门不应因噎废食。相反，监管部门应当进一步放松融资融券有关的限制，完善融资融券业务的发展环境，避免使其成为监管套利的工具。最后，监管部门应当进一步优化投资者结构，提升机构投资者参与公司治理的积极性与能力，培育高质量长期机构投资者。

3. 要加快推动发行制度的进一步市场化，减少发行价格因监管导致的扭曲，提高配置效率。由于发行价格过低，一级市场参与者能够以很低的成本买入再在二级市场卖出股票获得巨额利润。这种一二级市场间存在的无风险套利不仅严重削弱了一级市场发行价格机制，而且严重损害了二级市场的投资者利益。发行价格过低还导致企业不愿意发行更多的股票，从而导致了大多数股票发行比例刚刚超过监管规定的 10% 或 25% 这种奇特的现象。在这种情况下，股票供需矛盾进一步加剧，套利收益更高，发行价格扭曲更为严重。在推进市场化的同时，监管部门要加强定价过程中的不公正行为监测，确保市场发挥资源配置决定作用的同时保护投资者利益。最近中国证监会延期推出注册制并不意味着股市改革的停止，而是为注册制的推出培育更好的市场基础。因此，本报告认为按照渐进改革的思路，未来监管部门应当首先放松发行定价的监管并加快完善退市制度，在发行定价制度与退出市场化的基础上再考虑实施注册制，实现股市进入、交易与退出的全部市场化改革。

4. 监管部门在深化股票市场改革的同时要加强自身建设，扮演好股票市场守夜人的重要角色。市场化改革增强了股票市场资源配置、风险管理等金融功能在经济运行中的决定性作用，但这并不是要求监管部门放手不管，相反股票市场的有序运行特别需要监管部门的有力支持。由于缺乏这方面的经验，因此监管部门在放松管制的同时要加强自身监管能力的建设。本报告认为，监管部门应当在以下各方面加强建设。第一，监管部门要坚持依法监管股票市场，不断提高执法能力。第二，监管部门要充分利用金融科技发展的成果，不断提升金融监管的科技水平。监管部门需要充分利用金融交易大数据、人工智能等新技术，建立市场效率监测体系，密切关注其变化，分析运行效率下降的原因，并及时采取有效监管措施。监管部门应当及时总结以往我国股市运行效率严重下降的原因，构建人工智能学习规则，设计自动、高效的市场效率动态监测体系，及时与准确掌握市场效率变动的原因。监管部门要特别关注运行效率的下降是由少数特殊股票引起的，还是由很多股票的运行效率普遍下降引起的。如果是后者，那么监管部门必须特别小心，因为股票市场正常状态下通常不会出现大面积的运行效率下降。监管部门需要认真分析运行效率的普遍下降是市场流动性出了问题，还是投资者普遍出现非理性行为。如果是前者，监管部门就需要与国家金融稳定委员会、人民银行等进行协调，以决定是否调整流动性来避免股市不必要的剧烈波动。如果是后者，监管部门需要研究投资者非理性行为如此普遍的原因。监管部门要完成这样的即时分析仅仅依靠人工是无法实现的，2015 年股灾期间的情况已经充分说明了这一结果。监管部门要建立一个自动分析的运行效率监管系统，分析运行效率下降的可能原因及其可能结果，并给出预警。监管部门根据预警结果再投入人工进行复核，并采取相应的措施。

（二）我国股票市场公正完善政策建议

中国股票市场公正指数的走势表明，我国股票市场的公正水平有明显提升。尽管如此，我国股票市场各类违法违规行为发生的情况仍有待进一步改善。结合前文中关于中国股票市场公正度量结果的分析，本报告认为，应当从监管部门、上市公司等角度出发，采取增强监管部门对违法违规行为的发现能力、加大对违法违规行为的处罚力度、提升上市公司质量等措施，以达到规范证券市场行为、提升证券市场公正水平的目的。

1. 就监管部门而言，应着力增强对股票市场违法违规行为的监测及发现能力，并通过加大处罚力度形成一定的震慑力。一直以来，监管部门重视股票市场的法治化建设，通过完善股票市场法律法规体系、加强稽查执法力量，有效查处了一系列股票市场的违法违规行为，促使股票市场公正水平不断提升。

尤其在2012年，中国证监会组建了稽查总队上海、深圳支队，进一步强化了稽查执法力量。与此同时，监管部门逐步加大了对各类违法违规行为的打击力度。比如，监管部门近年来查处并公布了诸如徐翔、唐汉博、徐留胜等社会影响力较大的市场操纵违法案件，表明了严厉打击市场操纵行为的态度和决心，引发了社会的强烈关注，有效遏制了市场操纵行为发生数量增长趋势。市场操纵及内幕交易行为的监测结果也显示，自2012年以后各类行为发生的数量占比大体呈下降趋势，表明监管转型逐步深入与监管力度趋于加大，在一定程度上抑制了各类违法违规行为的发生。

尽管如此，随着我国股票市场规模日益扩大，交易机制日趋复杂，金融衍生品市场不断发展，新型市场操纵、内幕交易等违规行为层出不穷，因具有隐蔽性更强、手段更为复杂化等特征而增大了监管难度。在稽查执法力量有限的情况下，监管部门应在总结以往案件查办经验的基础上，着力建立并完善市场操纵、内幕交易等违规行为的监测体系，以增强对这些行为的发现能力。以该监测体系为工具，监管部门得以将监管重点集中于被监测出的可疑违法违规行为，有利于提升稽查执法的效率。

2. 就上市公司而言，应着力提升上市公司质量，提升其经营和财务稳定性，从而降低成为市场操纵、内幕交易对象的可能性。中国股票市场各类违法违规行为的监测结果显示，经营稳定性较差、存在风险警示实施记录的上市公司股票更容易成为市场操纵或内幕交易的对象。目前，有些经营业绩较差的企业通过虚假包装或借壳上市，而由于退市制度难以切实执行，无法淘汰经营质量较差的上市公司，导致我国上市公司质量良莠不齐。另外，我国上市公司的治理结构也不够完善，如存在股权结构过于集中、大股东控股现象严重等问题，从而增加了发生市场操纵的可能性。因此，建议通过完善上市制度、完善上市公司治理结构、强化退市制度执行力度等措施提升我国上市公司的质量，这有助于从根源上抑制各类违法违规行为的发生。

上市公司质量是股票市场的基石。当前我国经济发展步入“新常态”，经济增长方式面临从注重规模和增量的粗放型扩张向注重质量和效率的经济结构优化与升级的转变。在此过程中，作为中国企业的代表性力量，上市公司质量是体现资本市场投资价值的关键，其质量的整体提高对推动中国资本市场在经济新常态下转型升级具有重要意义。

3. 在基础性制度方面，应探索我国股票市场交易机制的优化与完善，通过提高市场操纵及内幕交易的成本来抑制这些行为的发生。根本上讲，市场操纵、内幕交易等违法违规行为屡禁不止，是由于违法违规成本与所得收益的严重不匹配。因此，通过优化与完善交易机制的设计来提高上述行为的成本，是提升股票市场公正水平的有效途径。以收盘价操纵为例，我国沪深两市收盘价操纵监测结果的横向比较表明，在2006年深市主板实施收盘集合竞价制度以后，深市发生疑似收盘价操纵的情况明显改善，其严重程度显著低于沪市。在可疑收盘价操纵上沪深两市所表现出的差异表明，通过集合竞价方式确定收盘价，比连续竞价方式确定收盘价更能降低人为控制收盘价的可能性。这是因为，在收盘集合竞价制度下，以一段时间内所接收买卖申报达到最大成交量的价格作为收盘价。该收盘价所形成的成交量显著大于最后一笔交易前一分钟内的成交量，投资者若想达到操纵收盘价的目的，需要进行大笔的委托申报，这大大提高了市场操纵者干预股票收盘价格的成本和难度。

与此同时，从国际证券市场的发展趋势看，许多国家和地区的证券交易所相继对收盘价的形成方式进行了调整（见表16－1）。其中，伦敦等六家交易所改为采用集合竞价方式确定收盘价。由此可以看出，收盘集合竞价制度已成为国际证券市场的重要选择。目前，沪市仍以股票最后一笔交易前一分钟所有交易的成交量加权平均价格作为收盘价。因此，建议沪市以集合竞价制度作为股票收盘价的形成方式，通过提高市场操纵者干预股票收盘价格的成本来改善沪市收盘价操纵行为发生的严重程度。

表16－1　国际证券交易所收盘竞价机制统计

交易所	修订时间	原有机制	修改后机制
韩国	1989—1997年逐步实施	最后一笔逐笔交易价格	十分钟集合竞价
澳大利亚	1997年2月	最后一笔逐笔交易价格	随机单笔竞价方式
瑞士	1998年11月	最后一笔逐笔交易价格	十分钟集合竞价
新加坡	2000年8月	最后一笔逐笔交易价格	五分钟集合竞价
泰国	1999年11月	最后一笔逐笔交易价格	五至十分钟集合竞价
伦敦	2000年5月	收盘前十分钟每笔成交价加权平均	五分钟集合竞价
中国台湾	2002年	最后一笔逐笔交易价格	五分钟集合竞价

资料来源：深圳证券交易所综合研究所，《中小企业板收盘集合竞价制度研究》，2005年。

4. 对上市公司的信息披露违规行为而言，应着力强化监察执法力度，促进信息披露有效性的提升。一方面，我国上市公司历年来信息披露违规案例的平均处罚周期并未出现明显的变化趋势，表明监管部门对信息披露违规行为的发现能力及处罚效率有待进一步提升。因此，建议监管部门着力构建信息披露有效性的评价指标体系，以便监管部门能够高效率地对上市公司信息披露有效性形成专业、全面、客观、独立、公正的评价，从而增强对违背信息披露原则行为的发现能力。另一方面，我国上市公司各类型违规行为的分布状况表明，推迟披露、虚假记载及重大遗漏为发生次数最多的违规行为，表明在各项信息

披露原则和要求中，上市公司披露的及时性、真实性和完整性程度较低，应当成为未来监管的重点。

实际上，为解决上市公司与投资者、监管部门之间的信息不对称，确保信息披露质量一直是上市公司完善治理结构的核心要求之一，有效的上市公司法人治理必然要求建立完善的信息披露制度。上市公司出现信息披露违规行为，可以看作缺乏要求上市公司按照监管要求披露相关信息的制衡机制。因此，投资者通过参与上市公司治理以制约上市公司信息披露决策行为，是提高信息披露质量的根本途径。鉴于目前我国股票市场的投资者构成以中小投资者为主，广大中小投资者难以有效行使自身股东权利，建议机构投资者立足持股优势通过"用手投票"在改善上市公司治理中发挥重要的作用，通过制衡大股东的行为来提升上市公司信息披露的有效性。

（三）我国股票市场系统性风险管理政策建议

1. 为了牢牢守住不发生系统性风险的底线，防范化解中国股票市场系统性风险，我国金融监管当局首先需要科学防范股市系统性风险，强化风险防控能力建设。一方面，准确判断风险隐患是防范化解股市系统性风险、维护股票市场安全稳定的前提，监管部门应当构建科学有效的股市系统性风险监控体系，加强股票市场系统性风险的监测预警，准确预判系统性风险水平的动态变化，未雨绸缪，适时采用逆周期的宏观审慎政策来防范化解股市系统性风险。另一方面，监管部门应当积极利用大数据、人工智能、云计算、机器学习等新技术，丰富金融监管手段，强化监管科技应用实践，提升对股市系统性风险的防范化解能力。目前，金融业务与金融科技日益融合，投资者采用大数据、机器学习、人工智能等新技术进行投资决策，这很有可能进一步强化股市系统性风险的顺周期性，因此，防范股市系统性风险的金融监管也应与金融科技紧密结合，强化风险防控能力建设，维护股票市场的安全稳定。

2. 建立和完善防范国际金融风险传染的应对机制，健全股市系统性风险监管体系。伴随着经济金融全球化的深入发展，国际金融风险的传染溢出效应日益凸显，风险传导的速度更快，影响范围也更加广泛。股市系统性风险的度量结果显示，虽然 1997—1998 年亚洲金融危机对中国股票市场的冲击相对较小，但是 2007—2008 年国际金融危机以及随后的欧债危机对中国股票市场的安全稳定形成了实质性的外部冲击，显著提高了中国股票市场的系统性风险水平。为了降低国际金融风险外溢效应对中国股票市场的冲击影响，我国金融监管当局应当建立和完善防范国际金融风险传染的应对机制，密切监测国际经济金融形势的动态变化，不忽视任何一个风险，不放过任何一个隐患，对存在的国际金融风险点做到准确预判、有效防范，健全中国股票市场系统性风险监管体系。

3. 立足中国股票市场的特点和规律，构建并完善具有中国特色的股票市场制度与法律，促进市场长期稳定健康发展，从根本上提高中国股票市场抗风险能力。自1990年建立以来，中国股票市场的制度建设不断加强，法律体系也不断建立健全完善，并且逐步走上了规范化、制度化、法治化的发展道路。本报告的测度结果显示，1990—2017年中国股票市场价格同步性指标表现出缓慢下降的趋势，系统性风险在价格维度的传染力度正在逐步降低，而且2005—2017年负偏度系数和上下波动比率呈现震荡下降的态势，股市系统抵御冲击的能力显著增强，制度与法律的健全完善在其中扮演着重要角色。但是部分制度的出台实施，比如2016年初引入的指数熔断机制，由于未能充分考虑中国股票市场的特点和规律，加之推出的时机欠妥，没有起到抑制股市异常波动的目的，反而加剧了市场恐慌情绪，引发踩踏效应和磁吸效应，最终导致了更高的股票市场波动性，指数熔断机制仅实施4天后即宣布暂停执行。因此，必须立足我国国情，从我国实际出发，准确把握中国股票市场的特点和规律，构建完善的具有中国特色的股票市场制度与法律，促进市场长期稳定健康发展，从根本上提高中国股票市场的抗风险能力。

4. 坚持市场化改革方向，不断降低中国股票市场对短期政策调控的依赖，充分发挥市场在资源配置中的决定性作用，统筹推进市场效率、市场公正与系统性风险监管工作。无论是在股票市场成立初期，还是在历经二十余年发展后的今天，中国股市都具有一定的政策色彩。这在1994年的股灾、1999年六项搞活股市政策和官方媒体舆论、1999年允许“三类企业”投资二级市场和允许保险公司入市、2001—2002年国有股减持办法的出台和停止、2005年股权分置改革政策密集出台、2015年的股灾中均得到充分体现。短期性的刺激或者抑制政策，加剧了股票市场的暴涨暴跌，甚至成为股市异常波动的直接原因。同时，这些短期性的政策容易使中国股市陷入“政府鼓励→股市狂涨→政府管制→股市大跌→政府救市”的恶性循环，提高了股票市场波动性，使中国股市系统性风险水平表现出周期性变化特征。而且，一旦股票市场对短期政策调控形成过度依赖，将不利于发挥市场在资源配置中的决定性作用，势必会影响股票市场效率与公正，而股票市场质量是市场效率、市场公正与系统性风险的有机统一，三者相互影响相互促进，市场效率与公正水平的降低会进一步提高股市系统性风险水平。因此，发展中国股票市场需要坚持市场化改革方向，不断降低中国股市对短期政策调控的依赖，充分发挥市场在资源配置中的决定性作用，更好地发挥政府作用，统筹推进市场效率、市场公正与系统性风险监管工作。

参考文献

[1] 边江泽，宿铁."T+1"交易制度和中国权证市场溢价［J］. 金融研究，2010（6）：143－161.

[2] 曹凤岐，董秀良. 我国 IPO 定价合理性的实证分析［J］. 财经研究，2006，32（6）：4－14.

[3] 陈灯塔，周颖刚. 理性恐慌，流动性黑洞和国有股减持之谜［J］. 经济学（季刊），2006（1）：379－402.

[4] 陈海强，范云菲. 融资融券交易制度对中国股市波动率的影响——基于面板数据政策评估方法的分析［J］. 金融研究，2015（6）：159－172.

[5] 陈胜蓝. 财务会计信息与 IPO 抑价［J］. 金融研究，2010（5）：152－165.

[6] 陈雯，屈文洲. T+1 清算制度对深圳股票市场波动性的影响［J］. 统计与决策，2004（8）：52－75.

[7] 陈信元，朱红军，何贤杰. 利益输送、信息不对称与定向增发折价［D］. 上海：上海财经大学，2007.

[8] 陈峥嵘，潘妙丽. 增强上市公司信息披露有效性［J］. 中国金融，2012（12）：43－45.

[9] 成微，刘善存，邱菀华. 回转交易制度对股票市场质量的影响［J］. 系统工程理论与实践，2011（8）：1409－1418.

[10] 褚剑，方军雄. 中国式融资融券制度安排与股价崩盘风险的恶化［J］. 经济研究，2016（5）：143－158.

[11] 邓路，王化成. 控制权结构、信息不对称与定向增发［J］. 财贸经济，2012（4）：66－74.

[12] 董锋，韩立岩. 中国股市透明度提高对市场质量影响的实证分析［J］. 经济研究，2006（5）：87－96.

[13] 冯芸，施杰，董珊珊. 操纵性投机行为对金融市场质量的影响：基于计算机仿真平台的研究［J］. 系统管理学报，2016（3）：422－430.

[14] 古志辉，郝项超，张永杰．卖空约束、投资者行为和A股市场的定价泡沫［J］．金融研究，2011（2）：129－148.

[15] 顾京，叶德磊．股指期货到期日效应在中国存在吗［J］．金融发展研究，2011（10）：66－70.

[16] 韩立岩，蔡红艳，郄冬．基于面板数据的中国资本配置效率研究［J］．经济学（季刊），2002（2）：541－552.

[17] 韩立岩，王哲兵．我国实体经济资本配置效率与行业差异［J］．经济研究，2005，1（1）：77－84.

[18] 郝项超．商业银行所有权改革对贷款定价决策的影响研究［J］．金融研究，2013（4）：43－56.

[19] 郝项超，李政．外部冲击对我国股市暴跌的影响研究［J］．南开经济研究，2017（6）：131－149.

[20] 郝项超，苏之翔．重大风险提示可以降低IPO抑价吗？——基于文本分析法的经验证据［J］．财经研究，2014（5）：42－53.

[21] 郝项超，张宏亮．政治关联关系、官员背景及其对民营企业银行贷款的影响［J］．财贸经济，2011（4）：55－61.

[22] 何贤杰，朱红军．利益输送，信息不对称与定向增发折价［J］．中国会计评论，2009（3）：37－52.

[23] 胡乃武，阎衍，张海峰．增发融资的股价效应与市场前景［J］．金融研究，2002（5）：32－38.

[24] 黄明，林祥友，陈国兴．股指期货“到期日效应”分析——基于流动性和波动性的均值差异检验［J］．财会月刊，2013（20）：74－75.

[25] 黄长青，陈伟忠，杜少剑．我国证券市场股价操纵的实证研究［J］．同济大学学报（自然科学版），2004（9）：1234－1238.

[26] 姜来，罗党论，赖媚媚．掏空、支持与定向增发折价——来自我国上市公司的经验证据［J］．山西财经大学学报，2010（4）：46－52.

[27] 孔东民，王茂斌，赵婧．订单型操纵的新发展及监管［J］．证券市场导报，2011（1）：16－23.

[28] 孔庆洋，余妙志，刑哲．中国股市T＋1有助于减小市场波动吗？［J］．经济论坛，2009（4）：109－110.

[29] 李梦雨．中国股票市场操纵行为及预警机制研究［J］．中央财经大学学报，2015（10）：32－42.

[30] 李琼，肖祖沔．我国股票现货市场股指期货到期日效应研究——基于沪深300股票指数的实证分析［J］．经济评论，2015（3）：147－160.

［31］李志辉，王近，李梦雨．中国股票市场操纵对市场流动性的影响研究——基于收盘价操纵行为的识别与监测［J］．金融研究，2018（2）：135－152.

［32］梁琪，陈文哲．边际债务效用与区域金融发展度量——基于我国上市公司数据的经验研究［J］．国际金融研究，2014（4）：70－85.

［33］梁琪，滕建州．股票市场、银行与经济增长：中国的实证分析［J］．金融研究，2005（10）：9－19.

［34］梁琪，滕建州．中国宏观经济和金融总量结构变化及因果关系研究［J］．经济研究，2006（1）：11－22.

［35］刘峰，贺建刚，魏明海．控制权、业绩与利益输送——基于五粮液的案例研究［J］．管理世界，2004（8）：102－110.

［36］刘建华．资本市场 T＋1 交易制度的实验研究［J］．中国经济问题，2010（2）：37－41.

［37］刘逖，叶武．日内回转交易的市场效果：基于上海证券市场的实证研究［J］．新金融，2008（3）：38－42.

［38］刘小玄，周晓艳．金融资源与实体经济之间配置关系的检验——兼论经济结构失衡的原因［J］．金融研究，2011（2）：57－70.

［39］刘煜辉，沈可挺．是一级市场抑价，还是二级市场溢价——关于我国新股高抑价的一种检验和一个解释［J］．金融研究，2011（11）：183－196.

［40］刘煜辉，熊鹏．股权分置、政府管制和中国 IPO 抑价［J］．经济研究，2005，5（5）：85－95.

［41］刘元海，陈伟忠．市场操纵过程的实证分析［J］．经济科学，2003（5）：90－97.

［42］刘志远，郑凯，何亚南．询价制度第一阶段改革有效吗［J］．金融研究，2011（4）：158－173.

［43］陆蓉，陈小琳．股票操纵行为市场表现及其判别研究［J］．证券市场导报，2009（4）：65－72.

［44］陆蓉，徐龙炳．“牛市”和“熊市”对信息的不平衡性反应研究［J］．经济研究，2004（3）：65－72.

［45］米建华．基于信息披露的股票市场资本配置效率研究［D］．上海：上海交通大学，2008.

［46］潘文卿，张伟．中国资本配置效率与金融发展相关性研究［J］．管理世界，2003（8）：16－23.

［47］潘越，戴亦一，林超群．信息不透明、分析师关注与个股暴跌风险

[J]. 金融研究，2011（9）：138－151.

[48] 攀登，施东晖. 知情交易概率的测度模型及其影响因素分析 [J]. 管理世界，2006（6）：18－26.

[49] 屈文洲，吴世农. 中国股票市场微观结构的特征分析——买卖报价价差模式及影响因素的实证研究 [J]. 经济研究，2002（1）：56－63.

[50] 权小锋，吴世农，尹洪英. 企业社会责任与股价崩盘风险："价值利器"或"自利工具"？[J]. 经济研究，2015（11）：49－64.

[51] 权小锋，肖斌卿，吴世农. 投资者关系管理能够稳定市场吗？——基于A股上市公司投资者关系管理的综合调查 [J]. 管理世界，2016（1）：139－152.

[52] 沈根祥，李春琦. 中国股票市场透明度改革效果的理论与检验 [J]. 财经研究，2008（6）：62－73.

[53] 沈坤荣，张成. 金融发展与中国经济增长——基于跨地区动态数据的实证研究 [J]. 管理世界，2004（7）：15－21.

[54] 沈艺峰，况学文，聂亚娟. 终极控股股东超额控制与现金持有量价值的实证研究 [J]. 南开管理评论，2008（1）：15－23.

[55] 史永，张龙平. XBEL财务报告实施效果研究——基于股价同步性的视角 [J]. 会计研究，2014（3）：3－10.

[56] 苏冬蔚. 噪声交易与市场质量 [J]. 经济研究，2008（9）：82－95.

[57] 苏冬蔚，熊家财. 股票流动性、股价信息含量与ceo薪酬契约 [J]. 经济研究，2013（11）：56－70.

[58] 孙亮. 注册制下对中国新股发行体制变迁历程的回顾 [J]. 上海经济，2016（2）：106－117.

[59] 汤欣. 操纵市场行为的界定与《证券法》的修改建议 [J]. 中国金融，2004（19）：41－42.

[60] 田利辉. 金融管制、投资风险和新股发行的超额抑价 [J]. 金融研究，2010（4）：85－100.

[61] 田利辉，张伟，王冠英. 新股发行：渐进式市场化改革是否可行 [J]. 南开管理评论，2013（2）：116－132.

[62] 汪宜霞，夏新平. 招股说明书信息含量与新股长期市场表现的实证研究 [J]. 中国会计评论，2004（1）：43－60.

[63] 王晋斌. 金融控制政策下的金融发展与经济增长 [J]. 经济研究，2007（10）：95－104.

［64］王伟．提高上市公司信息披露质量［J］．中国金融，2015（1）：85－86.

［65］王宇超，李心丹，刘海飞．算法交易的市场影响研究［J］．管理科学学报，2014（1）：57－71.

［66］王志强，孙刚．中国金融发展规模、结构、效率与经济增长关系的经验分析［J］．管理世界，2003（7）：13－20.

［67］王志强，吴世农．我国股票市场透明度变革效应研究［J］．管理科学学报，2008（5）：110－119.

［68］韦立坚．T＋0交易制度的计算实验研究［J］．管理科学学报，2016，19（11）：90－102.

［69］吴吉林，张二华．次贷危机、市场风险与股市间相依性［J］．世界经济，2010（3）：95－108.

［70］吴丽华，傅广敏．人民币汇率、短期资本与股价互动［J］．经济研究，2014（11）：72－86.

［71］吴林秀．我国深证综指前收盘价与开盘价的关系研究——基于脉冲响应和方差分解的实证研究［J］．经济视角，2016（1）：78－84.

［72］吴术，李心丹，张兵．基于计算实验的卖空交易对股票市场的影响研究［J］．管理科学，2013（4）：70－78.

［73］吴晓求．中国资本市场研究报告（2016）［M］．北京：中国人民大学出版社，2016.

［74］熊熊，梁娟，张维等．T＋0交易制度对股票市场质量的影响分析［J］．系统科学与数学，2016（5）：683－697.

［75］徐寿福，龚仰树．定向增发与上市公司长期业绩下滑［J］．投资研究，2011，10（10）：98－111.

［76］徐寿福，徐龙炳．大股东机会主义与定向增发折价——兼析制度变迁的影响［J］．上海财经大学学报，2011（4）：82－89.

［77］徐寿福，徐龙炳．信息披露质量与资本市场估值偏误［J］．会计研究，2015（1）：40－47.

［78］许香存，李平，曾勇．收盘集合竞价透明度增加的效应分析——基于深圳中小企业板的实证研究［J］．管理评论，2012（6）：34－41.

［79］杨坚．股市法治化建设有助于根治千股跌停［N］．第一财经日报，2016－06－02.

［80］杨娉．从投资者非理性看本轮股市波动［J］．当代金融家，2015（11）：58－60.

[81] 姚伟峰，鲁桐，何枫. 股权分置改革、管理层激励与企业效率：基于上市公司行业数据的经验分析 [J]. 世界经济，2009 (12)：77 - 86.

[82] 游家兴，汪立琴. 机构投资者、公司特质信息与股价波动同步性——基于 R2 的研究视角 [J]. 南方经济，2012 (11)：89 - 101.

[83] 余峰燕，郝项超，梁琪. 媒体重复信息行为影响了资产价格么? [J]. 金融研究，2012 (10)：139 - 152.

[84] 袁良胜. 开放式基金对中国股市波动性及周期性影响的实证研究 [D]. 北京：对外经济贸易大学，2006.

[85] 张兵，封思贤，李心丹等. 汇率与股价变动关系：基于汇改后数据的实证研究 [J]. 经济研究，2008 (9)：70 - 81.

[86] 张程睿. 公司信息披露对投资者保护的有效性——对中国上市公司 2001 - 2013 年年报披露的实证分析 [J]. 经济评论，2016 (1)：132 - 146.

[87] 张肖飞. 股票市场收盘集合竞价对市场有效性的影响——来自深圳证券交易所的证据 [J]. 经济经纬，2012 (5)：152 - 156.

[88] 张肖飞，李焰. 股票市场透明度、信息份额与价格发现效率 [J]. 中国管理科学，2012，3 (3)：10 - 19.

[89] 张峥，李怡宗，张玉龙等. 中国股市流动性间接指标的检验——基于买卖价差的实证分析 [J]. 经济学（季刊），2013，13 (1)：233 - 262.

[90] 张峥，欧阳珊. 发行定价制度与 IPO 折价 [J]. 经济科学，2012 (1)：73 - 85.

[91] 张宗新，张晓荣，廖士光. 上市公司自愿性信息披露行为有效吗? ——基于 1998—2003 年中国证券市场的检验 [J]. 经济学（季刊），2005 (1)：369 - 386.

[92] 章进，王贤安. 基于中国股市 T + 0 交易制度的可行性分析 [J]. 时代金融，2014 (3)：247 - 264.

[93] 章卫东，李德忠. 定向增发新股折扣率的影响因素及其与公司短期股价关系的实证研究——来自中国上市公司的经验证据 [J]. 会计研究，2008，9 (9)：73 - 80.

[94] 赵进文，张胜保，韦文彬. 系统性金融风险度量方法的比较与应用 [J]. 统计研究，2013 (10)：46 - 53.

[95] 赵玉芳，余志勇，夏新平等. 定向增发、现金分红与利益输送——来自我国上市公司的经验证据 [J]. 金融研究，2011 (11)：153 - 166.

[96] 赵震宇，杨之曙. Tick - size 的减小是否改进中国封闭式基金市场的质量? [J]. 管理科学学报，2007 (3)：58 - 70.

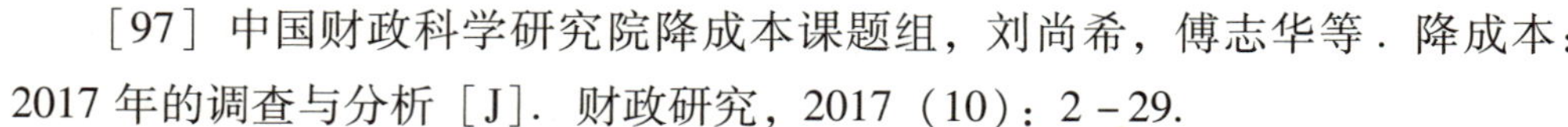

［97］中国财政科学研究院降成本课题组，刘尚希，傅志华等．降成本：2017年的调查与分析［J］．财政研究，2017（10）：2－29.

［98］中国金融监管制度优化设计研究课题组．中国金融监管制度优化设计研究——基于金融宏观审慎监管框架的构建与完善［M］．北京：中国金融出版社，2016.

［99］周强龙，朱燕建，贾璐熙．市场知情交易概率、流动性与波动性——来自中国股指期货市场的经验证据［J］．金融研究，2015（5）：132－147.

［100］朱红军，何贤杰，陈信元．定向增发“盛宴”背后的利益输送：现象、理论根源与制度成因——基于驰宏锌锗的案例研究［J］．管理世界，2008（6）：136－147.

［101］朱红军，钱友文．中国IPO高抑价之谜：“定价效率观”还是“租金分配观”？［J］．管理世界，2010（6）：28－40.

［102］朱红军，汪辉．公平信息披露的经济后果——基于收益波动性、信息泄露及寒风效应的实证研究［J］．管理世界，2009（2）：23－35.

［103］朱凯，陈信元．认购方式与IPO抑价［J］．经济科学，2005（3）：66－79.

［104］Abreu D，Brunnermeier M K. Bubbles and crashes［J］．Econometrica，2003，71（1）：173－204.

［105］Abreu D，Brunnermeier M K. Synchronization risk and delayed arbitrage［J］．Journal of Financial Economics，2002，66（2）：341－360.

［106］Acharya V V，Pedersen L H，Philippon T，et al. Measuring systemic risk［J］．The Review of Financial Studies，2017，30（1）：2－47.

［107］Acharya V V，Pedersen L H. Asset pricing with liquidity risk［J］．Journal of Financial Economics，2005，77（2）：375－410.

［108］Acharya V，Engle R，Richardson M. Capital shortfall：A new approach to ranking and regulating systemic risks［J］．American Economic Review，2012，102（3）：59－64.

［109］Adrian T，Brunnermeier M K. CoVaR［J］．American Economic Review，2016，106（7）：1705－1741.

［110］Aggarwal R K，Wu G. Stock market manipulations［J］．The Journal of Business，2006，79（4）：1915－1953.

［111］Aghion P，Howitt P，Mayer－Foulkes D. The effect of financial development on convergence：Theory and evidence［J］．The Quarterly Journal of Economics, 2005, 120 (1): 173 - 222.

[112] Ahn H, Cai J, Hamao Y, et al. The components of the bid - ask spread in a limit - order market: Evidence from the Tokyo Stock Exchange [J]. Journal of Empirical Finance, 2002, 9 (4): 399 - 430.

[113] Aitken M J, Aspris A, Foley S, et al. Market fairness: The poor country cousin of market efficiency [J]. Journal of Business Ethics, 2018, 147 (2) 1 - 19.

[114] Aitken M J, de B. Harris F H. Evidence - based policy making for financial markets: A fairness and efficiency framework for assessing market quality [J]. The Journal of Trading, 2011, 6 (3): 22 - 31.

[115] Aitken M J, de B. Harris F H, Ji S. A worldwide examination of exchange market quality: Greater integrity increases market efficiency [J]. Journal of Business Ethics, 2015, 132 (1): 147 - 170.

[116] Aitken M J, Frino A, McCorry M S, et al. Short sales are almost instantaneously bad news: Evidence from the australian stock exchange [J]. The Journal of Finance, 1998, 53 (6): 2205 - 2223.

[117] Aitken M J, Harris D. Fragmentation and Algorithmic Trading: Joint impact on Market Quality [J]. SSRN Electronic Journal, 2015.

[118] Aitken M, Harris F, Ji S. Trade - Based manipulation and market efficiency: A Cross - Market comparison [J]. Social Science Electronic Publishing, 2009.

[119] Aiyagari S R, Gertler M. Asset returns with transactions costs and uninsured individual risk [J]. Journal of Monetary Economics, 1991, 27 (3): 311 - 331.

[120] Alexander G J, Peterson M A. The effect of price tests on trader behavior and market quality: An analysis of Reg SHO [J]. Journal of Financial Markets, 2008, 11 (1): 84 - 111.

[121] Allen F, Faulhaber G R. Signalling by underpricing in the IPO market [J]. Journal of Financial Economics, 1989, 23 (2): 303 - 323.

[122] Allen F, Gale D. Stock - price manipulation [J]. The Review of Financial Studies, 1992, 5 (3): 503 - 529.

[123] Allen L, Bali T G, Tang Y. Does systemic risk in the financial sector predict future economic downturns? [J]. The Review of Financial Studies, 2012, 25 (10): 3000 - 3036.

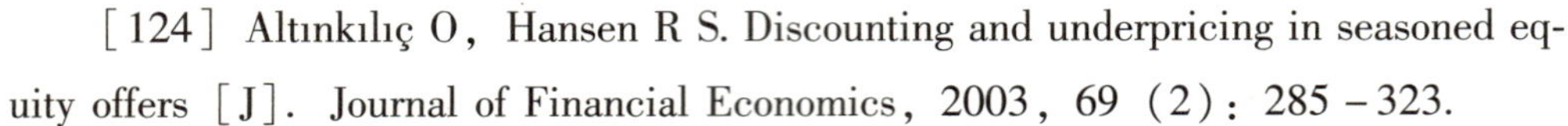

[124] Altınkılıç O, Hansen R S. Discounting and underpricing in seasoned equity offers [J]. Journal of Financial Economics, 2003, 69 (2): 285 – 323.

[125] Amihud Y. Illiquidity and stock returns: Cross – section and time – series effects [J]. Journal of Financial Markets, 2002, 5 (1): 31 – 56.

[126] Amihud Y, Mendelson H. Dealership market: Market – making with inventory [J]. Journal of Financial Economics, 1980, 8 (1): 31 – 53.

[127] Amihud Y, Mendelson H. Liquidity and stock returns [J]. Financial Analysts Journal, 1986, 42 (3): 43 – 48.

[128] Amihud Y, Mendelson H. The effects of beta, Bid – Ask spread, residual risk, and size on stock returns [J]. The Journal of Finance, 1989, 44 (2): 479 – 486.

[129] Arestis P, Demetriades P O, Luintel K B. Financial development and economic growth: The role of stock markets [J]. Journal of Money, Credit and Banking, 2001, 33 (1): 16 – 41.

[130] Armitage S, Dionysiou D, Gonzalez A. Are the discounts in seasoned equity offers due to inelastic demand? [J]. Journal of Business Finance & Accounting, 2014, 41 (5 – 6): 743 – 772.

[131] Ascioglu A, Hegde S P, Krishnan G V, et al. Earnings management and market liquidity [J]. Review of Quantitative Finance and Accounting, 2012, 38 (2): 257 – 274.

[132] Austin J. Protecting market integrity in an era of fragmentation and cross – border trading [J]. Ottawa L. Rev., 2014 (46): 25.

[133] Austin J. What exactly is market integrity: An analysis of one of the core objectives of securities regulation [J]. Wm. & Mary Bus. L. Rev., 2016 (8): 215.

[134] Ausubel L M. The failure of competition in the credit card market [J]. The American Economic Review, 1991, 81 (1): 50 – 81.

[135] Authority F C. Why has the FCAs market cleanliness statistic for takeover announcements decreased since 2009 [N]. Occasional Paper, 2014, 4.

[136] Bae K H, Lim C, Wei K C J. Corporate governance and conditional skewness in the world' s stock markets [J]. The Journal of Business, 2006, 79 (6): 2999 – 3028.

[137] Baek J S, Kang J K, Lee I. Business groups and tunneling: Evidence from private securities offerings by Korean chaebols [J]. The Journal of Finance,

2006, 61 (5): 2415 -2449.

[138] Bagehot W. The only game in town [J]. Financial Analysts Journal, 1971, 27 (2): 12 -14.

[139] Bagnoli M, Lipman B L. Stock price manipulation through takeover bids [J]. The RAND Journal of Economics, 1996, 27 (1): 124 -147.

[140] Bai M, Qin Y. Who are driving commonality in liquidity? [J]. Social Science Electronic Publishing, 2009, 3 (3): 61 -77.

[141] Baillie R T, Booth G G, Tse Y, et al. Price discovery and common factor models [J]. Journal of Financial Markets, 2002, 5 (3): 309 -321.

[142] Bain A D. The economics of the financial system [M]. Martin Robertson & Company, 1981.

[143] Bang N J, Chiang T C. A system of stock prices in world stock exchanges: Common stochastic trends for 1975 - 1990 [J]. Journal of Economics & Business, 1991, 43 (4): 329 -338.

[144] Barber B M, Lyon J D. Detecting long - run abnormal stock returns: The empirical power and specification of test statistics [J]. Journal of Financial Economics, 1997, 43 (3): 341 -372.

[145] Barclay M J, Holderness C G, Sheehan D P. Private placements and managerial entrenchment [J]. Journal of Corporate Finance, 2007, 13 (4): 461 -484.

[146] Baron D P. A model of the demand for investment banking advising and distribution services for new issues [J]. The Journal of Finance, 1982, 37 (4): 955 -976.

[147] Bartholomew P F, Whalen G. Fundamentals of systemic risk [M] // Kaufmann G G. Research in Financial Services: Banking, Financial Markets, and Systemic Risk. Greenwich, Conn: JAI Press, 1995: 3 -18.

[148] Baruch S. Who Benefits from an Open Limit - Order Book? [J]. The Journal of Business, 2005, 78 (4): 1267 -1306.

[149] Bauer G H. A taxonomy of market efficiency [J]. Bank of Canada Financial System Review, 2004: 37 -40.

[150] Beatty R P, Ritter J R. Investment banking, reputation, and the underpricing of initial public offerings [J]. Journal of Financial Economics, 1986, 15 (1): 213 -232.

[151] Ben -David I, Franzoni F, Landier A, et al. Do Hedge Funds Manipu-

late Stock Prices? [J]. Social Science Electronic Publishing, 2013, 68 (6): 2383 - 2434.

[152] Benveniste L M, Spindt P A. How investment bankers determine the offer price and allocation of new issues [J]. Journal of Financial Economics, 1989, 24 (2): 343 - 361.

[153] Benveniste L M, Wilhelm W J. A comparative analysis of IPO proceeds under alternative regulatory environments [J]. Journal of Financial Economics, 1990, 28 (1): 173 - 207.

[154] Beny L N. Insider trading laws and stock markets around the world: An empirical contribution to the theoretical law and economics debate [J]. Journal of Corporation Law, 2007, 32 (2) .

[155] Berger A N, Bouwman C H. Bank liquidity creation [J]. The Review of Financial Studies, 2009, 22 (9): 3779 - 3837.

[156] Bertrand M, Schoar A, Thesmar D. Banking deregulation and industry structure: Evidence from the French banking reforms of 1985 [J]. The Journal of Finance, 2007, 62 (2): 597 - 628.

[157] Bhattacharya U, Daouk. When an event is not an event: The curious case of an emerging market [J]. Journal of Financial Economics, 2000, 55 (1): 69 - 101.

[158] Bhattacharya U, Daouk H. The world price of insider trading [J]. The Journal of Finance, 2002, 57 (1): 75 - 108.

[159] Bikhchandani S, Sharma S. Herd behavior in financial markets [J]. IMF Staff Papers, 2000, 47 (3): 279 - 310.

[160] BIS. 64Th Annual Report [R]. Basel, Switzerland: Bank For International Settlements, 1994.

[161] Black F. An equilibrium model of the crash [J]. NBER Macroeconomics Annual, 1989 (3): 269 - 275.

[162] Black F. Fact and fantasy in the use of options [J]. Financial Analysts Journal, 1975, 31 (4): 36 - 41.

[163] Black F, Scholes M S. The pricing of options and corporate liabilities [J]. Journal of Political Economy, 1973, 81 (3): 637 - 654.

[164] Blanchard O J, Watson M W. Bubbles, rational expectations and financial markets [D]. NBER Working Papers, 1982.

[165] Bloomfield R, O'Hara M. Market transparency: Who wins and who lo-

ses? [J]. Review of Financial Studies, 1999, 12 (1): 5 -35.

[166] Boehmer E, Jones C M, Zhang X. Which shorts are informed? [J]. The Journal of Finance, 2008, 63 (2): 491 -527.

[167] Boehmer E, Kelley E K. Institutional investors and the informational efficiency of prices [J]. The Review of Financial Studies, 2009, 22 (9): 3563 -3594.

[168] Boehmer E, Saar G, Yu L. Lifting the veil: An analysis of pre - trade transparency at the NYSE [J]. The Journal of Finance, 2005, 60 (2): 783 -815.

[169] Boehmer E, Wu J. Short selling and the price discovery process [J]. The Review of Financial Studies, 2012, 26 (2): 287 -322.

[170] Bonin J P, Hasan I, Wachtel P. Bank performance, efficiency and ownership in transition countries [J]. Journal of Banking & Finance, 2005, 29 (1): 31 -53.

[171] Botosan C A, Plumlee M A, Xie Y. The role of information precision in determining the cost of equity capital [J]. Review of Accounting Studies, 2004, 9 (2): 233 -259.

[172] Boyd J H, De Nicolo G. The theory of bank risk taking and competition revisited [J]. The Journal of Finance, 2005, 60 (3): 1329 -1343.

[173] Boyd J H, Jalal A M. A new measure of financial development: Theory leads measurement [J]. Journal of Development Economics, 2012, 99 (2): 341 -357.

[174] Brennan M J, Chordia T, Subrahmanyam A. Alternative factor specifications, security characteristics, and the cross - section of expected stock returns [J]. Journal of Financial Economics, 1998, 49 (3): 345 -373.

[175] Brennan M J, Subrahmanyam A. Market microstructure and asset pricing: On the compensation for illiquidity in stock returns [J]. Journal of Financial Economics, 1996, 41 (3): 441 -464.

[176] Bris A, Goetzmann W N, Zhu N. Efficiency and the bear: Short sales and markets around the world [J]. The Journal of Finance, 2007, 62 (3): 1029 - 1079.

[177] Brown K C, Harlow W V, Tinic S M. Risk aversion, uncertain information, and market efficiency [J]. Journal of Financial Economics, 1988, 22 (2): 355 -385.

[178] Brownlees C, Engle R F. SRISK: A conditional capital shortfall measure of systemic risk [J]. ESRB Working Paper, 2017, 30 (1): 48 –79.

[179] Brunnermeier M K, Pedersen L H. Market liquidity and funding liquidity [J]. Review of Financial Studies, 2009, 22 (6): 2201 –2238.

[180] Brunnermeier M K, Pedersen L H. Predatory trading [J]. The Journal of Finance, 2005, 60 (4): 1825 –1863.

[181] Bulkley G, Harris R D F, Herrerias R. Stock Returns Following Profit Warnings: A Test of Models of Behavioural Finance [C] Royal Economic Society Conference, 2002.

[182] Bulkley G, Herrerias R. Does the precision of news affect market underreaction? Evidence from returns following two classes of profit warnings [J]. European Financial Management, 2005, 11 (5): 603 –624.

[183] Calvo S G, Reinhart C M. Capital flows to latin america: Is there evidence of contagion effects? [D]. Policy Research Working Paper, 1996: 1 –33.

[184] Campbell J Y, Hentschel L. No news is good news: An asymmetric model of changing volatility in stock returns [J]. Journal of Financial Economics, 1992, 31 (3): 281 –318.

[185] Carhart M M, Kaniel R, Musto D K, et al. Leaning for the tape: Evidence of gaming behavior in equity mutual funds [J]. The Journal of Finance, 2002, 57 (2): 661 –693.

[186] Chalk A J, Peavy J W. Initial public offerings: Daily returns, offering types and the price effect [J]. Financial Analysts Journal, 1987, 43 (5): 65 –69.

[187] Chalmers J M, Kadlec G B. An empirical examination of the amortized spread [J]. Journal of Financial Economics, 1998, 48 (2): 159 –188.

[188] Chamberlain T W, Kwan C C Y. Expiration – Day Effects of Index Futures and Options: Some Canadian Evidence [J]. Financial Analysts Journal, 1989, 45 (5): 67 –71.

[189] Chan K, Wang J, Wei K C J. Underpricing and long – term performance of IPOs in China [J]. Journal of Corporate Finance, 2004, 10 (3): 409 –430.

[190] Chang E C, Cheng J W, Yu Y. Short - sales constraints and price discovery: Evidence from the Hong Kong market [J]. The Journal of Finance, 2007, 62 (5): 2097 –2121.

[191] Chemmanur T J. The pricing of initial public offerings: A dynamic model with information production [J]. The Journal of Finance, 1993, 48 (1): 285-304.

[192] Chemmanur T J, Fulghieri P. A theory of the going - public decision [J]. The Review of Financial Studies, 1999, 12 (2): 249-279.

[193] Chen G, Firth M, Kim J. The post - issue market performance of initial public offerings in China's new stock markets [J]. Review of Quantitative Finance and Accounting, 2000, 14 (4): 319-339.

[194] Chen J, Hong H, Stein J C. Forecasting crashes: Trading volume, past returns, and conditional skewness in stock prices [J]. Journal of Financial Economics, 2001, 61 (3): 345-381.

[195] Chen N, Kan R. Expected return and the bid - ask spread [M]. Center for Research in Security Prices, Graduate School of Business, University of Chicago, 1989.

[196] Chen Y, Wang S S, Li W, et al. Institutional environment, firm ownership, and IPO first - day returns: Evidence from China [J]. Journal of Corporate Finance, 2015 (32): 150-168.

[197] Cheung Y, Ouyang Z, Weiqiang T. How regulatory changes affect IPO underpricing in China [J]. China Economic Review, 2009, 20 (4): 692-702.

[198] Chordia T, Roll R, Subrahmanyam A. Commonality in liquidity [J]. Journal of Financial Economics, 2000, 56 (1): 3-28.

[199] Chordia T, Roll R, Subrahmanyam A. Evidence on the speed of convergence to market efficiency [J]. Journal of Financial Economics, 2005, 76 (2): 271-292.

[200] Chordia T, Roll R, Subrahmanyam A. Liquidity and market efficiency [J]. Journal of Financial Economics, 2008, 87 (2): 249-268.

[201] Christie A A. The stochastic behavior of common stock variances: Value, leverage and interest rate effects [J]. Journal of Financial Economics, 1982, 10 (4): 407-432.

[202] Christopoulos D K, Tsionas E G. Financial development and economic growth: Evidence from panel unit root and cointegration tests [J]. Journal of Development Economics, 2004, 73 (1): 55-74.

[203] ? ihák M, Demirgüçkunt A, Feyen E, et al. Financial Development in 205 Economies, 1960 to 2010 [J]. Journal of Financial Perspectives, 2013, 1

(2): 17 –36.

[204] Citanna A, Villanacci A. Incomplete markets, allocative efficiency, and the information revealed by prices [J]. Journal of Economic Theory, 2000, 90 (2): 222 –253.

[205] Cohen K J, Maier S F, Schwartz R A, et al. Transaction costs, order placement strategy, and existence of the bid – ask spread [J]. Journal of Political Economy, 1981, 89 (2): 287 –305.

[206] Collin – Dufresne P, Fos V. Do prices reveal the presence of informed trading? [J]. The Journal of Finance, 2015, 70 (4): 1555 –1582.

[207] Comerton – Forde C, Putni ? š T J. Measuring closing price manipulation [J]. Journal of Financial Intermediation, 2011, 20 (2): 135 –158.

[208] Comerton – Forde C, Putni ? š T J. Pricing accuracy, liquidity and trader behavior with closing price manipulation [J]. Experimental Economics, 2011, 14 (1): 110 –131.

[209] Comerton – Forde C, Rydge J. The current state of Asia – Pacific stock exchanges: A critical review of market design [J]. Pacific – Basin Finance Journal, 2006, 14 (1): 1 –32.

[210] Constantinides G M. Capital market equilibrium with transaction costs [J]. Journal of Political Economy, 1986, 94 (4): 842 –862.

[211] Cootner P H. The random character of stock market prices [M]. Cambridge: The MIT Press, 1964.

[212] Copeland T E, Galai D. Information effects on the bid - ask spread [J]. The Journal of Finance, 1983, 38 (5): 1457 –1469.

[213] Corwin S A. The determinants of underpricing for seasoned equity offers [J]. The Journal of Finance, 2003, 58 (5): 2249 –2279.

[214] Corwin S A, Schultz P. A simple way to estimate bid - ask spreads from daily high and low prices [J]. The Journal of Finance, 2012, 67 (2): 719 –759.

[215] Cronqvist H, Nilsson M. The choice between rights offerings and private equity placements [J]. Journal of Financial Economics, 2005, 78 (2): 375 –407.

[216] Dan B, Davies R J. Smart Fund Managers? Stupid Money? [J]. Canadian Journal of Economics/revue Canadienne Déconomique, 2009, 42 (2): 719 –748.

[217] De Bandt O, Hartmann P. Systemic risk: A survey [R]. European Central Bank, 2000.

[218] Dechow P M, Hutton A P, Meulbroek L, et al. Short - sellers, fundamental analysis, and stock returns [J]. Journal of Financial Economics, 2001, 61 (1): 77 - 106.

[219] Demetriades P O, Hussein K A. Does financial development cause economic growth? Time - series evidence from 16 countries [J]. Journal of Development Economics, 1996, 51 (2): 387 - 411.

[220] Demirguc - Kunt A, Levine R. Finance, financial sector policies, and long - run growth [M]. World Bank Publications, 2008.

[221] Demiroglu C, James C M. The information content of bank loan covenants [J]. The Review of Financial Studies, 2010, 23 (10): 3700 - 3737.

[222] Demsetz H. The cost of transacting [J]. The Quarterly Journal of Economics, 1968, 82 (1): 33 - 53.

[223] Diamond D W, Verrecchia R E. Constraints on short - selling and asset price adjustment to private information [J]. Journal of Financial Economics, 1987, 18 (2): 277 - 311.

[224] Dick A A. Nationwide branching and its impact on market structure, quality, and bank performance [J]. The Journal of Business, 2006, 79 (2): 567 - 592.

[225] Diether K B, Lee K H, Werner I M. It's SHO time! Short - sale price tests and market quality [J]. The Journal of Finance, 2009, 64 (1): 37 - 73.

[226] Dijkman M. A framework for assessing systemic risk [D]. Policy Research Working Paper, 2016.

[227] Dimson E, Mussavian M. A brief history of market efficiency [J]. European Financial Management, 1998, 4 (1): 91 - 103.

[228] Dominguez K M E. The market microstructure of central bank intervention [J]. Journal of International Economics, 2003, 59 (1): 25 - 45.

[229] Donoho S. Early detection of insider trading in option markets: Proceedings of the tenth ACM SIGKDD international conference on Knowledge discovery and data mining, 2004 [C]. ACM.

[230] Dow J, Gorton G. Stock market efficiency and economic efficiency: Is there a connection? [J]. The Journal of Finance, 1997, 52 (3): 1087 - 1129.

[231] Drucker S, Puri M. On the benefits of concurrent lending and underwrit-

ing [J]. The Journal of Finance, 2005, 60 (6): 2763 – 2799.

[232] Dubow B, Monteiro N B. Measuring market cleanliness [J]. SSRN Electronic Journal, 2006.

[233] Easley D, O'Hara M. Price, trade size, and information in securities markets [J]. Journal of Financial Economics, 1987, 19 (1): 69 – 90.

[234] Easley D, O'Hara M. Time and the process of security price adjustment [J]. The Journal of Finance, 1992, 47 (2): 577 – 605.

[235] Easley D, O'Hara M, Srinivas P S. Option volume and stock prices: Evidence on where informed traders trade [J]. The Journal of Finance, 1998, 53 (2): 431 – 465.

[236] Engle R F, Manganelli S. CAViaR: Conditional autoregressive value at risk by regression quantiles [J]. Journal of Business & Economic Statistics, 2004, 22 (4): 367 – 381.

[237] Eom K S, Ok J, Park J. Pre – trade transparency and market quality [J]. Journal of Financial Markets, 2007, 10 (4): 319 – 341.

[238] Eren N, Ozsoylev H N. Communication Dilemma in Speculative Markets [J]. Social Science Electronic Publishing, 2006 (2006fe08).

[239] Estrada J. Black swans in emerging markets [J]. The Journal of Investing, 2009, 18 (2): 50 – 56.

[240] Fama E F. Efficient capital markets: A review of theory and empirical work [J]. The Journal of Finance, 1970, 25 (2): 383 – 417.

[241] Fama E F. Random walks in stock market prices [J]. Financial Analysts Journal, 1995, 51 (1): 75 – 80.

[242] Fama E F. The behavior of Stock – Market prices [J]. The Journal of Business, 1965, 38 (1): 34 – 105.

[243] Fed. Policy Statement on Payments System Risk [R]. Federal Reserve System, 2001.

[244] Fernando C S, Krishnamurthy S, Spindt P A. Are share price levels informative? Evidence from the ownership, pricing, turnover and performance of IPO firms ☆ [J]. Journal of Financial Markets, 2004, 7 (4): 377 – 403.

[245] Figlewski S. Market" efficiency" in a market with heterogeneous information [J]. Journal of Political Economy, 1978, 86 (4): 581 – 597.

[246] Flood M D, Huisman R, Koedijk K C, et al. Search costs: The neglected spread component [J]. SSRN Electronic Journal, 1998.

[247] Flood M D, Huisman R, Koedijk K G, et al. Quote disclosure and price discovery in Multiple - Dealer financial markets [J]. Review of Financial Studies, 1999, 12 (1): 37 - 59.

[248] Fodor B. Measuring market integrity: A proposed Canadian approach [J]. Journal of Financial Crime, 2008, 15 (3): 261 - 268.

[249] Foucault T. Order flow composition and trading costs in a dynamic limit order market [J]. Journal of Financial Markets, 1998, 2 (2): 99 - 134.

[250] French K R, Roll R. Stock return variances: The arrival of information and the reaction of traders [J]. Journal of Financial Economics, 1986, 17 (1): 5 - 26.

[251] Friedman D. The double auction market institution: A survey [J]. The Double Auction Market: Institutions, Theories and Evidence, 1993, 14: 3 - 25.

[252] Friedman E, Johnson S, Mitton T. Propping and tunneling [J]. Journal of Comparative Economics, 2003, 31 (4): 732 - 750.

[253] Friedman M. Flexible exchange rates [J]. Essays in Positive Economics, 1966.

[254] Friedman M. The Methodology of Positive Economics [M] //Friedman M. University of Chicago Press, 1953: 3 - 43.

[255] Gadarowski C, Sinha P. On the Efficacy of Regulation Fair Disclosure: Theory & Evidence [J]. 2002.

[256] Galbis V. Financial intermediation and economic growth in less - developed countries: A theoretical approach [J]. The Journal of Development Studies, 1977, 13 (2): 58 - 72.

[257] Gallagher D R, Gardner P, Swan P L. Portfolio pumping: An examination of investment manager quarter - end trading and impact on performance ☆ [J]. Pacific - Basin Finance Journal, 2009, 17 (1): 1 - 27.

[258] Gao Y. What comprises IPO initial returns: Evidence from the Chinese market [J]. Pacific - Basin Finance Journal, 2010, 18 (1): 77 - 89.

[259] Garman M B. Market microstructure [J]. Journal of Financial Economics, 1976, 3 (3): 257 - 275.

[260] Glosten L R, Harris L E. Estimating the components of the bid/ask spread [J]. Journal of Financial Economics, 1988, 21 (1): 123 - 142.

[261] Glosten L R, Milgrom P R. Bid, ask and transaction prices in a specialist market with heterogeneously informed traders [J]. Journal of Financial Econom-

ics, 1985, 14 (1): 71 - 100.

[262] Gode D K, Sunder S. What makes markets allocationally efficient? [J]. The Quarterly Journal of Economics, 1997, 112 (2): 603 - 630.

[263] Goldsmith R W. Financial structure and development [J]. Studies in Comparative Economics, 1969, 70 (4): 31 - 45.

[264] Goldstein I, Guembel A. Manipulation and the allocational role of prices [J]. The Review of Economic Studies, 2008, 75 (1): 133 - 164.

[265] Goyenko R Y, Holden C W, Trzcinka C A. Do liquidity measures measure liquidity? [J]. Journal of Financial Economics, 2009, 92 (2): 153 - 181.

[266] Graham J R, Li S, Qiu J. Corporate misreporting and bank loan contracting [J]. Journal of Financial Economics, 2008, 89 (1): 44 - 61.

[267] Graham J, Smart S B, Megginson W L. Corporate finance: Linking theory to what companies do [M]. Nelson Education, 2010.

[268] Granger C W, Morgenstern O. Spectral analysis of New York stock market prices [J]. Kyklos, 1963, 16 (1): 1 - 27.

[269] Grinblatt M, Hwang C Y. Signalling and the pricing of new issues [J]. The Journal of Finance, 1989, 44 (2): 393 - 420.

[270] Grossman S. On the efficiency of competitive stock markets where trades have diverse information [J]. The Journal of Finance, 1976, 31 (2): 573.

[271] Grossman S J. Dynamic asset allocation and the informational efficiency of markets [J]. The Journal of Finance, 1995, 50 (3): 773.

[272] G - Ten. Report on Consolidation in the Financial Sector [R]. Group of Ten, 2001.

[273] Guiso L, Sapienza P, Zingales L. Does local financial development matter? [M] //New York: Springer, 2009: 31 - 66.

[274] Handa P, Schwartz R A. Limit order trading [J]. The Journal of Finance, 1996, 51 (5): 1835 - 1861.

[275] Handa P, Schwartz R, Tiwari A. Quote setting and price formation in an order driven market [J]. Journal of Financial Markets, 2003, 6 (4): 461 - 489.

[276] Hanley K W, Hoberg G. The information content of IPO prospectuses [J]. The Review of Financial Studies, 2010, 23 (7): 2821 - 2864.

[277] Hansen R S, Crutchley C. Corporate earnings and financings: An empirical analysis [J]. The Journal of Business, 1990, 63 (3): 347 - 371.

[278] Hanson R, Oprea R. Manipulators increase information market accuracy

[M]. George Mason University, 2004.

[279] Hao X. The magnet effect of Market – Wide circuit breaker: Evidence from the chinese stock market [J]. Social Science Electronic Publishing, 2016.

[280] Hao X, Shi J, Yang J. The differential impact of the bank - firm relationship on IPO underpricing: Evidence from China [J]. Pacific – Basin Finance Journal, 2014 (30): 207 – 232.

[281] Harris M, Raviv A. Differences of opinion make a horse race [J]. Review of Financial Studies, 1993, 6 (3): 473 – 506.

[282] Harvey C R. Conditional asset allocation in emerging markets [J]. NBER Working Papers, 1994.

[283] Hasbrouck J. Measuring the information content of stock trades [J]. The Journal of Finance, 1991, 46 (1): 179 – 207.

[284] Hasbrouck J. One security, many markets: Determining the contributions to price discovery [J]. The Journal of Finance, 1995, 50 (4): 1175 – 1199.

[285] Hasbrouck J, Sofianos G. The trades of market makers: An empirical analysis of NYSE specialists [J]. The Journal of Finance, 1993, 48 (5): 1565 – 1593.

[286] Hatch B C, Johnson S A. The impact of specialist firm acquisitions on market quality [J]. Journal of Financial Economics, 2002, 66 (1): 139 – 167.

[287] Hayek F A. The use of knowledge in society [J]. The American Economic Review, 1945, 35 (14): 519 – 530.

[288] Heaton J, Lucas D J. Evaluating the effects of incomplete markets on risk sharing and asset pricing [J]. Journal of Political Economy, 1996, 104 (3): 443 – 487.

[289] Hein S E, Westfall P. Improving tests of abnormal returns by bootstrapping the multivariate regression model with event parameters [J]. Journal of Financial Econometrics, 2004, 2 (3): 451 – 471.

[290] Henderson D R, Baldwin E D, Thraen C S, et al. Measuring price efficiency: Experience with electronic markets. [J]. ESO – Ohio State University, 1983.

[291] Hertzel M, Lemmon M, Linck J S, et al. Long - run performance following private placements of equity [J]. The Journal of Finance, 2002, 57 (6): 2595 – 2617.

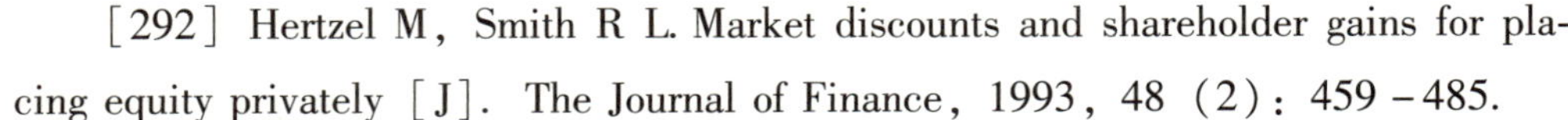

[292] Hertzel M, Smith R L. Market discounts and shareholder gains for placing equity privately [J]. The Journal of Finance, 1993, 48 (2): 459 -485.

[293] Hillion P, Suominen M. The manipulation of closing prices [J]. Journal of Financial Markets, 2004, 7 (4): 351 -375.

[294] Ho T S, Macris R G. Dealer bid - ask quotes and transaction prices: An empirical study of some AMEX options [J]. The Journal of Finance, 1984, 39 (1): 23 -45.

[295] Ho T S, Stoll H R. The dynamics of dealer markets under competition [J]. The Journal of Finance, 1983, 38 (4): 1053 -1074.

[296] Ho T, Stoll H R. Optimal dealer pricing under transactions and return uncertainty [J]. Journal of Financial Economics, 1981, 9 (1): 47 -73.

[297] Hong H, Stein J C. Differences of opinion, short - sales constraints, and market crashes [J]. The Review of Financial Studies, 2003, 16 (2): 487 -525.

[298] Hou K, Moskowitz T J. Market frictions, price delay, and the cross - section of expected returns [J]. The Review of Financial Studies, 2005, 18 (3): 981 -1020.

[299] Huang M. Liquidity shocks and equilibrium liquidity premia [J]. Journal of Economic Theory, 2003, 109 (1): 104 -129.

[300] Huang R D, Stoll H R. Dealer versus auction markets: A paired comparison of execution costs on NASDAQ and the NYSE [J]. Journal of Financial Economics, 1996, 41 (3): 313 -357.

[301] Huang R D, Stoll H R. The components of the bid - ask spread: A general approach [J]. The Review of Financial Studies, 1997, 10 (4): 995 -1034.

[302] Hughes P J, Thakor A V. Litigation risk, intermediation, and the underpricing of initial public offerings [J]. The Review of Financial Studies, 1992, 5 (4): 709 -742.

[303] Hutton A P, Marcus A J, Tehranian H. Opaque financial reports, R2, and crash risk [J]. Journal of Financial Economics, 2009, 94 (1): 67 -86.

[304] Ibbotson R G. Price performance of common stock new issues [J]. Journal of Financial Economics, 1975, 2 (3): 235 -272.

[305] Ibbotson R G, Sindelar J L, Ritter J R. Initial public offerings [J]. Journal of Applied Corporate Finance, 1988, 1 (2): 37 -45.

[306] Jegadeesh N, Kim W. Do analysts herd? An analysis of recommendations

and market reactions [J]. Review of Financial Studies, 2010, 23 (2): 901 -937.

[307] Jensen M C, Black F, Scholes M S. The capital asset pricing model: Some empirical tests [J]. Social Science Electronic Publishing, 1972, 94 (8): 4229 -4232.

[308] Jia C, Ritter J R, Xie Z, et al. Pre - IPO Analyst Coverage: Hype or Information Production? [J]. Social Science Electronic Publishing, 2014.

[309] Jin L, Myers S C. R2 around the world: New theory and new tests [J]. Journal of Financial Economics, 2006, 79 (2): 257 -292.

[310] Johnson S, Boone P, Breach A, et al. Corporate governance in the Asian financial crisis [J]. Journal of Financial Economics, 2000, 58 (1): 141 -186.

[311] Jung W S. Financial development and economic growth: International evidence [J]. Economic Development and Cultural Change, 1986, 34 (2): 333 -346.

[312] Kambhu J, Stiroh K J, Schuermann T. Hedge funds, financial intermediation, and systemic risk [J]. Economic Policy Review, 2007, 13 (3) .

[313] Karolyi G A, Lee K, van Dijk M A. Understanding commonality in liquidity around the world [J]. Journal of Financial Economics, 2012, 105 (1): 82 -112.

[314] Kavajecz K A. A specialist's quoted depth and the limit order book [J]. The Journal of Finance, 1999, 54 (2): 747 -771.

[315] Khandaker S, Heaney R. Do emerging markets have higher stock synchronicity? The international evidence [J]. Journal of Business and Policy Research, 2009, 4 (1): 79 -98.

[316] Khwaja A I, Mian A. Unchecked intermediaries: Price manipulation in an emerging stock market ☆ [J]. Journal of Financial Economics, 2005, 78 (1): 203 -241.

[317] Kim K A, Shin H H. The puzzling increase in the underpricing of seasoned equity offerings [J]. Financial Review, 2004, 39 (3): 343 -365.

[318] Kim O, Verrecchia R E. Market reaction to anticipated announcements [J]. Journal of Financial Economics, 1991, 30 (2): 273 -309.

[319] Kimbro M B. Managing underpricing? The case of pre - IPO discretionary accruals in China [J]. Journal of International Financial Management & Ac-

counting, 2005, 16 (3): 229 – 262.

[320] King R G, Levine R. Finance, entrepreneurship and growth [J]. Journal of Monetary Economics, 1993, 32 (3): 513 – 542.

[321] Kolasinski A C, Reed A, Thornock J R. Can short restrictions actually increase informed short selling? [J]. Financial Management, 2013, 42 (1): 155 – 181.

[322] Kortian T, O Regan J. Australian financial market volatility: An exploration of cross – country and cross – market linkages [R]. RBA Research Discussion Papers, 1996.

[323] Kothari S P, Shu S, Wysocki P D. Do managers withhold bad news? [J]. Journal of Accounting Research, 2009, 47 (1): 241 – 276.

[324] Krug S. The Interaction between Monetary and Macroprudential Policy [J]. Reserve Bank of New Zealand Bulletin, 2014 (77): 15 – 25.

[325] Kumar P, Seppi D J. Limit and Market Orders with Optimizing Traders [J]. Social Science Electronic Publishing, 1994.

[326] Kyle A S. Continuous auctions and insider trading [J]. Econometrica: Journal of the Econometric Society, 1985, 53 (6): 1315 – 1335.

[327] Latham M. Informational efficiency and information subsets [J]. The Journal of Finance, 1986, 41 (1): 39 – 52.

[328] Lee E J, Eom K S, Park K S. Microstructure – based manipulation: Strategic behavior and performance of spoofing traders ☆ [J]. Journal of Financial Markets, 2013, 16 (2): 227 – 252.

[329] Lee I H. Market crashes and informational avalanches [J]. Review of Economic Studies, 1998, 65 (4): 741 – 759.

[330] Lehmann B N. Some desiderata for the measurement of price discovery across markets [J]. Journal of Financial Markets, 2002, 5 (3): 259 – 276.

[331] Lernia C A D. Faith/less? Market integrity and the enforcement of Australia' s continuous disclosure provisions [J]. BMC Research Notes, 2014, 7 (1): 1 – 9.

[332] Leuz C, Verrecchia R E. The economic consequences of increased disclosure [J]. Journal of Accounting Research, 2000: 91 – 124.

[333] Levine R. Chapter 12 Finance and Growth: Theory and Evidence [M] //Aghion P, Durlauf S N. Handbook of Economic Growth. Elsevier, 2005: 865 – 934.

[334] Levine R. Financial development and economic growth: views and agenda [J]. Journal of Economic Literature, 1997, 35 (2): 688 – 726.

[335] Levine R, Loayza N, Beck T. Financial intermediation and growth: Causality and causes [J]. Journal of Monetary Economics, 2000, 46 (1): 31 – 77.

[336] Levine R, Zervos S. Stock markets, banks, and economic growth [J]. American Economic Review, 1998, 88 (3): 537 – 558.

[337] Li L. Can corporate governance variables explain short – term IPO returns?: A study of the chinese market [J]. Accounting, Accountability & Performance, 2006, 12 (1): 64.

[338] Liang Q, Jian – Zhou T. Financial development and economic growth: Evidence from China [J]. China Economic Review, 2006, 17 (4): 395 – 411.

[339] Liang Q, Xu P, Jiraporn P. Board characteristics and Chinese bank performance [J]. Journal of Banking & Finance, 2013, 37 (8): 2953 – 2968.

[340] Lin J, Sanger G C, Booth G G. Trade size and components of the bid – ask spread [J]. The Review of Financial Studies, 1995, 8 (4): 1153 – 1183.

[341] Liu L, Wan J. The relationships between shanghai stock market and CNY/USD exchange rate: New evidence based on Cross – Correlation analysis, structural cointegration and nonlinear causality test [J]. Physica a: Statistical Mechanics and its Applications, 2012, 23 (391): 6051 – 6059.

[342] Lo A W, MacKinlay A C. Stock market prices do not follow random walks: Evidence from a simple specification test [J]. The Review of Financial Studies, 1988, 1 (1): 41 – 66.

[343] Lo A W, MacKinlay A C. When are contrarian profits due to stock market overreaction? [J]. The Review of Financial Studies, 1990, 3 (2): 175 – 205.

[344] Loayza N V, Ranciere R. Financial fragility, financial development, and growth [J]. World Bank Mimeo, 2002 (88): 1051 – 1076.

[345] Logue D E. On the pricing of unseasoned equity issues: 1965 – 1969 [J]. Journal of Financial and Quantitative Analysis, 1973, 8 (1): 91 – 103.

[346] Loughran T, Ritter J R. The new issues puzzle [J]. The Journal of Finance, 1995, 50 (1): 23 – 51.

[347] Loughran T, Ritter J R. The operating performance of firms conducting seasoned equity offerings [J]. The Journal of Finance, 1997, 52 (5):

1823 – 1850.

[348] Loughran T, Ritter J R, Rydqvist K. Initial public offerings: International insights [J]. Pacific – Basin Finance Journal, 1994, 2 (2): 165 – 199.

[349] MacKinlay A C. Event studies in economics and finance [J]. Journal of Economic Literature, 1997, 35 (1): 13 – 39.

[350] Madhavan A. Market microstructure: A survey [J]. Journal of Financial Markets, 2000, 3 (3): 205 – 258.

[351] Madhavan A. Security prices and market transparency [J]. Journal of Financial Intermediation, 1996, 5 (3): 255 – 283.

[352] Madhavan A, Porter D, Weaver D. Should securities markets be transparent? [J]. Journal of Financial Markets, 2005, 8 (3): 265 – 287.

[353] Madhavan A, Richardson M, Roomans M. Why do security prices change? A transaction – level analysis of NYSE stocks [J]. The Review of Financial Studies, 1997, 10 (4): 1035 – 1064.

[354] Madhavan A, Smidt S. A Bayesian model of intraday specialist pricing [J]. Journal of Financial Economics, 1991, 30 (1): 99 – 134.

[355] Margotta D. Market integrity, market efficiency, market accuracy [J]. Social Science Electronic Publishing, 2011.

[356] Masson P R. Contagion: Monsoonal effects, spillovers, and jumps between multiple equilibria [J]. Social Science Electronic Publishing, 1998.

[357] Mayshar J. Transaction costs and the pricing of assets [J]. The Journal of Finance, 1981, 36 (3): 583 – 597.

[358] Mcdonald C G, Michayluk D. Suspicious trading halts [J]. Journal of Multinational Financial Management, 2003, 13 (3): 251 – 263.

[359] Merton Robert C. Continuous – time Finance [M]. B. Blackwell, 1990.

[360] Merton R C. Theory of rational option pricing [J]. The Bell Journal of Economics and Management Science, 1973, 4 (1): 141 – 183.

[361] Mester L J. A study of bank efficiency taking into account risk – preferences [J]. Journal of Banking & Finance, 1996, 20 (6): 1025 – 1045.

[362] Meulbroek L K. An empirical analysis of illegal insider trading [J]. The Journal of Finance, 1992, 47 (5): 1661 – 1699.

[363] Miller E M. Risk, uncertainty, and divergence of opinion [J]. The Journal of Finance, 1977, 32 (4): 1151 – 1168.

[364] Minenna M. Insider trading, abnormal return and preferential information: Supervising through a probabilistic model [J]. Journal of Banking & Finance, 2003, 27 (1): 59 -86.

[365] Minsky H P I C. Can It'happen again? [M] //Carson D. Banking and Monetary Studies. Illinois: Homewood, 1963.

[366] Mishkin F. Comment on systemic risk [M] //Kaufmann G G. Research in Financial Services: Banking, Financial Markets, and Systemic Risk. Greenwich, Conn: JAI Press, 1995: 31 -45.

[367] Mishkin F S. Global financial instability: Framework, events, issues [J]. Journal of Economic Perspectives, 1999, 13 (4): 3 -20.

[368] Mitchell M L, Netter J M. The role of financial economics in securities fraud cases: Applications at the Securities and Exchange Commission [J]. The Business Lawyer, 1994, 49 (2): 545 -590.

[369] Mok H M K, Hui Y V. Underpricing and aftermarket performance of IPOs in Shanghai, China [J]. Pacific - Basin Finance Journal, 1998, 6 (5): 453 -474.

[370] Monteiro N B, Zaman Q, Leitterstorf S. Updated measurement of market cleanliness [J]. Social Science Electronic Publishing, 2007.

[371] Morck R, Yeung B, Yu W. The information content of stock markets: Why do emerging markets have synchronous stock price movements? [J]. Journal of Financial Economics, 2000, 58 (1): 215 -260.

[372] Murray D, Davis K, Dunn C, et al. Financial system inquiry final report [M]. The Australian Government the Treasury, 2014: 7 -8.

[373] Myers S C, Majluf N S. Corporate financing and investment decisions when firms have information that investors do not have [J]. Journal of Financial Economics, 1984, 13 (2): 187 -221.

[374] Narayan P K, Sharma S S. Intraday return predictability, portfolio maximisation, and hedging [J]. Emerging Markets Review, 2016, (28): 105 -116.

[375] Neusser K, Kugler M. Manufacturing growth and financial development: Evidence from OECD countries [J]. The Review of Economics and Statistics, 1998, 80 (4): 638 -646.

[376] O'Hara M. Market microstructure theory [M]. Blackwell Cambridge, MA, 1995.

[377] O'Hara M. Presidential address: Liquidity and price discovery [J]. The

Journal of Finance, 2003, 58 (4): 1335 - 1354.

[378] O'Hara M, Oldfield G S. The microeconomics of market making [J]. Journal of Financial and Quantitative Analysis, 1986, 21 (4): 361 - 376.

[379] Oreiro J L D C. Capital mobility, real exchange rate appreciation, and asset price bubbles in emerging economies: A post keynesian macroeconomic model for a small open economy [J]. Journal of Post Keynesian Economics, 2005, 28 (2): 317 - 344.

[380] Owen S, Suchard J. The pricing and impact of rights issues of equity in Australia [J]. Applied Financial Economics, 2008, 18 (14): 1147 - 1160.

[381] Pagano M, Roell A. Trading systems in European stock exchanges: Current performance and policy options | Economic Policy | Oxford Academic [J]. Economic Policy, 1990, 5 (10): 65 - 115.

[382] Pagano M S, Schwartz R A. A closing call's impact on market quality at Euronext Paris [J]. Journal of Financial Economics, 2003, 68 (3): 439 - 484.

[383] Parsons J E, Raviv A. Underpricing of seasoned issues [J]. Journal of Financial Economics, 1985, 14 (3): 377 - 397.

[384] Pástor L, Stambaugh R F. Liquidity risk and expected stock returns [J]. Journal of Political Economy, 2003, 111 (3): 642 - 685.

[385] Pástor L, Stambaugh R F. The equity premium and structural breaks [J]. The Journal of Finance, 2001, 56 (4): 1240 - 1245.

[386] Pindyck R S. Risk, inflation, and the stock market [J]. American Economic Review, 1984, 74 (3): 335 - 351.

[387] Pirrong C. Detecting Manipulation in Futures Markets: The Ferruzzi Soybean Episode [J]. American Law & Economics Review, 2004, 6 (1): 28 - 71.

[388] Rangan S. Earnings management and the performance of seasoned equity offerings [J]. Journal of Financial Economics, 1998, 50 (1): 101 - 122.

[389] Revell J. Efficiency in the financial Sector [M]. Macroeconomic and Microeconomic Perfomance, Oxford, 1983: 131 - 170.

[390] Rhode P W, Strumpf K S. Manipulating political stock markets: A field experiment and a century of observational data [M]. University of Arizona, Mimeo, 2006.

[391] Rioja F, Valev N. Finance and the sources of growth at various stages of economic development [J]. Economic Inquiry, 2004, 42 (1): 127 - 140.

[392] Ritter J R. The long - run performance of initial public offerings [J].

The Journal of Finance, 1991, 46 (1): 3 -27.

[393] Ritter J R, Welch I. A review of IPO activity, pricing, and allocations [J]. The Journal of Finance, 2002, 57 (4): 1795 -1828.

[394] Roberts H V. Statistical versus Clinical Prediction in the Stock Market [M]. General Information, 1967: 1 -9.

[395] Robinson R I, Wrightsman D. Financial Markets: The Accumulation and Allocation of Wealth. [J]. The Journal of Finance, 1975, 30 (1): 241 -242.

[396] Rock K. Why new issues are underpriced [J]. Journal of Financial Economics, 1986, 15 (1): 187 -212.

[397] Roll R. R^2 [J]. The Journal of Finance, 1988 (43): 541 -566.

[398] Roll R. A simple implicit measure of the effective bid - ask spread in an efficient market [J]. The Journal of Finance, 1984, 39 (4): 1127 -1139.

[399] Romer D. Rational Asset - Price movements without news [J]. American Economic Review, 1993, 83 (5): 1112 -1130.

[400] Rousseau P L, Sylla R. Emerging financial markets and early US growth [J]. Explorations in Economic History, 2005, 42 (1): 1 -26.

[401] Rousseau P L, Wachtel P. Economic growth and financial depth: Is the relationship extinct already? [J]. Social Science Electronic Publishing, 2005.

[402] Rydge J, Comerton - Forde C. The importance of market integrity [J]. Regulation, 2004.

[403] Samuelson P A. Proof that properly anticipated prices fluctuate randomly [J]. IMR; Industrial Management Review (Pre -1986), 1965, 6 (2): 41.

[404] Samuelson P A, Solow R M. A complete capital model involving heterogeneous capital goods [J]. The Quarterly Journal of Economics, 1956, 70 (4): 537 -562.

[405] Scheinkman J A, Xiong W. Overconfidence and speculative bubbles [J]. Journal of Political Economy, 2003, 111 (6): 1183 -1220.

[406] Schreiber P S, Schwartz R A. Price discovery in securities markets [J]. The Journal of Portfolio Management, 1986, 12 (4): 43 -48.

[407] Schwartz R A. Reshaping the equity markets: A guide for the 1990s [M]. Richard D Irwin, 1993.

[408] Schwartz R A, Byrne J A, Schnee G. Preface Quality of Our Financial Markets [M] //Schwartz R A. The quality of our financial markets. New York: Springer, 2013.

[409] Shleifer A, Vishny R W. A survey of corporate governance [J]. The Journal of Finance, 1997, 52 (2): 737 –783.

[410] Shleifer A, Vishny R W. Politicians and firms [J]. Quarterly Journal of Economics, 1994, 109 (4): 995 –1025.

[411] Silber W L. Discounts on restricted stock: The impact of illiquidity on stock prices [J]. Financial Analysts Journal, 1991, 47 (4): 60 –64.

[412] Sinha P, Gadarowski C. The Efficacy of Regulation Fair Disclosure [J]. Financial Review, 2010, 45 (2): 331 –354.

[413] Siow A S, Aitken M J. Ranking world equity markets on the basis of market efficiency and integrity [J]. Social Science Electronic Publishing, 2003.

[414] Slovin M B, Sushka M E, Lai K W L. Alternative flotation methods, adverse selection, and ownership structure: Evidence from seasoned equity issuance in the U. K. [J]. Journal of Financial Economics, 2000, 57 (2): 157 –190.

[415] Spatt C, Srivastava S. Preplay communication, participation restrictions, and efficiency in initial public offerings [J]. The Review of Financial Studies, 1991, 4 (4): 709 –726.

[416] Stahel C W. Is there a global liquidity factor? [J]. SSRN Electronic Journal, 2004.

[417] Stoll H R. Inferring the components of the bid - ask spread: Theory and empirical tests [J]. The Journal of Finance, 1989, 44 (1): 115 –134.

[418] Stoll H R. The supply of dealer services in securities markets [J]. The Journal of Finance, 1978, 33 (4): 1133 –1151.

[419] Stoll H R, Whaley R E. Expiration – day effects: What has changed? [J]. Financial Analysts Journal, 1991, 47 (1): 58 –72.

[420] Su C, Bangassa K. The impacts of underwriter reputation on initial returns and long – run performance of IPOs: Further evidence [M]. Chapman & Hall, Ltd. , 2011.

[421] Su D. Adverse – selection versus signaling: Evidence from the pricing of Chinese IPOs [J]. Journal of Economics & Business, 2004, 56 (1): 1 –19.

[422] Su D, Fleisher B M. An empirical investigation of underpricing in Chinese IPOs [J]. Pacific – Basin Finance Journal, 1999, 7 (2): 173 –202.

[423] Subrahmanyam A. The ex ante effects of trade halting rules on informed trading strategies and market liquidity [J]. Review of Financial Economics, 1997, 6 (1): 1 –14.

[424] Taylor J W. Generating Volatility Forecasts from Value at Risk Estimates [J]. Management Science, 2005, 51 (5): 712 - 725.

[425] Tian L. Regulatory underpricing: Determinants of Chinese extreme IPO returns [J]. Journal of Empirical Finance, 2011, 18 (1): 78 - 90.

[426] Tinic S M. Anatomy of initial public offerings of common stock [J]. The Journal of Finance, 1988, 43 (4): 789 - 822.

[427] Tobin J. On the efficiency of the financial system [J]. Lloyds Bank Review, 1984 (153): 1 - 15.

[428] Vayanos D. Transaction costs and asset prices: A dynamic equilibrium model [J]. The Review of Financial Studies, 1998, 11 (1): 1 - 58.

[429] Vayanos D, Vila J. Equilibrium interest rate and liquidity premium with transaction costs [J]. Economic Theory, 1999, 13 (3): 509 - 539.

[430] Venkataraman K. Automated versus floor trading: An analysis of execution costs on the Paris and New York exchanges [J]. The Journal of Finance, 2001, 56 (4): 1445 - 1485.

[431] Wang C. Ownership and operating performance of Chinese IPOs [J]. Journal of Banking & Finance, 2005, 29 (7): 1835 - 1856.

[432] Welch I. Seasoned offerings, imitation costs, and the underpricing of initial public offerings [J]. The Journal of Finance, 1989, 44 (2): 421 - 449.

[433] Wells S. Price discovery and the competitiveness of trading systems, Paris, 2000 [C]. Report to the FIEV Annual Meeting, October 2000.

[434] West R R. On the difference between internal and external market efficiency [J]. Financial Analysts Journal, 1975, 31 (6): 30 - 34.

[435] Wruck K H. Equity ownership concentration and firm value: Evidence from private equity financings [J]. Journal of Financial Economics, 1989, 23 (1): 3 - 28.

[436] Wurgler J. Financial markets and the allocation of capital [J]. Journal of Financial Economics, 2000, 58 (1): 187 - 214.

附 表

附表 1　国内外监管界对市场质量的界定

监管主体名称	监管主体类型	市场质量或监管目标
国际证监会组织（International Organization of Securities Commissions，IOSCO）	国际组织	保护投资者；确保市场公平、有效与透明；减少系统性风险
美国证券交易委员会（Securities and Exchange Commission，SEC）	发达市场监管部门	保护投资者；维护公平、有序和有效的市场；促进资本形成以支持经济增长
英国金融市场行为监管局（Financial Conduct Authority，FCA）		保护消费者；保护和强化市场的公正性；促进有效竞争以更加有利于消费者利益。公正方面，FCA 认为包括确保金融系统成熟稳健，不被用于犯罪，不会受到市场滥用的影响，运行有序，以及价格形成机制透明
加拿大证券管理局（Canadian Securities Administrators，CSA）		保护投资者；促进公平、有效和透明的市场；降低系统性风险
加拿大安大略证券委员会（Ontario Securities Commission，OSC）		保护投资者，培育公平和有效的资本市场，维护投资者信心
德国联邦金融监管局（Federal Financial Supervisory Authority，BaFin）		对银行、保险公司和证券交易实施监管，确保德国金融系统可行、公正与稳定
日本证券与交易所监管委员会（Security and Exchange Surveillance Commission，SESC）		维护公平、公正、透明和稳健的市场

续表

监管主体名称	监管主体类型	市场质量或监管目标
澳大利亚证监会（Australian Securities and Investments Commission，ASIC）	发达市场监管部门	确保市场公平、有效，且公正透明，能够维护投资者与消费者信心
中国香港证监会（Securities & Futures Commission，SFC）		加强和保护证券期货市场的公正和稳健，以保护投资者和行业利益
巴西证监会	新兴市场监管部门	市场发展，市场有效和功能完善，保护投资者
南非金融服务委员会（Financial Services Board，FSB）		促进公平对待金融消费者；促进金融机构稳健经营；维护金融系统稳定；促进金融市场与金融机构的公正性
印度证券与交易所委员会（Security and Exchange Board of India，SEBI）		保护投资者利益；监管市场
中国证监会（China Securities Regulatory Commission，CSRC）		维护市场公开、公平和公正；维护投资者特别是中小投资者合法权益；促进资本市场健康发展
马来西亚证监会（Security Commission Malaysia，SCM）		促进和维护公平、有效、安全以及透明的证券与衍生品市场，促进资本市场创新与竞争有效发展
泰国证监会（Securities and Exchange Commission Thailand，SECT）		打造一个可信和积极主动的组织，增加人民利益与福利，与各方共同建设可持续发展的资本市场
纽约证券交易所（NYSE）	交易所	监管以促进公平公正交易；鼓励自由开放市场；保护投资者和公众利益。在市场质量方面，NYSE 声称是世界上流动性最好并且交易执行价格最优的权益市场
纳斯达克（NASDAQ）		确保交易是透明和公平的。在市场质量方面，NASDAQ 声称是交易更快、成本更低的市场
泛欧交易所（EuroNext）		市场质量是投资者和中介机构选择交易通道的关键因素，主要包括有效价差、报价深度、报价价差等。市场隐性搜寻成本越低，交易执行质量越高，市场质量也就越高

续表

监管主体名称	监管主体类型	市场质量或监管目标
伦敦证券交易所（LSE）	交易所	帮助企业到流动性最好的市场以成本有效的方式发行股票或者债券；提供快速有效的交易
德国证券交易所（Deutsche Börse Xetra）		市场质量的度量指标包括有效价差、最优价格执行比例、订单深度等
澳大利亚证交所（ASX）		世界领先，有国际竞争力，顾客驱动。在描述市场质量时，ASX着重考虑了交易规模、报价深度、买卖价差、波动率等
上海证券交易所（SH）		致力于创造透明、开放、安全、高效的市场环境。上海证券交易所从2010年开始发布市场质量报告，从交易成本、流动性、波动率、订单执行时间等多个角度分析了其市场质量，并基于相对有效价差和波动率构建了市场质量指数
深圳证券交易所（SZ）		将以服务全面建成小康社会、全面深化改革为宗旨，以加快建设中国多层次资本市场体系为使命，贯彻“创新、协调、绿色、开放、共享”的发展理念，全力服务供给侧结构性改革和“一带一路”倡议，推进自主创新，服务实体经济，支持中小企业，打造创新资本形成中心，释放成长新动力。深圳证券交易所从2013年开始发布股票市场绩效报告，从冲击成本、流动性指数、买卖价差、报价深度、订单执行时间、最优报价执行比例、方差比、订单成交、撤单比例、机构订单比例等方面来评价其市场质量

资料来源：根据各监管部门官方网站公开资料收集整理。

附表2　沪市、深市及以成交额为权重的两市加权价格影响与相对有效价差季度度量结果

季度	价格影响（bps）			相对实现价差（bps）			价格影响/相对有效价差×100%（%）		
	沪市	深市	加权	沪市	深市	加权	沪市	深市	加权
	1	2	3	4	5	6	7	8	9
1996Q1	26.06	40.37	29.90	20.62	26.35	21.90	55.83	60.51	57.73
1996Q2	27.68	41.44	34.69	19.85	15.44	17.73	58.24	72.86	66.18
1996Q3	29.05	41.58	36.80	18.61	6.15	11.24	60.95	87.13	76.61
1996Q4	38.96	55.58	49.41	19.44	1.62	8.07	66.71	97.17	85.96
1997Q1	28.36	42.40	36.73	14.47	-2.27	4.74	66.22	105.65	88.57
1997Q2	30.26	51.46	41.77	12.32	-6.47	2.32	71.06	114.38	94.74
1997Q3	24.95	53.18	39.84	17.14	-6.48	4.74	59.27	113.88	89.37
1997Q4	21.42	49.61	36.98	14.19	-4.60	3.32	60.16	110.21	91.77

续表

季度	价格影响（bps）			相对实现价差（bps）			价格影响/相对有效价差×100%（%）		
	沪市	深市	加权	沪市	深市	加权	沪市	深市	加权
	1	2	3	4	5	6	7	8	9
1998Q1	24.45	51.39	37.29	14.11	-3.19	5.68	63.40	106.62	86.78
1998Q2	25.42	49.72	36.89	11.79	-2.75	4.94	68.31	105.87	88.19
1998Q3	24.25	33.43	28.50	12.86	9.92	11.50	65.36	77.11	71.25
1998Q4	21.68	49.38	35.50	12.75	11.27	12.07	62.97	81.42	74.62
1999Q1	21.94	29.96	25.73	13.96	9.96	12.06	61.12	75.06	68.08
1999Q2	35.24	46.87	40.62	8.30	0.29	4.58	80.94	99.38	89.87
1999Q3	27.02	39.99	32.87	8.83	1.37	5.44	75.37	96.68	85.79
1999Q4	23.17	30.61	26.68	14.25	11.76	13.14	61.91	72.25	67.00
2000Q1	39.07	66.74	52.17	4.03	-8.16	-1.73	90.65	113.93	103.43
2000Q2	27.99	63.50	45.79	6.16	-2.38	1.95	81.95	103.89	95.92
2000Q3	21.34	36.82	28.85	7.15	-1.48	2.96	74.89	104.18	90.71
2000Q4	20.28	31.80	25.67	7.40	0.94	4.33	73.26	97.12	85.56
2001Q1	18.35	27.92	22.42	7.22	2.36	5.14	71.77	92.21	81.35
2001Q2	19.86	26.48	22.51	3.69	0.86	2.55	84.32	96.86	89.84
2001Q3	21.79	30.87	25.24	7.29	4.16	6.05	74.94	88.13	80.67
2001Q4	23.15	29.33	25.47	11.40	9.33	10.38	67.00	75.87	71.05
2002Q1	21.87	31.38	25.46	10.08	6.67	8.75	68.45	82.47	74.41
2002Q2	18.78	25.68	21.76	10.43	6.15	8.57	64.29	80.68	71.74
2002Q3	15.07	18.81	16.37	10.02	7.54	9.00	60.06	71.40	64.53
2002Q4	21.14	25.95	22.87	13.25	10.55	12.21	61.47	71.09	65.19
2003Q1	19.09	21.41	19.97	10.08	15.63	12.10	65.44	57.80	62.26
2003Q2	18.87	20.60	19.51	9.60	8.87	9.31	66.28	69.89	67.70
2003Q3	17.53	20.75	18.60	10.96	9.34	10.36	61.54	68.97	64.24
2003Q4	23.87	24.70	24.06	10.91	10.40	10.75	68.62	70.37	69.12
2004Q1	21.90	21.47	21.73	6.80	8.06	7.19	76.31	72.72	75.13
2004Q2	28.59	26.11	27.81	7.25	9.75	8.11	79.77	72.80	77.41
2004Q3	25.49	26.71	25.95	10.47	10.22	10.39	70.87	72.32	71.41
2004Q4	22.80	26.23	24.12	13.89	10.46	12.56	62.14	71.49	65.76
2005Q1	22.10	25.38	23.34	14.34	11.25	13.16	60.64	69.28	63.94
2005Q2	25.30	27.06	25.98	15.67	13.50	14.80	61.75	66.71	63.72
2005Q3	23.01	25.57	23.98	15.14	13.69	14.58	60.32	65.14	62.20
2005Q4	22.88	24.15	23.37	15.47	14.03	14.88	59.66	63.25	61.09
2006Q1	18.92	21.33	19.80	13.80	13.10	13.53	57.82	61.95	59.40
2006Q2	20.45	23.55	21.63	14.84	12.44	13.92	57.95	65.42	60.84

续表

季度	价格影响（bps）			相对实现价差（bps）			价格影响/相对有效价差×100%（%）		
	沪市	深市	加权	沪市	深市	加权	沪市	深市	加权
	1	2	3	4	5	6	7	8	9
2006Q3	19.67	23.35	21.13	13.16	11.43	12.51	59.92	67.14	62.82
2006Q4	14.85	20.02	16.56	11.72	11.24	11.56	55.89	64.05	58.90
2007Q1	10.37	20.95	13.93	12.91	8.66	11.48	44.54	70.76	54.83
2007Q2	4.71	18.41	9.41	18.35	6.05	14.13	20.41	75.26	39.99
2007Q3	8.43	18.40	11.88	10.45	5.75	8.82	44.63	76.19	57.40
2007Q4	8.62	18.70	11.80	9.10	5.91	8.07	48.67	76.00	59.38
2008Q1	10.18	21.64	14.01	9.92	5.71	8.55	50.64	79.11	62.11
2008Q2	12.67	26.01	17.00	10.95	6.17	9.40	53.63	80.84	64.39
2008Q3	15.65	28.20	19.73	11.20	7.84	10.08	58.29	78.24	66.18
2008Q4	16.95	28.82	20.66	11.81	8.39	10.74	58.94	77.45	65.79
2009Q1	15.56	21.52	17.60	8.41	6.19	7.65	64.91	77.67	69.71
2009Q2	9.82	18.09	12.60	8.60	4.87	7.34	53.32	78.77	63.19
2009Q3	9.28	19.00	12.65	8.87	4.18	7.27	51.13	81.98	63.52
2009Q4	7.89	16.48	11.24	7.99	3.92	6.41	49.69	80.77	63.69
2010Q1	7.62	16.63	11.33	8.15	4.07	6.47	48.32	80.33	63.63
2010Q2	8.52	18.73	13.15	8.92	4.20	6.78	48.85	81.67	65.98
2010Q3	7.20	16.50	11.58	9.38	4.01	6.85	43.41	80.45	62.84
2010Q4	7.33	17.35	11.75	9.47	3.44	6.82	43.63	83.44	63.26
2011Q1	7.83	16.14	11.29	8.38	4.14	6.61	48.32	79.59	63.06
2011Q2	8.24	17.07	11.80	8.56	4.57	6.95	49.06	78.89	62.94
2011Q3	9.44	17.54	13.20	7.92	5.20	6.65	54.38	77.12	66.49
2011Q4	10.99	20.11	15.39	9.03	5.97	7.55	54.89	77.11	67.08
2012Q1	10.58	18.54	14.30	8.52	5.61	7.15	55.40	76.77	66.65
2012Q2	10.04	17.97	13.74	8.46	5.65	7.15	54.28	76.06	65.77
2012Q3	10.91	20.89	16.05	9.64	5.82	7.68	53.08	78.21	67.63
2012Q4	11.34	20.30	15.57	10.00	6.39	8.30	53.15	76.05	65.24
2013Q1	9.98	17.50	13.51	9.02	5.83	7.53	52.52	75.01	64.22
2013Q2	9.99	18.23	14.28	9.44	6.18	7.74	51.42	74.69	64.84
2013Q3	10.72	18.65	14.89	9.84	5.90	7.79	52.16	75.96	65.65
2013Q4	9.90	18.62	14.50	9.52	6.10	7.72	50.98	75.33	65.26
2014Q1	9.65	18.86	15.04	10.21	6.30	7.94	48.60	74.95	65.45
2014Q2	9.55	17.53	13.99	9.38	6.09	7.53	50.45	74.20	65.00
2014Q3	7.90	15.34	11.94	9.92	5.63	7.59	44.34	73.14	61.15
2014Q4	13.71	15.83	14.59	5.86	5.57	5.75	70.05	73.96	71.73
2015Q1	11.79	15.99	13.75	5.08	4.62	4.85	69.90	77.59	73.93

续表

季度	价格影响（bps）			相对实现价差（bps）			价格影响/相对有效价差×100%（%）		
	沪市	深市	加权	沪市	深市	加权	沪市	深市	加权
	1	2	3	4	5	6	7	8	9
2015Q2	12.92	17.68	15.07	5.05	4.60	4.86	71.90	79.36	75.63
2015Q3	14.80	26.24	20.18	9.28	5.21	7.29	61.46	83.44	73.45
2015Q4	9.15	17.79	14.26	8.11	4.00	5.69	53.01	81.65	71.49
2016Q1	18.47	22.46	20.84	4.37	3.80	4.04	80.86	85.54	83.78
2016Q2	8.56	15.64	13.23	7.70	3.72	5.07	52.64	80.77	72.31
2016Q3	5.60	13.79	10.64	8.71	3.25	5.34	39.12	80.91	66.58
2016Q4	6.29	14.27	10.83	8.47	3.18	5.46	42.61	81.77	66.50
2017Q1	5.91	14.58	10.64	8.40	3.10	5.51	41.31	82.46	65.90
2017Q2	6.30	16.75	12.12	8.43	2.47	5.11	42.76	87.14	70.33
2017Q3	6.30	14.38	10.71	7.88	2.67	5.04	44.44	84.32	68.00
2017Q4	5.85	13.95	10.30	7.51	2.89	4.97	43.81	82.85	67.47
平均	16.79	26.35	21.24	10.49	5.82	8.19	59.16	80.65	70.37

附表3　1991—2017年Roll价差、Corwin价差以及Amihud非流动性指数的季度度量结果

季度	Roll价差（bps）			Corwin价差（bps）			Amihud指数		
	沪市	深市	加权	沪市	深市	加权	沪市	深市	加权
1991Q1	18.93	333.12	57.44	3.00	0.00	2.38	18.27	20.64	14.68
1991Q2	5.19	394.57	141.84	6.73	11.09	12.04	10.03	27.58	10.64
1991Q3	2.63	254.86	160.43	6.82	79.04	53.19	17.69	3.93	3.58
1991Q4	11.94	299.14	276.13	1.96	100.19	101.76	3.04	0.68	0.72
1992Q1	137.38	96.04	124.26	9.42	41.80	36.42	2.70	0.39	0.51
1992Q2	384.40	238.17	274.54	123.62	91.28	101.17	0.78	0.33	0.43
1992Q3	413.53	152.88	263.05	159.53	75.52	107.37	0.52	0.26	0.35
1992Q4	420.75	126.59	268.78	160.67	80.26	119.16	1.46	0.46	0.88
1993Q1	330.63	374.39	353.88	150.51	107.39	131.34	0.30	0.19	0.24
1993Q2	415.23	159.24	343.17	135.21	73.70	114.01	0.38	0.52	0.34
1993Q3	463.10	501.53	489.11	92.77	123.60	112.48	0.46	1.25	0.42
1993Q4	764.44	586.14	737.94	197.83	85.77	182.29	0.21	0.32	0.22
1994Q1	628.66	219.73	499.54	109.57	92.11	109.79	0.35	0.55	0.38
1994Q2	406.70	223.17	332.73	117.20	121.32	118.27	0.66	1.09	0.76
1994Q3	417.56	321.24	398.15	181.69	163.35	180.34	0.71	1.01	0.78
1994Q4	378.77	299.64	357.79	125.49	141.21	131.57	0.57	0.80	0.62
1995Q1	226.94	167.22	210.85	95.35	90.87	94.90	1.14	1.51	1.14

续表

季度	Roll 价差（bps）			Corwin 价差（bps）			Amihud 指数		
	沪市	深市	加权	沪市	深市	加权	沪市	深市	加权
1995Q2	96.17	102.23	98.19	90.86	84.62	89.37	0.58	1.03	0.68
1995Q3	153.68	98.47	142.28	97.70	92.49	97.75	0.27	0.61	0.34
1995Q4	473.19	387.16	456.06	94.09	80.78	91.56	0.49	1.02	0.60
1996Q1	264.04	394.52	293.84	77.82	75.56	77.48	0.76	1.64	0.93
1996Q2	429.96	243.59	339.14	105.68	137.56	121.21	0.28	0.29	0.28
1996Q3	251.87	234.02	241.52	101.78	134.36	120.78	0.19	0.15	0.16
1996Q4	188.30	335.61	274.98	130.11	149.98	141.27	0.21	0.17	0.18
1997Q1	302.72	297.52	304.78	105.07	112.47	109.80	0.16	0.10	0.13
1997Q2	164.44	156.40	159.88	112.66	111.36	111.79	0.13	0.11	0.12
1997Q3	135.34	118.49	127.17	107.40	112.87	110.30	0.29	0.26	0.27
1997Q4	154.31	146.73	148.73	87.77	94.44	91.76	0.28	0.22	0.24
1998Q1	122.26	110.32	116.97	86.48	95.19	90.95	0.21	0.21	0.21
1998Q2	134.29	122.30	128.47	98.56	102.74	100.47	0.14	0.15	0.15
1998Q3	113.30	104.94	109.64	92.98	96.97	94.86	0.28	0.31	0.29
1998Q4	102.61	91.84	97.84	82.67	85.50	84.10	0.23	0.27	0.24
1999Q1	123.06	119.06	121.28	82.41	83.60	82.73	0.31	0.37	0.34
1999Q2	147.15	149.69	148.25	113.89	114.38	114.00	0.21	0.24	0.22
1999Q3	147.70	142.93	145.57	104.38	102.71	103.63	0.14	0.16	0.15
1999Q4	126.58	118.83	122.81	86.75	86.57	86.59	0.26	0.28	0.27
2000Q1	199.76	180.61	190.91	132.67	132.54	132.54	0.10	0.11	0.10
2000Q2	100.41	100.24	100.38	95.77	97.08	96.42	0.09	0.09	0.09
2000Q3	87.04	96.61	91.68	76.89	79.93	78.30	0.10	0.09	0.09
2000Q4	94.72	90.89	93.01	70.68	71.21	70.93	0.09	0.09	0.09
2001Q1	82.35	75.55	78.91	60.06	71.61	66.03	0.12	0.13	0.12
2001Q2	80.35	87.71	83.69	62.16	68.07	64.85	0.07	0.08	0.08
2001Q3	110.99	101.04	106.85	67.65	72.09	69.38	0.18	0.21	0.19
2001Q4	82.55	72.56	78.61	70.45	71.53	70.86	0.23	0.30	0.26
2002Q1	145.90	141.13	144.36	94.71	98.82	96.44	0.24	0.35	0.28
2002Q2	119.90	118.47	119.25	71.80	81.74	76.15	0.18	0.19	0.18
2002Q3	73.85	77.35	75.28	54.62	59.08	56.48	0.13	0.15	0.14
2002Q4	59.22	55.03	57.67	69.35	77.04	72.29	0.23	0.29	0.25
2003Q1	93.71	101.38	96.57	64.98	70.62	67.17	0.15	0.17	0.16
2003Q2	103.05	94.59	100.00	79.49	82.44	80.64	0.11	0.14	0.12
2003Q3	63.62	68.80	65.69	60.35	62.58	61.15	0.18	0.23	0.20
2003Q4	89.93	88.30	89.46	80.13	81.65	80.65	0.17	0.23	0.19
2004Q1	97.85	96.90	97.59	84.90	86.45	85.56	0.08	0.10	0.09
2004Q2	82.63	84.14	83.10	78.90	84.63	80.89	0.18	0.21	0.19
2004Q3	86.89	81.94	84.99	77.15	84.91	80.10	0.24	0.26	0.25

续表

季度	Roll 价差（bps）			Corwin 价差（bps）			Amihud 指数		
	沪市	深市	加权	沪市	深市	加权	沪市	深市	加权
2004Q4	131. 03	134. 37	132. 30	85. 53	92. 42	88. 17	0. 21	0. 23	0. 22
2005Q1	117. 69	125. 86	120. 93	77. 89	81. 73	79. 29	0. 24	0. 27	0. 25
2005Q2	119. 35	130. 89	123. 98	93. 60	100. 71	96. 47	0. 29	0. 29	0. 29
2005Q3	89. 58	99. 39	93. 43	87. 99	98. 35	92. 01	0. 23	0. 24	0. 23
2005Q4	98. 53	108. 60	102. 42	75. 58	80. 52	77. 53	0. 21	0. 23	0. 22
2006Q1	112. 33	104. 28	109. 32	77. 63	81. 40	78. 96	0. 12	0. 13	0. 12
2006Q2	133. 20	140. 18	135. 82	114. 15	119. 33	116. 10	0. 08	0. 09	0. 08
2006Q3	105. 26	104. 60	104. 99	85. 98	91. 79	88. 08	0. 09	0. 11	0. 10
2006Q4	130. 26	123. 96	128. 12	96. 87	98. 48	97. 41	0. 05	0. 07	0. 06
2007Q1	194. 88	190. 62	193. 38	120. 23	119. 71	120. 03	0. 03	0. 04	0. 03
2007Q2	116. 67	104. 86	112. 57	115. 55	118. 22	116. 46	0. 02	0. 02	0. 02
2007Q3	164. 76	167. 11	165. 60	125. 36	129. 72	126. 82	0. 02	0. 03	0. 02
2007Q4	130. 24	120. 13	127. 07	109. 28	114. 53	110. 82	0. 02	0. 04	0. 03
2008Q1	155. 11	136. 60	149. 03	129. 25	132. 75	130. 32	0. 03	0. 05	0. 03
2008Q2	204. 83	178. 93	196. 48	147. 67	147. 01	147. 50	0. 05	0. 08	0. 06
2008Q3	82. 65	99. 25	87. 70	125. 99	132. 38	127. 94	0. 07	0. 12	0. 08
2008Q4	255. 26	234. 90	249. 08	141. 93	145. 72	143. 22	0. 06	0. 12	0. 08
2009Q1	153. 51	146. 66	151. 25	118. 23	119. 50	118. 63	0. 03	0. 04	0. 03
2009Q2	122. 48	123. 91	122. 98	98. 06	102. 84	99. 66	0. 01	0. 03	0. 02
2009Q3	112. 42	104. 99	109. 79	111. 11	118. 23	113. 54	0. 02	0. 03	0. 02
2009Q4	127. 21	140. 80	132. 44	82. 79	95. 18	87. 49	0. 01	0. 02	0. 02
2010Q1	98. 98	98. 88	99. 04	85. 10	91. 17	87. 56	0. 01	0. 02	0. 02
2010Q2	102. 99	102. 14	102. 52	97. 47	105. 97	101. 26	0. 02	0. 03	0. 03
2010Q3	109. 02	121. 77	114. 95	87. 73	95. 13	91. 23	0. 02	0. 02	0. 02
2010Q4	90. 58	105. 89	97. 20	104. 20	106. 42	105. 25	0. 01	0. 02	0. 02
2011Q1	131. 45	130. 94	131. 23	92. 24	91. 11	91. 77	0. 01	0. 02	0. 02
2011Q2	88. 86	89. 55	89. 11	91. 46	91. 52	91. 48	0. 02	0. 04	0. 03
2011Q3	86. 56	91. 96	88. 89	79. 36	83. 86	81. 43	0. 02	0. 04	0. 03
2011Q4	100. 09	104. 63	102. 27	88. 90	97. 39	92. 93	0. 03	0. 05	0. 04
2012Q1	109. 45	93. 02	101. 80	87. 43	90. 41	88. 79	0. 03	0. 05	0. 04
2012Q2	133. 72	118. 61	126. 81	85. 43	89. 71	87. 55	0. 02	0. 04	0. 03
2012Q3	87. 87	87. 20	87. 60	87. 40	94. 80	91. 25	0. 03	0. 05	0. 04
2012Q4	102. 67	103. 77	103. 13	85. 44	87. 56	86. 34	0. 03	0. 06	0. 04
2013Q1	118. 44	119. 71	118. 90	91. 52	97. 25	94. 12	0. 02	0. 03	0. 02
2013Q2	111. 43	132. 38	122. 62	85. 56	98. 27	92. 22	0. 02	0. 04	0. 03
2013Q3	88. 96	96. 03	92. 85	102. 01	107. 37	105. 02	0. 02	0. 03	0. 03
2013Q4	113. 14	124. 72	119. 43	94. 02	103. 41	98. 95	0. 02	0. 03	0. 02
2014Q1	93. 39	130. 38	115. 83	89. 76	108. 33	100. 80	0. 02	0. 03	0. 02

续表

季度	Roll 价差（bps）			Corwin 价差（bps）			Amihud 指数		
	沪市	深市	加权	沪市	深市	加权	沪市	深市	加权
2014Q2	97. 61	103. 78	101. 30	77. 27	88. 71	83. 50	0. 02	0. 03	0. 03
2014Q3	94. 08	92. 03	92. 99	77. 98	84. 41	81. 48	0. 01	0. 02	0. 01
2014Q4	112. 62	103. 09	110. 03	114. 32	103. 80	110. 75	0. 01	0. 01	0. 01
2015Q1	112. 32	123. 14	116. 29	92. 25	104. 01	97. 55	0. 01	0. 01	0. 01
2015Q2	84. 07	63. 91	75. 32	121. 37	130. 65	125. 83	0. 00	0. 01	0. 01
2015Q3	109. 17	70. 06	90. 14	160. 57	158. 13	160. 68	0. 01	0. 02	0. 02
2015Q4	161. 26	199. 73	183. 83	115. 41	132. 32	125. 42	0. 01	0. 01	0. 01
2016Q1	265. 91	249. 30	255. 76	125. 15	141. 29	134. 83	0. 02	0. 02	0. 02
2016Q2	93. 57	114. 84	107. 29	87. 28	106. 26	99. 68	0. 01	0. 01	0. 01
2016Q3	90. 94	112. 97	104. 49	75. 46	84. 66	81. 14	0. 01	0. 01	0. 01
2016Q4	100. 66	101. 85	101. 53	79. 16	83. 28	81. 53	0. 01	0. 01	0. 01
2017Q1	89. 17	90. 98	90. 21	75. 72	82. 00	79. 24	0. 01	0. 01	0. 01
2017Q2	91. 40	108. 63	100. 94	81. 64	97. 82	90. 57	0. 01	0. 02	0. 01
2017Q3	106. 51	113. 28	110. 39	84. 70	89. 53	87. 42	0. 01	0. 01	0. 01
2017Q4	104. 56	123. 35	114. 99	82. 85	92. 28	88. 02	0. 01	0. 01	0. 01
1996—2017 年平均	126. 15	126. 63	126. 56	93. 59	99. 65	96. 60	0. 11	0. 13	0. 11
1991—2017 年平均	160. 76	153. 23	159. 41	94. 61	97. 40	97. 29	0. 66	0. 71	0. 46

后 记

自 2017 年 4 月以来，在南开大学经济学院财金研究所所长、南开大学“中国市场质量研究中心”中方主任李志辉教授，南开大学社科处处长梁琪教授和南开大学“中国市场质量研究中心”外方主任、澳大利亚麦考瑞大学及资本市场合作研究中心执行长 Michael J. Aitken 教授的共同领导下，在研究团队全体成员的共同努力下，《中国股票市场研究报告（2018）》终于圆满定稿。在研究过程中，李志辉教授与梁琪教授统筹总体研究工作的推进，每周组织召开成果研讨会，对研究过程中遇到的重大困难及时组织人员予以攻克，为本报告按期高质量完成提供了有效保障。Michael J. Aitken 教授带领外方团队充分配合，在股票市场交易数据处理、股票市场质量微观度量指标计算上提供了重要支持。

我们对研究团队全体成员的共同努力和卓越工作表现表示衷心感谢。团队全体成员始终刻苦钻研、通力合作，高质量地完成了各项研究任务。团队中方成员与外方成员定期召开视频会议，双方的高效率沟通为本报告的顺利完成奠定了坚实基础。研究团队的中方主要成员有：南开大学郝项超副教授、周广肃博士、曹华副教授，天津财经大学李政博士，天津大学余峰燕博士，北京工商大学李梦雨博士，南开大学博士研究生王近、郝毅、赵玲玲、田伟杰、邹谧、赵林丹、刘笑瑜、姚晓光、鲁晏辰、李宇辰、刘精山、赵沛、杜阳、孙广宇等；外方成员主要有：澳大利亚资本市场合作研究中心首席信息官 Shan Ji 博士，金融市场分析师 Yiping Lin、Renee Yu、Juliane Krug、Yilian Guo、Justin Hu、Leo Liu、Pallab Dey 等；另外，特别感谢 Annie Zhou、Edward Chen、Lin Han、Marc Bohmann、Aldo Dalla Costa 的协助与支持。

南开大学经济学院财金研究所、中国特色社会主义经济建设协同创新中心与澳大利亚资本市场合作研究中心作为学术支持单位，为研究工作提供了必要的物质保障和与本课题研究相关的各项支持。南开大学经济学院也为本报告的顺利完成提供了相应的协助。我们对以上单位表示衷心感谢。南开大学自 2013

年以来便与麦考瑞大学、澳大利亚资本市场合作研究中心展开合作，并与澳大利亚资本市场合作研究中心于2016年5月在天津成功举办“中国资本市场创新、系统性风险与金融监管”国际研讨会。各方前期的良好合作也为研究工作的顺利推进奠定了扎实基础。

我们要特别感谢国家留学基金管理委员会创新型人才国际合作培养项目“基于交易大数据的中国市场质量监控与应用研究”、中国工程院咨询研究项目“国家新一代人工智能大战略下天津市人工智能产业化发展示范规划研究”、国家社科基金重大项目（14ZDB124）、天津市“131”创新型人才团队“金融风险创新团队”、国家自科基金青年项目（71703111）、教育部人文社会科学研究规划基金项目（17YJA790026）为本报告提供的资助与支持。

最后，我们衷心感谢中国金融出版社副编审刘钊、责任编辑曹亚豪对本报告出版的大力支持。

尽管研究团队在报告撰写和修订过程中付出了很大的努力，但仍难免有疏漏之处。在此，我们欢迎各位专家与读者批评指正。

中国市场质量研究中心研究团队

2018年3月